The Prefatory Epistles
of Jacques Lefèvre d'Etaples
and Related Texts

THE PREFATORY EPISTLES OF
Jacques Lefèvre d'Etaples
AND RELATED TEXTS

Edited by

EUGENE F. RICE, JR.

Columbia University Press

NEW YORK & LONDON

1972

to Lotte

Preface

My purpose in this book has been to assemble, as conveniently and intelligibly as possible, texts hitherto scattered among a large number of early printed books, many of them absent from even the largest libraries. I have wished to include all of Lefèvre d'Etaples's prefatory epistles to his own works, his prefaces to the works of others, prefaces of other scholars to works by Lefèvre, and the prefaces of all works dedicated to him. In addition, I have included a selection of texts by members of Lefèvre's immediate circle which seem to me directly relevant to his intellectual interests: prefatory epistles by, for example, Josse Clichtove, Charles de Bovelles, Gérard Roussel, Robert Fortuné, Jean Pelletier, François Vatable, Josse Bade, and Robert Estienne; verses praising him, like Castel's *Dialogus carmine scriptus in laudem Iacobi Fabri Stapulensis*; and contemporary biographical notices, like the short *vita* by Symphorien Champier. The chronological limits are those of Lefèvre's lifetime, c. 1460–1536. I have hoped to lay in this way a firm foundation for future students of this attractive and important figure.

With two exceptions, the texts collected here derive from fifteenth- and sixteenth-century printed editions. When an epistle was printed more than once, I have normally followed the last edition which Lefèvre could plausibly have corrected and seen through the press, noting variants from earlier editions and a representative selection from later ones. Lefèvre's principal printers, Henri Estienne the Elder and Simon de Colines, were responsible craftsmen and men of learning. Lefèvre himself made very few revisions from one edition to another. With disappointingly few exceptions, therefore, the variants are of little interest and involve minor corrections rather than changes of substance by the author. The particular editions I have used are listed in each instance at the beginning of the epistle.

My aim has been a clear, readable text. I have paragraphed more generously than sixteenth-century Frenchmen usually did and punctuated for sense, making no special effort to reproduce contemporary practice. I have modernized the orthography of Latin texts: distinguished *u* from *v*, printed *i* for *j*, terminated *ae* instead of *e*, preferred *stultitia* to *stulticia*, *quaecumque* to *quaecunque*, *ceteri* to *caeteri*, *femina* to *foemina*, *abunde* to *habunde*, *littera* to *litera*, *cum* to *quum*, and so on. I have largely retained the original spelling of French texts, while again distinguishing *u* from *v* and *i* from *j*, inserting apostrophes, and supplying accents wherever pronunciation and meaning demanded them. Greek texts are rendered in modernized form. I have omitted marginalia.

Like every editor, I have incurred enormous debts to my students, colleagues, friends, and predecessors. To the late Augustin Renaudet's *Préréforme et humanisme à Paris* I owe my earliest interest in the French Renaissance and my first knowledge of Lefèvre d'Etaples. I have consulted his book, which remains the fundamental work on Lefèvre, continuously and with undiminished admiration as I prepared this edition. Professor Paul Oskar Kristeller generously read the final typescript; Professor Brian Woledge was kind enough to read the French texts. John Monfasani, Teresa Vilardi McGuiness, John Nordhaus, Joseph Victor, Helen Rodnite, Alan Bernstein, Michael Kraus, Henry Heller, Christopher Stocker, Deno Geanakoplos, Lewis Spitz, John Clive, Bernard Bailyn, Brother Anselm Hufstadter, Edward Cranz, James Wadsworth, Father Astrik Gabriel, Josef Soudek, Gerson Cohen, Fritz Stern, John Hale, Henry Guerlac, James Hutton, Marjorie Boyer, John Durkan, Natalie Davis, and Alberto Tenenti will recognize their contributions to the following pages. It gives me very great pleasure to record my gratitude to them here. Janet Rubinstein typed a difficult manuscript. Naomi Aschner copy-edited the manuscript with rare tact and skill.

I am as much the client of foundations as Lefèvre and his collaborators were *clientuli* of the great officer families of the reigns of Charles VIII, Louis XII, and Francis I, the Ganays, Briçonnets, Ponchers, Guillarts, and Duprats. To learn requires leisure, libraries, and travel. Grants from the American Council of Learned Societies, the American Philosophical Society, the Institute for Advanced Study, and Columbia University gave me the leisure to work and the means to reach libraries in Europe and America. To the Réserve des imprimés of the Bibliothèque Nationale and to its learned staff I owe special thanks. They possess and admirably care for the largest single collection of Lefèvre's publications. Reading them there, above the muffled noise and attenuated fumes of the rue de Richelieu, gave me many weeks of pleasure.

My last and warmest thanks must go to my publishers, the Columbia University Press, and especially to Eugenia Porter and Sarah Redwine. Without them and their colleagues all else would have been in vain.

July 1971   Eugene F. Rice, Jr.

Introduction

Jacques Lefèvre d'Etaples was born, if we are to trust his own chronological memory, about 1460.[1] He died in 1536, the same year as his younger contemporaries Erasmus and Ulrich Zasius.[2] Our only contemporary evidence about his family is a statement by the anonymous author of the first supplement to Trithemius's *De scriptoribus ecclesiasticis*, a Frenchman writing in 1512 and familiar with the intellectual life of the city and University of Paris. He reports that Lefèvre owned

1. The most reliable evidence is Lefèvre's statement in ep. 29, dated c. 24 Dec. 1501, that his student Charles de Bovelles was then twenty and that he himself was twice that age (see below, p. 95). Since Charles de Bovelles was born in 1479, he was in fact twenty-two in 1501. But if we assume that Lefèvre knew his own age (which is to be sure not certain), then he was forty in 1501 and born about 1460. It is safer, I think, to rely on Lefèvre's own memory than on the subjective — and notoriously misleading — impressions of extreme old age recorded by contemporaries during the last years of his life and after his death. Cf. Karl Heinrich Graf, "Jacobus Faber Stapulensis. Ein Beitrag zur Geschichte der Reformation in Frankreich," *Zeitschrift für die historische Theologie*, XXII (1852), 4, note 2; Renaudet, 130, note 4; and V. Carrière, "Lefèvre d'Etaples à l'Université de Paris (1475–1520)," *Etudes historiques dediées à la mémoire de M. Roger Rodière* (Arras, 1947), 110.

2. Graf, p. 209. Cf. Jean Visagier's epigram, *ad Ioannem Truchium de Fabro, Zazio, Erasmo*:

> Tres uno vivunt, moriuntur tempore eodem,
> Haud quibus in terris doctior alter erat.

(*Epigrammatum libri IIII. Ejusdem Aenia*, Lyon, 1537, p. 208.) Erasmus died 12 July 1536, Zasius on 24 Nov. of the same year. Visagier is also the author of the epigram which Florimond de Raemond reported having seen on Lefèvre's tomb in the church at Nérac:

> Corpus humo, mentemque deo, bona cuncta relinquo
> Pauperibus, Faber haec, cum moreretur, ait

(*ibid.*, p. 135.) Cf. Florimond de Raemond, *L'Histoire de la naissance progrez et décadence de l'hérésie de ce siècle* (Paris, 1605), VII, 3, sig. pp, iv, r.

property in Etaples, a small port in Picardy (diocese of Thérouanne), but that he gave it away to his relatives in order to free himself entirely for scholarship.[3] The gesture suggests a background of modest substance.

Lefèvre matriculated at the University of Paris, possibly in 1474 or 1475; received the B.A. in 1479; and the licentiate and M.A. probably in 1480.[4] The next ten years are blank. We know only that by 1490 he had chosen an academic career, written at least one text book —his *Introduction to Aristotle's Metaphysics*, published in 1494—and begun to teach philosophy and the liberal arts, very probably at the collège du Cardinal Lemoine, reserved in principle for students of the Picard nation.[5]

During the winter of 1491–1492 he traveled in Italy, the first of three trips to the peninsula, drawn there especially, he wrote a few years later, by his wish to meet Pico della Mirandola and Ermolao Barbaro.[6] On his return to Paris, he resumed his lectures at Cardinal Lemoine and before the end of the year published his first book, paraphrases of Aristotle's works on natural philosophy, dedicated to

3. Ep. 94, p. 289.

4. Université de Paris, ms. 9 (11), fol. 86r: "Dominus Jacobus Fabri, Morinensis diocesis, qui determinavit sub magistro Petro Bonnart, cujus bursa valet II s. IIII den." The editors of the register of the Picard nation (*Auct. Chart.*, IV, 183–184) suggest that this entry refers not to Lefèvre d'Etaples but to another Iacobus Faber later active in the faculty of medicine. They offer no evidence but were perhaps influenced by a common assumption that Lefèvre d'Etaples was born c. 1450. If, however, he was nineteen in 1479 rather than twenty-nine, the identification becomes perfectly plausible.

5. Ep. 6, note 3 and Carrière, *op. cit.*, 107 ff.

6. *Decem librorum Moralium Aristotelis, tres conuersiones* (Paris, Johann Higman and Wolfgang Hopyl, 12 April 1497), sig. f, viii, r⁰. About 1511 Lefèvre repeated the statement to an Italian visitor: "Asseruit [Faber] se aliquando devenisse ad nos in Latium, ut sacrarium illud litterarum toto orbe famosissimum, Joannem Picum Mirandulam principem illustrissimum, et Hermolaum Barbarum patricium Venetum de cunctis litteris optime meritum, videret et alloqueretur. Adiecit his quasi ad numerum triumviratus Marsilium illum Ficinum, Platonicae philosophiae inter Latinos primum legitimumque propagatorem. Commendabat apprime post hos Politiani acerrimum ingenium, ut ceteros in numero pertranseam, quorum suis quemque is honestabat laudibus." (Symphorien Champier, *Duellum epistolare: Gallie & Italie antiquitates summatim complectens*, Venice, 10 Oct. 1519, sig. a, iiii, r.)

the chancellor of the University and designed for beginning students in the faculty of arts.[7]

Lefèvre lived in the collège du Cardinal Lemoine and lectured in the faculty of arts until he retired from active teaching in 1508. So few details of his personal life have survived from these years that his biography can be little more than a chronology of his publications and of his growing influence on a remarkable group of French and foreign students. He and his collaborators published in Paris the grammatical and rhetorical texts of the Italian Quattrocento.[8] Since they blamed rather than praised the important innovations of late medieval logicians, they tried to purge the study of logic of the noxious sophistry which they believed disfigured it, recommending in its place the simplicity of Aristotle's *Organon*.[9] Their emphasis on the cultural, religious, and practical utility of mathematics renewed in the university scientific interests dormant for over a century. (Theodore de Bèze and Scévole de Sainte-Marthe later praised Lefèvre equally for restoring Aristotelian philosophy and mathematics.[10]) Although Lefèvre and most members of his circle were not humanists in the strict professional sense—they were not, that is to say, *grammatici* or professional teachers of the *studia humanitatis*—they expressed their educational program in a vocabulary shaped by humanistic values and repeatedly advocated and defended *bonae litterae, litterae humaniores* or *politiores, studia cultiora, liberales, nitidiora*. In this context, the efforts of Lefèvre and his circle to reform instruction in the faculty of arts during the last decade of the fifteenth century and the first decade of the sixteenth mark the critical stage in the adaptation of the cultural program of Italian humanism to the educational tradition of the University of Paris.

Between 1508 and 1520 Lefèvre continued his scholarly work at the abbey of Saint-Germain-des Prés, under the patronage of the

7. Ep. 1.

8. Eps. 16, 18, and 19.

9. Eps. 27 and 33. Cf. eps. 13, 23, 24, and 25.

10. *Icones* (Geneva, Ioannes Laonius, 1580), sig. X, iiij, r: "Hic ille est igitur qui tum voce tum scriptis eruditissimis, pro sophistica veram Peripateticorum logicen, et quatuor mathematicarum disciplinarum studia in Academia Parisiensi restituit"; *Scaevolae et Abelii Sammarthanorum patris et filii opera Latina et Gallica* (Paris, 1633), I, 2. Cf. eps. 5, 8, 11, 12, 28, 34, 36, 50, 56, 122, and 132.

abbot, Guillaume Briçonnet, bishop of Lodève and subsequently of Meaux. In the spring of 1521 Briçonnet called him to Meaux to help him put into effect a comprehensive program of diocesan reform. On May 1, 1523 he made him his vicar-general *in spiritualibus*.[11] Lefèvre's chief contribution was a French translation of the New Testament and Psalms. The fortuitous coincidence of this experiment in reform with the first penetration of Lutheranism in France focused the attention of the faculty of theology on his exegetical works. In 1523 a committee of theologians detected eleven errors in his commentary on the Gospels.[12] When the Parlement of Paris summoned him to appear before it on suspicion of heresy, he fled to Strasbourg in the late summer of 1525. Recalled by Francis I in 1526 and appointed librarian of the royal collection, then at Blois, and tutor of the king's children, Lefèvre finished translating the Bible under royal protection and published it in a single volume at Antwerp in 1530.[13] He passed his last years in tranquil retirement at the court of Marguerite d'Angoulême, queen of Navarre.

Over 350 editions or printings of works written or edited by Lefèvre d'Etaples appeared between the publication of his first book in 1492 and the eclipse of his fame in the 1540s. Contemporaries—Sir Thomas More, for example—usually praised him for restoring true philosophy, especially that of Aristotle.[14] But after the appearance of the *Quincuplex Psalterium* in 1509 and his commentary on the Pauline epistles in 1512, they often called him "theologian" also, although he had no theological degree and had apparently never studied in a faculty of theology. When the young Bugenhagen asked Murmellius in 1512 who were the greatest living philosophers and theologians, Murmellius wrote back: "In my opinion, the two theologians and philosophers of our age who most nearly approach the level of the ancients are Gianfrancesco Pico, count of Mirandola ... and Jacques Lefèvre d'Etaples, who has written commentaries on several books of Aristotle, on the songs of David and Paul's epistles. To these two I

11. Ep. 133, note 10, p. 433.
12. Ep. 134, note 8, p. 441.
13. Ep. 144, p. 499 and ep. 147, p. 512.
14. *The Correspondence of Sir Thomas More*, ed. Elizabeth Frances Rogers (Princeton, 1947), 36.

will add Charles de Bovelles and Johann Reuchlin; while in eloquence and translation from the Greek Erasmus holds the palm."[15] Lefèvre's contemporary reputation is well summed up in the notice of him in the first supplement to Trithemius's biographical dictionary, a reference book familiar to all literate persons in the first half of the sixteenth century. Here we learn that Lefèvre restored the liberal arts to their antique splendor; that he freed every part of philosophy from the fog of barbarous sophistry; that he was the first of the Gauls (like Cicero among the Romans) to join a previously rude and unpolished philosophy with eloquence; and that he gave himself heart and soul to the study of divine things, helping the professional theologians by restoring, emending, explaining and publishing scriptural and theological texts.[16]

Lefèvre's principal intellectual interests were Aristotelian philosophy, mathematics, Biblical and more particularly New Testament scholarship, patristic literature, and the visionary and speculative theology of medieval Christian mysticism. By means of translations, commentaries, introductions, and paraphrases he tried to recover the precise meaning of Aristotle's works and the original elegance of their style. He edited patristic texts and undertook a major program of Biblical research and commentary: on the Psalms (1509), the Pauline Epistles (1512), the Gospels (1522), and the Catholic Epistles (1524). He searched for mystical manuscripts as indefatigably as Poggio had hunted the classics, and published for the first time an important series of medieval mystical texts: the visions of Elizabeth of Schönau and the *Scivias* of Hildegard of Bingen, seven books by Ramon Lull, Ruysbroeck's *De ornatu spiritualium nuptiarum*, the *Contemplationes Idiotae* of Raymundus Jordanus. Late in life he read the Protestant reformers with sympathetic interest. A common devotion to the Epistle to the Romans gives his doctrine of justification a superficial resemblance to Luther's, while the direct influence of Zwingli, Oecolampadius, and Bucer can be detected in his last works.

Lefèvre built these interests into a consistent scholarly and educational program. "For knowledge of natural philosophy," he wrote in 1506, in his commentary on Aristotle's *Politics*, "for knowledge of

15. *Dr. Johannes Bugenhagens Briefwechsel*, ed. O. Vogt (Stettin, 1888), 6.
16. Ep. 94, pp. 288–289.

ethics, politics and economics, drink from the fountain of a purified
Aristotle. (. . .) Those who wish to set themselves a higher end and a
happier leisure will prepare themselves by studying Aristotle's *Metaphysics*, which deals with first and supramundane philosophy. Turn
from this to a reverent reading of Scripture, guided by Cyprian,
Hilary, Origen, Jerome, Augustine, Chrysostom, Athanasius, Nazianzen, John of Damascus, and other fathers. Once these studies have
purified the mind and disciplined the senses (and provided one has
extirpated vice and leads a becoming and upright life), then the
generous mind may aspire to scale gradually the heights of contemplation, instructed by Nicholas of Cusa and the divine Dionysius and
others like them."[17]

Lefèvre's enthusiasm for Aristotle reminds us how misguided is
the facile distinction between an Aristotelian Middle Ages and a Pla-
tonic Renaissance. In Lefèvre's opinion Aristotle's philosophy was
pure, lucid, and certain, a straight and easy path to knowledge and
virtue. "I view all Peripatetics with such kindness," he wrote, "and
especially Aristotle, the leader of all who philosophize truly, that I
want to communicate his useful, beautiful, and holy works to all men
so that everyone may be seized along with me by the same love for
them and venerate and love them with me."[18] A count of editions of
Aristotle's works published between the beginning of printing and
1600 would run to many thousands: ample evidence that Lefèvre's
esteem for the philosopher was not eccentric.

Lefèvre's Aristotelianism belongs nevertheless to a tradition distinct
both from the scholastic Aristotelianism of the medieval Latin West
and from the secular Aristotelianism current in the Italian universities
of his own day. An appropriate name for this tradition is humanist
Aristotelianism. Its greatest representative in the first half of the fifteenth century was Leonardo Bruni; in the second half of the same
century, the Venetian patrician Ermolao Barbaro. Lefèvre is its most
important representative in the first half of the sixteenth century.
Humanist Aristotelianism has well-defined characteristics: disenchant-
ment with the medieval translations and increasing reliance on the

17. *Politicorum libri octo*, ed. Lefèfre d'Etaples (Paris, Henri Estienne, 5 Aug.
1506), ff. 123v–124r.
18. Ep. 2, p. 5.

Greek text; rejection of the scholastic commentaries; greater concern with Aristotle's moral philosophy than with the natural philosophy, logic, or metaphysics; the implausible conviction, finally, that Aristotle's philosophy harmonizes admirably with Christianity.

Lefèvre, like other humanist Aristotelians, condemned the medieval Latin translators of Aristotle for their errors of syntax, their sacrifice of the spirit and rhythm of the Latin language to pedestrian literalness, their Gothic barbarousness. To reform Aristotelian scholarship he and his associates corrected the old versions from the Greek; vulgarized north of the Alps the humanist translations of Bruni, Argyropulos, and Cardinal Bessarion; and themselves made new translations which they intended to be faithful, clear, and elegant.

Lefèvre rejected the scholastic commentaries along with the scholastic translations. The scholastics practiced what he called the "method of questions and arguments." The method was reprehensible, in Lefèvre's view, because it made the text an occasion for empty sophistry and merely verbal controversy. For the *quaestio* Lefèvre substituted philological and historical notes; for the disputation and the citation of scholastic authorities, historical *exempla*, quotations from the poets, and exhortations to virtue. The proper commentary, he argued, satisfies the intellect with clear, accurate explanations, forms the will by ethical rules and practical examples, and by eloquence incites the reader to virtue.[19] In 1581, in his *Discussiones Peripateticae*, Francesco Patrizi isolated admirably the historical importance of Lefèvre's method. He classified Aristotelian philosophers and commentators into ten groups and periods. The ninth and tenth ages are respectively the medieval Latin West from the thirteenth through the fifteenth century and Patrizi's own present and immediate past, the sixteenth century. Lefèvre ended the one period and began the other. He was the first to free philosophy from the *quaestio* and open the way to the method of studying Aristotle that Patrizi himself admired in the French and Spanish schools of his own day: positive explanation of the Greek text without questions or dubieties—*sine ullis vel dubitationibus vel quaestionibus.*[20]

19. Ep. 14, p. 42.
20. *Francisci Patricii Discvssionvm Peripateticarum Tomi IV* (Basel, 1581), I, xi, 146; xii, 162–163.

Lefèvre's preoccupation with Aristotle's moral philosophy and his effort to harmonize Aristotle and Paul distinguish him from the secular Aristotelians of the Italian universities. From the Aristotelian corpus the philosophers of Bologna and Padua tended to select for emphasis the logical and scientific works; Lefèvre wrote three Aristotelian commentaries, on the *Ethics*, *Politics*, and *Economics*. For Agostino Nifo and Pietro Pomponazzi the medieval Latin and Arabic commentators remained a living tradition, and they drew a special and novel strength from their knowledge of the Greek commentators. Lefèvre singled out Alexander of Aphrodisias and Averroes for special censure for cluttering up the intellectual world with their insanities, like spiders spinning webs in an abandoned house. It is typical, to take a single instance, that the problem of liberty should be posed for Pomponazzi by the *Physics* and for Lefèvre by the *Ethics*. Lefèvre believed that man had free will and quoted chapter 7 of Book III of the *Ethics*, where Aristotle had said that it is in our power to do good or evil acts and that man is the "originator or generator of his actions as he is the generator of his children." In the *De fato* Pomponazzi, who agreed with Cicero's judgment that Aristotle had believed all things to pass *inevitabiliter*, quoted the *Physics* and suggested that in Book III of the *Ethics* Aristotle had defended the freedom of the will not because he really believed in it, but "in order to please the vulgar and for the sake of morality."[21] Pomponazzi called Lefèvre "second to none in learning in this age," but he quoted him as an authority on Dionysius the Areopagite rather than on Aristotle.[22]

Lefèvre's humanist Aristotelianism, finally—and here his reading of the texts links him more closely with the scholastic past—is bathed in a Christian vocabulary and Christian associations. In the *Metaphysics*, for example, he learned to know the Essence of essences, which he identified with God the Father and the Creator. In his *Dialogues on the Metaphysics* (1494) he suggested that Aristotle had actually worshipped the *ens entium* and asked for its mercy and blessing; and he even composed a brief prayer to the *ens entium* for the use of his

21. *Petri Pomponatii Mantuani libri quinque de fato, de libero arbitrio et de praedestinatione*, ed. Richard Lemay (Lucani, 1957), 274.

22. *De naturalium effectuum causis, sive de incantationibus*, ch. 10, in *Opera* (Basel, Henricus Petrus, 1567), 130. Cf. *ibid.*, pp. 150 and 314.

students.[23] This curious suggestion rests on the notion of the divine illumination of the pagan ancients. Lefèvre considered Aristotle's philosophy true, holy, and in fundamental agreement with Christianity because God, even though Aristotle was a pagan and lived before the incarnation, had made him his priest and prophet and graciously revealed the truth to him.[24] The union and concord of Christianity and Aristotelianism were guaranteed by a common inspiration.

But study of Aristotle was, in Lefèvre's view, a transitory stage in a program built on the graduated ascent from knowledge of sensible particulars to the contemplation of divine things, from the realm of discursive reason to that of intuition and vision. His larger purpose, as he defined it himself, was to join philosophy to piety, that is, to rise from the human to the divine, from vestiges to exemplars, from shadows to light, from the philosophy of Aristotle to Holy Scripture, the fathers, and the mystics; or, as his pupil Beatus Rhenanus put it, "to join wisdom and piety with eloquence."[25]

A desirable piety must be eloquent. This is one reason Lefèvre admired the ancient fathers. Many of them had been poets, orators, and friends of philosophers; and they had written before "Roman eloquence began to totter with the tottering Roman empire."[26] In this perspective he used Basil the Great to justify the study of the pagan classics; the verses of Paulinus of Nola, the writing of Neo-Latin poetry; Jerome or Gregory Nazianzen, the cultivation of wit and elegance. The contemporary humanistic ideal of eloquence was considered to reproduce the practice of the fathers. To imitate the fathers was to imitate stylists of the great period of classical letters; to imitate the pagan classics was to follow the example of the fathers.

At the same time Lefèvre admired the medieval mystics. He warned his readers to beware of having what St. Paul called "delicate ears;" or he "elevated" the style of the mystical text he was preparing for the press lest its rustic barbarity put the reader off; or he argued historically that although the contemplative and visionary works he

---

23. *In Hoc Opere Continentur totius philosophiae naturalis Paraphrases* (Paris, Simon de Colines, 5 Jan. 1521/1522), fol. 336r–v.

24. Ep. 6, p. 21.

25. Horawitz-Hartfelder, p. 12.

26. Ep. 79, p. 240.

published had been written in a barbarous age when men "spoke Gothic rather than Latin," yet by the decayed standards of their own age they were remarkably eloquent. Sometimes he attributed positive religious significance to a "divine rusticity" of style, for it suggested to him that the author was an authentic *idiota* and that his book was written under the direct inspiration of God, a vehicle of that Christian folly which defeats the wisdom of the world. Most often he distinguished between human and divine eloquence. The orator will judge a book like the *Contemplationes Idiotae* of Jordanus without eloquence. But the book savors more of God than of the world, and "its divine discourse does not lack divine eloquence." Nicholas of Cusa is eloquent; but his eloquence is simple, humble, bare, and modest. It prefers intelligibility to ornament and what Lefèvre calls "theatrical pomp." Properly read, therefore, a fourteenth-century mystic is more usefully eloquent than a contemporary Ciceronian.[27]

A desirable piety must be simple as well as eloquent. Lefèvre's distinction of secular and Christian eloquence rebuked the professional rhetoricians of his own day; his assertion that piety was a simple, affective wisdom rather than a syllogistic science was an attack on medieval scholastic theology and on the professional theologians of his own university. Again, the ancient fathers and mystics were his models—and sticks, too, with which to beat the scholastics.

The scholastics, Lefèvre argued, emphasized difficulties, delighted in riddles and enigmas, openly opposed authorities *sic et non*, probed *quaestiones* in disputations, and reconciled them by an oversubtle dialectic. The theology of the fathers and mystics, on the other hand, is uncontentious, clear, pure, and spiritual, a holy rhetoric humbly serving the text of scripture. The scholastics answered the question "Is theology a science?" in the affirmative; the fathers and mystics answered it negatively. Theology is not a *scientia* but a *sapientia*; not a systematically ordered body of true and certain knowledge derived from the certain but undemonstrable principles of revelation, but a *doctrine sacra* derived from the *pagina sacra* of scripture. Puffed up by pride in their logical knots, empty disputations, and arrogant theological science, the scholastics wrote *summae*; the fathers and

27. Eps. 22, p. 77; 38, p. 117; 79, p. 240; 91, p. 277; 109, pp. 344–345; 121, p. 390; 126, pp. 411–412.

mystics more usefully wrote commentaries on scripture and taught "simple truth unobscured by empty sophistry."[28] The scholastics arrogantly assumed that they could know God. The truly pious realize that in this life we can know little of God but that even the humblest can love Him.

To replace the scholastic method Lefèvre suggested philological criticism of the text of scripture. Lefèvre was not a great textual critic. He had some brilliant *aperçus* and some hilarious failures. In subtlety and consistency of insight he does not compare with Valla or Erasmus, —although his critical sense grew stronger as he aged. What is fascinating about his textual work is the vivid picture it gives us of the formidable difficulties faced by all the Renaissance pioneers. For example, Lefèvre believed passionately and erroneously in the authenticity of the Dionysian corpus and accepted the Dionysian myth in the extreme form given it in the ninth century by Hilduin, abbot of Saint-Denis—that is, that the Dionysius the Areopagite mentioned in the book of Acts, the Dionysius described by Gregory of Tours as sent to evangelize the Gauls c. 250, and the author of the *Corpus Dionysiacum* (which modern scholars believe to have been written in Syria early in the sixth century) were one and the same person—and he set out to prove it. His method was sound enough: find *testimonia* and preferably direct quotations from the text in early authors. He found a reference in a sermon of Chrysostom, but the sermon is spurious. He found a quotation in a work by Eusebius of Caesaria recently translated by Giorgio Valla. Entitled *De theologicis ambiguitatibus*, it is apparently a medieval Byzantine forgery. Best of all, he found a citation in Athanasius, but in a passage whose authenticity had already been questioned by Nicholas of Cusa. Wherever he put his foot, the quick sands of apocrypha and forgery threatened to pull him under. But what he could have done and failed to do was to consider the negative evidence and ask the question Cusanus had scribbled in *his* margin: why did Ambrose, Augustine, and Jerome, who lived after Athanasius, never mention Dionysius?[29]

Whatever the strengths and weaknesses of his critical method, however, its procedures focused the attention of his readers on the

28 Ep. 38, p. 117. Cf. ep. 95, pp. 292–293.
29. Ep. 20.

single source and object of true piety: the Bible. From a very early date Lefèvre organized his intellectual interests around a scriptural core. What we learn from Aristotle's Physics analogically, we learn from scripture directly. We study Greek and Hebrew in order to read scripture in its original languages. Lefèvre prized mathematics above all because it opened a path to the mystical understanding of scripture. The most important reason he gave for admiring the fathers and the mystics was the perceptiveness of their Biblical commentaries. Philology was useful because it helped preserve the purity of the Bible's text. Translation was desirable so that scripture might be accessible to as many people as possible.

An ideal *pietas*, finally, was not only eloquent, simple, and evangelical; it harmonized with philosophy as philosophy harmonized with it. This is the key to Lefèvre's doctrine of justification, which is a reconciliation of Aristotle and Paul. Aristotle prepares; Paul consummates. Works are insufficient for salvation. Yet they attract God's grace, retain it, and augment it; for "whoever performs good works," as Lefèvre put it in his commentary on Romans, "whether he has and knows the Law or not, will not lack for God's reward." Even pagans and men who live today in unknown regions of the earth, if they love God and respect their parents and fellows according to their natural instinct (*naturalis instinctus*) and the law of nature (which is indistinguishable from the Decalogue), will be saved.[30] In short, both faith and works are necessary; neither is sufficient alone, although faith is more important than works. Ultimately, indeed, neither faith nor works justify. Both prepare us for justification. Characteristically, Lefèvre summed it up in a Dionysian formula: we are purged by works of the law (*purgatio*); faith converts us (*conversio*); justification illumines us (*illuminatio*).[31] Lefèvre had attributed Christian assumptions to Aristotle; he found in Paul an idea of liberty compatible with Aristotle, the Greek fathers, and the mystics.

It was with these preconceptions that Lefèvre read the Latin works of the German reformers as they gradually became known in France in the years after 1519. There is no doubt that he agreed with much

30. *Contenta. Epistola ad Rhomanos ... Commentariorum libri quatuordecim ...* (Paris, Henri Estienne, 15 Dec. 1512), ff. 71v–72r.
31. *Ibid.*, ff. 75r, 76r–v.

of what he read. In a letter to Farel in 1524, for example, he endorsed the *Theses of Breslau* drawn up by Johann Hess, a friend of Luther: the Word of God is the single foundation of Christianity and should be accessible to all; the Mass is not a sacrifice and the efficacy of the sacrament depends on faith; marriage is a holy state which should be open to all men.[32] Under the influence of the Germans and Swiss, his own evangelicism became more radical: the last Aristotelian edition on which he worked appeared in 1518; the last mystical work he edited appeared in 1519; the last patristic edition with which he was connected dates from 1520. Henceforth the Gospel became the exclusive object of his scholarly work as it had long been the center of his religious experience: *extra Evangelium nihil scire, id esse omnia scire*, he wrote in 1522.[33] At the same time his theology remained vigorously individual. His conception of faith was moderate and concilatory. He respected the freedom of the human will. He retained works and the notion that grace was infused rather than imputed. And for a few years, at least, he looked on his own age as the dawn of a new era in which the light of the Gospel, dimmed in most parts of Europe by barbarism and superstition ever since the days of Constantine, had begun to shine brightly once again. "O good God," he wrote in 1524, "with what joy do I exult when I learn that the grace of knowing Christ in purity is spreading through a good part of Europe."[34] He dared hope that Christ would visit the same blessing on France, and looked beyond France and Europe to the action of the Gospel in the wider world: "The true Christian," he wrote in his Commentary on the Catholic Epistles, "does not love only Christians of his own kind but will love also Indians, Ethiopians, Asians and Africans, and those who live in islands beyond the sea and in lands which for so many centuries have been unknown until discovered in our own day."[35]

Lefèvre's was a rich and varied intelligence. He has been best summed up by a man who hated him, Noel Beda, syndic of the Sorbonne.

32. Herminjard, I, 225–226.
33. Ep. 134, p. 435.
34. Herminjard, I, 220.
35. *Iacobi Fabri Stapulensis, theologi celeberrimi, commentarii in Epistolas Catholicas* (Antwerp, Ioannes Gymnicus, 1540), 334–335.

Lefèvre, he wrote in 1526, was a *humanista theologizans*.[36] The phrase catches rather well the uneasy jostling of barbarism and classicism in Lefèvre's own style, the complex play in his thought of tradition and innovation; and it cunningly places the professional teacher of philosophy and of the liberal arts who reserved the best of his passion for amateur theology.[37]

36. *Annotationum Natalis Bedae Doctoris Theologi Parisiensis in Iacobum Fabrum Stapulensem libri duo: Et in Desiderium Erasmum Roterodamum liber unus* ... (Paris, Badius Ascensius, 1526), sig. Aa, i, v⁰.

37. For the literature, see E. Amann, "Jacques Lefèvre d'Etaples," *Dictionnaire de théologie catholique*, IX (1926), 132–159; A. Renaudet, *Préréforme et humanisme à Paris pendant les premières guerres d'Italie* (1494–1517), 2nd. ed. (Paris, 1953); and E. F. Rice, "Jacques Lefèvre d'Etaples and the Medieval Christian Mystics," *Florilegium historiale. Essays in Honor of Wallace K. Ferguson* (Toronto, 1970), 119, note 1. To the titles cited there may be added the following: Henry de Vocht, *Jerome de Busleyden, Founder of the Louvain Collegium trilingue* (Turnhout, 1950), 372–373; G. Ebeling, "Die Anfänge von Luthers Hermeneutik," *Zeitschrift für Theologie und Kirche*, XLVIII (1951), 172–230; W. F. Dankbaar, "Op de grens der Reformatie: De Rechtvaardigingsleer van Jacques Lefèvre d'Etaples," *Nederlands theologisch Tijdschrift*, VIII (1953–1954), 327–345; A. Renaudet, "Un problème historique: la pensée religieuse de J. Lefèvre d'Etaples," *Studi in onore di Bruno Nardi, Medioevo e Rinascimento*, II (Florence, 1955), 621–650; Louise Salley, "The Conflict of Mysticism and Greek Learning: Jacques Lefèfre d'Etaples," *Renaissance Papers, A Selection of Papers Presented at the Renaissance Meeting in the Southeastern States*, ed. Allan H. Gilbert (Duke University, 12–13 April, 1957), 58–63; J. Dagens, "Hermétisme et Cabale en France de Lefèvre d'Etaples à Bossuet," *Revue de littérature comparée*, XXXXV (1961), 5–16; H. A. Oberman, *Forerunners of the Reformation. The Shape of Late Medieval Thought Illustrated by Key Documents* (New York, 1966), 297–305; Richard Stauffer, "Lefèvre d'Etaples, artisan ou spectateur de la Réforme," *BSHPF.*, CXIII (1967), 405–423; Walter F. Bense, *Noel Beda and the Humanist Reformation at Paris, 1504–1534* (Unpub. Ph.D. diss., Harvard University, 1967); M. Mousseaux, *Aux sources françaises de la Réforme (textes et faits): La Brie protestante* (Paris, 1968), 19–95; A. Hufstader, "Lefèvre d'Etaples and the Magdalen," *Studies in the Renaissance*, XVI (1969), 31–60; J. C. Olin, *The Catholic Reformation: Savonarola to Ignatius Loyola. Reform in the Church, 1495–1540* (New York, 1969), 107–117; Henry Heller, *Reform and Reformers at Meaux: 1518–1525* (unpub. Ph.D. diss., Cornell University, 1969); Richard Cameron, "The Attack on the Biblical Works of Lefèvre d'Etaples, 1514–1521," *Church History*, XXXVIII (1969), 9–24; Cameron, "The Charges of Lutheranism Brought Against Jacques Lefèvre d'Etaples (1520–1529)," *Harvard Theological Review*, LXIII

(1970) 119–149; E. F. Rice, "Humanist Aristotelianism in France: Jacques Lefèvre d'Etaples and His Circle," *Humanism in France*, ed. A. H. T. Levi (Manchester University Press, 1970), 132–149; Rice, "The Patrons of French Humanism, 1490–1520," *Renaissance Studies in Honor of Hans Baron*, ed. A. Molho and J. A. Tedeschi (Florence, 1971), 687–702.

Contents

CONTENTS

CONTENTS

CONTENTS

Abbreviations

ABSHF. = *Annuaire-Bulletin de la Société de l'Histoire de France.* Paris, 1863 sqq.

Actes de François 1er = *Catalogue des Actes de François 1er,* ed. L'Académie des Sciences morales et politiques. 10 vols. Paris, 1887–1908.

ADB. = *Allgemeine deutsche Biographie.* 56 vols. Leipzig, 1875–1912.

Allen = *Opvs Epistolarvm Des. Erasmi Roterodami,* ed. P. S. Allen, H. M. Allen, and H. W. Garrod. 12 vols. Oxford, 1906–1958.

Allut = P. Allut, *Etude biographique et bibliographique sur Symphorien Champier.* Lyons, 1859.

Altaner, *Patrologie* = Berthold Altaner, *Patrologie. Leben, Schriften und Lehre der Kirchenväter,* 5th ed. Freiburg-im-Breisgau, 1958.

Anselme = Père Anselme, *Histoire généalogique et chronologique des grands officiers de la Couronne . . . considérablement augmentée par les PP. Ange et Sulpicien.* 9 vols. Paris, 1726–1733.

Aristoteles Latinus = *Aristoteles Latinus. Codices descripsit Georgius Lacombe in societatem operis adsumptis A. Birkenmajer, M. Dulong, Aet. Franceschini, L. Minio-Paluello.* 2 vols. Rome and Cambridge, 1939–1955. *Supplementa Altera,* Bruges and Paris, 1961.

Auct. Chart. = *Auctarium chartularii Universitatis Parisiensis.* 6 vols. Paris, 1894–1964.

Avinyó = Joan Avinyó, *Les obres auténtiques del beat Ramon Llull.* Barcelona, 1935.

Baudrier = Le Président Baudrier and Julien Baudrier, *Bibliographie lyonnaise. Recherches sur les imprimeurs, libraires, relieurs et fondeurs de lettres de Lyon au XVIe siècle.* 12 vols. Lyons, 1895–1921. Photographic reprint, Paris, F. de Nobele, 1964–1965.

B. Belg. = *Bibliotheca Belgica. Bibliographie générale des Pays-Bas,* ed. Ferdinand van der Haeghen *et al.* Reissue. 6 vols. Brussels, 1964–1968.

BEC. = *Bibliothèque de l'Ecole des Chartes.* Paris, 1839 sqq.

BHR. = *Bibliothèque d'Humanisme et Renaissance,* Paris, 1941 sqq.

Branca = *Ermolao Barbaro, Epistolae, Orationes et Carmina,* ed. Vittore Branca. 2 vols. Florence, 1942–1943.

Bretonneau = Guy Bretonneau, *Histoire généalogique de la maison des Briçonnets.* Paris, 1620.

BSHPF. = Bibliothèque de la Société de l'histoire du Protestantisme français.

BSHPF. = *Bulletin de la Société de l'histoire du Protestantisme français.* Paris, 1853 sqq.

Bulaeus = César-Egasse Du Boulay, *Historia Universitatis Parisiensis.* 6 vols. Paris, 1665–1673. Photographic reprint, Minerva G.m.b.H., Frankfurt-am-Main, 1966.

Camerini = Paolo Camerini, *Annali dei Giunti. Venezia.* 1 vol. in 2. Florence, 1962–1963.

Chevalier, *Bio-bibliographie* = Ulysse Chevalier, *Répertoire des sources historiques du Moyen Age. Bio-bibliographie.* 2 vols. Paris, 1905–1907.

Cioranesco = Alexandre Cioranesco, *Bibliographie de la littérature française du seizième siècle.* Paris, 1959.

Clerval = J.-Al. Clerval, *De Judoci Clichtovei Neoportuensis doctoris theologi Parisiensis et Carnotensis canonici vita et operibus (1472–1543).* Paris, 1894.

Clutton = George Clutton, "Simon Du Bois of Paris and Alençon," *Gutenberg Jahrbuch* (1937), 124–130.

Copinger = W. A. Copinger, *Supplement to Hain's Repertorium bibliographicum.* 2 vols. London, 1895–1902.

Cosenza = Mario Cosenza, *Biographical and Bibliographical Dictionary of the Italian Humanists and of the World of Classical Scholarship in Italy, 1300–1800.* 5 vols. Boston, 1962.

Cottineau = L. H. Cottineau, *Répertoire topo-bibliographique des abbayes et prieurés.* 2 vols. Macon, 1935–1938.

CSEL. = *Corpus Scriptorum Ecclesiasticorum Latinorum.* Vienna, 1866 sqq.

Darlow and Moule = T. H. Darlow and H. F. Moule, *Historical Catalogue of the Printed Editions of Holy Scripture in the Library of the British and Foreign Bible Society.* 2 vols. in 3. London, 1903–1911.

DBF. = *Dictionnaire de biographie française.* Paris, 1933 sqq.

Delaruelle, *Budé* = Louis Delaruelle, *Etudes sur l'humanisme français: Guillaume Budé, les origines, les idées maîtresses.* Paris, 1907.

Delaruelle, *Répertoire* = Louis Delaruelle, *Répertoire analytique et chronologique de la correspondance de Guillaume Budé.* Toulouse, 1907.

Delisle, *Caen* = Léopold Delisle, *Catalogue des livres imprimés ou publiés à Caen avant le milieu du XVIe siècle.* 2 vols. Caen, 1903–1904.

DHGE. = *Dictionnaire d'histoire et de géographie ecclésiastiques.* Paris, 1912 sqq.

Dionysiaca = *Dionysiaca. Recueil donnant l'ensemble des traductions latines des ouvrages attribués au Denys l'Aréopage,* ed. Dom Chevalier and the Benedictines of Solesmes. 2 vols. Bruges and Paris, 1937–1950.

DK. = *Deutscher Gesamtkatalog.* 14 vols. Berlin, 1931 sqq.

DLF. = *Dictionnaire des lettres françaises. Le seizième siècle.* Published under the direction of Monseigneur Georges Grente. Paris, 1951.

DTC. = *Dictionnaire de théologie catholique.* 15 vols. Paris. 1908–1950.

Estreicher = K. Estreicher, *Bibliografia Polska.* 33 vols. Cracow, 1870–1939.

Eubel = Conrad Eubel, *Hierarchia catholica Medii Aevi*. 6 vols. Regensburg, 1901–1958.

Félibien = M. Félibien, *Histoire de la ville de Paris*. 5 vols. Paris, 1725.

Ferrari = L. Ferrari, *Onomasticon*. *Repertorio biobibliografico degli scrittori italiani dal 1501 al 1850*. Milan, 1947.

Gallia Christiana = *Gallia Christiana in provincias ecclesiasticas distributa*. 16 vols. Paris, 1715–1865.

Gallia-Regia = G. Dupont-Ferrier, *Gallia-Regia, ou état des officiers royaux des bailliages et des sénéchaussés du 1328– à 1515*. 4 vols. Paris, 1942–1954.

Gams = Pius Bonifacius Gams, *Series episcoporum Ecclesiae catholicae quotquot innotuerunt a beato Petro apostolo*. 2nd ed. Leipzig, 1931.

Garin, "Traduzioni umanistiche di Aristotele" = Eugenio Garin, "Le traduzioni umanistiche di Aristotele." *Atti e Memorie dell'Accademia Fiorentina di Scienze Morali "La Colombaria,"* N.S. II (1947–1950), 55–104.

GCS. = *Die griechischen christlichen Schriftsteller der ersten drei Jahrhunderte*. Berlin, 1902 sqq.

Geiger = Ludwig Geiger, *Reuchlins Briefwechsel*. Tübingen, 1875.

Goff = F. R. Goff, *Incunabula in American Libraries*. New York, 1964.

GW. = *Gesamtkatalog der Wiegendrucke*. Leipzig, 1925 sqq.

Hain = Ludwig Hain, *Repertorium bibliographicum, in quo libri omnes ab arte typographica inventa usque ad annum M.D. typis expressi ordine alphabetico recensentur*, 2 vols. in 4. Stuttgart and Paris, 1826–1838.

Hartmann = Alfred Hartmann, *Die Amerbachkorrespondenz*. 5 vols. Basel, 1942–1958.

Herminjard = A.-L. Herminjard, *Correspondance des réformateurs dans les pays de langue française*. 9 vols. Geneva and Paris, 1866–1897. Photographic reprint, Nieuwkoop, B. de Graaf, 1965.

HLF. = *Histoire littéraire de la France. Ouvrage commencé par des religieux bénédictins de la Congrégation de Saint-Maur et continué par des membres de l'Institut*. 39 vols. Paris, 1733 sqq.

Horawitz-Hartfelder = Adalbert Horawitz and Karl Hartfelder, *Der Briefwechsel des Beatus Rhenanus*. Leipzig, 1886.

IGI. = T. M. Guarnaschelli, E. Valenziani, and E. Cerulli, *Indice generale degli incunaboli delle biblioteche d'Italia*. 4 vols. Rome, 1943 sqq.

Imbart de la Tour = P. Imbart de la Tour, *Les Origines de la Réforme*, I. *La France moderne*, 2nd ed. (Melun, 1948); II. *L'Eglise catholique. La crise et la Renaissance*, 2nd ed. (Melun, 1946); III. *L'Evangélisme (1521–1538)* (Paris, 1914).

Jourdain = Charles Jourdain, *Index chronologicus chartarum pertinentium ad historiam Universitatis Parisiensis*. Paris, 1862.

Jovy = Ernest Jovy, *François Tissard et Jérôme Aléandre. Contribution à l'histoire des origines des études grecques en France*. 3 fascicules. Vitry-le-François, 1899–1913.

Keussen = Herman Keussen, *Die Matrikel der Universität Köln, 1389–1559*. 3

vols. Bonn, 1892–1932.

Klebs = Arnold C. Klebs, "Incunabula scientifica et medica: Short Title List," *Osiris*, IV, part I (Bruges, 1938), 1–359.

Krafft and Crecelius = C. Krafft and W. Crecelius, "Mitteilungen über Alexander Hegius and seine Schüler," *Zeitschrift des bergischen Geschichtsvereins*, VII (1871), 213–288.

Kristeller, *Studies* = Paul Oskar Kristeller, *Studies in Renaissance Thought and Letters*. Rome, 1955.

Laune = Alfred Laune, *La Traduction de l'Ancien Testament de Lefèvre d'Etaples*. Le Cateau, 1895.

Lebeuf = Jean Lebeuf, *Histoire de la ville et de tout le diocèse de Paris*. 7 vols. Paris, 1883–1893.

Lefranc = Abel Lefranc, *Histoire du Collège de France depuis ses origines jusqu'à la fin du premier empire*. Paris, 1893.

Legrand = Emile Legrand, *Bibliographie hellénique des XVe and XVIe siècles*. 4 vols. Paris, 1885–1906. Photographic reprint, Paris, G. P. Maisonneuve, 1962.

Maître = Henri-Bernard Maître, "Les 'Théologastres' de l'Université de Paris au temps d'Erasme et de Rabelais (1496–1536)," *Bibliothèque d'Humanisme et Renaissance*, XXVII (1965), 248–264.

Massaut = Jean-Pierre Massaut, *Josse Clichtove, l'humanisme et la réforme du clergé*. 2 vols. Paris, 1968.

Matr. d. Univ. Wien = *Die Matrikel der Universität Wien*, ed. Institut für österreichische Geschichtsforschung. 4 vols. Graz and Cologne, 1954 sqq.

Maugis = Edouard Maugis, *Histoire du Parlement de Paris de l'avènement des rois Valois à la mort d'Henri IV*. 3 vols. Paris, 1913–1916.

MG. = Jacques Paul Migne, *Patrologiae cursus completus. Series Graeca*. 161 vols. Paris, 1857–1866.

MGH. = *Monumenta Germaniae historica. Societas aperiendis fontibus rerum Germanicarum medii aevi*. Berlin, 1877 sqq.

ML. = Jacques Paul Migne, *Patrologiae cursus completus. Series Latina*. 221 vols. Paris, 1844–1864.

Moore = W. G. Moore, *La Réforme allemande et la littérature française*. Strasbourg, 1930.

Mortimer = *Harvard College Library. Department of Printing and Graphic Arts. Catalogue of Books and Manuscripts. Part I. French 16th Century Books*. Compiled by Ruth Mortimer. 2 vols. Cambridge, Mass., 1964.

NDB. = *Neue deutsche Biographie*. Berlin, 1953 sqq.

Nijhoff-Kronenberg = Wouter Nijhoff and M. E. Kronenberg, *Nederlandsche bibliographie van 1500 tot 1540*. 3 vols. in 6. The Hague. 1923–1961.

Omont = Henri Omont, "Essai sur les débuts de la typographie grecque à Paris (1507–1516)," *Mémoires de la Société de l'Histoire de Paris et de l'Ile-de-France*, XVIII (1891), 1–72.

Panzer = Georg Wolfgang Panzer, *Annales typographici ab artis inventae origine ad annum MD* and *Annales typographici ab anno MDI ad annum*

ABBREVIATIONS

MDXXXVI continuati. 11 vols. Nuremberg, 1793–1803.

Pauly-Wissowa = August Friedrich von Pauly and Georg Wissowa *et al., Real-Encyclopädie der classischen Altertumswissenschaft,* 2nd ed. 123 vols. Stuttgart, 1894 sqq.

Peers = E. Allison Peers, *Ramon Lull. A Biography.* London, 1929.

Pellechet = M. Pellechet, *Catalogue général des Incunables des Bibliothèques publiques de France.* 3 vols. Paris, 1897–1909.

Platzeck = E. W. Platzeck, *Raimund Lull.* 2 vols. Düsseldorf, 1964.

Polain = L. Polain, *Catalogue des livres imprimés au quinzième siècle des bibliothèques de Belgique.* 4 vols. Brussels, 1932.

Reichling = Dietrich Reichling, *Appendices ad Hainii-Copingeri Repertorium bibliographicum, additiones et emendationes.* Munich, 1905–1911. *Supplementum,* Munich, 1914.

Reicke = Emil Reicke, *Willibald Pirckheimers Briefwechsel.* 2 vols. Munich, 1940–1956.

Renaudet = Augustin Renaudet, *Préréforme et Humanisme à Paris pendant les premières guerres d'Italie (1494–1517).* 2nd ed. Paris, 1953.

Renouard, *Badius* = Philippe Renouard, *Bibliographie des impressions et des œuvres de Josse Badius Ascensius, imprimeur et humaniste (1462–1535).* 3 vols. Paris, 1908. Photographic reprint, New York, Burt Franklin, 1964.

Renouard, *Colines* = Philippe Renouard, *Bibliographie des éditions de Simon de Colines, 1520–1546.* Paris, 1894.

Renouard, *Estienne* = Ant. Aug. Renouard, *Annales de l'imprimerie des Estienne ou histoire de la famille des Estienne et de ses éditions.* 2nd ed. Paris, 1843.

Ritter = *Répertoire bibliographique des livres imprimés en Alsace au XVe et XVIe siècles.* 4 parts in 7 vols. Strasbourg, 1935–1960.

Rogent-Duràn = Elíes Rogent and Estanislau Duràn, *Bibliografía de les impressions Lul. lianes.* Barcelona, 1927.

Rupprich = Hans Rupprich, *Der Briefwechsel des Konrad Celtis.* Munich, 1934.

Sarton = George Sarton, *Introduction to the History of Science.* 3 vols. in 5 Washington, 1927–1948.

Schmidt = Charles Schmidt, *Répertoire bibliographique Strasbourgeois.* 8 vols. Strasbourg, 1894 sqq.

Schutz = D. C. Cabeen, ed., *A Critical Bibliography of French Literature,* II. *The Sixteenth Century,* ed. Alexander H. Schutz. Syracuse, N.Y., 1956.

Smith, *Rara Arithmetica* = David Eugene Smith, *Rara Arithmetica. A Catalogue of the Arithmetics Written before the Year MDCI with a Description of Those in the Library of George Arthur Plimpton of New York.* Boston, 1908.

Stammler, *Verfasserlexikon* = Wolfgang Stammler, *Die deutsche Literatur des Mittelalters. Verfasserlexikon.* 5 vols. Berlin and Leipzig, 1933–1955.

Thomas-Stanford = Charles Thomas-Stanford, *Early Editions of Euclid's Elements.* London, 1926.

Thorndike = Lynn Thorndike, *History of Magic and Experimental Science.* 8 vols. New York, 1923–1964.

Thuasne = *Roberti Gaguini Epistole et orationes,* ed. Louis Thuasne. 2 vols. Paris, 1903.

Tiraboschi = Girolamo Tiraboschi, *Storia della letteratura italiana.* 2nd ed. 6 vols. Modena, 1787–1790.

Van Eys = W. J. van Eys, *Bibliographie des Bibles et des Nouveaux Testaments en langue française des XVe et XVIe siècles.* 2 vols. Geneva, 1900–1901.

Villoslada = R. G. Villoslada, *La Universidad de Paris durante los estudios de Francisco de Vitoria O.P.* Rome, 1938.

Walter = Jos. Walter, *Ville de Sélestat. Catalogue général de la Bibliothèque municipale,* I (3). Colmar, 1929.

Walther, *Proverbia* = Hans Walther, *Proverbia sentiaeque Latinitatis medii aevi. Lateinische Sprichwörter und Sentenzen des Mittelalters in alphabetischer Anordnung.* 5 vols. Göttingen, 1963–1967.

Wickersheimer = Ernest Wickersheimer, *Dictionnaire biographique des médecins en France au Moyen Age.* 2 vols Paris, 1936.

Wickersheimer, *Commentaires* = *Commentaires de la Faculté de médecine de l'Université de Paris, 1395–1526,* ed. Ernest Wickersheimer. *Collection de documents inédits sur l'histoire de France,* XIV (Paris, 1915).

Wierzbowski = Theodor Wierzbowski, *Bibliographia Polonica XV ac XVI ss. sive catalogus librorum res Polonicas tractantium vel a Polonis conscriptorum arte typographica impressorum, qui in Bibliotheca Universitatis Caesareae Varsoviensis asservantur.* 3 vols. Warsaw, 1889–1894. Photographic reprint, Nieuwkoop, B. De Graaf, 1961.

The Prefatory Epistles
of Jacques Lefèvre d'Etaples
and Related Texts

To Ambroise de Cambrai [Paris. 1492.]

[*Totius Aristotelis philosophiae naturalis paraphrases*], Paris, Johann Higman, 1492, sig. a, i, v; II (1504), fol. iv; III (1512/1513), fol. iv; IV (1528), fol. iv. The text is that of the revised edition of 1504, the second published by L. himself and without Clichtove's commentaries. I have corrected its misprints from the editions of 1513 and 1528. The epistle was reprinted without change in IIIa, V, VI, and XV.

Ambroise de Cambrai became chancellor of the University of Paris 13 Sept. 1482. He died 19 April 1496, leaving, Robert Gaguin reports, no regrets. See Thuasne, I, 213, n. 10.

The epistle prefaces L.'s paraphrases of Aristotle's works on natural philosophy, his first published book.

Iacobi Fabri Stapulensis philosophiae Paraphrases ad dignissimum patrem Ambrosium Camberacum, Parisiensis studii Cancellarium.[A]

Bacchum vinitores, Cererem agricolas, Panem agrestesque deos pastores[a] olim coluisse tradidit antiquitas, quod rerum[a] suarum ab illis potestatem (quamvis falso[b]) se habere putabant. Tanto magis, dignissime pater, te philosophantium turba in hac alma Parisiorum Academia debet observare atque colere, qui omnibus litterarum studiosis veram vel solus suarum litterarum potestatem facis et libertate donas gratissima. Ergo, amplissime pater, non mihi praeter officium[c] visum est, si[d] Aristotelicas Paraphrases[1] (quas scholasticorum[e] utilitati paravi, qui in Aristotelica philosophia initiandi sunt) tuo nomini dicarem,[f] qui pater es et caput omnium hoc in loco[g] tum humane tum divine philosophantium, ut qui tua auctoritate donatus hoc opus aggressus sum, eadem quoque auctoritate transmittam ad ceteros, aut tuo

A. Jacobi Fabri Stapulensis philosophiae Paraphrases ad gravissimum patrem Ambrosium de Cambray, Cancellarium Parisiensis dignissimum *1492*
a. pastores ... rerum *om. 1504*; rerum *om. 1512/1513*

b. quamvis falso *om. 1492*
c. praeter officium] imdoneum *1492*
d. *om. 1492*
e. omnium *1492*
f. dicare *1492*
g. hoc in loco *om. 1492*

relinquantur arbitrio semper latiturae aut lucem habiturae. Ergo
iudicio stentve cadantve tuo. Quae tamen tuo nomini, dignissime
pater, dicatae sunt, hoc ordine se tibi praesentant commendantque
Paraphrases.[h][2] Vale.[i]

1. The contents of the first edition are as follows: a *Prologus* to Aristotle's natural philosophy (see below, ep. 2); the *Introductio in Physicam Paraphrasim*
(sig. b, iii, r–b, iiii, r); a note to the reader (see below, ep. 3); *Paraphrasis octo
Physicorum Aristotelis; Paraphrasis quattuor de caelo et mundo completorum;
Paraphrasis duorum de generatione et corruptione; Paraphrasis quattuor Meteororum completorum; Brevis introductio in libros de anima Aristotelis* (sig. A, i,
v–A, ii, v); *Paraphrasis trium de anima completorum; Paraphrasis libri de sensu
et sensato; Paraphrasis libri de memoria et reminiscentia; Paraphrasis libri de
de somno et vigilia; Paraphrasis libri de longitudine et breviate vitae.* The
paraphrases are followed by two dialogues on Aristotle's *Physics* (see below, ep.
4). The book was seen through the press by Josse Clichtove. On the last page
he thanked the printer Johann Higman for publishing it at his own expense:

Carmen decastichum Iudoci Clichtovei regratiatorium
eorum qui hoc opus imprimi curaverunt.

Laudatur Phidias, pictor laudatur Apelles;
Laude magis dignor qui premit aere notas.
Si vigil et placidus, pater illi divus Apollo;
Quis si non, genitor rusticus ille fuit.
Cui sit Aristoteles curae Physicique tyrones
Sit gratum et placido quisquis adeste animo.
Debetis grates Alemano et adusque Johanni
Higman, qui propriis sumptibus egit opus.
Mendam corripui fido comitante Bohemo
(Ut potui) in plumbo si qua relicta fuit.

Clichtove's editorial work on the first edition of L.'s *Paraphrases naturales*
marks the beginning of a long and intimate collaboration. The poem is his first
published work. (The chronology of Clichtove's early publications has long
been disordered by a misprinted date in the colophon of the Bibliothèque
Nationale's copy of *Transitus beati hieronymi quem presertim tres sancti:
sanctus scilicet Eusebius, sanctus Augustinus et sanctus Cyrillus composuerunt,*
a popular forgery probably of fourteenth-century, north Italian, and Dominican
origin. This edition, which has twelve lines of verse by Clichtove at the end
[unnumbered leaf 48v], is dated M. cccc. lxxxviij in the BN. copy, an error
corrected by the printer, Guy Marchant, in the other known copies to 7 Aug.

h. commendantque Paraphrases] com- aphrases *1492*
 mendantque et suum opificem Par- i. *om. 1492*

1498. See Hain 8632; Polain 3981; *GW*. 9446–9453; and J. Klapper, *Schriften Johanns von Neumarkt*, II. *Hieronymus. Die unechten Briefe des Eusebius, Augustin, Cyrill zum Lobe des Heiligen, Von Mittelalter zur Reformation*, VI, 2, Berlin, 1932). The best work on Clichtove's early life and career is J.-P. Massaut, *Josse Clichtove, l'humanisme et la réforme du clergé* (Paris, 1968), I, 1–308. Cf. *DLF.*, 183–184 and Schutz, nos. 197, 208–213.

Clichtove's poem was not reprinted in subsequent editions, none of which were printed by Higman. On the other hand, two new items appear in Estienne's edition of 1504: a letter from Mario Equicola to Cardinal Soderini (ep. 40) and, on the verso of the title page, the following verses by Antoine Charpentier of Lille. (Charpentier was still a member of L.'s circle in 1515. On 20 Aug. Wolfgang von Matt wrote to Bruno Amerbach from Paris: "Te salutat dominus meus Faber et Antonius Carpentarius cum toto (in quo nunc degimus) Becodiano collegio, in quo et hec scripta" [Hartmann, II, 44; cf. *ibid.*, I, 345].)

Antonii Carpentarii Insulensis ad lectores carmen.

Si curae est cuiquam verum deprehendere callem
   Quo petitur certo docta Minerva gradu,
Hoc rimetur opus fervensque frequensque revolvat:
   Sic desiderii (credite) compos erit.
Arte etenim ingenti pars edocet una libelli:
   Omnia quae proprio luna sub orbe tenet.
Atque hic perpetuus naturae attollitur ordo:
   Quem tantum cunctis rebus inesse vides.
Ast superexcelsum pars altera ducit ad orbem
   Entiaque aetherei conspicienda chori,
Quorum fallaci vestigia sola sub umbra
   Non nisi languenti tramite servat humus.
Tantum igitur iuvenes vobis asciscite lumen
   Quod tutum (amota nube) recludit iter.
Non labor ingenous falso deterreat ausus:
   Pagina susceptum tersa levabit onus.

2. The order of the paraphrases is indicated by a list of abbreviations (sig. a, ii, r) which immediately follows the epistle: "Litterae librorum P C G M A S MR SU L. P. Liber physicorum. C. Liber de caelo et mundo," etc.

2

Preface to the Paraphrases of the Eight Books of Aristotle's *Physics* (1492)

[*Totius Aristotelis philosophiae naturalis paraphrases*], Paris, Johann Higman, 1492, sig. b, i, r–b, ii, r; VII (1501/1502), fol. 1r–v; II (1504), ff. 2r–3r; VIII (1510), fol. 2r–v; III (1512/1513), ff. 2r–3r; IX (1521), fol. 2r–v; IV (1528), ff. 2r–3r. The text is that of the revised edition of 1504. The Preface will also be found in IIIa, V, VI, X, XI, XII, XIII, XIV, and XV.

Prologus in Paraphrasin librorum Physicorum Aristotelis.[A]

Cum antiquorum philosophorum plurimi posteritati suae aliquam suorum laborum frugem relinquere pio benignoque affectu cogitarint, non vana gloriae cupiditate illecti et sine invidia quidem, perquirendis disciplinis vires animumque appulerunt, ut laboribus et vigiliis suis partas inventasque disciplinas nostrae instituendae vitae apprime necessarias relinquerent.

Quorum hi quidem tantae rei pondus ferre non valentes succubuere. Hi porro quae conducerent, pauca repererunt: aut ad opinionum tenebras demersi devolutique sunt, aut obscuris ambagibus legentium mentes natura cognoscendi cupidas eluserunt, in diesque ob nostram[a] quidem imbecillitatem illudunt, quod illorum obstrusa sensa et secretam sententiam nostra cognoscendi non penetret obtusitas. Hi vero ex sublimibus et aeternis istorum caducorum longo intervallo et paene inaccessibili ab illis distantium scientiam nobis parare curaverunt. Sed infirmus noster admodum intuitus e nostris profundis tenebris ad illos divinos fulgores omnino deficiens hebetescit.

Quae omnia summus Aristoteles persentiens et divino beneficio iutus, nostram sortem miseratus, nostrae litterariae vitae ducem sese praebuit et nos de caeco ignorantiae carcere pie atque benigne exemit; constrinxitque sub certo praecepto certaque regula quae ad eruditam

---

A. Prologus in physicos libros Aristotelis *1492, 1501/1502*; Jacobi Stapulensis in Physicos libros Aristotelis prologus *1510, 1521*

a. nostram *1510, 1512/1513, 1521, 1528*; nostri *1492, 1501/1502, 1504*

et beatam vitam necessaria putavit omnia, non lacessite, non involute, non in opinionum caligine, sed integre, lucide, certe.

Et eo ordine eaque[b] facilitate nobis scientiarum et virtutum viam patefecit, ut plane videatur ab illo divino munere nullum excludi voluisse, cui quantulumcumque mentis adesset, divinius id bonum putans quod pluribus cognosceret profuturum.

Etsi[c] omnia eius opera mira brevitate et utilitate sint referta, videri tamen potest eius naturalis editio plurimum admiranda, in qua quidem vel omnes et antiquos et recentiores[d] exuperasse facile consentiunt omnes.

Cuius et nos divino beneficio confisi, non vana similiter gloriae cupiditate allecti et sine invidia, sed solum utilitatem aliquam afferre cupientes paraphrasim ordinare suscepimus. Ea enim benevolentia Peripateticos prosequor omnes, et praesertim summum Aristotelem omnium vere philosophantium ducem, ut si quid ex illorum disciplinis deprompserim quod utile, pulchrum sanctumque putem, id omnibus communicatum esse velim, quo omnes una mecum ipsorum rapiantur amore ipsosque digna veneratione prosequantur et ament. Optoque omnes ita in ipsorum proficere disciplinis, ut (quae nosipsi ob parvas ingenii vires minus sufficienter explemus) ad communem omnium utilitatem expleant ad finemque perducant.

Si quos tamen haec nostra scripta iuvabunt, admonuisse velim in hac sacra philosophia semper Aristotelem aliquid arduum moliri; et cum de caducis ad horamque transitoriis agat, pariter divina tractare. Immo vero hanc totam sensibilis naturae philosophicam lectionem ad divina tendere et ex sensibilibus intelligibilis mundi parare introitum. Qui investigationis modus nobis connaturalis congeneusque (ut ipsi placet)[1] habetur.

Id praeterea animadvertere licet, Peripateticos opiniones tamquam grandem et pernoxiam mentis pestem fugere. Ad quam prorsus devitandam passim suorum dictorum sanam intelligentiam expetunt, et singula secundum subiectam materiam volunt esse intelligenda. Et omnia physica physice intelligunt et metaphysica divine et logica logice;

b. atque *1492*

c. Ceterum etsi *1510, 1512/1513, 1521, 1528*

d. ipsum *post* recentiores *1510, 1521*

voluntque singula in propriis locis et ex propiis esse disquirenda. Est enim ex propriis unaquaeque disciplinarum ratiocinatio.

Et nulla discutiunt nisi duorum cognitione praecedente atque praevia. Primum est, quid sit unumquodque eorum quae discutienda assumuntur. Secundum, quae principia praenoscenda sint ad id quod efficere student. Quae publica intellectus et disciplinarum sunt lumina, et ex aliorum propriorum principiorum luminibus nequaquam dinoscenda. Quae si dignitates, proloquia communesve scientiae existant, talia sunt ut nos ipsis mente dissentire non putent et quae statim probamus audita; si suppositiones, plerumque subobscuriores habentur, ut qualicumque^e declaratione egeant, sed non principiorum. Ad quae ponunt inductionem viam habere. Est enim inductio talium immediatarum propositionum.

Praeterea indignum putant et a philosophiae dignitate quam plurimum alienum in sophisticam expositionem incidere et amica sophistarum syncathegoremata sequi vimque in ipsis ullam facere. Idque damnandum ea constantia esse, qua Socrates Euthydemum Dionysodorumque perditos sophistas damnat, quorum studium (ut ait) vilissimum est, et qui in eo versantur ridiculi.[2] Et vitium hoc longe detestabilius in sapientia^f caderet, quanto studium hoc divinius esse debet. Et contra haec alta et sublimia dogmata captiosas orationes texere machinamentaque sophistica ridiculius esse videtur quam terram olim ridiculam simiolam in contemptum deorum peperisse. Sed missa haec faciamus; non sunt enim eiusce rei admonendi quos verus allexit philosophicus amor.

Id insuper te latere non debet, per totam Aristotelis philosophiam abditam latentemque esse quandam secretam analogiam perinde atque per totum corpus sparsus fususque tactus est; sine qua (ut sine tactu corpus) nostra philosophia inanima est vitaeque expers. Quam (si Deus hanc mihi largiatur gratiam) in commentariis aliquantulum detegam, non quidem omnino (tanta enim eius virtus est et amplitudo ut id impossibile putem), sed quantum mihi concessum fuerit.

Demum ne ego te plus aequo in prologo demorer, paucis annotatum firma mente teneto: notas^g capitum quibus praeponuntur praenotioni quid est subservire, interiectasque interim (sed raro) dignitates atque

e. aliqua *1528*
f. sapientiam *1528*
g. annotatiunculas *1528*

positiones. Hae siquidem ut plurimum proprium in littera locum obtinent. Et quando ad physicum intellectum procedimus, si patentissimum de se non fuerit principium, exemplo imperfectaque inductione ut plurimum utimur aut aliqua topica persuasione. Cum vero physica scientia traditur, propositionis et assumptionis (quas maiorem et minorem dicimus) si per seipsas manifestae esse[h] non debuerint,[i] suas approbationes subnectimus. Et ubi ultimo decumbitur principium est aut principii loco positum ex principiove cognitum. Cetera vero tua cura diligentiaque adhibita facile teipso[j] deprehendere valebis.

1. *Metaph.* VII, 3, 1029b 3–12.
2. *Euth.* 272 A, 275 E, 305 A.

Appendix. Josse Clichtove's Commentary on Lefèvre's Preface (1502)

In Hoc Opere continentur totius philosophiae naturalis Paraphrases, Paris, Wolfgang Hopyl, 25 March 1501/1502, fol. 2r–v.

Iudoci Clichtovei Neoportuensis in Physicam Paraphrasim Iacobi Fabri Stapulensis Commentarius.

Quia hic prologus lectores multorum admonet quae pro recta totius Paraphrasis in philosophiam naturalem intelligentia mirum in modum conducunt, ea paucis annotanda et certo ordine digerenda duximus, quo legentium animis tenacius haereant.

Primum. Aristoteles in tota naturali philosophia de rebus naturalibus generationi corruptionique obnoxiis determinans ad divina pariter assurgit, et ad caelestium naturam cognoscendam viam parat aditumque pandit. Nempe ex moventibus physicis ad primi moventis metaphysici contemplationem evehit, ex temporis successione ad aeternitatis fixam permanentemque durationem, ex motu ad caelestium firmam et semper eandem stabilitatem, ex huius inferioris machinae ordinatissima dispositione ad sapientissimi auctoris et rerum principis agnitionem subvehit, ut sequentia apertius ostendent. Et hic

h. *om. 1528*   j. *om. 1528*
i. fuerint *1528*

7

modus investigandi intelligibilia per sensibilia nobis apprime conveniens est ob nostri intellectus imbecillitatem, qui sublimia a sensu et motu seiuncta capere non potest, nisi ex sensibilium cognitione paulatim manducatur.

Secundum. Peripatetici in disciplinis opiniones summopere fugiunt. Et recte quidem. Nam opiniones incertitudini annexae sunt et ambiguitati. Scientia autem cognitio est certissima absque ulla mentis fluctuatione aut vacillatione. Proinde qui ex huiusce paraphrasis lectione fructum litterarium expectat, opinionum dissidia et controversias missas faciat, solidissimae veritatis unica determinatione contentus.

Tertium. Peripatetici suorum dictorum sanam intelligentiam expetendam volunt. Ut scilicet eo pacto intelligantur quo modo auctores intellexerunt et rectam eorum sententiam imprimis tenendam praecipiunt. Qua quidem habita et artis et doctrinae plurimum habebitur, quam diu ab intentione auctoris mens discentis non deerraverit.

Quartum. Peripatetici singula secundum materiam subiectam volunt esse intelligenda. Ut quae in logica dicuntur logice intelligantur et quae in physica physice accommodentur[a] intelligentiae. Quae vero in metaphysica dicuntur in sensu metaphysico accipiantur. Et ita in ceteris disciplinis secundum propositum de quo fit determinatio. Quocirca minus apte fecerint et praeter morem Peripateticorum qui logica metaphysice aut physica logice exponenda duxerint.

Quintum. Praecipiunt item Peripatetici singula in propriis locis et ex propriis esse disquirenda. Ut quae logica sunt in logicis discutiantur et ex principiis aut propositionibus logicis. Et quae physica in physicis et ex physicis, et ita de aliis. Unumquodque enim suo in loco apte disquiritur cum ibidem ea ponantur principia aut ex principiis cognita, quorum praesidio ipsum investigetur. Extra suum autem locum recte cognosci potest nihil, cum ea desint per quae recte debet pervestigari. Quis enim in logicis physica aut metaphysica exacte disquisierit,[b] cum non habeat logica quibus altioris disciplinae quaestiones dissolvat? Habet item unaquaeque disciplina propria principia aut ex principio cognita, quibus quae suae sunt artis comprobet. Non igitur adducenda sunt physica aut metaphysica aut alterius disciplinae

a. accommedentur *ed.*   b. diquisierit *ed.*

ad ea ostendenda quae proponit logica, si cuique disciplinae quod suum est tribuere et hoc Peripateticorum praeceptum observare velimus.

Sextum. Peripatetici nulla disquirunt nisi habita duplici praecognitione: scilicet quid est et quia est. Praecognitione quidem quid est, ut cognoscatur quid unumquodque vocabulum in eo quod discutiendum est positum designet et in qua significantia illic accipiatur. Praecognitione vero quia est, ut cognoscantur principia ex quibus id habet ostendi esse vera. Quae quidem principia dicuntur publica lumina intellectus. Nam ut lumen ab oculo corporeo per se videtur et nullius ut videatur indiget, ita principia per se cognoscuntur esse vera et per alia principia minime debent manifestari. Principia autem quibus in disciplinis quicquam ostenditur sunt duplicia. Quaedam usque adeo sunt manifesta ut cognitis eorum terminis statim vera esse deprehendantur, et vocantur dignitates sive proloquia sive communes scientiae. Alia vero sunt paulo obscuriora et aliquantula declaratione ex notioribus ad nos indigentia, non quidem declaratione per alia principia, sed per singularia et minus communia. Et huiusmodi principia dicunt Peripatetici inductione quae a singularibus ad universale procedit declarari. Nam (ut inquit Aristoteles in secundo Priorum[1]) inductio est probativa immediatarum propositionum. Quemadmodum hoc principium contrarium a suo contrario corrumpi natum est, hoc modo manifestatur. Calidum corrumpitur a frigido, sanum ab aegro et bonum a malo. Quicquid igitur habet contrarium a suo contrario corrumpi natum est. Sed haec ex libris Posteriorum Aristotelis cognoscenda sunt apertius.

Septimum. Peripatetici maxime abhorrent sophisticas expositiones et suppositionum, ampliationum, restrictionum, appellationum, syncategorematum et ceterorum id genus (quae sophisticis captionibus solum subserviunt) exactam observationem. Quoniam haec in seriis et gravibus disciplinis auctorum minime locum habent, sed rectam eorum intelligentiam potius impediunt. Et id comprobatur in prologo exemplo Socratis, qui in dialogo Platonis qui Euthydemus inscribitur, inducitur confutare damnareque Euthydemum Dionysodorumque fratres sophistas, quos ostendit esse vanos in verborum altercatione certatores, promptos ad quodvis dictum seu verum seu falsum sit refellendum, ut animos hominum ad seria natos a vanis sophistarum nugis avertat. Ceterum quam indignum sit contra rectas disciplinas captiunculas sophisticas adducere, ostendit littera exemplo terrae, quae graviter indignata in superos quod gigantes filios suos fulmine in campis Phlegraeis extinxissent vehementer intumuit tanquam monstri quiddam paritura. Convenere superi et attoniti circumstetere locum in tumorem sublatum, quid tandem prodigii inde nasciturum esset expectantes. Itaque terra quo diis stomachum faceret simiam peperit, postremas partes nudas superis ridicule ostentantem.

Octavum. Per totam naturalem philosophiam, ut reliquos Aristotelis libros, passim analogia (quamvis latenter) spargitur, quae est certa rei ad rem proportio, quae incerta sunt per certiora comprobans. Est enim id docendi genus Aristoteli domesticum et familiare et ad quicquam recte intelligendum facillimam et accommodatissimam praebens viam. Quae in commentariis paraphrasi ad omnium utilitatem adiectis ubi locus expetit pro tenuitate nostra utcumque aperietur.

Nonum. Notae singulis capitum praepositae declarant significationes terminorum in eo capite cuius sunt notae positorum et succincte tradunt acceptiones quibus eo in loco utendum est. Ponuntur tamen interdum etiam in notis principia conducentia ad demonstrationem eorum quae in textu sequuntur, sed raro admodum, nam huiusmodi principia potius in textu adducuntur.

Decimum. Cum physicum principium declaratur et ad principii physici cognitionem (quae intellectus physicus dicitur) proceditur, id potissimum fit inductione imperfecta, id est, procedente ex uno aut duobus singularibus tantum, sed non omnibus neque apposita particula et sic de aliis, quoniam eam auctores non exprimunt; supponentes simile esse iudicium de singularibus expressis et his quae non numerantur. Cum vero conclusionis physicae cognitio (quae physica scientia dicitur) paratur, ipsi propositioni sive maiori et assumptioni sive minori continue sua probatio postponitur, quoniam ea expeditior est argumentandi ratio, quam si post totam argumentationem maior aut minor suscipiatur probanda. Quod autem post argumentationis conclusionem subditur coniunctione rationali enim, nam, quia, aut simili praecedentibus annexum, principium est a quo tota argumentatio suum robur accipit atque probationis efficaciam.

1. *Analyt. Prior.* II, 21, 67a 23.

3

A Second Preface to the Paraphrases
of Aristotle's *Physics* (1492)

[*Totius Aristotelis philosophiae naturalis paraphrases*], Paris, Johann Higman, 1492, sig. b, iiii, r–v; VII (1501/1502), fol. 7r–v; II (1504), ff. 5v–6r; VIII (1510), fol. 7r–v; III (1512/1513), ff. 5v–6r; IX (1521), fol. 7v; IV (1528), ff. 5v–6r. The text is that of the revised edition of 1504. The Preface will also be found in IIIa, V, VI, X, XI, XII, XIII, XIV, and XV.

Ad lectorem.

Candide lector, quicumque ad hanc lectionem accessurus es et cui nostram operam profuturam cupimus, ne mireris si[a] aliquot in locis Aristotelicae litterae non simus[b] ordinem secuti, sed parum postposita interdum praeposuimus; hoc enim consulto fecimus, quo omnia et clariora et memoratu promptiora redderentur; et nos hac de causa ubi Aristoteles in litteris demonstrat litterarum ordinem mutavimus, aliis litteris usi, nam Graecarum litterarum et Latinarum altera et altera series est. Graecam secutus est Aristoteles, nos Latinam potius, quo confusio vitaretur essetque intellectui pervior demonstratio. Rati non esse paraphrastis officium in omnibus auctoris seriem sequi et nihil immutare, verum id potius, servata litterae sententia et auctoris mente, eam modis quibus potest claram et facilem efficere et omnem quoad potest amputare confusionis occasionem.

Insuper summo conatu studere debes intelligere quo pacto aliqua subiecto sint unum et ratione multa.[1] Nam ex huius sana intelligentia multa in hac Peripatetica philosophia pendent, panditque id ad sapientiam introitum; habetque id praecipuum, ut intellectum nos defendat ne labamur ad ea ponenda quae non sunt nec ad ea neganda quae sunt, quae duae extremae sunt in nostra philosophia Syrtes, ad quas qui applicant periclitationem in philosophia faciunt, surguntque horrenda iurgia, Phorcidos Scyllae latratibus similia, longe vano garritui quam tranquillae et pacificae philosophiae aptiora, quae solum

a. quod *1528*   b. sumus *1528*

pulchram et pulchrorum contemplationem intendit, nullius maledica, clamorosa iurgia vitans, ea sophistis relinquens, quibus cedere magis ipsi operae pretium est et eos tacendo superare quam cum ipsis concertando garrula videri. Neque quae sunt alterius artis aut peritiae sibi vendicat, sed logica logicis et mathematica mathematicis et divina metaphysicis relinquit discutienda, ad omnes iustitiam servans. Quo fit ut quotiens inciderit sermo an quicquam ea potentia quae supra naturam est esse possit, quod naturae potentia esse non potest, ut infinitum, ut vacuum, ius illic nostra naturalis philosophia nullum habet, sed alteri disciplinae relinquit cognoscendum. Supponit enim illam pulchram et admirandam universi ordinationem, quae illam summam et stabilissimam optimi naturae opificis quantum potest imitatur. In qua decora universi ordinatione, ipsi ab ordinatissimo rerum opifice concessa, haec philosophia suum locavit fundamentum. Hinc evenit ut qui contra hanc ordinationem quicquam sibi admitti petunt, non amplius philosophice agant. Sunt enim extra philosophiae bases et fundamenta, neque a naturali philosopho potius id recipiendum esse censeo quam a mathematico lineam esse infinitam, quo admisso sua principia et suae contemplationes pereunt.

Conducet tibi quicumque es Peripateticae philosophiae amator, si introductorios dialogos paraphrasicae^c expositioni praelegeris, praesertim primum, qui praecedenti introductioni servit. Vale.

1. Aristotle, *Phy.* I, 2, 185b 5–186a 5.

Appendix. Clichtove's Commentary on Lefèvre's Second Preface to his Paraphrases of Aristotle's *Physics* (1502)

In Hoc Opere continentur totius philosophiae naturalis Paraphrases, Paris, Wolfgang Hopyl, 25 March 1501/1502, ff. 7v–8r.

Paraphrasis est alicuius operis servata ipsius auctoris sententia clarior atque facilior expositio. Et qui opus alterius non mutata eius intelligentia patentius dilucidiusque reddit, paraphrastes dicitur, quod in eum auctorem paraphrasim componat. Recte itaque praesens editio

c. paraphrasticae *1528*

physica paraphrasis dicitur, quia totius philosophiae naturalis mani-
festiorem continet explanationem, ab Aristotelis mente neutiquam
discedentem, etsi non idem prorsus ordo semper observatus fuerit,
praesertim in demonstrationibus, quas Aristoteles Graecarum litterarum ordine (quod eo sermone Physicam ediderit) contexuit. In
praesenti vero opere Latinarum litterarum ordo, a Graecarum serie
haud parum dissidens, potius servatur, quod is et notior Latinis et
promptior habeatur. Praeterea haec ad lectorem praefatio nonnulla
praemonet summopere in tota philosophia naturali observanda.

Primum. Summo enitendum est conamine, ut recte intelligatur quo
modo aliqua sunt subiecto unum et ratione multa, quod et in fine
secundi capitis primi Physicorum Aristoteles annotat. Ea siquidem
subiecto essentiaque sunt unum quae sunt una et eadem res numero.
Ratione vero atque consideratione multa dicuntur quae diversas habent suarum denominationum rationes atque causas. Itaque aliqua
sunt reipsa unum et idem, verum diversas habent ob quas denominan-
tur rationes, ut idem est reipsa Sortes albus et musicus, cum sit idem
numero homo qui est Sortes et albus et musicus, illa tamen ratione
diversa sunt. Nam Sortes dicitur substantiam respiciendo, albus vero
quia habet albedinem, et musicus quia habet artem musicae. Et recta
huius intelligentia non modo ad hanc disciplinam verum etiam ad
ceteras, et praesertim metaphysicam omnium supremam, magnum
habet momentum.

Secundum. Ex sana eius quod modo dictum est intelligentia, quomodo scilicet aliquid subiecto est unum, ratione tamen multa, intellectus defenditur ne labatur ad ponenda ea quae non sunt, nec ad ea
neganda quae sunt. Siquidem ponuntur ea quae non sunt quando ea,
quae ratione sola distinguntur, ponuntur reipsa inter se differre, ut
aequalitas aut inaequalitas et quantitas solum habent rationis discrimen, similiter similitudo aut dissimilitudo et qualitas qua unum dicitur simile aut dissimile alteri; cum igitur illa quae rationem habent ad
aliquid ponuntur reipsa a quantitate aut qualitate dissidere, revera
ponuntur ea quae non sunt ponenda. Tunc vero negantur ea quae
sunt quando reipsa inter se distincta ponuntur sola ratione dissidere,
ut substantia et quantitas, mutatio secundum locum et mobile, tempus et caelum: inter se reipsa differunt, etiam genere. Cum itaque illa
ponuntur reipsa esse idem et sola ratione differre ab invicem, tunc

negantur ea quae sunt ponenda. Et haec sunt duo extrema huius philosophiae naturalis pericula: primum quidem in abundantia, nam plura ponit quam ponenda sunt; secundum vero in defectu, nam pauciora asserit quam recta huius disciplinae ratio determinet. Et qui in illud vel hoc extremum incidunt, in varios labuntur errores, non minus intellectui suapte natura veritatis cognoscendae cupido noxios quam scopuli et syrtes navigiis. Oriunturque ex his varia problemata et contentiosae opiniones, iurgiosis disceptationibus haud secus oblatrantes quam Scylla filia Phorci a poetis canitur latratibus assiduis in mari siculo horrendum sonare. Ad quae devitanda medium inter praedicta duo extrema amplectendum est, ponendaque ea quae sunt et neganda ea quae non sunt, quod quidem si servet intellectus, ad tutum perveniet tranquillumque philosophiae portum.

Tertium. Haec philosophia non inquirit ea quae alterius sunt disciplinae, sed circa propriam dumtaxat materiam negociatur, nihil alienum sibi vendicans et cuique suum (quod primum iustitiae munus est) tribuens, ut logicis logica et metaphysicis metaphysica. Idcirco sicut eorum quae dicuntur in logica non fuit expetendus sensus physicus, ita neque eorum quae disseruntur in physica efflagitandus est aut dandus sensus logicus, quoniam huic loco esset improprius. Quocirca neque haec philosophia discutere tentat an potentia supernaturali posset esse vacuum aut infinitum actu, sive multitudine sive magnitudine, aut quicquam simile quod naturali potentia fieri nequit. Nam illorum dissolutio ad alteram spectat disciplinam. Et physicus ea vocat possibilia quae naturaliter fieri possunt, impossibilia vero quae secundum naturam fieri nequeunt.

Quartum. Haec philosophia supponit pulcherrimam mundi ordinationem ab optimo et sapientissimo rerum opifice constitutam. In qua ut libro quodam naturae legit ea quorum dignissimas pertractat contemplationes. Et quaecumque hoc in mundo a summo rerum parente disposita sunt, habentur in hac disciplina ut principia et loco suppositionum. Quare contra huiusmodi ordinationem aliquid sibi concedi petentes perinde faciunt atque postulantes in logica aliquid admitti oppositum principiis logicis, aut in mathematica oppositum principiis mathematicis. Atqui logica nunquam admittit opposita suorum principiorum, neque mathematica quicquam contrarium suis principiis, igitur neque in physica aliquid admittendum est contra ordina-

tissimam mundi dispositionem, in qua haec scientia potissimum habet
fundamentum.

4

Preface to the Dialogues on Aristotle's
Physics (1492)

[*Totius Aristotelis philosophiae naturalis paraphrases*], Paris, Johann Higman,
1492, sig. J, viii, r–v; VII (1501/1502), fol. 119r; II (1504), fol. 262r–v; VIII
(1510), fol. 78r; III (1512/1513), ff. 250v–251r; IX (1521), fol. 81v; IV (1528), fol.
266r. The text is that of the edition of 1504. The epistle will also be found in IIIa,
V, VI, X–XV, XXX, and XXXII.

The epistle prefaces L.'s two Dialogues on Aristotle's *Physics: Hermeneus:
Dialogus facilium physicalium introductorius* and *Enantius: Dialogus difficilium
physicalium introductorius*. The interlocutors are Hermeneus (Interpres), One-
ropolus (Coniector), Polypragmon (Negiociator), Noerus (Intellectualis), Epi-
ponus (Laboriosus), Enantius (Contrarius), Homophron (Concordans), and Neanias (Adolescens).

The epistle is addressed to one Stephanus. L. tells us that he is an old friend
("mutua nos multos annos astrinximus benevolentia") and that he corrected the
proofs of the *Paraphrases*. Therefore he is probably the "Bohemus" whose help
in the same task Clichtove acknowledged in a poem at the end of the book (see
ep. 1, note 1). The supposition that he was Bohemian is strengthened by the
fact that a friend of his, also mentioned by L., was named Bohuslas Tinnensis.
Stephanus may plausibly be identified with Stephanus Martini de Tyn (Tunensis,
Tinensis, Tinnensis), diocese of Prague, who matriculated at Cologne in April
1477 (Keussen, II, 17), arrived at the University of Paris during the academic
year 1479–1480, and received the licence and M.A. in 1481 (*Auct. Chart.* VI,
565, note 4). Later he studied medicine, also at the University of Paris: bachelor of medicine 1494, licence 13 April 1496 (Wickersheimer, *Commentaires*, 358–
363, 372, 378–379, 382–387). Cf. Massaut, I, 186, note 42.

Prologus in Physices introductorios dialogos.[A]

Carissime Stephane, quanta sit animorum benevolentia inter liberalium artium cultores in hoc nostro Parisio studio (ubi res cognita
esset) exteri mirarentur. Certe mordaculum virum et qui (ut aiunt[1]),

A. Prologus Iacobi Stapulensis in physices introductorios dialogos *1501/
1502*; Prologus Iacobi Fabri Sta-

pulensis in Physices introductorios
dialogos *1510, 1512/1513, 1521, 1528*

15

nasum rhinocerotis habet tamquam Cerberum trifaucem irrident exe-
crantque; magisque operae pretium ducunt sancta amicitiae iura
colere tamquam a Minerva (quae olim et sapientiae et pacis dea putabatur) geniti videantur. Nec iniuria (ut aiunt), nam et philosophia et
philosophus nomina ab amore sortiuntur.[2] Quid enim philosophia nisi
sapientiae amor? Quid philosophus nisi verus eiusdem amator? Iure
decet itaque (ut recte sentiunt) ipsos esse amicos. Quo fit ut cum
primum invidos, malevolos et sese mutuis dentibus lacerantes sentiunt,
non amplius philosophos reputent, sed eos pro flagitii conditione in
Pythagoreos canes versos putant. Et ne nos ab eorum officio decide-
remus, mutua nos multos annos astrinximus benevolentia, ut tua et tui
et nostri Bohuslai Tinnensis[3] mihi semper gratissima fuerit frequentia
et mea[a] itidem vobis gratissima.

Tu curasti ut nostrae Paraphrases castigatae ab ipsorum efforma-
torum manibus prodeant in lucem, qui saepe ab[b] archetypo deviant
nisi vigilans castigator affuerit. Bonum insuper tibi visum est nos
introductorios dialogos adiicere, quod eo libentius feci quo magis
tu et amicus et pro hoc negotio vigilans optaveris petierisque amicissime nostrorum conphilosophantium turbae exponendos. Qui tamen
suorum laborum fructum desiderarint, primum dialogum praelegere
atque praegustare debent, et id praenosse Oneropolum praesertim in
secundo dialogo in analogia docere et eas aliquatenus denudare, et
Enantium aliarum sectarum peritum (qui et sibi et saepe aliis obversus,
contrarius extiterat) analogiis manus victas dare.

1. Cf. Martial, *Epigr.* I, 3, 6; Apollinaris Sidonius, *Carmina* IX, 343.
2. Cf. Plato, *Phaed.* 278 D; *Symp.* 203 E–204 C; *Apol.* 23 A–B.
3. Bohuslaus (Boeslaus, Boleslaus, Boslays, Bosclaus) de Ronsperk, diocese of
Prague, B.A. 1488, licentiate and M.A. 1489, was elected proctor of the Anglo-
German nation 7 April 1491 (*Auct. Chart.* III, 663, 29; 697, 10; 757, 1 and 14;
VI, 665, 1).

a. *om. 1504*   b. *om. 1521*

5

To Jean de Ganay [Paris. 1493.]

In hoc opere contenta. Arithmetica decem libris demonstrata. Musica libris de-
monstrata quattuor. Epitome in libros arithmeticos diui Seuerini Boetij. Rithmi-
machie ludus qui et pugna numerorum appellatur, Paris, Johann Higman and
Wolfgang Hopyl, 22 July 1496, sig. a, 1v; LXXXVII (1514), sig. a, i, v. There is
an abridgment of this epistle by Ioannes Caesarius in LXXXIX (1507), sig. A, ii,
v–A, iii, r entitled "Iacobus Faber Stapulensis de utilitate arithmeticae disciplinae." The abridgment will also be found in XCI–XCV. In ep. 6 L. wrote
Germain de Ganay that he had already dedicated a work on arithmetic to his
brother Jean de Ganay. The reference is to the *Arithmetica* of Jordanus. This
epistle should therefore be dated before the publication of the *Introductio in*
Aristotelis Metaphysica on 16 Feb. 1494.

Jean de Ganay (c. 1450–3 June 1512), baron de Persan and seigneur de La
Buissière (by purchase in 1490 and 1512), was "quatrième président au Parlement" (17 June 1490), first president (28 Oct. 1506), and Chancellor of France
(31 Jan. 1507/1508). See Ernest de Ganay, *Un Chancelier de France sous Louis*
XII: Jehan de Ganay (Paris, 1932); G. Dupont-Ferrier, "Les avocats à la Cour
du Trésor de 1401 à 1515," *BEC.* XCVII (1936), 66–67; *Gallia-Regia*, I (1942),
378; and Christopher Stocker, *Offices and Officers in the Parlement of Paris,*
1483–1515 (unpubl. Ph.D. diss., Cornell University, 1965), 165–166.

The epistle prefaces *Jordani Nemorarii Clarissimi viri Elementa Arithmetica:*
cum demonstrationibus Jacobi Fabri Stapulensis: ad Joannem de Ganay Senato-
rem Parisiensem (ed. 1496, sig. a, 2r–e, 8v). Jordanus Nemorarius, thirteenth-
century mathematician and physicist, founded the medieval Christian school of
mathematics (Sarton, II, 2, pp. 613–616 and Marshall Clagett, *The Science of*
Mechanics in the Middle Ages, Madison, Wisc., 1959, pp. 69–103). The *Arith-*
metica decem libris demonstrata is his principal arithmetical work. L.'s is the
editio princeps.

Nova commentatio in Iordanum per Iacobum Fabrum Stapulensem
laborata ad clarissimum virum Ioannem de Ganay praesidentem Parisiensem.

Paucis me digne ammonuisti, clarissime vir, quot cognita commoditates adducat disciplinarum parens arithmetica quotque ignota relin-
quat tenebras, ut quem nullius disciplinae fugiat studium. In primis

enim legum auctoritas (in quibus potissimum tua versatur opera) tibi numeris egere visa est, ut quae iustitiam unicuique pro dignitate dispensat, nunc arithmetica, nunc vero geometrica ratione constantem; quae agros, agrorum limites, aquarum divergia alluvionesque et pleraque similia sollicite considerat, quae mathematico destituta praesidio nunquam plane assequi valeat. Hinc imperatores Romani Vespasianus, Hadrianus, Traianus, Theodosius, Arcadius, Honorius, Constantinus et aliorum quam plurimi leguntur peritos agrimensores instituisse, qui podismorum rationem ad publicam utilitatem tenerent quam numerorum perficit sagacitas. Hinc Lucius Moderatus, illarum rerum studiosus, insignem libellum reliquit.[1] Et arithmetica contemplatio rite cognita facilem praebet musicarum modulationum intelligentiam astronomicarumque subtilitatum ingressus; et prisca theologia numeris olim, ut quibusdam ad divina gradibus, tota innitebatur. Quamvis et nunc in sacris litteris sua retineant mysteria numeri. Tolle igitur numeros numerorumque disciplinam, leges imperficis, iustitia caeca relinquitur, nulla modulationum reperietur regula, nullus caelestium contemplationum aditus, sacrarum litterarum delitebunt mysteria, immo et universa philosophia quae pariter humanorum divinorumque cognitio describitur. Quae quidem commoditates assecutae disciplinae atque incommoda neglectae priscos minime latuere, ut qui haud alio tramite crediderint quam per eam incedentes nos posse quicquam digna satis contemplatione cognoscere. Pythagoras enim sine numerorum praesidio nihil posse sciri contendebat; et Plato in suae academiae vestibulo hoc insculpsit epigramma: Nemo huc mathematicae expers introeat, qui in toto ferme Timaeo de natura rerum per numeros disputat et in octavo et nono Reipublicae multa de hac re disserit,[2] quae Theon Smirneus[3] mathematicus ob rei arduitatem intacta reliquit. Quapropter non ab re dolebas hanc numerosam huius almi Parisiensis studii philosophantium turbam et bonarum litterarum cupidam tam necessaria semita, tum ad divina assurgendi tum descendendi ad humana, esse destitutam. Accipe ergo nunc, benefactor unice, decem arithmeticae disciplinae Iordani, clarissimi viri, libellos nova commentationis luce nostris laboribus illustratos tuoque nomini dicatos, qui commoditates enumeratas secum afferre valebunt sufficientissime. Et si iubes, opus tuis auspiciis absolutum iam migret ad ceteros, ut vel sic intelligant omnes praesertim tibi se gratias habituros, per quem fuerint hanc litterariam facultatem assecuti. Vale felicissime.[4]

1. Lucius Junius Moderatus Columella, *De Re rustica* V, i–ii is on surveying. For the Roman *agrimensores* see Pauly-Wissowa under *Agrimensores, Gromatici,* and *Mensor.*

2. *Tim.* 31 B–32 C (on geometrical proportion), for example, or 35 B–36 B (on the division of the World Soul into harmonic intervals). In his reference to the *Republic* L. probably had in mind VII, 521 C–531 C. The famous inscription on Plato's door, universally quoted in the Renaissance, apparently occurs first in Philoponus's commentary on the *De anima* (*Commentaria in Aristotelem Graeca*, XV, 117; cf. Neal Gilbert, *Renaissance Concepts of Method*, New York, 1960, p. 88).

3. Theon of Smyrna (fl. 127–132) wrote a compilation in five parts—arithmetic, plane geometry, stereometry, astronomy, and music—entitled *On the Mathematical Knowledge Which Is Needed to Read Plato.* See Sarton, I, 272.

4. On the title page of the first edition L.'s student and amanuensis Guillaume Gontier of Chalons-sur-Saône praised music and arithmetic in the following verses:

G. Gonterius Cabilonensis in laudem Arithmetices et Musices.

Tempore iam multo doctae latuere sorores,
    Quas retinet comites flava Minerva suas.
Nunc placide terras post tempora multa revisunt;
    Grata quoque ante alias Gallica terra placet.
His olim celebris fuit omnis Acaica tellus,
    Pythagora patriam diffugiente Samon.
Hellada nunc linquunt et doctas Palladis urbes,
    Sequaniosque petunt Parisiosque lares.
Haec venit omni modo numerorum cincta caterva,
    Atque docet numeris quidquid in orbe situm est.
Altera dulcisono cantu fidibusque canoris
    Edomuisse viros traditur atque feras,
Quae sua Pieriis tenet unica nomina Musis,
    Quod nihil hac Musis gratius esse solet.
Attamen artificem Stapule misere marine,
    Qui laeta hoc studiis fronte dicaret opus.
Hoc solum studium atque haec illi cura, iuvare,
    Irritus et ne sit dispereatque labor.

The proofs were read by David Lauxius (ed. Paris, 1496, colophon: "Et idem quoque facit David Lauxius Brytannus Edinburgensis: ubique et archetypo diligens operis recognitor"). David Loys or Lowis matriculated at the University of Paris in the academic year 1494–1495. In 1496 and 1497 he helped prepare for the press the *Introductiones logicales* (see ep. 13, note 1) and L.'s edition of Aristotle's *Ethics* (ep. 14, note 5). Badius dedicated to him his editions of Filelfo's *Epistolae* and the *Grammatica* of Sulpitius Verulanus in 1503. Lauxius was then a schoolmaster in Arras (Renouard, *Badius*, III, 159, 264–265), where he apparently remained for the rest of his life. A poem by Jacques Roger of Tournai published in 1539 addresses him as "canon of Arras." See Ch. Jourdain, "Un Compte de la nation d'Allemagne de l'Université de Paris au XVe siècle," *Excursions historiques et philosophiques à travers le Moyen Age* (Paris, 1888), 373 and John Durkan, "David Lowis or Lauxius of Edinburgh," *The Bibliotheck*, IV (1965), 200–201.

6

To Germain de Ganay   [Paris. Before February 16, 1494.]

Introductio in metaphysicorum libros Aristotelis. Hec introductio Metaphysicorum Aristotelis in theologiam philosophorum pandit aditum: philosophorum inquam potissimum per diuinas, eternasque rationes philosophantium, Paris, [Johann Higman], 16 Feb. 1493/1494, sig. a, i, v; VII (1501/1502), fol. 403r; II (1504), fol. 304r; VIII (1510), fol. 241r; III (1512/1513), fol. 291v; IX (1521), fol. 255r. The epistle was reprinted without change in IIIa, IV, V, VI, X–XV, XXXVIIIa, and CCLV.

Germain de Ganay, brother of the Chancellor, was "conseiller clerc" in the Parlement of Paris (13 July 1485), canon of Notre-Dame of Paris (4 Aug. 1486), canon of Saint-Etienne of Bourges (4 May 1492), dean of Beauvais (before 1494), president in the Chambre des Enquêtes (28 June 1496), and bishop designate of Cahors (14 Aug. 1509) in opposition to Guy de Châteauneuf, elected by the chapter, but victoriously bishop in fact and law on 4 May 1511. At the death of his brother he inherited his property and did homage for the barony of Persan 18 June 1512. He became bishop of Orléans 10 Aug. 1514 and died 8 March 1520. Germain de Ganay was one of the most important patrons of early French humanism, "another Maecenas," wrote Guillaume Cop, and in the opinion not only of France but also of learned Italy *optimarum literarum asylum* (*Pauli aeginetae praecepta salubria Guilielmo Copo Basileiensi interprete*, Paris, Henri Estienne, 4 April 1510, sig. a, v, v). L. dedicated to him his *De magia naturali* (Vaticana, Regin. lat. 1115, containing books I through IV, ch. 19; a fragment in Brussels, ms. lat. 10875; and Olomouc, Universitni Knihovna, ms. M I 119, pp. [1]–335, the complete work, a valuable manuscript called to my attention by Professor P. O. Kristeller). See Legrand, III, 101–102, 346 (who prints a letter to Germain de Ganay from George Hermonymus of Sparta); Renouard, *Badius*, II and III, *passim*; Renaudet, *passim*; Henri Stein, "L'Imprimeur orléanais Jean Asselineau et l'entrée de l'évêque Germain de Ganay en 1514," *Revue des Bi-*

bliothèques, XLI (1935-1936), 14–22; Jean Le Maire, "Les Fouilles de la Cathédrale Sainte-Croix d'Orléans (1937): mort, obsèques et sépulture de Germain de Ganay," *Bull. de la Soc. arch. et hist. de l'Orléannais*, XXIV (1943), 80–87, 111–113; and Kristeller, *Studies*, 51–54, 126–127, 314, 316, 321.

The epistle prefaces L.'s *Introduction to the Metaphysics* and four Dialogues on the same work.

Iacobi Fabri Stapulensis ad Germanum de Ganay, consiliarium regium et decanum Beluacensem, praefatio in commentariolos introductorios Metaphysices Aristotelis.

Arithmeticum opus, consultissime Germane, tuo fratri[1] dicatum est, Gallicanam iustitiam moderanti, quod (ut Peripatetici probant) omnis iustitia geometrica ratione dispensando utitur aut arithmetica commutando,[2] estque arithmetica tamquam quoddam iustitiae speculum ac regula. Tibi vero theologicum opus tamquam sacerdoti divina mysteria potissimum curanti dico offeroque. Memoriae enim proditum est Aegyptios sacerdotes et Caldaeos magos olim divina mysteria tractavisse et ab ipsis ad philosophos usque manasse; quorum hi per ideas, hi vero per divinas rationes philosophati, divinam philosophiam (quam metaphysicen theologiamque nuncupant) nobis reliquerunt. Qui ideas praedicant Platonici sunt; qui divinas aeternasque rationes sequuntur Aristotelici, quorum theologia Christianae sapientiae magna concordia affinitateque consentit atque coniuncta est. Libuit ergo periclitari in libris Aristotelicis et introductorios commentariolos in sex primos Metaphysices libros parare, ut ceteris detur occasio metaphysica divine intelligendi et de piis philosophis mitius cogitandi, quos suo tempore fecit Deus suos sacerdotes, suos vates et faces quae ad tempora nostra lucent. Et licet dominus (qui omnem hominem illuminat) nondum in mundo visibilis apparuisset, ipsis tamen de suo caelo lucebat, qui est lux immensa atque infinita omnibus saeculis lucens. Hos ergo commentariolos[3] tibi dico; oroque supplex ipsum summum bonum, summe ens atque summe unum, quo de per totum agitur, ut omnibus legentibus illuceat et ex parva occasione ad magna et digna ipso contemplanda feliciter rapiat ac elevet. Vale.

1. See above, ep. 5.
2. *Eth. Nic.* V, 3–4, 1131b 12–1132a 3.
3. The first edition (*GW.* 9639) contains *In sex primos Metaphysicos libros Aristotelis introductio* and four Dialogues on the *Metaphysics*. The *Introductio*

was written in 1490 (see L.'s edition of Argyropoulos's and Bessarion's translations of the *Metaphysics*, Paris, 1515, fol. 125r: "Jacobi Fabri Stapulensis in sex primos Metaphysicorum libros Introductio composita anno 1490"). L. justified limiting his Introduction to the first six Books by remarking that "etsi ad sex duntaxat se extendat, ad omnes tamen valituram ex commentatione cognoscite. Neque parvi momenti erit ad eam Metaphysicorum traductionem quam nobis hoc tempore Bessarion Car. Nicenus paravit" (ed. Paris, 1494, sig. a, iiii, r). The interlocutors in the dialogues are Theoreticus (Metaphysicus), Neanias (Adolescens), Homophron (Concordans), and Eutycherus. The dialogues are prefaced by the following remarks addressed to Germain de Ganay: "Interrogasti me, doctissime Germane, cur per dialogos et non potius oratione perpetuo discurrente commentariolos tibi dicatos composuerim. Hanc rationem accipe. Ad hoc faciendum honestus adolescens Guillermus Gonterius, qui me per Italicam oram comitatus multa officia praestitit, facile induxit. Si ita feceris, inquit, admonebis qui docturi erunt quo pacto interrogare debeant, interrogataque docere, et simul utiliter discipulo consules et docenti. Admonuit me praeterea legentes monefacere, fronti praefixam Isagogen, quo facile memoriae mandetur in artificio esse constitutam, et quaestiones ordinem seriemque praedicamentorum sequi et affirmativas quaestiones per an et nunquid responsionem exigere negativam, et contra negativas affirmativam; et earum dilutiones propriis elementis suo ordine paragraphis distinctis esse quaerendas. Atque vos ita estote moniti; et quicunque docendi munus provinciamque assumet, se putet Theoreticum; quicunque vero probus adolescens docebitur, se Neaniam putet aut putet Eutycherum" (ed. Paris, 1494, sig. b, i, v).

Clichtove saw the volume through the press (colophon: ... *Judoco clichtoueo neoportuensi castigatore sedulo*) and contributed the following verses, printed on the last page:

Iudoci Clichtovei Neoportuensis ad lectores exhortatorium carmen.

> Quos caelestis amor, quos optima numina tangunt,
>   Huc vigili cura sollicitate animos.
> Et quae Stagirites caecis occlusa latebris
>   Abdiderat, clarum sunt habitura diem.
> Perpete cum sitis animo et caelestis origo:
>   Vos patriam et vestrum quaerite principium.
> Huc huc adsitis, mundi melioris adite
>   Mente deos, illic vita beata sita est.
> Si quid opis petitis, perparva hic mole libellus
>   Suppetias vobis praesidiumque feret.

7

To Germain de Ganay [Paris. Before June 13, 1494.]

Hec Ars Moralis cum singulos tum ciuitatem que ex singulis colligitur ad bea-
tam vitam instruit, sequenda fugiendaque monstrat, virtus enim sequenda, vicium
autem fugiendum, et Aristotelis philosophi moralia illustria claraque reddit. Et
qui moralium virtutum multitudinem in unam sapientie consonantiam unita-
temque colligeret: videret aristotelem purgatorias, animique iam purgati virtutes
plenissime, divinissimeque attigisse. In quibus vel solis mortalium (dum adhuc
mortalem vitam spiramus) felicitas collocanda est, Paris, [Antoine Caillaut], 13
June 1494, sig. a, ii, r; CXXXVIII (1497), Part II, sig. a, i, v; XLIV (1499/1500),
sig. a, ii, r; LVI (1502), fol. 2r; XLVI (Deventer, c. 1502), sig. A, ii, v; CXXXIX
(1505), Part II, sig. a, i, v; LVIII (1506/1507), fol. 2r; CXL (1510), fol. 127v; LX
(1512), fol. 2r; CXLI (1516), fol. 101v; LXII (1517/1518), fol. 2r; L (1527), sig. a,
i, r; LXIII (1528), fol. 2v. The epistle will also be found in XLV, XLVIII, XLIX,
LII–LIV, LVII, LIX, LXI, LXIV, LXV, LXVII–LXIX, CXLII–CXLV, and
CXLVII. The text is that of the second edition of 1497.
  The epistle prefaces L.'s *In Aristotelis Ethica Nicomachea introductio.*

Iacobi Stapulensis Introductio in Ethicen Aristotelis ad studiosum
virum Germanum de Ganay, decanum Bellouacensem et consiliarium
regium.[A]

  Dignissime[a] vir,[a] cum humana vita duobus potissimum perficiatur,
actione et contemplatione, Aristotelis philosophi diligentia factum
est, ut nihil omissum videatur, quo minus[b] utramque vitam nobis
paremus. Fuit namque in Logicis rationalis subtilissimus, in Physicis
mundanus philosophus, in Ethicis totus prudens et activus, in Politicis
iuris consultus, in Metaphysicis sacerdos atque theologus. Quo fit ut
qui rationaliter sunt philosophaturi, prius in suis Logicis sint insti-

A. Jacobi Fabri Stapulensis ars moralis ad studiosum virum Germanum de Ganay, consiliarium regium et decanum beluacensem *1494,*
1499/1500; Prologus auctoris huius
moralis Introductionis in Ethicen
Aristotelis *1502, 1506/1507, 1512,*
1517/1518; Prologus Jacobi fabri
Stapulensis in moralem philosophiam Aristotelis *Deventer c. 1502*;
In suam Introductionem Iacobi
Fabri Stapulensis Praefatio *1528*
a. *om. 1502, Deventer c. 1502, 1506/*
1507, 1512, 1517/1518, 1528
b. etiam *post* minus *Deventer c. 1502*

tuendi; mox ad Ethicen se convertant, quae beatae vitae dux magistraque est; quo purgata iam mente tam ad naturales quam ad divinas felicius evehantur contemplationes, hoc pacto Platonicorum et Aristotelicorum praecepta secuti. Cuius quidem Aristotelis Ethices ars brevissima texitur,[c] quam,[d] vir optime, ideo commendasti,[d] quod parvo tempore ea consequamur quae sine arte vix etiam multo percipere valeamus.[1] Ars[e] inquam quaestionibus, elementis, praeceptisque officiorum[f] digesta. Quaestionibus enim quae circa unamquamque virtutum cognoscere dignum est sciscitamur. Elementa digerunt atque dissolvunt. Praecepta vero officiorum[g] (quas breves sententias dicere possumus) officia praebent, suntque tamquam beatae vitae certae leges ac[h] regulae.[2] Et si expressa non adducuntur elementa, ex superioribus elementis similium quaestionum quaestiones sunt diluendae, vel expressis vel facili analogia cognoscendis. Et elementa, quaestiones et praecepta passim ubique secundum subiectam materiam sunt intelligenda. Et numeri ad latus adiecti libros Moralium Aristotelis (ad quos introductionum capita introducunt) designant.[e h] Hoc[i] ergo qualecumque virtutum praelibamentum benevolus[j] accipe; et vos reliqui quos virtutis amor et studium accendit eiusdem arti benevoli favete atque proficite.[i j]

1. The dedicatory epistle is followed by a second, less formal preface which describes more explicitly the function and utility of brief *introductiones* or *artes* (ed. 1497, sig. a, ii, r): "Artes introductoriae simillimae semitis esse debent, quae sine viarum erroribus ocissime perducunt ad terminum; disciplinae

c. hic nunc *ante* texitur *Deventer c. 1502*

d. quam ... commendasti] quae ideo non aspernanda iure videri potest *1502, 1506/1507, 1512, 1517/1518, 1528*; quae ideo non aspernenda videri debet *Deventer c. 1502*

e. Ars ... designant *om. Deventer c. 1502*

f. praeceptisque officiorum] apophthegmatis *1499, 1499/1500*

g. Praecepta vero officiorum] Apophthegmata vero *1494, 1499/1500*

h. ac ... designant *om. 1494, 1499/1500*

i. Hoc ... proficite] Hoc igitur qualecunque virtutum prelibamentum vos ipsi quos virtutis amor et studium accendite benivoli accipite: eiusdemque arti favete atque proficite. et primo quidem subscriptam tante rei formulam: que totius huius moralis introductionis fundamentum est primum oculis vestris semper subijcite *Deventer c. 1502*

j. benevolus ... proficite] vosipsi quos virtutis amor et studium accendit benivoli accipite eiusdemque arti favete atque proficite *1502, 1506/1507, 1512, 1517/1518, 1528*

autem spatiosis sed formosissimis assimilantur campis, quos si ignoratis semitis ingrediamur, non facile progressum egresssumve reperiamus. Idcirco necessarium fuerit prius semitas cognoscere quam vastorum camporum pulchritudinem contemplari. Quod si in terra peregrinantibus id necessarium est, si altum tentantibus aequor, alioquin pereunt naufragiaque faciunt, tanto magis id opus est in disciplinis observare si volumus caecae scopulos ignorantiae devitare; et maxime id ad disciplinas morales necessarium esse visum est, quanto neglectae maius vitae periculum afferunt atque detrimentum. Ergo ad Ethicen Aristotelis haec vobis certa constituta sit semita, quam non minus menti quam qui iter agunt suae itinerationis calles tenere debetis."

The first edition was seen through the press by Guillaume Gontier, whose name appears at the bottom of the title page. The *Introduction to Aristotle's Nicomachean Ethics*, often accompanied by the prefaces and poems of its various editors, was L.'s most frequently reprinted work. Johann Winterburg's Vienna edition of 1501 included a *Carmen exhortatorium virtutis in Rectoratu clarissimi viri theologi insignis Christophori Culber Grecensis ad ingenuos adolescentes bonarum artium studiosos per magistrum Paulum Hug lusum* (sig. b, vi, r–v) and the following *Hexastichon Magistri Pauli Hug: quo philosophia moralis lectorem alloquitur* (sig. a, ii, r):

> Sunt mihi cum medico quaedam commertia fido,
>   Merx mea sed medica clarior esse solet.
> Sedulo pharmaca largimur mortalibus aegris,
>   Infirmus nostram saepeque sentit opem.
> Iste levat magnis pallentia corpora morbis,
>   Turbatum sed ego docta piare animum.

Ioannes Caesarius published the work in Deventer c. 1502 (ep. 32); Caspar Schlick in Leipzig in 1511 (ep. 84). In 1512 Iacobus Faber of Deventer printed an abridgment of it along with Matthias Ringmann's *Breves poetarum sententiae* (see ep. 90), while Philipp Gundel praised L. and his book in an elaborate poem in a second Vienna edition of 1513 (ep. 103). Clichtove's commentary on the *Introductio* (see ep. 31) went through fifteen editions between 1502 and 1559.

2. An example from the *ars* itself—the section on temperance—clarifies the meanings L. gave these terms. He begins with a definition: "Temperantia est voluptatum tristitiarumque gustus ac tactus mediocritas. Quae si circa cibum fuerit, abstinentia cibique honestas vocetur; circa potum sobrietas; circa oscula amplexus et cetera venerem provocantia pudicitia; circa venera castitas; circa intacti pudoris propositum virginitas." The *quaestiones* follow: "1. Quid. 2. Quot eius species. 3. Circa quae [versatur temperantia]. 4. Numquid circa voluptates animae: auditus, visus, odoratus. 5. Circa quod magis. 6. Quid ei contrarium," etc. Question one is answered by the definition. The *elementa* are the answers to the rest: "2. Quinque: abstinentia, sobrietas, pudicitia, castitas, virginitas. 3. Circa voluptates atque tristitias gustus ac tactus. 4. Circa quas voluptatum non dicuntur homines temperati, neque temperantia ipsa est. 5. Circa delectationes.

Difficilius est praesentium voluptate non allici quam absentibus non tristari, nam presentia fortius movent. 6. Intemperantia atque insensibilitas." At the end come the *praecepta*: "Sensuum illecebras reprimito. Cibo temperate utitor. Potu sobrius esto. Esto castus. Virtuti te natum memento. Intemperantiam fugito." (*Artificialis introductio*, Paris, 1517/1518, ff. 12v–13r.)

8

To Charles Bourré   [Paris. Before February 12, 1495.]

Textus de Sphera Johannis de Sacrobosco Cum Additione (*quantum necessarium est*) *adiecta: Nouo commentario nuper edito Ad vtilitatem studentium Philosophice Parisiensis Academie: illustratus*, Paris, [Johann Higman for] Wolfgang Hopyl, 12 Feb. 1494/1495, sig. a, i, v; LXXIII (1500), sig. a, i, v; LXXIV (1507), sig. a, i, v; LXXVI (1511), sig. a, i, v; LXXVII (1516), sig. a, i, v; LXXX (1521), sig. a, i, v. The epistle will also be found in LXXII, LXXV, LXXXI–LXXXV. The text is that of the first edition.

    Grandson of a substantial bourgeois of Châteaugontier in Anjou, second son of Jean Bourré, a secretary and principal financial officer of Louis XI, and of Marguerite de Feschal, Charles Bourré received the licentiate in law from the University of Poitiers in 1491. He succeeded his father in a variety of important offices: "maître lai" in the Chambre des Comptes (1492), treasurer of France (8 March 1496), treasurer of the Order of Saint-Michel (29 Aug. 1498). His patronage of literature and the arts was extravagant. He went into debt in 1493 to buy "deux paires de heures escriptes en parchemin à l'usaige de Romme en lectre bastarde, richement et bien hystoriées et enluminées," and he was still in debt at his early death late in 1498. See *Actes de François Ier*, VII, 441, no, 25559; G. Jacqueton, *Documents relatifs à l'administration financière en France de Charles VII à François I* (Paris, 1891), 289; G. Bricard, *Jean Bourré, Seigneur du Plessis (1424–1506)* (Paris, 1893), 309–311; H. Jassemin, *La Chambre des comptes de Paris au XVe siècle* (Paris, 1933), 35; and G. Dupont-Ferrier, "Le Personnel de la Cour du Trésor (1390–1520)," *ABSHF.* (1935), 196.

    The epistle prefaces L.'s edition of and commentary on the *Sphere* of Sacrobosco. Cf. Sarton, II, 2, pp. 617–619 and Lynn Thorndike, *The Sphere of Sacrobosco and Its Commentators* (Chicago, 1948), 1–57.

Iacobi Fabri Stapulensis Commentarii in Astronomicum Ioannis de Sacrobosco ad splendidum virum Carolum Borram thesaurarium regium.

    Georgius Hermonymus Lacedaemonius,[1] splendide Carole, qui te summopere colit et cuius familiaritas mihi quam gratissima est, superioribus diebus cum apud eum essem, (ut mos suus est) vehementer Academiam nostram commendabat. Unum tamen deesse causabatur. Quid, inquam? Mathemata, inquit, quae (si Platoni septimo de Republica credimus) non modo reipublicae litterariae sed et civili momentum habent maximum, et in his (ut sentit Plato) praecipue erudiendi sunt qui naturis sunt optimis.[2] Sed qui (inquit) nostris philosophantibus mitiore sunt ingenio? Adduxit et Georgium Trapezuntium,[3] qui vel maxime de re litteraria bene meritus videtur, quod eius ingenium ad mathematicas disciplinas e tenebris eruendas converterit. Inflammavit tum me, mi Carole, his et similibus verbis quam plurimis[a] meus Favorinus (sic enim nostrum Georgium nuncupo), ut animum mathematicis applicarem. Et post arithmeticas apodixes (quas in Iordano[b] paravi), commentariolum in libellum de Sphaera[4] his diebus cudi, quod is liber in hac alma Parisiorum Academia legi soleat, ut aliqua commentationis luce factus illustrior nostris studentibus utilitatem fructumque afferat. Affuit levamini domesticus noster Ioannes Griettanus,[5] abaci numerandique peritiae et reliquae matheseos non inscite studiosus; scripsit opus et quasi fesso umerum subiecit Atlanti. Opus ergo emissioni paratum, splendide Carole, tuae dignitati dico, ut in te eandem quam et tuus Georgius (qui mihi tamquam pater est) venerationem observem et benevolentiam, qui et in numerorum et astronomiae subtilitatibus inter activas civilesque administrationes non mediocriter vivis eruditus. Vale.

1. George Hermonymus of Sparta was active in France in the late fifteenth and early sixteenth century as a copyist, translator, and, intermittently, a teacher of Greek. See Legrand, III, 101–102; H. Omont, "Georges Hermonyme de Sparte, maître de Grec à Paris et copiste de manuscrits," *Mémoires de la Soc. de l'Hist. de Paris et de l'Ile-de-France*, XII (1885), 65–98; Ludwig Geiger, "Studien zur Geschichte des französischen Humanismus," *Vierteljahrsschrift für Kultur und Litteratur der Renaissance*, II (1887), 194–197; Allen, I, 7; Delaruelle, *Budé*, 69–73; and Renaudet, p. 117 and *passim*.

2. *Respubl.* VII, 525 B–C, 526 C.

3. George of Trebizond (1395–1484), Greek humanist, translator, and controversialist. See R. Klibansky, "Plato's Parmenides in the Middle Ages," *Medieval and Renaissance Studies*, I (1941–1943), 289–304 and Cosenza, IV, 3447-3454.

4. The edition of 1495 was followed by a second Paris edition published by

a. pluribus *1511, 1516* b. Iordanum *1521*

Wolfgang Hopyl on 1 Sept. 1500. This contains, in addition to the text of the *De Sphaera* and L.'s commentary, two further works: Bonetus de Lattes, *Annulus astronomicus*, a description of a finger-ring which functioned as a miniature astrolabe, first published c. 1492 (*GW.* 4841 and Thorndike, V, 165–166), and *Geometria Euclidis a Boetio in Latinum translata* (critical edition by G. Friedlein, Leipzig, 1867, pp. 373–392), first published in the 1491–1492 and 1498–1499 Venetian editions of Boethius's *Opera* (*GW.* 4511 and 4512).

Bovillus met Bonetus de Lattes in Rome in 1507 and before debating him "de religionum varietate" had the pleasure of examining the ingenious ring: "Romae anno millesimo quingentesimo septimo paulo antequam in familia regiorum oratorum Galliae ad pontificiam sanctitatem in urbem adventasses [i.e. Faber Stapulensis], dominica quadam die, post meridiem, praetereunti mihi cum nonnullis solatii causa Iudaicum vicum, obvius fuit Bonetus de Latis Hebraeus medicus, author eius libelli qui de annulo inscribitur, qui et dudum tua cura una cum libro de sphera prodiit in lucem. Hunc etsi facie non noveram, audito tamen ab uno coambulantium amicorum esse Bonetum, salutavi, cupiens ab eo materialem illum annulum videre quem suo libello inscripsit eo ingenio, ea industria et arte fabrefactum, ut quamquam digito gestatilis sit, non pauciora tamen ex illo quam ex astrolabio circa sydera valeant deprehendi" (*Caroli Bouilli Samarobrini Questionum Theologicarum Libri Septem*, Paris, Badius Ascensius, 20 April 1513, fol. LIII). Cf. *Encyclopaedia Judaica*, IV (1929), 942–943.

The *Geometria Euclidis a Boetio in Latinum translata* is a version of [Pseudo-] Boethius, *Ars geometrica* and dates from the tenth or eleventh century. (See Paul Tannery, "Notes sur la Pseudo-Géométrie de Boèce," *Mémoires scientifiques*, ed. J. L. Heiberg, Paris, 1922, V, 211–228 and Sarton, I, 426.) L.'s text is very close to Friedlein's "q" manuscript:cod. Monacensis 560 (11th–12th century). It is shorter than other recensions (ed. Friedlein, p. 389, line 17–p. 428, line 20 is omitted) and divided into four books instead of the more commonly found two. L. was in Venice in 1499. The second volume of Boethius's *Opera*, which contains the *Geometria*, is dated 8 July 1499. The coincidence of dates suggests the possibility that L. first came across the work in Venice and in this edition and then brought it back with him to Paris, where he had it reprinted the following year.

5. Griettanus is mentioned again in the colophon of the first edition: "Recognitoribus diligentissimis Luca Vualtero Conitiensi, Guillermo Gonterio, Johanne Griettano et Petro Grisele matheseos amatoribus." He is otherwise unknown to me.

EPISTLE 9

9

To Nicole de Hacqueville   [Paris. Before July 22, 1496.]

Arithmetica decem libris demonstrata. Musica libris demonstrata quattuor...,
Paris, 22 July 1496, sig. f, 1, r; LXXXVII (1514), sig. f, i, r; CV (1551), fol. 2r–v.
The epistle will also be found in CIII, CIV, and CVI. The text is that of the
corrected Paris edition of 1514.

Son, grandson, and nephew of Parisian cloth merchants, Nicole de Hacqueville was a canon of Notre-Dame of Paris and a "conseiller clerc" (17 April
1482) and "président des enquêtes" (11 Dec. 1490) in the Parlement of Paris. He
comes momentarily to life in a page of Guillaume Gregory's *Liber de origine
congregationis canonicorum regularium reformatorum in regno Franciae*, an
account of the work of the Windesheim reformers in France in the last years
of the fifteenth century: "Et Magister Nicolaus Hacquevillensis, magnus Prae-
sidens in Parlamento, qui post turbines secularium negotiorum se apprime exer-
citabat in Roseto ... patris [John Mombaer of Brussels]. Erat enim Canonicus
ecclesiae Parisiensis, ubi ferme singulis noctibus Matutinis introibat. De eo vulgo
ferebatur, quia more regis David regni negotia peragebat, nocte vero in psalterio
et cythara caelestia secreta ruminabat, qui ob zelum religionis quaedam sua
beneficia commutavit cum una abbatia [Livry] Canonicorum Regularium, quam
postea in manus commemorati patris [Mombaer] resignavit, et a fundamentis
erigere et dotare intenderat, licet inde morte ingruente ab hac luce subtractus
sit" (BN., ms. lat. 15049, II, 2, fol. 43r). Hacqueville negotiated the exchange of
the abbey of Livry for several of his own benefices with the incumbent abbot
Charles du Haultbois during 1498. On receiving the abbey *in commendam* (10
Feb. 1500), he installed monks from the Windesheim mission and began the
reform of the monastery and the repair of its buildings. He resigned the benefice to his spiritual mentor John Mombaer of Brussels on 21 Nov. 1500. He died
6 Jan. 1501, leaving several works: letters on the Windesheim reform movement
in France (Bibl. Sainte Geneviève, ms. 1149); a collection of sermons edited by
his fellow canon Jean Quentin, *Sermones dominicales moralissimi et ad populum
instruendum exquisitissimi*, Paris, Durand Gerlier and Nicolas de la Barre, s.a.
(Panzer, XI, p. 496, no. 2805); a poem in praise of St. Bernard, *De laudibus
Sancti Bernardi et situ Clarae Vallis* (ML. CLXVIII, 565–568); and mnemonic
verses incorporated by Mombaer in his *Rosetum* (see ep. 75). See Allen, I, 200;
Renaudet, pp. 182, 227–228, 296, 735; P. Debongnie, *Jean Mombaer de Bruxelles*
(Louvain, 1927), 113–117, 268–274, 299–304; G. Dupont-Ferrier, "Les avocats à la
Chambre ou Cour des Aides," *BEC*. XCIII (1932), 287–288 and "Les avocats à la
Cour du Trésor de 1401 à 1515," *BEC*. XCVII (1936), 72–73.

The epistle prefaces L.'s *Elementorum musicalium libri quattuor* (ed. 1496, sig. f, 2r–h, 6v).

Iacobi Fabri Stapulensis Elementa musicalia ad clarissimum virum Nicolaum de Haqueville inquisitorium praesidentem.

Decreveram, clarissime vir, nulli meas Elementorum musicalium, qualescumque sunt, prius dicare vigilias quam probatas cognovissem, quamvis id me minime lateret demonstrationes, in quibus vel solis vis scientiae consistit, non probari non potuisse. Verum si praesentium iudicia parvi ducis reputasque, hi tibi ex antiquis summopere musicos commendare labores iure valebunt:

Mercurius	Tamyras	
Orpheus	Hismenias Thebanus	Ptolomaeus
Pythagoras Samius	Terpander Lesbius	Eubolides
Amphion Thebanus	Lycaon Samius	Hippasus
Linus	Prophrastus Periotes	Aristoxenus
Arion Lesbius	Estiacus Colophonius	Philolaus Pythagoricus
Midas Phrygius	Timotheus Milesius	Archytas Tarentinus
Corebus Lydius	Nicomachus	Albinus
Hyagnis Phryx	Plato	Divus Severinus Boetius
Marsyas	Aristoteles	

Et similium quam plurimi, quos omnes aeterna memoria disciplinarum eblanditissima musica reddidit insignes; inter quos duos praeceptores meos, Iacobum Labinium et Iacobum Turbelinum,[1] annumero, tamquam ea arte posteritati victuros. Commendant et eam mirifici eius effectus. Pythagorici enim animorum ferociam tibiis fidibusque emolliebant.[2] Esclepiades[a] frementis vulgi seditiones crebro cantu compescuit. Idemque tuba surdis medebatur.[3] Damon Pythagoricus ebrios et proinde petulantes adulescentes gravioribus modulis ad temperantiam reduxit.[4] Febrem et vulnera musica modulatione curavit antiquitas.[5] Eadem quoque suavitate schias[b] coxendicumque dolores emendavit, quod Hismenias Thebanus tentasse memoratur.[6] Theophrastus ad animi perturbationes moderandas musicos adhibuisse memoratur modulos.[7] Nec iniuria quidem; est enim musica ut quaedam moderationis lex atque regula. Quamobrem bono iure eos ridebat Diogenes musicos, qui cum citharam ad harmonicos consensus haberent temperatam, animum gererent incompositum et prorsus harmo-

a. Asclepiades *1551*   b. ischiadis *1551*

nia vitae destitutum.[8] Xenocrates organicis modulis lymphaticos liberavit. Tales Cretensis suavitate citharae morbos pestilentiamque fugavit.[9] Terpander et Arion Aones et Lesbios cantu a gravissimis morbis levasse, divus Severinus auctor est.[10] Herophilus medicus aegrorum venas musicis pensiculabat numeris.[11] Timotheus autem musicus dum voluit efferatum reddidit Alexandrum ad armaque furentem atque aliter cum libuit ab armis ad convivia retraxit emollitum.[12] Thracius Orpheus ferarum sensus fidibus cantuque inflexit, hoc est, ferinos hominum mores [et] leges ad citharam canendo ad moderatam humanitatem reduxit. Cervi fistulis capiuntur studioque modulationum detinentur. Cygni Hyperborei citharae cantibus alliciuntur. Elephantes Indi organica dulcedine permulcentur. Aviculae fistulis irretiuntur. Teneros adhuc infantium sensus permovent cantus crepitaculaque vagientium[c] sedant. Delphinos suis sibi fidibus conciliavit Arion. Serpentes cantibus rumpuntur. Sepultorum manes cantibus excitantur. In Actiaco littore mare citharam personare memoratur.[d] Megaris citharam personat saxum et ad cuiuslibet pulsantis ictum fidicinat.[13] Et possem pleraque talia, vir clarissime, ad musicam commendationem adducere; at tot tantisque et recentium et priscorum commendatam auctoritatibus, tibi nunc ab me atque bonarum litterarum studiis dicatam disciplinam aequo suscipias animo tuis auspiciis lucem habituram, et me unum inter tuos clientulos, tuarum virtutum tuique nominis observatorem esse cognoscito. Vale.

1. I have not been able to identify L.'s two teachers.

2. Martianus Capella, *De Nuptiis philologiae et Mercurii*, XIIII, 923 (ed. F. Eyssenhardt, Leipzig, 1866, p. 346, lines 17–19).

3. *Ibid.*, 347, lines 19–22, 27–28.

4. *Ibid.*, lines 22–24.

5. *Ibid.*, line 27.

6. Boethius, *Inst. Mus.* I, i (ed. G. Friedlein, Leipzig, 1867, p. 185, lines 20–22).

7. Martianus Capella, p. 347, lines 28–29.

8. Diog. Laert. VI, 2, 27.

9. Martianus Capella, p. 348, lines 1–3.

10. Boethius, *Inst. Mus.*, p. 185, lines 17–20.

11. Martianus Capella, p. 348, lines 3–4.

12. Basil, *De legendis libris gentilium*, 5 (MG. XXXI, 580 A). Cf. D. P. Walker, "The Aims of Baif's Académie de poésie et de musique," *Journal of Renaissance*

c. vagientum *1496*   d. memorantur *1496*

and Baroque Music, I (1946), 91–100; Frances Yates, *The French Academies in the Sixteenth Century* (London, 1947), 38 and the letters of James Hutton and S. F. Johnson in the *Times Literary Supplement*, 11 May and 7 Sept. 1951; James Hutton, "Some English Poems in Praise of Music," *English Miscellany*, II (Rome, 1951), 1–63; and Nan Carpenter, "Spencer and Timotheus: A Musical Gloss on E. K.'s Gloss," *PMLA*, LXXI (1956), 1142–1143.

13. Martianus Capella, p. 348, lines 5–6, 7–16, 20–21. It is precisely at this point that Capella too broke off his list of the effects of music.

10

To Iacobus Labinius and Iacobus Turbelinus
[Paris. Before July 22, 1496.]

Arithmetica decem libris demonstrata. Musica libris demonstrata quattuor..., Paris, 22 July 1496, sig. f, 1, v; LXXXVII (1514), sig. f, i, v; CV (1551), ff. 2v–3r. The epistle will also be found in CIII, CIV, and CVI. The text is that of the corrected edition of 1514.

The epistle is a second preface to L.'s *Elementa musicalia*.

Iacobus Stapulensis Iacobo Labinio et Iacobo Turbelino[1] musicis, suis carissimis praeceptoribus.

Quod inter oratorem atque rhetora, id inter cantorem et musicum interesse volunt, neque oratorem quemquam dici mereri qui idem rhetor non sit; ita vestrum semper iudicium fuit, ut ne cantor quidem dici mereatur unquam qui idem musicus non fuerit, pulchre mimos et histriones a cantorum honesto coetu sequestrantes, tamquam Epicureos a sobria mensa castoque philosophorum dogmate. Nec iniuria, nam Homerus divinus poeta ubique doctum et seria modulatum introducit cantorem, ut apud Odysseam ubi Penelopen Phemium fidicinem ad nervos verba moventem his verbis allocutam effingit:[2]

Praeterea illacrimans divum est affata canentem
Phemi multa tenes hominum mulcentia pectus
Facta hominum atque deum et quae laudem auctoribus addunt.
Ex iis pange aliquid.

Et quales Homerus probat, vos minime tales esse dubito, ut qui dudum a vobis prima musices rudimenta perceperim. Quapropter ad vos nostros labores examinandos committo, quos eo libentius me suscepisse fateor quo musicalem scientiam neque apud Graecos neque Latinos quidem unquam elementis traditam esse legerim, at introductiones quam plurimas, inter quas ea omnium nobilissima est quam divus Severinus Boetius sui monumentum reliquit,[3] quem unum in hac re praesertim delegi meorum studiorum ducem. Si ergo probaveritis, satis mihi est. In re enim nostra malumus aliorum iudicia sequi quam propria probare. Valete.[4]

1. See ep. 9, note 1.

2. *Ody.* I, 336–339.

3. *De Institutione musica libri quinque,* ed. G. Friedlein (Leipzig, 1867), 175–371.

4. The printer and bookseller Guillaume Cavellat republished L.'s *Elementorum musicalium libri* in 1551 and 1552. He prefaced the work with the following epistle (sig. A, i, v): "Gulielmus Cavellat bibliopola candido lectori S. Interfui multorum colloquiis, candide lector, qui mirabantur mathematicas reliquas studiose coli, unicam musicen deseri et quasi inutilem aut illiberalem iacere, quae apud veteres tantum studii ac venerationis erat assecuta, ut nemo citra huius cognitionem satis liberaliter eruditus haberetur. Audio Platonem ac reliquos auctores classicos vix ac ne vix quidem ab eo qui musicam non didicisset intelligi. Id quod vel unum excitare debuerat omnium amorem ac studium in rem tam necessariam. Non dubito ab his qui serio philosophantur retineri et haberi magno in pretio, sed eam sicut reliquas mathematicas publice doceri non video. Quid causae est: an arcana magis esse debet reliquis, an pauci multis invidere tantum bonum debent? Intelligo Latinorum musicorum magnam penuriam, eorum praesertim qui artem calluerint et methodo scripserint, exemplaria non adeo multa et ea non satis emendata, quae causa videri potest cur musicae minus sit frequens. Quare cum proventum mathematicarum plurimum desiderem, offero tibi elementa musica Iacobi Fabri, in hoc genere scribendi ut audio praestantissimi, quae tibi gratissima ac utilissima fore confido, si nulla sit doctrina melior quam quae per elementa traditur. Vale ac fruere."

11

To Gianstefano Ferrero   [Paris. Before July 22, 1496.]

Arithmetica decem libris demonstrata.... Epitome in libros arithmeticos diui Seuerini Boetij..., Paris, 22 July 1496, sig. h, 7v; LXXXVIII (1503), sig. a, i, v; XCVI (1510/1511), sig. a, i, v; LXXXVII (1514), sig. h, vii, v; XCVII (1522), fol. 1v. The text is that of the corrected edition of 1514.

33

Gianstefano Ferrero was born 31 Dec. 1473, the son of Sebastiano Ferrero, *tesoriere generale* of the Duchy of Savoy and in 1499 of Louis XII in Milan. He studied law at the University of Padua and made a brilliant career in the church: apostolic protonotary at fifteen, abbot of S. Stefano in Ivrea (19 Aug. 1489) and of S. Stefano de la Citadella in Vercelli (5 Nov. 1492), bishop designate of Vercelli (24 April 1493), archbishop of Bologna (24 Jan. 1502), and cardinal (28 June 1502). L. perhaps met him in Padua in the winter of 1491–1492. In 1496 he sent L. a copy of Aristotle's *Magna Moralia* in the translation of Giorgio Valla (see below, ep. 15, note 3). At his death in Rome 5 Oct. 1510 he left an enviable reputation for learning and patronage. See Burchard, *Diarium*, ed. L. Thuasne, III, *passim*; Trithemius, *De scrip. eccl.* (Paris, 1512), fol. CCXIXr; F. Ughelli, *Italia sacra* (Venice, 1717–1722), IV, 809–810; G. De-Gregory, *Istoria della vercellese letteratura ed arti* (Turin, 1819–1824), I, 461–462; Eubel, II, 20, 24; Renaudet, p. 274; and G. Ferraris, in *DHGE.* XVI (1964–1967), 1263–1264.

The epistle prefaces L.'s *Epitome in duos libros Arithmeticos divi Severini Boetii* (sig. h, 8r–i, 6v in the edition of 1496), a summary of Boethius's *De Institutione arithmetica libri duo* (critical ed. by G. Friedlein, Leipzig, 1867; recent literature on Boethius in Altaner, *Patrologie*, 447–450 and on the mathematical works in Sarton, I, 426).

Iacobus Faber Stapulensis magnifico domino Ioanni Stephano Ferrerio designato episcopo Versellensi studiorum amantissimo.

His diebus metallicis formulis Arithmetices pariter atque Musices commissis elementis,[1] cogitanti mihi, dignissime praesul, quid illorum facilem praepararet intelligentiam, occurrit si introductio quaedam ex divina illa et Pythagorica divi Severini Boetii numerorum institutione in medium afferretur, quae et ut domestica familiarisque ante aliorum lectionem et tanta demonstrationum pondera directrix haberetur. Ita enim ferme comparatum est ut nisi mens rite praeparata fuerit, nullum in disciplinis capiat emolumentum. Ut enim periti medici potiones digerentiaque fortibus praemittunt pharmacis[a] quo firmiorem inducant valetudinem, ita quoque in omni disciplinarum genere operae pretium est introductiones praemittere, ut faciliorem assequamur disciplinae intelligentiam, velut quandam perfectam nostrae mentis sanitatem. Quapropter ilico ex libris divi Severini Epitomen sum aggressus, cuius multiplex commoditas futura est. Ea enim assecuta, ad numerorum demonstrationes ut quibusdam Pythagorae ritibus initiati praeparatique accedent atque illorum librorum prisca sapientia refertorum institutionis Arithmetices perfacilem capessent

a. pharmaciis *1496, 1503, 1510/1511, 1522*

intelligentiam, immo ex ultima comparationis divi Severini et Iordani formula universam elegantissimae et numquam satis laudatae numerorum institutionis commentationem consequentur facillime et ad quaecumque quae numerorum desiderant operam viam perfacilem atque aditum. Hanc ergo introductiunculam, dignissime praesul, non dubitavi nomini tuo designare, tametsi tuae dignitatis habita ratione res sit exigua, ut qui norim quam fervidus omnia studia complecteris, quam in illis versaris assiduus scholae prope Socraticae assertor: nullum praeter sapientiam bonum esse, nullum praeter studia litterarum. Non potest ergo observantia in te mea in re litteraria grata non fore, qui facis litteras litteratosque omnes observando, ut te debeant omnes observare litterae; quod utinam aliquando pro dignitate facere possim, tuae virtutis iam satis longa consuetudine probatae iugis assiduusque cultor. Vale.[2]

1. See above, eps. 5 and 9.

2. In Aug. 1553 Henricus Petrus published in Basel an edition of L.'s *Epitome* (see Bibliography, no. CII) with the following prefatory epistle from Johann Scheubel, professor of mathematics at Tübingen, to the dean, masters, and doctors of the faculty of arts (pp. 3–6): "Spectabili artium facultatis Academiae Tubingensis Decano, necnon aliis huius ordinis doctoribus et magistris, Ioannes Scheubelius S.D. Cum superioribus annis Stapulensis epitomen in Arithmeticam speculativam Boethi in Academia vestra, clarissimi et doctissimi viri, ut huius doctrinae professor ordinarius, publice praelegerem eandemque non solum utilem et fructuosam studiosis fuisse ipse cognoscerem, verum ei studio addictos etiam cum cupiditate quadam hanc audivisse animadverterem, nullis amplius venalibus exemplaribus, placuit hanc epitomen per typographum denuo imprimi curare, tum propter auctoris Iacobi Fabri Stapulensis doctissimi et in mathematicis disciplinis acutissimi viri, honorem et honorificam memoriam, tum etiam ut propter eruditum hoc et utile scriptum, ubi studiosi id typis excusum scirent, apud eos favorem aucuparer quandam et gratiam ab iis inirem, quibus usui libellus ille atque etiam ad proficiendum ad maiora et magis ardua huius disciplinae θεωρήματα lectio eius profutura esset. Adiecimus autem, prout postulabat textus, singulis fere definitionibus ac proprietatibus sua exempla, quo planiora essent praecepta et regulae, quae omnino ut intelligantur, subinde haec desiderant. Quoniam vero prior aeditio doctissimi Christierni Morsiani Arithmeticam practicam adiunctam habuit [see Bibliography, nos. XCVIIb and XCVIII], cum haec eadem et brevis et cum fructu etiam studiosorum ab eo descripta sit, falsi insuper regulae descriptio in ea contineretur, nolui ipsam suo loco privare, id quod vestris excellentiis et humanitatibus placere velim. Nam plane meum propositum est, meae professionis opera studiosorum, nostrae scholae praesertim, studia iuvare, propter quod rogo huius disciplinae tyrones omnes, hanc operam aequi

bonique consulere velint. Quod ut fiat, vestris igitur excellentiis, clarissimi et doctissimi viri, hos meos labores in maiorem libelli commendationem nuncupare, inscribere et me simul commendare volui. Bene valete. Tubingae, tertio Nonas Iulii, anno post Christum natum millesimo quingentesimo quinquagesimo tertio."

12

To Bernard de Le Venquiere   [Paris. Before July 22, 1496.]

Arithmetica decem libris demonstrata.... Rithmimachie ludus qui et pugna numerorum appellatur, Paris, 22 July 1496, sig. i, 6v; LXXXVII (1514), sig. i, vi, v. The text is that of the corrected edition of 1514. The epistle was reprinted in CX (1556), fol. 50r.

Bernard de Le Venquiere studied and taught in the medical school of the University of Paris. A bachelor in 1492, licentiate and doctor in 1494, he was dean of the faculty of medicine from 1498 to 1500. His name does not appear in the records after 5 Feb. 1502. See Wickersheimer, I, 77.

The epistle prefaces L.'s *Rithmimachiae ludus.* "Rithmimachia" is an arithmetical game invented in the eleventh century. For its rules and history see R. Peiper, *Fortolfi Rythmimachia, Abhandlungen zur Geschichte der Mathematik*, 3. Heft (Leipzig, 1880), 167–227. L.'s *Rithmimachia* is sometimes confused with the *Liber de ludo arithmomachiae* of John Sherwood, bishop of Durham (d. 1494), published in Rome in 1482 [London, BM.]. The two books are not the same. Cf. John F. C. Richards, "A New Manuscript of a Rithmomachia," *Scripta Mathematica*, IV (New York, Yeshiva University, 1943), nos. 2–4.

Iacobus Stapulensis Bernardo Vencario doctori medico numerorum amatori.

Considerasti, mi Bernarde, omnes disciplinas ad quas generoso spiritu sit annitendum difficiles esse, siquidem virtus omnis circa difficile versetur, verum hanc difficultatem nullos unquam absterrere praeter eos solos qui de re litteraria male meriti quod capere diffidant ceteris dissuadent, aut quod ipsis invideant velut felicioribus, aut potius quod eos ipsos nescire pudibundum sit. At scis quam procul praesertim ab hoc praeclarissimo Parisiensi studio livor omnis absit, quam ignorantia pellatur quamque probent Clitomachum Carthaginiensem,[a] qui quadragesimum annum natus primum studia litterarum petiit, in quibus adeo profecit ut Carneadi sederit successor;[1] quo-

a. Cartaginiensem *1496*; Cartaginensem *1514*

36

minus dubitandum est hunc locum tutam esse disciplinarum stationem securumque portum et undecumque advenerint benigno excipi favore peramicoque hospitio. Quapropter cum Arithmeticae et Musicae superioribus diebus in studentium favorem huic loco tamquam asylo committerentur, voluisti Rithmimachiam simul formari, ludum quidem numerorum non illiberalem, sed quem deceat studiosos adulescentes cognoscere, ne nimium tetrice videantur adventasse disciplinae et quo interdum studio defessi primi earum tyrones solentur animum et cum utili otio tum honesto vires custodiant incolumes. Tale profecto consilium medicum decuit. Etsi qui hanc ludi honestatem amabunt, gaudebunt tua opera post serias disciplinas hic esse insertum. Introducuntur Alcmeon, mathematicus Pythagorae discipulus, et Brontinus et Bathillus, eius temporis adulescentes. Vale.[2]

1. Diog. Laert. IV, 10, 8.

2. In 1556 Claude de Boissière added L.'s *Rithmimachiae ludus* to a similar work of his own: *Nobilissimvs et antiqvissimus ludus Pythagoreus (qui Rythmomachia nominatur) in vtilitatem & relaxationem studiosorum comparatus ad veram & facilem proprietatem & rationem numerorum assequendam, nunc tandem per Claudium Buxerium Delphinatem illustratus,* Paris, Guillaume Cavellat, 1556 (Paris, BN.; cf. J. F. C. Richards, "Boissière's Pythagorean Game," *Scripta Mathematica,* XII [1946], no. 3). He prefaced L.'s work with the following epistle (fol. 49r–v): "Auctoris excusatio. Quamvis in hoc libello nihil mea quidem sententia omiserim, attamen ut studiosis satisfacerem aliquotque vacuas pagellas implerem, huic meae opellae id quod Iacobus Faber Stapulensis scripsit adiungere visum est, ut illius scripta cum nostris comparantes exactam ludi intelligentiam assequantur, utque iudices et arbitri id (quod in hac studiosa refectione erit gratius) valeant eligere. Interim tamen optimos lectores precabor, ut prius quam censeant ferantque iudicium me animum applicasse non gravibus utilibusque rebus, sed ludicris, ludi profectum et cognitionem acquirant; quod si fecerint, spero haud incommodum hoc levamentum eos non [*sic*] esse iudicaturos, praesertim cum huius ludi voluptate si capiantur, non solum vitiosos ludos et cum flagitiis coniunctos (ex quibus praeter damnum nihil reliquum est) declinare et fugere, verum etiam honestatem cum utilitate coniungere erit promptissimum. Quid quod si hanc animi relaxationem cum ludis vulgaribus suo pondere pendere velis, luce clarius conspicies ex ea multum emolumenti reportasse; ex illis contra non solum rei familiaris iacturam fecerunt, sed temporis (quod longe maius est) irrevocabilis et utilitatis amicorum, qui cum suis rebus in aliis ludis spoliantur, fiunt inimici. Audacter proinde mihi promitto studiosos, in quorum gratiam hoc onus sustinui, non existimaturos hanc opellam me ambitionis gratia emisisse, sed ut usum et proprietatem numerorum praestantissimorum (ex quibus non vulgaris fructus manat) cum multis facerem communem. Quare nunquam

me frustra et inutiliter desudasse cogitabo, si quam minimum utilitatis hominibus ex meo labore possit accedere. Quamobrem omnes virtutis amantes oratos velim, ut hunc meum laborem in eorum iucunditatem excogitatum aequi bonique faciant; hic igitur repetere exordiar ea quae Faber litteris mandavit." Claude de Boissière also published a French translation of L.'s *Rithmimachia: Le Tresexcellent et ancien ieu Pythagorique, dict Rythmomachie ... par maistre Claude de Boissiere Daulphinois,* & *nouuellement amplifié par le mesme autheur* (Paris, Guillaume Cavellat, 1556), ff. 48v–52r (Paris, BN.).

13

To Thibault Petit and Gilles de Lille
[Paris. c. October 24, 1496.]

In hoc opusculo he continentur introductiones. In suppositiones. In predicabilia. In diuisiones. In predicamenta. In librum de enunciatione. In primum priorum. In secundum priorum. In libros posteriorum. In locos dialecticos. In fallacias. In obligationes. In insolubilia, [Paris, Guy Marchant], 24 Oct. 1496, sig. a, i, v; CXII (1497), sig. a, i, v; CXV (1500), sig. a, i, v; CXVII (1505/1506), sig. c, v, v; CXVIII (1513), sig. c, iij, v–c, iiij, r; CXX (1517), ff. 19v–20r; CXXII (1520), ff. 19v–20r; CXXIII (1526), fol. 24r–v. The epistle will also be found in CXIII, CXIV, CXVI, CXIX, CXXI, CXXIV–CXXXVI. The text is that of the first edition.

Thibault Petit, from the diocese of Amiens, M.A. in 1482 and bachelor of theology in 1493, taught at Boncour and Cardinal Lemoine. In Dec. 1498 Clichtove dedicated to him Agostino Dati's *Elegantiarum liber* (see ep. 18), addressing him as doctor of theology and "gymnasii Cardinalis Monachi moderator vigilantissimus." Petit received the licence in theology 13 Jan. 1498 and the doctorate of theology 18 Sept. 1498 (Maître, p. 261). Both Clichtove and Bovillus, who dedicated to him a commentary on L.'s *Introductio in suppositiones* (see ep. 23), emphasize his humanistic interests and his particular concern for the liberal education of students entering the college. Bovillus was still in correspondence with Petit in 1514 (there is a letter to him among the "epistolae philosophicae et historicae" which Bovillus published at the end of his *Commentarius in primordiale evangelium divi Ioannis,* Paris, Badius Ascensius, 13 Sept. 1514). I have not been able to identify Gilles de Lille. Presumably he also taught at Cardinal Lemoine. Cf. Massaut, I, 183, note 20.

The epistle prefaces L.'s *Introductiones logicales.*

Iacobus Stapulensis Theobaldo Parvo et Egidio Insulensi in studio philosophiae commilitonibus.

Recollectae vix sunt, carissimi amici, nonnullae introductiunculae, quas olim nonnullis prorsus adhuc rudibus philosophiae tyrunculis tradideram, ut eorum mens, quasi facili quodam praemisso viatico, cum ad currentes et (ut ita dixerim) vulgares tum ad nitidiores auctorum disciplinas praepararetur.[1] A[a] Gotica enim illa dudum Latinorum litteris illata plaga, bonae litterae omnes nescio quid Goticum passae sunt, haud secus ac Ovidius seipsum aliquid vitii inter barbaros Getas contraxisse ita conqueritur,

> Si quis in hac ipsum terra posuisset Homerum,
> Esset, crede mihi, factus et ille Getes.[2]

Ita temporum iniuria factum est, et facilis hic debetur veniae locus, qui ad haec pro temporum conditione introduximus; nam si qui ad Belgas itarent aut Sycambros, minus docti illis viderentur, nisi quid Belgicum saperent aut Sycambrum. Ut ergo quae ad peregrinas vulgaresque litteras pertineant agnoscatis, haec imprimis esse cognoscite: Suppositiones, Ampliationes, Restrictiones, Appellationes, Exponibilia, Insolubilia, Obligationes;[3] et proinde haec a philosophia reiecta putentur et momentum nullum habere, nisi adeo exiguum, neque suas regulas ad veram logicam neque ad veram philosophiam esse trahendas; alioquin qui secus faciet, rem indignam faciet; sed sophismatis sunt consentanea, quae cum in cute quid promittant, nihil intus habent quo id quod promittunt exhibeant; aperte enim loquor, neque vos neque alium quemquam fallere volens.[4] In aliis autem introductionibus cognoscere promptum erit, quae pro huiusmodi exoticis disciplinis erunt adiuncta, quas tamen qui ignorant nostra tempestate censentur ignari. Illas ergo recognoscite, addite aut pro arbitrio subtrahite; et si quid utilitatis in ipsis cognoscitis atque ita vobis conducere videtur, sic quidem a vobis recognitas honestis adulescentibus et eorum utilitati qui vestro subsunt moderamini committite atque recte valete.

1. The editorial work on the first edition was begun by Clichtove (sig. a, ii, r: "Jacobi Fabri Stapulensis Artificiales nonnulle introductiones per Judocum Clichtoueum in vnum diligenter collecte") and finished by Guillaume Gontier and David Lauxius. Gontier contributed the following postscript (ed. 1496, d, vi, r–v): "Guillermus Gonterius lectoribus. Praesentium introductionum, quas emittere curabat Iudocus Clichtoveus, viro aliis in rebus occupato recognitionem

a. *om. 1520, 1526*

suscepi, una mecum operam suam praestante Davide Lauxio; quae non ab re artes nuncupantur, nam et artificiosam habent intelligentiam et artificiosum quendam requirunt declarationis laborem, et tanta brevitate diluciditateque docent ut nullus etiam id facile crediderit qui sub altero non fecerit periculum. Neque ipse quoque ad huius rei credulitatem facile adductus essem, nisi doctoris experientia me fecisset certiorem. Quapropter publica utilitate cogitata ego labores meos communi studentium utilitati libenter sum impartitus et cum omnium tum maxime Parisiorum, quorum studia iam pluribus annis et amo et observo et veneror. Sed nemo despiciat quod statim se non praebet intelligendum, neque violenta expositione extorqueat quod minus fuerit intellectum; verum nihil esse putet quod non ad utrasque philosophiae partes afferat praesidium, legitime dico atque subductitie. Nemo item brevitatem damnet. Nam quicquid ars praecipit breve esse debet; et fonticulus plerumque sitim sedat suaviter, id autem amplum mare praestare non potest; et in trivialibus senescere (ubi facilis ad exitum pateat via) dementiae est. Adde quod intellectus brevitate gaudet, utpote qui paucitate iuvetur, confundatur autem multitudine. Haec autem Phaselus celerem vobis exitum promittit; et quam gratum est iter agentibus brevissimo calle ad viae terminum quem exoptant perduci, ita quoque et vobis iter philosophiae ingressis summopere gratum esse debet, hac methodo etiam quam brevissima ad disciplinarum portus ocissime appelere, quasi aura flante secunda et quasi transtris remigibusque iuti. Valete." On 27 April 1500 Clichtove published the *Introductiones logicales* with his own commentaries (see below, ep. 23); while on 27 June Bovillus published a commentary on the *Ars suppositionum* (see below, ep. 24). In December of the same year Clichtove published two supplementary introductions of his own: *In terminorum cognitionem introductio* and *De artium scientiarumque divisione introductio* (see below, ep. 25). The January 1505/1506 editions of the *Introductiones logicales* included both Clichtove's and L.'s introductions and Clichtove's commentaries. All subsequent editions copy these.

2. *Ex Ponto* IV, 1, 21–22.

3. Cf. E. A. Moody, *The Logic of William of Ockham* (New York, 1935); M. Grabmann, *Die Introductiones in Logicam des Wilhelm von Shyreswood, Sitzungsberichte d. Bay. Akad. d. Wissenschaften*, Phil.-hist. Abt., X (Munich, 1937) and *Bearbeitung und Auslegungen der Aristotelischen Logik aus der Zeit von Peter Abaelard bis Petrus Hispanus, Sitzungsberichte d. Preuss. Akad. d. Wissenschaften*, Phil.-hist. Abt., V (Berlin, 1937); J. Reginald O'Donnell, "The *Syncategoremata* of William of Sherwood," *Mediaeval Studies*, III (1941), 46–93; J. P. Mullally, *The* Summulae Logicales *of Peter of Spain* (Notre Dame, Indiana, 1945); and Moody, *Truth and Consequence in Mediaeval Logic* (Amsterdam, 1953).

4. L. made his attitude even plainer in the *peroratio* of his book (ed. Paris, 1500, sig. q, viii, r): "Circa ea quae a disciplinis reiecta sunt non est meum consilium ut diutius immorandum sit. Satis enim est ea vel in transcursu (velut qui exploratores hostile agmen transcurrunt) attigisse. Nam ea occupatio a

veriorum perceptione retraheret animum, qui cum sit ad bona et pulchra et digna natus, solum ea vera quae bona sunt, pulchra et seria iugiter meditari debet; et vulgaria, impropria, sterilia, capitiunculas, sophismata et cetera id genus quae ex syncategorematum phantasia surgunt et quae in seipsis marcent (veluti sterile nubis vestigium) sinere valere. Alioquin noverint admoniti se naufragium facturos et in erroribus Caribdis et Scyllae continue iactitandos, cum illis securus disciplinarum promittitur portus."

14

To Jean de Rély   [Paris. c. April 12, 1497.]

Decem librorum Moralium Aristotelis, tres conuersiones: Prima Argyropili Byzantij, secunda Leonardi Aretini, tertia vero Antiqua per Capita et numeros conciliate: communi, familiarique commentario ad Argyropilum adiecto, Paris, Johann Higman and Wolfgang Hopyl, 12 April 1497, sig. a, i, v; CXLVI (1504), sig. a, i, v; CXXXIX (1505), sig. a, i, v; CXL (1510), sig. a, i, v. The text is that of the corrected edition of 1510. The epistle was reprinted without change in CXLI–CXLV, CXLVII–CLII.

Jean de Rély was born in Arras, studied at the collège de Navarre, began to teach there in 1466, and got his doctorate of theology in 1471. In 1480 he was "chappellain et domesticque" of Louis de Gaucourt, bishop of Amiens, and dedicated a *Traicté des Trois Voeux* to one of the bishop's cousins, a nun (BN., ms. fr. 1896, fol. 93v). He represented the clergy of Paris at the Estates General of Tours in 1484. Under Charles VIII he became a man of influence: royal confessor (by 1485), dean of St. Martin of Tours (16 July 1491), bishop of Angers (1 Dec. 1491), and in 1492 royal candidate for the bishopric of Paris. He used his influence to support the movement for monastic reform led by Raulin and Standonck and the efforts of L. and his associates to reform the content and methods of instruction in the faculty of arts. He is best remembered for his revision of the *Bible historiale* (undertaken in 1487 at the request of Charles VIII), a revision which remained the basis of the larger part of L.'s own later translation. He died 27 March 1499 (for his epitaph, BN., Coll. Clérambault, 941, nos. 26 and 27). See Gams, p. 489; *Lettres de Charles VIII*, ed. P. Pelicier (Paris, 1902), III, 188; Commines, *Mémoires*, VIII, 35 (ed. L. M. E. Dupont, Paris, 1843, II, 588–590); Samuel Berger, *La Bible française au Moyen Age* (Paris, 1884), 310–311; Chevalier, *Bio-bibliographie*, II, 392–393; Darlow and Moule, II, no. 3703; Renaudet, p. 1, note 1; p. 7, note 3; pp. 12 and 14; and J. Russell Major, *Representative Institutions in Renaissance France, 1421–1559* (Madison, Wisc., 1960), 75.

The epistle prefaces L.'s edition of and commentary on Aristotle's *Nicomachean Ethics.*

Iacobus Stapulensis reverendo patri Ioanni Rellico, episcopo Andegavensi, confessori regio.[A]

Platonis in Protagora sententia videtur esse, eas artes quae ad victum pertinent humanum providentiam humanam reperisse, quae autem ad bene beateque vivendum, summi dei munere mentibus mortalium infusas esse.[1] Et non est dubium, sapientissime praesul, divinam bonitatem mentibus humanis singulari quadam claritate illuxisse, ut disciplinas emitterent quae vitam nostram cum privatam tum publicam divinorum conformi quadam bonitate formarent, quae morales appellantur. Cogitavi itaque diutius, si commentarii luce redderentur clariores et praesertim eae quas Aristoteles benefico munere reliquit, tam honestum laborem tibi non placere non posse; et mihi honestius visum est in re tam honesta ingenium periclitari quam remissa ignavaque mente id non attentare. Quapropter, praesul optime, paratos tuo nomini de moribus commentarios serena fronte suscipias, qui semper fuisti virtutis verae custos rigidusque satelles. In hac litteraria expositione quantae potui brevitati studui, quod Aristoteles similis sit peritissimo architecto qui ita sua aedificia parat ut nihil desit addendum nihilque sine vitio se offerat demendum. Quaestionum et argumentationum (nisi doctrinalium quae in littera continentur) viam non tenui, quod mores non longa verborum disceptatione, sed sana intelligentia et recta educatione (ut vult Plato, pariter et Aristoteles[2]) parentur, et quod plerumque contra agendorum propositiones ac regulas contentiosos excogitare nodos plus obesse quam prodesse soleat auditoribus. Sunt enim hae regulae eorum quae semper aut plurimum fieri nata sunt, et solum de talibus disciplinarum praecepta feruntur; contra autem plerumque texuntur casuum monstra earum rerum quae nunquam contingunt neque contingere nata sunt et falso disciplinae calumniantur. Nullius enim disciplinae officium est ad talia respondere, ut neque ad casualia; verum cum talium nusquam meminerint disciplinae, suo sane silentio satis talia damnant. In unaquaque virtute adhortationes adiunxi, quod ad beate vivendum animos flectendi pondus aliquod habeant. Socrates enim hortando Lysidem moralem fecisse, Laertius auctor est.[3] Ad quod faciendum exempla ex Plutarcho,

A. Jacobus Stapulensis Reverendissimo patri Joanni Rellico, Episcopo Andegavensi et Confessori Regio, uirtutum Columini *1497*, *1504*

Plinio, Herodoto, Halicarnaseo, Q. Curtio, C. Tacito, Iustino Laertioque deprompta sunt. Frequenter carmina ex Virgilio, Ovidio, Horatio, Iuvenale, Hesiodo aliisque poetis interserui; et si quis causam requirat, Horatius interroganti respondeat, quoniam

> Dictae per carmina sortes
> Et vitae monstrata via est et gratia regum
> Pieriis tentata modis.[4]

Obscenitatem verborum etiam in fulminandis vitiis devitavi, quod huic disciplinae maxime accommoda sit verborum sententiarumque honestas. Est enim honestatis magistra; et proinde si praesente Lucretia timeremus eius impudenti verbo offendere pudicitiam, tanto magis id nobis cavendum est cum sermonem de temperantia agitamus, ut de ipsa virginitate atque pudicitia; quapropter de his disputantes turpes casus effugiant, alioquin rem facient hac casta philosophia plurimum indignam. Tres litteras—Argyropili, Leonardi et Antiquam[5]—conciliavi et capitibus et numeris, ut semper ad consimiles numeros consimilis littera respondeat; et commentarium familiarem ad Argyropilum adiunxi, quod in vertendo Aristotele magnae diligentiae fuisse commendetur; in paucis tamen et raro dissensionis phantasia apparet, quae facile legentibus se ingerit; et commentarium conclusionibus, divisionibus, diffinitionibus, correlariis et consimilibus distinxi, quo Parisienses suum philosophandi modum recognoscant, ad quorum utilitatem haec evigilata, non qualia dignum esset sed qualia potui, dignitatis tuae nomine transmissa sunt ad studiosos. Faveant ergo virtutum amatores meminerintque frequenter a lyrico poeta edocti, quod morum studium

> Aeque pauperibus prodest, locupletibus aeque,
> Aeque neglectum pueris senibusque nocebit.[6]

Vale.

1. *Prot.* 320 B and 344 C.
2. *Eth. Nic.* X, 9, 1179b 3.
3. Diog. Laert. II, 5, 12.
4. *Ars Poet.* 403–405.
5. The *Antiqua* is Robert Grosseteste's translation from the Greek (1240–

1249) revised by William of Moerbeke c. 1260 at the request of Aquinas (*Aristoteles Latinus*, I, 69–71 and *Supplementa*, p. 21).

The first humanist translation was made by Leonardo Bruni in 1416–1417 and dedicated to Pope Martin V. Manuscripts of this popular translation are very numerous, and there were many printed editions between the earliest ones—Strasbourg, 1469 (*GW*. 2367) and Rome, 1473 (*GW*. 2368)—and that of L. In his preface Bruni attacked the *vetus interpres* for reasons which help explain why L. wanted to introduce in France the Aristotelian translations of the Italian Quattrocento: "Aristotelis *Ethicorum* libros facere Latinos nuper institui, non quia prius traducti non essent, sed quia sic traducti erant, ut barbari magis quam Latini effecti viderentur. Constat enim illius traductionis auctorem (quicumque tandem is fuerit, quem tamen ordinis praedicatorum fuisse manifestum est) neque Graecas neque Latinas litteras satis scivisse. Nam et Graeca multis in locis male accipit et Latina sic pueriliter et indocte reddit, ut vehementer pudendum sit tam supinae crassaeque ruditatis; quin etiam frequenter, verborum quae optima et probatissima Latinitas habet, ignarus atque in opulentia nostra mendicans, cum Graeco verbo Latinum reddere nesciat. Quasi desperans et consilii inops ita, ut iacent Graeca, dimittit. Ita semigraecus quidam et semilatinus fit, in utraque deficiens lingua, in neutra integer" (Hans Baron, *Leonardo Bruni Aretino humanistisch-philosophische Schriften*, Leipzig, 1928, pp. 76–77). Further details on Bruni's translation and on the controversies it aroused, controversies which make more precise the sense and background of L.'s effort to restore philosophy by recovering the "pure" Aristotelian texts, in A. Birkenmajer, "Der Streit des Alonso von Cartagena mit Leonardo Bruni Aretino," *Beiträge z. Gesch. der Philos. des Mittelalters*, XX, 5 (1922), 129–246; M. Grabmann, "Eine ungedruckte Verteidigungsschrift der scholastischen Uebersetzung der Nikomachischen Ethik gegenüber dem Humanisten Lionardo Bruni," *Mittelalterliches Geistesleben* (Munich, 1926), I, 440–448 (on a treatise by Battista de' Giudici, bishop of Ventimiglia, written between 1481 and 1484); L. Bertalot, "Zur Bibliographie der Übersetzungen des Leonardus Brunus Aretinus," *Quellen und Forschungen aus italienischen Archiven und Bibliotheken*, XXVII (1936–1937), 184–190; and E. Franceschini, "Leonardo Bruni e il 'vetus interpres' dell'Etica a Nicomaco," *Medioevo e Rinascimento. Studi in onore di Bruno Nardi* (Florence, 1955), I, 298–319. Cf. V. Rossi, *Il Quattrocento*, 5th ed. (Milan, 1953), p. 94, note 28; Kristeller, *Studies*, 337–353; and Garin, "Traduzioni umanistiche di Aristotele," pp. 62–68.

Argyropoulos's is the third humanist translation of the *Nicomachean Ethics*, following a second version, unknown to L., by Giannozzo Manetti (Florence, Magliab. VIII, 1439 and Vatican Library, Urb. lat. 223). It should probably be dated between 4 Feb. 1457, when Argyropoulos began to lecture on the *Ethics* at the Florentine Studio, and his translation of the *Physics* in 1460. Since Cosimo de Medici received the dedication, it must certainly be dated before his death in 1464. It was first printed in Florence c. 1480 (*GW*. 2361). Three French editions, prepared by Aegidius of Delft, preceded L.'s: Paris, J. Higman for the Marnef brothers, 26 March 1488/1489 (*GW*. 2362); Paris, G. Wolff, 16 April

1493 (*GW*. 2364); and Poitiers, Jean Bouyer and Guillaume Bouchet, before
1496 (*GW*. 2365). See Karl Müllner, *Reden und Briefe italienische Humanisten*
(Vienna, 1899), 3–30; Carlo Frati, "Le traduzioni aristoteliche di G.
Argiropulo e un'antica legatura medicea," *La Bibliofilia*, XIX (1917), 1–25; G. Cammelli, *I
dotti bizantini e le origini dell'umanesimo*, II. *Giovanni Argiropulo* (Florence,
1941), 86, 92–93, 116–117; and Garin, *op. cit.*, 82–86.

L.'s commentary on the *Ethics* follows Argyropoulos's translation chapter by
chapter (ed. 1497, sig. a, ii, r–n, viii, r). David Lauxius corrected the proofs and
Guillaume Gontier contributed the following verses (sig. n, viii, v):

G. Gonterius ad lectorem

> Est opus ductore, iter ut capessas.
> Haud secus morum ut studium assequaris;
> Ceu ducem quendam sequere hunc libellum.
> Copiam fulvi reputant metalli
> Rem nimis grandem, modica illa cum sit.
> Magna res virtus probitasque sola est.
> Sic Plato, sic et bibitor cicutae
> Socrates sensit. Capias benigne,
> Candidi lector studiose honesti.
> Hi graves sumptus et onus tulere,
> Unus Hichmanus, Volegangus alter.
> Et David mendas reluit Britannus
> Qui sui prosint cupiunt labores.
> Haud semel sat sit legere, at necessum est
> Pluries; quod si facias, valebis.

Vale.

6. Horace, *Ep.* I, 1, 25–26.

15

To Guillaume Budé   [Paris. Before April 12, 1497.]

Decem librorum Moralium Aristotelis, tres conuersiones, Paris, 12 April 1497,
sig. o, i, r; CXXXIX (1505), sig. o, i, v; CXL (1510), fol. 105v; CXLI (1516),
Part II, sig. A, i, v; CLIV (1522), fol. 86r–v. The text is that of the revised edition of 1510. The epistle will also be found in CXLII–CXLV.

In 1497 Budé was twenty-nine. He was studying Greek with Hermonymus of
Sparta and Janus Lascaris and had very recently been made a royal secretary
by Charles VIII. See Börje Knöss, *Guillaume Budé och den franska humanismens renässans*, Svenska Humanistika Forbundet, vol. 48 (Stockholm, 1939);
Josef Bohatec, *Budé und Calvin. Studien zur Gedankenwelt des französischen
Frühhumanismus* (Graz, 1950); Daniel F. Penham, *De transitu Hellenismi ad
Christianismum: A Study of a Little Known Treatise of Guillaume Budé* (un-

pub. diss., Columbia University, 1954); J. H. Hanford, "An Old Master Restored. The Homeric Commentary of Guillaume Budé at Princeton," *Princeton University Library Chronicle*, XVIII (1956–1957), 1–10; and G. Gueudet, "Papiers de Guillaume Budé à la Bibliothèque de Brême," *BHR.* XXX (1968), 155–183.

The epistle prefaces L.'s edition of Giorgio Valla's translation of Aristotle's *Magna Moralia*.

Iacobus[a] Stapulensis Guillelmo Budaeo secretario regio, bonarum litterarum studiis addictissimo.[b]

Mi Guillelme, non absone profecto mihi sensisse visus est Aristoteles benevolentiam principium amicitiae esse et eandem semper propter nonnihil honestum contrahi solere.[1] Enimvero posteaquam agnovi te in bonis studiis adeo ferventi indefessoque animo desudare, ut nullum tempus defluat quod cuipiam honestati non accommodes, noctes trahas honestis in studiis insomnes, litteras Graecas perinde calleas ac natus in Attico solo, perinde Latinas ac sub eruditissimis praeceptoribus natus in Latio, et ceteras pulcherrimas (quas subticeo) naturae dotes quas tibi natura parens non invidit, sed locupletavit abunde, ab eo certe tempore meipsum ut rudem, ut torpidum et cui paene sit (ut Flaccus ait[2]) cornea fibra accusavi, tuae virtutis observatione atque benevolentia raptus, quam iam in amicitiam ex longa temporis consuetudine adolevisse putes. Quapropter, mi suavissime Guillelme, amicitiae legibus astringor tibi protinus communicare quicquid[c] in litteris pulchrum prius in manus meas advenerit, in quibus initium nostrae vicariae necessitudinis coeptum est. Evenit ergo proximis superioribus diebus, ut Magna Aristotelis philosophi moralia perlata deventarint in manus reverendi patris Ioannis Stephani designati praesulis Versellarum, quae (ut humanus est) mihi protinus communia fecit.[3] Avidissimus perlegi; laborem tamen mihi et non parvum quidem iniecerunt codices ipsi non satis emendati, quos inter legendum (utcumque vires suffecerunt) ad correctionis limam revocavi et per numeros cum Ethicis Aristotelicis conciliavi. Nam ferme eaedem hic atque illic materiae discutiuntur, sed hic remissius inexpletiusque, illic vero copiosius atque distinctius. Cum enim Aristoteles tria (ut fertur) de moribus cuderit opera et quidem dignissima, primum Parvorum[d]

a. Faber *post* Iacobus *1522*
b. S. *post* addictissimo *1522*
c. quidquid *1497*
d. *om. 1505*

moralium opus ad Eudemum,[e] secundum Magnorum moralium et tertium Ethicorum Nicomachiorum,[f] horum evigilatissimum absolutissi-
mumque est illud[g] Ethicorum opus, quo rite assecuto quicquid[h] ad
beate vivendum desideratur patet latissime. Notas ad latus pauculas
adieci ubi littera se subobscuriorem offerebat. Sic ergo recognitum
opus, studiosissime Guillelme, ad te mitto, ut te ex graecanico studio
ad latinum virtutum studium paulisper revocem, quas tu semper
honestissime vivendo coluisti fecistique plurimi, pulsantes igitur ad
tuas fores ne excluseris. Videbis sane (si perinde atque ego iudicaveris) singulare atque eruditissimum opus et Georgium Vallam Placentinum hac sua recenti traductione de litteris praesertim philosophicis
apprime bene meritum;[4] videbis et me tuae diligentiae imitatorem,
quam non solus admiror atque laudo, sed et Georgius Hermonymus[5]
et Paulus Aemilius[6] vehementer efferunt, commendant ac extollunt,
quorum ille mihi ut pater, hic vero ut dominus, et benevolentia fra-
terna uterque autem ut mihi praeceptor est; qui iidem queruntur
plerumque non esse tibi a civilibus curis solutiorem animum et liberius
ad philosophandum otium, quamvis utrumque quam alius vigilantius
accuratiusque exerceas. Et ut paucis absolvam, id Horatianum tibi
quam accommodatissimum esse mihi visum est:

> Non tibi parvum
> Ingenium, non incultum est, non turpiter hirtum:
> Seu linguam causis acuis seu civica iura
> Respondere paras seu condis amabile carmen,
> Prima feres hederae victricis praemia. Quodsi
> Frigida curarum fomenta relinquere posses,
> Quo te caelestis sapientia duceret, ires.

Et revera, mi Guillelme, quamquam non es ammonendus,

> Hoc opus, hoc studium parvi properemus et ampli,
> Si patriae volumus, si nobis vivere cari.[7]

Vale nunc feliciter.[i]

---

e. Eudemium *eds.*
f. *om. 1497*; ad Nicomachum *1522*
g. *om. 1497*
h. quidquid *1497*

i. Ex Parisiis anno ab incarnatione
domini virtutum nonagesimo septimo supra millesimum et quadringentesimum *post* feliciter *1522*

1. *Eth. Nic.* IX, 5, 1167a 3–4.

2. Persius, *Sat.* I, 47.

3. See ep. 11. Cf. Trithemius, *De scrip. eccl.* (Paris, 1512), fol. CCXIXr: "Iohannes Stephanus floruit hac nostra tempestate, natione Italus, Versellarum episcopus, cardinalis Bononiensis, et rei litterariae cultor exactissimus. (...) Et suo tandem infatigabili labore et industria effecit, ut Aristotelis Magna moralia priscis saeculis nunquam praecognita nobis communia fecerit, quae Iacobus Faber nostri saeculi philosophus eminentissimus et philosophiae defensor acerrimus ipsius auspicio impressioni commisit posteris fructus non exiguos allatura."

4. Aristotle's *Magna Moralia* was first translated by Bartolomeo da Messina at the court of Manfred, king of Sicily, between 1258 and 1266 (*Aristoteles Latinus*, I, 71–72 and E. Franceschini, "Il contributo dell'Italia alla trasmissione del pensiero greco in Occidente nei secoli XII–XIII," *Atti della XXV Riunione della Soc. Ital. per il Progresso delle Scienze*, III. 2 [Rome, 1938], 287–310). This medieval version was followed by three Italian Quattrocento translations: those of Giannozzo Manetti (before 1457), of Gregorio da Città di Castello (c. 1453), and of Giorgio Valla (Garin, "Traduzioni umanistiche di Aristotele," pp. 71–74, 90). The Greek text appeared in the fifth volume of the Aldine Aristotle in 1498. Valla's translation was first printed in Venice 13 July 1496 by Gregorius de Gregoriis (*GW.* 2341). L.'s edition is independent of the Venetian one, based no doubt on the manuscript given to him by Gianstefano Ferrero (cf. note 3 above). In his prefatory epistle to Giusto Giusti of Verona, Valla defined his purpose in an attack on the medieval translator: "Eum cum exploratum habuissemus nec graeca nec nostra novisse, mali interpretis more verbum verbo reddere studuisse et sensus Aristotelicos, quod fieri necesse fuit, ... multa obruisse caligine, eumque nostra peregrinis respondentia ... verba ignorasse, graecis abutendo aliam adhuc legentibus nubem non exiguam offudisse, denique barbaris rusticisque dictionibus opus totum confudisse, ut non tam tradidisse nobis Aristotelem quam plane iugulasse videatur, adeo ut omnes ab eius avertit lectione" (J. L. Heiberg, *Beiträge zur Geschichte Georg Valla's und seiner Bibliothek*, Leipzig, 1896, p. 34). There is a detailed bibliography of works on Valla in Branca, II, 161. The good opinion which L. and his friends had of Valla's translation of the *Magna Moralia* was modified later (see below, eps. 135 and 136). L. accompanied the text (ed. 1497, sig. o, ii, r–q, ii, r) with marginal notes and a tabular concordance of the *Magna Moralia* and *Ethics* (sig. o, i, v).

To the *Magna Moralia* and *Nicomachean Ethics* L. added what he considered to be a suitable substitute for the *Eudemian Ethics*: Leonardo Bruni's *Isagogicon Moralis disciplinae ad Galeottum Ricasolanum* (1421–1424; critical ed. in Baron, *Bruni Schriften*, 20–41; ed. 1497, ff. q, ii, v–q, vi, v). Bruni's work had already been printed several times as an actual translation of the *Eudemian Ethics: Aristotelis liber de Moribus ad Eudemum per Leonardum Aretinum de graeco in latinum* (*GW.* 2384–2386); and while L. could hardly accept this (the work is full of references to Epicureans and Stoics), the title he himself gave it suggests that he considered the *Eudemian Ethics* a small book about the size of

Bruni's, that he thought it was written in dialogue form, and that he meant Bruni's work to take its place: *Leonardi Aretini dialogus de moribus ad Galeotum amicum, dialogo parvorum Moralium Aristotelis ad Eudemum amicum suum respondens, paucis ex posterioribus a Leonardo adiectis.* In 1522 Clichtove made the same point: "Horum [Parva moralia ad Eudemum] tamen loco lectitatur apud nos Leonardi Aretini, viri utique doctissimi, dialogus introductorius de moribus ad Galeotum, amoenus admodum et fecundus, isagogicaque brevitate gratissimus" (see below, ep. 135). Bruni's little treatise was in fact an introduction to moral philosophy which attempted to harmonize the views of the principal ancient schools with Aristotle's ethics. The confusion seems to have arisen from the fact that L. was unfamiliar both with the Greek text of the *Eudemian Ethics* and the two Quattrocento translations (by Manetti and Gregorio da Città di Castello), which had remained in manuscript. In the opening paragraphs of the *Isagogicon*, moreover, before the beginning of the dialogue proper, Bruni described how a friend had found him reading Aristotle's *Liber de moribus ad Eudemum*. This became the occasion for a discussion of moral philosophy, the dialogue proper. Apparently L., like his predecessors, confused the dialogue with the book that had occasioned it. (Cf. Baron, *Bruni Schriften*, 21–22 and F. Tocco, "L'Isagogicon moralis disciplinae di Leonardo Bruni Aretino," *Archiv für Geschichte der Philosophie*, VI [1893], 157–169.)

The *Nicomachean Ethics* in Argyropoulos's translation and with L.'s commentary, the *Magna Moralia* translated by Valla and with marginal annotations by L,, and Bruni's *Isagogicon* (in place of the *Eudemian Ethics*) form Part I of the 1497 folio volume. A second section, with newly numbered pages, contains verses by Baptista Mantuanus (sig. a, i, r) and a reprint of Lefèvre's *In Aristotelis Ethica Nicomachea introductio* (sig. a, i, v–a, x, v). Part III (again the pagination begins anew) contains Bruni's translation of the *Ethics* (sig. a, i, r–e, iv, v) and the *Antiqua* (sig. A, i, r–E, vi, r). In the margins of the *Antiqua* L. sometimes noted the original terminology. He justified the practice as follows (sig. n, viii, v): "In sequentibus libris interdum paucula vocabula graeca interseruimus, praesertim in antiqua traductione ob litteram atque orthographiam iam multis annis vitiatam. Qua in re nullus mos culpare debebit, si id praeter professionem nostram fecerimus. Non enim id mihi arrogo neque ostentandi gratia, sed rei litterariae opem offerendi quantum potuimus factum putetur, cum huic praesertim rei nobis ferme deessent et caracteres codicesque et opifices."

On the last page (sig. E, vii, v), finally, L. printed *Quid virtus?*, a poem on virtue dedicated to Paulo Emilio:

Iacobi Stapulensis virtutis syncriticum carmen ad Paulum Aemilium.

Quid virtus? Quod Sol medio clarissimus orbe.
Quid virtus? Phoebe tota nitidissima nocte.
Quid virtus? Roseus qui sidera ducit ad ortum
Lucifer. Haud aliter lucens ad lucida regna
Ipsa animos revocat, vitae dux atque magistra.

Quid facit ipsa levis flamma? Elevat, albicat, urit.
Ipsa aqua quid? Purgat. Quid flos, quid cinnama? Odorant.
Sic levat ipsa animam virtus, sic flammat et urit.
Eluit, ac relutam proprio ipsa refundit odore.
Virtutes igitur Sol, Phoebe, Lucifer, ignis
Et flumen lustrans et flos et cinnama odora.
  Quid vitium? quod nox Stygia de valle tenebrae,
Quod chaos horrendum et fetum serpentibus atris,
Quos mulcent dirae genitae sub nocte sorores,
Ultrices animae; lacrimaeque dolorque sequuntur
Et furia et stridor: vis nos concludere paucis,
Virtus ad superos, vitia ad nigra Tartara mittunt.
  Mortales igitur meliora capessite fata
Et firmate animo memorique revolvite mente
Virtutem caelum, vitium feralis abyssus
Excipit; haec tenebris, illud quoque lumine gaudet.
Immortalem animum cognato reddite caelo
(Quod breve praecipitur) morum praecepta sequendo.

5. See ep. 8, note 1.

6. Paulo Emilio of Verona (c. 1460–5 May 1529) came to France in 1483. This "moderne, orthodoxe et scientifique hystoriographe," as he is described by a contemporary, spent his maturity writing a humanist history of France, *De Rebus gestis Francorum*. Books I–IV were published by Badius Ascensius in 1516; books V and VI in 1519. The remaining four books were finished and published after Emilio's death by his disciple and friend Petrus Danesius. See Thuasne, I, 151–153 and II, 289, note 3; Allen, I, 315, note 1; E. Fueter, *Histoire de l'historiographie moderne*, tr. E. Jeanmaire (Paris, 1914), 170–172; and Katharine Davies, "Some Early Drafts of the *De Rebus gestis Francorum*," *Medievalia et Humanistica*, XI (1957), 99–110. Cf. Dr. Davies's unpublished doctoral dissertation, University of Edinburgh (1954): *Late XVth Century French Historiography: R. Gaguin and P. Aemilius*.

7. *Ep.* 1, 3, 21–29.

16

Josse Clichtove to the reader
[Paris. c. September 11, 1498.]

Stephanus Fliscus [*Synonyma*], Paris, Guy Marchant, 11 Sept. 1498, sig. h, viii, v (London, BM. Pellechet 4826); [Paris], for Jean Petit, [c. 1500], sig. K, viii, v [London, BM. Pellechet 4823]; Paris, for Antoine Chappiel, 15 May 1502, sig. h, viii, r (London, BM.). The text is that of the first edition. The epistle will be found, with errors and omissions the only variants, in the following other editions of the *Synonyma:* Pellechet 4820, 4821, 4822 and Paris, Jean Nicolle, [c. 1505] (London, BM. Paris, BN.).

The volume includes two works: Stefano Fieschi's *Synonyma seu variationes sententiarum* and the *De eloquentia* of Gasparino Barzizza. Fieschi dedicated the *Synonyma* from Venice 1 Sept. 1456 to Johannes Meliorantius (Sabbadini, *La scuola e gli studi di Guarino Guarini Veronese*, Catania, 1896, p. 55, note 3). In Guy Marchant's 1498 Paris edition a French translation accompanies the Latin sentences. The work was a popular one, and there are Italian-Latin and German-Latin versions, as well as editions of the Latin text alone: Hain 7136–7154; Copinger 2528–2534; Pellechet 4819, 4824–4825, 4827–4832; Polain 1487. See Cosenza, II, 1434.

Barzizza's *De eloquentia* was first published in Paris by Simon Doliatoris c. 1483 (*GW*. 3673) and again by Antoine Caillaut c. 1485–1490 (*GW*. 3674) accompanied by the *Synonyma* of Pseudo-Cicero. Incipit: *Tribus in rebus commoda et perfecta constat elocutio. Elegancia sive compositione et dignitate.* This work is not identical with Barzizza's *De compositione*, which begins: *Cum omnis commodae et perfectae elocutionis praeceptio in tres partes sit distributa, scilicet compositionem, elegantiam, et dignitatem.* See Domenico Magni, "Gasparino Barzizza. Una figura del primo Umanesimo," *Boll. della Biblioteca Civica di Bergamo*, XI (1937), 104–118, 143–170, 205–222.

Clichtove's epistle appears as a postscript. It mentions neither the *Synonyma* of Fliscus nor Barzizza's *De eloquentia*. It does mention the Pseudo-Cicero *Synonyma*, and was probably intended as a preface to an edition of that. Three editions of Pseudo-Cicero appeared in Paris between 1494 and 1500 (*GW*. 7038–7040). One of these (*GW*. 7038) was published by Guy Marchant. Possibly Clichtove wrote his epistle as a preface for this edition. For unexplained reasons Marchant used it instead as a postscript for a volume which included the *Synonyma* of Fliscus rather than those of Pseudo-Cicero. In these circumstances, it seems unnecessary to assume, as some bibliographers have done, that Clichtove edited the book or translated Fliscus's sentences.

Nevertheless both Barzizza's *De eloquentia* and Fliscus's *Synonyma* are related to Clichtove's interests in the autumn of 1498. In December he published Agostino Dati's *Elegantiarum liber* (see ep. 18) and Francesco Negri's *Grammatica* (ep. 19). These publications of Italian humanist textbooks on grammar and eloquence may be understood as one aspect of the effort of L. and his circle to reform the curriculum of Cardinal Lemoine and of the arts faculty.

Iudocus Clichtoveus Neoportuensis ad lectores.

Variam in rerum compositione partium dispositionem diversamque accidentium rationem rebus ornamentum et decorem afferre et natura et ars naturae aemula aperte docet. Siquidem flos vario respersus colore quam unicolor gratior est et campus omnigenis floribus refertus visu iucundior quam si unius dumtaxat generis flores ostentet.[a] Sic imago diversis lineamentorum protractionibus coloribusque conspicua magis placet, et variis lapillis intexta vestis pretiosior est. Haud secus in Latina oratione usu venit, in qua diversa quidem dicendi ratio plurimum ornatus et elegantiae orationi affert, contra eadem et uno dumtaxat scemate procedens loquendi forma fastidium auribus ingerit, perinde atque idem semper cibus stomacho. Insuper tristis est, squalida et inculta oratio quae uniformem habet omnium suarum partium contextum, non minus quam quisquam una tantummodo veste indutus[b] non magnam praefert[c] opulentiam. Atqui ad diversam orationis compositionem nihil aeque conducit ac synonymorum vocabulorum copia, quibus diversa quidem[d] vox et diversum nomen est, res vero significata prorsus eadem. His etenim abundantes eandem sententiam diversis modis explicare orationemque nostram varietate splendidiorem reddere facile poterimus. Proinde Ciceronis (quem omnes uno ore Latinae linguae principem et merito quidem praedicant) Synonyma[1] cuique ad Latini sermonis cognitionem aspiranti lectitanda sunt et in frequentem locutionis usum diligentius accommodanda.

1. Incipit: *Cicero Lutio Veturo suo salutem. Collegi ea que pluribus modis dicerentur quo uberior promtiorque esset oratio.* The *Synonyma* is an anonymous work of late antiquity or the early Middle Ages. The earliest references to it come from the seventh century. The brief pseudo-Ciceronian preface to Veturius was probably added in the ninth century. The *Synonyma* was rediscovered, copied, and popularized by Coluccio Salutati. B. L. Ullman, *The Hu-*

a. ostendet *1502*
b. inductus *1502*
c. prae se fert *1502*
d. *om. 1502*

manism of Coluccio Salutati (Padua, 1963), 224–225 has admirably reconstructed the story from incipits and explicits of fourteenth and fifteenth-century manuscripts that derive from Salutati's lost copy: "Synonimas M. Tullii Ciceronis diu frustra quesitas tandem inveni, quem libellum autoris reverentia potius quam alia causa exemplandum duxi" (London, BM., Burney 156, fol. 79); and again, referring now both to the *Synonyma* and the pseudo-Ciceronian *De differentiis:* "Repperi autem etiam in antiquissimo codice libellum de differentiis Ciceronis, quem tamen Ciceronis non fuisse satis mihi constat. Quia tamen utilis visus est, et hunc exemplandum duxi. Sunt enim verba ipsa Ser Coluccii" (Florence, Ricc. 667). Numerous manuscripts and printed editions (*GW.* 7031–7037) testify to the popularity of the work in the fifteenth century. Cf. Sabbadini, *Le scoperte dei codici latini e greci ne secoli XIV e XV* (Florence, 1905), I, 25, notes 60, 106, 112 and Giorgio Brugnoli, *Studi sulle Differentiae verborum* (Rome, 1955), 27–37.

17

Symphorien Champier to Gonsalvo de Toledo, Jacques de Riverie, and François Rabot
[Lyons. Before October 5, 1498.]

Symphorien Champier, *Ianua logice et physice*, Lyons, Guillaume Balsarin, 5 Oct. 1498, sig. A, viii, r (Paris, BN. *GW.* 6553).

Symphorien Champier (c. 1471–1539) studied the humanities in Paris with Guy Jovenneaux, Jean Fernand, Fausto Andrelini, and Girolamo Balbi and philosophy with Cornelius Oudendijck of Rotterdam and Johannes Colar Britannus (c. 1485–c. 1490). He probably met L. at this time. In the early 1490s he studied medicine at Montpellier. From 1496 to 1498 he practiced his profession in Grenoble. The *Ianua logice et physice*, his first published work, depends heavily on L.'s Aristotelian paraphrases and introductions. See Wickersheimer, II, 745–746; Thorndike, V, 111–126; C. M. Hill, "Symphorien Champier's Views on Education in the *Nef Des Princes* and the *Nef Des Dames Vertueuses*," *French Studies*, VII (1953), 323–334; D. P. Walker, "The *Prisca Theologia* in France," *Journal of the Warburg and Courtauld Institutes*, XVII (1954), 204–259; J. Tricou, "Le Testament de Symphorien Champier," *BHR.* XVIII (1956), 101–102; C. Vasoli, "Temi e fonti della tradizione Ermetica in uno scritto di Symphorien Champier," *Umanesimo e esoterismo*, *Archivio di Filosofia* (1960), 235–289; and J. B. Wadsworth, *Lyons 1473–1503. The Beginnings of Cosmopolitanism* (Cambridge, Mass., 1962), 73–171.

Gonsalvo de Toledo was practicing medicine in Lyons by 1493. He was appointed physician to Anne of Brittany in 1498 and in 1508 "élu de Lyon pour le

Roi." He married Grace Pomar, sister of the physician Leonard Pomar (see below, ep. 29). He had a son Antoine to whom he dedicated his *Epistola astrologie defensiva*, published in 1508 along with the *Amicus medicorum* of Jean Ganivet, a treatise on medical astrology. He died between 1521 and 1524. See Allut, pp. 53, 143–145; Wickersheimer, I, 209–210; and E. Vial, "La Légende de l'Academie de Fourvière," *BHR*. VIII (1946), 255.

Jacques de Riverie (d. 24 Jan. 1551) was seigneur de Tournefeuille and "conseiller" in the Parlement of Toulouse. See *Actes de François Ier*, VII, 43, no. 23425 and F. Vindry, *Les Parlementaires français au XVIe siècle*, II, fasc. 2. *Le Parlement de Toulouse* (Paris, 1912), 179, no. 118.

François Rabot was son of Jean Rabot (c. 1444–1500), "conseiller" in the Parlement of Grenoble, and the younger brother of Bertrand Rabot, who succeeded their father as "conseiller" in the same Parlement in Aug. 1498. See Guy Allard, *Dictionnaire du Dauphiné*, ed. H. Gariel (Grenoble, 1864), II, 287–88, 451. Champier was probably François's tutor during his years in Grenoble (1496–1498).

The epistle prefaces Champier's *Expositio terminorum seu vocabulorum difficilium in eminentissimi artium professoris Iacobi Fabri in logicem introductiones* (sig. A, viii, v–B, n), a brief introduction to L.'s *Introductiones logicales*.

Simphorianus Champerius Gondisalvo Toledano[a] egregio sane artium medicinaeque doctori praestantissimo, Iacobo Reiuriaco admiranda eloquentia viro atque Francisco Raboto litterarum[b] bonarum studiosissimo S. D. P.

Cum inter alias variasque occupationes hic nobis liber in manus occurrerit,[c] optimi fratres, eiusque legerimus hunc titulum, Introductiones Iacobi Fabri,[1] orta est haesitatio an hic Iacobus ipse faber an fabri patris progenitorisve filius extiterit aut nepos. Nostrae autem huiusmodi dubitationis occasio fuit, quoniam haec oratio Iacobi Fabri et transitivam admittit et intransitivam constructionem, quarum illa secundam, haec vero primam ambiguitatis portionem succendit. Sed id nobis subdubium volventibus plurime, en[d] omnes illius editiones quo nescio duce ad nos transvectae[e] sunt. Quas ubi non minus eleganter quam docte conspicimus editas, iudicamus[f] illum divino quodam negotio[g] fabrum, reliquam dubitationis portionem ut sua quisque verset mechanicis relinquentes. Quorsum haec? ut ostendatur summa

a. Tolendo *ed.*
b. luminarum *ed.*
c. occurreat *ed.*
d. non *ed.*

e. transnecte *ed.*
f. indicamus *ed.*
g. negatio *ed.*

auctoris in artibus praecipue liberalibus eminentia, elegantia atque doctrina. Solet namque componentis auctoritas animum auditoris ad legendos codices allicere plurimum, adeo ut ab auctoritate locus ut aiunt suadet[h] dialecticus. Hic autem codicillus utrisque et incipientibus et adultis iam logicis perutilis est, qui brevi quodam compendio omnia magnae logices documenta complectitur. Sed ut tenerrimis adhuc animis patentior fiat, pauculum illi commentarium anteponere curavimus, quo terminorum quorundam interpretationes atque exempla relucent plurima. Reliquum autem latiori atque diffusius traditae logicae reservantes, ut ex fontibus[i] ad mare pergere potius, aliter enim non conceditur, quam mare totum in unum colligere fontem praecipiti quadam via conemur. Valete felices meique memores.

1. L.'s *Introductiones logicales* (see above, ep. 13). Following the Paris editions of 1496 and 1497, a third edition was published by Guillaume Balsarin in Lyons c. 1498 (*GW*. 9644).

18

Josse Clichtove to Thibault Petit
[Paris. Collège du Cardinal Lemoine.
c. December 11, 1498.]

Regule elegantiarum augustini dati familiari [*Iudoci Clichtovei*] *commentario declarate*, Paris, Guy Marchant [for Jean Petit], 11 Dec. 1498, sig. a, ij, r–v (Edinburgh, Nat. Lib. of Scotland. *GW*. 8134); *In hoc codice contenta. Regule elegantiarum Augustini dati cum duplici suis locis* [*Clichtovei et Iudoci Badii Ascensii*] *explanatione*, Paris, Thielmann Kerver [for Jean Petit and the Marnef brothers], 15 March 1500, sig. a, ij, r–v (London, BM. Renouard, *Badius*, II, 359–360 and *GW*. 8137). The text is that of the first edition. The epistle will also be found in editions of the *Elegantiolae* published in Paris c. 1499 (*GW*. 8135), Poitiers 1499 (*GW*. 8136), Paris 1501 (*GW*. 8138 and *Imprimeurs et libraires parisiens du XVIe siècle*, I, Addenda, 19 bis), Paris 1502 (Renouard, *Badius*, II, 360–361 and *B. Belg*. B 183) and in the later editions described or listed in *B. Belg*. B 184, D 187–190; Renouard, *Badius*, II, 361–374; Renouard, *Colines*, 18–19; Clerval, p. xiv; and Massaut, I, 33.

In the 1521 edition of Simon de Colines (Troyes, Bibl. mun.) the epistle is addressed "Eximio & spectabili viro Theobaldo Paruo, insigni doctori Theologo

h. suantur *ed*.   i. frutibus *ed*.

et gymnasii Cardinalis Monachi moderatori vigilantissimo" and dated "Ex Musaeo Cardinalis Monachi apud Lutetiam Parisiorum: anno ... nonagesimo octavo supra millesimum & quadringentesimum." This edition has a second preface, perhaps by Simon de Colines (fol. 2v): "Ad lectorem. Candide lector, iam secundus supra vicesimum volvitur annus ex quo hic liber primum in lucem prodiit, ut epistola liminaris et nuncupatoria satis indicat. Verum interea tot assuta sunt ipsi in Augustinum commentario frustulamenta, tot itidem adiecti novi codicilli alienam ab hoc opere materiam pertractantes, ut tandem confusum Empedoclis chaos rudis indigestaque libri moles referret, neque primam amplius faciem ipse codex adeo varius et multiformis exprimeret. Unde tenellis adolescentulorum animis potius horror et confusio ingeri queat quam recta institutio doctrinaeque traditio. Quod permolesto animo ferentes plerique quotidiana importunitate efflagitarunt ut resecatis omnibus adiectitiis opusculis suo primo nitori restitueretur praesens opus, diversaque rerum farragine reiecta, primitivo suo decori reddatur; rati longe commodius profectui iuvenum consultum iri, si certo digesta ordine praecepta eloquentiae ipsis tradantur absque multiplici variarum additonum inculcatione atque permixtione. Cui sane ardenti multorum desiderio iam tandem satisfactum est, et quasi renovata veste profertur nunc secundo Augustinus in publicum, cum appendicibus illis duobus opusculis a principio eidem connexis, quod eorum elucidatio ex eadem (qua commentarius Augustini) prodiit officina. Ceterum quidquid id est et quantulumcunque aequi bonique consule, benigne lector, et ex instaurata nitidiore libri lectione ampliorem fructum cape. Vale. Ex Parisiis anno salutis humanae vicesimo supra millesimum et quingentesimum."

Clichtove's epistle prefaces his edition of and commentary on Agostino Dati's *Elegantiarum liber*. The first edition of this immensely popular work appeared in Ferrara in 1471. For the hundred subsequent editions published before Clichtove's see *GW*. 8033–8133. Clichtove complemented Dati's treatise with a commentary on thirty rules of elegance by Francesco Negri: *In triginta regulas elegantiarum Francisci nigri Jodoci Clichtovei Neoportuensis commentarius*. The rules comprise the second book of Negri's *Opusculum scribendi epistolas*, finished by 1484 and first published in Venice in 1488 (Hain 11863). Over two dozen editions of the complete work preceded Clichtove's commentary on Book II (Hain 11861, 11862, 11864–11877; Copinger 4428–4433; Reichling 1288 and Suppl. 138). An earlier version of the same thirty rules appears in Negri's *Grammatica* as the section in Book V entitled "Elegantia."

The book contains a third work: *Nomina magistratuum dignitatumque veterum romanorum: ludoci Clichtovei Neoportuensis expositione declarata*. Incipit: *Primo imperium Romanum reges habuere, quorum primus fuit romulus, secundus numa pompilius.* Clichtove did not name, and presumably did not know, the author. The little treatise belongs to a genre that includes Gasparino Barzizza's *De nominibus magistratuum Romanorum libellus* (cod. Gaddiana XXXIV; Bandini, III, 393), to which it appears to be closely related; Andrea Fiocco, *De magistratibus sacerdotiisque Romanorum libellus*; Pomponio Leto, *De magistra-*

tibus et sacerdotiis Romanorum; R. Volaterranus, *De magistratibus et sacerdotiis Romanorum commentarii*; and Heinrich Bebel, *De sacerdotibus et magistratibus Romanorum libellus.*

Iudocus Clichtoveus Neoportuensis Theobaldo Parvo[1] insigni doctori theologo.

Quamquam litteraria disciplina (quam grammaticen dicunt) ceteris longe dignitate sit inferior, dignissime vir, ut quae dumtaxat litteras, syllabas, dictiones, earumque accidentia, et orationum ex dictionibus compositionem doceat, ceterae autem disciplinae multo altiora et sublimiora considerent, non tamen ceteris minus necessaria est, immo vero magis utpote sine qua ceterae acquiri nequeant. Quo fit ut non omnino praetermittenda negligendaque sit, illis praesertim qui ad litterarum cognitionem aspirant, immo vero tanto diligentius expetenda quanto plures incommoditates affert neglecta. Quis enim nullo iacto fundamento solidum construxerit aedificium? Quo ingenio surgent parietes et tecta nullis basibus fulta nixaque? Grammaticam autem ceterarum disciplinarum basem et fundamentum esse ambigit nemo, quod nisi firmum fuerit quicquid superextruxeris corruet. Nempe vocibus significantur quae in animo et cogitatione versantur, et sermo ad consequendas disciplinas ut apprime necessarius ita accommodatissimus est, quem haud secus docet grammatica recte componere quam mater linguam vernaculam; quocirca et mater est et nutrix ceterarum disciplinarum, quas sine grammatica sibi vendicare potest nemo, ut neque puer adolescere qui prius a matris uberibus non[a] pependerit. De ipsa autem cum diversi diversa tractaverint et sui laboris monumenta posteris tradiderint, inter ceteros Augustinus Datus Senensis[2] Latinae linguae peritissimus isagogico libello ita omnem recte loquendi rationem complexus est, ut nihil quod ad hanc artem attineat praetermisisse videatur. Siquidem in eo mira brevitas est, intellectui ad quippiam percipiendum imprimis amica. Cui quidem brevitati annexa est locupletissima sententia paucis admodum verbis comprehensa, et tanta insuper sermonis elegantia verborumque maiestas ut eam ex Ciceroniana officina deprompsisse videatur. Sed facit haec sermonis gravitas ut non facile ab adulescentibus capi possit, perinde atque solidus cibus a teneris infantulorum dentibus frangi et

a. nunquam *1500*

57

conteri nequit nisi nutricis cura et diligentia prius comminuatur et molliatur. Itaque huiusce operis difficultatem clariori expositione tollendam ducens, familiarem in ipsum commentationem parare aggressus sum, et e tenebris erutum adulescentum oculis vel tenue lumen percipere valentibus perspicuum efficere, quo adiuti iuvenes qui tuo aequissimo moderamine curaque pervigili bonis litteris instituuntur, omnem loquendi barbariem exuant, et cum tenera aetate Latini sermonis eloquentiam imbibant, simul ut ceteri huius almae Parisiorum Academiae adulescentes (quibus praesens opusculum ad cognoscendas elegantiarum leges lectitari et manibus versari solet) ex hoc meo quantulocumque studio commodum capiant facilioremque habeant ad ipsum intelligendum viam. Nullam in eo sermonis levitatem refugi, mihi persuadens nihil iuvenibus facile nimium tradi posse, mollioresque cibos teneriusculis annis gratiores esse. Adieci et brevem admodum in triginta regulas elegantiarum Francisci Nigri[3] declarationem, quod ipse Augustini Dati regulis apte respondeant. Hoc igitur opusculum tuae dignitati commendatum, tuaque fultum auctoritate (si ita conducere tibi visum fuerit) in lucem exeat et tuis auspiciis in ceteros transfusum omnibus utilitatem et emolumentum afferat. Vale.

1. See ep. 13.
2. Agostino Dati of Siena (1420–6 April 1478), orator, philosopher, and historian of his native city. See Niccolò Bandiera, *De Augustino Dato* (Rome, 1733); E. Garin, "Testi minori sull'anima nella cultura del 400 in Toscana," *Archivio di Filosofia* (1951), 16–18; and Cosenza, II, 1184–1187.
3. Pescennio Francesco Negri was born in Venice 17 April 1452 and died soon after 1523. See P. Verrua, "L'Università di Padova circa il 1488 nell' *Opusculum scribendi epistolas* di Fr. Negri," *Atti e Mem. della R. Accademia... di Padova*," N.S. XXXVI (1920), 183–214; Card. Giovanni Mercati, *Ultimi contributi alla storia degli umanisti*, Fasc. II, *Studi e Testi*, XCI (Vatican City, 1939), 24–109, 1*–68*; and Cosenza, III, 2469–2471.

19

Josse Clichtove to the reader   [Paris. c. December 17, 1498.]

Grammatica Francisci Nigri, Paris, Georg Wolff and Thielmann Kerver [for Jean Petit], 17 Dec. 1498, [leaf 1v] (Hartford, Conn., Hartford Seminary Foundation, Case Memorial Library; Paris, Mazarine. Copinger 4427); Paris, Jean

Petit, 1 Nov. 1507, sig. a, i, v (London, BM.).

The epistle prefaces Francesco Negri's *Grammatica*, written in 1478–1479, and first published in Venice 21 March 1480 (Hain-Copinger 11858). Clichtove's edition is the third, preceded by Hain 11857 and Copinger 4426, probably the same volume: [Basel, Michael Wenssler, c. 1485]. Negri defined the purpose of his book as follows (ed. 1498, sig. a, ii, v): "Breviter omnes humanitatis flores in unum corpus redegi, monstravique viam brevissimam qua illos facillime capere et in doctum virum evadere possit."

Iudocus Clichtoveus Neoportuensis ad lectores.

Quam necessaria sit grammaticae artis cognito iis qui ad litterarum studia aspirant vel eo constat, quod sine eius praesidio ne mentis quidem intentionem exprimere, neque sermonem Latinum formare possumus, cuius adminiculo disciplina omnis acquiritur. Tolle grammaticam qua obsecro ratione quod pectore clausum tenetur ore explicabitur? Quo modo recte quis loquetur Latini sermonis praeceptionum ignarus? Nihilo magis quam quis pictoriae artis prorsus inexpertus recte imaginem depinxerit. Denique neglecta grammatica et ceterae disciplinae ignorentur necesse est, quandoquidem per eam in ceteras aditus accessusque haberi debeat. At vero (ut in summa dicatur) quot[a] eius neglectae sunt incommoditates tot eiusdem cognitae utilitates esse probantur. Siquidem per eam apte quod volumus eloquemur et quod mente latet verbis patefaciemus. Per eam recta in alias scientias patet via ut quae omnibus sermonibus usum subministret; inventaque videatur ut ceteris omnibus adminiculetur. Quocirca ad eam consequendam summopere elaborandum est omnibus qui vitam litterariam profiteri instituunt. Cum autem multi de grammatica scripserint et eius praecepta certis regulis complexa fuerint, Franciscus Niger[1] et Latinae et Graecae litteraturae non mediocriter gnarus non inter postremos numerandus est, qui sane recentiores artis grammaticae auctores longe exuperat palmamque inter eos praeripit. Quippe qui aliorum dicta mira brevitate, aptis divisionibus, succinctis diffinitionibus, accommodatissimis exemplis pulchro ordine complexus est, et insuper multa ab aliis praetermissa compendiosius in lucem eduxit. Et quae ceteri fere omnes ex rivo et Latinis sumpserunt, ipse ex plenissimo fonte e Graeca scilicet litterarum fertilitate deprompsit, a qua lingua Latina suum sumpsit exordium. Ipsius igitur grammaticen

a. quod *eds.*

novis characteribus insculptam et exacta lima castigatam libenter admittite, diligenter perlegite, et praecepta eius memoriae mandata ad usum accommodate, brevi quidem tempore in Romano sermone consummati (si modo haec monita non recusaveritis) evasuri. Valete.[2]

1. See ep. 18, note 3.

2. Clichtove shared the editorial work with Claudius Largus, who is otherwise unknown to me: "Exactissimeque emendata a Iudoco Clichthoveo Neoportuensi et Claudio Largo Parhisiensi" (sig. o, vii, r). At the end of the book are two poems: *C. Ioannes Lucilius Santreiter de Fonte Salutis: omnibus studiosis adolescentibus foelicitatem dicit* (sig. o, vii, r–v) and *Claudii Largi Parisiensis ad lectorem exhortatorium carmen* (sig. o, viii, r):

> Viribus enixis, lector studiose, libellum
>   Hunc lege, nam lectus commoda magna feret.
> Auctor enim Aonium pleno cratere liquorem
>   Hausit, Apollineo plectra movente choro.
> Gothica detersit latia contagia lingua,
>   Romano docuit rectius ore loqui.
> Quare age (si lingua proavos aequare Latina
>   Et fugere omnino barbara verba petis);
> Hunc avido vigilans animo complectere librum,
>   Et grates habeat qui dedit auctor opus.

20

To the reader   [Paris. c. February 6, 1499.]

Theologia viuificans. Cibus solidus. Dionysii Celestis hierarchia. Ecclesiastica hierarchia. Diuina nomina. Mystica theologia. Undecim epistole. Ignatii Undecim epistole. Polycarpi Epistola vna, Paris, Johann Higman and Wolfgang Hopyl, 6 Feb. 1498/1499, sig. A, iii, r–A, iv, r; CLIX (1515), ff. 5r–7r. The text is that of the second Paris edition of 1515. The epistle will also be found in CLVI–CLVIII, CLX–CLXVI. Published in part by Dom Chevalier and the Benedictines of Solesmes, *Dionysiaca,* I, pp. CX–CXII.

The epistle prefaces L.'s edition of the *Corpus Dionysiacum.*

Iacobus Faber Stapulensis piis lectoribus.

Lumen quanto soli vicinius est, tanto splendet illustrius vimque mortalium superat oculorum; et unumquodque quanto magis[a] suae

a. *om. 1499*

propinquat origini, tanto quoque puriorem suam retinet naturam atque servat; neque id aliter in divinis aliter vero in humanis evenire putandum est. Hinc omnium sane scripturarum supremum dignitatis apicem, summumque decus,[b] augustam reverentiam et auctoritatem obtinere dinoscuntur sacrosancta evangelia, ut quae a Deo proxime manaverint in dispositos animos transfusa. Mox ea sequuntur sanctae et arcanae Iesu revelationes, apostolorum acta et epistolae, et prophetarum monumenta quae veteris legis continentur organo; et haec universa duplici testamento, et vetere scilicet et novo, contenta eloquia nominantur. Porro eloquia proxime et dignitate et auctoritate sequuntur ea hagiographa sanctaque scripta, quae apostolorum auditores ad fidelis ecclesiae instituendam futuram sobolem reliquere. Inter quae sunt divini Dionysii Areopagitae sacratissima opera, tanta excellentiae dignitate eminentia, ut commendationis eorum nullus unquam verbis valeat assequi summam.[1] Ut enim dilectissimus Deo discipulus Ioannes ob evangelii sui sublimitatem inter evangelistas aquila nominatur, ita et sanctus Ioannes Chrysostomus hunc beatissimum patrem, suorum scriptorum altitudinem demiratus, totus paene effectus attonitus, volucrem caeli exclamat.[2] Hunc sancti viri singulari doctrina fulgentes, sanctus Maximus,[3] sanctus Michael Hierosolymitanus,[4] sanctus Andreas Cretensis[5] et universa docta Graecia miris laudibus effert, magnum appellat, angelum apellat et cui similis non successerit sacrorum interpretem. Et cum aliquando in obscuris theologicis Eusebii Pamphili de motu monadis in dyada et statu in triade (quod ad intimos divinitatis processus ineffabilemque intimorum illorum processuum statum in trinitate pertinere videtur et discussum a beatissimo patre in libro hypotyposeon) ita legens incidissem: "Non ens enim ex negatione primum finitur, quod entium nihil existat, effectrix siquidem causa et praestantius illis est; ex negatione identidem finitur ultimum, quod entium nihil existat, sed ipsis quoque deterius"; et iterum: "Quia supra unionem huiusmodi est unio et supra divisionem divisio, quod etiam melius quispiam superunitum et superdivisum nuncupaverit,"[6] visus est mihi ipse Eusebius aut Dionysium lectitasse aliquando aut eos qui suis verbis suoque philosophandi modo fuissent usi. Verum ut solem conspiciamus, face non egemus; idcirco cetera testimonia patrum de ipso, ut Polycarpi,[7]

b. deus *1499*

Dionysii Corinthiorum episcopi,[8] Methodii,[9] Athanasii,[10] Damasceni,[c][11] Eugenii,[12] Gregorii Turonensis,[13] et Fortunati[14] nunc praetereunda iure censeo, ut qui aliena luce ad persuadendum minime indigere videamur. Haec sacratissima opera, has divinitatis opes et caelestes ambrosias (non quas fabulose fundit cornu Amaltheae) voluit summa Dei benignitas nostris temporibus Latinis intelligibilius restitui, ex illa plenitudine apostolicorum temporum depromptas. Et plane litteraria monumenta ex apostolicis temporibus ad nostra derivata aeque mihi a ceteris differe videntur ac viventia a mortuis, caelestia a terrenis, et a mortalibus immortalia, aliquid vivificum atque mirificae lucis ultra cetera in se servantia. Attamen illa ipsa eorum lux spiritualisque et vivifica intelligentia sine certo duce occulta manet prorsusque incognita. Ad quam proculdubio percipiendam nullum hoc sacratissimo auctore invenire valebimus certiorem ducem, de quo nimium vere dicere poterimus (quod ipse de Hierotheo dicere solebat[15]) nos nunquam illustriorem solem offendisse cui infigere conaremur obtutus. Hic sanctissimus auctor unus eorum est de quibus beatissimus Paulus aiebat, Sapientiam autem loquimur inter perfectos, et perfectorum solidum esse cibum, siquidem horum divinorum operum intelligentia solidus cibus est.[16] Et testor illorum sanctorum temporum felicitatem, a quibus omnis sapientiae lux per omnia gratiae tempora effluxit, mihi nunquam post sacrosancta eloquia, minus quidem et subrutile intelligentiae nostrae pervia, quicquam his magni et divini Dionysii operibus occurrisse sacratius. Et si reliqua (quae iniuria temporum perierunt) ad manus prompta haberentur, sufficere haud dubie possent ad totius orbis vivificam illuminationem, magis revera deploranda quam quaecumque opum, regnorum, aliarumque fortunarum iacturae, quam quaecumque detrimenta. Et eloquia persimilia sunt arcae in qua sapientiae thesauri latentius occlusi occultique manent, nunquam oculis pervii, nisi sit qui reseret sacrumque inferat lumen. Hic autem caelestis et supramundanus theologus divinam arcam aperit et sacrum lumen infert, in quo reseratorum eloquiorum mirificum decorem contemplari valemus, quae universa idoneis lectoribus magis obvia patebunt quam nos ipsi praemonere aut scribere sufficiamus.

c. *om. 1499*

Quare, dum paucorum adhuc ammonuerimus, quasi patefactis atriis ad divinarum opum sanctuarium (Deo omnium munerum auctore et sacratissimo martyre ducibus) vos admitti orabimus. Primum itaque est: Sacrosancta eloquia et haec insuper divina opera illisque similia (quae eloquiorum mysteria detegunt) attente, in orantis modum ad Deum humili prostrata provolutaque mente, omni cum reverentia et tractanda et legenda esse. In humanis enim studiis homines utcumque placet gerent habitum, in divinis autem sola attentio, devotio, pietas, religio, reverentia et humilitas iuvant mentemque adaperiunt. Et qui ad ea secus accedunt, non modo nihil proficiunt, sed plerumque evadunt deteriores, impii prorsusque divinis praesidiis capti, nescientes divina et sancta divine et pure fuisse tractanda et humana humane.

Secundum est: Hunc sacratissimum divinae reserationis sapientiae auctorem neque Platonicum, Aristotelicum, Stoicum aut Epicureum, sed Iesu vitae auctoris et spiritus sancti sub divinissimis Paulo et Hierotheo praeceptoribus esse philosophum; non quod nescierit quae Plato et Aristoteles sciverunt,[d] immo vero uterque (si tempora dedissent) se etiam beatum putasset eius nominari discipulum. Et idcirco nolite eos audire qui eum nominant Platonicum.[17] Sapientius cogitate. Est enim aliquid longe sublimius; et his profecto nominibus sacrorum adimitur auctoritas et divina impie trahuntur ad humana, perinde ac si Ioannem evangelistam Pythagoricum voco aut voco Platonicum (ut nonnulli prophanorum fecerunt) et non potius caelestem et supramundanum scribam sive Iesu Christi et sancti spiritus super omnes diviniloquam tubam. Sancta sanctis relinquantur et prophana prophanis, sive ut modestius loquamur, humanis relinquantur humana. Scio quid loquor, scio quid scribo et cur scribo: non in alicuius odium, sed longe minus quam par est, quae Dei sunt veneratus. Credite potius beatissimo patri de seipiso a terrenis philosophis praesidia non quaesisse tradenti atque ita capite primo Divinorum nominum protestanti: "Sit autem modo quoque nobis ea (quae semper) definita lex: eorum quae de Deo dicuntur tueri veritatem, non in persuasibilibus humanae sapientiae verbis, sed in ostensione theologorum a sancto spiritu agitatae virtutis, per quam ineffabilibus et incognitis, ineffabiliter et ignote, coniungimur praestantiore illa unione rationalis nostrae spiri-

d. scierunt *1499*

tualisque virtutis atque actionis. Nulla ergo ratione praesumendum aliquid de supersubstantiali secretissimaque deitate aut dicere aut cogitare, praeter illa quae nobis sacra eloquia tradiderunt."[18] Hactenus sacratissimus pater, qui solummodo evangelia, Petrum, Iacobum, Ioannem, Iudam, Bartholomaeum, Ioseph Iustum, Paulum, Hierotheum, Ignatium et prophetas ad suorum dictorum robur et confirmationem solet adducere. Et nihil hic vos iterum moveat Nicolaum Cusanum, altissimae sapientiae beatissimi patris studiosum, communi errore delusum etiam vocasse ipsum[e] Platonicum[19]; eum enim ipsorum furta latebant. Et ideo post epistolam testes citabimus Platonicos,[20] more ridiculae apud Flaccum corniculae[21] falsis plumis ornatos, sibique vanum divinitatis nomen ex furto scriptorum (praesertim huius sanctissimi patris et supramundani philosophi) quaesiisse, et sacra ex adytis prophanasse, divinitatemque de caelo ad terrena deturbasse, et divinis[f] adversus divina (quod beatissimus pater de Apollophane scribit ad Polycarpum[22]) nefarie usos; digniores profecto qui ad Caucasiam rupem religati a vulturibus roderentur quam fabulosus ille Prometheus, quod sacrum de caelo ignem subiecta ferula ad terrena elicuisset. Neque quis hunc sacrum interpretem Platonicum ideo putet quia verbis disserendo de divinis usus sit Platonicis;[23] quinimmo et verba et sententiae et Platoni et reliquis philosophis pro maiori parte (ne dicam pro toto) de Deo digne loquendi ante apostolorum tempora deerant. Et proinde profusum equidem risum (ne si Heraclitus quidem fuissem) temperare haud valuissem, cum aliquando apud Platonicos ita legendum occurrisset. Post apostolorum apostolicorumque virorum contiones et scripta a Philone et Numenio inceperunt scripta Platonis intelligi.

Tertium: Nos ea quoque (post publicam ad Iesu vitae auctoris venerationem excogitatam utilitatem) praecipua de causa ad litteram beatissimi patris scholia adiecimus, ut cognoscatur aperte ex sacris litteris et earum spirituali et vivificante intelligentia (prout a beatissimo Paulo et divino Hierotheo et spiritu sancto, quod omnium maximum est, fuerat edoctus) omnia deprompsisse. Et inter legendum non a scholiis ad litteram, sed a littera ad scholia procedendum est; suntque scholia annotationes quaedam intercisae pro certorum loco-

e. *om. 1499*   f. divitiis *1499*

rum commoditate adiectae; commentaria vero exactam magis et continuam declarationem continent. Et cum sacratissimus pater eloquia citat, utitur editione septuaginta duorum interpretum, quorum nominatim meminit Aristeas.[24] Non enim tempore apostolorum alia fuisse ab ea quae septuaginta duorum erat, et quae nunc septuaginta dicitur, praeter originalia legitur. Et proinde quando ex nostra traductione eadem adducuntur, interdum aliquanta apparet varietas, sed spiritus omnia concordat et vivificat omnia. Et post epistolam ex septuaginta (ut reliqua simili facilitate requirantur) pauca adiiciemus.[25] Et non adieci scholia Maximi, quod huic translationi minus mihi visa sunt accommodata; et illa quae sunt Ambrosii marginalia meo instituto non satis sufficiebant, quae si quis affectantius volet, a Camaldulensibus facile requirat. Et id insuper minime lectores latere cupimus: oportuisse plerumque Ambrosii sententiam erigere, ubi codex[g] inemendatus aut forte interpres humano more[g] lapsus divinissimi patris intelligentiam non fuerat assecutus. Ad quod commodius faciendum honestissimi religiosi sacrarum aedium secundo a Dionysiana[h] Parisio milliario (in quibus nunc corpus Deo dicatissimi martyris Galliarum apostoli et nostri primi sacrorum antistitis una cum sociorum suorum Rustici et Eleutherii corporibus requiescit) vetusta originalia mihi multa humanitate communicarunt,[26] ut nullus etiam putet ea quae Ambrosius manu sua scripserit hac recognitione studiis utiliora. Fecimus tamen pro virili nostra quae potuimus, sed non quanta dignitas ipsa efflagitabat; longe enim inferiores subsedimus. Insuper non sine divina ordinatione et summa providentia id effectum esse mihi visum est, ut hic sacratissimus et longe divina sapientia illustrissimus pater primum Atheniensium antistes Atticam rexerit ecclesiam et civitatem primariam omnium litterarum parentem illuminaverit, qua illuminata mox in Gallias a beatissimo Clemente apostolus missus, sedem apud Parisiorum insignem urbem (seu Parisium seu Lutetiam appellarent) delegerit, quae melius Dionysia a Dionysio primo suo antistite et apostolo, primo susceptore et regeneratore, quam ab Iside aut luto (ut volunt nonnulli) potuisset appelari;[27] primus enim eam ad vitae fontes erexit in Christo parvulam (solent enim primi susceptores indere nomina), primus mortem ab ea effugavit et induxit vitam,

g. codex ... more *om. 1499*   h. Dionysia *1499*

quam in Christiano cultu suo sanguine et omnium tormentorum moli-
tionibus libenter susceptis tandem confirmavit, unde et victor (mundo
triumphato) ad Deum qui ipsum miserat conscendit. Tunc Deus illum
locum piorum studiorum fontem praeordinavit, ut ad quem in certum
eventus rei argumentum ex Athenis virum supra omnem humanam
sapientiam doctum direxerit. Vos igitur Dionysiaca[i] bonarum litterarum omnium Academia, eadem et Parisiensis, quam unus idemque
pater sociam fecit Athenis et sororem,[28] vestro applaudite apostolo,
vestro primo antistiti, parenti, primo ad vitam susceptori et illumina-
tori, et eius sacras disciplinas in honore suscipite atque in eis ipsis dies
noctesque proficite.

1. L. published Pseudo-Dionysius in the translation of Ambrogio Traversari,
finished 18 March 1436. His edition is the second of this translation, following
one printed in Bruges in 1480 (*GW*. 8408). He included the entire *Corpus Dionysiacum*: the *Celestial Hierarchy*, *Ecclesiastical Hierarchy*, *Divine Names*, *Mystical Theology*, and eleven letters. (The eleventh letter to Apollophanus was
almost certainly forged in the ninth century by Hilduin, abbot of Saint-Denis,
or by one of his collaborators.) L. accepted the Dionysian myth in the complete
form given it by Hilduin, that is, the Dionysius the Areopagite mentioned in
Acts 17:33–34, the Dionysius described by Gregory of Tours as sent to evangelize the Gauls c. 250, and the author of the *Corpus Dionysiacum* are one and
the same person. The *Corpus Dionysiacum* was written in the late fifth or early
sixth century, possibly in Syria, by someone as yet unknown who claimed to be
a disciple of Paul and the friend and companion of the Apostles, to have seen
with his own eyes the eclipse of the sun which occurred at Christ's death, and
to have been present at the death of the Virgin. For L., therefore, as for his
medieval predecessors, the *Corpus* represented apostolic authority; and it is for
this reason that he added to it the *Epistles* of Ignatius and Polycarp (see ep. 21)
to form a major collection of the earliest writings of the primitive church.
Detailed bibliographies in Maurice de Gandillac, *Œuvres complètes du Pseudo-
Denys l'Aréopagite* (Paris, 1943), 61–64; René Roques, *L'Univers dionysien.
Structure hiérarchique du monde selon Pseudo-Denys* (Paris, 1954), 7–28; and
Altaner, *Patrologie*, 466–470. On the medieval and Renaissance translations and
translators: M. Grabmann, *Mittelalterliches Geistesleben* (Munich, 1926), 449–
467; G. Théry, *Etudes dionysiennes*, I. *Hilduin, traducteur de Denys* (Paris,
1932) and "Scot Erigène, traducteur de Denys," *Bull. Du Cange*, VI (1931), 185–
280; Pier Giorgio Ricci, "Ambrogio Traversari," *La Rinascita*, II (1939), 578–
612; and the Benedictine *Dionysiaca*. On the influence of the *Corpus* in the
Middle Ages and Renaissance and on the beginnings of the controversy over its
authenticity, see *Dictionnaire de Spiritualité*, III (1957), 318–410, especially the

i. Dionysia *1499*

articles of André Combes on Gerson, Maurice de Gandillac on Cusanus, and Raymond Marcel on Ficino.

2. [Pseudo-] Chrysostom, *Sermo de pseudo prophetis et falsis doctoribus* (*MG*. LIX, 560). Anastasius Bibliothecarius cited this sermon in a letter to Charles the Bald in 876: "Sane quia nonnulli beatum Dionysium 'pterygion tu uranu' a Graecis appellari commemorant, notandum quod hunc beatus Iohannes Chrysostomus 'petinon tu uranu,' id est volucrem caeli, in ultimo sermonum suorum describat" (ed. E. Perels and G. Laehr, *MGH.*, *Epist. Karolini aevi*, V, Berlin, 1928, pp. 440–441).

3. Maximus the Confessor (d. 662), *Scholia in opera S. Dionysii* (*MG*. IV, 15–432, 527–576). Cf. Hans Urs von Balthasar, "Das Scholienwerk des Johannes von Scythopolis," *Scholastik*, XV (1940), 16–38.

4. Michael Synkellos of Jerusalem (fl. first half of the ninth century), *Encomium beati Dionysii Areopagitae* (*MG*. IV, 617–668). Cf. K. Krumbacher, *Geschichte der byzantinische Literatur*, 2nd ed. (Munich, 1897), 166–167, 586–587.

5. Andreas of Crete (c. 650–720), *Oratio*, xii (*MG*. XCVII, 1062–1063). Cf. Krumbacher, *op. cit.*, 165–166, 673–674.

6. *Georgio Valla Placentino Interprete. Hoc in volumine hec continentur. Nicephori logica … Eusebii pamphili de quibusdam theologicis ambiguitatibus …* (Venice, Simone Bevilaqua, 30 Sept. 1498), sig. h, iv, r–v.

7. Several late sources refer to a letter of Polycarp to the Athenians which mentions Dionysius. Thus Maximus's prologue to his *Scholia* (*MG*. IV, 18 D) and Eriugena's preface to his translation of the *Corpus*: "Fertur namque praefatus Dionysius fuisse discipulus atque adjutor Pauli apostoli, a quo Atheniensium constitutus est episcopus, cujus Lucas commemorat in Actibus apostolorum, et Dionysius, episcopus Corinthi, vir antiquus, beatus quoque Polycarpus in epistola ad ecclesiam Athenarum, Eusebius item Pamphili in ecclesiastica historia, nec non etiam sanctus Papa Gregorius in homelia sua, ubi breviter angelorum ordines exposuit" (*ML*. CXXII, 1032).

8. Eusebius quoted Dionysius of Corinth (d. c. 180) as his authority for the statement that Dionysius the Areopagite was the first bishop of Athens (*Hist. Eccl.* III, iv, 10; cf. *ibid.*, II, xxv and IV, xxiii, 3; Jerome, *De vir. ill.*, 27 and 28; and Altaner, *Patrologie*, 117).

9. Since L. mentions him between Dionysius of Corinth and Athanasius, one must suppose that excessive zeal led him to confuse Methodius, the opponent of Origen, who flourished in the late third century, with Methodius, patriarch of Constantinople (d. 847), to whom tradition has assigned a panegyric of Dionysius the Areopagite (*MG*. IV, 669–684). Anastasius Bibliothecarius translated this text into Latin and in June 876 sent it to Charles the Bald. It is he who attributed the work to Methodius of Constantinople, a deliberate fraud in the interests of the monks of Saint-Denis (*MGH.*, *Epist. Karolini aevi*, V, Berlin, 1928, p. 441, lines 7–10). The panegyric was probably written in Rome, soon after 863, from sources supplied by the monks of Saint-Denis, especially Hilduin's *Post beatam ac salutiferam*, possibly by monks from the Greek monastery of

Saints Stephen and Sylvester. Sent back to France in 876 in Anastasius's translation, it became a new and precious authority for the Dionysian legend. See G. Théry, "Contribution à l'histoire de l'aréopagitisme au IXe siècle," *Moyen Age*, 2e ser., XXV (1923), 10–45. Cf. Théry, *Scot Erigène*, 25.

10. [Pseudo-] Athanasius, *Quaestiones ad Antiochum ducem*, Quaest. VIII, resp. (*MG*. XXVIII, 603). Nicholas of Cusa had already questioned the authenticity of this text: "Considera an loquatur [Athanasius] de Dionysio Areopagita sicut videtur, et tunc mirum quod Ambrosius, Augustinus et Hieronymus ipsum Dionysium non viderunt, qui fuerunt post Athanasium. Damascenus etiam Dionysium allegat, qui fuit post illos tempore saeculi VIII, Gregorius papa ante Damascenum Dionysium allegat" (Cod. cus. 44, fol. 1v. Quoted by Ludwig Baur, *Cusanus Texte. III. Marginalien. 1. Nicolaus Cusanus und Ps. Dionysius im Lichte der Zitate und Randbemerkungen des Cusanus. Sitzungsberichte d. Heidl. Akad. d. Wissenschaften*, Phil.-hist. Kl. Jahrg. 1940–1941. 4. Abh. Heidelberg, 1941, p. 19).

11. *De orthodoxa fide*, II, 3 (*MG*. XCIV, 872–873).

12. *Hymnus Eugenii Episcopi de sancto Dionysio* (ed. F. Vollmer, *MGH., Auctor antiquiss.* XIV, Berlin, 1905, p. 282). The Hymn contains every significant element of the Dionysian myth. Its source is Hilduin's *Post beatam ac salutiferam*; and Hilduin is the sole authority for its authenticity (in his letter to Louis the Pious *de S. Dionysii vita et passione, MGH., Epist.* V, 331, lines 4–9). It is almost certainly another forgery from the abbey of Saint-Denis and not by Eugene of Toledo. See Théry, "Contribution à l'histoire de l'aréopagitisme au IXe siècle," pp. 13–15.

13. *Libri historiarum*, I, 30 (ed. B. Drusch and W. Levinson, *MGH., Scriptores rerum Merovingicarum*, I, 1, Hanover, 1951, pp. 22–23). Gregory says that Dionysius was sent *ad praedicandum in Gallis ... sub Decio et Grato consulibus*, i.e. c. A.D. 250.

14. *Fortunati opera poetica*, ed. F. Leo, *MGH., Auctor. antiquiss.* IV, 1 (Berlin, 1881), 383–384. The Dionysius of these verses was sent to Gaul from Rome by Clement. But Fortunatus nowhere identifies the first bishop of Paris with Paul's disciple, the first bishop of Athens, or with the author of the *Corpus Dionysiacum*. His source is the *Gloriosae* or *Passio sanctorum martyrum Dionisii, Rustici et Eleutherii*, ed. B. Krush, *MGH., Auctor. antiquiss.* IV, 2 (Berlin, 1885), 101–105. See Léon Levillain, *Etudes sur l'abbaye de Saint-Denis à l'époque mérovingienne* (Paris, 1921), 12–13.

15. Pseudo-Dionysius calls Hierotheus his master, teacher, and friend, to whom, along with St. Paul, he owes his introduction to divine things. We are told he wrote a treatise on theology, *Theologica elementa* (*De div. nom.* II, 9), and some *Hymni amatorii* (*De div. nom.* IV, 14). Dionysius quotes both at some length. Hierotheus is as fictional a character as Dionysius himself.

16. 1 Cor. 2:6 and Hebr. 5:14.

17. Ficino, for example, in the prefaces to his translations of the *Mystical Theology* and *Divine Names*, spoke of "Dionysius Areopagita Platonicus,"

"Dionysius Areopagita Platonicae disciplinae culmen et christianae theologiae columen," and "Dionysius noster Platonicorum facile princeps" (*Dionysii Areopagitae episcopi Atheniensis Libri duo, alter de Mystica theologia, alter de Diuinis nominibus: Marsilio Ficino interprete et explanatore*, Venice, 1538, ff. 2r–v and 25r). He summed up his attitude as follows: "Et si Dionysium Platonis tanquam pii philosophi sectatorem alicubi declaramus, ipsum tamen non solum caeteris Platonicis propter doctrinae Platonicae culmen, verum etiam ipsi Platoni propter novum veritatis christianae lumen anteponendum censemus" (*ibid.*, fol. 25r). Cf. R. Marcel in *Dict. de Spiritualité*, III, 383–386.

18. *De div. nom.* I, 1. The translation is that of Ambrogio Traversari.

19. *Apologia Doctae Ignorantiae*, ed. R. Klibansky (Leipzig, 1932), 10, lines 9–12: "... divinus Plato in Parmenide tali modo [per theologiam negativam] in Deum conatus est viam pandere; quem adeo divinus Dionysius imitatus, ut saepius Platonis verba seriatim posuisse reperiatur." Cf. *De venatio sapientiae*, xxi and xxii, *Opera* (Basel, 1565), 314–315. See also L. Baur, *op. cit.*, 18–19 and Maurice de Gandillac in *Dict. de Spiritualité*, III, 375–378.

20. L. cited three texts, *De furtis Platonicorum testimonia* (ed. 1515, fol. 7r): (1) The last two sentences of the following passage from Ficino (*De religione Christiana*, xxii, ed. Basel, 1576, I, 25): "Prisca gentilium theologia, in qua Zoroaster, Mercurius, Orpheus, Aglaophemus, Pythagoras consenserunt, tota in Platonis nostri voluminibus continetur. Mysteria huiusmodi Plato in epistolis vaticinatur, tandem post multa secula hominibus manifesta fieri posse. Quod quidem ita contigit, nam Philonis Numeniique temporibus primum coepit mens priscorum theologorum in Platonicis chartis intelligi, videlicet statim post apostolorum apostolicorumque discipulorum contiones et scripta. Divino enim Christianorum lumine usi sunt Platonici ad divinum Platonem interpretandum. Hic est quod magnus Basilius [*Homilia* XVI, "In principio erat Verbum," 1, *MG*. XXXI, 471 C] et Augustinus [*Conf.* VII, 14] probant, Platonicos Ioannis evangelistae mysteria sibi usurpavisse. Ergo certe repperi praecipua Numenii, Philonis, Plotini, Iamblici, Proculi mysteria ab Ioanne, Paulo, Hierotheo, Dionysio Areopagita accepta fuisse. Quicquid enim de mente divina angelisque et ceteris ad theologiam spectantibus magnificum dixere, manifeste ab illis usurpaverunt." To this testimony L. added: "Et nisi in adversarios Christianae sapientiae mollior esse maluisset, plane dixisset furati sunt." (2) The passage from Basil already cited by Ficino. (3) A text identified as a *scholium* of Ambrogio Traversari: "Sciendum multos externorum philosophorum, et maxime Proculum, sententiis Dionysii immo vero ipsis quoque vocabulis nudis usos plerumque fuisse. Unde suspicari possumus, ab iis qui Athenis philosophabantur, libros beati Dionysii (quorum ipse meminit) celatos fuisse, ut quae inde sumebant, invenisse ipsi putarentur; sed divina providentia (his modo libris adinventis) inanis gloria illorum et malitia patefacta est." The source is a passage transmitted at the end of Maximus Confessor's prologue to his *Scholia* (*MG*. IV, 22–23). It concludes by citing the same text from Basil quoted by Ficino and L.

21. Horace, *Ep.* 1, 3, 19.

22. *Ep.* VII, 2 (*MG.* III, 1079 B).

23. For example, Aquinas, *In Dionysii de div. nom. expositio*, Praef.: "Considerandum difficultatem esse in libris Dionysii propter multa, sed maxime quia utitur modo loquendi, quo Platonici usi sunt"; or Cardinal Bessarion, *In Calumniatorem Platonis libri IV*, ed. L. Mohler (Paderborn, 1927): "Cuius [Plato] non modo sententiis, verum etiam verbis ipsis princeps Christianae theologiae Dionysius Areopagita in omnibus suis operibus utitur" (I, 7, 1, p. 73); "Dionysius Areopagita verbis iisdem Platonis scribens" (III, 9, 2, p. 247); "Quo in loco animadvertendum est, quomodo Dionysius in iis, quae superius retuli, non modo sensu, sed verbis ipsis Platonis usus sit, cum de amore loqueretur" (IV, 2, 11, p. 463). Cf. above, note 19.

24. *Aristeas to Philocrates*, 47–50 (ed. Moses Hadas, New York, 1951, pp. 118–121.

25. L. proved that Dionysius had used the Septuagint in a short excursus *De Editione Septuaginta Interpretum* (ed. 1515, fol. 7r–v). The following is a sample of this method: "Cap. secundo Caelestis hierarchiae numero 13 sic legitur: 'Ferarum quoque illi applicant formas, leonis ac pantherae proprietatem ei ascribentes, ut pardum fore dicentes ursamque indigentem' [*MG.* IV, 22–23]. Quod ex Osee partim cap. quinto, partim cap. decimotertio habetur, ubi nunc neque panther neque panthera legitur, sed leaena. Cap. quinto hoc modo: 'Quoniam ego quasi leaena Ephraim et quasi leo domui Iuda.' Et cap. decimotertio: 'Et ego ero eis quasi leaena, sicut pardus in via Assyriorum. Occurram eis quasi ursa raptis catulis et disrumpam interiora iecoris eorum' [Osee 5:14, 13:7–8]. Septuaginta aeditio cap. quinto sic habet: 'Quia ego sum quasi panther Ephraim, et quasi leo in domo Iuda.' Et cap. decimotertio sic: 'Et ero eis quasi panther et sicut pardus in via Assyriorum. Occurram eis sicut ursa indigens cibo; et disrumpam interiora cordis eorum' [an Old Latin version of the Septuagint lightly revised by Jerome. L. quotes it from Jerome's *Commentary on Hosea*. For each verse Jerome had given two translations; his own direct from the Hebrew (the Vulgate), followed immediately by an Old Latin version of the Greek. For these particular texts see *ML.* XXV, 865 and 934.]."

26. The monks of Saint-Denis had two celebrated Greek manuscripts of the *Corpus Dionysiacum*: one (BN., ms. grec 437) sent by the Emperor Michael to Louis the Pious in 827 and used by both Hilduin and Eriugena for their translations of the *Corpus* (H. Omont, "Manuscrit des œuvres de S. Denys l'Areopagite envoyé de Constantinople à Louis le Débonnaire en 827," *Revue des Etudes grecques*, XVII [1904], pp. 230–236 and Théry, *Etudes dionysiennes*, 63–100); the other brought to Saint-Denis in 1408 by Manuel Chrysoloras as a gift of the Emperor Manuel Paleologus, now in the Louvre (Alexandre Sauzay, *Musée de la Renaissance: Notice des ivoires* [Paris, 1863], no. 53).

27. The derivation of Paris from Isis is first found at the end of the ninth century in Addo's *De Bello Parisiaco* (F. G. de Pachtère, *Paris à l'époque gallo-romaine*, Paris, 1912, pp. iv–v). The derivation of Lutetia from *lutum* was very popular in the fourteenth and fifteenth centuries. An historian of Paris writing

in 1371, for example, tells us that even before the founding of Rome 22,000 Trojans, descendants of those led to Pannonia by Francion, son of Hector, crossed the Rhine under their duke, Ybor, and made their way to the present location of Paris. "Et pour ce que il le virent bel et delitable, gras et plantureux et bien assis pour y habiter, il firent et fonderent une cité, laquelle ils appellerent Lutesse, a *luto*, cest à dire pour la gresse du pays" (Le Roux de Lincy and L. M. Tisserand, *Paris et ses historiens aux XIVe et XVe siècles*, Paris, 1867, p. 103).

28. Medieval tradition had long connected the University of Paris and the Athenian Academy. See E. Gilson, *La philosophie au Moyen Age*, 3rd ed. (Paris, 1947), 193–194; and for the *translatio studii*, "Humanisme médiévale et Renaissance," *Les Idées et les lettres* (Paris, 1932), 183–185.

2 1

To the reader [Paris. Before February 6, 1499.]

Theologia viuificans. Cibus solidus.... Ignatii Undecim epistole. Polycarpi Epistola vna, Paris, 6 Feb. 1498/1499, ff. 102v–103r; CLIX (1515), fol. 204r–v; CLXIX (1520), pp. 3–4. The text is that of the second Paris edition of 1515. The epistle will also be found in CLVI–CLVIII, CLXX–CLXXII. It prefaces L.'s edition of the *Epistles* of St. Ignatius.

Iacobi Fabri Stapulensis in epistolas divini Ignatii argumentum.

Ignatius Ioannis evangelistae discipulus, tertius a Petro Antiochenae ecclesiae suffectus antistes, in vinculis exultans quia dignus habitus sit pro nomine Iesu contumeliam pati, Romam missus ut ad saevissimas bestias depugnaret et in theatro[a] Dei miles ferventissimus inter solutos efferatissimos leones medius spectaculum praeberet, scripsit epistolas undecim,[1] sua vincula pro Christo continentes, plenas sancti spiritus fervore sacrum eius pectus suaviter agitantis. Quapropter pie legendae et pronuntiandae sunt, non laxe, non remisse, enervo emollitoque animo, sed cum fervore; sic enim et eas scripsit totus ardens, totus gestiens, totus flammatus, cupiens dissolvi et esse cum Christo sacratissimus martyr, divino iam amore inebriatus. Delicias etenim paradisi in extasi et amatoriae mentis excessu aliquando ipsum expertum posteris reliquit antiquitas; et psalmos et cantum per antiphonum ad angelorum auditam harmoniam ecclesiis tunc caelestiformiter vi-

a. theatrum *1499*

71

ventibus primum induxisse.[2] Primam eius epistolam scribit ad Trallianos, secundam ad Magnesios, tertiam ad Tarsenses, quartam ad
Philippenses, quintam ad Philadelphios, sextam ad Smyrneos, septimam
ad Polycarpum Smyrneorum episcopum, octavam ad Antiochenses,
nonam ad Heronem diaconum Antiochenum, decimam ad Ephesios, et
undecimam ad Romanos. Et has epistolas (cum ut ex more solitum erat
in ecclesiis sancto coetu convocato ad omnes legerentur) dubium non
est fidelium corda sic tunc aperuisse, ut plane miserum se putaret qui a
passione fuisset exclusus, qui relictus fuisset; quandoquidem et nunc
legentes, qui vivificantem spiritum sentiunt, illo desiderio et pietate
non frustrentur. Et adiecta est una Polycarpi martyris Smyrneorum
antistitis epistola quae his epistolis testimonium affert, cuius et Irenaeus et Eusebius meminerunt.[3] Et saepe hic Deo dignus martyr in
sacro ipso affectatae immolationis suae exprimendo fervore hoc loquendi genere utitur: ego pro vobis, ego pro animabus vestris efficiar.
Quae sententia est sacratissimi Pauli, ardentis Christi apostoli, secunda
ad Corinthios epistola capitulo duodecimo: "Ego autem," inquit,
"libentissime impendam, et super impendar ego ipse pro animabus
vestris";[4] victimam se facere optans pro eorum animabus qui in ecclesiis iam versabantur ingressurique erant. Et revera pro ipsis atque
etiam pro nobis qui ecclesiae (Dei nos miserante benignitate) acces-
simus et Paulus et reliqui apostoli discipuli, Dionysius, Ignatius et
Polycarpus victimam se fecerunt. Et his epistolis beatissimi martyris
et invicti Christi Iesu militis Ignatii testes accedunt Polycarpus,[5]
Irenaeus,[6] Eusebius Pamphili[7] et Hieronymus.[8] Quas[b] ideo libentius
sacris magni et divini Dionysii operibus coniunximus quia ex his epistolis desumptum, cum de amore spiritualiter et supermundane dissereret, testimonium citavit;[9] tum quod in adiectis ad divinum Dionysium scholiis non semel meminerimus sanctarum sententiarum his
praesentibus epistolis contentarum. Addo etiam nos nihil pientius
adiecisse potuisse scriptis a Deo et spiritu sancto agitatae mentis.[b]
Inter enim scribendum,[c] cum ducitur ad huius mundi praesides et
mortalia tribunalia, prophetat; et quae surgere debeant haereses prae-
videt; adversus quas et quae iam extabant magno mentis affectu

b. Quas ... mentis *om. 1520*   c. Inter enim scribendum] Denique
                                        inter scribendum *1520*

praemunit. Et plane a mentibus piis, eorum qui haec pro dignitate et reverenter legunt, agnoscitur spiritus in eo loquens et verba pro veritate vincto subministrans. "Ego enim," inquit veritas, "dabo vobis in illa hora os et sapientiam, cui non poterunt resistere."[10] Neque[d] opus esse mihi visum est singulatim ad unamquamque epistolam argumenta adducere ob litterae pervietatem et quod omnes ferme eandem contineant sententiam: vincula, scilicet, et ad mortalis claustri dissolutionem pro nomine Iesu ferventissimum desiderium; et satis insuper esse visum est ad latus paucis annotatiunculis adiectis nonnullorum admonuisse. Hoc insuper apposito quia ad Trallianos scribit, Magnesios, Tarsenses, Philippenses, Philadelphienses, Smyrneos, Antiochenses, Ephesios et Romanos, qui Tralliani, Magnesii, Tarsenses et reliqui sint.

Tralis, urbs est Asiatica, in vertice quodam plano (qui promontorium natura munitum habet) sita, Asiaticarum urbium opulentissima; unde et dicuntur Tralliani.

Smyrna, (ut scribit Hieronymus) civitas est Lyciae provinciae in Asia. Et locum Smyrnam iuxta Ephesum inter Trachiam et Lepramactam ponit Strabo; unde Smyrnei.

Magnesia, Aeolica civitas est, quae ad Maeandrum dicitur; nam (ut inquit Strabo) ei proxima est; unde Magnesii et Magnesiani.

Tarsus, civitas metropolis Ciliciae provinciae, Pauli apostoli natalibus celeberrima, ab Argivis (ut scribunt geographi) condita. Hinc Tarsenses.

Philippi, civitas est in prima parte Macedoniae, et hinc quoque dicti Philippenses.

Philadelphia, Mysiae urbs, frequentibus terrae succussionibus patens frequentibusque agitata terrae tremoribus; idcirco male fidos parietes habens, ut qui (quod et geographi tradunt) crebris concussionum iniuriis discutiantur rimisque pateant; hinc Philadelphienses.

Troia inter Propontidos fluenta et montem Idam sita memoratur, monti vicinius adiacens, Asiaticarum urbium vatum poetarumque monumentis famatissima.

Antiochia, civitas Syriae, prima Petri apostoli sedes, prima in qua Christiani (qui baptisma suscepissent) a Christo nuncupari coeperunt,

d. Neque *ad calcem om. 1520*

in qua Paulus et Barnabas ordinati sunt, quae et postea divini Ignatii moderationibus credita est; a qua Antiochenses.

Ephesus, civitas in Asia ab Amasonibus olim condita, sepulchro Ioannis evangelistae dilectissimi apostoli celebris. A qua et Ephesii.

Roma (a qua et Romani) notior est quam ut historiae lucem requirat, Italicarum urbium praeclarissima, quondam orbis caput et urbs per excellentiam dicta.[11] Et haec pro communi argumento abunde dicta putentur.[d]

1. Seven genuine letters by Ignatius have survived, those listed by Eusebius and Jerome: to the Ephesians, Magnesians, Trallesians, Romans, Philadelphians, Smyrnians, and to Polycarp. In the early fifth century an Apollinarian heretic, probably a Syrian, put together the so-called Long Recension of Ignatian letters. The collection included the seven genuine letters, much lengthened by interpolations, plus six forgeries: letters to the Tarsians, Philippians, Antiochans, to Hero, and an exchange of letters between Ignatius and one Mary of Cassobola. This text, without the letter of Mary of Cassobola to Ignatius, was translated into Latin in the sixth or seventh century. It is this version and this collection with the exception of the letter from Ignatius to Mary of Cassobola (an omission one hesitates to attribute to his critical acumen) that L. published. His edition is the first. The Greek was published by Valentinus Paceus only in 1557. (The Greek and Latin texts of the Long Recension are best read in F. Funk, *Opera Patrum Apostolicorum*, Tübingen, 1881, II, 46–213. Full Ignatian bibliographies by G. Bareille, in *DTC.* VII [1930], 685–703 and Altaner, *Patrologie*, 85–87).

In 1516 Symphorien Champier reprinted the Ignatian letters from L.'s 1499 edition (see Bibliography, no. CLXVIII). To the eleven letters already published by L. he added the letter from Ignatius to Mary of Cassobola and a further correspondence attributed to Ignatius in the twelfth and thirteenth centuries: two letters to St. John the Evangelist, one to the Virgin Mary, and the Virgin's answer (Funk, *op. cit.*, II, 214–217). These four letters had been previously printed in Paris in 1495 as an appendix to the *Vita et processus S. Thomae Cantuarensis martyris super libertate ecclesiastica.* On the other hand, Champier's edition of the letter to Mary of Cassobola is the first. He appears to have found it, along with the seven letters of St. Anthony and the *Enchiridion* of Xystus the Pythagorean (which he had already published in 1507), in Cod. Palatinus graecus 150, now in the Vatican Library (Funk, *op. cit.*, II, xx–xxi). Champier incorporated verbatim long passages from L.'s *Argumentum* in his preface (ff. LIIr–LIIIr) and in a Prayer to St. Ignatius (*Oratio ad divum martyrem Ignatium Antiochenae ecclesiae antistitem*, fol. LIIIv).

2. Pseudo-Ignatius, *Liturgia* (*MG.* V, 969–978).

3. Irenaeus, *Adv. Haer.* III, 3, 4; Eusebius, *Hist. Eccl.* IV, xiv–xv. For Polycarp's letter to the Philippians see Altaner, *Patrologie*, 7th ed. (Freiburg-im-Breisgau, 1966), 50–52.

4. 2 Cor. 12:15. Cf. Ignatius, *Ad Eph.* 8,1; *Ad Trall.* 13,3.

5. *Ad Phil.* 1,1; 9,1; 13,2.

6. *Adv. Haer.* V, 28,4.

7. *Hist. Eccl.* III, xxxvi.

8. *De vir. ill.*, xvi.

9. *De div. nom.* IV, 12 (*MG.* III, 771 C).

10. Luc. 21:15.

11. [Pseudo-] Jerome, *Liber nominum locorum, ex Actis* (*ML.* XXIII, 1298 A, 1300 C, 1303 A–B, 1304 C, 1305 A) and Strabo, *Geograph.* XII, iii, 21; viii, 8, 18; XIII, i, 5; iv, 10; XIV, i, 4, 39, 42; XVI, ii, 5.

22

To the reader   [Paris. c. April 6, 1499.]

Hic continentur libri Remundi pij eremite. Primo. Liber de laudibus beatissime virginis marie: qui et ars intentionum Apellari potest. Secundo. Libellus de natali pueri paruuli. Tertio. Clericus Remundi. Quarto. Phantasticus Remundi, Paris, Guy Marchant, 6 April 1499, sig. a, i, v; CLXXVI (10 April 1499), sig. a, i, v. The epistle will also be found in CLXXVII, fol. 7r–v. Published in part by Ivo Salzinger, *Beati Raymundi Lulli Opera omnia* (Mainz, 1721–1742), I, Testimonia, p. 4 and by Rogent-Duràn, pp. 20–21.

The epistle prefaces four works by Ramon Lull: (1) *Liber de laudibus beatissimae virginis Mariae,* written in Rome c. 1290. Catalan text in *Obres de Ramon Lull,* ed. S. Galmés, vol. X (Palma de Mallorca, 1915). The only published Latin text is that of L.'s edition. See Littré and Hauréau, in *HLF.* XXIX, no. 81, p. 257; Peers, pp. 228–231; Avinyó, p. 103, no. 42; and Platzeck, II, pp. 23*–24*, no. 60. (2) *Liber de natali pueri parvuli Christi Jesu,* planned on Christmas night 1310, written in Paris in Jan. 1311, and dedicated to Philip the Fair. The richly illuminated manuscript that Lull presented to the king is at the BN. (ms. lat. 3323). L. did not use this manuscript, and his text differs from it considerably; in particular it does not include the last four pages of the original. See *HLF.* XXIX, no. 53, pp. 237–240; Peers, pp. 348–350; Avinyó, p. 249, no. 157; and Platzeck, II, p. 61*, no. 187. Marianus Mueller reproduced L.'s text in *Wissenschaft und Weisheit,* III–IV (1936–1937). (3) *Liber Clericorum,* an elementary catechism for ignorant clerics dedicated to the "venerable University of Paris, and principally to its Chancellor, Rector, Dean and other chief members." The Latin version was finished at Pisa in May 1308. The Catalan original is lost. Latin text (reproducing L.'s) in *Obres,* ed. M. Obrador i Bennassar, vol. I (Palma, 1906), 295–386. See *HLF.* XXIX, no. 78, pp. 255–256; Peers, p. 335; C. Ottaviano, *L'Ars compendiosa de R. Lulle avec une étude sur la bibliographie et le Fond ambroisien de Lulle* (Paris, 1930), p. 66, no. 117; Avinyó, p. 216, no.

126; Platzeck, II, p. 51*, no. 150. (4) *Phantasticus* or *Disputatio Raymundi phantastici et Petri clerici*, written in Sept. 1311 while Lull was on his way to the Council of Vienne. Latin text ed. Marianus Mueller in *Wissenschaft und Weisheit*, II (1935), 311–324 (based on L.'s text). See *HLF*. XXIX, no. 54, pp. 240–241; Peers, pp. 356–358; Ottaviano, p. 76, no. 158; Avinyó, p. 259, no. 170; Platzeck, II, p. 67*, no. 210.

L.'s is the first edition of all four works. He does not indicate where he found the manuscripts. There were several excellent collections of Lull's works in Paris in the late fifteenth and early sixteenth centuries. The most important was that of the Carthusians (who lent manuscripts to L. on several occasions), and Renaudet (p. 379, note 3) has plausibly suggested that he got these works of Lull from them. On Lull see the bibliographies in Peers; F. Sureda Blanes, *El Beato Ramón Lull. Su época, su vida, sus obras, sus empresas* (Madrid, 1934); Miguel Batllori, *Introducción bibliográfica a los estudios lulianos* (Palma, 1945); and Platzeck, II, 231*–266*.

Iacobus[a] Faber[b] Stapulensis benignis lectoribus.

Cum duo sint quae vitam nostram rectissime instituunt, universalium scilicet cognitio (quam morales disciplinae pariunt) et operandi modus, qui ordinata operatione comparatur, pauciores profecto invenimus qui singularia ad operandum pandant quam qui recte universalia coniectent. Neque id quidem ab re evenit; nam singularia ad infinitatem devergunt, universalia vero se colligunt ad unitatem. Et cum utrumque ad sancte et beate vivendum necessarium sit, modus tamen operandi (ut qui vicinius ipsam operationem dirigit in qua nostra salus summaque perfectio sita est) praecellere videtur. Unde iure evenit ut hi libri in pretio haberi debeant, qui quae rara et necessaria sunt utiliter monstrant; cuiusmodi revera librum unum pii eremitae Raemudi animadverti, qui operandi modum monstrat, operandi dico, laudandi, orandi, et intentionem finemque dirigendi, quae ad sancte instituendam formandamque vitam unicuique necessaria sunt.[1] Et ut verum fatear de me ipso (cum modestia tamen loquar), in libris illius viri plurimum mihi proficere visus sum, et ingratus nimirum viderer et divini praecepti reus (quo iubet accensam lucernam non sub modio sed super candelabrum ponendam, ut omnibus illuceat),[2] nisi in publicum proferrem quod omnibus intelligo profuturum. Quapropter librum ad publicum bonum recognovi, qui tamen devota et simplici mente quasi in orantis modum legendus est, quemadmodum

a. Iacobi *eds.*   b. Fabri *eds.*

a miti Deoque dicato viro profectus. Neque vos quicquam deterreat quod vir ille idiota fuerit et illiteratus,[3] horridae rupis et vastae solitudinis assiduus accola; nam et creditur quadam superna infusione dignatus, qua sapientes huius saeculi longe praecelleret; et estote a beato Paulo admoniti, quia omnis doctrina divinitus inspirata utilis est ad docendum, ad arguendum, ad corrigendum, ad erudiendum.[4] Neque item sermonis eius simplicitas vos avertat; qui enim nimium delicatas aures habent, praesertim in iis quae pertinent ad vitae instituta, timeant ne sint de numero eorum de quibus beatissimus Paulus vaticinatus ait, Erit enim tempus quo sanam doctrinam non sustinebunt, sed ad sua desideria coacervabunt sibi magistros prurientes auribus, et a veritate quidem auditum avertent, ad fabulas autem convertentur.[5] Quod minus humile, depressum deiectumque propter stilum visum est, aliquantulum erexi, nihil de sententia mutans, quod Raemundus passim in libris suis benignissime fieri postulavit.[6] Ingenue enim fateor Raemundo ferme verba defuisse quibus suos pulchros posteritati mandaret conceptus; qui tamen valet introrsus aspicere, nihil videt barbarum et quod sententiam non contineat scitu dignissimam. Et Deus clementissimus tempestate nostra sua solita benignitate oculos hominum adaperiat, ut videre queant quae vere sunt bona. Adieci libellum de nativitate domini, simili devotione legendum. Insuper Clericum et Phantasticum eius, quod faciliores sint et nonnihil bonae contineant eruditionis. Valete et proficite.

1. L. is paraphrasing the opening sentence of Lull's *Liber de laudibus beatissimae virginis Mariae*.

2. Matth. 5:15. Cf. Luc. 8:16, 11:33.

3. Lull was self-educated, not uneducated. He wrote most of his books in Catalan and they were usually put into Latin by others (he employed translators). But he knew Latin well enough to lecture in it and to write several works directly in that language. See note 6 below and S. Bové, "Ramón Lull y la llengua llatina," *Boletin de Real Academia de Buenas Artes de Barcelona*, VIII (1915–1916), 65–88.

4. 2 Tim. 3:16.

5. 2 Tim. 4:3–4.

6. For example, *Declaratio Raymundi per modum dialogi edita*, ed. Otto Keicher, *Raymundus Lullus und seine Stellung zur arabischen Philosophie, Beiträge zur Geschichte der Philosophie des Mittelalters*, VII, Heft 4–5 (Münster, 1909), 221: "Et licet hoc quod dixi non bene ordinavi nec in bono dictamine posui, quia sufficiens grammaticus non sum nec rethoricus, propter hoc non

dimittant, quin dicta mea recipiant. Item licet sim homo parvae discretionis et valoris, mediante tamen gratia dei possibile est, quod sicut aliquis pastor aut venator invenire posset aliquem lapidem pretiosum in campo, qui ipsum ad artificem portaret ad ipsum bene poliendum et ornandum, ut virtus et pulchritudo ipsius lapidis appareret et reluceret, inveni gratia dei praedictas veritates; et bene scio, quod plures alii illas veritates sciunt aut aliquas ipsarum. Et placeat dominis meis supradictas veritates explanare et ordinare, et hoc peto propter deum, et quia propter publicum bonum laboro et diu laboravi et usque ad mortem laborare propono. Et sicut dixi dominis meis supradictis, dico venerabilibus magistris regentibus Parisius in philosophia."

23

Josse Clichtove to Charles de Bovelles
[Paris. c. April 27, 1500.]

Introductiones logicales, Paris, 27 April 1500, sig. a, i, v–a, ii, r; CXVII (1505/ 1506), sig. c, v, v–c, vi, r; CXVIII (1513), sig. c, iiij, r–v; CXX (1517), fol. 20r–v; CXXII (1520), fol. 20r–v. The epistle will also be found in CXVI, CXXI, CXXIII–CXXXVI. The text is that of the first edition.

Charles de Bovelles was born at Saint-Quentin in the Vermandois in 1479. The chronology of his early life is fixed approximately by a passage in ep. 29 (to Leonard Pomar, dated 1501), where L. states that Pomar knew Bovillus at the University of Paris when he was a "mere stripling" (before May 1495 when Pomar matriculated in the medical faculty at Avignon; see ep. 29); that he began to teach the liberal arts at the age of eighteen; and that he was then (in 1501) twenty. L. made him two years younger than he was; otherwise his evidence is no doubt reliable enough. According to Bovillus himself, in a letter dated 8 May 1505 (*Liber de intellectu, Liber de sensu...*, Paris, Feb. 1510/1511, sig. z, ii, v), he first met L. in 1495: "Tu vero unus ille es cui mea omnia ut filius litterario patri iure debeo. Genuisti quippe me sanis disciplinis ipsique veritati. Et si rationabile est, quod logici sentiunt, falsum interdum vero praestare originem [*malim:* falso interdum verum praestare originem], haud profecto absonum erit et quod huic simile censetur: bonum nonnunquam a malo oriri initio. Parisiis, quod anno 1495 peste affecti sunt, malum id sane fuit; in meum tamen conversum est bonum. Fecit enim ut (qui intra Parisiae urbis septa ad id temporis in litterario otio aquas, ut aiunt, hauriebam cribro) te ruri illustrem disciplinarum solem offenderim. Tu nempe per introductiones numerorum, per arithmeticae disciplinae praeludia, Pythagorico more totius mei philosophici profectus ac litterarii studii extitisti causa." By 1500 Bovillus had already published his first book, a commentary on L.'s *Introductio in suppositiones*. His preface (ep. 24), and Clichtove's dedication to him of his commentaries on L.'s *Introductiones logicales* (see below), suggest that, encouraged by L. and Thibault Petit, he began teaching at Cardinal Lemoine in the winter of 1499–1500. Bovillus, then, probably matriculated at the University of Paris c. 1494 as a youth of fifteen; met L. in 1495; studied at Cardinal Lemoine; and in 1499, aged twenty, began to teach there. He continued to teach at the college until his departure for the Netherlands in 1505 (see ep. 41). Cf. P. H. Michel, "Un humaniste picard: Charles de Bovelles," *Revue des études italiennes*, I (1936), 176–187; M. Bataillon, *Erasmo y España*, A. Alatorre trans. (Mexico City, 1950), I, 63–68; B. Groethuysen, *Anthropologie philosophique*, 2nd ed. (Paris, 1953), 190–200; Schutz, nos. 191, 192, 199–203, 414; Cioranesco, nos. 4501–4533; and M. Emrik, "Charles de Bovelles, humaniste picard," *Bull. trim. de la Soc. des antiqu. de Picardie* (1962–1963), 284–293.

The epistle prefaces L.'s *Introductiones logicales* with commentaries by Clichtove.

Iudocus Clichtoveus Neoportuensis Carolo Bovillo bonarum litterarum amantissimo.

Aristotelis in Ethicis sententia est, doctissime Carole, in tradendis disciplinis primum rudi Minerva audientium animos esse praeparandos, postea exactiore doctrina diligenter excolendos, ceu pictores faciunt primum rudem effigiem protrahentes, quam deinde superpingendo expolitam reddunt.[1] Hinc artes introductoriae acquirendis scientiis cognoscuntur utilissimae, quibus tenera ingenia ad solidiorem earum cibum quasi lacteo quodam praelibamento disponantur. Nempe in eis plurimum artis et doctrinae cum multa facilitate brevitateque continetur, quandoquidem divisiones, diffinitiones et regulae (quibus potissimum introductiones traduntur) se statim intellectui manifestas offerunt. Ceterum ars haec quam servant latentior est et occultior quam ut a quovis primo mentis obtutu deprehendatur; nec eam sane facile est perspicere, nisi a quoquam ipsam callente reclusa fuerit, haud secus ac viae ignarus metam (quo tamen facilis perducit semita) pertingere nequit, nisi altero dirigente per monstratum callem incedat. Proinde operae pretium duxi istas in logicam introductiones familiari commentario patentiores efficere, quo et clarius intelligantur et pulchrioribus auctorum disciplinis, praesertim logicae, ceterarum omnium parenti, consequendae praesidium afferant. Demonstrationes propositionibus eas requirentibus adieci (tametsi introductionum officio maiores sint), ut a prima litterarum philosophicarum institutione adulescentes demonstrandi consuetudinem trahant, quae ad altiores scientias ascendendi viam paret, necnon ut quanta in tota logica rectarum argumentationum certitudo sit et demonstrandi vis ex hac eius portiuncula coniectent, perinde atque ex rivulo exuberantissimi fluminis dulcedinem et ex subrutilo luminis fulgore candidissimae lucis claritatem deprehendimus. Numeri superiores commentarii indici tabulaeque cuiusque introductionis respondent, inferiores vero litterae et textui, quorum hi intercisi sunt, illi vero naturali serie continui. Hunc autem meum laborem tibi, dulcissime Carole, exhibitum oblatumque volui, ut ex eo meam in te benevolentiam propter commune philosophiae studium (quod magna iam pridem necessitudine nos mutuo devinxit) contractam cognoscas, et bonarum artium studiosis adulescentibus qui tuis reguntur auspiciis eum communices, a quibus itidem in ceteros nostrae lucubratiunculae (si qua est) transferatur utilitas. Vale.[2]

1. *Eth. Nic.* I, 7, 1098a 17.

2. Philippe Prévost (see ep. 35) contributed the following verses (ed. 1500, sig. q, viii, v):

Philippus Praepositus Attrabatensis ad lectores.

Nube latens Phoebus non lumen in aera fundit,
    Atque diem latebris tecta lucerna negat.
Nec color aspicitur quamquam pulcherrimus, illi
    Si iubar aethereum quo videatur abest.
Sic prius in logicas introductorius artes
    Pervius haud multis iste libellus erat.
Accessit splendor noctemque removit opacam,
    Claraque spectari quae latuere dedit.
Quo duce conspicitur veri dialectica mater,
    Palladiaeque patent aurea tecta domus.
Hoc animis igitur vestris asciscite lumen,
    Non illis tenebre nec malus error erit.

24

Charles de Bovelles to Thibault Petit
[Paris. c. June 27, 1500.]

Ars suppositionum Jacobi fabri stapulensis adiectis passim Caroli bouilli viromandui annotationibus, Paris, Félix Baligault for Jean Petit, 27 June 1500, sig. a, i, v.

The epistle prefaces Bovillus's commentary on L.'s *Introductio in supposi-tiones* (see ep. 13). The text is obscure.

Carolus Bovillus Veromanduus Theobaldo Parvo,[1] insigni spiritalis sapientiae apice viro eiusdemque professori magnanimo.

Statuisti, vir animi magnitudine praestans, novorum hibernis pro consuetudine aequinoctiis ad prima dialecticae rudimenta accenden-tium instituendorum adulescentium benigna ac liberalis educatio nostro moderamini his consulibus succederet. Cui equidem etsi me undique ip-sum viresque et corporis et animi totas impares admetiar, duxi tamen utcumque satius (cum tuo ac tum vero Iacobi tui et mei Stapulensis in-cliti consilio atque adhortatione frequenti) quam torpide remittendum pusillanimitatis ignavia, allatae ad manus liberalium studiorum resump-tionis commoditati pro modo imbecillitatis accingere. Siquidem opti-mi,[a] qui meae sese modo doctrinae susceptioni posita mentis feritate devoverint [et[b]] emollitos eorum in arma Palladis animos, omni diligen-tiae sollicitudinisque cura adhibita, possint demum ad perfectum con-stantissimumque rectarum intelligentiae disciplinarum soliditatis robur trophaeumque ad posteros immarcessibile nostris laboribus ullacum-que tenus (dextra imprimis ad haec Dei iugiter protensa) erigi, in suique felicissimae ex corporis multifariis negationibus evocari con-templationis animi intimitatis magnitudinem, ac invium multitudini profundum, in quo equidem mortis umbra a prophanis (quibus dum-taxat corporis crassities rudibus sensuum iudiciis pervia fit) cum sola passim inhabitare putetur, aequissimo philosophorum omnium propo-sito vita beata aeternaque sita est, in quam equidem quorumcumque finis unanimiter intendendus. Accinctus itaque iam curriculo id qui-dem imprimis fore animadverti necessarium, siquibus[c] in se nubibus sincathegoreumatum nitidissimum (quodque in disciplinarum omnium principio[d] ob eius quo exprimuntur ambiguam sermonis veritatem exoritur) dialecticae iubar nostra tempestate refellitur, fitque hinc ipsa quidem ferme omnibus dialectica inaccessibilis, utque[e] in indis-positorum mentes hominum penetrare impotens (omnis siquidem huiusmodi disciplina quae in intellectum debeat nisi dialecticae vesti-

a. Siquidem optimi] Si quibus optimis *ed.*
b. *om. ed.*
c. si quibus *ed.*
d. principia *ed.*
e. ut que *ed.*

giis succedere, aura dispersis sublatisque asperiori), viam utcumque pulsanti facilem instantique radio ad pacatiorem susceptorum ex te, carissime, iuvenum institutionem subtendere virium tenus anniterer. Primum quidem enim re in omni quaequae obversantur tollenda sunt, quam aditum ingredi maturemus. Quae igitur, inclite, in artem ascriptarum a barbaris dialecticae (veluti accommoda[f]) suppositionum, sophisticis passim cervicibus alludentes, quo equidem ab ipsis longius adulescentium starent erigerenturque animi, quoque amplius abiectis sincathegoreumatum (in quibus ars huiuscemodi totam sortitur substantiam) tenebris ad veritatis dialecticae lucem sequentiumque scientiarum primordium tota pectoris aegide conarentur, brevibus (quod rei usus ubique necessarium obtulit) annotanda duxerim; in auroram mediumque quorundam magna amicorum efflagitatione instigati a nobis dimissa prodierunt; horumce trementem tui e conspectu iudicii paginam facili dextera tuo nomini suscipe dicatam, quo et tuis quidem imprimis humili nostra ammonitione gratitudinisque vice iubeas (quorum colligatas intentatasque ad manus primus morum educationis sustines habenas, quique tibi ex sententia in diversum utcumque semper et bonum tenerioris flexu indolis tractabiles offeruntur), sophisticarum captiuncularum loquacitatis praetutius (sanarum dumtaxat auctorum constantium iudicio litterarum solliciti) caveant periculorum tendicula, quae non amoenis suavissimisque Sirenum cantibus in occulto, sed certaminis ac obiurgationum asperitate in mediis palam triviorum civitatum concursibus, astantium praetereuntiumque etsi primum garrulitate obtuse, demum tamen vanae spe aures allectae gloriolae suos in naufragium seducant, cuius fit perditionis mortisque ad tenebras secessus praemium. Vale optimis digne.[2]

1. See above, ep. 13.

2. Jean de la Grène (see ep. 128) contributed the following verses (sig. g, vii, r):

Ioannes Lagrenus Labiniensis ad lectores.

Perlege veridicum pubes studiosa libellum,
   Si tua quis sophiae pectora tangit amor.
Illic invenies modico signata papyro,
   Quae non praegrandis praebuit ante liber.

f. accommodam *ed.*

Nullaque verbosis phantasmata grata sophistis,
  Candida sed purae dogmata mentis habet.
Delius Icarias velut ardens diluit alas,
  Et miserum in tumidas aequore iecit aquas.
Iste sophistarum sic falsas diruit artes,
  Mergit et in caecos insipidosque lacus.
Nec temere damnes quod non comprendere possis;
  Non eadem cunctis portio mentis inest.
Hac ubi cum teneris regnabit fratribus urbe,
  Aspicies posito cuncta virere situ.
Laudibus hinc meritis Carolum dignare Bovillum,
  Primitiasque sui quisque laboris habe.

25

Josse Clichtove to students of the liberal arts
                              [Paris. c. December 22, 1500.]

*In hoc libello continentur. In terminorum cognitionem introductio, familiari
annotatione exposita. De artium diuisione introductio: facili etiam declaratione
explanata*, Paris, Guy Marchant, 22 Dec. 1500, sig. a, i, v (*GW.* 7133); *Termini
Judoci. Jn hoc libello continentur. Jn terminorum cognitionem introductio,
familiari annotatione exposita. De artium diuisione introductio: facili etiam declaratione explanata*, Paris, [Guy Marchant for] Jean Petit, Dec. 1504, sig. a, i, v
(London, BM.); CXVII (1505/1506), sig. a, i, v; CXVIII (1513), sig. a, i, v;
CXXII (1520), fol. iv. The text is that of the first edition. The epistle will also
be found in CXVI, CXIX–CXXI, CXXIII–CXXXVI; in the various editions of
Caesarius's commentary on the *In terminorum cognitionem introductio* (see
below, ep. 39); and in *Iacobi Fabri Stapvlensis in Artium diuisionem introductio
iuuenibus litteris nouiter applicatis non minus necessaria quam utilis. Explanatione ad faciliorem littere intelligentiam adiecta*, Cracow, Hieronymus Vietor,
1521 (Oxford) and 1524 (Columbia), where Clichtove's work is wrongly attributed to L.

The epistle prefaces Clichtove's *In terminorum cognitionem introductio* and
De artium divisione introductio. Clichtove joined his own introductions to L.'s
Introductiones logicales in editions first published in 1506 (CXVI and CXVII).
Henceforth they remained bibliographically inseparable.

Iudocus Clichtoveus Neoportuensis adulescentibus bonarum artium
studiosis.

Tradit Aristoteles in Physicis omnem rem naturalem quantitate
determinatam esse, ut neque in immensum excrescere possit neque

quantulumcumque decrescere, sed maximo ac minimo certis quidem limitibus definitam subsistere.[1] Sic et cuique scientiae sui sunt fines ultra quos citraque non progreditur, utpote maximum quod considerat et minimum. Quod ipsa grammatica satis ostendit, cuius maximum est oratio Latina, nam maius quicquam oratione non disserit. Eius vero minimum est littera, cum minus litteris illa non tradat. Et quemadmodum natura exiguae molis rem primo producit, quam paulatim maiorem reddit, quousque perfectum assecuta fuerit incrementum, ita sane omnis disciplina naturae aemula a minimis in ea suum sumit exordium et deinde ad maiora sensim procedit, ut grammatica a litteris prima iacit fundamenta et demum ad orationis contextum perducit. Logicae autem minima termini sunt et dictiones, citra quae dialecticus resolutionem non molitur. Non enim in litteras diducit aut syllabas, neque de eis pertractat. Quocirca operae pretium ac utile mihi visum est nonnulla de terminis breviuscula introductione perstringere, quae praegustata ad apertiorem logicae intelligentiam viam parent ac aditum. Adieci insuper de artium scientiarumque divisione introductiunculam, omnes cum mechanicae tum doctrinalis artis species complectentem, quod in principio institutionis dialecticae illae plerumque tradi soleant. Ex qua quid utilitatis et dignitatis habet unaquaeque scientia promptum erit dinoscere, quod ad pulchra litterarum studia non mediocre praebet incitamentum. Nec supervacuum putavi litterae et textui faciles quasdam annotationes subnectere, quo omnia sint intellectui magis pervia. Hoc itaque opusculum, iuvenes bonarum artium amantissimi, vestrae utilitatis habita ratione dumtaxat emissum, benigni suscipite et ex ipso vel rudem terminorum descriptionem artiumque nomina et quam determinant materiam cognoscite. Valete.[2]

1. III, 5, 204b 1–208a 25.
2. Jean Bibaut of Bruges contributed the following verses (ed. 1504, sig. d, v, v):

Ioannes Bibautius ad lectores.

Quem doctrina iuvat, cui vera scientia curae est,
    Hoc legat, et facili mente revolvat opus.
Quod duo concludens uno compendia libro,
    In quae dividitur terminus arsque docet.
Fundamenta locat logicae prior; altera cunctas

Pars artis species ordine quoque refert.
Littera grammaticae primum est; ita terminus artis
    Principium logicae pandit et eius iter.
Si caeco occlusum lateat velamine quicquam,
    Ambages omnis addita scripta movent.
Laeta igitur Iuvenes hunc sumite fronte libellum,
    Quae data sunt ultro spernere dona nephas.

Jean Bibaut was to become principal of the collège de Narbonne and on 10 Oct. 1505 rector of the University (Villoslada, p. 434). The chancellor Duprat made him *proconservator* of the University's privileges and chose him as the tutor of his sons: "Pridem enim vel majora dedisti istius divinae prudentiae tuae specimina cum dominum Joannem Bibaucium, musarum delicias legalisque sapientiae atque adeo omnis humanitatis, quasi sacrum quoddam aerarium liberis tuis indulgentissimis et optime natis praeceptorem paedonomumque praefecisti, eundemque privilegiorum nobilissimae Parrhisiorum academiae proconservatorem delegisti" (Badius to Duprat, Renouard, *Badius*, III, 219. Cf. *ibid.*, II, 250, 438–439, III, 213, 337).

26

From Guillaume de la Mare [c. 1500.]

Guilielmi de Marra: Vtriusque Iuris doctoris consultissimi Syluarum libri quattuor. Quorum Primus describit Superos. Secundus illustrium virorum canit laudes. Tertius flagitiosorum proba. Quartus Nenias & Epitaphia, Paris, Badius Ascensius, 1 July 1513, fol. XXIr (Paris, BN. Renouard, *Badius*, 76).

Guillaume de la Mare (1451–11 July 1525) studied at the Universities of Caen and Paris. From 1494 to 1505 he was successively secretary of Robert Briçonnet, archbishop of Rheims and Chancellor of France, of the next Chancellor Guy de Rochefort, and of Guillaume Briçonnet, cardinal-archbishop of Rheims. In the spring of 1503 he left court and returned to Caen, where he was rector of the university March–Oct. 1506 and received the degree *doctor utriusque juris* in July 1506. In 1507 he was appointed vicar-general of the diocese of Coutances and in 1511 "chanoine trésorier" of the cathedral. He wrote poetry, orations, letters, and moral treatises in prose and verse. See Renouard, *Badius*, III, 73–76; Brunet, *Manuel du libraire*, III, 1389; Ch. Fierville, *Etude sur la vie et les œuvres de Guillaume de la Mare* (Paris, 1893); and *L'Université de Caen. Son passé-son présent*, ed. A. Bigot (Caen, 1932), 86–88.

The poem appears in Guillaume's *Sylvae*, in the second book, which, as the title page indicates, "illustrium virorum canit laudes." The date is conjectural. It is certain that Guillaume wrote the poem well before he published it in 1513. Writing to Andrien Gouffier, bishop of Coutances, on 30 Sept. 1513, he classed the poem among his juvenilia; "sylvas meas (hoc est iuvenilia extemporaneaque carmina)" (*Epistolae et orationes*, Paris, Jean Barbier for François Regnault, 10 June 1514, sig. A, ii, r). The poem is one of a group to Robert Gaguin, Fausto Andrelini, and Aegidius of Delft, a circle most representative of university and Parisian intellectual life between 1495 and 1500. (Gaguin died in 1501; Aegidius of Delft was almost continuously absent in the Low Countries from 1500 to 1506). Internal evidence also suggests an early date. All references to L.'s works in the poem seem to point to publications before 1500: lines 9–10 to the commentary on Aristotle's *Ethics* (12 April 1497: see ep. 14); lines 11–12 to the commentary on the *Sphere* of Sacrobosco (12 Feb. 1495: see ep. 8) and the *De magia naturali*; line 13, *priscorum nobis ignota volumina*, to the edition of Aristotle's *Magna Moralia* (see ep. 15, note 3); and line 14, *novos cudis docto Iacobe libros*, to the Dialogues on the *Physics* and *Metaphysics* (1492 and 1494: see eps. 4 and 6) and the treatise on music (1496: see ep. 9).

Ad Iacobum Fabrum philosophiae cultorem.

> Aedes marmoreae fracta compage fathiscunt,
>   Atque soluta gravi pondere saxa ruunt.
> Sic ferrum rubigo vorax tempusque resolvit,
>   Frangitur et figuli res fabrefacta rota.
> Artificis tornata manu mireque venusta
>   Aut flamma exurit aut tinea incinerat.
> Unus es ingenio Faber insignitus et arte,
>   Nil mortale sonans quod fabricaris opus.
> Tu sophiae documenta refers animosque perornas
>   Et formas casti moribus eloquii.
> Tu modo sidereos cursus atque astra remensus
>   Naturae archanas mente revolvis opes.
> Priscorum nobis ignota volumina profers,
>   Atque novos cudis docte Iacobe libros.
> Vive precor felix, longum mansurus in aevum,
>   O decus, O studii gloria Parisii.

27   •

To Germain de Ganay   [Paris. Before October 26, 1501.]

Libri Logicorvm Ad archetypos recogniti, cum nouis ad litteram commentarijs: ad felices primum Parhisiorum & communiter aliorum studiorum successus, in lucem prodeant, ferantque litteris opem. Nunc ergo O iuuenes ex Aristotelico opere ceu ex proprio fonte purissimas haurite, delibateque aquas. peregrinas autem tanquam viles lacunas, insalubresque Trinacrie lacus, deuitate. Omne enim malum studijs inseminatum fere est: quod auctorum litteris dimissis, ipsisque auctoribus: ad vana glossemata sese totos contulere. Et eos qui non essent auctores (ac si apes fucos sequerentur) pro ducibus & delegerunt & secuti sunt. Sed nunc melius studiorum consulite rebus. Si autem dialecticam artem cum modestia suscipitis: consequens est vt bone discipline redeant omnes. bonas autem disciplinas morum probitas & vite decor concomitatur omnis, omnisque virtus. quod summopere studijs & optamus & imprecamur, Paris, Wolfgang Hopyl and Henri Estienne, 17 Oct. 1503, sig. a, i, v; CLXXIX (1510/1511), sig. a, i, v; CLXXX (1520/1521), sig. a, i, v. The text is that of the first edition. The epistle was reprinted without change in CLXXXI–CLXXXVI. The date is fixed by the printers' statement (ed. Paris 1503, fol. 78v) that they finished Part I of the book on 26 Oct. 1501.

The epistle prefaces L.'s edition of the *Isagoge* of Porphyry, the *Categories*, and the *De interpretatione*.

Iacobus Stapulensis insigni probitate viro Germano Ganayensi[1] consiliario regio.

Queri saepe solebas, bonarum litterarum studiosissime cultor, tot tantasque per omnia passim studia disciplinarum labes irrepsisse, non humanarum modo verum (quo magis dolendum est) etiam et divinarum. Huius autem tanti mali causam dialectices inscitiam sophisticamque accusabas, et rectius sane (ut tum quoque mihi visum est) quam olim Laocoon ex Epei suffarcinata milite machina Troianorum vaticinatus est excidium. Addebas insuper te ex veterum lectione didicisse, dialecticen illam veri fidam assecutricem falsique et erroris expultricem vigilantissimam ex Aegyptiorum adytis olim evocatam et ad Parmenidem et Aristotelem usque pervenisse, tandem vero in Stoicis et Chrysippo et eius auditore Cyrenaeo Carneade in noxia quaedam et futilia sophismata degenerasse,[2] demum vero sub nostris temporibus non in sophismata sed in sophismatum faecem vilissimamque propemodum algam. Quapropter hortabaris pariter, ut ad Aristotelis institutionem logicam (quae universas recte disserendi continet leges) enucleatius promendam studium converterem. Namque illa late se fundentis arcendi mali via primitus tibi auspicanda visa est. Quam rem, memetipsum metiens, tamquam gravem sarcinam et longe meis viribus imparem reppuli, pariter erubescens quod mihi tantum tribueres. Tandem vero tuo desiderio victus voluntati tuae cessi, cum

87

id pro modestia tua efflagitare pergeres, non quod pro dignitate rem tantam deceret, sed quantum nostrae vires sufficerent. Igitur tua causa logicorum libros aggressus, ut illos recognoscerem pro tenuitate nostra primum tentavi. Paraphrases institui et quae commentarios magna pro parte supplerent annotatiunculas adieci; recognitos autem et utcumque adiutos, nomini tuo nuncupatos, utilitati publicae iam inservituros emisi.[3] Dialecticis tamen et quaque alia seu arte sive disciplina recte is utetur, qui summopere sese intra disciplinae limites arcebit continebitque; quos qui egrediuntur non aliter intelligentia deerrant quam navita qui viae exaestuantis maris ignarus, navem allidit ad scopulos. Non igitur curanda erunt (quae ab aliquibus adducuntur) adventitia quaedam et peregrina circa quae totos annos tam importunis quam vanis altercationibus nequicquam conterunt. Fuit enim iam pridem publicum id studiorum vitium, ut cum de logicis dissereretur, nullus logicorum haberetur usus, sed forensium quorumdam et extraneorum, quae contemni potius quam refelli semper digna iudicasti. Verum hactenus bona venia censendi sunt, cum logicos libros ante id temporis adeo vitiatos mendisque scatentes fuisse constet, ut a nemine legi satis sincere potuerint, iuvenibus per tot annos illusis, quibus non auctorum sensa, sed novitia quaedam et frigidiuscula tamquam mala gramina propinabantur, non tam certe (ut coniicio) docentium quam vitiatorum codicum iniuria. Et quam tunc venia dignandi, tam nunc quoque et in futurum culpandi putandi sunt, qui reparatis instauratisque utcumque instrumentis ad futilia haec et inania prolabentur. Assuefaciant ergo discipulos modestiam servare, intelligentia sana fore contentos, disciplinae vocabula discere, illis uti, illa non excedere, non innovare, non ad insulsam crassamque barbariem prolabi, ex aptis disserere, non ad quodvis dictum fastidiosa protervitate potius ineptire quam aliquid dicere videri. Qui[a] vero sophismata, sorites,[b] antistrephonta quae et reciproca, et id genus calamitatum observantius adducto supercilio tractant, et quos facete ex prophetae versu ridebat quidam Parisiorum theologus, Declinantes autem (inquiens) in obligationes adducet dominus cum operantibus iniquitatem,[4] sic rideantur ut temulenti qui cum maxime desipiunt fumis summum verticis cerebrum occupantibus, maxime se sapere

a. Cui *1503*; Qui *1510/1511, 1520/1521*   b. soritas *1510/1511*

putant voluntque perscioli videri; sed de his satis. Propter intelligentiarum lapsus interdum maiusculas adieci notas. Litteram per sola capita distinxi, et per numeros conciliavi ut confusio devitetur omnis, ut certum quippiam habeant quod interrogetur aut respondeatur et qui interrogant et qui ad interrogata respondent, quod maxime usum habet cum de profectu studioque auditorum periculum sumitur. Stilum ita temperavi, ut nullus de intelligentia (si non me mea fallit opinio) aut queri aut diffidere debeat, nisi forte qui in barbarorum castra deiectus adhuc misera sub captivitate languet infirmus. Ergo si noster proderit labor, id summopere uterque cupivimus, sin minus, prodesse tamen voluimus. Vale praesidium meum.

1. See ep. 6.

2. Cf. Eusebius, *Praepar. Evang.* XIV, viii (*MG.* XXI, 1213 A); Jerome, *Ep.* LXIX, 2 (*ML.* XXII, 655); *Ep.* LVII, 12 (*ibid.,* 579); and *Adversus libros Rufini,* I, 30 (*ML.* XXIII, 442 A).

3. L.'s edition of the *Organon* is divided into three parts. Part I, *quae loqui, eloqui, et proloqui (ut volunt) edocet,* contains the *Isagoge* of Porphyry, the *Categories,* and the *De interpretatione;* Part II, *quae resolutoria iudicativaque dicitur,* the *Prior* and *Posterior Analytics;* Part III, which L. calls *localis* and *inventiva,* the *Topics* and *Sophistici Elenchi.* The individual works are divided into their original chapters throughout. In Parts I and II the text of each chapter is followed by L.'s annotations and then by a paraphrase of the chapter. In Part III much less extensive scholia precede each chapter and there are no paraphrases, for this is that portion of the *Organon* over which L. would not have his reader linger (see below, ep. 33).

All three parts were published in a single consecutively paginated volume by Hopyl and Estienne 17 Oct. 1503. The printing of Part I, however, had been finished two years earlier by Hopyl alone, before he took Estienne into partnership (colophon, fol. 78v: "Paraphrasis prime partis logices Aristotelis... Almo Parisiensi studio commendate finis ex Volgangiana officina anno Christi omnium conditoris M. CCCCCI... Octobris XXVI"). Part II has no preface and is undated. Part III was finished in Orléans 1 March 1503 and prefaced with a second letter to Germain de Ganay (ep. 33).

As the basis for his text L. took the medieval vulgate. Its translators are now known with reasonable certainty. The vulgate of the *Isagoge* of Porphyry and Aristotle's *De interpretatione* are by Boethius (J. Isaac, *Le Peri hermeneias en Occident de Boèce à Saint Thomas,* Paris, 1953, p. 16). The vulgate of the *Categories* is not by Boethius (although the genuine text of Boethius's translation has been recently discovered), but should be assigned to an anonymous translator of the ninth century who reproduced those sections of Boethius's translation which appeared as *lemmata* in early medieval manuscripts of his commentary on the *Categories*, while retranslating the remainder of the work direct from the Greek (L. Minio-Paluello, "The Text of the *Categoriae*: the Latin Tradition," *The Classical Quarterly*, XXXIX [1945], 63–74). Largely on the evidence of language, the common translations of the *Prior Analytics, Topics*, and *Sophistici Elenchi* have also been atributed to Boethius. The *Posterior Analytics* presents special problems. It is certain that the vulgate translation is not by Boethius. It is very probable that it was done by James of Venice after 1159. (See Minio-Paluello, "Iacobus Veneticus Grecus, Canonist and Translator of Aristotle," *Traditio*, VIII [1952], 265–304; "The Text of Aristotle's *Topics* and *Elenchi*: The Latin Tradition," *The Classical Quarterly*, N.S. [1955], 108–118; and "Les Traductions et les commentaires aristotéliciens de Boèce," *Studia Patristica*, II. *Papers Presented to the Second International Conference on Patristic Studies*, Part II, Berlin, 1957, pp. 358–365.) For the earlier literature see *Aristoteles Latinus*, I, II, and Supplement.

L.'s "humanistic" text of the *Prior* and *Posterior Analytics* was reprinted by Glareanus in his edition of the *Opera omnia* of Boethius (Basel, 1546). The same text will be found in *ML.* LXIV, 639–712, 712–762, 909–1008, 1008–1040. At the beginning of Part I (fol. 2r) L. attributed the vulgate of the *Libri logicorum* to Boethius: *Logicorum libri recogniti, Boetio Severino interprete, et paraphrases in eosdem cum adiectis annotationibus, ordinatore Iacobo Fabro Stap.* But no translator is mentioned in the title of Part II. There is no reference to Boethius in the Preface to Part III. Nor does the title page of the whole work mention Boethius. L. himself thus assigned the translations of the *Isagoge* of Porphyry, the *Categories*, and the *De interpretatione* to Boethius. Probably he preferred to consider the translators of the remainder of the *Organon* anonymous. Glareanus, on the other hand, using L.'s book in the preparation of his own edition, for the first time ascribed the whole vulgate to Boethius. On this curious story see Minio-Paluello, "Note sull'Aristotele Latino Medievale, VI. Boezio, Giacomo Veneto, Guglielmo di Moerbeke, Jacques Lefèvre d'Etaples e gli 'Elenchi Sofistici,'" *Revista di Filosofia Neo-Scolastica*, XLIV (1952), 408–411.

4. Ps. 124:5.

28

Charles de Bovelles to Jacobo Ramírez de Guzmán
[Paris. c. November 25, 1501.]

In hoc libro contenta. Epitome compendiosaque introductio in libros Arithmeticos diui Seuerini Boetij.... [*Caroli Bovilli*] *Introductio in Geometriam breuiusculis annotationibus explanata: sex libris distincta...*, Paris, Wolfgang Hopyl and Henri Estienne, 27 June 1503, fol. xlix, r–v. The date is fixed by a note on fol. lxxxiiij, v: "Editi anno domini millesimo quingentesimo primo:

vicesima quinta novembris." The text has been corrected from *errata* noted on fol. xcvi, r.

Jacobo Ramírez de Guzmán, a Spanish noble, was studying philosophy and theology at the University of Paris in 1499, when he received the dedication of Pedro Sánchez Ciruelo's edition of the *Sphere* of Sacrobosco (*Uberrimum sphere mundi commentum insertis etiam questionibus domini Petri de aliaco*, Paris, Guy Marchant, Feb. 1498/1499, sig. a, iiij, r–v). Possibly he was the son of Fernán Ramírez de Guzmán, "commendator mayor de Calatrava" (M. Diego de Valera, *Crónica de los reyes católicos*, ed. J. de M. Carriazo, Madrid, 1927, pp. 16–17, 255). He became bishop of Lugo 7 Feb. 1500. On 26 June 1500 he was transferred to Catania. He entered the city in April 1501, but left Sicily in July of the following year. L. dedicated his edition of the *Lausiac History* of Palladius to him in 1504 (see ep. 38). A letter from L. to Bovillus dated Paris, 20 April 1506 puzzlingly refers to Ramírez as bishop of Leon: "Gaudeo summopere te esse apud reverendum patrem, singularem dominum meum episcopum Legionensem. Cui vice mea salutes mille dabis. Per dominum Alvarum curavi ad eum transmitti Heraclidem et Recognitiones Petri, quia reverendae paternitati suae illa dicaveram. Credo eum illa percepisse" (*Liber de intellectu. Liber de sensu* ..., Paris, Feb. 1510/1511, fol. 169r–v). He died 23 Oct. 1508. See Roccho Pirro, *Sicilia sacra* (Palermo, 1733), I, 551–552; D. Viti M. Amico et Statella, *Catania illustrata* (Catania, 1741), 355–358; and Eubel, II, 122, 181; III, 174.

The epistle prefaces Bovillus's *Introductio in Geometriam*.

Carolus Bovillus Veromanduus Samarobrinus dignissimo viro Iacobo Ramirio Gudmano Cataniensi episcopo.

Cogitavi, dignissime praesul, inter ceteras disciplinas praesertim mathematicas negligi in obscurove haberi, cum forte ob apparentem et non existentem earum difficultatem, tum magis ob hominum desidiam et quod illos earum latet utilitas. Atque id quidem non immerito: nam ut sese solaris radius apprime seipso visibilis nisi in subiectam, immotam atque ad solem conversam oculorum aciem descendit, eidem se visibilem praebens, in eam vero quae non subiecta aut quae temere divertens in contrarias tenebras praetendit minime admittitur; ita et intellectualis spiritalium disciplinarum fulgor eas dumtaxat hominum perlustrat mentes quae solo sciendi amore atque desiderio sese illis ex totis seipsis subiiciunt, in eis quiescunt et ad eas convertuntur, non quae contrariis motibus variisque desideriis obvolutae dividuas extrinsecus agunt vitas. Haec enim tria sunt (praestantissime vir) capessendae disciplinae initia: subiectio, conversio, status, quae rudem quemque animum disciplinis accommodant atque ad eas introducunt, utpote primum subiiciendus est animus, subiectus vero convertendus, conversus denique in eo ad quod conversus est (quodque intuetur) obiecto stabiliendus immutabilique statu confirmandus. Qui secus imparati ad disciplinas accedunt, aut vana fama illecti, aut turpis lucri causa, aut dividuis quibusque affectibus, adversum seipsos dissidentes, hi longe ab intima disciplinarum veritate ad extremas earum tenebras delapsi aberrant. Nam neque scire cupiunt, sed magis aut apparere scientesque videri aut corporeis affluere divitiis; et qui quidem semetipsos a percipienda veritate propediunt suntque suae ignorantiae causa. Alios profecto disciplina expetit alumnos: subiectos, ad eam (toto mentis proposito) conversos atque in eodem proposito constantes, quos benignissimo congeneae sibi veritatis radio indesinenter enutriat ac alat. Quod autem disciplinarum ex facillimis mathematica habenda sit, palam hac ratione disce, quod universa obiecti sit suapte natura sensibilis. Quadrifida enim est atque ob id quadrivium dicta: numerorum arithmetica, musica sonorum, geometria magnitudinum, astronomia vero caelorum. Etenim sonos, magnitudines caelosque noster per se sensus attingit; numeros vero non per se; aut saltem formales, qui soli rationali animae secreti insunt, et quos quidem discretivos numerantesque vocant; sed quoquo modo per aliud, velut extrinsecam rerum sensibilium multitudinem, qui numerus dicitur numeratus. Sed quorumcumque sensus est, ea merito nobis promptiora ac notiora philosophi adiudicant, quippe quae nobis (qui sensibili in corpore et mundo degimus nati) congenea, propinqua et immediata. Ea vero quae simplex et individuus comprehendit intellectus, a nobis interstite caelo distantia, iure ardua difficiliaque censent. Atque ea potissimum mathematicae pars, quae corporalium rerum mensuras ipsasque magnitudines intuetur, tanto ceteris facilior existimanda est, quanto nobis eius cognatius propiusque obiectum per se quidem sensibile ac minime defluxum, sed definito in subiecto constanter permanens et nostri ipsius corporis mensura; numerus quippe magnitudine secretior, quem vel si velimus, minime liceat ubi sit assignari. Sonus vero factus, e vestigio disperit, ipsa ideo nobis magnitudine incertior; magnitudinis namque certissimi sunt sensus, hic quidem tactus, ille vero visus. Et a nobis caeli inaccessibili ferme medio distant; unde sit ut numeri, soni et caeli incertiores, magnitudines vero certiores nobis sint, et earum scientia nobis ceteris mathematicae partibus prior arduaque minus. Sed ne forte pervioribus disciplinis minorem aut utilitatem aut dignitatem inesse existimes (sunt enim qui irrationabiliter infecundas nulliusque utilitatis mathematicas arbitrantur, siquidem vulgata corporeave primum praedicanda est utilitas), Aegyptios sacerdotes, Daedalum, Perdica, Chorebum Atheniensem, Scytham Anacharsim, Syracusium Archimedem edoctissimos terrae mensores atque geometras attende. Primi Aegyptii sacerdotes cum inundante agros Nilo Aegyptiorum termini ac metae confunderentur, vacare permissi, remetiendorum agrorum rationem excogitantes, geometricae disciplinae dederunt initium.[1] Daedalus inextricabilem labyrinthum fabricavit, quo cuique sine glomere lini improperanti interclusus exitus negabatur. Perdix (qui et Talaus dictus), Daedali nepos, serram circinumque repperit;[2] rotam Anacharsis Scytha, figlinam vero Chorebus Atheniensis.[3] Archimedes Marco Marcello Romano consule Syracusanam civitatem oppugnante plurimis diebus non tam bellicis quam geometricis restitit instrumentis.[4] Si vero liberalior geometriae spectanda utilitas est, Euclides Megarensis adest, cuius latissimum illud opus universos geometricarum descriptionum edocet modos, multam contemplativis atque ex inferioribus ad altiora nitentibus scandendi materiam subministrans. Academicum gymnasium nullos nisi geometriae peritos discipulos admittebat, ut qui primum ex geometria proprii corporis mensuram, aequalitatem perfectumque statum didicissent. Aequat enim geometria undequaque hominis corpus, format ac erigit, incurvum, imbecille, varium ac difforme esse non sustinens. Atque universi corporis humani gestus ac motus sola geometriae disciplinae ratione in perfectam quandam speciem formandi sunt. Decet enim rationalem tantae speciei animam specioso pariter vase atque vehiculo in hac corporea sensibilium regione conservari. Hinc et geometriae rursus disciplinae dignitas et perfectio pendet, ut quae humanam quidem substantiam (sensibilium omnium substantiarum dignissimum finem) in sublimia elevat in eamque transit. Hunc in modum, vir perfectissime, geometricae scientiae duplicem et utilitatem et dignitatem approbabis, aliam quidem humani corporis, aliam vero animae. Et has nostras quantulascumque geometricas vigilias tuo percipies nomine insignes. Vale.

1. Herodotus, II, 109; Diodorus Siculus, I, 81; Strabo, XVII, 1, 3; Servius,

Comm. in Verg. Buc. III, 41. Cf. Jacques Fontaine, *Isidore de Séville et la culture classique dans l'Espagne wisigothique* (Paris, 1959), I, 394–395.

2. Ovid, *Met.* VIII, 244–249. Cf. Polydore Virgil, *De inventoribus rerum,* II, 25 (Paris, Robert Estienne, 1528, ff. 51v–52r).

3. Diog. Laert. I, 8, 105; Pliny, VII, 57, 7. Cf. Polydore Virgil, *op. cit.,* ff. 42v–43r.

4. Polybius, VIII, 5 sq.; Livy, XXIV, 34; Plutarch, *Vita Marcelli,* 15–17.

29

To Leonard Pomar   Paris. [c. December 24,] 1501.

Carolus Bovillus, *In artem oppositorum introductio,* Paris, Wolfgang Hopyl, 24 Dec. 1501, sig. a, i, v–a, ii, r (Sélestat).

Leonard Pomar, a New Christian from the diocese of Saragossa, studied philosophy with L. in Paris, c. 1494 (see below). He matriculated in the medical faculty at Avignon 18 May 1495. On 4 June 1496 he received the *licencia legendi* in the faculties of both arts and medicine. The following November he married Laure de Lala, daughter of Pierre de Lala and niece of Louis de Pau, and soon after began to practice medicine in Lyons. A man of lively intellectual interests, Pomar corresponded with L., Bovillus, Budé, the musician Jean Labin, a Franciscan friar in the convent of St. Bonaventure in Lyons, Count Alberto Pio of Carpi, Agrippa of Nettesheim, Christophe de Longueil, and other humanists. In 1522 he was accused of heresy and fled to Venice. His son Pierre, who had received his M.D. at Montpellier in 1519, was arrested and the family goods were seized. His humanist friends, especially Christophe de Longueil, intervened vigorously on his behalf. What happened next is unknown, but Pierre at least recovered royal favor and lived on to become French consul at Alexandria, one of the most lucrative posts in the Levant. See *Actes de François Ier,* VII, p. 262, no. 24502; E. Charrière, *Négotiations de la France dans le Levant* (Paris, 1850), II, 786, note 1; Th. Simar, *Christophe de Longueil* (Louvain, 1911), 179, 189–190; Ph. Aug. Becker, *Christophe de Longueil. Sein Leben und sein Briefwechsel* (Bonn and Leipzig, 1924), 173; Wickersheimer, II, 524; Fr. Secret, "Glanes pour servir à l'histoire des Juifs en France à la Renaissance," *Revue des Etudes Juives,* N.S. XV (1956), 96–107; and V. L. Saulnier, "Médecins de Montpellier au temps de Rabelais," *BHR.* XIX (1957), 467.

The epistle is a complimentary preface to Charles de Bovelles's *In artem oppositorum introductio.*

Iacobus Stapulensis Leonardo Pomaro medicinae doctori.

In re clara claram ad te scribimus epistolam, sed forsitan adhuc obscurum vocas quod clarum appellamus, quia quod est in ratione clarum, id in intellectu est obscurum, et contra quod clarum in intellectu in ratione obscurum est. Verum quia intellectus unum est et ratio multa (nam intellectus ratio simplex est et ratio multiformis intellectus), hinc modus philosophandi rationalis est multiplus, ipsius autem intellectus simplus et unialis. Quare hi duo modi plurimo et quasi ex adverso latoque inter se dispescuntur intervallo, suntque adeo oppositi ut creberrime quod in exercitio rationali verum esse videtur in intellectuali videatur esse falsum, et contra quod verum in intellectu falsum atque pugnans in ratione; sed huiusmodi oppositio adversatio est pugnantiaque concors, et intellectus et natura conspirant et altera ex parte homo et ratio. Non ab re igitur videatur rationalis philosophia homini cognatior, tametsi longe sit intellectuali submissior atque deiectior; in rationali valuit Aristoteles, in intellectuali forte Parmenides, Anaxagoras, Heraclitus et Pythagoras. Verum ut mundus si solae essent tenebrae in harmoniam nunquam surgeret, sed semper resideret infra illam, et si sola lux esset semper esset illa superior, pari modo sola rationali philosophia cognita citra philosophiae consistimus harmoniam, non illam prius habituri quam horum utrumque philosophandi modum fuerimus consecuti.

Quare non praeter officium mihi facere visus sum, si ad te quocum mihi gratissima fuit studiorum communicatio de hoc intellectuali philosophandi modo introductiunculam mitterem, a Carolo Bovillo mihi in primis amicissimo admirando iuvene non inscite excogitatam, tum quod eum agnoscere potueris admodum adulescentem cum ego et tu et Pascalicus[1] studia philosophiae coniungeremus, tum quod non possis non diligere quem et ego et diligo et magnifacio plurimum; et quo magis admireris, vix duodeviginti annorum erat cum septem liberales artes sufficienter callens rationaliter docere potuisset; nunc vero vicesimum agit annum, ad altiorem philosophandi modum conscendens ac intellectualem, et non solum quasi a longe coniectans, sed et in quo et dicere et scribere iam sufficiat. Ego vero qui eius aetatem duplo libenter ab eo et iis qui illi similes sunt superari fero, et divinum in eo munus veneror ipsiusque muneris opificem; quem novum philosophiae modum (vel potius ex antiquitate revolutum) si assecutus fueris, cum de dividuis divide philosophaberis, id intellectu efficies et philosophia simplici; cum autem de dividuis individue, id efficies ratione scientiaque multiplici, quae rationalibus scientia est, intellectualibus autem opinio et scientiae opposita; neque hebes quantacumque subtilitate hunc penetrare poterit unquam, hebes tamen hebetudine et quanto id magis et ignorans ignoratione, et quanto magis ignoratione ignorans, tanto magis ad hanc philosophiae partem aptior iudicandus erit; quocirca qui maxime ignorantia sunt ignorantes, maxime pollent intellectu suntque fecundissima mente, et haec clara sunt. Qui tamen ad intellectualem philosophandi modum surgere sat agunt non prius in rationali instructi, mihi persimiles esse videntur caeco volenti discere pictoriam et surdo (si id loquendi admittit usus) disciturienti musicam. Et analogia utriusque philosophiae dux est et harmoniae medium. Quare disciplinae Aristotelicae non erunt aspernandae, sed prius illi conciliandae qui volet ad hunc secundum philosophiae gradum feliciter scandere; ut enim tactus qui infimus visus est animali necessarius est, non autem visus qui summus est tactus, ita rationalis philosophandi modus necessarius est ei qui voluerit in intellectuali non caecutire. Ergo si ita est, Aristoteles studiorum vita est, Pythagoras autem studiorum mors, vita superior; hinc rite docuit hic tacendo, ille vero loquendo, sed silentium actus est et vox privatio. Et ut tibi et multis hac in parte prosim, in Paulo et Dionysio multum silentium, deinde in Cusa et Victorini ὁμοουσίω,[2] in Aristotele autem silentii perparum, vocum multum; nam silentium dicit et tacet voces, siquidem voces diceret, simpliciter taceret; ita aperte tecum loquor.

Saluta meis verbis (cum licuerit) Gratiam sororem tuam; neque enim adhuc immemor sum malogranatorum quae mihi ex Massilia et Balma redeunti domo obtulit; saluta etiam Ferdinandum Garsiam[3] mihi perquam amicum et Dionysium Turinum[4] si forte nunc degit Lugduni. Vale et libellum molis exiguitate ne aspernare, sed potius tibi persuade esse aliquid. Parisiis anno 1501.

---

1. Possibly Thomas Pascal, who later studied law at the University of Orléans and became "conseiller clerc" (13 Nov. 1501) and "Président des enquêtes" (17 Nov. 1508–Jan. 1527) in the Parlement of Paris. See Maugis, *Histoire du Parlement de Paris*, III, 132, 151; Jean Marx, *L'Inquisition en Dauphiné* (Paris, 1914), xii, 257.

2. Cf. Victorinus Afer, *De* ὁμοουσίω *recipiendo* (*ML*. VIII, 1137–1149) and P. Séjourné in *DTC*. XV (2) (1950), 2887–2954.

3. Possibly the Ferrand Garcia who figures in the records of a trial for Judaizing in Herrera, 8 May 1500. See Fritz Baer, *Die Juden im christlichen Spanien* (Berlin, 1929–1936), II, 530, no. 423.

4. Denis Turin (Dionysius Thurini) was a Lyons physician. Symphorien Champier mentions him in the *Cathalogus familiarum, preceptorum atque auditorum* which he included in his *De triplici disciplina* (Lyons, 1508) in a section devoted to "consuetudine familiares (ut ita loquor) confabulatores atque ultro citroque consiliorum disciplinarumque liberalium communicatores." He appears later in the correspondence of Agrippa of Nettesheim, in letters dated 16 June 1526 and 3 April 1527 (*Epistolarum liber IV*, 18 and V, 8, ed. Lyons, per Beringos fratres, s.a., pp. 844 and 901).

30

Josse Clichtove to Etienne Poncher
[Paris. c. March 25, 1502.]

In Hoc Opere continentur totius philosophiae naturalis Paraphrases, Paris, Wolfgang Hopyl, 25 March 1501/1502, sig. A, ii, r–v.

Etienne Poncher (1446–24 Feb. 1525), member of a family which made its fortune during the second half of the fifteenth century in the magistracy, royal finances, and the church, was doctor of both laws, "conseiller clerc" in the Parlement of Paris (14 Nov. 1485), canon of Saint-Gatien of Tours (before Feb. 1484), canon of Notre-Dame of Paris (3 Feb. 1492), canon of Saint-Aignan of Orléans (30 Sept. 1493), chancellor of the University of Paris (6 July 1496), bishop of Paris (3 Feb. 1503), abbot of St. Benoît-sur-Loire (11 July 1508), and archbishop of Sens (14 March 1519). Like the Ganays, Briçonnets, and Duprats, he served the crown as councilor and diplomat, reformed monasteries, and patronized humanist learning. See Renouard, *Badius*, II, 135, 146, 271, 475; III, 84, 388; Renaudet, *passim*, but esp. pp. 14–15, 348–353, 438–443; Allen, II, 454; Emile Ganelle, *Le Tombeau des Poncher et Jacques Bachot* (Lille, 1923); and Monique Garand-Zobel, "Etienne Poncher, Evêque de Paris, Archevêque de Sens (1446–1525)," *Ecole des Chartes. Positions des thèses* (1954), 61–71.

The epistle prefaces the first edition of L.'s paraphrases of Aristotle's works on natural philosophy with commentaries by Clichtove (cf. ep. 1). In the revised edition of 1510 Clichtove replaced the epistle to Etienne Poncher with one to Louis Pinelle (see ep. 76).

Iudocus Clichtoveus Neoportuensis insigni virtute viro Stephano de Ponchier, studii Parisiensis Cancellario dignissimo.

Quanta sit philosophiae naturalis dignitas, praestantissime pater Cancellarie, ea quorum peculiarem sibi determinationem vendicat non

obscurum praestant argumentum, utpote corpora naturalia et substantiae sensibiles, quae totum hunc mundum admiranda quadam
pulchritudine constituunt. Ex quarum decora quidem ordinatione
haud secus ad summi rerum opificis sapientiam perfectionemque
eximiam cognoscendam inducimur, quam ex pulcherrimae et arte
Apellea depictae imaginis inspectione ipsius pictoris excellentiam in-
dustriamque cognoscimus, aut quam ex nitido politoque speculo vivi
speciositatem et elegantiam vultus (cuius imaginem solum datur intueri) deprehendimus. Est enim totus iste mundus obiectum hominibus speculum in quo spectentur divinae maiestatis vestigia, rebus
omnibus (cuique pro suo gradu) a summa bonitate indita. Ad quae
oculatius inspicienda naturalis disciplina interiores mentis oculos aperit; omnia homine inferiora ad ipsum tanquam praecipuum finem
edita commonstrat; hominem in sui ipsius cognitionem (quod ut
curarent mortales admonuisse fertur oraculum)[1] exacte inducit; et
ex digna sensibilium contemplatione, uti scalis quibusdam atque gradibus, ad felicissimam quoque caelestium speculationem accommoda-
tissime subvehit, quod ea nostris inaccessa sensibus non nisi sensibilium
adminiculo nobis adeunda sunt. Quibus sane mecum animo perspectis, operae pretium putavi superioribus annis a Iacobo Fabro
Stapulensi praeceptore meo elucubratam Physicam Paraphrasim
adiecta ad litteram familiari explanatione dilucidiorem reddere. Quam
etsi pro more suo attenuaret, res tamen mihi visa est non parum commoda studiis et non parvipendenda si illius aperitur intelligentia. Ad
quod expeditius assequendum studui pro virili mea eandem quam
littera exprimit sententiam in commentario quoque sed paulo enucleatius atque diffusius explicare, adiectis (ubi locus requirit) exemplis aliisque id genus in littera suppressis, quae ad clariorem eius elucidationem desiderari et conducere visa sunt. Hanc ob rem libris
solum in capita distinctis, et litterae et commentarii idem ordo continue servatus est, ut consimilium numerorum annotatione cui litterae
parti unaquaeque commentarii pars respondeat cognoscere promptissimum sit. Captiosas obiectiones contra probatas philosophiae
propositiones sophisticosque cavillos consulto missos feci, quod hi
nitidioribus acquirendis disciplinis potius impedimento sint animumque a veritatis perceptione distorqueant et disturbent magis quam
promoveant. Et plane nihil aliud suis conferre videntur quam inanem

quandam altercationem futilemque loquacitatem more filiarum Pieri, quibus in picas (ut canunt poetae[2]) conversis raucaque garrulitas studiumque immane loquendi remansit. Quocirca solas doctrinales argumentationes quas habet littera annectere satius duxi. Enimvero huiusmodi ratiocinationum firmitate bonae disciplinae comparantur omnes. Quaestiones itidem et dubia haud quaquam adiicienda[a] existimavi. Nempe ea si de pertinentibus ad hanc disciplinam formentur, satis superque ex Aristotele recte intellecto dilui dissolvique poterunt. Si vero de impropriis, peregrinis et huic scientiae extraneis fiant, non hic discutienda sed prorsus reiicienda sunt. Siquidem unaquaeque disciplina quae suae sunt determinationes[b] perquirit, aliena autem refugit et eliminat. Stilum aliquanto inferiorem atque humiliorem quam habeat littera servare elaboravi, ut ex eius facilitate levitateque ad eam planius intelligendam maior detur commoditas. Attamen ineptam taetramque sermonis barbariem utcumque potui aspernatus sum, quod ea pulchris litteris tradendis vel maxime adversetur et officiat. Ceterum subnectuntur octo libris auscultationis Physicae duo dialogi physici,[3] quorum prior introductionem physicam totius operis fronti praefixam dilucidius aperiens, commentarium requirere visus non est. Posterior vero nonnullam declarationem (nisi fallor) expostulat, quandoquidem ea quae in physicis difficultatem ingerunt non parvam et plurimis annis incognitam discutiat. Hinc illi exiguam admodum elucidationem apposui, quae sententiam in littera, eorum qui disserunt interlocutione profusiorem, perpetua continuaque oratione colligat atque constringat. Demum philosophiae naturali subiungitur in calce Introductio metaphysica,[4] adiunctis ad litteram (quibus vel in transcursu intelligatur) annotamentis. Quam consequuntur quattuor dialogi, eam isagogen latius explanantes, et hanc ob causam annotatiuncularum adiectionem minime efflagitare atque exposcere visi. Cum autem philosophicarum litterarum penes te unum summa sit auctoritas in hoc celeberrimo Parisiorum gymnasio, dignissime pater Cancellarie, ut qui eas profitendi in philosophiae palaestra diutius versatis liberam potestatem facis, aequum est revera et ea quae ad philosophiae enucleationem spectant tui nominis auspiciis in lucem prodire, ut tuae gravissimae sententiae approbatione fulta firmataque maius apud om-

a. adiiciunda *ed.*   b. determinationis *ed.*

nes obtineant robur et auctoramentum, ut te quoque duce et auspice bonae litterae (quarum cum apprime studiosus sis et vindex et tutator delectus es) tuo praesidio adiutae pristinam in hac nominatissima Academia libertatem vendicent et feliciter transfundantur in omnes. Itaque tuo nomini nuncupatos designatosque commentariolos nostros benignus admitte, et quam in teipsum observantiam quamque venerationem eorum habeat auctor ex ipsis cognosce. Vale studii nostri decus.[5]

1. H. W. Parke, *A History of the Delphic Oracle* (Oxford, 1939), 395–398.
2. Ovid, *Met.* V, 249 sqq.
3. See ep. 4.
4. See ep. 6.
5. The following verses by Jean Pelletier (see ep. 102) appeared for the first time in this edition (sig. A, i, v):

Ioannis Pellitarii in philosophiae commendationem ad lectores carmen.

> Naturae liber est mundi pulcherrimus ordo,
> Quem dignata Dei est scribere dextra manus.
> Et quaecumque sinu caelum complectitur amplo,
> Sunt quibus est talis pagina scripta notae.
> Eius item physice voces et sensa recludit,
> Qua duce naturam noscere cuique datur.
> Doctus Anaxagoras hoc evolvisse volumen
> Fertur, et Empedocles Bistoniusque senex.
> Attamen hos omnis longo discrimine vincit
> Magnus Aristoteles et loca prima tenet.
> Nam caeli penetrans summum, telluris et ima,
> Edocuit totus quicquid hic orbis habet.
> Cuius opus Physicum solito limatius, omni
> Nube procul pulsa, lucidiusque nitet.
> Nam Stapulensis ei labor haud mediocre paravit
> Lumen, et exeruit quae latuere prius.
> Siqua tamen superant minus explorata legenti,
> Quod Novus adiecit Portus aperta facit.
> Ergo age naturae studium complectere lector,
> Et clarum gemina luce revolve librum.

31

Josse Clichtove to Pierre Briçonnet
[Paris. c. May 7, 1502.]

*Artificialis introductio per modum Epitomatis in decem libros Ethicorum Aris-
totelis adiectis elucidata commentariis*, Paris, Wolfgang Hopyl and Henri
Estienne, 7 May 1502, ff. 1v–2r; LVIII (1506/1507), ff. 1v–2r; LX (1512), ff. 1v–
2r. The epistle will also be found in LIX, LXI–LXV, LXVII–LXIX. The text
is that of the second edition.

Pierre Briçonnet, brother of the cardinal, was lord of Praville, Garennes,
Pannes, Cornay, Cormes, and la petite Kaerie; knight of the Order of Saint-
Michel; "controleur de l'argenterie du roi" under Louis XI; a treasurer of France
(1483–1492); "maître clerc" at the Chambre des comptes (1498); and in turn
"Général des finances en Languedoc" (15 Dec. 1493–Dec. 1495) and general of
Languedoeil (16 March 1495–1509). He died in Feb. 1509. See Jacqueton, *Documents relatifs à l'administration financière*, 291–292; Jassemin, *La Chambre des
comptes*, 332; and G. Dupont-Ferrier, "Le Personnel de la Cour du Trésor
(1390–1520)," *ABSHF.* (1935), 201.

The epistle prefaces Clichtove's edition of and commentary on L.'s *In Aristotelis Ethica Nicomachea introductio*, originally published 13 June 1494 (see
ep. 7).

Iudocus Clichtoveus Neoportuensis Petro Briconeto magnifico equiti
aurato, consiliario regio et exquaestori generali Franciae viro amplissimo et ornatissimo.

Nihil mireris, vir amplissime, quaenam me ceperit fiducia tuam
compellandi insignem prudentiam, tametsi tecum alias nullum mihi
fuerit familiaritatis contubernium. Tantae fiduciae causa haec est.
His proximis diebus Franciscum filium tuum[1] ingenua indole iuvenem
et non illiberaliter institutum Iacobo Stapulensi praeceptori meo com-
misisti praecipue in iis quae sunt Aristotelis de moribus disciplinis
educandum, optimi sane et prudensissimi patris functus officio, qui
generosum filium non pecuniae sed virtutis possessione divitem potius
effici malis paternaeque probitatis aemulum quam solius opulentiae
heredem. Et quamquam neutrum illi provide deesse vis, beatam tamen
vitam honestatisque mores pluris facere videris, sectatus ea in re
Platonis consilium, qui quondam interrogatus quaenam possessionum

genera a parentibus essent potissimum filiis comparanda, ea respondit quae non grandinem, non hominum vim, non ipsum denique Iovem extimescerent. Hisce verbis admonens virtutis opes filiis ante omnia relinquendas, ut quae sola bonorum fortunae temeritati nequaquam est obnoxia. Hinc Demetrius Phalereus vir admodum insignis, cui ob virtutes eximias Athenienses statuas aereas ter centum et sexaginta (ut Plinius auctor est) erexerant, quas nihilominus cum accepisset quorundam invidorum malivolentia omnis esse deiectas, ut constanti erat animo respondisse fertur: At virtutem non everterunt, cuius gratia illas erexerant.[2] Quo quidem verbo quam stabilis et certa sit virtutis possessio clarissime demonstravit, ut quae ne armis quidem nec improborum manibus dirui confringique possit. Itaque cum eum filio tuo colendo delegeris qui mihi est merito observandissimus, non sum ratus rem tua amplitudine me facturum indignam et illi pariter ingratam, filioque tuo minus utilem et subinde plurimis aliis, si eiusdem praeceptoris mei moralem Isagogen quam superioribus annis in Aristotelicos libros paravit (in qua adeo et abunde et fecunde de virtute disserit, ut totam ferme quam Aristoteles decem libris digessit materiam succincte complectatur) novis commentariis nostris illustratam nomini tuo nuncupem. Quae ea quidem brevitate contexta est, ut non magno impendio memoria teneri possit.[a] Neque exactissimus in ea praetermissus est ordo, ex industria servatus quo omnis prorsus confusio devitetur. Et id (ni fallor) non praeter officium fecerim, si eum colam qui summopere a praeceptore colitur. Et quotiens[b] hos inter manus versabit tuus Franciscus commentarios, dulcis se offeret patris memoria suscitabitque ad virtutis amorem generosae sobolis animum. Et in hac explanatione exempla ex historicis desumpta (sicubi oportunum visum est) interieci, quod ad virtutem inducendos animos plerumque efficacius quam verba permoveant. Neque poetarum carmina ubi locus efflagitavit interserere praetermissum est,[c] quod ii quondam apud suos morum magistri habiti sunt; nihilque aliud suis (quae nonnumquam gravissimae sunt) sententiis moliuntur quam ut a vitiis hominum mentes avertant ad virtutemque prosequendam incitent. Ergo tuis auspiciis nostri qualescumque commentarii feliciter prodeant in lucem et discipuli et praeceptoris in te benevolentiam et

a. potest *1502*

b. quoties *1512*

c. non *ante* est *1502*

observationem, quamvis parvis ex rebus, multo tamen maiorem concipito. Vale virtutis et amator et cultor.[3]

1. This youthful François should not be confused with his father's first cousin, also named François Briçonnet. The latter was "receveur général des finances" in Languedoeil (Dec. 1492–1504) and "maître de la chambre aux deniers du roi" in 1500. A document dated 14 April 1517 speaks of "feu François Briçonnet." See *Actes de François Ier*, III, 583, no. 10188; V, 325, no. 16360; Bricard, *Jean Bourré*, 289; Jacqueton, *Documents*, 293; Claude-Henriette Bassereau, "Jean Briçonnet l'ainé et Jean Briçonnet le jeune," *Ecole des Chartes. Positions des Thèses* (1951), 15–19. For the further relations of the younger François with L., see ep. 119.

2. *Nat. Hist.* XXXIV, 12, 2. Cf. Diog. Laert. V, 5, 2, and 10.

3. Philippe Prévost (see ep. 35) contributed the following verses to the first edition (fol. 57v):

Philippi Praepositi Attrabatensis ad lectores carmen virtutis laudatorium.

> Divitiis nemo felix, nam copia rerum
>   Quamvis assiduo parta labore perit.
> Et senio vires et forma decentior annis
>   Perditur ac morbus corpora sana premit.
> Vix bene momento manet illecebrosa voluptas,
>   Et fugiens stabilem nescit habere gradum.
> Inclita sed virtus animum perfectius ornans
>   Perstat, et auferri mente reposta nequit.
> Non aevo confecta gravi post fata superstes
>   Durat, et ad caeli tecta recludit iter.
> Huic omnes igitur totis incumbite nervis,
>   Nempe feret vobis iste libellus opem.

In the second and subsequent editions line 2 reads: *Quamvis Attalico grandior aere perit.* The second edition, that of 23 Feb. 1506/1507, was seen through the press by Beatus Rhenanus (see ep. 66), who contributed four lines to the title page:

Beatus Rhenanus lectori bene agere.

> Accipe moralem lector studiose libellum,
>   Qui brevibus facilem pandit ad alta viam.
> Hunc meus ingenua nuper Clichtoveus arte
>   Auxit, subnectens optima quaeque.   Vale.

Giacomo Battista published L.'s introduction and Clichtove's commentary in Venice in 1506 (see ep. 52). In 1511 H. Gebwiler brought it out in Strasbourg (ep. 80).

32

Ioannes Caesarius to the reader [Deventer. c. 1502.]

Ars moralis philosophie. In hoc opusculo continetur epitome moralis philosophie in ethicen Aristotelis introductoria. Quod studium in aliarum rerum studiis hoc precipue differt. quod alia studia hominem doctum reddunt tantum: hoc autem et bonum pariter et doctum Quare, [Deventer, Jakob von Breda, after 7 May 1502], sig. A, ii, r–v. The *Gesamtkatalog* and the British Museum Catalogue date this edition c. 1500. But its text of L.'s epistle to Germain de Ganay (see ep. 7) is based on that in Clichtove's edition of 7 May 1502. The book must therefore be dated after that edition.

Ioannes Caesarius of Jülich (c. 1468–15 Dec. 1550) matriculated at Cologne 9 Nov. 1491 (Keussen, II, 306). Later he moved to Paris, where he was a student of L. He received the B.A. in 1496, the M.A. in 1498. During the next decade he taught at St. Lebwin's School in Deventer; was a corrector of the press for R. Pafraet; and published several works which reflect his close association with L.'s circle: a commentary on Clichtove's *In terminorum cognitionem introductio*, Deventer, R. Pafraet, 26 Nov. 1504 (see ep. 39); *Institutio moralis philosophie metrica: Continentur in hoc codice Horatij Flacii morales epistole cum argumentis breuiter ad vnius cuiuslibet caput adiectis*, Deventer, R. Pafraet, 1504; and a selection of mathematical works by L., Clichtove, and Bovillus in 1507 (see ep. 56). In 1508 he went to Italy and studied Greek in Bologna. After his return to Germany c. 1510 he spent the remainder of his life as a successful private teacher of the humanities in Cologne. See Carl Krafft, "Mittheilungen aus der niederrheinischen Reformationsgeschichte," *Zeitschrift des bergischen Geschichtsvereins*, VI (1869), 315–329, VII (1871), 244; C. and W. Krafft, *Briefe und Documente aus der Zeit der Reformation* (Elberfeld, 1875), 62, 127–129, 133, 150–155, 167, 172; and Allen, II, 172.

The epistle prefaces Caesarius's edition of L.'s *In Aristotelis Ethica Nicomachea introductio.*

Ioannes Caesarius Iuliacensis in Epitomen moralis philosophiae ad unumquemlibet lectorem.

Etsi quam plurimi inter priscos illos philosophos tam Platonici quam Stoici virtutes ipsas quae quidem ad humanae vitae compositionem pertinent ex quattuor fontibus derivari existimant, Aristoteles tamen, qui exactius humanam felicitatem describere voluit, non his quattuor contentus ex duodecim fontibus eas emanare deprehendit, quae quidem sunt (ut brevissime perstringam) fortitudo, temperantia, liberalitas, magnificentia, magnanimitas, modestia, mansuetudo, affabilitas, veritas, comitas, iustitia et amicitia; de quibus nos iam tum sub compendio et quodam quasi breviario scribere conati, imitari statuimus ipsum Aristotelem, huius moralis doctrinae facile principem, ac non minus interea Iacobum Fabrum Stapulensem, praeceptorem meum, ex cuius introductione in Ethicen Aristotelis doctissime nuper atque elegantissime parata haec pro maxima parte excerpsimus, cuius etiam prologum idcirco huic nostro subiecimus.[1] Cupimus autem ab unoquoque ne ob eam causam nos ducat reprehensioni obnoxios, sed excusatos potius habeat, quod id ipsum alios quoque et in aliis rebus factitasse pro comperto habeamus, quodque[a] non famae gloria illecti, verum multo magis utilitati noviciorum adulescentulorum consulere volentes id fecisse probabimur, animadvertentes etiam quod nostrates scholastici non modo propter huius rei dissuetudinem, quae tamen summe necessaria est, ad discendum ceteris tardiores credantur. Ne igitur ob nimiam forte libri molem ab initio statim perterriti destituere eam quam amplecti malint, consilium fuit de his duodecim virtutibus scribere quam potuimus strictissime, ne non librum sed epitomen facere videremur, ut sic dum vel poetae interpretantur vel alterius generis scripturae ipsis leguntur, citius ac melius omnia illa intelligant, quippe quod vocabula huius moralis studii in omnibus ferme scripturis inserta reperiantur. Rursum quod (ut Aristoteles monet et ipse) adulescentes ab ineunte aetate in bonis moribus sunt instituendi. Nam non parum (ut ille inquit), immo plurimum atque omnino refert, sic vel sic a puero assuesci;[2] et Virgilius, Adeo in teneris consuescere multum est.[3] At quo pacto bonis moribus assuescent, nisi prius didicerint? Itaque si quibus hoc nostrum consilium gratum acceptumque fuerit, bonum quidem erit; sin minus, nostrae id potius imprudentiae quam impudentiae ascribant petimus. Dixi.

1. See above, ep. 7.
2. *Eth. Nic.* II, 1, 1103b 23.
3. *Georg.* 2, 272.

a. quotque *ed.*

33

To Germain de Ganay   Orléans. Cloister of Saint-Aignan.
March 1, 1503.

Libri Logicorvm Aristotelis (Paris, 1503), fol. 228v; CLXXIX (1510/1511), fol. 228v; CLXXX (1520/1521), fol. 208r. The text is that of the first edition. The epistle will also be found in CLXXXI–CLXXXVI.

The epistle prefaces Part III of L.'s edition of Aristotle's logical works, the *Topics* and *Sophistici Elenchi*.

Absolutas nostris utcumque vigiliis duas priores disciplinae disserendi partes (quam logicen rationalemque nuncupant), primam quidem proloquendi, secundam vero iudicandi, dudum mi Germane aedes tuae receperunt; nunc denique tertiam ex urbe Aurelia ad te mitto, quam ob inveniendorum argumentorum promptitudinem hi solent inveniendi facultatem, illi vero topicen (quam localem dicere possumus) appellare; nec ab re quidem localem, nam omnium communes argumentationum locos continet. Communes dico quia id argumentationum genus non ex cuiusque disciplinae propriis sed communibus vim suam lucemque recipit principiis; et haec pars in dialecticen diducitur (quae nulli fallaciae tortaeve argumentationi innititur) et in sophisticen, quae apparentibus illudit, non argumentationibus sed captionibus, tota contentionis amica, tota versipellis, subdola tota, et haud secus decipularum fraudibus intenta quam qui volucrum capturis inhiant retibus atque pedicis. Primam partem libris octo digessit Aristoteles ac secundam duobus postremis comprehendit, quos σοφιστικῶν ἐλέγχων, hoc est captiosarum redargutionum attitulavit, non tam ut iis qui eam particulam didicerint ad usum subserviat, quam ut illi sophistarum tendicula cautiusculi devitent (perinde ac qui in grammaticis solecismorum barbarismorumque libros discunt, non ut utantur, sed ne in offendicula linguae forsitan incidant), quod sane facile vitabimus, si rectam (iam ex octo praecedentibus praeparati libris) percalluerimus argumentandi rationem. Est enim obliquitatis rectum semper certissima verissimaque regula. Bona igitur illis perdiscendis opera danda erit, nam et plurimae huiusce partis logices non aspernabilis profecto momenti existunt utilitates, tam philosophis quam oratoribus atque poetis seu quibuscumque aliis qui partem aliquam quamcumque litterariam profitentur. In his Cicero, Hermogenes, Themistius, Boetius, Trapezontius, et innumeri paene alii insudarunt plurimum. Immo qui dialecticen hancque rationalis disciplinae partem ignoraverit, ut ceteras disserendi partes ignoret necesse est, utpote quae prior et communior est. Sublatis namque prioribus ut et posteriora pariter tollantur oportet. Et in hac tibi paranda rationali parte non sum usus continua paraphrasi ut et in praecedentibus solitus eram, ratus id sufficere si litteram ad fideles archetypos recognoscerem et si scholia ubi declarationis lux aliqua desideraretur[a] adiicerem. Nec id forsitan praeter officium fecerim, cum Aristoteles in calce primi cap. primi huius ita habeat, διότι περὶ οὐδενὸς αὐτῶν τὸν ἀκριβῆ λόγον ἀποδοῦναι προαιρούμεθα, ἀλλ' ὅσον τύπῳ περὶ αὐτῶν βουλόμεθα διελθεῖν,[1] declarans in hoc toto opere non nimium immorando, exactaque cura sed mediocri labore, et rudi (ut ita dixerim) Minerva hos libros esse transigendos. Et ipse ferme nihil affert cuius a se declaratio non protinus subdatur; quam rem circa litteram non modicam commentarii vim retinentem annotatam comperies. Et id te non latere velim lectionem Latinam usque adeo vitiatam corruptamque fuisse, ut paene novo traductionis labore nobis opus fuerit. Ita tamen id temperavi, ut cum reliquo quod praecesserat unum corpus efficere videatur; et ita rem prae oculis subiicere studui, ut lector qui non segniter attenderit, sui studii fructu non frustretur. Si placet igitur non traductio, sed (more illorum qui vetustos de novo incrustant parietes aut novos superinducunt colores) reparationis quaedam innovatio, tibi offeratur. Ex claustro divi Aniani. M.D. II. Calendis Martiis.[b]

1. *Topica* I, i, 101a 21–23.

a. desideraret *1510/1511*

b. M.D. II. Calendis Martiis] MD. X. XII Kal. Decembris *1510/1511*

34

Josse Clichtove to Jean Molinier
[Paris. Before June 27, 1503.]

In hoc libro contenta. Epitome compendiosaque introductio in libros Arith-meticos diui Seuerini Boetij: adiecto [Iudoci Clichtovei] familiari commentario dilucidata..., Paris, 27 June 1503, sig. a, i, v–a, ii, r; XCVI (1510/1511), sig. a, i, v–a, ii, r; XCVII (1522), ff. 1v–2r.

Jean Molinier was a student and colleague of L.'s at Cardinal Lemoine. It is clear from Clichtove's letter that he taught at the University, and in Jan. 1504 he wrote L. from Cardinal Lemoine (see ep. 37). In a section of his commentary on the *Organon* written in 1501 L. listed him (along with Gérard Roussel, Guillaume Castel, Robert Fortuné, Jean Pelletier, and Jean de la Grène) as his active collaborator in the humanistic reform of philosophical instruction (ed. Paris, 1503, fol. 78v), which confirms Clichtove's praise of him as *bonarum lit-terarum studiis deditissimus.* Cf. Renaudet, pp. 416 and 419.

The epistle prefaces Clichtove's edition of several mathematical works by himself, L., and Bovillus: (1) Clichtove's commentary on L.'s *In arithmetica Boetii epitome*, first published 22 July 1496 (see ep. 11); (2) Clichtove's *Praxis numerandi* (see ep. 35); (3) Bovillus's *Introductio in Geometriam*, dedicated to Jacobo Ramírez de Guzmán 25 Nov. 1501, but printed here for the first time (see ep. 28); his *Liber de quadratura circuli*, *Liber de cubicatione spherae*, and *Introductio in perspectivam*; and (4) L.'s *Astronomicon* (see ep. 36).

Iudocus Clichtoveus Neoportuensis Ioanni Molinari bonarum litte-rarum studiis deditissimo.

Inter eas disciplinas (quae mathemata Graeci vocant) duae, arith-metica et geometria, praecipuum sibi locum vendicant, mi Ioannes imprimis carissime, quod ad ceteras assequendas viam sternant ipsis-que ignoratis nequicquam reliquis ediscendis praestetur opera. Quis enim arithmeticam non edoctus musicen sane intellexerit? Quis item geometriae inexpertus inspectivam aut astronomiam probe calluerit, quandoquidem hisce duabus ceterae matheseos partes subiiciantur ex ipsisque pendeant? Quarum prior arithmetice numeros absolutos eorumque affectiones determinat, ad divinorum contemplationem priscorum iudicio accommodatissima et gravissima Pythagorae auc-toritate mirum in modum illustrata, qui primus quidem numerorum perscrutator habitus est eorumque indagatricem arithmeticam posteris reliquit commendatissimam. Is enim ad caelestia dispicienda illorum praesidio usque adeo evectus fuisse creditur, ut de eo non absurde cecinisse videatur Ovidius:

> Isque, licet caeli regione remotus,
> Mente deos adiit et quae natura negabat
> Visibus humanis, oculis ea pectoris hausit.[1]

His etiam astipulatur Plato, scribens in Epinomide inter omnes liberales artes et scientias contemplatrices praecipuam maximeque divinam esse scientiam numerandi.[2] Interrogatus item cur homo animal esset sapientissimum, respondisse fertur, quia numerare noverit. Cuius quidem sententiae et Aristoteles meminit in Problematis.[3] Et sane non ab re; nempe id, numero inquam rerum discernicula discretionesque dinoscere, inter animalia dumtaxat homini (ut qui solus omnium rationis sit particeps) concessum esse perquam exploratum est. Altera autem mathematicae pars (quam geometriam dicunt) circa magnitudines earumque proprietates versatur, quam cum plurimi tum Archimedes Syracusanus (cui, ut inquit Plinius, studium vitam ademit, at nominis immortalitatem praestitit[4]) suo ingenio celebratissimam effecit. Is etenim[a] teste Plutarcho machinamentis geometrica ratione excogitatis, Marcelli Romanorum ducis (cum Syracusas obsidione premeret) victoriam multos dies remoratus est.[5] Et hanc quoque disciplinam ad divinam anagogen assurrectionemque quam plurimum conducere putavit antiquitas, quae per circulos, spheras, triquetra, pyramidasque et cetera id genus imprimis ardua cognituque dignissima pervestigari posse contendit. Haec plane mecum animo revolvens, non inutile ratus sum ad priorem mathematicae partem utpote arithmeticen indipiscendam pro viribus quippiam adminiculi afferre. Proinde familiarem commentarium adiicere studui ad Epitomen compendiariamque numerorum introductionem a praeceptore meo Iacobo Fabro Stapulensi merito mihi prae ceteris observando (quem et ipse singulari benevolentia prosequeris et summopere colis) superioribus annis elaboratam ex institutione numeraria divi Severini Boetii, Latinorum philosophiam sectantium facile principis. Introductiones[b]

a. enim *1522*

b. Introductiones ... iuventur *om.*
1522

praeterea in geometriam et perspectivam Caroli Bovilli (cuius ingenium sane in mathematicis perspicacissimum est) adiunctae sunt. Et Astronomicon quoddam Iacobi Stapulensis, cuius et superiorem commentati sumus arithmeticam Epitomen, quo omni ex parte in quadrivio studia nostra iuventur.[b] Hos autem nostros quantuloscumque labores tibi, doctissime Ioannes, dicandos nuncupandosque statuimus, quo et nostram in te benevolentiam atque observationem aperte testificaremur et bonarum litterarum studiosae iuventuti (quae tuo moderamine auspicatissime regitur) ad promovenda eius studia utcumque consuleremus. Enimvero hac ope adiuti ingenui adulescentes non modo logicis et physicis disciplinis imbui commodius poterunt, verum etiam et mathematicis, quae ad animum liberaliter instituendum apprime conferunt et ad dialecticas naturalesque scientias non aspernandas suppetias ferunt. Et sane ad eas magnopere anniti generoseque aspirare debent quicumque dexteriore nati sunt ingenio bonarumque studio litterarum integre sunt addicti. Hanc itaque nostram lucubratiunculam benignus accipe eamque tuis auspiciis in ceteros transfundi (qui certe tibi quam plurimum debebunt, quod haec et multo ampliora tibi debeamus) facilis admitte. Vale.[c]

1. *Met.* XV, 62–64.
2. [Pseudo-] Plato, *Epinomis*, 976 E. Cf. Pauly-Wissowa, XL (1950), 2368–2369.
3. *Problemata* XXX, 6.
4. *Nat. Hist.* VII, 125.
5. *Vita Marcelli*, 19–21. Cf. ep. 28, note 4.

35

Josse Clichtove to Philippe Prévost
[Paris. Collège du Cardinal Lemoine.
Before June 27, 1503.]

In hoc libro contenta. Epitome compendiosaque introductio in libros Arithmeticos diui Seuerini Boetij: adiecto [Iudoci Clichtovei] familiari commentario dilucidata. [Iudoci Clichtovei] Praxis numerandi certis quibusdam regulis con-

c. Vale. Anno 1503 *1522*

stricta . . . , Paris, 27 June 1503, fol. xxxiij, r; XCVI (1510/1511), fol. xxxiii, r; XCVII (1522), fol. 33v. The text is that of the revised second edition of 1511.

Philippe Prévost of Arras taught at Cardinal Lemoine. He contributed verses in 1500 and 1502 to Clichtove's commentaries on L.'s *Introductiones logicales* (see ep. 23) and *In Aristotelis Ethica introductio* (ep. 31). He received the licentiate in theology 5 Feb. 1510 and the doctorate 3 April 1511. See Maître, p. 262 and Renouard, *Badius*, II, 474–475.

The epistle prefaces Clichtove's *De praxi numerandi compendium* (ed. 1503, ff. xxxiij, r–xliiij, v).

Iudocus Clichtoveus Neoportuensis Philippo[a] Praeposito in philosophiae studio commilitoni.

Cogitanti mihi, carissime Philippe, quidnam ad arithmeticen capessendam teneriusculos adulescentum animos commodius provehere posset, in mentem venit huic rei non parum (mea quidem sententia) consultum iri, si praxis numerandi (quem abacum dicunt) breviusculis praeceptionibus utcumque aperiretur, quod ea numerorum speculationem aggredi volentibus sit admodum accommoda. At vero nonnullis res ipsa nimium humilis videri fortasse poterit minusque digna quam ut regulis constringatur more eorum quae doctrinalia sunt. Nempe contendent arithmeticam numerum theoricum considerare, neque circa mercatoriam (ut recte monuit Plato[1]) supputationem versari. Id sane non imus infitias, remque ipsam plane tenuem fatemur et quae scriptorum opem non requirat. Verum quod rei non permittit exilitas, id summopere expostulat ipsius abaci cognoscendi necessitas, et quidem tanta, ut eius praesidio destituti in totius arithmetices lectione caecutiant necesse est, perinde atque grammatica sine elementorum litterariorum (quae rudes adulescentuli alphabeto discunt) cognitione haberi neutiquam potest. Est enim numerorum praxis ut arithmetices alphabetum. Quam ob causam quod dignitati detrahitur, id necessitati concedendum est, quae tandem me eo perpulit, ut non supervacuum arbitratus fuerim de arte numerandi quicquam succincte contexere. Quod emissioni paratum idcirco tibi, mi Philippe, nuncupandum statui, quod ad id faciundum primus hortator accesseris expetiverisque magnopere nonnulla de utraque supputandi ratione tum calculis numeralibus tum notis arithmeticis exercenda a nobis colligi. Qua in re ut tibi morem gereremus, efflagitavit antiqua

a. insigni viro *ante* Philippo *1522*

illa animi benevolentia quae nos ob commune philosophiae studium iam pridem devinxit. Subnectitur in calce libellus (quem vulgo algorismum dicunt) de numerationis generibus non inscite (nescio quo auctore) compositus et ob subiectae materiae affinitatem ceteris adiectus.[2] Utrumque tamen lecturos opusculum praemonitos velim, nihil eam lectionem fructus allaturam nisi assidua exercitatione iuvetur, immo exercitationem ipsam praeceptis omnibus esse potiorem. Nam nihil aeque oblivione intercidit ubi desit operis assiduitas. Meminerintque frequenter eius sententiae quam praeclare Iulius Caesar usurpare solitus est, omnium rerum magistrum esse usum,[3] qui tandem efficiet ut utriusque apendicis adminiculo ad arithmeticen reddantur dispositiores. Vale.[b]

1. *Philebus* 56 D–E.
2. *Opusculum de praxi numerandi quod Algorismum vocant* (ed. Paris, 1503, ff. xlv, r–xlviii, r). Incipit: *Omnia quae a primaeva rerum origine processerunt, ratione numerorum formata sunt.*
3. *Commentarii de bello Gallico* II, 8.

36

To Germain de Ganay   [Paris. Before June 27, 1503.]

In hoc libro contenta. Epitome compendiosaque introductio in libros Arithmeticos diui Seuerini Boetij.... Insuper [Iacobi Fabri Stapulensis] *Astronomicon*, Paris, 27 June 1503, fol. xcvij, r; CIX (1517), fol. iv. The epistle will also be found in CVII. The text is that of the first edition.

The epistle prefaces L.'s *Astronomicon*, a brief introductory textbook on astronomy. Clichtove published a commentary on the work in 1517 (see ep. 122).

Iacobus Stapulensis spectabili viro Germano Ganaiensi,[1] consiliario regio, decano Bellouacensi.

Ut silentio praetereantur, egregie Germane, siderum solertes indagatores Assyrii et Aegyptii, non minus accuratae huius rei diligentiae Graecorum leguntur quam plurimi, ut Ptolemaeus, Cleomedes, Proclus, Theon, Possidonius, Eratosthenes, Hipparcus, Aratus. Neque Latini defuerunt, ut Cato Censorinus, M. Manilius, Nigidius Figulus,

b. Ex Cardinali Monacho apud Pa risios, anno 1503 *post* Vale *1522*

M. Varro, Iulius Maternus, Caius Sulpicius, qui laudes ex deprehensis caelestium motionibus sibi conquisiere. Quare post tantorum virorum commendata studia, res mihi visa non est astrorum cognitio non magni pendi digna. Lustravi igitur eam praesertim astrologiae partem, quae prorsus sinceram et liberalem in se continet contemplationem (quam theoricen appellant) et quae philosophiae pars una est e septem non ignobilis;[2] et lustrando quasi capita quaedam summasque rerum per artificium collegi, ut iis saltem prosim qui minus in ea disciplina fuerint instructi; collecta vero tuo nomini (ut pleraque alia) nuncupavi. Et proderit tum maxime si diagrammata linearumque et superficierum descriptiones subiectae erunt oculis aut eorum quae dicuntur solidae quaedam repraesentationes, quod instructiorum rudioribus munus erit providere; non enim commode excudi potuerunt. Quocirca qui mentem ad rite effingendum melius habent affectam, promptiores sunt ut dicendorum consequantur intelligentiam, pariter et qui supputationum maxime astronomicarum sunt industrii. Nam haec astrologiae pars tota ferme imaginaria effictrixque est. Et haud secus quam rerum sapientissimus optimusque opifex veros caelos et veros motus divinae mentis opificio producit, mens nostra sui semper aemula parentis (cum ignorantiae labes plusculum detergitur) effictos caelos effictosque motus intra se profert, verorumque motuum simulacra quaedam, in quibus ut in vestigiis divinae mentis opificii deprehendit veritatem. Est igitur astronomi mens, cum caelos caelorumque motus gnaviter effingit, similis rerum opifici caelos caelorumque motus creanti, nisi tanta maiestas tam humilis rei comparationem dedignetur et fugiat; et cum ex ipsorum iam effictorum contemplatione motus eorum tum errores vagosque[a] tum inerrabundos apprehendit, illi ipsi in quadam adumbratione assimilatur, cum aethereas molitiones mundo circumducit, suae sapientiae et bonitatis opes, a summis corporibus ad infima derivans. Iterum mens similis est oculo in quo aetherei orbes orbiumque motus sine confusione repraesentantur. Verum manifestum est nullam aliam mortalium ad haec spectacula admitti, immortalia autem et supermundana nihilominus admitti omnia; qua in re mens nostra se declarat esse divinam et immortalis naturae sociam atque affinem, ut quae sola ius in caelo ipsum appre-

a. motus eorum tum errores vagosque] eorum tum errores vagosque motus *1517*

hendendi cum immortalibus retinet, haud secus ac si in ipsorum im-
mortalium regionibus degeret. Id enim quis dubitat ex immortalis
naturae cognatione illi obtingere? Absit igitur ut ex huiusmodi side-
reorum corporum contemplationibus aliud tandem meditemur quam
divinae sapientiae et bonitatis laudes gratiarumque actiones, qui nos
naturae immortalis consortes et esse voluit et effecit eiusque cognitionis oppido quam cupidos, studeamusque illi continuo in melioribus
notis assimilationibusque placere. Erraret enim plurimum qui in horo-
scopi observatione et aliorum locorum erectione harum speculationum finem statueret, in quibus genethliaci, Chaldaeae et Aegyptiae
gentilitatis vestigiis insistentes, vane conterunt operam.[3] Et quibus
haec non satis erunt, magnam Ptolemaei adeant compositionem, ad
quam haec speculationum compendia non parum praeparant; et haec
satis praefata sint. Nunc autem ad rem ipsam. Vale.

1. See ep. 6.

2. Like Cicero and Augustine L. uses the word *astrologia* to mean astronomy.
On this confusion of terminology see H.-I. Marrou, *Saint Augustin et la fin de
la culture antique* (Paris, 1949), 196–197.

3. One recalls the case of Simon de Phares, Charles VIII's "cher et bien amé
astrologue." Judging him in Feb. 1494 the faculty of theology had condemned
divinatory astrology, i.e. "that which predicts determinately and particularly
men's future *mores* from their natal hours, or from the initial hours of under-
takings forecasts their future outcome" (Thorndike, IV, 548; cf. *ibid.*, 513–516).

37

From Jean Molinier　　　Paris. Collège du Cardinal Lemoine.
January 25, 1504.

Carolus Bovillus, *Methaphisicum* [sic] *introductorium cum alio quodam opusculo
distinctionis nonnullorum omnibus communium que ad methaphisicam spectant,*
Paris, Guy Marchant for Jean Petit, 30 Jan. 1503/1504, sig. e, iii, r–e, iv, r (London, BM. Oxford. Sélestat. Panzer, VII, p. 504, no. 41).

The epistle is a postscript to two short treatises on metaphysics by Charles
de Bovelles: an introduction to metaphysics and *Opusculum communium ad
metaphysicam spectantium,* finished 11 Jan. 1504 (sig. d, ii, v).

Ioannes Molinaris[1] suo Fabro Stapulensi salutem.

Efficiunt antiqua illa ac firmissima nostrae benevolentiae vincula,
eruditissime Iacobe, ut non queam, si quid apud nos contingat novi,

quin te faciam continuo certiorem, et praesertim si quicquam in communem studiosorum utilitatem exeat quod nostrorum contubernalium amicissimorumque ingenio ac industria sit elaboratum. Cum itaque noster Carolus[2] tibi mihique immo omnibus carissimus, necnon reparandae rei litterariae cupientissimus, metaphysicorum isagogen eleganter et oppido quam acute contexuisset eamque studiosissimo cuique legendam invulgasset, ego ad te cum primum mittendam curavi, quam tibi fore iucundissimam inque tuos amplexus ituram minime dubitaverim. Sciebam enim id suavissimum tibi futurum ad quod aliquando Carolum es amicissime cohortatus. Nam quanto esset ingenio praeditus haudquaquam ignorabas; propterea illi in prima philosophia potius esse elaborandum, quae ut dignitatis et eminentiae ita et plurimum habet laboris. Ab utroque sane mea sententia optime quidem provisum est: abs te qui tam commode suaseris, ab illo quod morem tuo consilio gesserit. Quod si verum citra invidiam fateri volumus, nihil est hac disciplina (quam sapientiam appellitant) optabilius, praestantius, homini aptius, homine dignius; cuius profecto studium qui non amplexatur, haud equidem video quidnam sit quod capessendum existimet; in qua qui studiose et condecenter versabitur, is iure optimo beatissimus habendus est. Quod Naso aperte et praeclare cecinit:[3]

> Felices animae, quibus haec cognoscere primum,[a]
>   Inque domos superas scandere cura fuit.
> Credibile est illos pariter vitiisque iocisque[b]
>   Altius humanis exeruisse caput.
> Non Venus et vinum sublimia pectora fregit,
>   Officiumque fori, militiaeque labor.
> Nec levis ambitio perfusaque gloria fuco,
>   Magnarumque fames sollicitavit opum.
> Admovere oculis distantia sidera nostris,
>   Aetheraque ingenio supposuere suo.
> Sic petitur caelum: non ut ferat Ossan Olympus,
>   Summaque Peliacus sidera tangat apex.

Quibus me hercule versibus noster Carolus graphice et vere videtur

a. primis *Ovid, ed. Merkel, p. 209*   b. locisque *Ovid*

depingi. Nemo est enim qui te uno melius novit quam sit alienus ab his omnibus quamque ea nihili pendat, quae ceteri vel appetunt vel admirantur, satis ipse superque habens si animo, hoc est contemplationi, indulgeat. Reliqua vero iocus, lusus, vinum, venus, castrensis aut urbana negotiatio, pecuniae honorisve cupido, pro quibus miseri mortales tot et tantos cruciatus subeunt (ea inquam omnia) ab eo tantopere absunt, ut merito autument se infestiorem habere neminem. Talis est nimirum qualis a Gellio fuisse Socrates memoratur, cuius verba subieci: "Stare solitus Socrates dicitur pertinaci statu perdius atque pernox a summo solis[c] ortu ad solem alterum orientem inconivens, immobilis, iisdem in vestigiis et ore atque oculis in eundem locum directis, cogitabundus tanquam quodam secessu mentis atque animi facto a corpore."[4] Ad hunc fere modum hic etiam Carolus quandoque biduum, quandoque triduum aut eo amplius a nostrum nemine videri solet; habetque quam minimam aut nullam corporis rationem, satis esse deputans si animo soli inserviat. Unde effectum est, ut mensibus superioribus dolorem stomachi febremque et eam quidem periculosam atque ancipitem contraxerit; qui dum fideliter a nobis admoneretur ut sui curam gereret: satis esse, inquit, si animae bene sit, corpus autem non esse magni faciendum. Medicus itaque de huiusmodi aegrotatione factus certior (tametsi, mi Iacobe, abs te itidem alias fuisset monitus), eum iusta obiurgatione incessuit, quod relicta corporis cura animum tantummodo foveret. Non enim animum sine corporis diligenti ministratione valere posse asserebat, cum alterum alterius adminiculo sit indigens. Factus deinde valitudine firmiori ad pristinum institutum est reversus, ac in ea philosophiae parte quae maxima, quae divina est hoc isagogicon excussit; quod ad te imprimis mittendum censui, qui primus in hac Academia extiteris, qui philosophiam Latine loqui docuisti, qui veram et integram ac nitore splendicantem philosophiam restaurasti, eliminata omni verborum barbarie, qua ipsa infelix tot annis oppressa in tenebris horrida, senta, aspera delitescebat. Nunc vero te ductore et auspice de bonis disciplinis melius sperare licet, quae tibi non minus debebunt et debent quam suo Roma Camillo.

Expectabamus hoc Ianuario tuum ad nos regressum; sed certum

c. lucis *Gellius, ed. Hesius, I, 91*

esse video quod meo Briconneto[5] astruere conabar, Ianum inquam qui biceps bifronsque tantummodo antea ferebatur, iam bilinguem esse ac mendacem factum. Quare ne modum excedat epistola, hoc unum multis precibus efflagitamus, ne et ipse Februarius Iano proximus spem votaque nostra fallat. Vale. Et tuam domum prope diem revise. Ex tuo Cardinale vigesima quinta Ianuarii.

1. See ep. 34.
2. See ep. 23.
3. *Fasti* I, 297–308.
4. *Noctes Atticae* II, 1, 2.
5. See ep. 43. This is the earliest reference to L.'s long association with Guillaume Briçonnet.

38

To Jacobo Ramírez de Guzmán   Paris. February 10, 1504.

Pro Piorvm Recreatione: Et In Hoc Opere Contenta. Epistola ante indicem. Index contentorum. Ad lectores. Paradysus Heraclidis. Epistola Clementis. Recognitiones Petri apostoli. Complementum epistole Clementis. Epistola Anacleti, Paris, Guy Marchant for Jean Petit, 13 July 1504, sig. A, i, v.

The epistle prefaces L.'s editions of the *Lausiac History* of Palladius, selections from the pseudo-Clementine literature, and a letter of Pseudo-Anacletus.

Iacobus Stapulensis reverendo patri D. Iacobo Ramirio[1] episcopo Catinensi.

Heraclidis Alexandrini[2] et Recognitionum Petri apostoli[3] libros, eos arbitror qui legerint duplicem suae lectionis reportaturos mercedem, pietatis videlicet atque doctrinae, quae duo praecipua videntur quae hominum mentes ad Deum elevent, sine etiam quibus ianua vitae semper clausa videtur. Quare operae pretium me facturum duxi et praesentibus et futuris, si libros illos vetustate et situ in antiquis bibliothecis marcentes recognoscerem, recognitos autem quasi de carceris squaloribus exemptos plurimorum (et praesertim eorum qui religiosa mente sunt) virorum oculis legendos ingererem.

Et eo quoque libentius Heraclidis veracem historiam humili Christianoque stilo et simplici veritate absque ullo fuco subnixam ingessi, quod nunc de patribus Aegypti pro vera legatur historia titulo Hieronymi, quam in ea quae est ad Ctesiphontem epistola ipse Hieronymus accusat atque damnat, eam Rufini esse declarans, complura pro veris falsa continentem.[4]

De Recognitionibus vero Petri per Clementem gloriosum Christi martyrem non aliud afferre possum iudicium quam quod celebratissimae memoriae afferre solebat Mirandula, doctrinam continere apostolicam.[5] Neque beatissimus martyr Anacletus aliud sensisse videtur, cum Clementem praedecessorem suum apostolicum virum et spiritu Dei plenum citat.[6]

Et arbitror te, studiosissime praesul, multo amplius (cum legeris) opus ipsum probaturum, quod vanitatum genus omne penitus eliminet. Primum namque magiae ludificamenta confutat, ne quis postmodum errorum suorum confugia sub alicuius magiae velamento quaerat; nam profecto nulla bona est, et figmentum est ullam esse naturalem ullamve bonam, et eorum qui sub honesto nomine nequitiarum suarum ad multorum perniciem velamenta quaerunt.[7] Confutat etiam divinatoriam astrologiam longe serpens et a multis etiam nunc receptum malum, et qua pythonici,[a] necromantici et impuri theurgici omnes sub peritiae astrorum nomine suas contegunt impietates. Cultum etiam gentilium deorum et rituum insanias funditus extirpat et doctrinam totius pietatis agnitionisque divinae summam continentem mentibus humanis inserit. Igitur hoc opus a primis nostrae religionis profectum episcopis et ex Graecia ad Gaudentium gloriosum Christi martyrem pariter et Ariminensium episcopum[8] Romano sermone directum ad te etiam episcopum mitto, quasi suo quodam haereditario iure de episcopis transeat ad episcopos, ad te inquam religiosi proposti virum et ex Gudmanorum familia (unde et beatissimus Dominicus totius gregis praedicantium dux) ortum.[9] Per te Christianum et sanctae eruditionis Petri apostoli opus celebres Hispaniae legent, quamquam scribit et Sophronius beatissimum apostolorum principem Petrum dum etiam ageret in humanis invisisse Hispanias.[10] Vale. Parisiis. X Februarii. M.D.III.

1. See ep. 28.
2. The work L. printed under the title *Paradysus Heraclidis* is the short re-

a. phitonici *ed.*

cension of the *Historia Lausiaca* of Palladius (420), biographical sketches of the author's anchoritic friends, associates, and predecessors and an important source for the history of early monasticism. Palladius's original Greek text (critical ed. by Dom Cuthbert Butler, *The Lausiac History of Palladius*, Cambridge, 1898–1904, *Texts and Studies*, VI, 1–2, II, 1–169; cf. the text of A. Lucot, Paris, 1912 and the English translation by Robert T. Meyer, *Ancient Christian Writers*, XXXIV, Westminster, Md., 1965) was revised and enlarged c. 440 by Heraclidas, bishop of Nyssa (not Heraclides of Cyprus, bishop of Ephesus: E. Honigmann, "Heraclidas of Nyssa," in *Patristic Studies*, Vatican City, 1953, *Studi e Testi*, CLXXIII, 104–122). By a natural confusion many Greek and Latin manuscripts mistakenly attribute the *Historia Lausiaca* to "Heraclides, bishop of Cappadocia" or, like L., to "Heraclides eremita" or "Heraclides Alexandrinus." A Latin translation of Palladius's original text existed already in the fifth century. In the late fifth or early sixth century the Roman deacon Paschasius revised this older translation on the basis of a Greek manuscript of Heraclidas of Nyssa's expanded text and incorporated a good many of his enlargements in it (Cardinal Rampolla de Tindaro, *Santa Melania giuniore senatrice Romana*, Rome, 1905, pp. XLIV–LI). The Latin *Lausiac History* is found in most manuscripts in this debased form, and it is this version L. published. Cf. Altaner, *Patrologie*, 199–200.

3. The pseudo-Clementine literature consists principally of two versions of a legend about the travels of Peter, his disputes with Simon Magus, and his relations with his pupil Clement of Rome. One version, twenty *Homilies*, survives in Greek; the other, the *Recognitiones Petri apostoli*, is preserved in its complete form only in a translation by Rufinus. L.'s edition is the first of this latter work, a *Wiedererkennungsroman* in the tradition of the apocryphal Acts of the Apostles. In its present form it dates, perhaps, from 360–380 (Altaner, *Patrologie*, 83–84; text, *MG.* I, 1205–1454; and on the translation, F. X. Murphy, *Rufinus of Aquileia*, Washington, D.C., 1945, pp. 195–201).

L. rounded out the volume with two apocryphal letters: one by [Pseudo-] Anacletus (P. Hinschius, *Decretales Pseudo-Isidorianae*, Leipzig, 1963, p. 65) and another, also from the pseudo-Isidorian decretals (Hinschius, *op. cit.*, pp. 30–46), ascribed to Clement himself. The first half of this letter was in fact one of the original prefaces of the pseudo-Clementine *Homilies*, and L. appropriately printed it as an introduction to the *Recognitiones*. The second half of the letter dates from the ninth century. L. printed it after the *Recognitiones* under the title *Continuatio Epistole Clementis*. He assumed both letters to be genuine and of apostolic authority.

4. L. refers to the *Historia monachorum in Aegypto sive de vitis patrum* (*ML.* XXI, 378–462), a second important source for the early history of monasticism in the East. In the vast majority of manuscripts and in all the many early printed editions it is attributed to St. Jerome. L. seems to have been the first scholar to attribute it to Rufinus on the evidence of Jerome's letter to Ctesiphon (*Ep.* 133, ed. I. Hilberg, *CSEL.* LVI [1918], 246; see the appendix below). Despite Jerome's testimony, it is now certain that the Latin *Historia monachorum*

is not an original work of Rufinus, but his translation of an earlier Greek original (Greek text in E. Preuschen, *Palladius und Rufinus*, Giessen, 1897, pp. 1–131; cf. A. J. Festugière, "Le Problème littéraire de l'*Historia monachorum*," *Hermes*, LXXXIII [1955] 257–284), possibly by Timotheus of Alexandria c. 400 (Butler, *op. cit.*, I, 276–277). Cf. F. X. Murphy, *Rufinus*, 175–179 and Altaner, *Patrologie*, 199.

5. *Apologia (de salute Origenis disputatio)*, in *Opera* (Basel, 1557), 204: "... Clemens apostolorum discipulus, qui Romanae ecclesiae post Apostolos episcopus et martyr fuit, libros edidit, qui appellantur Recognitio, in quibus cum ex persona Petri doctrina quasi vere Apostolica exponatur, in aliquibus ita Eunomii dogma inseritur, ut nullus alius quam ipse Eunomius disputare credatur, filium Dei creatum de nihilo dicens."

6. *Ep.* 1, 3 (ed. Hinschius, p. 68): *praedecessor noster Clemens, vir apostolicus et spiritu domini plenus*. Some manuscripts read *dei* for *domini*.

7. This was not L.'s opinion of natural magic when he wrote his *De magia naturali* c. 1493. See his very favorable opinion of it quoted by Renaudet, p. 151, note 1 and Thorndike, IV, 513–516. Cf. Michael Hummelberg's report to Christopher Sertorius in 1512 (A. Horawitz, *Michael Hummelberger*, Berlin, 1875, pp. 39–40): "Quod vero de Magia desideras, nihil habeo, nisi quod a praeceptore meo Jacobo Fabro Stapulensi olim accepi, nullam scilicet magiam bonam, figmentum etiam ullam esse naturalem, et eorum qui sub honesto nomine nequitiarum et errorum suorum ad plurimorum pernicien et cladem velamenta quaerunt, merum delirium, vanissimis vaniores esse, et nimia curiositate deceptos, qui post magica deliramenta insaniunt, et usque adeo furore nefando agitantur, ut magi aperte et publicitus nominari velint." His earlier enthusiasm is perhaps attributable to Pico della Mirandola, especially to Pico's warm defense of natural magic in the *Conclusiones* and *Apologia*.

8. Rufinus translated the *Recognitiones* at the request of his friend Gaudentius of Brescia and dedicated the book to him. L. has confused this Gaudentius with Gaudentius of Rimini (*Acta Sanctorum*, December, V [1940], 453 and October, VI [1794], 458–473), a saint unknown to the ancients. Cf. Rufinus's preface: "... ut Clementem nostrae linguae redderemus, et tu [Gaudentius] deinceps iure haereditario poscebas" (*MG*. I, 1205).

9. St. Dominic's family name was Guzmán. Cf. A. Bremond, *De Guzmana Stirpe S. Dominici* (Rome, 1740).

10. [Pseudo-] Sophronius, *De Laboribus, certaminibus et peregrinationibus SS. Petri et Pauli* (*MG*. LXXXVII, Part 3, col. 4013).

Appendix. To the reader   [Paris. Before July 13, 1504.]

Paradysus Heraclidis, sig. A, iv, v–a, i, r.

Ad lectores.

In eo temporis articulo quo superior index typis formaretur, quidam nostrorum epistolam legens protinus interrogat, quisnam fuerit
Heraclides ille cuius librum subieci. Nunquid Hieronymus, inquit,
aut Gennadius illius meminit? Non, inquam, quantum ipse sciam; sed
ex opere ipso quisnam ipse fuerit agnosci potest, quod Alexandrinus,
quod Christi succensus amore inter deserta et antra ferarum paupe-
riem secutus, quod Bithyniae (ipso quidem invito ac reclamante) totius
populi suffragio in episcopum suffectus. Sed et in Catalogo sanctorum
de eo scribitur hoc pacto: "Heraclides confessor claruit in Aegypto
temporibus Valentiniani augusti, patria quidem Alexandrinus, ab Isi-
doro sancto abbati Dorotheo ad eremi disciplinam commissus, qui
defuncti Dorothei antro successit. Historiam de vita anachoretarum
fideliter texuit, quem librum Paradysum nuncupavit."[1] Similia etiam
scripsere qui de scriptoribus ecclesiasticis meminerunt.[2] Huius igitur
sancti viri et Christi confessoris librum subieci.

Ille hoc audito contentus: satis, inquit, de illo est. Sed illi non
facile assentiar, Hieronymum eum librum (cui titulus est Vitae patrum) non scripsisse; nam ipse Hieronymus in ea regula sanctimonia-
lium quam scripsit ad Eustochium et reliquas virgines capite decimo
ita scribit: "Dum igitur per eremorum antra septem annis sanctos
patres degentes, ibidem in terris velut in caelis angelos assistentes,
assiduo labore itineris arduisque vivendi incommodis ceterisque innumeris calamitatibus peragrando [visitarem], de quorum vita moribusque mirificis, quae luculenter ipse perspexi, libellum compegi, qui
vobis ut lucerna stat[a] in candelabro ad meditationem religionis et
vitae."[3] Vides igitur quo pacto liber De vita et moribus sanctorum
patrum compositus sit ab Hieronymo; quem enim alium certiorem
quam ipsum advocabimus testem?

Non inquam alium; sed nec diffiteor ipsum de vita et moribus
sanctorum scripsisse. Verum non ideo continuo sequatur librum
quem vulgo Vitas patrum nuncupant Hieronymi esse; neque sine

a. *om. Migne*

Hieronymo teste et auctore id frontis asserit epistola. Tunc iubeo afferri librum satis vetustum, vitas patrum (ceu loquuntur) continentem, simul et afferuntur epistolae Hieronymi. Capita vero libri (qui instituta vitae sanctorum patrum continebat) haec erant:

1. Ioannes	17. Theon
2. Apelles	18. Isidorus
3. Paphnutius	19. Serapion
4. Helias	20. Apollonius mar.
5. Pytirion	21. Dioscorus
6. Eulogius	22. Cellae Nitriae
7. Apollonius	23. Ammonius, fratres eius
8. Ammon	Eusebius et Euthymus
9. Copres	24. Didymus
10. Mutius	25. Cronius
11. Helenus	26. Origenes
12. Syrus abbas	27. Evagrius
13. Or	28. Duo Macarii
14. Ammon	29. Ammon
15. Beno	30. Paulus simplex
16. Civitas quaedam	31. Piamon
	32. Ioannes

Aperio denique Hieronymi epistolas, et quae quaerebatur ad Ctesiphontem de libero arbitrio contra Pelagianos haereticos facile se nobis obtulit; infra principium vix margine uno legere coepit qui nobiscum aderat honestus iuvenis Ioannes Solidus urbe Cracovia oriundus,[4] hoc pacto: "Evagrius Ponticus Hyperborita,[b] qui scribit ad virgines, scribit at monachos, scribit ad eam, cuius nomen ingredinis testatur et perfidiae tenebras, edidit librum et sententias *peri apathias*, quam nos 'impassibilitatem' vel 'imperturbationem' dicere possumus, quando numquam animus ulla perturbatione,[c] contagione et vitio[c] commovetur et, ut simpliciter dicam, vel saxum vel deus est. Huius libros per orientem Graecos (et interpretante discipulo eius Rufino) Latinos plerique in occidente lectitant. Qui librum quoque scripsit quasi de monachis multosque in eo enumerat, qui numquam

b. Hiborita *Hilberg*   c. cogitatione et uitio *Hilberg*

fuerunt, et quos fuisse scribit[d] Origenistas ab episcopis damnatos esse non dubium est: Ammonium videlicet et Eusebium et Euthymum et ipsum Evagrium, Origenem[e] quoque et Isidorum et multos alios quos dinumerare[f] taedium est. Et iuxta illud Lucretii:

Ac veluti pueris absinthia taetra medentes
Cum dare[g] conantur, prius ora, pocula circum,
Contingant[g] dulci mellis flavoque liquore.

Ita ille unum Ioannem in ipsius libri posuit principio, quem et catholicum et sanctum fuisse non dubium est, ut per illius occasionem ceteros, quos posuerat, haereticos ecclesiae introduceret."[5]

Satis est, inquam; et haec cum legisset adulescens: recognosco, inquit ille, Ioannem illum in fronte libri tanquam vexilliferum, recognosco Isidorum numero 18, Ammonium, Eusebium et Euthymum numero 23, Origenem et Evagrium numeris 26 et 27. Ergo hic liber, inquam, teste Hieronymo potius Evagrii Hyperboritae et Rufini quam Hieronymi est. Quem enim maiorem Hieronymo ipso requiris testem? Fateor, inquit. Adiunxi praeterea ex vita Ioannis, eum qui librum composuit presbyterum non fuisse, sed solum diaconum, non senem, sed iuvenem (et accepto libro ita esse comperit);[6] Hieronymum autem cum deserta petiit et presbyterum fuisse et aetate senem nullus forte dubitat. Nullus, inquit. Desideratur igitur liber ille de quo scripsit ad virginem Eustochium neque nunc habetur. Annuit ille; adiecitque insuper: Hieronymus propter quem potius videbamur quam eramus discordes, inter nos concordiam fecit. Itaque salute data ipsoque discedente, in officina manens altercatiunculam nostram conscripsi. Valete et semper quae meliora et veriora sunt quaerite.

1. Petrus de Natalibus, *Catalogus sanctorum* (Cologne, 1521), p. 191.
2. Trithemius, *De scriptoribus ecclesiasticis* (Cologne, 1531), fol. XXv.
3. [Pseudo-] Jerome, *Regula monacharum*, 10 (*ML.* XXX, 401).
4. See ep. 63.
5. *Ep.* 133, 5–7 (ed. Hilberg, *CSEL.* LVI, 246). Cf. Lucretius, I, 935–937.
6. *Historia monachorum*, 1 (*ML.* XXI, 394 B): "Erat enim diaconus . . . et . . . adolescentior ceteris."

d. describit *Hilberg*
e. Or *Hilberg*
f. enumerare *Hilberg*

g. damus, prius ora circum/inlinimus *Hilberg*

39

Ioannes Caesarius to Servatius Aedicollius
Deventer. November 13, 1504.

Fundamentum Logice. Jn hoc libello continetur ars terminorum in libros logicorum Aristotelis. precipue autem in currentem logicam introductoria. Quicunque ergo nunc voles logice artis studiose adolescens in utraque operam nauare fac huuc [sic] *libellum compares qui paruo ere comparatus magno te labore leuabit,* Deventer, Richard Pafraet, 26 Nov. 1504, sig. A, i, v (The Hague, Roy. Lib. *B. Belg.* C 369; Nijhoff-Kronenberg, no. 2679); Deventer, Richard Pafraet, 18 Aug. 1507, sig. a, i, v (Brussels, Bibl. roy. Nijhoff-Kronenberg, no. 2680); Deventer, Theodor de Borne, 8 March 1510, sig. a, i, v (Lüneburg, SB. Nijhoff-Kronenberg, no. 2681); Paris, Christian Wechel, 1534, pp. 2–3 (Paris, BN. *B. Belg.* C 370). The text is that of the first edition. The epistle will also be found in the following other editions of the *Fundamentum logicae*: Paris, François Gryphius, 1538 (London, BM.); Paris, Christian Wechel, 1538 (Paris, BN.); Paris, Simon de Colines, 1540 and 1544 (Paris, BN. Renouard, *Colines,* 326 and 392); Lyons, Seb. Gryphius, 1544 (Paris, BN. Baudrier, VIII, 186–187); Paris, Christian Wechel, 1545 (*B. Belg.* C 373). See also Massaut, I, 33-34.

Servatius Aedicollius of Cologne (1483–1516) taught the humanities at St. Lebwin's School in Deventer. An epitaph by Murmellius fixes his dates precisely: "Vixit annis xxxiij: mensibus duobus. Obiit anno domini M.D.XVI. v Idus Julii" (*Servatii Aedicollii Agrippini: de vita Sancti Wilbrordi primi et ultimi Archiepiscopi Traiectensis carmen hexametrum,* ed. J. Murmellius, no place of publ., [1516]. Paris, BN.). In 1512 he published a commentary on Petrarch's *Bucolicum carmen* (Deventer, Albert Pafraet, 29 Nov. 1512) and a translation of Homer's *Batrachomyomachia* (Deventer, Jakob von Breda, June 1512). See Krafft and Crecelius, p. 264; D. Reichling, *Johannes Murmellius* (Freiburg-im-Breisgau, 1880), 98, 101, 152; and Renouard, *Badius,* II, 496.

The epistle prefaces the commentary of Caesarius on Clichtove's *In terminorum cognitionem introductio* (see ep. 13, note 1 and ep. 25).

Ad Servatium Aedicollium[a] bonarum artium studiosissimum Ioannis Caesarii Iuliacensis[1] epistola.

Quotiens[b][c] in mentem venit pristinae nostrae consuetudinis ac familiaritatis, Servati carissime, praecipue vero illius quod tum de litterarum atque artium institutione sermones ultro citroque saepius

a. Agrippinum *post* Aedicollium *1510*   c. mihi *post* Quotiens *1510*
b. Quoties *1534*

conferre solebamus, et quam molestum nunc sit atque taediosum non modo quasdam artes dediscere (si tamen artes dici merentur) verum multo difficilius atque molestius eas aliis adhuc tradere atque docere, non possum non vehementi vecordia affici ad docendum diutius, praesertim quod in his nullum tandem modum vel coniicere liceat. Coepi ego aliquando pro institutione artis grammaticae elegantissimum Nicolai Perotti opusculum[2] scholasticis meis exhibere, in quo etiam nonnulli citissime instituti sunt ac profecerunt, sed parum (fateor) id nobis tentasse profuit. Quin vero et nihil quoque aut parum prodesse video ipsis pueris, tametsi mille nunc huiusce rei opuscula extent, et quidem praeclarissima, ex quorum tamen[d] unoquolibet plus ipsi proficerent in uno anno quam nunc in tribus aut certe decem ex Alexandri Galli ineptis atque superfluis versibus.[3] At haec quidem de[e] institutione grammaticae. De logica autem (ut interim de aliis disciplinis taceam) quemadmodum nunc ipsa quoque doceatur, quis est etiam paulo limatius edoctus qui non huiusmodi rem derideat, nisi quis tamen[f] obstinata fronte malit eam[g] defendere quam aliter[h] in ea ipsa denuo institui, ne ob id iam nihil antea didicisse videatur? Sunt tamen et inter nostrates quoque qui nihilominus aperte etiam aliam instituendi viam in hac ipsa aggrediuntur. Inter eos autem qui idipsum iamdudum facere tentaverunt, praecipuus est Iacobus Faber Stapulensis vir equidem doctissimus, qui quantum in ipsa Logica Aristotelis non modo dignis quibusdam annotationibus illustranda, verum etiam et castiganda et a corruptione vindicanda elaboraverit, ipsa eius opera plane indicant atque ostendunt.[4] Extant praeterea pulcherrimae Introductiones eiusdem in dialecticam cum elegantissimis commentariis Iudoci Clichtovei, cuius nos nunc quemdam libellum titulo et inscriptione De Cognitione terminorum introductorium in logicam, nostro more brevibus quibusdam commentariis elucidare curavimus, quae et tibi iam nunc, mi Servati, recognoscenda destino. Et utinam tam bene quam libenter aliquid scribere pro recta institutione doctrinarum possemus. Tu itaque si ea vel mediocriter probas, ad maiora fortassis nos incitabis vel talia vel similia conscribere. Vale ex Daventria, Idibus Novembribus.

d. tunc *1507, 1510, 1534*
e. in *1534*
f. tam *1534*

g. adhuc *post* eam *1510*
h. *om. 1507, 1510, 1534*

1. See ep. 32.

2. Perotti, *Rudimenta grammatices*, written in Viterbo in 1468. It was reprinted over sixty times in the fifteenth century alone. See G. Mercati, *Per la cronologia della vita e degli scritti di Niccolo Perotti, Studi e Testi*, XLIV (Rome, 1925).

3. See D. Reichling, *Das Doctrinale des Alexander de Villa-Dei, kritisch-exegetische Ausgabe* (Berlin, 1893).

4. L.'s edition of the *Organon*, with *scholia* and paraphrases (Paris, 1503). See ep. 27, note 3.

40

Mario Equicola to Francesco Soderini
Paris. December 11, 1504.

In hoc opere continentur totius phylosophie naturalis paraphrases, Paris, Henri Estienne, 2 Dec. 1504, fol. 348v; III (1512/1513), fol. 336r; IV (1528), ff. 356v–357r. The text is that of the first edition. The epistle will also be found in IIIa, V, VI, XI–XV. Some copies of the first edition (for example, Harvard's) lack this epistle. In these, fol. 348v is blank. Evidently the epistle was included after some copies had already been printed.

Mario Equicola was born in 1470 in Alvito, part of the hereditary dominions of the dukes of Sora (see ep. 42). After studying in Naples, Rome, Florence, and Paris, he joined his former lord in exile as the private secretary of the duchess of Sora, Margherita Cantelma. He was often employed as a political agent by Cardinal Ippolito d'Este and Duke Alfonso I of Ferrara. From 1508 until his death on 26 July 1525 he was in the service of the Gonzaga, first as the preceptor, then, after 1519, as the secretary of Isabella d'Este. A prolific author, his principal works are a *Chronica di Mantua* (1521) and the *Libro de natura de amore* (Venice, 1525). Equicola was in France on a private mission for Ippolito d'Este from the autumn of 1504 until Jan. 1506, when he left for Naples (A. Luzio and R. Renier, "La coltura e le relazioni letterarie di Isabella d'Este Gonzaga," *Gior. stor. d. lett. ital.*, XXXIV [1899], p. 3, note 1). He was obviously attentive to L., who reciprocated by dedicating Onosander's *General* to the son of Equicola's patron Sigismondo Cantelmo (ep. 42). We learn his more objective opinion in a letter to Isabella d'Este from Blois dated 22 Nov. 1505. He reported that he had found nothing new in France that could possibly interest her. See L.-G. Pelissier, "Prêt et perte de manuscrits de la bibliothèque de Louis XII," *Rev. des Bibliothèques*, III (1893), 361–362; D. Santoro, *Della vita e delle opere di M. Equicola* (Chieti, 1906); Pio Rajna, "Per chi studia l'Equicola," *Gior. stor. d. lett. ital.*, XLVII (1916), 360–375; C. P. Merlino, "The French Studies of Mario Equicola (1470–1525)," *University of California Publications in*

Modern Philology, XIV (1929), 1–22; and Cosenza, I, 62.

Francesco Soderini (1453–17 May 1524), the brother of Pietro Soderini, was bishop of Volterra (1478–1509), Cortona (1504–1505), Saintes (1507–1514), Narni (1515–1517), and Anagni (1517–1523), and cardinal (31 May 1503). He was sent on several diplomatic missions to France by the Florentine Republic, and in 1501 and 1502 was its resident ambassador at the court of Louis XII. For his dispatches from France see A. Desjardins, *Negociations diplomatiques de la France avec la Toscane* (Paris, 1859), I, 637–638.

The epistle is a complimentary postscript to L.'s *Aristotelis philosophiae naturalis paraphrases* (see ep. 1).

Marius Aequicolus Olivetanus D. Franc. Soderino S.R. Ecclesiae Cardinali Vulterrano S.

Non est effeta usque adeo parens natura, ut praeclara ingenia in dies magis non pariat. Quis in poeticis Io. Pontanum et Carmelitam Baptistam Mantuanum praestantissimos neget? Quis Io. Picum et Marsilium Ficinum in remotioribus scientiis non suspicit? Quis in multiplici rerum cognitione Hermolaum Barbarum et Ianum Lascharim nostrum non laudat? Quis demum in reserandis philosophiae latebris Iacobum Fabrum Stapulensem non admiratur? Ecce fores nobis aperit ad rerum naturalium cognitionem, quosque ipsemet Aristoteles de physica auscultatione libros editos et non editos fatetur, sic cognobiles fecit ut a materia, forma et privatione per causas ipsas, per motum et quietem, tempus plenum et finitum, ad motorem illum unum immobilem pervenire sine offensione possimus. Inde ubi quintum patuerit elementum ad quattuor illa simplicia erit amoenissimus facillimusque descensus, quibus cognitis generatio fiet palam et corruptio. Ab iis quae proxima supra nos regione generantur, viscera perscrutabimur altricis terrae; falsasque de anima veterum philosophantium edocti opiniones, veram illius definitionem cum cognoverimus, per latebras et quasi invia utriusque intellectus Paraphraste Fabro rimabimur veritatem. Sensu et memoria quasi conniventibus in somno paululum quiescemus. Mox experrecti ex longa vita, quam tibi perquam precamur, ad metaphysicam sublimitatem introducemur. Si Aristotelem igitur veneramur, hunc admiremur. Si ad illius sensa cupimus penetrare, hunc perlegamus: definit, partitur, colligit, explicat, refutat, astruit, enucleat, docet, et tanquam exortus aereus sol tenebras ab omni lectione discutit, fugat, removet. Hunc ad te mittimus ut et legas et nostro saeculo congratuleris. Habeant iam

suos qui velint Themistios, Alexandros, Simplicios; Mario satis erit
tantisper suus Faber, atque ut hendecasyllabo concludam:

> Paupertas mea me lare in latenti
> Tuto contegat, ambitu remoto, ·
> Contentus modicis, meoque Fabro,
> Vivam absque invidia, valete curae:
> Vita in continuo labore mors est.

Ex Lutetia Parisiorum iij. Idus Decembris M.D.IIII. a partu virginis.

41

From Charles de Bovelles [Paris. c. 1504.]

*Libellus de constitutione & -vtilitate artium humanarum: in quo & applicatio
sermocinalium ad rerum disciplinas, atque imprimis Dyalectice: edocetur,* Paris,
Gaspard Philippe for Jean Petit, [c. 1504], fol. Iv (London, BM. Oxford.
Sélestat. Walter, p. 253, no. 810). The date is uncertain. On 8 May 1505 Bovillus
was in Brussels (*Liber de intellectu. Liber de sensu . . .*, Paris, Feb. 1510/1511,
sig. z, ii, v), and from there went to Spain and Italy (1505–1507). The *Libellus
de constitutione et utilitate artium* is an introductory textbook, similar in style
and method to the other manuals he published in connection with his teaching
at Cardinal Lemoine between 1500 and his departure for the Netherlands. He
wrote it perhaps in 1503–1504 and published it after his *Introductio metaphysica*
(25 Jan. 1504).

Carolus Bovillus Veromanduus Iacobo Fabro suo Stapulensi, disciplinarum partium tutandarum auctori acerrimo ac fulgentissimo[a] earun-
dem decori[b] inclito.

Etsi diversa inter nos alterutrum corpora trahimus, macte virtute
verum ab diversis hinc et hinc animorum libertas ad unum nos idem
continet; quae et ipsa quidem animas transfert suisque iubet corporibus excedere, diversis hunc in modum facilem in seiuncta vehicula
aditum consternens. Ac non modo idipsum, sed et demum duas in
tertium quippiam ab utrisque iungit, quod et probe quidem nosti in
amicitiae ratione ex toto contingere. Meant enim amicorum animi in
sese imprimis, tum denique aequa veluti proportione coniuncti ab se

a. fulgentissimi *ed.*   b. decoris *ed.*

ipsis rursus in medium dilabuntur, ad quod ipsorum una est quidem voluntas unusque ipsius delectus, qui et finem utrisque concludit eundem. Ne itaque velim putes te a me diversum. Ceterum hoc ipsum potius propositi tui praesumens asserere ausim, pares invicem tuum meumque animos esse. Atque ambobus eandem finis rationem proponi. Sed iampridem contigisti quo nunc usque mihi est cursus, in eoque versaris ab tempestatum fluctibus tutissimus, cui laetus toto remigio pansisque in Aeolios spiritus velis adnavigo, haud mihi adusque in tutum^c ab horrendae Carybdis et Scyllae faucibus constans. Tibi enim rationis impetus est ardens in supplementis humanarum imprimis artium digne proque maiestate instaurandis, qui satius disiectis humanis artibus provides, non posse quemquam sine ipsis ad divina pertendere; hoc ideo quod cum duo sint hominis gradus, naturae et intellectus, hic secundus, ille primus, non possit homo in secundo constitui nisi post primum, qui naturalis est; ex cuius ordine paritur intellectus, ex quo equidem et ars subinde gignitur,^d per quam vivit homo, perinde ac animantia bruta secundum naturam. Ac par quidem mihi sub te motus inest voluntatis, cui nisi propositi iamdudum^e ac comminus tecum finis assecutione modum imponere audeam. Igitur quae imprimis ad dignam constitutionis utilitatisque artium humanarum (prouti a primis auctoribus emanarunt suique usus sunt ipsis aptati) rationem clarius apertiusque quibusque enuntiandam visa ex modo necessaria, humile nostrae mentis iudicium edidit, sub tui nominis, insigne, in lucem traducta benignus agnosce, eo quidem vim totam splendoris sortitura suumque decorem. Vale.[1]

---

1. Jean Pelletier (see ep. 102) contributed the following verses (fol. XXIIIIv):

Ioannis Pellitarii decastichon ad lectores.

Candide succincti lector cole sensa libelli,
   Quae sapiant (quamvis sint breviora) virum.
Gemmea Cecropiae reserantur et atria divae,
   Palladis et comites hoc duce quaeque patent.
Ah quam magna fuit sollertia sedulitasque
   Priscis (dum Musas excoluere) viris.
Quoque modo propria dederint has arte paratas,

c. totum *ed.*   e. inadudum *ed.*
d. ginitur *ed.*

Hic satis haud dubie nosse superque datur.
Continuo magno cum lumine panditur harum
Usus, quo cuivis advigilare potes.
Excipe propterea tranquillo (deprecor) ore
Hoc opus, et ne sit irritus ipse labor.

42

To Francesco Cantelmo   Paris. February 21, 1505.

Onosandri viri Clarissimi ad Q. Verannium de optimo imperatore eiusque officio Opusculum plane diuinum, Paris, Badius Ascensius, 23 Dec. 1504, fol. IV. According to the colophon the printing of the volume was finished 23 Dec. 1504. L.'s preface, on the other hand, is dated 21 Feb. 1506. The latter date is an error. L. mentions Fra Giocondo's edition of Aurelius Victor's *De Romanorum imperatorum vitis*. It was published by Badius on 29 Nov. 1504 (see below, note 1). Both this edition and that of Onosander were dedicated to Francesco Cantelmo, at the request of Mario Equicola who had arrived in Paris in the autumn of 1504 (see ep. 40). The lapse of over a year between the dates of colophon and preface has no parallel in other books published by Badius. What happened was the accidental addition of a "I" to the date of the preface, which should consequently read MDV rather than MDVI. Cf. Renouard, *Badius*, III, 94.

Sigismondo Cantelmo, duke of Sora, was a member of a Neapolitan family with extensive lands in the Abruzzi. His father, Piergiampaolo Cantelmo, had made the mistake of joining a baronial uprising against Ferdinand I of Aragon; and in 1459 he had been forced to abandon his estates and put himself under the protection of Ercole d'Este, duke of Ferrara. Sigismondo became a favorite courtier of Ercole d'Este and divided his time between Ferrara (his wife Margherita was an intimate friend of Isabella d'Este) and, hoping to recover his hereditary dominions, military service with the French armies in Italy. He fought in the Neapolitan campaign of 1495 (R. Renier, "Per la cronologia e la compositione del 'Libro de natura de amore' di Mario Equicola," *Gior. stor. d. lett. ital.*, XIV [1889], 220) and with the duke of Nemours before Gaeta in 1503 (Jean d'Auton, *Chroniques de Louis XII*, ed. R. de Maulde la Clavière, Paris, 1889–1895, III, 151–152, 193). In 1505 Sigismondo was the duke of Ferrara's ambassador to the French king. His surviving dispatches date from 30 Sept. to 10 Dec. 1505 (L.-G. Pelissier, "Dépêches des ambassadeurs de Ferrare à la cour de Charles VIII et de Louis XII," *Rev. des Bibliothèques*, VIII [1898], 241). So L. probably came to know him personally.

Sigismondo and Margherita Cantelmo had several sons. Ercole, praised by Mario Equicola as a "youth outstanding in both war and letters" (Renier, *op. cit.*, 230), was captured and beheaded by the Venetians (30 Nov. 1509), an episode in the 1509 war between Venice and Ferrara immortalized in the *Orlando Furioso*, Canto 36, 6–7 (cf. V. Rossi, "La guerra dei Veneziani contro Ferrara nel 1509," *Nuovo archivio Veneto*, III [1892], 3–31). A second son was Francesco, the recipient of L.'s dedication and that of Fra Giocondo. He is perhaps the same Cantelmo, "rarissimus adolescens," recommended in 1510 or 1511 to Aldus Manutius by Lazzaro Bonamici (P. de Nolhac, *Les Correspondents d'Alde Manuce*, Rome, 1888, pp. 78–79, 81). At her death Margherita Cantelma left her fortune to Isabella d'Este, with the request that she erect a monument to the memory of Sigismondo and his sons, all dead by that date. The tomb, perhaps designed by Giulio Romano, is still to be seen in the Capella Cantelma in S. Andrea in Mantua. An inscription on it adds a few further details about Francesco: that he served the Este dukes as ambassador to Francis I, Leo X, and Charles V and died during a last attempt by the Cantelmi to recover their Neapolitan possessions during Lautrec's expedition against Naples in 1528. (The inscription is reproduced by P. Litta in his notice of the Cantelmi in *Famiglie celebri italiane*, Milan, 1819–1899, vol. II.) Cf. Pietro Vincenti, *Istoria della famiglia Cantelmo* (Naples, 1604), 54–59; Scipione Ammirato, *Delle famiglie nobili napoletane* (Florence, 1651), II, 88–89; B. Candida Gonzaga, *Memorie delle famiglie delle province meridionali d'Italia* (Naples, 1875), 156–159; and Julia Cartwright, *Isabella d'Este, Marchioness of Mantua* (London, 1915), I, 183–185.

The epistle prefaces L.'s edition of Onosander's *General*, a treatise on the duties of a military commander written during the reign of Claudius. Critical editions by W. W. Oldfather (Loeb Classical Library, 1923) and E. Korzensky and R. Vari (Budapest, 1935).

Francisco Cantelmo Sigismundi ducis Sorae filio Iacobus Faber Stapulensis S. D. P.

Cum vir eruditissimus Ioannes Iocundus Sex. Aurelium Victorem De Romanorum imperatorum vitis tibi destinaverit,[1] ut quid imitandum quid fugiendum (qui est historiae fructus) calleres, ego quoque qualem te imperatorem debeas praestare docentem Onosandrum mitto.[2] Magna de te tua pollicetur indoles, maiora paternarum virtutum aemulatio, sed longe maxima Marii Aequicoli Olivetani[3] tui immo nostri assidua de te praedicatio. Eius itaque bucina in tui nominis observationem accensi, haec ad te damus castissimi in te amoris nostri monumenta, quae uti bonam in partem accipias rogamus. Vale iuventutis Italicae specimen. Ex Parisiorum Academia ad decimum Calendas Martias, anni ad calculos Romanos M.D.V.[a]

1. Fra Giovanni Giocondo da Verona, Charles VIII's most remarkable artistic find in Italy, worked in France from 1495 until 1505 or 1506. An expert in clas-

a. MDVI *ed.*

sical philology, archeology, and epigraphy, he merited Budé's praise of him as "omnis antiquitatis peritissimus." In Paris he lectured on Vitruvius (*Libri Logicorum*, Paris, 1503, fol. 15r–v), discovered a new manuscript of Pliny's letters (published by Aldus in 1508), and worked on the text of the *Compendiosa doctrina* of the grammarian Nonius Marcellus (published by Aldus along with the *Cornucopiae* of Perotti in 1513). A dispatch of the Venetian ambassador Francesco Morosini dated 18 Nov. 1504 mentions his "grande familiarità cum domino Mario Romano [i.e. Equicola], e secretario del Duca di Sora" and suggests that he had done a good deal of discreet spying for the Venetians (Maulde la Clavière, *La Diplomatie au temps de Machiavel*, II, 293–294). His edition of Sextus Aurelius Victor, *Libellus aureus de vita et moribus imperatorum Romanorum a Caesare Augusto usque ad Theodosium* (Paris, Badius Ascensius, 29 Nov. 1504) is the pendant of L.'s Onosander. The dedication to Francesco Cantelmo runs as follows: "Francisco Cantelmo Sigismundi Cantelmi ducis Sorae filio frater Io. Iucundus Veronensis S.P.D. Imperatorum Sex. Aurelii Victoris quod antehac latuit compendium tuo nomine in lucem prodeat, cum sis supra aetatem bene litteratus, sic mihi tuae litterae sic Marius noster Aequicolus palam fecere. Vale." See Thieme-Becker, *Allgemeines Lexikon der bildenden Künstler*, XIV (1921), 64–68; Pierre Lesueur, "Fra Giocondo en France," *Bulletin de la Société de l'Histoire de l'art français* (1931), 115–144; R. Brenzoni, *Fra Giovanni Giocondo Veronese, Verona 1435–Roma 1515* (Florence, 1960); and Lucia Ciapponi, "Appunti per una biografia di Giovanni Giocondo da Verona," *Italia medioevale e umanistica*, IV (1961), 131–158.

2. L. printed Onosander in the translation of Niccolò Sagundino, a Greek who came to Italy in the suite of John Paleologus at the time of the Council of Ferrara-Florence and remained behind, first in the service of Venice and then of the Papacy. He died in Rome 23 March 1463. His translation of *The General*, dedicated to Alfonso of Aragon, was done before 1458. It was printed for the first time by Eucharius Silber in Rome in 1494: *Vegetii epitome, Frontini strategemata, Modesti de re militari, Aeliani de instruendis aciebus opus a Theodoro Thessalonicense latinum factum, Onosandri de optimo imperatore per Nicolaum Sagundinum in latinum traductus*. On Sagundino see Tiraboschi, *Storia della letteratura italiana*, 2nd ed. (Modena, 1787–1790), VI, 775–777. L.'s edition was followed by editions at Basel in 1541, 1558, and 1570. These editions do not include L.'s preface.

3. See ep. 40.

43

To Guillaume Briçonnet [Paris. c. April 1, 1505.]

Contenta In Hoc Volvmine. Pimander. Mercurij Trismegisti liber de de [sic]
sapientia et potestate dei. Asclepius. Eiusdem Mercurij liber de voluntate diuina.
Item Crater Hermetis A Lazarelo Septempedano, Paris, Henri Estienne, 1 April
1505, sig. a, i, v; XLII (1522), sig. a, i, v. The epistle will also be found in XLI.
Previously published by P. O. Kristeller, *Supplementum Ficinianum* (Florence,
1937), I, 97–98. The text is that of the first edition.

Guillaume Briçonnet (1472–24 Jan. 1534) was L.'s principal patron. Bishop of
Lodève at seventeen (24 April 1489), a president of the Chambre des Comptes
(1491–1495), vicar-general of Rheims (1497), abbot of Saint-Germain-des-Prés
(1 Oct. 1507), and bishop of Meaux (31 Dec. 1515), he was a churchman of
vigor and distinction. He published several minor works: an oration before
Julius II (Lyons, 1507); a translation of two parts of Jordanus's *Contemplationes*
(Paris, Henri Estienne, 1519) (see ep. 127); and two sermons delivered in Meaux
in 1519 and 1520 (Henri Estienne, 1520 and Simon de Colines, 1522). Many documents about Briçonnet's reforming activities at Saint-Germain-des-Prés and
Meaux have been printed by Bretonneau, pp. 132–224. The best guide to the admirable correspondence with Marguerite of Navarre (BN, ms. n. acq. fr. 11495) is
Pierre Jourda, *Répertoire analytique et chronologique de la correspondance de
Marguerite d'Angoulême* (Paris, 1930). See BN. ms. fr. 6528 (Briçonnet's trial)
and ms. lat. 12838 (his will); Ph.-Aug. Becker, "Les idées religieuses de Guillaume
Briçonnet, évêque de Meaux," *Rev. de théologie et des questions religieuses*, IX
(1900), 318–358, 377–416; Renaudet, *passim*; M. Mosseaux, *Briçonnet et le mou-
vement de Meaux* (unpub. thesis, Paris, 1923; copy in BSHPF.); L. Febvre,
Autour de l'Heptaméron. Amour sacré, amour profane (Paris, 1944), 74–105;
"Le cas Briçonnet," *Au cœur religieux du XVIe siècle* (Paris, 1957), 145–161;
DBF. VII (1956), 286–287; R. J. Lovy, *Les Origines de la Réforme française,
Meaux, 1518–1546* (Paris, 1959); and Henry Heller, *Reform and Reformers at
Meaux: 1518–1525* (unpub. Ph. D. diss., Cornell University, 1969), 21–49.

The epistle prefaces L.'s edition of the *Hermetica* and of Ludovico Lazzarelli's
Crater Hermetis.

Sacro antistiti Guillermo Briconneto episcopo Lodovensi Iacobus
Faber S.ª

Ut universa numerorum congeries in parem diducitur et imparem,

a. *om. POK.*

adeo ut nihil numeri reperiendum sit quod par non sit aut impar, licet imparis divinior natura, ita universa mortalium vita in negotium secta est et otium, in actionem et contemplationem, sed contemplatio divinior. Cui sententiae Socrates, Plato, Aristoteles accedunt, apud quos negotium propter otium et actio contemplationem finem habet, eam praesertim quae ad sapientiam pertinens mentes ad Deum sustollit.[1] Quare cum is sit optimus vitae nostrae finis, Deum scilicet cognoscere et ad ipsum pansis (ut aiunt) velis contendere totoque currere affectu, ratus sum pietati mentis tuae rem haud ingratam me facturum, si duo opuscula Mercurii Trismegisti vetustissimi quidem theologi, unum de sapientia et potestate Dei qui et Pimander, alterum de voluntate divina cui nomen Asclepius, recognoscerem, et aliquantulum lucis argumenta afferrent, recognita autem et hunc in modum iuta tibi offerrem,[2] ut si quando ex negotio ad otium respires, ut ex nocte ad oculis amicam claritatem generosa mens actione defessa, parumper quietam contemplationem offendens, divinae meditationis pabulum decerpat. Ceterum Pimandro et Asclepio Crater Hermetis non vetus sed praesentaneum, pium tamen opus adiungitur;[3] quod eo libentius a me factum duces,[b] quod cognoscam te nulla unquam rerum divinarum satietate teneri. Vale praesidium nostrum praesulumque decus.[4]

1. Cf. Aristotle, *Eth. Nic.* X, 7 and 8 and A.-J. Festugière, *Contemplation et vie contemplative selon Platon* (Paris, 1938).

2. The *Hermetica*—writings containing religious and philosophic teachings ascribed to Hermes Trismegistus—date from the second and third centuries A.D. They were written in Greek, apparently by pagans living in Egypt.

The *Asclepius* has been preserved only in a clumsy and literal Latin translation of the late Imperial period, quoted by Augustine in the *City of God* (VIII, xxii-xxvii; Scott, *Hermetica*, IV, 179–191). This was the only portion of the Hermetic writings known in the Middle Ages. It was transmitted among the works of Apuleius, and L. and his contemporaries believed him to have translated it. It was first printed with the *Opera* of Apuleius, Rome, 1469.

The history of the *Pimander* is more complex. The first Greek manuscript of the *Corpus Hermeticum* was brought from Macedonia to Florence by Leonardo da Pistoia c. 1460 (cod. Laurentianus grec. Plut. 71, 33; Bandini, *Cat. Cod. Graec.*, III, 14). In 1462 Cosimo asked Ficino to translate it. Ficino finished the translation in April 1463, prefaced it with an *Argumentum in librum Mercurii Trismegisti*, and dedicated it to Cosimo. Ficino's translation has two peculiarities. Since cod. Laurentianus 71, 33 contained only the first fourteen *logoi* of the

b. ductes *POK*.

Corpus, Ficino's translation lacks the fifteenth treatise (*Corpus Hermeticum*, XVI–XVIII in the editions of Scott and Nock). Second, he understood the different treatises to be chapters of a single book, and so gave the title *Pimander*, in reality the title only of *Corpus Hermeticum* I, to the whole. The work was extremely popular. No less than thirty-seven manuscripts are known for the fifteenth century alone. The *editio princeps* was published in Treviso 18 Dec. 1471, rapidly followed by editions in Ferrara (1472) and Venice (1481, 1483, 1491, and 1493). In 1494 L. published the first edition of Ficino's *Pimander* north of the Alps: *Mercurii Trismegisti liber de Potestate et Sapientia Dei: Per Marsilium Ficinum traductus: ad Cosmum Medicem* (Paris, Wolfgang Hopyl, 31 July 1494), "tum amore Marsilii (quem tanquam patrem veneratur) tum Mercurii sapientiae magnitudine permotus" (sig. e, iii, r). To the text L. added his own *argumenta* or summary commentaries (sig. e, iii, r sqq.).

Until L.'s edition of 1505 the fortunes of the Latin *Asclepius* and Ficino's *Pimander* had been bibliographically separate, although Ficino himself saw they complemented each other and although they are found together in some manuscripts (for example, Rome, Vaticana, cod. Ottob. lat. 2074). L.'s edition thus made available the whole of the *Hermetica* with the exception of *Corpus Hermeticum*, XVI–XVIII. To explain Mercury's meaning, L. revised his 1494 *argumenta* to the *Pimander*, wrote new ones for the *Asclepius*, and printed them in order after each section of the text. By 1516 these commentaries had passed into editions of Ficino's translation of the *Pimander* and L.'s authorship was gradually forgotten. They were commonly ascribed to Ficino until P. O. Kristeller reestablished their true origin in 1937.

L. derived his image of Hermes Trismegistus as a *vetustissimus theologus* from the *Argumentum* with which Ficino had prefaced the *Pimander*: "Eo tempore, quo Moses natus est, floruit Atlas astrologus, Promethei physici frater ac maternus avus maioris Mercurii, cuius nepos fuit Mercurius Trismegistus. (. . .) Hic inter philosophos primus a physicis ac mathematicis ad diuinorum contemplationem se contulit. Primus de maiestate Dei, demonum ordine, animarum mutationibus sapientissime disputauit. Primus igitur theologiae appellatus est auctor. Eum secutus Orpheus secundas antiquae theologiae partes obtinuit. Orphei sacris initiatus est Aglaophemus. Aglaophemo successit in theologia Pythagoras, quem Philolaus sectatus est, diui Platonis nostri praeceptor. Itaque una priscae theologiae undique sibi consona secta ex theologis sex miro quodam ordine conflata est, exordia sumens a Mercurio, a diuo Platone penitus absoluta" (ed. Paris, 1505, fol. 2r–v).

On the *Hermetica* see especially W. Scott, *Hermetica* (Oxford, 1924), vol. I; *Corpus Hermeticum*, ed. A. D. Nock, transl. A.-J. Festugière (Paris, 1945), vols. I and II; and Festugière, *La Révélation d'Hermès Trismégiste* (Paris, 1944–1954), vols. II–IV. On the Hermetic writings in France: D. P. Walker, "The *Prisca Theologia* in France," *Journal of the Warburg and Courtauld Institutes*, XVII (1954), 204–259; and Jean Dagens, "Hermétisme et Cabale en France de Lefèvre d'Etaples à Bossuet," *Revue de Littérature comparée*, XXXV (1961),

5–16. On Ficino's translation and L.'s *argumenta*: P. O. Kristeller, *Supplementum Ficinianum* (Florence, 1937), I, CXXIX–CXXXI and 97; K. H. Dannenfeldt, "Hermetica Philosophica," in *Catalogus Translationum et Commentariorum*, ed. P. O. Kristeller, I (Washington, 1960), 142–148; and R. Marcel, *Marsilio Ficino* (Paris, 1958), 255–258.

3. Lodovico Lazzarelli da San Severino Marche was born in 1450 and died 23 June 1500. He was known in his youth primarily as a poet. Among his verses, mostly still in manuscript, are a didactic poem, *Bombyx*; the *Fasti Christianae religionis*; a description of a joust held in Padua in 1466, *De apparatu Patavini hastiludii*; the *De imaginibus gentilium deorum*, dedicated to Federigo da Montefeltro; and a *Carmen bucolicum*. In 1469 he was crowned poet laureate by Frederick III. In later life, under the influence perhaps of the prophet Giovanni Mercurio da Correggio (an *idiota* ignorant of grammar and oratory, but full of divine wisdom directly inspired by God, whom he saw riding on horseback on 11 April 1484 through the streets of Rome, a crown of thorns on his head, preaching repentance and regeneration to the people and performing symbolic acts, and who so impressed him that he became his first disciple), his interests shifted to philosophy, *prisca theologia*, alchemy, magic, and astrology: *quondam poeta nunc autem per novam regenerationem verae sapientiae filius*. He described his meeting with Giovanni Mercurio da Correggio in his *Epistola Enoch de admiranda ac portendenti apparitione novi atque divini Prophetae ad omne humanum genus*. He is primarily significant for his role in diffusing the Hermetic writings. He translated the *Definitiones Asclepii*, i.e. that part of the *Corpus Hermeticum* not included in Ficino's *Pimander* (C.H., XVI–XVIII). This was first printed by Symphorien Champier in 1507 and dedicated to L. (see ep. 55). He assembled the unique manuscript (Viterbo, Biblioteca Communale, cod. II D I 4) of the entire *Hermetica* in Latin and dedicated it to his friend and master Giovanni Mercurio da Correggio. The three important prefaces to the different sections of this manuscript have been published by Kristeller ("Marsilio Ficino e Lodovico Lazzarelli: Contributo alla diffusione delle idee ermetiche nel Rinascimento," in *Studies*, pp. 242–246). His final important Hermetic work was the dialogue *Crater Hermetis*, dedicated to Ferrante of Aragon and probably written shortly before the old king's death in 1494. L.'s edition is the first. See, in addition to Kristeller's fundamental article noted above, Thorndike, V, 533 sq.; Kristeller, "Ancora per Giovanni Mercurio da Correggio," in *Studies*, pp. 249–257; Eugenio Garin, Mirella Brini, *et al.*, *Testi umanistici su l'ermetismo. Testi di Lodovico Lazzarelli, F. Giorgio Veneto, Cornelio Agrippa di Nettesheim* (Rome, 1955), 9–19, 23–77, where Brini has published the *Epistola Enoch* in its entirety and generous selections from the *Vade mecum de alchimia* and from a manuscript of the *Crater Hermetis*; D. P. Walker, *Spiritual and Demonic Magic from Ficino to Campanella* (London, 1958), 64–72; and Kristeller, "Lodovico Lazzarelli e Giovanni da Corregio, due ermetici del Quattrocento, e il manuscritto II. D. I. 4 della Biblioteca Communale degli Ardenti di Viterbo," *Biblioteca degli Ardenti della Città di Viterbo*.

Studi e ricerche nel 150° della fondazione, ed. A. Pepponi (Viterbo, 1960), 13–37.
4. On the title page of the first edition are the following verses:

Petri Portae Monsterolensis dodecastichon ad lectorem.

Accipe de superis dantem documenta libellum,
　　Sume Hermen prisca religione virum.
Hermen, Thraicius quem non aequaverit Orpheus,
　　Et quem non proles Calliopea Linus.
Zamolxin superat cum Cecropio Eumolpo,
　　Quos diviniloquos fama vetusta probat.
Utilis hic liber est mundi fugientibus umbram,
　　Vera quibus lucis lumina pura placent.
Hic quid sit disces sapientia, summa potestas,
　　Hic poteris summi discere velle Dei.
Insuper invenies plenum cratera liquore
　　Nectareo, minimique tibi lector emes.

　　　　　　　　　　　　　　　　　　　　　　Vale.

Pierre Porta was a corrector at Estienne's press. In 1506 he proofread Clichtove's
edition of Hugh of St. Victor (see ep. 51) and, with Beatus Rhenanus, L.'s edition of Aristotle's *Politics* (see ep. 49, note 2). On the *Hermetica* he worked
with Jan Schilling and Wolfgang von Matt (colophon, fol. 81v). In 1518 a
Petrus de Porta was "Canonicus et officialis Claromontensis vicariusque generalis pariter et officialis sancti Flori" (Baudrier, XI, 400–401).

44

To Guillaume Budé　　　　　　　　Paris. October 1, 1505.

*Praeclarissima: et bonis institutis accommodatissima Plutarchi Cheronei: ex in-
terpretatione Guillielmi Budei: Regii secretarii ac Parien.* [sic] *electi tria haec
opuscula. De Tranquillitate & Securitate animi. Lib. I. Cui accessit: eodem interprete: laudatissima Basilii magni epistola de vita per solitudinem transigenda. De
fortuna Romanorum ex Plutarcho. Lib. I. De Fortuna vel virtute Alexandri.
Lib. II.*, Paris, Badius Ascensius, 15 Oct. 1505, sig. A, ii, r–v (Paris, Arsenal, Mazarine. Sélestat. Renouard, *Badius*, III, 171–172); Paris, Olivier Senant, s.a., sig.
a, i, v (London, BM. Munich). The text is that of the first edition.

　　The epistle is a complimentary preface to Budé's translation of Plutarch's *De
tranquillitate animi* (ed. G. N. Bernardakis in Plutarch, *Moralia*, Leipzig, 1891,
III, 209–241; English translation by W. C. Helmbold in the Loeb Library,
Moralia, VI, 166–241).

Iacobus Stapulensis Guillielmo Budeo S. P. D.

Audio te, postquam ex urbe redisti strenue perfunctus regiae legationis ad summum pontificem munere,[1] statuisse apud te certos dies
ruri conficere. Interim (dum rusticaris) oblatus est[a] mihi quidam
Plutarchi libellus, quem (velut accepi) inter peregrinandum tu ipse
Latinum e Graeco fecisti, morales de tranquillitate animi continens
sententias et optima vitae praecepta et exempla paene innumera, ut
ne radius quidem textoris tanta velocitate percurrat, quanta (quae rei
suae congruunt) inserat testimonia. Cuius lectione mirum in modum
sum delectatus. Sic mira varietate delectat et auctorum copia et claris
egregiorum virorum facinoribus. Hic Diogenem, Theodorum, Zeno-
nem, Dionysium, Epaminondam, Platonem, Agidem,[b] Stilponem,
Antipatrum, Archesilaum,[c] Metroclem, Thasium, Socratem et paene
innumeros alios offendimus, aut dictorum aut factorum insignium
probatissimos auctores. Sed miraris forsan quo pacto in manus meas
deventarit; desine mirari. Georgius Hermonymus Lacedaemonius,
aetate pater consuetudine vero utrique nostrum carissimus, has mihi
praebuit culturae tuae (gratissimum profecto munus) degustandas
delicias, nihil a gente sua (ut mihi visum est) hac in parte degenerans.[2]
Legimus enim Lacedaemonios semper vincere solitos et fortitudine
belloque insignes; ille vero humanitate vincere solet et rerum suarum
grata communicatione, immo tuarum, ut intelligas ab huiusmodi
beneficentia[d] non esse exclusum. Ceterum tu nunc ruri vacas, ego
vero in libello tuo delicior. Attamen arbitror nihil tam[e] amoenum,
tamquam iucundum ex tanta pratorum virgultorumque copia oculorum pastui tibi occursurum quam libellus hic tuus menti nostrae dulce
praebet tranquillumque pabulum. Aiunt enim (nisi Zephyro flante)
flores non aperiri; id ego crediderim nisi sereno tranquilloque animo
virtutes potius oriri non posse atque inseri. Id dumtaxat tibi nunc
epistolio significare volui, ne domi supprimas quod in publicum
legentibus sine detrimento (quin cum usu magis) voluptatem sit
allaturum. Vale. Parisiis. Calendas Octobris. M.D.V.[3]

    1. Budé went to Rome in 1505 in the suite of Rostan d'Ancezune, archbishop
of Embrun. The embassy, sent by Louis XII to swear obedience to Julius II on

a. in *ante* est *s.a.*
b. Agida *1505, s.a.*
c. Atchesilaum *1505, s.a.*

d. beneficia *s.a.*
e. tamen *s.a.*

his accession, entered Rome 15 April 1505 (J. Burchard, *Diarium*, ed. L. Thuasne, Paris, 1855, III, 385 and Delaruelle, *Budé*, 82). Budé translated the *De tranquillitate* during the journey and addressed it to the pope from Rome on 1 May 1505. The dedicatory manuscript is in the Municipal Library in Geneva (ms. lat. 124).

2. Hermonymus of Sparta also sent L. a manuscript copy of Budé's translation of the *De placitis philosophorum* (see ep. 47). He copied and circulated several manuscripts of the present book; for he sent "nonnulla Cheronei Plutarchi necnon Basilii magni opuscula ex Greco in Latinum a carissimo tuo Pylade conuersa" to Morelet de Museau, councilor in the Parlement of Paris and a close friend of Budé (H. Omont, in *Mém. de la Soc. de l'Hist. de Paris et de l'Ile-de-France*, XII [1885], 81), and to Badius Ascensius (see the verses in note 3 below).

3. In addition to the *De tranquillitate animi*, Budé's book included: (1) the letter of Basil the Great to Gregory Nazianzen on the solitary life (*Ep.* 2, text in Stig Rudberg, *Études sur la tradition manuscrite de saint Basile*, Uppsala, 1953, pp. 156–168; English translation by Sister Agnes Clare Way in St. Basil, *Letters*, New York, 1951, I, 5–11). The Greek text of Basil's letter was available to Budé in an Aldine edition of 1499, one item in a collection, edited by Marcus Musurus, that also included letters of Libanius, Isocrates, Julian, and Aeschines (Rudberg, *op. cit.*, 48–49). Earlier translations by Ambrogio Traversari and Filelfo were also current; Filelfo's had been printed in Venice in 1471 (*GW.* 3699) and in Paris at the beginning of the century (Pellechet 2002). Budé dedicated the work to Gaillard Ruzé (sig. k, i, v). (2) Two early works by Plutarch, *De fortuna Alexandri* and *De fortuna Romanorum*, dedicated to Pierre de Courthardy in a preface dated 18 Aug. 1503. Critical edition by N. Nachstädt in *Plutarchi Moralia* (Leipzig, 1935), II; English translation by F. C. Babbit in the Loeb Library *Moralia*, IV (1936), 322–377, 382–445. Cf. A. E. Wardman, "Plutarch and Alexander," *The Classical Quarterly*, N.S. V (1955), 96–107.

On sig. a, ii, v there is an epigram from Badius Ascensius to L.:

Ascensius Stapulensi suo S.

Quid si idem Hermonymus me sit dignatus eodem
    Munere, num invideas docte Iacobe mihi?
Audi audax facinus (nam cogor vera fateri)
    Sublegi hoc puero cautus epistolium.
Subduxi Hermonymo quos idem verterat author
    Uno ex fonte duos consimili arte libros.
Horum Romuli dum fortunam praedicat alter,
    Alter Pellaeum tollit ad astra ducem.
Quos ne vermis iners aut lector haberet avarus,
    Protinus excripsi mille voluminibus.
Quid furem exclamans hic furti se alligat inquis?
    Cavi ne tantas supprimat ullus opes.   Vale.

45

To Gabriel   Paris. Cloister of Notre-Dame.
                                        November 1, 1505.

*Contenta. Primum volumen Contemplationum Remundi duos libros continens.
Libellus Blaquerne de amico et amato*, Paris, Guy Marchant for Jean Petit, 10
Dec. 1505, sig. A, i, v. Published in part by Ivo Salzinger, *Beati Raymundi Lulli
Opera omnia* (Mainz, 1721–1742), I, Testimonia, p. 5.

I have not been able to supplement L.'s identification of Gabriel: a Carthusian
novice at Vauvert, the Order's Paris house.

The epistle prefaces two works of Ramon Lull. (1) *Libre de Contemplació en
Deu* or *Liber contemplationis in Deum* (c. 1272), Lull's first important work
(Catalan text edited by M. Obrador i Bennassar in *Obres*, Palma, 1906–1914,
vols. II–VIII; Latin text in *Opera*, ed. Salzinger, vols. IX and X). It is, Lull
writes, an "art whereby man may learn to love Thee" (*Obres*, VII, 130), an art
of almost a million words, in three hundred and sixty-six chapters and five
books, in remembrance of the five wounds of Christ on the cross. L., having
acquired it in 1491 in the circumstances he describes, published the first volume
or books I and II. Their subject, with much digression and repetition, is the
divine attributes and certain aspects of the creation. See *HLF*. XXIX, no. 48,
pp. 220–235; J. H. Probst, *Caractère et origine des idées du bienheureux Raymond Lull* (Toulouse, 1912), 98–101; Peers, pp. 45–81; Avinyó, pp. 26–35, no. 3;
and Platzeck, II, p. 3*, no. 2. (2) *Libellus Blaquernae de amico et amato*, written
in Montpellier c. 1283. Catalan text in *Obres*, ed. S. Galmés, IX (Palma, 1914),
379–433. The only published Latin text is that of L.'s edition. English translation
by Peers, *Book of the Lover and the Beloved*, 2nd ed. (London, 1946); German
translation by L. Klaiber (Olten, 1948). See *HLF*. XXIX, no. 76, pp. 252–255;
Peers, pp. 178–191; J. H. Probst, "L'Amour mystique dans l'Amic e Amat de
Ramon Lull," *Arxius de l'Institut de Ciències*, IV (Barcelona, 1917), 293–322;
Avinyó, pp. 79–88, no. 31; and Platzeck, II, p. 16*, no. 44g. L. copied the work
in 1500 in Padua at the Benedictine monastery of Santa Giustina. The manuscript
he transcribed was a Latin translation made during Lull's lifetime and which
Lull himself had given in 1298 to Doge Pietro Gradenigo. It is now in the Mar-
ciana in Venice (CC class. VI, ff. 188–195; Valentinelli, IV, 139; Obrador i Bennassar, "Ramón Lull en Venecia. Reseña de los códices e impresos lulianos exis-
tentes en la biblioteca veneciana de San Marcos," *Bolletí de la Societat Arqueo-
lògica Luliana*, VIII [1899–1900], 301–324). L.'s *editio princeps* remains the only
edition of the Latin text.

Iacobus Stapulensis Gabrieli neophito Cartusio S. in domino omnium salvatore.

Fluxerunt anni supra quattuordecim (narratione paulo longiore utar), erat mihi tunc aureus obolus paene inutilis, venit ad me quidam Galliae Narbonensis mihi apprime notus et amicus, librum tenens, quem protinus erat venditioni expositurus; laborarat enim adversa valitudine et inopia premebatur. Viso titulo de contemplatione scilicet quae fit in Deo, rapior ilico libri legendi desiderio; obulum aureum (qui mihi tunc aderat) illi praetendo, ut si vellet acciperet, etiam a me non accepto libro, lectionem tamen requirenti. Ille vero (quae sua erat modestia) voluit ut librum caperem et sublacrimabatur pariter. Sic enim librum caro prosequebatur affectu. Ego vero illa intentione cepi, ut non minus immo etiam magis illi quam mihi liber esset usui; unum et ipse plurimum gaudere coepit quod necessitate compulsus tandem in alterius manus illum non consignasset. Incessit illi cupido (membris nondum satis ex morbo solidatis) patrios invisere lares, et quae fortuna circa eum postmodum acciderit me latet. Liber itaque apud me mansit et plurimam mihi attulit consolationem; et paene ad hoc pertraxit, ut demisso mundo Deum in solitudine quaererem; et forsitan felix si tractum secutus executioni demandassem. Librum legendum multis communicavi, imprimis Guillelmo Vassario, cui cum opulentia rerum non deesset, ut qui esset ex divite domo filiorum primus, statim relictis mundanis fortunis ad rigidam claustri observantiam confugit;[1] legerunt Nicolaus Moravus,[2] Nicolaus item Granbusius,[3] Raemundus Buccerius,[4] et alii non pauci non aliter in saeculo quam in arcta vitae custodia degentes. Nihil igitur mihi mirum visum est si eadem lectio me ita affecisset, cum eos ita percepissem affectos. Verum propositum quod conceperam (ut accidere solet) interturbaverunt quam plurima: dissuadebant nonnulli, partim retinebant curae et quaedam nondum absoluta studia. Dum igitur differo, dum mundi fugam protelo, desiderio tamen semper aestuans, propositum fovebam visitando sanctos opinione hominum viros. Colebam insuper mirifice eos qui zelo Dei mundum calcantes et verbis et operibus accedentium mentes ad Deum elevabant: Momburnum (inquam) sanctae memoriae Liveriacensem abbatem, Burganium, Rolinum, innumerorum paene ad sanctiorem vitam cenobiorum restitutores, Ioannem Standucium, austeritate vitae (dum viveret) admodum

austera et pertinaci, et in omni sanctimonia vitae alios quam plurimos.[5] Dum res (huius exequendi propositi gratia) ad exitum premo,
dum opus omne vehementius urgeo, incautum laborem morbus sequitur; hunc, gravis dormiendi necessitas (in qua tollenda Anselmus,[6]
Bertolus[7] et Coppius,[8] medici perquam egregii atque insignes, plusquam paternum mihi exhibuerunt affectum); hanc denique insomno-
lentiam fastidiosa quaedam secuta est debilitas, per annos aliquot
durans; sicque effectum est ut, quem maxime fugere volebam, me hac
necessitate (quae nulli religioni conveniebat) quasi quibusdam pedicis
implicitum mundus retinuerit. Quapropter ad priores artes revolutus
ad emerendas sanctorum virorum preces, cum id in solitudine non
possim, libenter emissioni librorum (qui ad pietatem formant animos)
operam do; et hac quoque de causa his diebus emisi primum volumen
contemplationum Raemundi, qui merito inter pios Dei cultores unus
annumerandus est, qui liber me hunc in modum et alios complures
affecerat, ut sic ex uno multiplicatus ad plurimos transeat et ad te
imprimis, qui novella es et adhuc tenera religionis plantatio; ad sil-
vosam Giberti eremitae amici nostri solitudinem;[9] et in Elvetia ad
confratres tuos, Barnabam abbatem in monte Angelorum[10] et ad
Iudocum religiosum primo adhuc tyrocinio in cenobio Sancti Galli
militantem;[11] ad Nicolaum Moravum in Pannonia; et in Polonia ad Ioannem Solidum Cracoviensem religiosi propositi adulescentem et nobis
quidem quam carissimum.[12] Caritas enim neque inter Elvetios neque
inter Scythas (etiam si Riphaeos algores addas) refrigescit. Et quod ad
te potius scripserim causa haec est: quia apud sanctae conversationis
vestrae Parisiacam domum secundum contemplationis volumen habetur tres reliquos libros continens, ex dono eiusdem pii viri dum adhuc
ageret in humanis (colebat enim apprime caelibes illius tempestatis
viros sacrosque recessus et frequentissime Cartusiorum solitudines),
primum autem volumen vobis deerat,[13] sic apud vos (quibus contemplativa vita propria est) invenient qui desiderabunt integrum contemplationum opus. Clausi quasi sigillo quodam amatorio contemplationum
volumen libello Blaquernae de amore divino, quem in peregrinatione iubilaei anno quingentesimo supra millesimum Dei humanati sa-
lutisque hominum exscripsi Patavi; communicaverat enim mihi unus
ex illa sancta et admirabili per universam Italiam monasticae observationis congregatione Iustinae virginis, a Prosdocimo apostolorum dis-

cipulo Deo dicatae, rem profecto dignam versari inter manus piorum religiosorum.[14] Contemplatio enim non ab re a timore inchoari dicitur et consummari in amore; nam timor a malis separat et amor bono counit; timor adversus et amor conversus; timor friget et amor calet trahitque ad sublimia mentes et unum cum Deo efficit. Praeterea tu et sanctae conversationis vestrae confrates ad Deum commendatos habetote Clichtoveum, Volgatium,[15] Lagrenum,[16] Rhenanum,[17] Tonsorem et Regnoldum Anglum,[18] qui in parte librum recognoverunt. Quod vero superest, haec sancti confessoris Columbani praecepta non recole modo sed semper sequere, et iam probe coepisti, quae ita scribit ad amicum:[19]

Despice, quae pereunt, fugitivae gaudia vitae.
  Sint tibi divitiae divinae dogmata legis
Sanctorumque patrum castae moderamina vitae.
  Has cape divitias tuque omnia sperne caduca.
Quisquis amat Christum, sequitur vestigia Christi,
  Atque domum luctus epulis praeponit opimis.

Vale et exulta in eo qui venit et qui veniet salus et restauratio omnium. Parisiis. Ex claustro divae Mariae. Calendis Novembris. M. CCCCC. V.[20]

1. Guillaume Vassier or Vasseur became a monk at Cluny. In April 1516 Clichtove copied a sermon of Peter the Venerable on the Transfiguration. At the end of it he noted the following (Bibl. Mazarine, ms. 912, fol. 246v, quoted by Clerval, p. xxiii): "Hanc homiliam et copiosam et fructuosam communicavit mihi vir eximius D. Guillelmus Vassorius, religionis Cluniacensis observantissimus et apud Cluniacum in monasticae disciplinae austeritate degens; quam ex eodem loco ad me transmisit dono, ut ex ea quid de authore ipsius ... dignoscerem."

2. After his studies at the University of Paris, Moravus became a priest in Mainz. He remained in touch with L. With Kaspar and Kilian Westhausen he copied manuscripts for L.'s Cusa edition (Cusanus, *Opera*, Paris, 1514, I, sig. aa, iii, v).

3. Nicholas de Gravibus, from the diocese of Amiens, began his studies in 1490 at the collège de Boncourt. Soon after, he moved to Cardinal Lemoine where he worked with L., Clichtove, and Jean Pelletier. He became M.A. in 1496 and received the licence in theology 25 Jan. 1508 and the doctorate 15 Nov. of the same year. He was a correspondent of Bovillus, who dedicated his *Hecatodia de nichilo* to him. In 1518 he was "princier" of Cardinal Lemoine.

See C. Jourdain, *Index chronologicus chartarum pertinentium ad historiam Universitatis Parisiensis* (Paris, 1862), 320; V. Carrière, "Lefèvre d'Etaples à l'Université de Paris," *Études historiques dediées à la mémoire de M. Roger Rodière* (Arras, 1947), 107–120; and Maître, p. 257.

4. Raymond Boucher was a lawyer. Bovillus dedicated his *Libellus de mathematicis supplementis* and his life of Lull to him. Cf. Renouard, *Badius*, II, 220.

5. On Jean Raulin, Philippe Bourgoing, John Mombaer of Brussels, and Jean Standonck, all prominent monastic reformers, see Renaudet, *passim*. Cf. ep. 75.

6. According to Bulaeus, VI, 35, Anselm became a member of the faculty of medicine of the University of Paris in 1505: "Subijt examen publicum et privatum, combien qu'il fust Docteur, respondit de tentativa sub Doctore, fut interrogué par les Maistres in Privato, & iuravit servare statuta Facultatis, et après fut receu, & luy a fait la Faculté grand honneur."

7. Trithemius, *De scrip. eccl.* (Paris, 16 Oct. 1512), fol. CCXVIIr: "Iohannes Bartholus Parisiensis doctor medicinae omnium huius aetatis excellentissimus, et ob id Apollinis et Esculapii nomine a variis etiam cuiusvis disciplinae et amantissimis et peritissimis peculiariter donatus. Tantae est apud omnes et auctoritatis et doctrinae, ut quem illi conferas invenias profecto neminem, sive quae suae sunt professionis quaesieris, sive quae sint alterius cuiusvis dogmatis. Quandoquidem in omnis disciplinae genere consummatissimus de omnibus ita docte, ita eleganter, ita scite prompteque disserit ac profunde sapit, ut unus omnes tam divinas quam humanas artes studiosissime complexsus sit."

8. Guillaume Cop (c. 1466–2 Dec. 1532), physician, humanist, friend of L., Erasmus, and Reuchlin, published translations of Greek medical classics. See Allen, I, 286; Renaudet, p. 650, note 3; Hartmann, I, 199; and J.-C. Margolin, "Le 'Chant alpestre' d'Erasme," *BHR.* XXVII (1965), 49–54.

9. Jean Guibert, a hermit living in the forest of Livry, was a friend of both L. and Bovillus. There is a letter to him from Bovillus in his *Commentarius in primordiale Evangelium divi Johannis*, Paris, Badius, 1511, fol. 55r. In 1523 the bishop of Paris confined him to a monastery on suspicion of Lutheranism (Imbart de la Tour, III, 210, note 2). See *Sentence de frère Jean Guibert, hermite de Livry*, Paris, [Simon Dubois], 1527 (Clutton, p. 129, no. 40).

10. Barnabas Bürki (d. 29 Dec. 1546), from Altstätten in the Rheintal, received the B.A. at the University of Paris in 1496 and the M.A. c. 1502. He was elected abbot of Engelberg in Unterwalden in 1505. See Renaudet, p. 417 and Hartmann, I, 385, note 3.

11. I have been unable to identify this novice at St. Gall.

12. See ep. 63.

13. Lull himself in 1298 presented a copy of the *Liber contemplationis* to the Paris Carthusians. The first volume, containing books I and II, which L. found missing from the library in 1505, is now in the BN. (ms. lat. 3448 A) and is inscribed as follows: "Ego Raymundus Lul do librum istum conventui fratrum de Cartusia." Below this is another note: "Hoc est primum volumen Meditationum magistri Raymundi, quod ipse dedit fratribus et domui Vallis Viridis prope

Parisius, cum duobus aliis sequentibus voluminibus istius tractatus, anno gratiae MCC nonagesimo octavo." Cf. José Tarré, "Los códices lulianos de la Biblioteca Nacional de París," *Analecta sacra Tarraconensia*, XIV (1941), 164–167, 171.

14. The Benedictine monastery of Santa Giustina in Padua was in 1500 the head of a celebrated congregation of some sixty houses, which by 1504 included Monte Cassino. On Prosdocimus, said to be the first bishop of Padua, and Santa Giustina, see *Martyrologium Romanum, Acta Sanctorum*, December, V (Brussels, 1940), 501–502, 439–440.

15. See ep. 63.

16. See ep. 128.

17. See ep. 67.

18. Tonsor and Regnoldus Anglus are unknown to me.

19. *Versus Sancti Columbani ad Sethus*, ed. W. Gundlach, *MGH., Epistolae*, III (Berlin, 1892), 183–185, lines 8, 11-12, 15, 58, and 74.

20. On the title page are the following verses:

Beati Rhenani Alsatici ad lectores epigramma

En pius egreditur latum Raemundus in orbem,
    Commoda qui multis grandia saepe feret.
Non tibi perpetuis iaceat damnata tenebris,
    Nugaci fuco pagina tota carens.
Sensa sub incultis latitant praestantia verbis,
    Quae possint mentes erigere apta pias.
Iam bene tricenos Raemundus vixerat annos
    Pomposus, vecors, desidiosus, iners,
Turbida fallacis linquens cum gaudia mundi
    Durus in abrupta corpora rupe domat,
Noxia praeteritae redimens ubi crimina vitae,
    Suscepit celsi munera larga patris.
Parisios Latiae tandem primordia linguae
    Post octo sitiens lustra peracta petit.
Grammaticen libans primum, infusa arte reliquit
    Innumeros nuda simplicitate libros.
Evolvis dignos igitur quicumque labores,
    Fac prece quotquot opus restituere iuves.

46

Guillaume Castel. Dialogus carmine scriptus
in laudem Iacobi Fabri Stapulensis [Poitiers. 1505–1506.]

*Gvielmi castelli seu mauis castalij Turonensis Elegiae: vna cum sibyllino car-
mine, egloga, epigrammatibus ac plerisque aliis versibus insertis*, Poitiers, Jean
Bouyer and Guillaume Bouchet, [1505–1506], sig. B, ii, v–B, iii, r (Paris, BN.
A. Claudin, *Origines et débuts de l'imprimerie à Poitiers*, Paris, 1897, pp. XLIV–
XLV, 130–136); Paris, [Badius Ascensius for Angilbert, Geoffroi, and Jean
de Marnef], 24 Nov. 1506, ff. XIIr–XIIIr (Paris, BN. Renouard, *Badius*, II, 262–
263). The text is that of the first edition.

Guillaume Castel, son of the royal physician Chrétien Castel and Martine
Langlois, was born in Tours in 1468. Shortly over a decade later he matriculated
at the University of Paris, studied at the collège de Navarre, and taught the
liberal arts at both Navarre and the collège de Bourgogne. He dedicated his
first volume of verses to Louis Pinelle in the 1490s: *In hoc opusculo continentur
due elegie. Guielmi Castelli turonensis cum quibusdam eius carminibus*, [Paris,
Félix Baligault], s.a. (*GW*. 6173). In a passage of his commentary on the *Organon* written in 1501 L. praised his learning and humanistic zeal (*Libri logicorum*, Paris, 1503, fol. 78v). He received the licence of theology 14 Feb. 1502
and the doctorate on 31 May 1502 (Maître, p. 254). He left Paris soon after this.
For a time he occupied a benefice in the diocese of Albi. In Aug. 1505 he began
a journey through Poitou in the suite of Jacques II de Semblançay, bishop of
Vannes. They spent the winter of 1505–1506 in Poitiers. Here, in leisure mo-
ments snatched from the business of his master, Castel composed this homage
to L. He returned to Tours in 1510 to become archdeacon and canon of Saint-
Gatien. In a letter to Reuchlin dated 30 Aug. 1514, L. listed Castel among
Reuchlin's partisans in the faculty of theology (Herminjard, I, 16). He died in
1520. See the *Vita* of Castel by Antoine Fumée (sig. D, vii, r–D, viii, r in the
Poitiers edition of his verse); Trithemius, *De scrip. eccl.* (Cologne, Peter Quentel, 1546), 413–414; and *DBF*. VII, 1345.

Dialogus. Interlocutores Aulus et Philomusus.
Au. Siste pedem, Philomuse meus, quo tendere certum est?
Currentem remorare gradum. Solando levare
Mene animum tibi posse putas? Ne iam occule amico.
Quisnam te malus angor habet, fare. *Ph.* Aule, laboro
Ut mihi (iam nomen cecidit, Stapulae genuere)
Musarum inveniam ac Parnasi montis alumnum.

Au. Curabo invenias stapulis[a] insignibus[b] ortum.
Ergo hominis nomen te praeterit, estne faber? *Ph.* Non.
Cognomen Faber est. *Au.* Iacobus nomen. *Ph.* Ago nunc,
Aule, tibi innumeras grates; at tecta petentem,
Fac meipse ut norim. *Au.* Faciam: tibi porta suprema
Hoc calle est tentanda oculis ad flumen, eam tu
Ingredere ac laevum fugias latus, hincque secundam
Ordine dextrorsum[c] valvam penetrare memento,
Quam super investit rubri sculptura galeri.
Ornata arboribus primum sese area in ipso
Offert conspectu, mox spectandum arte sacellum.
Aula de hinc diviniloquis addicta, subinde
Clara suis innixa rotis dialectica surgit,
Extremis erecta locis. Si credis, inhaere
Iis fixus tectis, siquidem in penetralibus ipsis
Fabrile est aditum, quod dum penetraveris almum
Hunc ductare chorum Musarum ex ordine cernes.
Sed quae causa fuit quae te huc perduxit, in oras
Sepositas? *Ph.* Hominis nomen, qui nosse poesim
Exacte, et certam fertur callere mathesim,
Ac vim dicendi, divinaque dogmata, et uno
Ut cuncta absolvam verbo, vix praeterit illum
Usquam aliquid dignum quod in aures venerit, acri
Usque adeo valet ingenio. Pereuntibus ipsis
Artibus occurrit nuper, vigilansque iacentem
Primus Aristotelem luce illustravit amica.
Au. Vera refers; sed quid pro tantis omnibus in nos
Officiis? Nullos ne Deo referemus honores,
Qui dedit hanc nostris lucem spectare benignam
Temporibus? *Ph.* Pinguis cedatur victima lecto
De grege, et incensa divina altaria fument
Primo quoque die defectae lumine lunae.
Et tandem interpres fidus lucisque minister
Extremos postquam vitae transegerit annos,
Astriferas habitet suprema in parte columnas.

a. stagulis *Paris*   c. dextrosum *Paris*
b. insipnibus *Paris*

47

To George Hermonymus of Sparta
[Paris. c. March 18, 1506.]

Plutarchi Cheronei de Placitis Philosophorum libri A Guilielmo Budeo latini facti, Paris, Badius Ascensius for himself and Jean Petit, 18 March 1505/1506, sig. a, i, v (London, BM. Sélestat. Renouard, *Badius*, III, 172–173); Strasbourg, Matthias Schürer, July 1516, fol. 2r (London, BM.) The text is that of the edition of 1505/1506. The date is more approximate than usual. In his preface (ed. 1505/1506, sig. a, ii, r–a, iii, r) Budé tells us that Germain de Ganay had asked Janus Lascaris to translate Plutarch's *naturalia decreta*, but that since Lascaris, busy at court, had not found the leisure to do so, he had undertaken the task himself. Budé translated the work in 1502 and dedicated it to Germain de Ganay on 1 Jan. 1502/1503. (A manuscript with corrections in Budé's hand is in the BN.: ms. lat. 6633.) According to Knod, *Aus der Bibliothek des Beatus Rhenanus*, p. 64, no. 118, the work was first published in Paris by Badius Ascensius on 12 July 1503. Delaruelle, *Budé*, pp. xviii–xix, follows Knod. Renouard listed the 1503 edition, but suggested that it was probably identical with that of 1505/1506 (Renouard, *Badius*, III, 171). His doubts were well founded. No one since Knod has seen a copy of a 1503 edition; while even the apparently unique copy he claimed to have seen in Beatus Rhenanus's library seems almost certainly to have been the figment of accidental error. For despite the date he assigns it, the volume described by Knod is actually a copy of the 1505/1506 edition. This is clear from the inscription on the title page which Knod quotes and which matches exactly that still to be read on the Sélestat copy of the edition of 1505/1506. If no 1503 edition exists and that of 1505/1506 is the first, then the *termini post* and *ante* of L.'s epistle are three years apart: 1 Jan. 1503, the date of Budé's dedicatory epistle, and the date of publication, 18 March 1506. Since L.'s epistle seems clearly designed to introduce the printed edition, I place it nearer the latter than the former date.

The epistle prefaces Budé's translation of Plutarch, *De placitis philosophorum* (the attribution is doubtful; ed. G. N. Bernardakis, in Plutarch, *Moralia*, Leipzig, 1891, V, 264–372), an epitome of the views of the ancients on natural philosophy.

Iacobus Stapulensis Hermonymo[1] suo S.

Quos ad me misisti Plutarchi Chaeronei libros a Budeo nostro Latinos factos, celeri lectione percurrendo, nihil usque adeo (ut verum fatear) mihi perplacuit atque ipse operis interpres, qui a nobis dignus existimatur et coli et observari, ut quem non modo Latina sed et Graeca litteratura plurimum exornet, cultiorum semper auctorum amatorem, quique se praebeat nostratibus virtutis incitamentum non parvum. Nostrates voco studii Parisiensis alumnos. Quem si aemularentur plurimi, foeda barbaries (quae male moderantium animos diutius obsedit) non linguae solum sed et mentis exolesceret exularetque funditus. Verum ut de Plutarcho Plutarchique De placitis philosophorum epitomatis nonnihil addam, scire licet studia partitionem recipere, et haec quidem seria esse, illa vero iocosa magis. Prima gravia sunt et tetrica solamque admittentia veritatem; secunda leviuscula, ut quae menti graviore studio defessae magis rei novitate quam veritate levamina praestent risumque plerumque extorqueant. Secundo igitur generi hoc in opusculo (haud secus ac Lucianus Samosatenus ferme passim) studuisse videtur Plutarchus. Non tamen utilitate careat, praesertim iis qui in libris tum Academicorum tum Peripateticorum versabuntur, quod in eorum voluminibus saepenumero vetustiores vetustiorumque scripta (nonnunquam ex nomine citato auctore, nonnunquam suppresso) ut ad Critolai stateram[2] vocentur in ius, quae pleniora frequentius expressioraque desiderantur; quae quidem hoc in opere et absolutiora et cuius auctoris erunt cognosci valebunt vel apertissime. Quare qui legerint non id sine usu facturos putem, quippe qui intelligent non ab re Aristotelem priscorum refutasse sententias opinataque, neque (ceu plerique putant) illa confinxisse falsoque illos insectatum esse.[a] Vale.

1. See ep. 8, note 1.
2. Cicero, *Tusc. Disp.* V, 17, 51.

48

Heinrich Stromer to the reader
[Leipzig. c. March 30, 1506.]

Vtilissima introductio Jacobi Stapulensis Jn libros de Anima Aristotelis, adiectis que eam declarant breuiusculis Judoci Neoportuensis annotationibus, Leipzig, Jakob Thanner, 30 March 1506, sig. a, i, v. The epistle will also be found in XXIV–XXVIII.

a. isse *eds.*

Heinrich Stromer of Auerbach (1482–26 Nov. 1542) took a B.A. at the University of Leipzig in 1498 and the M.A. in 1501. His first book was an elementary arithmetic: *Algorithmus linealis* (Leipzig, Martin Landsberg, 1504); his second this edition of L. and Clichtove. He went on to become a doctor of medicine (1511) and professor of pathology at Leipzig (1516). See Gustav Wustmann, *Der Wirt von Auerbachs Keller. Dr. Heinrich Stromer von Auerbach (1482–1542)* (Leipzig, 1902); O. Clemen, "Zur Lebensgeschichte Heinrich Stromer von Auerbach," *Neues Arch. f. Sächs. Gesch.* XXIV (1903), 100–110 and XXVIII (1907), 126–127.

The epistle prefaces Stromer's edition of L.'s *Introductio in libros De anima Aristotelis* with Clichtove's commentary. The first edition of L.'s *Paraphrases* of Aristotle's works on natural philosophy with commentaries by Clichtove appeared 25 March 1502 (see ep. 30).

Henricus Stromer Aurbachensis lectori salutem.

Quam bene nobiscum actum est, candidissime lector, quod nati hac tempestate sumus, qua optimus maximus Deus mortalibus largitus est viros philosophiae deditissimos, qui eam vitae ducem, virtutis indagatricem naturaliumque rerum diligentissimam exploratricem a barbarie (qua complusculos annos obruta fuit) suo emuncto elimatoque et tersissimo scribendi stilo vindicant. E quorum numero est Iacobus Faber[a] Stapulensis, vir divino praeditus ingenio et in omni doctrinarum genere apicem adeptus. Ex cuius litteraria officina multiiugae disciplinae opera (quae admodum avide a doctis leguntur) manarunt. Ex quibus opellum (quod quo est succinctius eo est utilius) perstringens introductionem in libros De anima Aristotelis chalcographo primendum dedi huius viri ornandi nominis et communis utilitatis gratia. Quod et breviusculis Iudoci Neoportuensis annotationibus est explicatum. Nemo huius lectione non melior evadet, quod quale sit candide lector legendo offendes. His bene vale.

49

To Guillaume Briçonnet   [Paris. Before April 12,] 1506.

Contenta. Politicorum libri Octo. Commentarij. Economicorum Duo. Commentarij. Hecatonomiarum Septem. Economiarum publ. Vnus. Explanationis Leonardi in oeconomica Duo, Paris, Henri Estienne, 5 Aug. 1506, sig. A, ii, r;

a. Fabri *ed.*

CXCVII (1511/1512), sig. A, ii, r; CCIV (1515/1516), sig. a, ii, r; CCI (1526), sig. A, ii, r. The text is that of the first edition. The epistle will also be found in CXCVIII–CC, CCII, CCIII, and CCVI. I infer the date from that of Easter in 1506.

The epistle prefaces L.'s edition of and commentaries on Leonardo Bruni's translations of Aristotle's *Politics* and *Economics*.

Ad reverendum in Christo patrem D. Guillermum Briconnetum[1] episcopum Lodovensem Iacobi Fabri Stapulensis in Politicorum et Oeconomicorum Aristotelis recognitionem praefatio.

In his Politicorum[2] et Oeconomicorum libris,[3] quos una cum commentariis accuratissime recognitos nomini tuo, sacratissime praesul, impraesentiarum nuncupo, visus est mihi Aristoteles alicui viro comparandus, quem Deus in altissima specula collocatum, unde uno contuitu universi coetus hominum facile lustrari possent, fecisset suae admirandae circa homines dispensationis contemplatorem. Qui quidem primum conspiceret populos natura benignos, minime otiosos, Dei providentiam suis in laboribus aequanimiter expectantes, eius ingentia beneficia meditantes, gratias agentes iugiter et solam eius bonitatem admirantes, quibus Deus regem longe praestantissimum omnium (ceu in examine sedularum apum) ad suae clementiae similitudinem dispensaret. Secundo populos primis quidem dissimillimos, fortunae ludibrio cuncta committentes, providentiam despicientes, nullis unquam gratiarum actionibus totius bonitatis auctorem[a] prosequentes, quibus Deus pro mentis illorum stoliditate dispensaret tyrannum. Tertio populos virtutum affectatores, quae optima mortalium sunt bona, quibus pro bonae mentis desiderio optimos viros praeficeret divinitas. Quarto populos divitiarum honorumque cupidos, quos sineret Deus tanquam rerum umbris inhaerentes, veris quidem neglectis bonis, ab iis qui divitiis et generis nobilitate tument duram experiri gubernationis sortem. Quinto populos quasi omnes inter se fratres essent, mutuam in rerum mediocritate caritatem diligentes, quibus Deus concederet vicariam administrationis (servata quam diligunt mediocritatis lege) facultatem. Sexto et ultimo loco populos qui quomodocunque ferat mentis impetus et ut quisque velit vivere gestientes, quos pro ineruditione sensus frequenter morbis, caedibus seditionibusque castigatos, permitteret Deus populariter tumultuari. His sex

a. actorem *eds.*

vivendi formis—regia, tyrannica, optimate, paucorum potentia, republica et populari licentia—ut in totius mundi spectaculo constitutus, cunctos hominum coetus vivere vidit Aristoteles, ac his in libris scripto digessit, tres impares probans, improbans autem tres pares; et haec universa ferme horum librorum est materia. Neque crediderim legislatorem rerumque publicarum institutorem satis idoneum unquam haberi, qui mentem divinam non induerit humanaque divinorum instar pro virili non effinxerit. Quod de Mose (ut gentium Minoa, Rhadamanthum, Aeacum, Lycurgum, Xamolxin, Numam Pompilium taceam) manifesto constat argumento, qui non alio quam ex divino consortio gentis Hebraeae constituit rem publicam, quod et in sacro carmine testatur Orpheus.[4] In Oeconomicis autem tam sancte coniugalem societatem, paternam et erilem instituit, ut qui legunt (etsi nunquam adiecissent animum) miro rei familiaris teneantur amore. Et ut finem faciam, hi rerum publicarum et rei familiaris libri eiusmodi sunt, qui dum leguntur oblectent, et legentibus eruditionem afferant et utilitatem non modicam. In quorum recognitione quantum laboris assumpserim, quot mendas eluerim, non est quod ipse recenseam, quandoquidem tui contemplatione labor omnis aut nullus penitus aut levissimus visus est. Et haud dubito te pro nobilitate tui animi hoc opus probaturum suscepturumque benigne, praesertim ubi illud vel ex ipso de rebus publicis titulo intellexeris, non modo privato cuique sed et civitatibus cunctisque communitatibus profuturum. M. D.V.

1. See above, ep. 43.

2. The standard medieval translation of the *Politics* was that of William of Moerbeke (c. 1260). On this translation see *Aristoteles Latinus*, I, 74–75 and M. Grabmann, *Guglielmo di Moerbeke* (Rome, 1946), 111–113. Moerbeke's text will be found in Fr. Susemihl, *Aristotelis Politicorum Libri octo cum vetusta translatione Guglielmi de Moerbeka* (Leipzig, 1872). On the medieval background of L.'s commentary on the *Politics* see: F. Edward Cranz, "Aristotelianism in Medieval Political Theory: A Study of the Reception of the Politics," *Harvard University. Summaries of Theses, 1938* (Cambridge, Mass., 1940), 133–136; M. Grabmann, "Die mittelalterlichen Kommentare zur Politik des Aristoteles," *Sitzungsberichte der Bayerischen Akademie der Wissenschaften*, Phil.-hist. Abt., Bd. II, Heft 10 (Munich, 1941); and C. Martin, "Some Medieval Commentaries on Aristotle's Politics," *History*, N.S. XXXVI (1951), 29–44.

L., however, preferred to print, and base his commentary on, the humanist translation of Leonardo Bruni. He printed, too, Bruni's justification of his new translation (Paris, 1506, fol. 1r–v): "Convertendi autem interpretandique mihi causa fuit eadem illa, quae iam decem et octo annis [ante] ad conversionem *Ethicorum* induxit. Nam cum viderem hos Aristotelis libros, qui apud Graecos elegantissimo stilo perscripti sunt, vitio mali interpretis ad ridiculam quamdam inepitudinem esse redactos ac praeterea in rebus ipsis errata permulta ac maximi ponderis, laborem suscepi novae traductionis, quo nostris hominibus in hac parte prodessem. Quid enim opera mea utilius, quid laude dignius efficere possim, quam civibus meis primum, deinde ceteris, qui Latina utuntur lingua, ignaris Graecarum litterarum, facultatem praebere, ut non per enigmata ac deliramenta interpretationum ineptarum ac falsarum, sed de facie ad faciem possint Aristotelem intueri et, ut ille in Graeco scripsit, sic in Latino perlegere" (Baron, *Bruni Schriften*, 73–74).

Bruni finished his translation in 1438 and dedicated it to Pope Eugenius IV. The only Quattrocento version of the *Politics*, it held the field for a century and was frequently printed in the interval between its first edition in 1469 (*GW*. 2367) and L.'s edition of 1506. Further details in Baron, *op. cit.*, 143 and 175–176 and Garin, "Traduzioni umanistiche di Aristotele," pp. 67–68. Cf. Neal Gilbert, *Renaissance Concepts of Method* (New York, 1960), 60–63.

3. The [Pseudo-] Aristotle *Oeconomica* comprises three books. Book I, the work of a late fourth-century Peripatetic, assembles material on household management from Xenophon's *Economics* and Aristotle's *Politics*. Book II is a collection of anecdotes on the means, fair or foul, by which rulers and governments fill their treasuries. Its most recent editor has dated it in the last quarter of the fourth century (B. A. Van Groningen, *Aristote, Le Second Livre de l'Economique*, Leiden, 1933, pp. 41–44). Book III, a homily on married life, also dates possibly from the late fourth century, although the text as we know it from the Latin version is not the original but a revision by an editor of the first or second century A.D. (V. Rose, *Aristoteles Pseudepigraphus*, Leipzig, 1883, pp. 644–665; on the revision, R. Bloch, "Liber secundus yconomicorum Aristotelis," *Archiv für Geschichte der Philosophie*, XXI [1908] 335–351, 441–468).

Two Latin translations were made from the Greek in the thirteenth century. The first, an anonymous version of all three books, the *translatio vetus*, should be dated after 1272 and probably after 1280. The second was finished by Durand d'Auvergne at the papal court in Anagni in 1295. Durandus translated only books I and III, which he named "liber primus" and "liber secundus." His text is probably, but not certainly, a revision of the *translatio vetus*. On the complex history of these medieval translations see *Aristoteles Latinus*, I, 75–77 and R.-A. Gauthier, "Deux témoignages sur la date de la première traduction latine des Economiques," *Revue Philosophique de Louvain*, L (1952), 273–283.

Leonardo Bruni, too, translated only books I and III and like Durandus called book III "liber secundus." He translated book I from the Greek, finishing the translation and annotations to it on 3 March 1420. He published it separately. About a year later he revised the medieval translations of Book III according to humanist taste and published this recension together with his translation of book I. See Garin, "Traduzioni umanistiche di Aristotele," pp. 65–67; Hans Baron, *Humanistic and Political Literature in Florence and Venice at the Beginning of the Quattrocento* (Cambridge, Mass., 1955), 166–172; J. Soudek, "The Genesis and Tradition of Leonardo Bruni's Annotated Latin Version of the (Pseudo-) Aristotelian Economics," *Scriptorium*, XII (1958), 260–268; and Soudek, "Leonardo Bruni and His Public: A Statistical and Interpretative Study of His Annotated Latin Version of the (Pseudo-) Aristotelian Economics," *Studies in Medieval and Renaissance History*, V (1968), 49–136. Early printings of Bruni's translation without and with his annotations, separately and in conjunction with the Durand version, and with other translations of Aristotelian works by Bruni and others are listed in *GW*. 2339–2341, 2367, 2370–2371, 2433–2439, 2447.

For his edition of 1506 L. reassembled all three books of the *Oeconomica*. Following the *Politics* and his commentary and annotations on it he printed *Oeconomica*, books I and III (*liber secundus*) in Bruni's translation (ff. 126v–135r). He accompanied them with his own commentary and annotations. Further along in the volume (ff. 168v–173v) he printed book II in an anonymous humanist adaptation of the *translatio vetus* entitled *Economiarum publicarum Aristotelis liber vnus*. At the end he added Bruni's annotations on his version of books I and III (*liber secundus*) of the *Oeconomica* (ff. 174r–178v). L. seems to have accepted and further edited the frequently corrupt texts of Bruni's version and of the humanist adaptation of the medieval translation of Book II of the Greek original from an earlier printed edition of these texts by Gilbert Crab (Soudek, "Bruni and His Public," pp. 87 and note 4, 92 and note 13).

L. did not question the authenticity of the *Economics*. His "Praefatiuncula" to book II, on the other hand, does express certain reservations (fol. 168v): "Plutarchus in vita Aristotelis Oeconomicorum duos dumtaxat libros illi ascribit. [In reality Leonardo Bruni, *Aristotelis vita*, ed. I. Düring, *Aristotle in the Biographical Tradition*, *Göteborgs Universitets Arsskrift*, LXIII, Göteborg, 1957, p. 177; cf. ep. 76, note 2.] Quare cum duo credantur a Leonardo traditi, qui supra recogniti sunt, nolui hunc quasi tertium illis adiicere, quamvis etiam in codice Graeco hic secundi locum obtineat, verum malui calci operis illum reservare, quod minorem reliquis dignitatem (maxime ubi subintratur historia) retinere visus est; neque opus esse commentario etiam visum est, tum quod satis ex se pateat, tum quod machinamenta et ad nummorum aucupia tyrannicos astus plurimos contineat. Quapropter (ut in principio admonet Aristoteles [*Oecon*. II, 1, 1, 1345b 7–11]) qui hanc publicam dispensandi suscipit provinciam, oportet natura ingeniosum esse, laborum patientem atque iustum; nam quaecumque harum partium (ut recte inquit) defuerit, complura peccabit. Titulus publicarum oeconomiarum, id est dispensationum (quo vocabulo hic frequenter utitur Aristoteles), libro praefixus est, ne (ut dictum est) tres oeconomicorum libri videantur. Qui igitur legent, eo id faciant ingenio, ut bona sequantur et probent, tyrannica vero et quae his erunt similia cautius devitent, et damnent cognita; et has publicas oeconomias explanatio Leonardi in superiores oeconomicorum libros proxime assequitur."

The volume was seen through the press by Petrus Porta and Beatus Rhenanus. At the end are the following verses by Beatus Rhenanus:

> Prospera sit cunctis lux, terque quaterque beata
> Qua modo Politicus prodit Aristoteles.
> Prodit et Oeconomus per tempora longa probandus,
> Cum sene quem sequitur legifer ipse Plato.
> Ergo quibus cives, ac iura sacerrima curae,
> Hos legitote animo candidiore libros.

Valete.

In the Simon de Colines edition of 1543 a poem by Hubert Susanneau follows L.'s epistle to Guillaume Briçonnet:

> Ad Gabrielem Patinum presbyterum apud Gymnasium
> Monteacutum praeceptorem Sussannaeus.

> Scripsit Aristoteles civilia dogmata, victor
> Ipse sui, ut reliquos vicerat ante sophos.
> Hic quasi totius mundi spectacula praebet,
> Et quo gens agitur plurima more, refert;
> Quae leges populis melius ritusque coluntur,
> A sancto quantum rege tyrannus abest.
> Omnia quae magno Fabri patefacta labore,
> Ante nigris tenebris, ante sepulta situ.
> Zoilus obtrectet quamvis manesque lacessat,
> Absque Fabri scriptis haec nego posse capi.
> Perlege qui Sophiae studio Patine teneris,
> Eius praecipue qua pia vita datur.

4. Eusebius, *Praepar. Evang.* XIII, 12 (*MG.* XXI, 1098 D).

50

To Jean de Ganay [Paris. Before April 12, 1506.]

Politicorum libri Octo ... Hecatonomiarum Septem ..., Paris, 5 Aug. 1506, fol. 135v; CXCVII (1511/1512), fol. 131r; CCI (1526), fol. 145v. The text is that of the first edition. The epistle will also be found in CXCVIII–CC, CCII, and CCIII.

The epistle prefaces L.'s *Hecatonomia*, a collection of 700 propositions from Plato's *Republic* and *Laws*. See Jean Boisset, "Les 'Hecatonomies' de Lefèvre d'Etaples," *Revue Philosophique de la France et de l'Etranger*, CL (1960), 237–240.

Aequissimo viro Ioanni Ganaio,[1] parlamentei[a] curiae Franciae senatus primario praesidi, Iacobus Faber.

Qui geometricis studiis operam navant, aequissime praeses, ea omnia magna cum voluptate legere solent quae geometrica sunt, sic quae ab Archimede Syracusio qui sub Marcello, Theone Aegyptio, Papo Alexandrino qui sub Theodosio seniore floruere scite lucubrata sunt, hac nostra tempestate Latinitate donata,[2] favorabiliter excipiuntur, illarum rerum studia novique auctores in dies solertius indagantur; et simili quoque modo quod ad arithemeticen, musicen ceterasque disciplinas attinet, res plane sese habere videtur. Quapropter cum cunctas philosophiae partes attigeris et eam maxime quae sanctas sibi vendicat leges, et cum in ceteris tum in hac eminenter excellas, in eaque summos pro virtute et merito adeptus sis honores summosque magistratus, haudquaquam mihi tandem persuadere non potui, quin Socraticarum et Platonicarum legum lectione delecteris vel plurimum. Igitur cum a Christianissimo amplissimoque regum Lodovico huius augusti nominis XII Francorum plurima cum pace felicia sceptra tenente primarius praeses designatus esses, in qua quidem re sacrae maiestatis suae celsitudo de regno et universa regni sui republica quam optime merita nunquam tacebitur, cogitavi quamprimum ex decem de Republica et duodecim de Legibus Platonicis libris leges colligere, septem autem libellis digestas munusculum suscepti nuper abs te regii muneris gratulatorium et quasi pro primis consalutationibus tibi offerre, quem semper antea magna observatione sum veneratus. Hosce autem libellos idcirco Hecatonomias inscripsi, quod quisque centum leges complectitur. Fuerunt etiam fateor et aliae causae quae me ad hunc suscipiendum laborem impulere; nam cum suscepissem Politicorum Aristotelis recognitionem et commentarios meditatus fuissem, occurrebant Socrates et Plato frequenter in ius ab Aristotele vocati, quos si adducerem et ad politicen facere visi sunt, et ne falso videretur Aristoteles illos pro veritatis defensione insimulavisse; adducere autem dispersim et in singulo quoque loco et longum et onerosum visum est, at legentibus multo conducibilius si

a. Parlamenti *1526*

sua serie pro rei magnitudine in uno volumine collecti pariter ederentur; sicque magis insuper posse prodesse, praesertim iis qui prima legum tyrocinia aggrediuntur, si post lectam Ethicen et Politicen (quas omnino ante voluminum iuris aggressionem praelibare eos oportet, qui legitime instituuntur) ex philosophicis legibus, ut ex quibusdam praeludiis, ad illas sacrosanctas, augustas et imperatorias leges surgerent. Praeterea non nesciebam me Germano Ganaio[3] fratri tuo haud parum hac in re gratificatum iri, qui me alias ad id operis attentandum (et id quidem saepius) adhortatus fuerat. Itaque si utrique in hoc placeo, et studiis non nihil opis affero, aprime quaecumque meis ex laboribus optaveram, iam videor assecutus. At nunc ad Hecatonomias et primum ad eam quae est Socratica. M. D.V.

1. See ep. 5.
2. The Archimedes translation is probably that of Jacobus Cremonensis, done for Nicholas V c. 1450 (*Archimedis Opera*, ed. J. L. Heiberg, Leipzig, 1915, III, pp. lxix–lxxxiii and E. J. Dijksterhuis, *Archimedes*, Copenhagen, 1956, pp. 33–49), although L. may also have had in mind the first translations of Archimedes to appear in print, Moerbeke's versions of the *Measurement of the Circle* and *Quadrature of the Parabola*, published by Luca Gaurico in a mathematical collection entitled *Tetragonismus id est circuli quadratura per Campanum, Archimedem Syracusanum, atque Boetium ... adinventa* (Venice, Ioannes Baptista Sessa, 28 Aug. 1503). Cf. Marshall Clagett, *Archimedes in the Middle Ages*, Madison, Wisc., 1964, I, 13 and 687. The translations of Theon of Alexandria and Pappus are probably those L. noticed on the title page of Bartholomeo Zamberti's recently published version of the works of Euclid: *Euclidis megarensis philosophi platonicj Mathematicarum disciplinarum Janitoris: Habent in hoc volumine ... elementorum libros. xiij. cum expositione Theonis insignis mathematici ... Itidemque et Phaeno. Specu. et Perspe. cum expositione Theonis. ac mirandus ille liber Datorum cum expositione Pappi Mechanici vna cum Marini dialectici proteoria* (Venice, Ioannis Tacuinus, 25 Oct. 1505). In his translation of the *Elements* (cf. ep. 119), Zamberti, following a medieval tradition, attributed the proofs of books I–XIII to Theon. In the same volume (sig. CC, v, r–FF, v, r) he published his translation of what he apparently took to be a recension by Pappus of Euclid's *Data*: "Euclidis Megarensis philosophi Platonici mathematicique prestantissimi incipit liber Datorum ex traditione Pappi Bartholomeo Zamb. Veneto interprete." Cf. H. Weissenborn, *Die Übersetzungen des Euklid durch Campano und Zamberti* (Halle, 1882), 14, 16–17, 20, 27.
3. See ep. 6.

51

Josse Clichtove to Jacques d'Amboise
Paris. September 12, 1506.

In Hoc Libro Contenta Opera Hvgonis De Sancto Victore. De institutione noui-
tiorum. De operibus trium dierum. De arra anime. De laude charitatis. De modo
orandi. Duplex expositio orationis dominice. De quinque septenis. De septem
donis spiritus sancti, Paris, Henri Estienne, 12 Oct. 1506, sig. a, i, v (Boston,
Simmons College. London, BM. Oxford. Panzer, VII, p. 521, no. 175; Renouard,
Estienne, p. 3, no. 1).

Jacques d'Amboise, seventh son of Pierre d'Amboise, lord of Chaumont, and
brother of Cardinal Georges d'Amboise, was born between 1440 and 1450 and
died 27 Dec. 1516. He became a Benedictine at an early age and, through the
influence of a powerful and numerous family, rose high in the church: abbot of
the great Norman house of Jumièges (1475), abbot of Saint-Allyre in the diocese of Clermont (1480), abbot of Cluny (1485), and bishop of Clermont (15
April 1505). He was a pertinacious reformer of his monasteries and later of his
diocese (Renaudet, pp. 184–185) and a discriminating patron of the arts, deco-
rating the choir of Cluny with tapestries representing the lives of the first four
abbots, probably building the Paris hôtel of the abbots of Cluny, equipping
Jumièges with richly carved choir stalls (Roger Martin du Gard, *L'Abbaye de
Jumièges*, Paris, 1909, p. 47), financing the bell tower of the cathedral of Clermont, and erecting a striking Gothic fountain in the town. Clichtove found in
Jacques d'Amboise his most important patron during the decade 1506–1516. Cf.
P. Richard in *DHGE*. II (1914), 1073–1074; P.-F. Fournier in *DBF*. II (1936),
510–512; and Massaut, I, 309–317.

The epistle prefaces a collection of works by Hugh of Saint-Victor.

Reverendo in Christo patri domino Iacobo Ambosio episcopo Claro-
montensi et abbati Cluniacensi Iudocus Clichtoveus S.

In Ethicis censet Aristoteles et recte quidem, amplissime praesul,
verba provocandis ad virtutem hominibus praesertim liberis et qui
dexteriore nati sunt ingenio haud parum conducere,[1] quod ea ubi
animum subierint torpentem ocius excitant ad agendumque permovent. Quod si possunt humani sermones omnino fugaces et praesentibus dumtaxat accommodi, maiorisne ad illud efficiendum momenti
esse putandi sunt libri recta morum praecepta cum nostrae sacratis-
simae religionis pietate coniungentes, quandoquidem hi et diutur-

niores sunt et ad absentes quoque suam utilitatem transmittunt? Inter quos non negligenda videntur opera Hugonis de Sancto Victore (qui religiosam a qua cognomentum sortitus est domum apud Parisios sitam vitae sanctimonia et doctrina mirifice illustravit), praesertim quae inscripsit de institutione novitiorum, operibus trium dierum, arra animae, laude caritatis, de modo orandi, expositione orationis dominicae, quinque septenis, septem donis spiritus sancti.[2] Eam ob rem curavi sedulo praedicta opuscula tui dignissimi nominis auspiciis in lucem emittere, ut cum omnibus tum religiosissimis clarissimae domus Cluniacensis coenobitis (qui tua pastorali auctoritate moderatissime reguntur) frequens illorum lectio spiritalem fructum afferat, et ingenua indole praeditos ex illustribus tum fratre tum sorore nepotes tuos (quos litteris et moribus imbuendos mihi pro tua in me singulari humanitate designasti[3]) ad rectam vitae institutionem provehat.

Tuo itaque nomini nuncupatum sereniore animo libellum suscipe, gravissime antistes, et quanta mihi sit tuae dignitati obsequendi promptitudo hoc vel quantulocumque argumento propende. Vale praesidium decusque meum. Parisiis, pridie Idus Septembres anno 1506.

1. *Eth. Nic.* X, 9, 1179b 7–9.

2. (1) *De institutione novitiorum* (ed. 1506, ff. 2r–22v) = *De institutione novitiorum liber* (ed. ML. CLXXVI, 925–952); (2) *De operibus trium dierum* (ff. 23r–43v) = *Eruditionis Didascalicae libri septem*, Book VII (ML. CLXXVI, 811–838); (3) *De arra animae* (ff. 44r–58r) = *Soliloquium de arrha animae* (ML. CLXXVI, 951–970); (4) *In laudem charitatis* (ff. 58v–63r) = *De laude charitatis* (ML. CLXXVI, 969–976); (5) *De modo orandi* (ff. 63r–71r) = *De modo orandi* (ML. CLXXVI, 977–988); (6) *Duplex expositio orationis dominice* (a) *De Oratione Dominica secundum Matthaeum et de septem petitionibus in ea contentis* (ff. 71v–76r) = *Allegoriae in Novum Testamentum libros novem complectentes*, Book II, ch. 2 (ML. CLXXV, 767–774; cf. J. Chatillon, "Le contenu, l'authenticité et la date du *Liber exceptionum* et des *Sermones centum* de Richard de Saint-Victor," *Revue du Moyen Age latin*, IV [1948], 43–44, note 37: the manuscript evidence makes it clear that this text is an integral part of the *Allegoriae* and should therefore be assigned to Richard of Saint-Victor rather than to Hugh) and (b) *Expositio secunda* (ff. 76r–87r) = *Allegoriae*, II, chs. 3–14 (ML. CLXXV, 774–789); (7) *De quinque Septenis* (ff. 87v–91r) = *De quinque septenis seu septenariis opusculum*, chs. 1–4 (ML. CLXXV, 405–410); (8) *De septem donis spiritus sancti* (ff. 91v–95v) = *De quinque septenis*, ch. 5 (ML. CLXXV, 410–414). Cf. J.-B. Hauréau, *Les œuvres de Hugues de Saint-Victor* (Paris, 1886), 35–37; Roger Baron, *Science et sagesse chez Hugues de Saint-Victor* (Paris, 1957), xix and xxiv; and D. Van Den Eynde, *Essai sur la succes-*

sion et la date des écrits de Hugues de Saint-Victor (Rome, 1960), 26, 31, 65–69, 113–115, 149–150, 154, 163–166. Petrus Porta (see ep. 43, note 4) saw the volume through the press.

3. Jacques d'Amboise appointed Clichtove tutor of his nephews François and Geoffroi d'Amboise in 1506. Clichtove wrote *De vera nobilitate* (1512) for François and dedicated his *De laude vitae monasticae* (1513) to Geoffroi, who became a monk at Cluny. See Clerval, xviij–xix, 13, 19.

52

Giacomo Battista to Bartolomeo Morosini
Venice. September 28, [1506].

Artificialis introductio per modum Epitomatis in decem libros Ethicorum Aristotelis adiectis elucidata commentariis, Venice, Jacobus Pentius, 14 Oct. 1506, sig. a, 1v.

Giacomo Battista of Ravenna, a monk at the Eremitani of Padua, was professor of theology at the University. He received the doctorate on 25 Aug. 1500 and was elected rector of the faculty 30 Jan. 1504. L. was in Padua in 1500 and possibly met him at that time. See G. Brotto and G. Zonta, *La facoltà teologica dell'Università di Padova* (Padua, 1922), Part I, 227.

Bartolomeo Morosini should probably be identified with the Sier Bortolo Morexini, son of Andrea, elected "castelan" at Mestre on 16 June 1502 (Sanudo, *Diarii*, IV, 269 and V, 435–436) and to the "doana di mar" in June 1513 (*ibid.*, XVI, 329 and XXI, 322).

The epistle prefaces Giacomo Battista's edition of L.'s *In Aristotelis Ethica Nicomachea introductio* with Clichtove's commentary (see ep. 31).

Magister Iacobus Baptista Eremitani ordinis Bartholomeo Mauroceno patricio Veneto S. P. D.

Nulli certe iustius ex universa hac iuventute Veneta dicari a me praesens opusculum debuit, vel quod ex Fabri schola viri nostra aetate consumatissimi et tibi in primis grati manarit, vel quod tale sit ut cum moralem introductionem complectatur possis tu in eo multa quae tu iam possideas tamquam in speculo intueri, aut si quid minus adhuc per aetatem perfectum politumque in te sit, hac lectione et absoluere et absolutum excolere. Ego vero hanc tibi moralem introductionem eo libentius nuncupandam duxi, quod cum summo mihi benevolentiae vinculo coniunctus sis, quippe quem in logicis instruxerim non minore studio ac filium; nunc non possim te iam in philosophiae studiis etiam atque etiam celebrem non summopere diligere teque adhortari, ut quod facis per te ipsum satis acriter nostris quoque adhortationibus aliquid quo studii ardentioris accedat. Leges tu certe rem non tibi solum utilem, sed his omnibus qui compendiis rerum capti nihil magis quam brevitatem in qua tamen non sint obscure tradita praecepta sectentur; sed et introductio ea super re facta est, quam nescio an prima omnium sit quae a nobis quaeri indagarique debeant, cum scilicet sine bonis moribus vivere, sit non hominem sed feram vixisse. Vale et salve et reliqua vel logicae facultatis vel physicae aut a Fabro nostro in Latinum versa aut paraphrasibus explicata nostra correctione imprimenda propediem expectes.[1] Venetiis die xxviii Septemb.

1. I have found no evidence that Battista published these works.

53

To Gilles of Delft   Bourges. February 13, 1507.

Contenta. Theologia Damasceni. I. De ineffabili diuinitate. II. De creaturarum genesi, ordine Moseos. III. De iis que ab incarnatione vsque ad resurrectionem. IIII. De iis que post resurrectionem vsque ad vniuersalem Resvrrectionem, Paris, Henri Estienne, 15 April 1507, sig. a, i, v.

Gilles of Delft received a B.A. at Paris in 1478, the M.A. in 1479, and the doctorate of theology in 1492 (*Auct. Chart.* III, 415, 18 and 39; 561, 18; 754, 26; VI, 553, note 1). His principal interests were poetry, moral philosophy, and biblical studies. He apparently spent most of his time between 1500 and 1506 in Germany and the Low Countries. In 1501 he was at the University of Cologne (Keussen, II, 517). Later in the same year he delivered a speech in Bruges on behalf of the clergy of Flanders, then resisting a proposed levy to pay the expenses of Philip the Handsome's journey to Spain. On 22 May 1506 he decided the following *quaestio* in dispute between the secular and mendicant clergy of Ghent: *Utrum fratres mendicantes virtute privilegii fiant proprii sacerdotes.* There is no sure trace of him in Paris between these dates; and L.'s letter suggests a long absence. He returned to Paris sometime before 17 Nov. 1506, the date of Clichtove's doctoral examination. Badius published his versification of the Epistle to the Romans 7 Jan.–18 March 1507, while on 1 March 1507 he contributed a *Carmen sapphicum* to the title page of Badius's edition of Pierre Bury's *Hymni et cantica* (Renouard, *Badius*, II, 251). In 1514 he was a member of the university committee appointed to judge Reuchlin (Renaudet, p. 647).

His last work appears to have been the *Conclusiones in sententias Magistri*, the preface of which is dated 30 June 1519 from the collège de Lys in Louvain. He died 25 April 1524. See Allen, I, 234 and II, 323, note; B. Kruitwagen, "De Prijsche theoloog Aegidius van Delft," *Handelingen van het 9e Nederlandsche Philologencongres* (1919), pp. 71 sqq.; C. Reedijk, *The Poems of Desiderius Erasmus* (Leiden, 1956), 29, 64; and Massaut, I, 183-185.

The epistle prefaces L.'s translation of the *De orthodoxa fide* of John of Damascus. Clichtove prepared a commentary on L.'s translation in 1512 (see ep. 92).

Iacobus Faber Aegidio Delfo doctori theologo S.

Parisiorum Academiam, communem studiorum nostrorum parentem, cum fido rumore repetiisse te cognovi, mihine an tibi magis gratulatus fuerim incertus sum. Quis enim alius insignior locus, quis moribus tuis tuoque accommodatior ingenio? Solent enim pretiosiores plantae in solo naturae suae consentaneo non modo ornamento esse, sed et pretiosum non minus afferre fructum. Locum deme convenientem: neque ornamento fuerint, neque quos debent proferent fructus. Non secus autem arbitror te locum illum fovendis bonis omnibus cum litteris tum ingeniis aptissimum recepisse. Verum quia ego unus inter plurimos veteris consuetudinis amicos te festive quasi ex longinquissima peregrinatione revertentem suscipientes esse non potui, hoc ad te munusculo meam testor absens benevolentiam, opusculo inquam beati patris Ioannis Damasceni, quod superioribus diebus inter aulicos tumultus e Graeco Latinum feci,[1] non ea fateor qua deceret dignitate, non elegantia, sed in angulo paulisper semotus, miserias curialium declinans, qua valui fidelitate lectoribus auctoris mentem perviam faciens.[2] Tuae igitur partes erunt et Clichtovei, qui te adiutore (pauci fluxere dies) sacro doctorum coetui insertus est,[3] agnoscere an opus forte tale sit quod usui celeberrimo illi studio esse possit, cum ipsum maxime theologiae probetur studiosum et ab Atheniensi defluxisse, quod utrumque videtur praesens Damasceni opusculum praeferre. Neque enim in Graecorum gymnasiis alio in opere ad sacram theologiae palaestram solebant initiari. Vale. Apud Byturiges, Idibus Februariis, M.D.VI.

1. Four Latin versions of the *De orthodoxa fide* preceded L.'s: a partial translation done in Hungary before 1145, perhaps by Cerbanus; the popular translation of Burgundio (1153–1154); Robert Grosseteste's translation, a corrected version of that of Burgundio (between 1235 and 1240); and that of the Carmelite monk Johannes Baptista Panetius (d. 1497). See E. M. Buytaert, *De*

Fide orthodoxa. Versions of Burgundio and Cerbanus (The Franciscan Institute, St. Bonaventure, N.Y., 1955), VI–LIV. None of these versions were ever printed. L.'s new translation is therefore the *editio princeps* of the *De orthodoxa fide* in Latin. Two other Latin translations followed L.'s in the sixteenth century: those by Henry Grave (1546) and Jacobus Billius (1577).

Beatus Rhenanus contributed the following verses (fol. 114v):

Beati Rhenani Alsatici ad Robertum Fortunatum Macloviensem Carmen

> Eoo propior radius qui surgit ab axe,
> Hic plus Phoebea luce nitoris habet.
> Haud aliter perdocta magis suscepit ab alto
> Prima cohors populo posteriore patrum.
> Qualia sunt magni celeberrima dogmata Pauli,
> Quae novus in toto legifer orbe tulit.
> Qualis Ioannis sublimi pagina sensu
> Culta Damasceni fundit ut astra iubar.
> Tradit enim fidei prima incunabula recte,
> Ac puras mentes mystica sacra docet.
> Utque salutis iter teneat, loca devia vitans,
> Sincera quemvis traditione monet.
> Hac felix semper iactet se Graecia prole,
> Quae quondam claros edidit alma viros.
> Ergo pias sectans leges ac iura tonantis
> Hoc opus exacta sedulitate legat.

2. A letter from Beatus Rhenanus to Wimpheling dated Paris 24 Sept. [1506] indicates that L. was already following the court in the suite of the bishop of Lodève: "Lucubratiunculas tuas Iacobus Faber accepit a secretis reverendi domini Lodovensis, qui cum antistite ad regiam Franciae curiam profectus est. Quo fit, ut eius viri exactissimam censuram in praesentiarum habere nequeas" (Horawitz-Hartfelder, p. 576).

3. Clichtove received the licentiate in theology 9 May 1506 and passed his examination for the doctorate under the auspices of Pierre Valla, grand master of Navarre, on 17 Nov. 1506. Jacques d'Amboise paid his examination fee. He received his degree and doctor's hat in solemn ceremony on 12 Dec. 1506. In the customary oration, after thanking the dean and masters of the faculty of theology and his patrons Jacques d'Amboise and Guillaume Briçonnet, he acknowledged his debt to L.: "Meo vero praeceptori semper observando, Jacobo Fabro Stapulensi, cujus moderationem et institutionem mihi obtigisse, non minus gaudere et gloriari debeo, quam olim Philippus rex Macedonum gavisus est Alexandrum filium, temporibus Aristotelis cujus doctrina institueretur, sibi natum" (Clerval, p. 15). See *B. Belg.* C 368; Maître, p. 254; and Massaut, I, 294–298.

54

Josse Clichtove to the reader [Paris. c. May 7, 1507.]

Epistole Beati Pauli Apostoli Gentium doctoris sanctissimi et sapientissimi Necnon et beatissimorum Iacobi: Petri: Ioannis: et Iude Epistole canonice, Paris, Henri Estienne for Angilbert and Geoffroi de Marnef, 7 May 1507, sig. A, i, v (Paris, Mazarine); *Si sanctitatem, Si temperantiam, Si modestiam, Si prudentiam, Si castam Beatamque vitam Ducere cupis, Si tandem ad celorum regnum Peruenire optas, Pauli apostoli, Petri et Johannis, Jacobi et iude Epistolas legito*, Paris, Thomas Kees for Pierre Baquelier, 15 July 1512, sig. A, i, v (Paris, BN.); *Apostolorum & Apostolicorum virorum Epistolae a tergo huius explicandae, pro vltimis Enchiridii piorum Tomulis*, Paris, Badius Ascensius, 13 April 1521, fol. IIr (Paris, BN. Renouard, *Badius*, II, 414). Clerval, p. xvij, lists an edition by Angilbert and Geoffroi de Marnef, Paris, 30 March 1509. I have not been able to locate a copy. The epistle will also be found in editions by Jean Du Pré for Jean Bonhomme, Paris, 1519 (*B. Belg.* P 89) and by G. Feyzendat, Paris, 2 July 1520 (London, BM.).

The epistle prefaces Clichtove's edition of the Pauline and Catholic Epistles.

Iudocus Clichtoveus Neoportuensis piis lectoribus S.

Post divina eloquia sacrosanctis contenta evangeliis a Dei ore deprompta, nulla videtur novi instrumenti scriptura augustior, nulla doctrina sanctior quam epistolarum sanctissimi Pauli. Si enim earum auctor attenditur, is est quem dominus vas electionis nuncupavit,[1] Dionysius eximium solem,[2] Chrysostomus aquilam caeli dixit,[3] in cuius laudem etsi totus certaret orbis, non tamen pro dignitate illum satis extollere praedicareque valeret. Si vero fidei et morum documenta hisce epistolis tradita considerantur, ea evangelicae veritati penitus sunt consentanea, ipso spiritu sancto dictante conscripta, atque ad divinum amorem non tepide inflammantia. Verba enim ipsa spirant ardentissimas divinae dilectionis flammas, quibus sacriloqui Pauli pectus totum aestuabat. Nec minoris sunt momenti septem epistolae Canonicae illis subiunctae, a quattuor divini numinis spiraculo afflatis apostolis contextae. Proinde, candidissimi lectores, si harum epistolarum studio et lectioni noctes et dies incumbitis, persuadete vobis nullum litterarum studium post evangelica dogmata utilius aut sacratius a quoquam exerceri posse, neque Attalicas aut Croesi opes his spiritualibus divitiis conferendas esse. Valete et has epistolas nocturna versate manu, versate diurna.[4]

1. Act. 9:15.

2. Clichtove seems to be attributing to Paul Dionysius's description of John as *evangelii sol* (*Ep.* 10, *MG.* III, 1117 C).

3. Ezech. 1:10. Cf. Chrysostom, *In Epist. ad Rom., Homil.* 1, 2 (*MG.* LX, 394) and *Encomium in S. Apostolum Paulum* (*MG.* LXIII, 842–843).

4. Horace, *Ars Poet.* 269. At the end of the work are anonymous verses in praise of the Pauline and Catholic Epistles, possibly by Josse Clichtove (sig. O, iv, r–v).

In laudem divinarum beatissimi Pauli epistolarum

Ut Phoebus radios immittit in omnia claros,
  Sic Paulus scriptis fulget in orbe sacris.
Vis vitam moresque pios agnoscere pure,
  Quo vel ames quemvis ordine quove Deum,
Seu privatus agas, seu publica munera tractes,
  Denique quisquis eris, norma decora patet.
Hic virtutis honos ingenti attolitur arte,
  Hic premitur, quantum dedecet, omne scelus.
Quid spes disce, fides quid possit, et inclitus ardor,
  Gratia quae fertur, gloria quanta manet.
Quid magis egregium, quid verius arte sub ulla,
  Quam vel apostolica regula ducta manu?
Nam Christo scribente nihil, scriptoribus almis
  Se totum exhibuit spiritus ille sacer.
At Paulus Lucasque comes virtute loquendi
  Eminet, ut possit suavius esse nihil.
Ille quidem solus surreptus ad ultima caeli
  Culmina, conspexit gloria quanta Dei.
Hinc potes arcani mysteria discere summi,
  Qualia nec melius lingua referre queat.
Adversosque potes fidei vicisse magistros,
  Vaniloquae sophiae cuncta nefanda teres.
Aeternumque voles sanctis haerere libellis,
  Ferre crucem Christi (corde gemente) Dei.
Ergo age, perpetuus ne te male torqueat ignis;
  Effice quae tradit Paulus erisque probus.

De epistolis quae canonicae appellantur

Suspice quam sacros includat epistola sensus,
  Quam breviter fidei dat tibi quisque ducum:

EPISTLE 54

Petrus apostolicis praelatus honore ministris,
Ioannes, Iudas, tuque Iacobe minor.
Nam vice pastoris legem scripsere supremi,
Quae possit mentem sanctificare tuam.

55

From Symphorien Champier   Lyons. May 24, 1507.

Domini Simphoriani champerij lugdunensis Liber de quadruplici vita. Theologia Asclepij hermetis trismegisti discipuli cum commentarijs eiusdem domini Simphoriani..., Lyons, Jannot de Campis for Etienne Gueynard and Jacques Huguetan, 31 July 1507, sig. e, viii, v (Harvard. London, BM. New York, Academy of Medicine. Paris, BN. Allut, p. 149, no. VII; Baudrier, XI, 206); *Duellum epistolare*..., Venice, 10 Oct. 1519, sig. i, iiii, v–i, vi, r (London, BM. Paris, BN. Allut, p. 201, no. XXVII). The text is that of the first edition. Previously published by P. O. Kristeller, in *Studies*, pp. 246–247 and by Cesare Vasoli, "Temi e fonti della tradizione Ermetica in uno scritto di Symphorien Champier," in *Umanesimo e esoterismo, Archivio di Filosofia* (1960), nos. 2–3, pp. 248–250.

The epistle prefaces Champier's commentary on Lodovico Lazzarelli's translation of the *Definitiones Asclepii: Diffinitiones Asclepii Hermetis Trismegisti discipuli ad Ammonem regem per ludovicum lazarellum ad patrem suum Johannem ay.* [sic] *ad latinum e greco traducte* (sig. f, i, r–f, iii, r). The text is followed by Champier's commentary (sig. f, iii, v–g, ii, r). Both the text and commentary have been edited by Vasoli, *op. cit.*, 251–289. P. O. Kristeller has listed the variants between Vasoli's edition and the much better text of the Viterbo manuscript in "Lodovico Lazzarelli e Giovanni da Corregio, due ermetici del Quattrocento, e il manoscritto II. D. I. 4 della Biblioteca Communale degli Ardenti di Viterbo," *Biblioteca degli Ardenti della Città di Viterbo. Studi e ricerche nel 150° della fondazione*, ed. A. Pepponi (Viterbo, 1960), 32–37. This is the last treatise of the *Corpus Hermeticum* lacking in cod. Laurentianus 71, 33 and consequently not included in Ficino's *Pimander* (Scott, *Hermetica*, I, 262–285; Nock and Festugière, *Corpus Hermeticum*, II, 231–255).

Eruditissimo atque in omni disciplinarum cognitione consummatissimo, totius item Galliae philosophorum principi Iacobo Fabri Stapulensi, Simphorianus Champerius Lugdunensis physicus S. P. D.ᵃ

    Cum divini Platonis sententiam qua non solum nobis natos astruit verum ortus nostri partem et patriam et amicos sibi vendicare atque

a. S.P.D.] S. *1519*

homines (ut placet Stoicis) hominum causa generari[1] mecum animo volutarem, tu mihi, Iacobe doctissime, visus es praeter reliquos mortales unus eam studiosius[b] executus. Quippe qui non contentus tibi dumtaxat bonas acquisisse disciplinas, verum et verbis[c] et scriptis eas ceteris etiam communicare manibus atque pedibus (ut aiunt) elaborasti. Nec ea qua et reliqui mediocri videlicet contentus doctrina, ad earumdem penitiora atque abstrusiora, immo ad medullas usque sugendas penetrasti atque e fontibus unde et gratius bibuntur aquae veritatis ipsius merum saporem haurire studuisti, quam sine fictione didicisti et sine invidia communicas et honestatem illius non abscondis. Instar item Pythagorae atque Platonis aliorumque insignium philosophorum exteras lustrasti regiones atque diversos adiisti populos,[2] necnon ipsam per universum orbem famatissimam Italiam, doctorum ingeniorum altricem, laboriosissime peragrasti, tum ut eos quos ex libris atque fama noveras coram quoque videres, tum ut ab eis bonas litteras ad tuos adveheres. Unde non pauca tuo studio atque labore volumina omni disciplinarum genere et ad nos pervenerunt et in lucem ex calchographorum officinis bonarum artium studiosis haud parum fructus allatura quam emendatissima prodierunt. Et ut cetera tum in dialecticis tum in philosophia missa faciamus, divi Dionysii opera tuis scholiis illustrata visuntur.[3] Item illius vetustissimi theologi, quem Mercurium Trismegistum vocant, duo opuscula, unum de sapientia et potestate[d] Dei, alterum de voluntate divina, tuis commentariis ornatiora vidimus atque non sine magna animi delectatione perlegimus.[4] Quo factum est ut Asclepii item theologi, eiusdemque Hermetis seu si mavis Mercurii Trismegisti discipuli atque auditoris, opusculum theologicum paucis admodum cognitum, nostris utcumque auctum sive clarius commentariis imprimi atque in lucem emittere curaremus.[5] Quod si quis ex imperita multitudine atque ex innumera invidorum[e] turba hunc Hermetis non fuisse auditorem contendere ausus fuerit, ipsius Mercurii Trismegisti de voluntate divina qui Asclepius inscribitur legat atque intelligat libellum in quo Asclepius Ammonem regem alloquens introducitur. Cui si non habuerit fidem, Lactantium Firmianum, virum doctissimum nec minus catholicum, Divinarum Institutionum libro II audiat atque

b. studiosus *Vasoli*
c. verbo *POK*
d. de *ante* potestate *Vasoli*
e. invidiorum *Vasoli*

patientem accomodet aurem. De utroque enim sic ait: "Denique affirmat eos Hermes qui cognoverunt[f] Deum non tantum ab incursibus[g] daemonum tutos esse, verum etiam ne fato quidem teneri." Et paulo post de Asclepio ita inquit: "Asclepius autem[h] auditor eius eandem sententiam latius explicavit in illo sermone profecto[i] quem scripsit ad regem, etc."[6] Sed cum diutius haesitabundus atque anceps animus fluctuaret,[j] cuiusnam auspicio fretus in lucem hoc opusculum progredi sinerem, tu mihi ob omnium disciplinarum peritiam, qui antiquorum sapientiam studiosissime indagare non cessas, perquam[k] idoneus visus es cui hanc nostrarum[l] lucubrationum bonam partem dicaremus. Qui enim praeceptoris disciplinam foves atque ab invidorum dentibus defendis, auditoris quoque a praeceptoris imitatione non degenerantis doctrinam (mea quidem sententia) tueri atque ab iniuria[m] vendicare dedignaberis minime. Sed tamen si quid in eo mancum aut mutilum aut imperfectum offenderis, id emendare atque pristinae velis restituere veritati obnixius tuam humanitatem etiam atque etiam comprecamur. Vale totius rei litterariae decus. Lugd. anno domini M. CCCCC. VII. IX. Kalendas Iunii.

1. Cicero, *De Off.* I, 7, 22. Cf. Plato, *Ep.* IX, 358 A; Cicero, *De Fin.* II, 14, 15; and Seneca, *De Ira* I, 5, 2.

2. Diog. Laert. VIII, 1, 2–3; Cicero, *De Fin.* V, 24, 87; *Tusc. Quaest.* IV, 19, 44; Pliny, *Nat. Hist.* XXX, 1, 2; Valerius Maximus, VIII, vii, ext. 2–3; Iamblichus, *De Pythagorica vita*, 3, 13–20; Porphyry, *De vita Pythagorae*, 6. Cf. Cyril of Alexandria, *Contra Julianum*, I (*MG.* LXXVI, 548 A); Eusebius, *Praepar. Evang.* X, iv (*MG.* XXI, 786 A); Lactantius, *Div. Inst.* IV, 2 (*ML.* VI, 452 B); and Augustine, *De civitate Dei*, VIII, iv (*Corpus Christianorum*, XLVII, 219).

3. See ep. 20.

4. See ep. 43.

5. On Lazzarelli's translation see Kristeller, "Lodovico Lazzarelli e Giovanni da Correggio," pp. 21–22, 26, 32–37 and ep. 43, note 3, above. Kristeller, *Studies*, 241–242 and D. P. Walker, "The *Prisca Theologia* in France," *Journal of the Warburg and Courtauld Institutes*, XVII (1954), 204–259, as well as Vasoli, have discussed Champier's commentary and his attitude to the Hermetic writings. It is probable that Giovanni Mercurio da Correggio himself brought Lazzarelli's

f. cognoverint *Lact.* (*ed. Scott, Hermetica, IV, 14–15*)
g. incursoribus *POK*
h. quoque *Lact.*
i. perfecto *Lact.*

j. fluctuat et *POK*
k. per quam *Vasoli*
l. nostram *Vasoli*
m. iniura *Vasoli*

translation to France. The *Definitiones* were dedicated to him; and according to Trithemius (*Chronicon Sponheimense, Opera historica*, Part 2, Frankfurt, 1601, p. 414) Mercurio arrived in Lyons c. 1501. This is confirmed by the publication in Lyons on 26 May 1501 (by Claude Davost) of his *Exhortationes in barbaros, Turcos, Scythas*. Begging for his living, claiming the wisdom of Jews, Greeks, and Romans, and claiming superhuman powers in astrology, natural magic, and medicine, he caught the attention of Louis XII, who staged a disputation between him and all the physicians of Lyons. It is unlikely that a Lyons doctor as curious of the occult as Champier should not have met him. Cf. Kurt Ohly, "Johannes 'Mercurius' Corrigiensis," *Beiträge zur Inkunabelkunde*, N.F. II (1938), 133–134; W. B. McDaniel, "An Hermetic Plague-Tract by Johannes Mercurius Corrigiensis," *Transactions and Studies of the College of Physicians of Philadelphia*, Ser. IV vol. IX (1941–1942), 96–111, 217–225; Kristeller, *Studies*, 249–257; and Dannenfeld, 149 and 151.

6. *Div. Inst.* II, 15, 6–7.

56

Ioannes Caesarius to Heinrich Einhorn
[Deventer.] May 30, 1507.

Introductio Jacobi fabri Stapulensis in Arithmecam [sic] *Diui Seuerini Boetij pariter et Jordani. Ars supputandi tam per calculos quam per notas arithmeticas suis quidem regulis eleganter expressa Judoci Clichtouei Neoportuensis. Questio haud indigna de numerorum et per digitos et per articulos finita progressione ex Aurelio Augustino. Epitome rerum geometricarum ex Geometrico introductorio Caroli Bouilli. De quadratura Circuli Demonstratio ex Campano,* [Deventer, R. Pafraet, c. 30, May 1507], sig. A, ij, r–v. The epistle will also be found in XC–XCII, editions in which Oronce Finé reprinted in its entirety Caesarius's 1507 collection of mathematical works as an appendix to Book IV of the *Margarita philosophica* of Gregor Reisch.

Heinrich Einhorn (Eynhorn, Monocerus, Unicornis) of Wesel matriculated at the University of Cologne 12 May 1491 (Keussen, II, 295). He appears in the *Auctarium* of Johannes Butzbach as "ingenuarum artium magistrum et iuris pontificii baccalaurium" and "homo in seculari litteratura apprime eruditus" (Krafft and Crecelius, p. 225, no. 26 and p. 263. Cf. Georgius Sibutus, *De divi Maximiliani Caesaris adventu in Coloniam* (Cologne, 1505); Bulaeus, VI, 68; and Geiger, p. 279.

The epistle prefaces a collection of mathematical works which includes L.'s epitome of the *Arithmetica* of Boethius (see ep. 11).

Ad Henricum Monocerum cognomento de Wesalia bonarum simul

et pulchrarum litterarum studiosissimum Ioannis Caesarii Iuliacensis[1] epistola.

Interrogatus abs te saepenumero, Henrice Monocere, quidnam utilitatis mathematicae disciplinae prae se ferrent, idque potissimum mihi visus es facere, quod ad eas ipsas non parum affectus fueris semper atque in dies adhuc magis atque magis afficiaris, non nullis tamen persuasus argumentis, tum scilicet quod certissimis innixae principiis firmissimis illae constent demonstrationibus (quod in aliis scientiis atque artibus minime deprehenditur), tum quod gravissimos quosque auctores eas etiam tractasse ac didicisse iam exploratum et pro comperto habeas. Interrogatus inquam toties, tibi pro captu meo respondi, non facile posse illarum utilitatem percipere quempiam, nisi prius in eis vel mediocriter institutus foret. Minus vero aliquem posse de utilitate earum iudicare, nisi exacte eas ipsas iam assecutus sit atque perdidicerit. Verum enimvero id tamen interim ex me (credo) audisse te non infitias ibis (modo recorderis et ad memoriam revoces quae saepius ultro citroque de ipsis mathematicis contulimus disciplinis) tantum videlicet illarum disciplinarum utilitatem commoditatemque esse, ut praeter praxim et communem rerum humanarum usum (cuius rei gratia initio fortassis inventae sunt atque a multis addiscuntur) nullae sint aliae disciplinae quae ad assurgendum et ad divinorum contemplationem magis conferant, atque animum hominis supra se etiam mirabiliter rapiant, adeo quidem ut nonnunquam homo ipse in terris constitutus et vix nisi ea quae sensibus obiiciuntur dignoscere suopte ingenio valens, iam et divina et supramundana et quae de mundo philosophi speculantur (quorum illa increata et ab aeterno subsistunt semper, haec autem etsi ab aeterno divinitus concepta, cum tempore tamen producta existunt), miro quodam modo contemplari et quasi oculo mentis luce clarius intueri atque cognoscere videatur. Haec autem ubi hunc in modum ex me audisti, quae et ego non tam ingeniolo meo quam et varia lectione edoctus, maxime quidem Aurelii Augustini, nec non et divi Gregorii cognomento Magni, itemque et Nicolai Cusani, quin etiam et Dionysii Areopagitae sic sese habere cognovi, sed et frequenti insuper admonitione Iacobi Fabri Stapulensis praeceptoris quondam mei confirmata esse testatus sum. Hortatus me tum demum es, ut vel una tecum domi tuae eas ipsas disciplinas mathematicas vel earum saltem partem aliquam (si quam teneam) repetere vellem atque relegere, vel in apertum et publice profiteri, tum exercitationis gratia, tum communis utilitatis causa, hoc est ad plurimorum profectum. Quae sane tam pia et iusta exhortatio tua ita me vicit subito, ut quamquam saepius ante, animo quidem sibimet magis conscio reclamante semper, tuis alias flagitationibus, quibus ad idipsum quoque me inducere iterum atque iterum attentasti, multis sum modis reluctari conatus, non iam licuerit diutius refragari, tibi ne dicam petenti sed suadenti, sed volenti atque iubenti. Collegi igitur his diebus proxime praeteritis quosdam tractatus breviores in illas ipsas artes et disciplinas, praesertim arithmeticam[2] et geometricam,[3] introductorios, quos et curo prope diem impressum iri cum opusculo de praxi et numerandi arte supputatoria, quae fieri solet tam per calculos (quos et denarios proiectiles quoque dicunt) quam per figuras et notas arithmeticas, a Iudoco Clichtoveo Neoportuensi nuper elegantissime edito.[4] Quin et insuper adieci ex Aurelio Augustino quaestionem de numerorum progressione haud indignam tua quidem lectione, in qua et causam ipse et rationem investigat cur scilicet ab unitate ad denarium usque progrediamur numerando per singulos digitos; a quo tum rursum unitatem ipsam quasi repetere videamur, progrediendo per articulos quosque ad usque centenarium atque ita deinceps ad millenarium usque et si libet in infinitum.[5] In qua etiam quaestione multa divinitatis mysteria deprehenduntur, ab iis maxime qui speculationibus summopere et rerum contemplationibus in totum dediti sunt, ut hoc videlicet pacto recognoscere possint futuri arithmeticae disciplinae auditores numeros ipsos non esse res leves aut omnino vulgares (quamquam et vulgus quoque numerare norit), sed plenos divinorum mysteriis et divina quadam ratione constantes subtiliterque et ingeniose ab hominibus inventos et per digitos et articulos distinctos esse, ut ex practica ipsa numerandi arte (quam[a] Abacum vocant) haec manifestissime conspiciuntur. Adieci praeterea de quadratura circuli demonstrationem a Campano traditam,[6] quamvis et ab Archimede Syracusano (ut Boetius sentire videtur[7]) et postea a Nicolao Cusano,[8] novissime autem a Carolo Bovillo[9] tentatum sit, ut fortassis diligentius ita obscurius, quo pacto circulus quadrari posset, ut hinc curiosi nimis studentes circa Aristotelicam doctrinam[10] in-

a. quem *ed.*

telligendam ab angoribus animi, si quos ex relicta difficultate conceperint, liberentur expeditius. Has meas curas ac lucubrationes, etsi non magni faciendae a nonnullis fortassis videbuntur, quales quales etiam sunt, tibi tamen mi Henrice, dedico atque nuncupo, tibi inquam, qui de me non modo meritus es quam optime, sed et me quoque tuis in me cumulatis beneficiis tibi devinxisti, adeo ut non minus tibi voluerim semper bene quam et ipse mihi. Siquidem ut benefacerem aliquando tibi et velut ex debito compensarem, non tam expectasti a me unquam quam nec affuit mihi facultas. Itaque si non renues haec parva et exiguo parta labore, curabo sedulo ut maiora aliquando tua causa percepturi sint studiosi adolescentes. Vale et me ama ut facis. Data anno salutis nostrae millesimo quingentesimo septimo tertio Calendas Junii.

1. See ep. 32.

2. *Iacobi fabri Stapulensis introductio in libros Arithmeticos diuini Seuerini Boetij pariter et Jordani* (sig. A, iiij, r–B, iij, v) = *Iacobi Fabri Stapulensis Epitome in duos libros Arithmeticos diui Seuerini Boetii* (Paris, 1496, sig. h, 8r–i, 6v [Bibliography, no. LXXXVI]).

3. *Ioannis Cesarii Juliacensis ex Caroli Bovilli geometrici introductorii sex libris brevis quaedam recollectio (vel si mavis) Epitome* (sig. E, ii, v–F, iij, r), a condensation of Bovillus's *Introductio in geometriam breuiusculis notationibus explanata sex libris distincta* (LXXXVIII, Paris, 1503, ff. l, r–lxxxiiij, v). See ep. 28.

4. *De praxi numerandi compendium* (sig. B, iij, v–D, vi, v; LXXXVIII, Paris, 1503, ff. xxxiij, r–xliiij, v). See ep. 35.

5. *Questio haud indigna de numerorum et per articulos finita progressione ex Aurelio Augustino* (sig. D, vi, v–E, ij, r) = Augustine, *De musica*, I, xii (*ML.* XXXII, 1095–1098).

6. *De circuli quadratura demonstratio ex Campano* (sig. F, iij, r–F, iv, r), a shortened and modified version of the *Quadratura circuli* attributed to Campanus (ed. Marshall Clagett, *Archimedes in the Middle Ages*, I, 588–606). Caesarius used the edition of Luca Gaurico in *Tetragonismus id est circuli quadratura per Campanum, Archimedem Syracusanum, atque Boetium . . . adinventa* (Venice, Ioannes Baptista Sessa, 28 Aug. 1503), ff. 3r–14v.

7. *In Categorias Aristotelis*, II (*ML.* LXIV, 230–231), on *Cat.* 7, 7b 31: "Nam, si scibile non sit, non est scientia, si scientia vero non sit, nihil prohibet esse scibile; ut circuli quadratura si est scibile, scientia quidem eius nondum est, illud vero scibile est" (Boethius's translation, ed. L. Minio-Paluello, Paris, 1961, p. 21). Boethius comments: "Eodem quoque modo quaesitum est si sit propositum circulo aequum fieri quadratum. Quadratum ergo est quod aequalibus lateribus omnes quatuor angulos aequos habet, id est rectos, et Aristotelis qui-

dem temporibus non fuisse inventum videtur. Post vero repertum est, cuius quoniam longa demonstratio est, praetermittenda est." Caesarius seems to be suggesting that the last sentence is a tacit reference by Boethius to Archimedes.

8. *De circuli quadratura, Quadratura circuli, Dialogus de circuli quadratura, De caesarei circuli quadratura.* See *Nikolaus von Cues, Die mathematischen Schriften,* ed. and tr. Josepha and J. E. Hofmann (Hamburg, 1952).

9. *Liber de quadratura circuli,* in LXXXVIII (Paris, 1503), ff. lxxxv, r–lxxxvij, v.

10. *Cat.* 7, 7b 27–33; *An. Pr.* II, 25, 69a 20–5, 30–4. Cf. note 7 above and Thomas Heath, *Mathematics in Aristotle* (Oxford, 1949), 17–19, 33–36, 94–97.

57

Josse Clichtove to Jacques d'Amboise   Paris. July 15, 1507.

Contenta. Guilhelmus Parisiensis de Claustro Anime. Hugonis de sancto victore de Claustro Anime libri quatuor, Paris, Henri Estienne, 10 Sept. 1507, fol. IV. (London, BM. Panzer, VII, p. 525, no. 21; Renouard, *Estienne,* p. 5, no. 3.)

The epistle prefaces two works of medieval monastic piety: (1) Guillaume d'Auvergne, *De claustro animae* (c. 1240) (Clichtove's is the *editio princeps* and the only printed edition; see N. Valois, *Guillaume d'Auvergne, évêque de Paris, 1228–1249,* Paris, 1880, pp. 169–170 and I. Kramp, "Des Wilhelm von Auvergne 'Magisterium divinale,'" *Gregorianum,* II [1921], 185–187), and (2) a *De claustro animae* which Clichtove attributed to Hugh of St. Victor (copyists were already assigning it to Hugh in the twelfth century), but which is in reality by Hugues de Fouilloy, prior of Saint-Laurent-au-Bois (*ML.* CLXXVI, 1017–1182; cf. J.–B. Hauréau, *Les œuvres de Hugues de Saint-Victor,* Paris, 1886, pp. 155–164 and H. Peltier, "Hugues de Fouilloy, chanoine régulier, prieur de Saint-Laurent-au-Bois," *Revue du Moyen Age latin,* II [1946], 25–44). The work had been already published in Cologne in 1504 correctly ascribed to Hugues de Fouilloy: *Tractatus de claustro anime, domini Hugonis Folietini, sancti Petri Corbiensis canonici, in quo non solum pericula secularium: sed etiam spiritualium abusiones personarum perstringuntur* (Panzer, VI, p. 354, no. 69, copies in London, BM. and Paris, BN.). Cf. Massaut, I, 317–323.

Reverendo in Christo patri ac domino Iacobo de Ambasia[1] episcopo Claromontano abbatique Cluniacensi Iudocus Clichtoveus S.

Urbanus secundus vir admodum insignis, dignissime praesul, ante summi pontificatus susceptum moderamen in florentissima domo Cluniacensi monasticam observasse disciplinam a rerum scriptoribus memoratur. Deinde ob eximiam morum sinceritatem ad gubernandam beatissimi Petri sedem delectus, concilium apud Clarum montem Alverniae civitatem convocasse, ubi Christianos principes ad expeditionem Hierosolymitanam perpetua dignam memoria studiosissime provocavit. Itaque tanto viro uterque locus (Cluniacum inquam et Clarus mons) non mediocrem attulit splendorem. Ceterum tuae amplissimae dignitati non utique gloriam afferunt eadem loca, sed ab ea potius ornamentum suscipiunt. Siquidem Cluniacensis domus tua pastorali sedulitate providentiaque felicissime regitur, Claromontana vero ecclesia pontificali tuo culmine fastigioque maiorem in modum adornatur. Ut autem et nostra quantulacumque studia a tua itidem gravissima auctoritate lucem accipiant et fulgorem, Guilhelmi Alvernii Parisiensis quondam episcopi, viri plane celeberrimi opusculum De claustro animae, et Hugonis de Sancto Victore librum quadrifidum eandem complexum materiam curavi tui nominis amplitudini dedicare, cuius auspiciis transfundatur in omnes (si qua est ex hac opera nostra futura) utilitas. Vale praesulum decus et columen. Parisiis, Idibus Iuliis anni 1507.

1. See ep. 51.

58

Symphorien Champier. The Works of Jacques Lefèvre d'Étaples (July 1507)

Domini Simphoriani champerij lugdunensis Liber de quadruplici vita... De gallorum scriptoribus..., Lyons, 31 July 1507, sig. E, vii, r–v. The dedicatory epistle of *De gallorum scriptoribus* is dated Lyons 20 July 1507. What follows is Champier's notice of L.

Iacobus Faber[a] Stapulensis, vir undecumque doctissimus, dialecticus, philosophus ac mathematicus (omnium pace dixerim) celeberrimus ac sacrarum litterarum minime ignarus, nonmodo praesentibus verum etiam his quos antiquitas in deorum numerum rettulerit merito praeferendus. Ingenio subtilis, eloquio dissertus, vita et conversatione integerrimus, scripsit:

a. fabri *ed.*

Introductiones in logicam Aristotelis.[1]

Item Logicam,[2] Physicam ac Metaphysicam Aristotelis a diversis expositoribus mutilatas atque depravatas ad pristinam reduxit veritatem et quodammodo innovavit.[3]

Edidit dialogos in physicam ac metaphysicam.[4]

Item commentaria in philosophiam moralem,[5]

In arithmeticam,[6]

In geometriam,[7]

In musicam Boetii,[8]

In tractatum de sphaera mundi.[9]

Item commentariola in Mercurium Trismegistum.[10]

Item curavit imprimi opera Dionysii Areopagitae, quae per diversas regiones studiosissime inquisivit, quibus etiam pluribus in locis adiecit scolia.[11]

Traduxit Iohannem Damascenum De orthodoxa fide.[12]

Commisit opificibus Paradisum Heraclidis et Recognitiones Petri per Clementem,[13]

Cyrillum in Iohannem.[14]

Edidit commentarios in Politicen et Oeconomicen Aristotelis.

Adiecit Hecatonomias legum Socraticarum et Platonicarum, cum Oeconomiis publicis Aristotelis.[15]

Vivit adhuc hodie apud Parisios, inibi et docens et diversa opera exponens et ad rei publicae commodum imprimi faciens. Habuit inter innumeros doctissimos discipulos Iudocum Clichtoveum Flamingum theologum et suorum operum fidelissimum commentatorem; Carolum Bovillum mathematicae deditissimum, qui scripsit De constitutione et utilitate artium humanarum lib. j.,[16] Metaphysicum introductorium lib. j.;[17] item Gregorium de Livonia Paeoniae artis professorem meritissimum.[18] Qui omnes adhuc hisce temporibus sunt superstites praeter unum dominum Gregorium de Livonia, qui apud Tholosates anno superiori quam haec imprimerentur peste periit.

1. See ep. 13 and Bibliography, nos. CXI–CXVII. Cf. ep. 17.
2. Eps. 27 and 33 and CLXXVIII.
3. Champier has in mind the *Introductio in Aristotelis octo libros Physicorum*, the *Paraphrases* of Aristotle's works of natural philosophy, and the *Introductio metaphysica*. See eps. 1, 2, 3, and 6 and I, II, VII, XXIII–XXV, XXXVIII.
4. Eps. 4 and 6.

5. Ep. 14 and CXXXVIII, CXXXIX, CXLVI.

6. Ep. 11 and LXXXV, LXXXVII, LXXXVIII. Cf. ep. 5.

7. The reference is possibly to Bovillus, *Introductio in Geometriam* (see ep. 28), carelessly attributed to L.; more probably to the *Geometria Euclidis a Boetio in Latinum translata*, which L. added to his 1500 edition of the *Sphere* of Sacrobosco (see ep. 8, note 4 and LXXIII).

8. Eps. 9 and 10 and LXXXVI.

9. Ep. 8 and LXXI–LXXIII.

10. Ep. 43 and XXXIX, XL.

11. Ep. 20 and CLV–CLVIII.

12. Ep. 53 and CCVII.

13. Ep. 38 and CXCIII.

14. Ep. 62. Cyril's *Commentary on St. John* did not appear until 10 Jan. 1509, and then edited by Clichtove rather than L.

15. Eps. 49 and 50 and CXCVI.

16. Ep. 41.

17. Ep. 37.

18. I have not been able to identify this student of L.

59

From Pierre Dupont   Paris. Collège de Boncour.
                                      September 1, [1507].

Doctissimi viri Petri De ponte ceci brugensis de sunamitis querimonia liber primus. Eiusdem ad diuersos amicos epygrammata. Item Nouem peanes carminibus variis & periucundis, Paris, Jean Gourmont, 1507, sig. A, i, v (Paris, BN. Sélestat. Walter, p. 498, no. 2081).

Pierre Dupont was born in Bruges. He was blinded in an accident at the age of three. From c. 1505 he taught the humanities at the collège de Boncour. His marriage in 1511 provoked an unkind epithalamium from Aleander. He died in Paris sometime after 1539. A prolific poet and scholar, he published over thirty books of secular and religious verse, classical editions and commentaries, moral treatises, and popular textbooks on grammar and Latin versification. See Renouard, *Badius*, III, 193; Renaudet, p. 518; *Biographie nationale de Belgique*, XVIII (1904), 13–16; Jovy, III, 19–20, 215; Massaut, I, 223.

The epistle prefaces Pierre Dupont's *Sunamitis querimonia*, dedicated to L.

Magistro Iacobo Fabro Stapulensi philosophorum facile principi Petrus de Ponte caecus Brugensis cum omni humilitate salutem.

Libellum meum (cui quod animae peccatricis lamenta continet

Sunamitis querimonia titulus est) tibi, Iacobe mortalium illustrissime, dicare et sub tui nominis inscriptionibus edere constitui. Nam cum sis stabilissimum saeculi nostri columen ac pauperum semper mite sublevamen, amico sinu fovebis hunc spero. Celeberrimorum vatum et potissimum Baptistae Mantuani sonoro carmine oblectatus, paulatim animum ad scribendum appuli, ne pigros rubigine sensus otia corrodant sopitaque pectora torpor noxius obliquet.[a] Nam ut habet idem Mantuanus Primae Parthenices libro primo,[1]

> Ferrum, si transit in usus
> Assiduos splendore micat vultuque nitenti
> Audet[b] ad argenti decus aspirare superbum.
> At si longa quies ierit, fuscatur et atram
> Vertitur in scabiem, celerique assumitur aevo.

Haec ille. Ne benignissimas igitur aures tuas prolixa nimium oratione laedam, haec subscripta mitissimae humanitati ac benevolentiae tuae castiganda, corrigenda emendandaque statuo. Quae si digna censueris, imprimantur obsecro. Non ad mundanae laudis consecutionem, sed ad nepotum nostrorum maiorem eruditionem, scilicet ut qui opusculum hoc lectitaverint, tam horribili exemplo territi scelus abhorreant, animas suas claris virtutibus doctrinisque munientes. Eia ergo opellae tantulum clemens suscipe quaeso; post hac si possem ampliora facturus, et sic lucubratiunculis meis benignus subvenire poteris. Vale miseris et inopibus commune asylum ac toti philosophiae unicum firmamentum, ex gymnasio nostro Becodiano ad Kalendas Septembris anno domini. I.h.o.s.[2]

1. E. Bolisani, *La Partenice Mariana di Battista Mantovano* (Padua, 1957), 34, lines 180–184.
2. Dupont followed his dedicatory epistle to L. with another in verse (sig. A, ii, r–v). See pp. 178–179 below.

a. oblicet *ed.*   b. audeat *Bolisani*

Appendix. Verses by Pierre Dupont addressed to Lefèvre d'Etaples

Eiusdem [Petri Pontani] ad eundum [Fabrum Stapulensum]

Hac brevitate tibi quod tam puerilia promo,
Qui tamen aeterna luce canendus ades,
Non certa ratione vacat, prolixa vetantur;
Nunc exorsa, catum plus breviora iuvant.
Et quia parva decent parvos, ego parva repono.
Quemque suo fungi munere iussit honor:
Praxiteles sculpsit, cecinit Maro, pinxit Apelles,
Eloquiis Hermes claruit, arte Sinon.
Tu sophiae dominus, tu sancta negotia curas,
Et tua caelorum mens super astra volat.
Religione Numam superas, virtute Catonem;
Sic tua caelestis pectora Christus alit.
Aspera te nunquam sors, nunquam prospera vertit;
Sic tua divinus corda rigavit amor.
Omni laude micas, nec honoribus ipse superbis;
Sic artius[a] mentem provida cura ligat.
Pullitropus variae calles idiomata linguae,
Quae sine non grandi capta labore putem.
Nichomaci nobis abstrusa volumina prolis
Enucleas, famae grande perennis opus.
Plurima quae non sunt nostro claudenda libello,
Diceret (at fulgent) Parisiana cohors.
Lactea seu gnatis dat dulcibus ubera mater;
Sic hominum menti vesca benigna paras.
Si mea Castalii complerent ora liquores,
Lotaque Piereo vortice labra forent,
Quam retines laudem mea lingua referre nequiret,
Nam tuus in toto pululat orbe vigor.
Si quis adulandi studio vel laudis amore

a. aretes *ed.*

Te laudare nimis carmina nostra putet,
Invidiae stimulis agitur, solumque videri
Vult aliosque sui cogitat esse pares.
Forsitan ingenti gaudens ambage sophista,
Vera licet crispis naribus ista leget.
Te duce sed floxi talem curabo minoris,
Invia nam caeco tramite lustra petit.
Is grave curata gestat sub pelle venenum,
Et validas artes retur habere miser.
Iudice letiferis me prestant seria nugis
Et tuus errorum nubila splendor agit.

60

From Valerand de Varannes
[Paris. Before February 16, 1508.]

Carmen de expugnatione Genuensi cum multis ad Gallicam historiam pertinen-
tibus, Paris, Nicolas de Prat, 16 Feb. 1507/1508, sig. f, iii, v. (London, BM. Paris,
BN., Mazarine. Panzer, VII, p. 528, no. 241).

Valerand de Varannes of Abbeville taught at the collège des Cholets. His
specialties were patriotic and religious verse. He had published two collections
before the *Carmen de expugnatione Genuensi: Habes optime lector in hoc*
libello que digesto sequuntur ordine. Primo. De fornouiensi conflictu carmen.
De domo dei parisiensi Carmen. De pia sacerrime crucis veneratione carmen. De
preclara et insigni theologorum parisiensi facultate carmen, Paris, Jacques
Moerart, [1501] (Paris, BN., Mazarine) and a *Decertatio fidei et heresis*, Paris,
Robert Gourmont, [1505] (Mazarine). His major work was a historical poem
on Joan of Arc: *Valerandi Varanij de gestis Joanne virginis France egregie*
bellatricis libri quattuor, Paris, Jean de la Porte, [1516] (BN. Mazarine). Licentiate in theology 26 Jan. 1512, he received the doctorate 16 Nov. 1512. See E.
Prarond, *Valerandi Varanii De Gestis Joannae Virginis* (Paris, 1889); Renouard,
Badius, II, 242–243, 410–411, III, 286; Renaudet, p. 516, note 5 and p. 660, note 5;
and Maître, p. 264.

Ad Iacobum Fabrum Stapulensem illustrem philosophum.

Salve Iacobe Faber sophiae clarissime vindex,
Salve et Aristoteles et redivive Plato.
Salve Socraticae pugil auctorate palaestrae,

Salve Parisiae gloria magna scholae.
Mens tua dum assurgit, caelos introspicis et quod
   Daedala naturae dextera fingit opus.
Ut propius verum subscribam, doctus es ipse
   Abdita naturae, doctus es ipse Deum.
Vive precor nobis, ne te infelicia tollant
   Fata, Sibyllinos vince Iacobe dies.
Et nostram studiis auge melioribus urbem,
   Prima sit in votis haec pia cura tuis.

61

Josse Clichtove to the reader   [Paris. c. March 31, 1508.]

Melliflui deuotique doctoris sancti Bernardi abbatis Clareuallensis. Cisterciensis ordinis opus preclarum suos complectens sermones de tempore, de sanctis, et super cantica canticorum. Aliosque plures eius sermones et sententias nusquam hactenus impressas. Eiusdem insuper epistolas, ceteraque vniuersa eius opuscula. Domini quoque Gilleberti abbatis de Hoilandia in Anglia prelibati Ordinis super cantica sermones. Omnia secundum seriem hic inferius annotatam collocata, vigilanter et accurate super vetustissima Clareuallis exemplaria apprime correcta, Paris, André Bocard for Jean Petit, 31 March 1508, fol. 22v (Munich. Sélestat. L. Janauschek, *Bibliographia Bernardina*, Hildesheim, 1959, pp. 90–92, no. 350); Paris, Berthold Rembolt for Jean Petit, 30 June 1513, [fol. 1v] (Columbia. Holy Cross. London, BM. Janauschek, pp. 98–99, no. 379). The text is that of the first edition. The epistle was reprinted without change in many subsequent editions of St. Bernard's *Opera*, the earliest of which are Lyons, Jean Cleyn, April 1515 (London, BM. Baudrier, XII, 290–291; Janauschek, pp. 101–102, no. 388); Paris, Berthold Rembolt for Jean Petit, 4 July 1517 (London, BM. Janauschek, pp. 106–107, no. 402); Lyons, Jean Cleyn, 19 July 1520 (Paris, BN. Baudrier, XII, 303–309; Janauschek, pp. 111–112, no. 422).

The editorial work was the responsibility of Cistercian monks at the abbey of Clairvaux (ed. 1508, colophon): "Deuoti mellifluique doctoris diui Bernardi Clareuallis abbatis seraphica scripta diligentissime cum archetypis bibliothecae Clareuallis a quibusdam eiusdem domus monachis emendata." According to a letter of Badius Ascensius to Mathurin de Cangey, monk of Clairvaux, dated 24 Dec. 1507 Mathurin was the principal editor: "Tua siquidem unius opera et accuratione divinae devotissimi Bernardi lucubrationes sub uno codice propediem in vestitu prosilient deaurato" (Renouard, *Badius*, III, 124–125).

Clichtove's epistle is a complimentary preface to this Cistercian edition of the works of St. Bernard.

Iudocus Clichtoveus Neoportuensis benignis lectoribus salutem.

Thesaurum in agro absconditum tanti estimavit qui invenit, ut evangelico tradente eloquio venditis omnibus illum comparaverit.[1] Thesauri vero occultati nomine non inepte nec absurde sanctorum patrum abstrusa scripta accipimus, quibus recondita sacrarum litterarum sensa nobis elucidare curarunt. Siquidem in illis non aurum ad horam rutilans, non argentum cito periturum, non denique lapides pretiosos aliorum direptioni obnoxios est invenire, sed indefluxas opes animae indeciduasque gemmas auro Indico lapillisque nitidis pretiosiores, quandoquidem illis ipsis divina explicantur eloquia, quae desiderabilia sunt super aurum et lapidem pretiosum multum et dulciora super mel et favum.[2] Eloquia enim domini eloquia casta, argentum igne examinatum, probatum terrae, purgatum septuplum.[3] Quae quia saepenumero non usque quaque captui nostro pervia sese offerunt, magnopere amplectenda[a] sunt antiquorum patrum opera, quibus obtectus ille thesaurus nobis reseratur, divinarum scripturarum mysteria recluduntur, mores rectius instituuntur. Inter quae sane opera a probatissimis auctoribus elucubrata beatissimi Bernardi volumina non postremo loco collocanda sunt. Si enim auctorem spectare libet, et vitae sanctimonia et praeclara eruditione praestantissimus occurret. Si characterem ipsum rationemque scribendi comperietur, suavissima et sine asperitatis offendiculo cum summa facilitate elegantiaque decurrens ut melle dulcior videatur ex eius ore fluxisse oratio. Si denique materia quam pertractat exquiritur, aliud invenietur nihil nisi quod involucra sacrae scripturae in lucem proferat, aut vitia gravi verborum tonitruo effulminet, aut ad virtutem studiosius invitet. Hunc igitur thesaurum hactenus in agro domini absconditum et iam tandem vigilantissima cura erutum vobis asciscite, quicumque sacrarum litterarum ardenti flagratis amore. Has veras comparate divitias, quae non veterascunt, nec a tineis eroduntur aut furibus effodiuntur, sed indeficientes, inocciduas, nullo unquam fato interituras, quibus anima locupletata ad caelestia tecta tutum carpet iter, nec eam malus auferet error. Valete.

1. Matth. 13:44.
2. Ps. 18:11.
3. Ps. 11:7.

a. amplectanda *1513*

62

Josse Clichtove to Georges d'Amboise

Paris. August 8, 1508.

Opus insigne beati patris Cyrilli patriarche Alexandrini in euangelium Ioannis:
a Georgio Trapezontio traductum, Paris, Wolfgang Hopyl for himself, Jean
Petit, and Thielmann Kerver, 10 Jan. 1508/1509, fol. 2r–v (Harvard, Paris, Mazarine. Sélestat. Vienna. Legrand, III, 161–162); Paris, Wolfgang Hopyl, [1514],
Part I, fol. 2r–v (Cambridge, Corpus Christi. Paris, Mazarine. Prague, Clementinum. Vienna); Paris, Wolfgang Hopyl, 15 Dec. 1520, fol. 2r–v (Harvard. Paris,
BN. Vienna. Yale. Legrand, III, 251–252; *B. Belg.* C 468).

Clichtove's edition of the *Commentary on St. John*, and his subsequent edition
of the *Thesaurus* (see ep. 105), are the first of any genuine work by Cyril of
Alexandria. He published the *Commentary on St. John* in the translation of
George of Trebizond from a manuscript copy lent him by Cardinal Georges
d'Amboise, to whom he dedicated the book. George had known no Greek text
for books V, VI, VII, and VIII; so these do not appear in his translation. Clichtove asked a friend, perhaps Jan Schilling, then in Rome, to see if he could find
the missing books in the Vatican Library. He found three manuscripts of
George's translation and two Greek manuscripts, but all five lacked the four
middle books. Clichtove's rare first edition, therefore, contains only books I–IV
and IX–XII.

In 1514 Wolfgang Hopyl published a second edition, first clearly identified
by Dr. Michael Kraus. It contains not only the eight books of the first edition,
but Clichtove's own "reconstruction" of the four middle books as well, prefaced
by a letter to Jacques d'Amboise, dated Paris, 5 Jan. 1513/1514 (see ep. 104).
This second edition is commonly catalogued 1508, and confused with the first,
because Hopyl inserted the newly printed pages of the intermediate books
(which have their own separate pagination) into his remaining copies of the
first edition. The colophons of the two editions are therefore identical; so are
the title pages, the dedicatory epistle to George d'Amboise, and the greatest
part of the text of books I–IV and IX–XII. The date is fixed by that of Clichtove's preface to the intermediate books.

The third edition is a reprint of the second and presents no problems. The
colophon notes the addition of the four books written by Clichtove to fill the
gap of the four lost books of Cyril of Alexandria: "At illorum loco [quattuor
libri intermedii] per Iudocum Clichtoveum Neoportuensem doctorem theologum adiecti sunt quatuor alii libri, litteram evangelii Ioannis intermissam continua serie consimilique scemate reclulentes" (fol. 263r). Some copies (Harvard,

Yale) are dated 1520 on the title page; others (Paris, BN.) 1521. They are otherwise identical.

L.'s connection with this Cyril edition is suggested by contemporary evidence. Symphorien Champier assigned the book to L. over a year before its publication (see ep. 58, note 14), while Johannes Hess wrote to Bruno Amerbach, then in Paris: "Quod de Cyrilli commentariis aliisque meministi, placet summe, quicquid ex Stapulensi egreditur officina (veneror enim magistrum Jacobum); proinde, quicquid emiserit, fac habeam" (Hartmann, I, 344).

Georges d'Amboise, archbishop of Rouen (21 Aug. 1493), cardinal (12 Sept. 1498), and legate in France (1501), was the principal adviser of Louis XII. Bibliography in *DBF*. II (1939), 491–503.

Reverendissimo in Christo patri et domino D. Georgio cardinali Ambosiano, legato Franciae, Iudocus Clichtoveus humillimum obsequium.

Non mediocre praestat hominibus beneficium, rei publicae ecclesiasticae princeps eminentissime, qui solem illis conspicuum reddit quia ob oculorum imbecillitatem validioremque radiorum iactum in suo orbe contueri firma acie haudquaquam possent, in subiectis autem corporibus diffusum et multiformem facile conspicantur, maxime ubi quippiam accesserit adiumenti quod nebulas caliginesque interceptas dispulerit. Quod ideo dictum velim, quia sacra inter eloquia et potissimum evangelia Ioannes, Deo imprimis dilectus discipulus solari splendore radians, de summa Christi divinitate ceteris tanto sublimius locutus est, quanto ceteris sideribus sol rutilantius emicat. Quo factum est, ut non ab re deiloquentissimus Dionysius illum evangelii solem nuncupaverit;[1] et Ezechiel in sacra mysteriorum visione eundem aquilae persimilem describit,[2] quod reliquis altiore volatu sese ad caelestia sustulerit irreverberatoque et minime trepidante mentis obtutu illustre caeli hauserit iubar. Verum cum non posset hic eximius divinitatis fulgor a Ioanne depromptus plane comprehendi ob insignem suae claritatis eminentiam, beatissimus pater Cyrillus urbis Alexandrinae patriarcha, divinae sapientiae dux et moderator egregius, nostrae fragilitati consulens, radios illius multiplices lucida suorum commentariorum explicatione nudavit effusosque latius et expansos nobis spectabiles effecit. Quantam vero sincerae divinorum cognitionis lucem omnibus afferat, quotve impietatis hac sua elucidatione tenebras eliminet, cuivis legenti in promptu obviumque protinus

a. que *1508/1509, 1514, 1520*

erit, ut strenuus enim Christi veritatisque miles in Ebionitas, Sabel-
lianos, Arrianos, Eunomianos, Macedonianos et reliquam patris men-
dacii catervam classica concinit, arma movet, spicula librat et instruc-
tissimam ducit aciem, sacrarum litterarum testimoniis rationibusque
acerrimis lucifugas ipsos et errorum magistros omnis invadens, pro-
fligans et in fugam agens. Ceterum huic tanto propugnatori et ante-
signano mutilum quiddam et mancum in hac sua militia temporum
(ut crediderim) iniuria intervenit; nunquam profecto satis deploran-
dum, quod e duodecim primos dumtaxat quattuor et totidem postremos commentatorium eius libros habemus, quattuor vero intermedii
nec apud Latinos nec apud Graecos ab iis qui eam quam potuere
vigilantiam adhibuerunt reperti sunt. Nam et in illa insigni Romae
pontificia bibliotheca quinquies, ter quidem Latine et bis Graece,
conscripti visuntur, et ubique et eisdem in locis trunci ac mutili, ut
ab eo didici qui eius rei fideliter vestigandae curam adhibuit. Unde
consentaneum est aut vetustate aut incuria hominum (ut pleraque
alia praeclara auctorum volumina) deperiisse. Verumtamen satius est
vel intermissam habere solis subfulgentiam quam semper densis versari in tenebris. Et cui non datur integram possidere margaritam, non
parvi ducere debet, si vel fragmenta illius colligere possit, ex quibus
quanti momenti pretiique foret integra gemma dilucide coniectet.
Itaque ad publicam omnium veritatis et lucis amatorum frugem,
theologis visum est quibus hoc sacrum communicatum est opus, ut
exeat in lucem et tuo quidem nomini nuncupatum.[3] Sed cur id? Ob
hoc profecto, quia praeter cetera praestantissimae virtutis tuae monumenta id quoque praestitisti, ut ex tua biblioteca exemplar pro tua
benignitate communicatum intellexerint, ex quo haec publica desumpta est editio, non solum ecclesiae Gallicanae aequissima legationis
functione, sed et divinissimarum litterarum liberalissima communicatione prospicere curans. Quod autem nuncupationis et gratifica-
tionis munus mihi commiserint, id non inconsulto neque illi fecisse,
neque arroganter suscepisse videbor, si consideraverint me iam pridem reverendi in Christo patris antistitis Claromontani fratris tui addictum clientulum et instituendis cum scientia tum moribus inclitae
familiae vestrae claris natalibus aliquot adolescentulis designatum.[4]
Itaque circumspectissima secunda (ut sic dixerim) a summis utriusque gladii principibus auctoritas tua intelligat se non tam a me quam

a coetu theologorum, immo a Cyrillo ipso, neque tam aliis quam a
suis ornari muneribus. Parisiis, sexto idus Augustas. M.D.VIII.

1. *Ep.* X (*MG.* III, 1117 C).

2. Ezech. 1:10.

3. The text of Cyril's *Commentary* (425–428) will be found in *MG.* LXXIII
and LXXIV, 9–756 and in the edition of P. E. Pusey, *Sancti patris nostri Cyrilli
archiepiscopi Alexandrini in d. Ioannis evangelium* (Oxford, 1872). What are
perhaps the two Greek manuscripts in the Vatican Library mentioned by
Clichtove are described by Pusey, *op. cit.*, I, vii–viii. One contains books I–IV
and IX–XII; the other only the first four books. There is a third manuscript in
the Marcian Library in Venice which also lacks the middle books. All three are
fifteenth-century manuscripts. The twelfth-century Codex Barberinus, which
contains books I–VI, was unknown in the sixteenth century (Pusey, I, 645, note).
Except for fragments in *catenae*, books VII and VIII are still missing. The
Vaticana also possesses four manuscripts of George of Trebizond's translation
(Vat. lat. 525–528). One of these is an autograph with a dedicatory preface to
Nicholas V (Vat. .lat. 525). Further details in *MG.* LXVIII, 52–53 and J. Reuss,
"Cyrill von Alexandrien und sein Kommentar zum Johannes-Evangelium," *Biblica*, XXV (1944), 207–209. Bibliographies on Cyril in H. du Manoir de Juaye,
Dogme et spiritualité chez saint Cyrille d'Alexandrie (Paris, 1944), 539–551;
Alex. Kerrigan, *St. Cyril of Alexandria Interpreter of the Old Testament, Analecta Biblica*, II (Rome, 1952), xvii–xxxix; and Altaner, *Patrologie*, 253–257.

4. See ep. 51.

63

Wolfgang von Matt to Jan Schilling
Paris. September 12, 1508.

[*Iacobi Fabri Stapulensis in Politica Aristotelis introductio*], Paris, Henri Estienne, 28 Sept. 1508, sig. a, j, r; CCXIV (1512), fol. 1r; CCXV (1516), fol. 2v.
The epistle will also be found in XLVIII, LIX, and CCXVI. The text is that of
the first edition.

Wolfgang von Matt, from Stans in the canton of Unterwalden, matriculated
at the University of Basel 1 May 1498. Soon after, he went to Paris. In the
summer of 1503 he visited the hermitage of brother Klaus with Bovillus and
Barnabas Bürki (Renaudet, p. 417). From at least 1505 he collaborated with L.
and worked as a corrector for Henri Estienne. With Jan Schilling he read the
proofs of the *Hermetica* (ep. 43, note 4), and L. mentioned him in the preface
to Lull's *Contemplationes* (ep. 45). In 1513 he helped L. edit the *Liber trium
virorum et trium spiritualium virginum* (ep. 99). He was still in Paris in Aug.

1514. Sometime before 1519 he returned to Switzerland and retired to the monastery of Engelberg. He is last heard of in a letter from Myconius to Zwingli dated 21 July 1522. See Hartmann, I, 383.

Jan Schilling was the son of Friedrich Schilling from Weissenburg in Alsace, who in 1496 had founded in Cracow the first Polish paper mill (Jan Ptaśnic, *Cracovia impressorum XV et XVI saeculorum, Monumenta Poloniae typographica XV et XVI saeculorum*, Leopol, 1922, Part I, p. 114, Part II, p. 41, note 1). He was working with L. in Feb. 1504 (see ep. 38, Appendix), and in 1505 he helped proofread the *Hermetica* (see ep. 43). By November of the same year he was back in Poland, for L., in the preface to his edition of Lull's *Contemplationes*, says that he is sending a copy "in Poloniam ad Ioannem Solidum Cracoviensem religiosi propositi adolescentem et nobis quidem quam carissimum" (ep. 45). In Sept. 1508, when his friend Wolfgang von Matt dedicated to him the first edition of L.'s *In Politica Aristotelis introductio*, he was in Rome. During his stay he copied the *Excitationes* for the Cusanus edition of 1514 from manuscripts in the Vatican Library (Cusanus, *Opera*, Paris, 1514, I, sig. aa, iii, v; cf. G. Mercati, in *Studi e Testi*, LXXIX [1937], 129). After his return to Paris he contributed to Robert Fortuné's edition of Hilary (ep. 79) and helped L. with his Pauline commentaries (ep. 96). He died late in 1518, as we learn from a letter of L. to Beatus Rhenanus (Horawitz-Hartfelder, p. 152).

The epistle prefaces L.'s *In Politica Aristotelis introductio*, published by Wolfgang von Matt along with Raffaello Maffei of Volterra's translation of Xenophon's *Economicus*. Clichtove published a commentary on L.'s Introduction in 1516 (see ep. 116).

Volgatius Pratensis Ioanni Solido Cracoviensi salutem D.

Apud hospitem tuum Henricum Stephanum,[1] in cuius officina diversor, comperi manu tua excriptam in Politica Aristotelis introductiunculam, insuper et Oeconomicon Xenophontis. Illam communi praeceptori nostro Fabro tribuis, hoc cuidam Raphaeli Volaterrano, ut qui ex Graeco Latinum fecerit,[2] quod et antea Ciceronem factitasse et Columella et Hieronymus locupletes sunt testes.[3] Illa succinctam et haud inconducibilem continet eruditionem, hoc autem non inamoenam disputationem, neque hactenus nostris visa in lucem prodiere. Quare visum est, ut illa publicarem et primitias nostrae compositionis ad te mitterem, ut vel sic intelligas neque labores tuos quos in illis scribundis suscepisti periisse, neque me frigide in novo opificio (quod Deo opitulante suscepi prosequendum) versari. Ceterum si me amabis, ubi D. Martinum Tolninum[4] meo nomine salutaveris, eum communicatione libelli participem efficies, ut sicut ipse mei, me sui cognoscat non immemorem. Quod autem ad te attinet, vide ne

Romanus aer te in aliquo offendat, serva te nobis mente corporeque incolumem, et de studiis tuis nonnihil nobis alterna. Vale. Ex Parisiorum urbe, octavo[a] [b] supra M.D. pridie Idus Sept.[b]

1. See Elizabeth Armstrong, "Jacques Lefèvre d'Etaples and Henry Estienne the Elder, 1502–1520," in *The French Mind: Studies in Honour of Gustave Rudler* (Oxford, 1952), 17–33.

2. Volaterranus translated Xenophon's *Economicus* c. 1480. It was first published in Rome by Johannes Besicken in 1506 (London, BM.). Cf. Cosenza, V, 1050–1051.

3. *De Re rustica* XI, 1, 5; Jerome, *Ep.* LVII, 5. Cf. Quintilian, *Inst. orat.* I, v, 2.

4. See ep. 102, note 8.

a. duodecimo *1512*   b. octavo ... Sept. *om. 1516*

64

From Symphorien Champier   Lyons. October 23, 1508.

Simphoriani Champerij de triplici disciplina cuius partes sunt. Philosophia naturalis. Medicina. Theologia. Moralis philosophia integrantes quadriuium, Lyons, Claude Davost for Simon Vincent, 28 Feb. 1508/1509, sig. hh, iij, r–v (New York, Academy of Medicine. Allut, p. 153, no. VIII; Renouard, *Badius*, II, 267–271).

The epistle is one of three prefaces to Champier's exegetical treatise on the *Hermetica: Theologie Trimegistice domini Simphoriani Champerij de archanis et mysterijs egyptiorum particule xij* (sig. hh, iij, v–ll, viij, r). Cf. ep. 55.

Eruditissimo atque in omni disciplinarum cognitione consumatissimo, totius item Galliae philosophorum principi Iacobo Fabro[a] Stapulensi Simphorianus Champerius Lugdunensis physicus S. P. D.

Mercurius Trismegistus,[b] qui doctissimus ab Aegyptiis habetur, libros duos scripsit maxime auctoritatis nec minoris eruditionis.[1] Unde inter Aegyptios theologos auctoritatem sibi summam comparavit. Verum (ut inquit Horatius) quandoque bonus dormitat Homerus.[2] Et iuxta illud Varronis, Nemo unus omnia potest scire.[3] Nam cum plurima a Mercurio de divina providentia, de mente, anima, homine, natura et materia bene et erudite dicta sint, nonnulla tamen

a. Fabri *ed.*   b. Trimegistus *ed.*

reperiuntur parum curiose pensiculata et ab Hebraeorum lege discrepantia, idque potissimum in his rebus quae de oraculis, simulacris, diis, daemonibus, usiarchis, horoscopis et pantamorpho, sepulchris mortuorum delubris quae ad gentium ritum pertinent licet animadvertere.[4] Namque ea scripsit Apuleius quae Christianorum aures ferre nec possint nec debebant. Quapropter cum spiritus fallax, cuius instinctu Apuleius ista dicebat, plus obsit legentibus quam prosint bonae et sanctae ipsius propositiones et veritates, institui summatim breviterque annotare loca quam plurima quae apud Mercurium magis obelisco quam asterisco digna esse existimavi, una cum propositionibus et gravibus sententiis quibus Hermes ipse auctoritatem apud omnes sibi summam comparavit; quod negotium dum Mercurium una cum commentario tuo profiterer suscipere non recusavi,[5] ut Jano Grilo Januensi[6] id a me efflagitanti gratificarer. Et id potissimum adimplevi non eruditionis ostentandae[c] gratia, sed ut pro virili parte iuvarem Christianae legis studiosos et potissimum Mercurii Trismegisti[d] theologiae amatores. Mercurium utpote optimum theologum laudo et lectito, sed quandoque (ob Apuleii impietatem) deficientem ac minus recte enarrantem emendare contendi, existimans me facturum esse operae pretium si ea quae Apuleius depravavit, partim manca, partim inerudita[e] apud Mercurium legebantur, nostra industria vera et erudita legerentur. Sed haec alias; tu interim velim laeto animo capias hoc nostrum munus; ita enim licebit pro veteri officio diligentiam nostram probare et amicitiam inter nos firmiorem atque integriorem constituere. Tu enim unus es aetate nostra qui omnium veterum philosophiam ac religionis Christianae praecepta et leges percalleas. Vale vir eruditissime. Ex ludo nostro litterario Lugdunen. X. Kalen. Novembris anni huius M. CCCCC. VIII.

1. See ep. 43, note 2.
2. *Ars Poet.* 359.
3. *De Re rust.* II, 1, 2.
4. Cf. the following passage in Champier's second preface to the *Theologia Trismegistica* (sig. hh, ij, v): "... librum Trismegisti de voluntate divina impietate Apuleii magi fuisse depravatum mutilatumque, nec talem ab ipso qualis nunc passim legitur fuisse apud Aegyptios publicatum. (...) Cum ergo plurima

c. ostentante *ed.*   e inerudira *ed.*
d. Trimegisti *ed.*

et ferme omnia a Mercurio in libro de potestate et sapientia Dei bene et erudite et catholice dicta sint, restat solum parum et curiose pensiculata et prophana et ab Hebraeorum fide discrepantia quae ab Apuleio traducta sunt, idque potissimum in his rebus quae ad idolatriam et magiam pertinent licet animadvertere."

5. Cf. Champier's first preface, addressed to Jacques de Vitry, chancellor of the duke of Bourbon (sig. hh, i, r–v): "Nisi vana sit Pythagorae palingenesia, Aristotelem nobis alterum Gallia redivivum produxit Iacobum Fabrum Stapulensem, qui virtute philosophica recentiores omnes, ex antiquis etiam complures, a se longe reliquit. Ceterum operum multitudine, sententiarum gravitate elegantiaque Aristoteles sit extra aleam, omnium quasi pontifex maximus. Ille tamen philosophiam humanam, hic noster Iacobus divinam cum humana cecinit philosophiam. In mysteriali philosophia nemo non putet secreta illum colloquia quasi Mercurium, Mosen aut Dionysium potius alterum caelitus habuisse. Item disciplinarum omnium scientissimus, vitae severitate, morumque sanctimonia, universae philosophiae Christianae decus. Duo opuscula Mercurii Trismegisti vetustissimi quidem theologi, unum de sapientia et potestate Dei, qui et Pimander, alterum de voluntate divina, cui nomen Asclepius, recognovit, et in eosdem argumenta maximae elegantiae nec minoris eruditionis scripsit, unde inter Trismegisticos auctoritatem sibi summam comparavit. Sed ne quis importunus cavillator nobis obiiciat aut illius doctrinam nos flocci facere aut eius lucubrationis non exiguam partem in opus nostrum convertisse atque ex alieno labore nobis gloriam aucupari velle, non eo infitias, immo ingenue fateor, Iacobum Fabrum virum admirandae eruditionis quem semper tanti feci quanti ex studiosorum collegio neminem. Etenim in eius lectione me profecisse plurimum libera voce fateor; eum namque multis in locis insecutus sum. Sed quoniam (ut inquit poeta) non omnia possumus omnes [*Eclog.* VIII, 63] nonnulla super addidi, atque de mysteriis Aegyptiorum ex theologorum tum catholicorum tum antiquissimorum philosophorum voluminibus collegimus libellum."

6. I have not been able to identify Janus Grillo of Genoa.

65

To Robert Fortuné   Paris. [c. November 20,] 1508.

Contenta. Georgii Trapezontij dialectica hec continens. De Enunciatione. De quinque vocibus: id est predicabilibus. De Predicamentis. De Syllogismo categorico id est predicatiuo. De Syllogismo hypotetico ac conditionali. De Enthymemate: id est Syllogismo imperfecto. De Diffinitione ac diuisione. De Thesi: ne quid aut dicendo aut scribendo Absurdum, pugnansue dicatur. Et Hec Omnia vtiliter, eleganterque & modo quidem perbreui ac introductorio, Paris, Henri Estienne, 20 Nov. 1508, sig. a, IV–a, 2r. The epistle was reprinted without change in CCXVIII–CCXXVIIIa.

Robert Fortuné (d. 7 March 1528), from Tinéniac near Saint-Malo, taught grammar, rhetoric, and philosophy at the collège du Plessis. He published editions of Hilary (see ep. 79) and Cyprian (ep. 95). See E. F. Rice, "The Humanist Idea of Christian Antiquity: Lefèvre d'Etaples and His Circle," *Studies in the Renaissance*, IX (1962), 152, note 2.

The epistle prefaces L.'s edition of the *Dialectica* of George of Trebizond, written c. 1440 and first published in Venice c. 1470. Cf. Cesare Vasoli, "La Dialectica di Giorgio Trapezunzio," *Atti e Memorie dell'Accademia Toscana di. Sci. e Lett. "La Colombaria,"* N.S. X (1959–1960), 299–327. Gérard Roussel, the future bishop of Oleron, saw the book through the press (see ep. 82): "Ut vos [Academiae Parisiensis studiosos adolescentes] igitur in primis ipsis philosophiae ingressibus, in primis tyrociniis, id est in logicis et dialecticis adiuvarem, dudum cum Aristotelicis libris Trapezontii ad dialecticam introductionem non inutilem mea quidem sententia libellum ex libraria officina emisi."

Iacobus Faber Fortunato suo S.

Nunc sextusdecimus agitur annus, vivente adhuc Hermolao Barbaro,[1] magno quidem et eloquentiae et philosophiae fonte, Romae peregrinus agebam; et cum aedes cuiusdam nobilis Romani civis (ductore Bartholomaeo Crotoniata[2]) subiissem, duo comptissimi iuvenes sequente paedagogo, pergravi et probe morato viro, salutatum nobis occurrere, quos ubi pro aetatula eloquentes demiratus sum, arbitrabar nihilominus solo humaniorum litterarum studio detentos ac poesi. Non ita est, infit paedagogus, verum ad philosophiam praeclare sunt initiati; quo iubente disseruerunt de dialecticis peregregie, verum multo cultiore modo quam in gymnasiis et cyclopediis adhuc perspexeram. Percontatus igitur diligenter quibusnam in tam eleganti disserendi peritia et tam belle eos initiasset. Nonne (inquit ille) ut grammaticis a Donato, gravissimo probatissimoque auctore, aeque nobis ab optimo quopiam fuit auspicandum; suntne valida in quaque structura iaciunda fundamina; et tenaciores adulescentum animi melioribus (iuxta Comici sententiam) semper institutis imbuendi?[3] Sane, inquam. Sed quisnam hac praesertim tempestate, ubi veritas grassante barbarie strata iacet et exulat, tam dignus comperietur auctor, a quo potissimum solide in valvis ipsis ipsisque philosophiae ingressibus sit ordiendum? Non paucos (inquit) eiusmodi Graecia misit, inter quos, Georgio Trapezontio duce, hi discipuli mei spem nobis bonam hactenus fecere. Quid, inquam, audieruntne virum illum? Minime. Sed in quodam eius opusculo praelibamina quaedam gustarunt. Estne (inquam) res ea quae communicari possit viro, praeceptorem et auditores suspicienti, admiranti et iam plurimum veneranti? Maxime, inquit. Tunc is qui adulescentum maior natu videbatur, geminus (inquit) mihi libellus est et uterque mea manu utcumque scriptus, viro itaque nos et colenti et amanti gratias sumus habituri, si eorum quem volet monumentum nostri suscipere non dedignabitur; insuper et si alios nobis aetate coaevos adhortabitur, ut (relictis algentibus nugis) nitidiora sectentur studia, quo in dies ut corporis ita animi subadolescat ornatus. Usus sum, fateor mi Fortunate, generosa adulescentis liberalitate, et memoriam iuvenum in hanc usque diem mihi quidem quam carissimam servavi; et certe tales erant, quos si nostri iuvenes viderent qui hoc in studio sunt quam plurimi, cuperent omnes quam similimi fieri. Habes igitur quo pacto libellus ad me pervenerit. Verum me hic accusabis quod non, ut generosus puer petierat, suos coaetaneos et aetate pares ad cultiora illa studia (et veriora ut bene putas) provocaverim. Immo vero nunquam destiti, neque desistam aliquando cum verbo tum scripto. Quod si qui hac de causa me forsan oderint, non odibo; nam scio qui laborant, si forte medicum oderint recte monentem, continuo ubi convaluerint, quem oderunt, vehementius amabunt. Sed cur ergo, inquis, non citius invulgasti? Sane quod nunc quam tunc quoad plurimos nostram contempler Academiam ad medicamen suscipiendum melius affectam; et ut pro trita sententia est, temporibus medicina valet. Vale et tu. Parisiis. Anno salutis humanae auctore Christo filio Dei. M.D.VIII.

1. L. met Ermolao Barbaro in Rome in the spring of 1492 (Renaudet, pp. 144–145).

2. Bartholomew of Crotone (formerly Cotrone), port city of Calabria, province of Catanzaro. I have not been able to identify him.

3. Cf. Horace, *Ep.* I, 2, 69–70; Virgil, *Georg.* 2, 272; Quintilian, I, 1, 5; Seneca, *De Ira* II, 18, 2.

66

To Cardinal Guillaume Briçonnet
[Paris. Abbey of Saint-Germain-des-Prés.
c. January,] 1509.

Qvincvplex Psalterium. Gallicum. Romanum. Hebraicum. Vetus. Conciliatum,
Paris, Henri Estienne, 31 July 1509, sig. a, r–a, i, r; CCXXX (1513), sig. A, ij,
r–A, iij, v. The text is that of the second revised edition of 1513. The epistle
will also be found in CCXXXI. The epistle is not dated in the first edition. It
is dated 1508 in the second. In the text L. notes the cession, *superiore anno,* of
Saint-Germain-des-Prés by Cardinal Briçonnet to his son, the bishop of Lodève.
The transaction took place 1 Oct. 1507. The colophon adds that L. finished the
book in 1508: "Absolutum fuit hoc Quincuplicis Psalterii opus in coenobio
sancti Germani prope muros Parisienses: anno a natali Christi domini 1508."
This is no doubt the information on which Beatus Rhenanus based the following remarks in a letter dated from Strasbourg 10 Oct. 1508: "... quincuplex
psalterium, quod Faber Stapulensis, vir ex omni aevo incomparabilis, anno
superiori ad archetypam veritatem castigavit, mihique, ut homo liberalissimus,
proxime ex celeberrima Parisiorum Diatriba muneri transmisit...." (Horawitz-
Hartfelder, p. 577). It thus seems certain that L. wrote the epistle in 1508, that
is, between Easter 1508 and Easter 1509 (8 April), and closer to the latter than
the former date. A letter from Michael Hummelberg to Bruno Amerbach dated
Paris 9 Jan. 1509 possibly fixes it in early January: "Stapuleum Psalterium iamiam
impressoribus commissum est; nescio quid maius hoc nascitur Psalterio" (Hartmann, I, 372). See also Reinhold Weier, *Das Thema vom verborgenen Gott
von Nikolaus von Kues zu Martin Luther* (Münster, 1967), 1–12, 43–48.

Guillaume Briçonnet, youngest son of Jean Briçonnet, treasurer of France,
and Jeanne Berthelot, was the father of L.'s patron Guillaume Briçonnet, bishop
of Lodève and then of Meaux, and an immensely rich, clever, and ambitious
financier, administrator, diplomat, and prelate, long at the center of great affairs,
oraculum regis, regni columna. For the literature see Dupont-Ferrier, "Le Personnel de la Cour du Trésor," *ABSHF.* (1935), 200; M. Lecomte, in *DHGE.* X
(1938), 677–679; Claude-Henriette Basserau, "Jean Briçonnet l'Aîné et Jean
Briçonnet le Jeune, bourgeois de Tours et financiers au XVe siècle," *Positions
des thèses. École Nationale des Chartes* (1951), 15–19; and R. Limousin-Lamothe,
DBF. VII (1956), 286–287.

The epistle prefaces L.'s *Quincuplex Psalterium,* a study of the Latin text of
the Psalms with commentary. English translation by Paul L. Nyhus in Heiko
Oberman, ed., *Forerunners of the Reformation. The Shape of Late Medieval
Thought Illustrated by Key Documents* (New York, 1966), 297–301.

Ad reverendissimum in Christo patrem et D. D. Guillelmum Briconnetum miseratione divina sacrosanctae ecclesiae Romanae cardinalem,
episcopum Tusculanum, archiepiscopum Narbonensem in quincu-
plam psalterii[a] editionem Iacobi Fabri Stapulensis praefatio.

Cum omnia fere studia voluptatis et utilitatis nonnihil afferre sint
solita, sola divina non voluptatem modo et utilitatem sed summam
pollicentur felicitatem: beati (inquit) qui scrutantur testimonia tua.[1]
Quae igitur nobis potius sequenda, quae magis amplectenda? Longo
equidem temporis intervallo humana sum secutus et divinis vix prima
(ut aiunt) admovi labra[2] (augusta enim sunt et non temere adeunda);
at ex illa quamvis remota delibatione[b] tanta lux affulgere visa est ut
eius comparatione disciplinae humanae mihi visae sint tenebrae, tanta
spirare fragrantia ut illi suaviolentiae nihil inveniatur in terris simile;
neque aliam crediderim terrenam paradisum cuius odore in vitae
immortalitatem foveantur animae.

Frequens coenobia subii, at qui hanc ignorarent dulcedinem veros
animorum cibos nescire prorsus existimavi; vivunt enim spiritus ex
omni verbo quod procedit de ore Dei,[3] et quaenam verba illa nisi
sacra eloquia? Mortuos igitur qui eiusmodi sunt spiritus habent. Et
ab eo tempore quo ea pietatis desiere studia coenobia periere, devotio
interiit, et extincta est religio, et spiritualia pro terrenis sunt commu-
tata, caelum dimissum et accepta terra, infelicissimum sane commercii
genus.

Et si qui eorum ex sacris litteris pastum quaererent, saepius inter-
rogavi quid in illis dulcedinis experirentur, quid saperent. Responde-
runt plurimi quoties in nescio quem sensum litteralem incidissent, et
maxime cum divinorum psalmorum intelligentiam queritarent, se
multum tristes et animo deiecto ex illa lectione abscedere solitos.

Tunc coepi mecum ipse cogitare ne forte ille non verus litteralis
sit sensus, sed (quod mali pharmacapolae de herbis facere solent) sit
res pro re et sensus pro sensu inductus. Ilico igitur me contuli ad
primos duces nostros, apostolos dico, evangelistas[c] et prophetas, qui
primi animarum nostrarum sulcis divina mandarunt semina et litteralem sacrarum scripturarum aperuerunt ianuam; et videor mihi alium
videre sensum, qui scilicet est intentionis prophetae et spiritus sancti

a. psalteriorum *1509*   c. Paulum *1509*
b. accessione *1509*

in eo loquentis, et hunc litteralem appello, sed qui cum spiritu coincidit; neque prophetis[d] neque videntibus alium littera praetendit (non[e] quod alios sensus, allegoricum, tropologicum et anagogicum, praesertim ubi res exposcit negare velim[e]); non videntibus autem, qui se nihilominus videre arbitrantur, alia littera surgit quae (ut inquit apostolus) occidit et quae spiritui adversatur;[4] quam et Iudaei nunc sequuntur, in quibus etiam nunc impletur prophetia: Obscurentur oculi eorum ne videant et dorsum eorum semper incurva;[5] et huiusmodi sensum litteralem apellant non prophetae profecto, sed quorumdam Rabinorum suorum qui divinos David hymnos maxima ex parte de ipsomet exponunt, de pressuris eius in persecutione Saulis et aliis bellis quae gessit, non facientes eum in psalmis prophetam, sed per eum visa et facta narrantem et quasi propriam texentem historiam, cum tamen ipse de se dicat: Spiritus Domini locutus est per me, et sermo eius per linguam meam,[6] et scriptura divina eum appellet virum cui constitutum est de Christo Dei Iacob, egregium psaltem Israel;[7] et ubi illi constitutum est de Christo Dei Iacob et vero Mesiah nisi in psalmis?

Quapropter duplicem crediderim sensum litteralem: hunc improprium, caecutientium et non videntium qui divina solum carnaliter passibiliterque intelligunt, illum vero proprium, videntium et illuminatorum; hunc humano sensu fictum, illum divino spiritu infusum; hunc deprimentem, illum vero mentem sursum attollentem, ut non iniuria questi illi religiosi videantur quoties in expositionem litteralem incidissent moestos se relinqui et mente consternatos, et non secus omnem devotionem repente collabi et penitus deficere, quam si igni gelidam superfuderis aquam. Ut enim sanum corpus sua laedentia, ita mens sua mortificantia sentit; non ab re igitur censeo eiusmodi esse fugiendam et ad litteram illam aspirandum, quae ut colores luce ita spiritu animatur. Ad quod consequendum brevem in psalmos expositionem Christo adiutore tentavi, qui est clavis David[8] et de quo illi in hac psalmodia per spiritum sanctum (ut dictum est) constitutum erat.

Et ut apertius cognoscatur quam diversus sit hic sensus ab illo, paucis idipsum patefaciendum puto exemplis. Secundum psalmum,

d. prophetae *1509*   e. non ... velim *om. 1509*

Quare fremuerunt gentes et populi meditati sunt inania? Astiterunt reges terrae et principes convenerunt in unum adversus Dominum et adversus Christum eius, et sequentia,[9] ad litteram exponunt Hebraei de Palestinis qui insurrexerunt in David Christum Domini;[10] verum Paulus et ceteri apostoli spiritu Dei repleti ad litteram de Christo Domino, vero Mesiah et vero Dei filio (ut et verum est et decet) exponunt.[11] Rursus septimumdecimum psalmum volunt Hebraei ad litteram gratiarum actionem esse Davidis ad Deum quod liberatus esset de manibus Saulis et hostium suorum.[12] Paulus litteram Christo domino tribuit.[13] Octavidecimi psalmi litteram ponunt Hebraei de prima datione legis;[14] Paulus non de prima sed de secunda legis datione per beatissimos apostolos et successores eorum ubivis gentium promulgatae.[15] Praeterea primi et vicesimi psalmi litteram ponunt Hebraei de afflictione Hebraeorum tempore Artaxerxis;[16] Matthaeus, Ioannes et Paulus, Deo plenissimi viri, litteram super iis statuunt quae Christo Domino regi gloriae in sua passione acciderunt.[17] Et longum esset per singulos psalmos ostendere quem Hebraei astruunt litteralem sensum nequaquam illum litteram velle, sed figmentum esse et mendacium, ut bene de eis Esaias vaticinatus sit: Filii mendaces, filii nolentes audire legem Dei, qui dicunt videntibus nolite videre, aspicientibus nolite aspicere nobis ea quae recta sunt; loquimini nobis placentia, videte nobis errores, auferte a me viam, declinate a me semitam, cesset a facie nostra sanctus Israel.[18] Certe qui talia vident, vident errores et a vera via quae Christus est et a semita declinant, ne videre possint sanctum Israel, qui item est Christus Iesus superbenedictus in saecula. Quomodo igitur eorum sensui innitemur, quos Deus percussit caecitate et errore,[f] nihil timentes si caecus nobis ducatum praestet ne una ruamus in foveam? Absit igitur nobis credere hunc litteralem sensum quem litterae sensum appellant et David historicum potius facere quam prophetam, sed eum sensum litterae vocemus qui cum spirituo concordat et quem spiritu sanctus monstrat. Scimus (inquit diviniloquus Paulus) quia lex spiritualis est;[19] et si spiritualis quomodo sensus litteralis, si sensus legis est, spiritualis non erit? Sensus igitur litteralis et spiritualis coincidunt, non quem allegoricum aut tropologicum vocant, sed quem spiritus sanctus in propheta loquens inten-

f. errore *1509*; terrore *1513*

dit. Et huic eliciendo sensui, quantum spiritus Dei dedit, invigi-
lavimus.

Quod si quispiam contenderit me id pro dignitate non effecisse,
ultro illi cedens nequaquam negaverim. Quis enim prophetae pro dignitate mentem aperuerit qui idem propheta non sit spiritumve prophetae assecutus? Quod de me dicere non possum, neque quod est
apud Homerum:

> Nulloque virorum
> Ducimur auspicio, manifesta in luce monentem
> Ipse Deum vidi vocemque his auribus hausi.[20]

Ii tamen quorum auspiciis ducor, ii quos imitor idipsum dicere potuerunt; et concordia scripturarum maxima ex parte nos ad hoc per-
vexit.

Sed erunt forte alii qui cassum hunc nostrum causabuntur laborem,
ut qui post Didymum,[21] Origenem, Arnobium, Eusebium, et ex nostris Hilarium, Hieronymum, Ambrosium, Augustinum et Cassiodo-
rum in psalmos scripserim. Quibus respondebimus: apud illos praeclare omnia; et illos diffuse tractasse, nos succincte; illos non unum
sensum, nos unum praecipue et eum qui spiritus sancti et mentis esset
prophetae quaesiisse; illos cum commentati sunt unicam sibi psalmorum litteram subiecisse (ut Augustinum psalterium vetus quod minus
ceteris castigatum est,[22] unde saepe relicta psalmi intelligentia evagari
coactus est; Cassiodorus Romanam secutus est psalmodiam[23] et reliqui
eam litteram quam praesentem in manibus habuere[g]), nos varias
litteras consuluimus, ut primarium inde sensum fideliter erueremus.

Ceterum in unum corpus quinque psalteria redegimus, Gallicum,
Romanum, Hebraicum, Vetus et Conciliatum, ut ex eorum mutua invicem collatione iuventur ii quos similis indaginis cura mordebit, et
ob id praeterea ut multi cantus ecclesiastici unde sumpti sint agnos-
cantur.

At rursus quaeret aliquis: cur ita vocentur cum singulum quodque
Latino sermone conscriptum sit? Hac crediderim ratione Romanum
dici, ut ab eo primum incipiamus quod in hac editione secundum
locum obtinet, quod Romae emendatum a Hieronymo (ceu ex eius

g. habuerunt *1509*

prologo dilucet) in ecclesia caneretur Romana, id est Gallia transalpina.[24] Et Gallicum quod eo ecclesia Gallica, id est cisalpina, uteretur; et illud esse arbitror quod ad preces Paulae et Eustochii secundo correxit Hieronymus,[25] hoc ductus argumento quod in vetustis codicibus illud obelis et asteriscis reperimus annotatum, quemadmodum scribit idem Hieronymus se annotasse.[26] Hebraicum vero quod nulla media intercedente lingua ex Hebraeo ad Sophronii preces Latina illud donarit colonia.[27] Quae tria psalteria, tribus columnis altrinsecus e regione positis descripta, maiores nostri magna diligentia describi curarunt et descripta custodiri, ut in vetustioribus bibliothecis licet adhuc intueri.[28] Et ad hoc emittendum opus pii et religiosi viri Cartusii et Coelestini hunc in modum descriptis exemplaribus humanissime nos iuvarunt[h] atque ad emissionem provocarunt, deflentes[h] tam dignum et insignem patrum nostrorum laborem inter tineas et blattas longo situ deperire. Porro Psalterium vetus dicitur quod eo vel maxime ante aeditiones a Hieronymo emendatas uterentur ecclesiae.[29] Conciliatum quod pauca addat aut mutet ad Gallicum, quo magis veritati et Hebraico concordet psalterio et quandoque ut aptior et accommodatior habeatur sermo.[30]

Et ne hoc nimis novum aut insolitum videatur, ante nos Graecam psalmorum pentaplum Alexandrinis fecit Origenes, cui adiunxit epitomen;[31] ex quo quidem opere tantum abfuit ut quis eum repraehenderit, ut etiam pro ea re laudes eius ad tempora nostra perdurent. Et nos identidem huic aeditioni brevissimam adiecimus expositionem et pauca alia, ut concordias, adnotationes, argumenta, conciliationes et id genus.[32] Quae omnia, reverendissime pater, voluit reverendus antistes dominus meus Guillermus Briconnetus episcopus Lodovensis tibi offerrem, hac praesertim ratione quod cum se et omnia sua tibi debeat, hoc insuper opus in coenobio tuo divi Germani quod ei superiore anno cessisti elaboratum agnoverat. Si igitur hic noster labor tibi placebit, omnibus acceptum existimo; precandus tamen nobis est Christus dominus, qui principium est et finis universae huius psalmodiae, ut non solum sit acceptus sed et multis ad felicitatem consequendam prodesse possit. Anno[i] Christi M.D.VIII.[i]

h. iuvarunt... deflentes] iuvarunt, nos insuper ad emissionem provocantes, et deflentes *1509*

i. Anno... M.D.VIII *om. 1509*

1. Ps. 118:2.
2. Cf. Cicero, *De nat. deorum* I, viii, 20.
3. Matth. 4:4. Cf. Deut. 8:3, Luc. 4:4.
4. 2 Cor. 3:6.
5. Ps. 68:24.
6. 2 Sam. 23:2.
7. 2 Sam. 23:1.
8. Cf. Apoc. 3:7.
9. Ps. 2:1–2.
10. *Postilla venerabilis fratris Nicolai de Lyra super psalterium*, in *Biblia Latina* (Venice, F. Renner de Hailbrunn, 1482–1483), II, sig. A, 3r. Cf. *Rabbi Davidis Kimchi Commentarii in Psalmos Davidis regis et prophetae*, ed. and tr. Ambroise Janvier (Paris, 1666), 8: "Hunc vero Psalmum edidit Dauid et cecinit in principio regni sui, nempe quando contra ipsum congregatae sunt Gentes.... Omnes enim Philistaeorum Principes unanime consenu et pari consilio ad bellum Davidi inferendum conspiraverunt."
11. Hebr. 1:5, 5:5; Act. 4:25–27, 13:33.
12. *Postilla*, II, sig. B, 1r. Cf. Kimchi, *Commentarii in Psalmos*, 70: "Composuit autem Dauid hoc canticum sub vitae suae finem cum deuictis omnibus inimicis tranquillum rerum statum dedisset ipsi Deus. Dicit verro: *De manu omnium hostium eius*, & *de manu Saülis*, ipse enim Saül erat instar omnium inimicorum eius."
13. Rom. 15:8–9; Hebr. 2:13.
14. *Postilla*, II, sig. B, 2r: "Dicunt autem Hebraei quod iste psalmus factus est a David pro gratiarum actione de datione legis." Cf. Kimchi, *Commentarii in Psalmos*, 81–83.
15. Rom. 10:18.
16. *Postilla*, II, sig. B, 4r: "Rabbi Salomon dicit quod per cervam matutinam hic intelligitur congregatio populi Israel, quae cerva vocatur ... quae fuit valde afflicta per Nabuchodonosor ipsam spoliantem et partim occidentem et partim captivantem, sed per orationes sanctorum huius congregationis in orationibus vigilantium fuit liberata tempore Cyri." Cf. Kimchi, *Commentarii in Psalmos*, 94 and Solomon ben Isaac, called Rashi, *Commentarius Hebraicus in Prophetas Maiores et Minores, ut et in Hiobum et Psalmos*, ed. and tr. J. F. Breithaupt (Gotha, 1713), 56: "Itura est (congregatio Israëlitarum) in exilium dixitque David orationem istam de tempore futuro."
17. Matth. 27:35, 46; Ioan. 19:24; Hebr. 2:12.
18. Is. 30:9–11.
19. Rom. 7:14.
20. *Iliad* XXIV, 220–224, in the translation of Niccolò della Valle, a copy of which L. had brought back with him from Rome in 1507 (see ep. 71).
21. Jerome, *De vir. ill.*, 109.
22. Augustine's text was an Old Latin Psalter almost identical with the Verona Psalter, published by G. Bianchini, *Vindiciae canonicarum scripturarum*

(Rome, 1740). See F. C. Burkitt, "Jerome's Work on the Psalter," *Journal of Theological Studies*, XXX (1929), 396 and A. Allgeier, *Die Psalmen der Vulgata* (Paderborn, 1940), 159–238.

23. "Versionem psalmorum quam secutus est Cassiodorus, psalterium Romanum esse manifestum est" (*Cassiodori Expositio psalmorum*, ed. M. Adriaen, *Corpus Christianorum*, XCVII [1958], xix).

24. The *Psalterium Romanum* is a cursory revision of the Old Latin Psalter according to the Septuagint. Its name derives from its exclusive use in the Roman liturgy until the time of Pius V (1566–1572). It is still used at St. Peter's in Rome, St. Mark's in Venice, and in Milan. Scholars long believed this to be Jerome's first revision of the Old Latin Psalter, done in Rome in 383–384 at the same time he was revising the Gospels at the request of Damasus, bishop of Rome. This is the same revision mentioned in the preface to the *Psalterium Gallicanum*: "Psalterium Romae dudum positus emendaram, et iuxta Septuaginta interpretes, licet cursim, magna illud ex parte correxeram" (*Praef. in Lib. Psal.*, *ML.* XXIX, 117 B). Recently it has been argued that Jerome's first revision of the Psalter is lost, and that the *Psalterium Romanum* is an Old Latin Psalter early recognized by the Roman church and erroneously attributed to Jerome at a later date. See Donatien de Bruyne, "Le Problème du Psautier Romain," *Revue Bénédictine*, XLIII (1930), 101–126; A. Allgeier, "Die erste Psalmenübersetzung des h. Hieronymus und das Psalterium Romanum," *Biblica*, XII (1931), 447–482; and B. J. Roberts, *The Old Testament, Texts and Versions* (Cardiff, 1951), 247–249. Critical edition by R. Weber, *Le Psautier Romain et les autres anciens Psautiers latins. Collectanea Biblica Latina*, X (Rome, 1953).

25. The *Psalterium Gallicanum* is Jerome's second version of the Psalter, done around 392 in Bethlehem at the request of Paula and Eustochium (*Praef. in Lib. Psal.*, *ML.* XXIX, 117 B–120 A). It is the Old Latin version revised according to the Septuagint column of Origen's *Hexapla*. First adopted by the churches of Gaul (hence its name), it rapidly acquired preeminent authority in the West. This is the version of the Psalms found in all editions of the Vulgate and in the Roman Breviary. See Allgeier, *Psalmen der Vulgata*, 69–123. Critical edition in the Benedictine Vulgate: *Biblia sacra iuxta Latinam vulgatam versionem ad codicum fidei ... edita. X. Liber Psalmorum ex recensione St. Hier.* (Rome, 1953).

26. The Aristarchian signs, so called because Aristarchos (end of the third century B.C.) used them in correcting an edition of Homer. Origen used the same critical marks when he corrected the Septuagint according to the Hebrew. Words or phrases in the Greek text which did not occur in the Hebrew were marked with an *obelus* or spit; where the Hebrew had words or phrases not in the Greek, Origen inserted them into the Greek text and marked them with asterisks. Jerome's use of the Aristarchian signs in the *Psalterium Gallicanum* and elsewhere was the same. (See *Praef. in Lib. Psal.*, *ML.* XXIX, 119 A–120 A; *Praef. in Lib. Job*, *ML.* XXIX, 62 B; *Ep.* 106, 7, ed. Hilberg, *CSEL.* LV, 252; *Ep.* 112, 19, p. 389). We know from Jerome himself that even in his own life-

time copyists neglected the critical marks in the *Psalterium Gallicanum* (*Ep.* 106, 22, p. 258); the vast majority of manuscripts of the work lack them. However, a few manuscripts (similar, no doubt, to the ones L. knew) do contain them: for example, the Psalter of Charlemagne from the end of the eighth century (Par. lat. 13159); the ninth-century Psalter of Charles the Bald (Par. lat. 1152); a tenth-century Psalter from the abbey of Saint-Père de Chartres (Chartres, Bibl. mun., ms. 22 [30]); and a Psalter from the library of the abbey of Saint-Denis of the early eleventh century (Par. lat. 103). See V. Leroquais, *Les Psautiers manuscrits latins des bibliothèques publiques de France* (Mâcon, 1940–1941), I, 153–154; II, 31, 67–70, 113. L.'s own text of the *Psalterium Gallicanum* lacks the Aristarchian signs.

27. Jerome's *Psalterium iuxta Hebraeos*, his translation of the Psalter direct from the Hebrew (undertaken at the request of Sophronius and dedicated to him), is his best version and the one least well known in the Middle Ages. It is generally thought to have been his third version, completed about 393. (In the late twenties, however, A. Allgeier proposed a very different chronology, suggesting that the *Psalterium iuxta Hebraeos* was Jerome's first.) See Allgeier, "Ist das Psalterium iuxta Hebraeos die letzte (3) Psalmenübersetzung des hl. Hermonymus?" *Theologie und Glaube*, XVIII (1926), 671–687; "Die mittelalterliche Ueberlieferung des *Psalterium iuxta Hebraeos* von Hieronymus und semitische Kenntnisse im Abendland," *Oriens Christianus*, X (1930), 200–231; and *Psalmen der Vulgata*, 277–302. Critical edition by H. de Sainte-Marie, *Sancti Hieronymi Psalterium iuxta Hebraeos, Collectanea Biblica Latina*, XI (Rome, 1954).

28. A fair number of these interesting triple Psalters, with the *Psalterium iuxta Hebraeos, Gallicanum*, and *Romanum* in parallel columns, survive. One of the oldest and most famous was copied at Reichenau in the ninth century (now in the Landesbibliothek, Karlsruhe). Other examples–at the Bibliothèque Nationale, the Bodleian, Trinity College and Corpus Christi College, Cambridge–date from the tenth to the fifteenth century (Leroquais, *op. cit.*, I, 153–154; II, 18, 78–91, 119–120). Quadruple Psalters also are known–a particularly fine one was copied at St. Gall in 909–with the three versions of Jerome plus the Septuagint transcribed in Latin characters. The first part of L.'s *Quincuplex Psalterium* reproduces a typical triple Psalter.

29. The Old Latin Psalter is that version (or versions) used by the churches before Jerome's revisions. Complete texts exist: the Verona Psalter, for example, or the Psalter of Saint-Germain-des-Prés (Par. lat. 11947). What L. published as the *Psalterium vetus* was the Old Latin Psalter used by Augustine in his *Enarrationes in Psalmos*, reconstructed from Augustine's quotations. See P. Sabatier, *Bibliorum sacrorum Latinae versiones antiquae* (Rheims, 1743), II, 3; A. Allgeier, *Die altlateinischen Psalterien* (Freiburg-im-Breisgau, 1928), 60 sqq. and *Psalmen der Vulgata*, 307.

30. L.'s *Psalterium conciliatum* is the Vulgate text (*Psalterium Gallicanum*) corrected in a few places according to Jerome's *Psalterium iuxta Hebraeos* and using the Aristarchian signs.

31. L.'s conception of the *Hexapla* is not quite accurate. Finished about 245, Origen's colossal work contained all the books of the Old Testament in Hebrew and Greek in six parallel columns: (1) the Hebrew text in Hebrew characters, (2) the Hebrew text transcribed in Greek letters, (3) the Greek translation of Aquila, (4) the Greek translation of Symmachus, (5) the Septuagint, corrected according to the Hebrew, and (6) the Greek translation of Theodotion. See B. J. Roberts, *The Old Testament, Texts and Versions*, 128–138.

32. The first edition contained: the prefatory epistle (sig. a, r–a, i, r); Jerome's prefaces to the *Psalterium Gallicanum, Romanum,* and *Hebraicum* (sig. a, i, v–a, 2r); the index (sig. a, 2v–a, 4v); the triple Psalter in three parallel columns (ff. 5r–230v), with each Psalm followed by a summary outline of its meaning, an *expositio continua* or running commentary, and a *concordia* relating the Psalm to the rest of Scripture, and finally notes on particular points, generally philological; and the *Psalterium vetus* and *Psalterium conciliatum* in two parallel columns (ff. 232r–289r), each Psalm followed by an *argumentum*.

67

Beatus Rhenanus to Johannes Kierher
Strasbourg. May 29, 1509.

Georgij Trapezontij dialectica, Strasbourg, Matthias Schürer, 8 July 1509, sig. A, i, v; CCXIX (1513), sig. Aa, i, v. The epistle will also be found in CCXX and CCXXI. The text is that of the first edition. Previously published by Horawitz-Hartfelder, pp. 21–22.

Beatus Rhenanus or Beat Bild was born in Sélestat in Alsace 22 Aug. 1485 and received his early education in the town school under Kraft Hofmann (Crato Udenhemius) and Hieronymus Gebwiler. According to an autograph note in his copy of L.'s 1503 edition of Aristotle's *Organon* (Walter, p. 220, no. 656) he left Sélestat 25 April 1503 and arrived in Paris 9 May of the same year: "Anno 1503. septimo Kalendas Maias: hoc est in die festo diui Marci euangeliographi, die vicesima quinta mensis Aprilis ex lare patrico solui uenique ad celeberrimam parrhisiorum vrbem: septimo Idus Maias hoc est eiusdem mensis die nono." He returned to Sélestat in the autumn of 1507 (G. Knod, *Aus der Bibliothek des Beatus Rhenanus*, 26). In Paris he studied with L. at Cardinal Lemoine (one of his Paris notebooks has the annotation: "Parhisiis In cardinali Monacho") and Greek with Hermonymus of Sparta (Horawitz-Harfelder, p. 405). Between 1505 and 1507 he worked as a corrector for Henri Estienne and contributed verses to several of his editions (see eps. 31, 45, 49, and 53). He collected an admirable library, happily still intact at the Bibliothèque municipale of Sélestat. His marginal notes and notebooks are a unique record of L.'s teaching. (Cf. Knod, pp. 21–44 and Hartmann, I, 441–442.) Beatus remained in close touch with L. for several years after leaving Paris. In Dec. 1508 he praised his Parisian friends in his preface to an edition of the *Exemplorum libri* of Sabellicus: "Magno dei opt. max. munere fieri arbitror..., ut complusculi hac tempestate ubique fere nationum sapientiam ac pietatem cum eloquentia coniungant, quod apud Italos illustris princeps tuus Io. Franciscus Picus, Baptista Mantuanus, Zenobius Acciolus, apud Gallos Iacobus Faber Stapulensis, praeceptor meus, Iodocus Clichtoveus, Bovillus, et Fortunatus hoc aevo faciunt" (Horawitz-Hartfelder, p. 12); and in Feb. 1509 he reprinted Fausto Andrelini's *De virtutibus cum moralibus tum intellectualibus*, remarking that the work was modeled on L.'s Introduction to Aristotle's *Ethics*: "Nempe pro archetypo habuit Isagogen in Ethicorum libros a Iacobo Fabro Stapulensi, praeceptore meo, miro studio et labore concinnatam, quam ego istic lecturienti saepius consulendam censeo" (Horawitz-Hartfelder, p. 20). Many years later, in 1531, he recalled the masters and friends of his student days: "In primis Iacobus Faber Stapulensis, qui tum propter emergentia studia meliora, quibus pro virili succurrebat, tantum non deus quispiam videbatur, Iodocus Clichtoveus theologus, Badius Ascensius, R. Fortunatus, et similes" (Horawitz-Hartfelder, p. 406).

Johannes Kierher was assistant master at the school in Sélestat c. 1505. He then taught at the cathedral school in Speyer, an appointment he owed to his friend and patron Thomas Truchsess, who had become master of the school in Sept. 1503 and dean of the cathedral chapter 8 July 1517. Kierher lived with Truchsess, off and on, for more than ten years and reprinted two books from his library: Filelfo's *Convivia* (Speyer, Konrad Hist, 1508, with a dedicatory epistle to Thomas Wolf) and Landino's *Camuldulensian Disputations* (Strasbourg, Matthias Schürer, 1508, with verses by Kierher). From Sept. 1509 until at least July 1512 he was in Paris. He studied with L. and received his M.A. in 1510. In the same year he sent Beatus Rhenanus Francesco Gonzaga's *Carmen de Fortuna*, which he and Michael Hummelberg had copied and edited and which Rhenanus published through Schürer on 20 June. After his three years in Paris Kierher returned to Speyer, took orders, and received a canonry. He died 19 July 1519 of syphilis. Hummelberg summed up his Paris experiences in two lines of his epitaph:

> Ornavit sophiae praeceptis Gallia quondam,
> Perdidit et morbo Gallia saeva suo.

See A. Horawitz, *Michael Hummelberger* (Berlin, 1875), 30–31, 34–35; C. Schmidt, *Histoire littéraire de l'Alsace à la fin du XVe et au commencement du XVIe siècle* (Paris, 1879), I, 83 and II, 84; Horawitz, *Analekten zur Geschichte des Humanismus und der Reformation in Schwaben* (Vienna, 1878), 46–50; Horawitz-Hartfelder, pp. 21–23, 36, 165; Allen, II, 144, 150–151; and Hartmann, I, 409, note 1 and II, 50, 64.

L.'s edition of George of Trebizond's *Dialectica* was first published by Henri Estienne 20 Nov. 1508 (see ep. 65). Michael Hummelberg sent the book to Beatus Rhenanus in April 1509, "ut tua diligentia Germanicae iuventuti typicis formis quam faberrime cures excudi" (Horawitz-Hartfelder, p. 20). On 30 July 1509 Beatus wrote back to say that the book had appeared and sent greetings to L.: "Verum sospite Fabro nostro optime speramus. Hic enim non eas modo disciplinas, quas liberaleis vocant, sed etiam ipsam theologiam supremam suo candori restituere agressus est: laudabile quin potius divinum hominis institutum, qui inferiora ad superiorum assecutionem ordinata esse agnoscens, gradus ipsos, quibus ad summum ascendas, prius rite disposuit. Deus opt. max. hunc nobis diu salvum conservet, et omneis, qui bonis litteris bene esse volunt" (*ibid.*, p. 22). This epistle is its preface.

Beatus Rhenanus Ioanni Kierhero S.

Michael Humelbergius Ravenspurgus,[a][1] vir honestatis et litterarum iuxta amantissimus, cuius suavissimo[b] contubernio abhinc sesquiannum cum Parisiis philosophiae operam navarem fretus sum annos fere tris, Dialecticam Trapezuntianam mihi nuperrime muneri misit, enixe obsecrans ut in Germania eandem excusum iri curarem. Obsecutus sum homini amicissimo atque de me quam optime merito, et id libelli M. Schürerio[2] conterraneo nostro (Helvetum enim utrique nostrum et illi patria) venustioribus notis informandum tradidi. Qua ex re futurum spero, ut sicut Germani explosa iam pridem barbarie litteras humaniores impensissime colunt, ita et disserendi disciplinam quam dialecticam vocant, superioribus saeculis maxime corruptam suoque splendore viduatam, nunc vero elegantiori dictione verbisque cultioribus traditam cupidissime sint amplexuri. Pollicebatur Hermolaus Barbarus se logicen suo nitori restituturum,[c] sed feceritne an non, minime liquet.[3] Eius enim viri opera pleraque a quibusdam occultantur, in quos id proverbii si unquam pro suis ediderint dici poterit: Corvus relictis ab aquila cadaveribus vescitur.[4] Hanc autem Trapezuntii Isagogen omnes vel eam ob rem maxime probabunt, quod[d] Politianus deliciae Latinae linguae Georgium hunc tanti fecerit, ut eum in Aristotelis De animalibus libris, quos ante Theodorum elegantissime vertit, primum e iunioribus docuisse affirmet, vitio factum nostro, cur ipsi minus multas quam Graeci rerum appellationes habeamus.[5] Edidit insuper De comparatione philosophorum opus insigne, quorundam Platonicorum impietate motus, quo opere Aristotelicum philosophandi modum quam Platonis longe esse Christianae pietati

a. Ravenspurgensis *1513, Horawitz-Hartfelder*
b. *om.* H.-H.
c. restiturum *H.-H.*
d. quia *H.-H.*

conformiorem rationibus minime frigidis ostendit. Quare Bessarion Nicenus cardinalis hunc quattuor libris insectatus est.[6] Sed quam parum graviter id tentarit, doctos minime fugit. Habes itaque, suavissime Ioannes, quomodo[e] hic liber mihi oblatus sit et de auctoris eruditione nonnihil. Quoniam autem adulescentes habes bonis artibus imbuendos, plurimum conducet si eos his logicis rudimentis fideliter instituas. Vale. Argentorati cursim. IIII Calendas Iunias an. M.D. VIIII.

1. Michael Hummelberg was born in Ravensburg in Swabia in 1487. He matriculated at Heidelberg 7 Sept. 1501 and received his B.A. 9 Jan. 1503. He then went to Paris, was licentiate in arts before Easter 1505, and remained there as student and teacher until late summer of 1514. He was L.'s student and assistant, studied Greek with Hermonymus of Sparta, Tissard, and Aleander and became a close friend of Clichtove, Robert Fortuné, and Badius Ascensius. While he was in Paris he wrote a Greek grammar, published posthumously by his friend Beatus Rhenanus (Horawitz-Hartfelder, pp. 38, 405–406); helped L. edit Hegesippus (ep. 73, Appendix), Richard of St. Victor's *De Trinitate* (ep. 74, note 1), and the works of Nicholas of Cusa (ep. 109); edited the *Camuldulensian Disputations* of Landino (Paris, Jean Petit, 24 March 1511, with a prefatory epistle to Aleander); and published the works of Ausonius (Paris, Badius Ascensius, 1511). After leaving Paris, Hummelberg spent several years in Rome studying law and then settled permanently in Ravensburg. He died 19 May 1527. See A. Horawitz, *Michael Hummelberger. Eine biographische Skizze* (Berlin, 1875); *Analekten zur Geschichte des Humanismus in Schwaben* (Vienna, 1877); *Analekten zur Geschichte des Humanismus und der Reformation in Schwaben* (Vienna, 1878); Jovy, I, 43–44 and II, 60–80; Geiger, p. 301; Allen, I, 515; and Hartmann, I, 371–372.

2. See Charles Schmidt, *Répertoire bibliographique Strasbourgeois jusque vers 1530*, VIII. *Matthias Schürer, 1508–1520* (Strasbourg, 1896) and François Ritter, *Histoire de l'imprimerie Alsacienne au XVe et XVIe siècles* (Strasbourg and Paris, 1955), 160–170.

3. Ermolao Barbaro had translated the whole *Organon* by the time he was thirty. No manuscript of this translation is known (Kristeller, *Studies*, 343). He outlined his further ambition in a letter to Arnold Bost dated 1 June 1485: "Nunc accipe quid in posterum cogitet Hermolaus tuus. Omnes Aristotelis libros converto, et quanta possum luce, proprietate, cultu exorno. Expositiones suas iis adiungo, brevitate magna, delectu summo, eorum quae graeci, quae arabes, quae latini commentantur" (Branca, I, 92).

4. A. Henderson, *Latin Proverbs and Quotations* (London, 1869), 63.

5. Poliziano, *Miscellaneorum centuria prima*, ch. xc, in *Opera* (Lyons, 1539),

e. qui *1509, 1513*

I, 680: "Sed in primis caveant hoc tamen, qui scribunt, nedum nimis ad vota laudum properant, ardua adhuc in publicum sua studia propellant. Illud in Theodoro mirari me fateor, quod ita scripserit in praefatione librorum de animalibus Aristotelis, quibus unis praecipue commendatur, adiutum sese a nullo, nec certare adeo cum ceteris interpretibus, quos, inquit, vincere nullum negotium est, cum libros eosdem sic Georgius Trapezuntius ante ipsum luculenter verterit, ut vel redditis, quae apud veteres invenerat, vel per se denuo fictis excogitatisque vocabulis Latinam prorsus indolem referentibus, vitio factum nostro primus, opinor, iuniorum docuerit, cur ipsi minus multas quam Graeci rerum appellationes habeamus. Hos igitur si quis libros diligenter legerit, minus profecto Gazam laudabit...." Cf. Garin, "Traduzioni umanistiche di Aristotele," pp. 76–80.

6. George of Trebizond published his *Comparationes philosophorum Aristotelis et Platonis* c. 1455. Cardinal Bessarion's *In calumniatorem Platonis* appeared in 1469. On this celebrated controversy see Ludwig Mohler, *Kardinal Bessarion als Theologe, Humanist und Staatsmann* (Paderborn, 1923), 346–383.

68

To Guillaume Parvy   [Paris. c. 28 November,] 1509.

Contenta. Ricoldi ordinis praedicatorum contra sectam Mahumeticam, non indignus scitu libellus. Cuiusdam diu capitiui Turcorum prouinciae septemcastrensis, de vita & moribus eorundem alius non minus necessarius libellus, Paris, Henri Estienne, 28 Nov. 1509, sig. a, i, v; CCXXXIV (1511), sig. a, i, v.

Guillaume Parvy (c. 1470–8 Dec. 1536) succeeded Antonio de Furno as Louis XII's confessor in July 1509. In the next reign he remained royal confessor and became in turn bishop of Troyes (1516–1527) and bishop of Senlis (1527–1536). The literature on this remarkable man is noted in Jean Tremblot, "Les Armoiries de l'humaniste Parvy," *BHR*. I (1941), 7–29; E. Ph. Goldschmidt, *Medieval Texts and Their First Appearance in Print*, Supplement to the Bibliographical Society's *Transactions*, XVI (London, 1943), 71–73; E. F. Rice, "The Humanist Idea of Christian Antiquity: Lefèvre d'Etaples and His Circle," *Studies in the Renaissance*, IX (1962), 156, note 18 and *passim*; and Massaut, I, 399–406.

The epistle prefaces L.'s edition of Ricoldo da Monte-Croce's *Confutatio Alcorani* and Georgius de Hungaria's *Tractatus de moribus, conditionibus et nequicia Turcorum*.

Reverendo patri Guillelmo Parvo confessori regio Iacobus Faber S.

Libellum Ricoldi contra sectae Mahumetanae sceleratam impietatem, quem Bartholomaeus Picenus[a] e Graeco Latinum fecit,[1] his

a. Picernus *1509, 1511*

diebus una cum libello de vita et moribus Turcarum[2] officinae librariae procudendum tradidi. Partim quia, ut aiebas, liber tibi placebat utilemque putabas. Partim ut nostri saeculi non lateat homines quam mendax, subdola, impia sit et crudelis huiusmodi bestialis secta, quam qui expugnare pergent non tam homines quam vitium ipsum, quam immania ferarum monstra expugnare videbuntur, Christo Deoque maxime inimica. Haec tamen saevissima lues ex turpi nostrorum desidia latissime grassatur, orientum occupat, incubat Noto, ad occidentem se diffundit, quaerit deglutire septentrionem. Christus tamen cum Patre et Spiritu Sancto solus potens et solus Deus hoc nostro aevo Emanueli Portugaliae regi incognitum orbem aperit. Catholico Aragonum regi post devicta Baetica regna traiectum praebet in Afros et loca dat munitissima.[3] Germanis trophaeum nostrae redemptionis cruces pluit et alia vivificae pro nobis susceptae durae passionis eius monumenta.[4] Christianissimo Francorum regi Ludovico huius augustissimi nominis XII in regni auspiciis dat saevum hostem profligare Maurum, dat indomitos nullo ferme labore edomare Ligures, dat Venetam (quae toties potentiae Turcarum obluctata est) uno paene momento elidere potentiam; quidquid aggressus est, gloriosa protinus victoria secuta est, ut post Carolum magnum nullum apud se gloriosiorem Gallia viderit regnatorem.[5] Confoederati totius Christianitatis principes. Et quid haec universa monstrant, nisi Christum dominum velle ovem perditam requirere et e faucibus virosi et cruenti serpentis eruere, incognitum orbem ad lucem veritatis venire, trophaeum crucis ubique splendescere, Mauros suppeditari et quidquid adversabitur principi qui nomina Christi portabit et eius bella conficiet? Felix ille princeps qui ad haec eligetur, qui innumero populo a gravissima illa feralis et bestialis sectae tyrannide liberato hanc egregiam laudem audiet: Benedictus qui venit in nomine domini;[6] felix et pretiosus militum sanguis qui in huiusmodi bellis effundetur. Et dubium non est Christianissimum regem (cuius tu animi secreta noscis) hoc sancto desiderio fervere et delectum hanc lubens obire provinciam, modo adversa valitudo, ingravescentes anni, aut alia quaepiam astuti serpentis machinamenta non obessent. Christus tamen dominus, qui spiritu oris sui interficiet impium,[7] his omnibus boni consulat ad optimumque navem mundi huius (cuius clavum tenet) dirigat. Vale.

1. Ricoldo da Monte-Croce (c. 1242–1320), a Dominican missionary and ardent Thomist, spent several years in the East in the last decade of the thirteenth century. He wrote a guidebook to the Holy Land and the churches of Jerusalem; disguised as a camel driver, he studied the customs of the Mongols; he read the Koran in Baghdad; and he vainly sought martyrdom by preaching Christianity to the Saracens in Arabic. He wrote the *Confutatio Alcorani* in Baghdad c. 1300. See Aziz Suryal Atiya, *The Crusade in the Later Middle Ages* (London, 1938), 158–160 and for a bibliography of manuscripts, editions, and translations R. Röhricht, *Biblioteca Geographica Palestinae* (Berlin, 1890), 61–62. The *Confutatio* was translated into Greek by Demetrius Cydonius in the middle of the fourteenth century and back into Latin early in the sixteenth by Bartholomeus Picenus de Montearduo, a Neapolitan humanist active in Rome during the pontificate of Julius II (Ferrari, p. 538 and Cosenza, IV, 2762–2763). This is the translation (Picenus was very proud that its *dicendi elegantia* was superior to the original) which L. reprinted from the Roman edition of Johannes Besicken of 28 May 1506. (In the Roman edition the translator spelled his name Picenus. L. seems to have been first responsible for inserting the "r.") The BN. has a vellum copy of L.'s edition presented by Guillaume Parvy to Louis XII. On the flyleaf is the following dedication in Parvy's hand: "Hunc Ricoldum Contra alcoranum Presentavit Christianissimo Regi Ludovico xij^mo Frater Guilielmus parvus ordinis Fratrum praedicatorum Immeritus parisiensis facultatis professor atque eiusdam Francorum Regis confessor ordinarius. 1510. Fr. Guilelmus parvus."

2. *Tractatus de moribus conditionibus et nequicia Turcorum*. The anonymous author was Georgius de Hungaria. Born c. 1422 at Ramocz in the Brösterstuhl, province of Transylvania, Georgius was captured by the Turks in 1438 and sold into slavery. He remained a prisoner until his escape in 1458. Eventually he entered the Dominican Order. His book is a valuable account of the life and institutions of the Ottoman Turks in the fifteenth century. He wrote it in the 1470s, probably in Hungary, and published it in Rome c. 1480. He died in Rome 3 July 1502. Four editions preceded L.'s: Rome, Georgius Teutonicus-Sixtus Riessinger, c. 1480; Urach, Conrad Fyner, c. 1481; Cologne, Johann Koelhoff, 1500; and Cologne, Cornelis von Zierichzee, 1508. In March 1530 Friedrich Peypuss published a Nuremberg edition with a preface by Luther. Sebastian Frank translated the work into German. See J. A. B. Palmer, "Fr. Georgius de Hungaria, O.P., and the Tractatus de Moribus Conditionibus et nequicia Turcorum," *Bull. of the John Rylands Library*, XXXIV (1951–1952), 44–68.

The Estienne edition of 1511 contains a third work: *Libellus de vita et moribus Iudaeorum* by Victor de Carben (1423–1515), a Jewish convert to Christianity, first published in Cologne by Henricus de Nussia in 1509, with a prefatory letter by Ortwin Gratius (London, BM. Paris, BN.). See *Encylopaedia Judaica*, V (1930), 39–40.

3. After successful expeditions against Mers-el-Kebir (Sept. 1505) and Velez de la Gomera (July 1508), Cardinal Ximenes personally mounted a great attack

on Oran: the fallen city was looted and its population massacred or sold into slavery (May 1509). See N. Blum, *La Croisade de Ximénès en Afrique* (Oran, 1898). Cf. Picenus de Montearduo in his dedicatory epistle to Ferdinand of Aragon (*Confutatio Alchorani*, Rome, 1506, sig. a, ii, r): "... qui solus [Ferdinand] inter Christianorum Reges hac nostra tempestate Mahometanam sectam maximis cladibus affecisti. Nam non minimam laudem tibi comparasti cum Beticam provinciam que per octingentos annos Mahometanam fidem coluerat in Christianorum potestatem redigisti, et nunc universam Aphricam capere intendas, quam facile assequi poteris cum gentes illae hoc tempore imbelles sint."

4. Crosses—less often nails or crowns of thorns—rained down on many areas of Germany in the years before 1509. Cross-shaped flakes were first observed on people's clothes in the bishopric of Liège. They were soon reported from all over Germany. Dürer saw them in Nuremberg in 1503 and described them as the most extraordinary sight of his whole life. See Willy Andreas, *Deutschland vor der Reformation*, 3rd ed. (Berlin, 1942), 198–199.

5. Ludovico il Moro was captured by the French on 10 April 1500, giving Louis XII control of the duchy of Milan and of Genoa. In 1506–1507 the Genoese populace revolted against the aristocracy and the French, but the revolt was crushed and Louis entered the city 26 April 1507 (Bridge, *History of France*, III, 266–289). The League of Cambrai, in theory an alliance against the Turks, in practice a cabal against Venice, was signed 10 Dec. 1508, and at Agnadello on 14 May 1509 the French inflicted a heavy loss on the Venetians. L.'s praise of Louis XII, and his choice of these three particular victorious deeds, reflect in detail his humanist contemporaries' adulation of their monarch: *Fausti* [*Andrelini*] *de captiuitate Ludouici sphorcie* (Paris, R. Gourmont, s.a.); *P. Fausti regia in Genuenses victoria libri tres* (Paris, Badius Ascensius, 1509); S. Champier, *De Ingressu Ludovici XII francorum regis in urbem Genuam. De eiusdem victoria in Genuenses* (Lyons, 1507); Valarandus de Varanis, *Carmen de expugnatione Genuensi cum multis ad gallicam historiam pertinentibus* (Paris, 1508); Antonius Sylviolus, *De triumphali atque insigni Christianissimi invictissimique francorum regis Ludouici duodecimi in Venetos victoria* (Paris, de Marnef, s.a.).

6. Ps. 117:26; Matth. 21:9.

7. Is. 11:4; 2 Thess. 8. Cf. Apoc. 19:15.

69

Charles de Bovelles to François de Melun
[Amiens. c. January, 1510.]

Liber de intellectu. Liber de sensu. Liber de nichilo. Ars oppositorum. Liber de generatione. Liber de sapiente. Liber de duodecim numeris. Epistole com-

plures ..., Paris, Henri Estienne, 1 Feb. 1510/1511, fol. 77r. Bovillus finished the commentary on his *Ars oppositorum* 29 Nov. 1509: "Edita est in edibus R. in C. P. Francisci de Hallevvin: Ambianorum pontificis. Anno ab incarnato deo 1509. 29 Nouembris" (fol. 96r); and dedicated it to François de Melun, bishop-elect of Arras. The chapter had elected him on 4 Jan. 1510. Bovillus therefore wrote the letter between this election and its confirmation by Rome 15 July 1510, and probably nearer the former than the latter date.

The aristocratic François de Melun, uncle of Cardinal Philippe de Luxembourg, was bishop of Arras (1510–1516) and of Thérouanne, from 26 Nov. 1516 until his death 22 Nov. 1521. See *Gallia Christiana*, III, 346–347; Eubel, III, 136, 268; Jean Lestocquoy, *Evêques d'Arras, leurs portraits, leurs armoiries, leur sceaux. Mém. de la Commission départ. des Monuments historiques du Pas-de-Calais*, IV, fasc. 1. (Fontenay-le-Comte, 1942), 56–57; and Lestocquoy, *Le Diocèse d'Arras* (Arras, 1949), 81–82.

The epistle prefaces Bovillus's *Ars oppositorum*, with his own commentary,

Carolus Bovillus Samarobrinus percelebri viro Francisco Mellodunensi delecto Attrebatensi praesuli S.

Introductiunculam artis oppositorum, dignissime vir, cum dudum Faber noster Stapulensis vir nostro aevo laudatissimus emitti curasset,[1] commentarioli tamen luce destitutam, intelligere hactenus potuit nemo. Quin magis et artis novitate habitudinumque salebris haerere se, suspendi attonitosque reddi plerique mihi rettulerunt. Horum igitur crebris efflagitationibus ac sedulis hortatibus obtemperaturus, editum prius opusculum brevibus annotationibus emedullandum, pastinandum sarciendumque suscepi. Eiusce autem artis facultatem, vim praecipuamque ad omnia utilitatem inde augurari licet, quod adaperit nostrae menti callem, quo libere ex unius disciplinae agello in alterius areolam (aequata et complanata omnium generum differentiarumque materie) traducatur, rerum omnium concordias, differentias atque intervalla innumerato elicit ac prodit. Extrema quaeque duo dum trutinatur confertque invicem, ea in habitudines rationesve quattuor implectit atque involuit. Quamobrem haec ars omni ferme arte probatur sermone uberior evaditque quoquo pacto tolutiloqua ac (ut ita dicam) logodedala, id est sermone ipso volubilis, cita, expedita ac varia. Nam propositis quibuscumque oppositis extremis, mox habitudinum quadraturam mira facilitate in eis elicit, quae est quaedam totuliloquentia sermonisque nostri volumen, verborum implexus, dictionum inglomeratio ac fecunda quaedam orationis propagatio. Etsi repente variandus, transferendus immutandusque propositus erit sermo, si e praesenti locutione digredi in aliamque evehi sententiam quisquam voluerit, haud alio profecto commodiore quam huius articulae iuvabitur praesidio. Ex coincidentia quippe et proportione cunctorum oppositorum sub unius disciplinae vocibus, quae in alterius disciplinae conduntur exedris, panduntur atque reteguntur. Divina quoque ipsa nonnullo pacto sub humanarum disciplinarum terminis effari mysteria licebit, quibus profecto de causis possit articula haec absque iniuria aut logodedalia aut dedalogia nuncupari. Sed iam denarrande eius utilitati sat puto iuxta epistolae fines incubui; hic mentis impetus frenandus, hic fluentis ingenii puppim tonsillae alligabo. Vale virorum decus, dicatoque tibi exiguo huic oppositorum libello frontem malasque gratulabundus explicato.

1. See ep. 29.

70

From Charles de Bovelles   [Amiens. c. January, 1510.]

Liber de intellectu. Liber de sensu. Liber de nichilo. Ars oppositorum. Liber de generatione. Liber de sapiente. Liber de duodecim numeris. Epistole complures..., Paris, 1 Feb. 1510/1511, fol. 171v. The date of the epistle is fixed approximately by the date of the book's composition: "Libri Perfectorum numerorum finis. Perfecto trinoque deo laudes ingentes. Anno domini 1509: Ianuarij 4" (fol. 180r) and by Bovillus's reference at the end to his recent work on the *De mathematicis supplementis*, which he finished 18 Jan. 1510: "Libelli de mathematicis supplementis finis anno salutis humanae 1509 Januarij die decimaoctava" (fol. 196v).

The epistle prefaces *Caroli Bovilli Samarobrini Liber De perfectis numeris ad Iacobum Fabrum Stapulensem philosophum clarissimum.*

Carolus Bovillus Samarobrinus Iacobo Fabro Stapulensi philosopho disertissimo S. D. P.

Cum raritudo ipsa et infrequentia rerum, disertissime Iacobe, rebus ipsis et dignitatem conciliet et admirationem praestet, coniectari hinc licet quantum perfecti numeri ceteros omnes numeros naturali praestantia atque dignitate antecellant, ut haud immerito, velut omnium rarissimi et praeclarissimi, soli inter numeros principatum et praeci-

puum perfectionis nomen sibi vendicent et ad indaganda atque per-
scrutanda divina (quoad humanae fert sinitque rationis coniectus)
quam maximum habent momentum. Hi enim adeo infrequentes sunt
ac rari, ut nulla numerorum arbuscula ac sedes plusquam unum ferre
queat perfectum; sed et pleraque sedes ac regio perfecti numeri honore ac stemmate destituta orbataque ingemiscat.

Prima etenim unitas, quae se ab unitate ad denarium usque fundit
extenditque, unius tantum senarii, primi perfecti, regiis insignitur
honoribus.

Secundae numerorum sedi (quae a decade ad centenarium numerum progreditur) perfectus numerus unicus imperat, octavus et vige-
simus, perfectorum omnium secundus.

In tertia sede ac regione, quae a centenario ad millenarium patet,
tertius perfectus unicus praesidet quadringentesimus nonagesimus
sextus.

Quartae regionis imperium (quae a millibus ad dena millia porrigitur) quartus perfectus 8128 administrat moderaturque solus.

Quinta vero numerorum regio, quae ab denis millibus ad centena
millia excrescit, prima a ceteris dissidere incipit. Haec enim regii
decoris totiusque perfectionis experta steresim atque orbitatem uno
haudquaquam parente uniusve perfecti numeri augusto imperio, sed
dumtaxat populari factione administratur.

Sexta rursum, septima, octava, nona ac decima numerorum sedes,
singulae unico tantum perfecto reguntur.

Undecima vero pari quo quinta modo, regii sceptri ac formalis
unitatis impatiens, plebeiae administrationi se subdit. Atque hunc in
modum deinceps comprobare licet quantum perfecto numero prae
ceteris insit dignitatis fastigium quantove excellentiae culmine cunctis numeris emineat, quam lucida illi et aperta indita sint divinae pro-
prietatis, singularitatis ac solitudinis vestigia. Hic enim ad instar divini
immultiplicabilis numinis in sua sede et loco multiplicari atque iterari
nequit, consortemque repudiat, in cunctis numerorum regionibus atque intervallis perpes, unitatis aemulus, singularis, unicus ac solus;
plerasque item regiones ut suo fastigio indignas dedignatur. Nimirum
igitur si hactenus tam ardua extitit eorum pervestigatio. Hic autem
libellus satius eorum inventioni consulens, trimae ac quadrimae sup-
putationis taedia una horula succidit ac tollit. De numeris quoque

primis, abundantibus, diminutis, quadratis et cubis nonnulla adiecimus antea incognita scituque non indigna supplementa, quae dudum Germanica quadam peregrinatione excogitata et hospitatim brevibus chartis demandata, recenti lucubratione in unius libelli volumen colligere studuimus;[1] hoc igitur opusculum ea vultus serenitate atque hilaritudine in manus desumito, quo tibi a nobis presentatur. Vale.

1. *Caroli Bovilli Samarobrini Libellus de mathematicis supplementis* (ff. 192v–196v). Bovillus was in Germany in 1503 (Renaudet, pp. 417–419).

71

From Josse Bade [Paris.] June 5, 1510.

Ilias Homeri Qvatenvs Ab Nicolao Valla Tralata Est, Paris, Badius Ascensius, 1510, sig. a, i, v–a, ii, v (Yale). Previously published by Renouard, *Badius*, III, 397–398.

Badius Ascensius was born in Asch near Brussels in 1461 or 1462. In collaboration with Johann Trechsel he was active in Lyons from 1492 to 1499. He settled permanently in Paris before 7 Aug. 1499, the date of his preface to an edition of the *Parthenice Catharinaria* of Baptista Mantuanus (Renouard, *Badius*, II, 97–98). See Thuasne, I, 171; Renouard, *Badius*, vol. I; R. Wiriath, "Les Rapports de Josse Bade avec Erasme et Lefèvre d'Etaples," *BHR*. XI (1949), 66–71; and James Wadsworth, *Lyons 1473–1503. The Beginnings of Cosmopolitanism* (Cambridge, Mass., 1962), 44–64.

The epistle prefaces Badius's edition of several books of the *Iliad* in the translation of Niccolò della Valle.

Iodocus Badius Ascensius Iacobo Fabro Stapulensi philosophiae[a] decori et compatri cum primis observando S. D.[a]

Vetus est (ut nosti compater sapientissime) paroemia, Suum cuique deum censeri maximum et eam quam novit artem videri praestantissimam; iuxta quam cum ethnicorum fere consensu optimus maximus sit habitus Iuppiter, Apollinis tamen admiratores apud Maronem sic eum invocant:

Summe deum sancti custos Soractis Apollo.[1]

a. philosophiae ... S.D. *om. Renouard*

Quin adeo poeta ipse agriculturam descripturus quasi agricolae personam induerit sic invocat:

> Vos, o clarissima mundi
> Lumina, labentem caelo quae ducitis annum,
> Liber et alma Ceres.[2]

Ceterum prudentissimi illius gentilitiae theologiae professores in derississimis nimirum tenebris nonnihil luminis despicientes, sub variis nominibus numinibusque, variato etiam sexu, unum constituere deum; sed ut inquit Plinius: "Fragilis et laboriosa mortalitas in parteis ista digessit plures[b] fragilitatis[c] suae memor, ut portionibus quisque coleret quo maxime indigeret."[3] Itaque quibus hospitalitate fideque integra opus erat, iis Iuppiter visus est summus, quibus providentia Apollo, quibus imperio Iuno, quibus sapientia Minerva, quibus[d] propagatione Venus, quibus vino Liber,[d] quibus frumento Ceres, et quibus alio alius. Sed unde, inquies, aut quorsum[e] istaec? Nempe istinc orta quod simile quiddam in te agnorim. Siquidem cum unus sis Faber et tamen omnium bonarum artium architectus, summa quaeque in te philosophi, poetae physicique mirantur omnes, suspiciuntque non Iovis illius falsi, non Minervae fictitiae, non Apollinis vani radios, sed benignissimos optimi maximi ac sapientissimi Dei influxus, quos utrum illis nominibus poetae olim significarint viderint ipsi. Neque id quidem ab re. Nam quoties theologica tractas, uni theologiae studium impendisse videris; quoties philosophica, in illis solis exercitus crederis eoque progressus consummationis, ut si philosophia ipsa alicubi[f] deperierit, per te instaurari ex integro facillime possit; atque utinam magna pars deliramentorum sanctissimum philosophiae nomen mentientium sic multorum pectoribus excussa sit, ut ad tuum limatum iudicium penitus innovetur. Demum si poeticum quippiam (quod raro facis) ludis, ad eam provinciam natus censeris; si poemata legendo obiter transcurris, talem illis censuram adhibes, ut totus oculus, totus animus, totus denique iudicium merito comproberis. Quod (ut alia taceam quam[g] plurima) ex eo maxime profiteri admoneor, quod Iliada Homericam (utinam totam) ab Nicolao Valla tralatam atque

b. *om. Pliny, ed. L. von Jan*
c. infirmitatis *Pliny, ed. Jan*
d. quibus ... Liber *om. Ren.*

e. quorum *Ren.*
f. aliubi *ed., Ren.*
g. quaeque *Ren.*

Latinam factam e Latio usque atque adeo Roma ipsa ad nos, ut praelo aliquando librario multiplicetur advehendam curasti,[4] perspiciens videlicet in ea tralatione nonmodo disiecti membra poetae. verum etiam plenos divini nectaris haustus et admirabilem non vulgaris venae maiestatem. De qua Theodorus Gaza, vir Graecae et Latinae linguae peritissimus, sic ad Lelium, Nicolai patrem, scripsit: "Sed cum plura Nicolaus noster laude digna pro suo amoenissimo ingenio suaque plane singulari doctrina scripserit, ea in primis edi celebrarique cupio quae cum gloria illius Graecorum quoque auctorum commendationem augeant. Quapropter Homeri et Hesiodi principum poetarum carmen, quod elegantissime in Latinum conversum ab illo est, id primum edatur hortor et rogo, ut simul et nomen Nicolai illustre servetur et auctorum Graecorum tam insignium opera extent Latinis litteris, quando fata ita tulerunt, ut Graecis minus servari iam possint. O fortunam iniquam quae ingenium Nicolai praeclarum hominibus quasi invidens rapuit priusquam totum Homeri carmen absolveret! Coleretur enim Homerus opere integro non minus musa Latina quam Graeca unquam claruerit, nisi Nicolaum amisissemus. Sed tamen quantum vel invita fortuna ille efficere suae virtutis opera potuit non est omittendum. Nec enim volumine parum, neque facultate interpretis mediocre est; sed tantum profecto ut ab omnibus qui linguae Latinae operam dederunt perlibenter recipiatur, accuratissimeque servetur, exemplumque studii nobilissimum habeatur. Non enim id imago quaedam Homeri est, sed ipse Homerus Latino eloquio res Troianas referre videtur, eadem copia, gravitate, suavitate et elegantia qua Graece retulerat. Tantum Nicolaus ingenio atque doctrina proficere potuit. Ita cum Virgilio suo auctore certavit, ut quem ille imitatus est, ipse transferret in Latinum suisque hominibus patefaceret, tanta cum elegantia et gravitate et priscarum rerum demonstratione, ut Hesiodum et Homerum ipsum loquentes Latini facile intelligere possint. Vivent[h] certe Homerus et Hesiodus studio Nicolai omnibus saeculis, nec Nicolaus unquam extingui poterit Homero et Hesiodo, quos pulchre interpretatus est, extantibus auctoribus."[5] Haec et plura in eandem sententiam Theodorus ipse. Quocirca cum tuo, compater munificentissime, auspicio felicissimo et dono amplissimo Ilias haec sit chalcographiae quasi depositaria fide tradita, ad te

h. vivet *ed., Ren.*

cum perpetuae devinctionis indice revertentem benivole recipies, sinesque lectores omnes qui tanti boni nobiscum participes erunt referendae gratiae effici consortes. Tantum est quod et te exoratum et illos admonitos velim. Vale dulce decus nostrum. Ad Nonas Iunias. M.D.X.

1. *Aeneid* XI, 785.
2. *Georg.* I, 5–7.
3. *Hist. Nat.* II, 5, 15.
4. Theodore of Gaza published the first edition of Niccolò della Valle's translation of the *Iliad* in Rome in 1474: *Aliqui libri ex Iliade Homeri translati per dominum Nicolaum de Valle legum doctorem Basilice principis apostolorum de urbe Canonicum quos complere aut emendare non potuit improuisa morte preuentus,* Rome, Iohannes Philippus de Lignamine, 1 Feb. 1474. The title of the volume and Theodore's prefatory epistle to Niccolò's father, Lelio della Valle, contain most of what is known about him: that he was a doctor of law, canon of St. Peter's, translated Hesiod (*Opera & dies georgicon Liber. Nicolai de Valle e greco conuersio,* Rome, 1471, dedicated to Pius II) and several books of the Iliad (III, IV, V, XIV, XVIII, XIX [twenty lines], XX, XXII, XXIII, XXIV), and died young in 1473. Cf. Fabricius, *Bibliotheca latina,* VI, 574 and Tiraboschi, VI, 833–834. L. brought back a copy of the *Iliad* translation with him from Rome in 1507 (Renaudet, p. 499).
5. From Theodore of Gaza's preface to the Rome edition, ff. IIv–IIIr.

72

From Alain de Varènes [Grenoble. Spring 1510.]

In hoc opere contenta. De amore dialogus. I. De luce dialogi. II. De harmonia dialogus. I. De harmonie elementis liber I. De rerum precipue diuinarum vnitate dialogus I. De diuina magnitudine dialogus I. De pulchritudine dialogus I. De septem virtutibus liber I. De oppositis monstris liber I. De amicitia precipue diuina liber I. De rerum trinitate liber I. Oratio habita in frequenti ecclesiasticorum virorum consessu. Epistolae complures, Paris, Henri Estienne, [c. 1512], ff. 29v–30v (Paris, BN. Renouard, *Estienne,* 24). The date of publication is fixed approximately by dedications to Claude de Seyssel, bishop of Marseilles, and the chancellor Jean de Ganay. Seyssel became bishop of Marseilles 3 Dec. 1511 (Eubel, III, 255); Jean de Ganay died 3 June 1512 (see ep. 5). The date of the epistle is more tentative. It contains an elaborate encomium of the *Quincuplex Psalterium* (9 Aug. 1509). In a letter to Bovillus dated from Grenoble 21 March 1510, Varènes mentions a recent letter from L. and continues: "Amplexantur omnes eruditi praeclaros in Psalmis Fabri nostri commentarios, sperantes continue meliora quo Christiana religio fiat quotidie locupletior" (*Liber de intellectu. Liber de sensu*, Paris, 1 Feb. 1510/1511, fol. 170v). In the epistle itself he tells us that it was his enthusiasm for L.'s commentary on the Psalms that aroused him to write a dialogue on harmony and dedicate it to his former teacher. Since Varènes mentions no later publication by L., I place the epistle in the spring of 1510.

Alain de Varènes (Varenas, Vareno, Varenis) was born in Montauban. He studied at the University of Paris under L., Bovillus, and Clichtove in the faculty of arts and under Pierre Cordier in the faculty of law, probably in the later years of the fifteenth century. When he left for Italy in the spring of 1502 in order to continue his legal studies at the University of Bologna, he was already bachelor *in utroque iure* and parish priest of Larrazet in the diocese of Montauban. He published two small books in Bologna in 1503: *Alani Varenii Montalbani Tholosatis De Lvce Intelligibili Dialogvs Vnvs* (Bologna, Giovanni Benedetti called Platonides, 8 Feb. 1503), dedicated to Jean de Pins (London, BM.), and *De Amore Dialogvs Vnvs* (Bologna, 13 April 1503), dedicated to Laurent Allemand, bishop of Grenoble and abbot of Saint-Sernin in Toulouse (Paris, BN.). The interlocutors of both dialogues are Jacobus [Faber Stapulensis] and Carolus [Bovillus]. He was back in France in 1505, for on 26 Sept. of that year he received a doctor's degree from the University of Cahors. Letters to Bovillus and others place him in Grenoble in 1509, 1510, and 1511, where he was probably in the service of his episcopal patron Laurent Allemand. His third book, the present collection of short philosophical and theological treatises, some old (the two dialogues already published in Bologna), the rest new (among them the dialogue on harmony dedicated to L.), appeared probably in the spring of 1512. He published two more books: *In hoc opere contenta. In Canticum canticorum Homiliae quindecim. In aliquot Psalmos Dauidicos oratiunculae siue breues Homiliae octo et quadraginta. In supersanctam dei genitricem Mariam panegryrici siue laudatiui sermones quinque*, Paris, Henri Estienne, 21 May 1515 (London, BM. Seville, Colombina) and *In Canticum Canticorum Salomonis (qui et Idida hoc est domini dilectus sive amabilis domino) explanationis Libri Septem Homiliae quinque et octoginta. In quibus dilecti et sponsi Ihesv et dilectae Supersanctae Dei genitricis Mariae ratio et quantum licuit veneratio habita est*, [Montauban], Jacques Colomiès, 28 Nov. 1526 (Bordeaux, Bibl. mun.), dedicated to François d'Estaing, bishop of Rodez. By 1517 Varènes was a canon of Rodez and vicar-general of the diocese. Cf. E. Forestié Neveu and the abbé Galabert, "Alain de Varènes. Un humaniste montalbanais oublié," *Bull. Arch. et hist. de la Soc. arch. de Tarn-et-Garonne*, XXIII (1895), 311–321 and A. Claudin, "Un écrivain saintongeais inconnu: Mathurin Alamande, poète et littérateur, de Saint-Jean d'Angely," *Bull. de la Soc. des Archives hist. de la Saintonge et de l'Aunis*, XV (1895), 189–203.

The epistle prefaces Alain de Varènes's *De harmonia: Alani Vareni Montalbani De harmonia dialogus unus ad Iacobum Fabrum divinae philosophiae pa-*

rentem (ff. 31r–41v). The interlocutors are Jacobus [Faber Stapulensis], Carolus [Bovillus], and Iodocus [Clichtoveus].

Alanus Varenius Iacobo Fabro praeceptori suo S. P. D.

Harmoniam quandam in rebus omnibus esse, amantissime praeceptor, olim te docente didicimus: illam superiorem, quae ex omnibus suis perfecta partibus, sonorius concinerent; hanc nostram mundanam, quae etsi haud imperfecta sit (nihilo in rebus sua natura imperfecto), si tamen ad illam conferatur quae superior est, non ita plane perfecta videatur. Cum autem in omni genere inveniatur perfectissimum aliquid ex quo cetera omnia quae ad illud referuntur ortum habeant, sit perfectissima aliqua harmonia est necesse; nec tam harmonia nuncupanda quam omnis inferioris excelsior causa concinentiae, quae quamquam sit omnibus obvia, quippe quae lux est, mortalium omnium oculos sed interiores facile perstringens,[a] concinentia singulorum auditum facile demulcens, odor admirabilis per omnia non aliter quam tactus in corpore diffusus; haec tamen ob admirabilem quandam infinitudinem suam incomprehensa manet, ut quae pervia rebus fere omnibus propter singularem suam in omnes synaxim et extensionem antea constituta est, eadem infinita et immensa omnium vel angelicorum numinum captum effugiat, re nulla finitiore tantae plenitudinis capace, et cum in omnibus suo sit penetratu. Extra tamen omnia sua eminenti sorte intelligatur, non tam inclusa quam exclusa, sua pulchritudine et admirabili forma infinitam illam dissonantiam propulsans et sua incomprehensa aeternitate illam secum (quae infinita est) repletionem haud admittens. Quo fit ut numquam talis fuerit dissonantia, nec quicquam sit in rebus utcumque humile et abiectum, quod concinenti penitus careat concordia, eius sacratioribus paradigmatibus per omnia compertis. Quamquam enim in inferioribus illis et Tartareis sedibus aliqua infra harmoniam esse intelligantur, quod tertium erat partitionis membrum, plusque ibi discordiae plusque tenebrarum, quod remotiora a veriore luce sint, in ambitu tamen sint harmoniae necesse est. Illa haud penitus a rebus omnibus exclusa est. Igitur aliquid concinentia inferius est et circulus et regnum quoddam harmoniae. Est aliquid omni superius concinentia incomprehenso circulo sua unice perfruens harmonia, suo quodam etsi

a. perstrinstens *ed.*

remotiore participatu universa donans, singula afficiens lumine, et omni pulchritudine plenum, omni perfectum sapientia et divina potestate, qua omnibus placide et clementer imperat. Eius enim est regnum, eius est imperium, eius quicquid bonum verumque omni dignum veneratione et gloria existimatur. Illum in rebus omnibus pulcherrimum, sapientissimum, concinentissimumque est coniectare. Hanc igitur concinentiam tam miram spectare et imitari omnia conantur, quae ducem naturam sequitur, principem et affectorem naturae in opificio et in exemplari opificem assecuta; haec maxima illam infimam dissonantiam ab sese infinito quodam intervallo seiunctam in iustitiae concentum fidibus divinioris clementiae contemperatum reducit. Ipsa labentia tam honesto conatu erigit, quodam suo admirabili participatu singula collustrans. Hic unus concentus te, amantissime praeceptor, totum concinentissimum divina et celsiore contemperatum harmonia fecit, ut non manu tantum domini salvatoris, sed manibus ipsis aeternis te plasmatum cum propheta contendere possis: Manus (inquit) tuae fecerunt me et plasmaverunt me,[1] cum caelos manu tantum domini in ortum eductos observemus. Divinior tamen virtus te manibus illis aethereis coaptavit, fidibus in te resonantibus divinis: in animo, in mente pulcherrima, arcana et secretiore inventa cithara, quam celsiore plectro tuo in caelestem, immo vero transmundanum excitas concentum, nihil humanum, nihil infimum sentiens, sed secretioribus perceptis, tibi vel soli templi et divi tabernaculi abditis velo scisso patefactis et sanctuario aperto.[2] Mirum est quantum ex cubiculo domini, ubi musici instrumenti genus omne, omnes et thesauri sapientiae et scientiae[3] reconditi consonantias et divitias mortalibus proferas, ex vinaria illa paucis obvia cella quantum amorem,[4] ex promurali illo ubi unice dominus agit qualem sponsi et pastoris et regis maiestatem, quale eius diadema (quo coronavit eum mater sua in die desponsationis illius et in die laetitiae cordis eius)[5] in medium (arcanorum haud dubie conscius) deducas. Ex sacris omnibus quattuor et viginti sacratiores citharas,[6] vetustiores illas quidem recentiori connectis psalterio, novis temperas organis, quibus velut fidibus iunctis canoris in divinas et mysticas laudes erumpis (duobus illis seraphim tibi concinentibus: nova, inquit, et vetera dilecte mi servavi tibi bonum).[7] Imitatus patrem familias qui profert de thesauro suo nova et vetera,[8] qui pulchre rotam illam in medio rotae clarissimo contuetur aspectu,[9] qui flammis divinioribus surgentibus ex binis olivis totus accenditur:[10] columnas ferculi Salomonis regis pacifici argenteas et reclinatorium aureum[11] in scripturis sensu earum mystico, et in quibus pennae columbae visuntur deargentatae et posteriora eius in pallore auri,[12] non sine divino ex alis illis volitantibus exorto consensu, exorta flamma. His excitus cum laudibus tum concinentiis tuis, amantissime praeceptor, tibi nostras de harmonia qualescumque noctes devovemus. Abs te enim post Deum parentem sumus et vivimus, et hoc nostrum qualecumque sive harmonicum sive dissonans tuum est. Suum tam pium qua pietate potest recognoscit foetus parentem, eius frequenti nuncupatione nescio an temere oblectatus, et Bovilli et Clichtovei etiam clarorum virorum. Vale.

1. Ps. 118:73.   2. Cf. Matth. 27:51–52   3. Cf. Eccli. 1:26.   4. Cant. 2:4.
5. Cant. 3:11.   6. Apoc. 5:8.   7. Cant. 7:13.   8. Matth. 13:52.
9. Ezech. 1:15–16.   10. Zach. 4:3–14.   11. Cant. 3:9–10.   12. Ps. 67:14.

73

Josse Bade to Guillaume Briçonnet   Paris. July 7, 1510.

Aegesippi Historiographi Fidelissimi Ac Disertissimi Et Inter Christianos Antiqvissimi Historia De Bello Ivdaico. Sceptri Svblatione. Ivdaeorvm Dispersione. Et Hierosolimitano Excidio. A Divo Ambrosio Mediolanen. Antistite E Graeca Latina Facta. Cvm Eivsdem Anacephaleosi Et Tabellis Congrventiarvm Cvm Iosephi Libris Etiam De Gestis Machabeorvm, Paris, Badius Ascensius, 5 June 1510, sig. [Aa, i, v]; CCXXXVI (1511), sig. Aa, i, v; CCXXXVII (1524), sig. A, i, v. The text is that of the second edition. Previously published by Renouard, *Badius,* II, 486–487.

The epistle prefaces the *De bello Judaico* of "Hegesippus," a very free and Christianized translation of Josephus's history of the Jewish wars. The *De bello Judaico* has a curious background. By the end of the eighth century the author's real name (Josippi, Joseppus, or Josepus) had been corrupted into Egesippus or Hegesippus, and this Hegesippus identified with the historical Hegesippus, a second-century contemporary of Irenaeus mentioned by Eusebius (*Hist. Eccl.* II, 23; III, 20, 32; IV, 8, 22) and Jerome (*De vir. ill.,* 22). He thus became a Christian and an "apostolicus vir et apostolorum temporibus vicinus," as Badius, paraphrasing Jerome, pointed out. The prevalent conviction, shared by Badius and L., that the translation of his book was the work of St. Ambrose, further enhanced his authority. The translation does in fact date from the fourth century, but its author is more probably Dexter, the friend of Jerome, than Ambrose. Critical edition by V. Ussani, *CSEL.* LXVI (Vienna and Leipzig, 1932); bibliography in Altaner, *Patrologie*, 345. L.'s edition is the first.

Reverendo in Christo patri Guilielmo Briconneto[1] Lodovensi episcopo Iodocus Ascensius[2] S.

Historiam[a] Aegesippi[b] eiusque Anacephaleosim quas Iacobus Faber, compater mihi suo merito cum primis observandus, diligentia sua perquisivit[c] et ad varia exemplaria collatas ac quoad eius fieri potuit integritati restitutas, superioribus diebus ad nos dedit praelis nostris committendas, dignas duxi, praesul dignissime, quae[d] faustissimo tuo nomini nuncuparentur, ut aedes istas unde emissae et ubi attenta cura recognitae sunt repetant et te agnoscant tamquam patrem, qui beneficentissimus es eius patronus cuius laboribus ex diutino situ vetustarum bibliothecarum nova luce donatae sunt. Quamquam autem de luculentissima Aegesippi laude post Irenaeum, Clementem Alexandrinum Hieronymumque presbyterum sanctissimum ac doctissimum supervacaneum[e] fuerit[f] diutius immorari, ut quem hi omnes fatentur apostolicum virum et apostolorum temporibus vicinum cuiusque scripta mirifico extollunt praeconio,[3] accedit tamen ad huius historiae commendationem sacrum Ambrosium Mediolanensem antistitem, virum undecumque laudatissimum, e Graeca fecisse Latinam;[g] ob quam rem haud dubitem omnibus Christianae pietatis antistitibus, tibique in primis praesulum columen, longe fore gratiorem. Quid? Quod[h] nulla historia diligentius ostendit regnum Iudaeorum defecisse ad alienigenas et de Iuda sceptrum sublatum, cum iam advenisset qui mittendus erat Christus dominus, ut tempus Messiae iuxta prophetarum oracula designatum advenisse cognosceretur, cum[i] Iudaei ipsum dominum operantem salutem in medio eorum non agnoverunt, immo negaverunt, et Caesarem sibi regem asciscentes crucifixerunt. De Simone praeterea mago, de Petro apostolorum principe, de Iacobo Hierosolymitano, de Ioanne Baptista, deque vera Hiero-

a. Historiarum *Ren.*
b. Hegesippi *1524*
c. perquaesivit *Ren.*
d. quam *Ren.*
e. supervacuaneum *Ren.*

f. *om. 1524*
g. latina *Ren.*
h. quia *Ren.*
i. et *ante* cum *Ren.*

solymitanae eversionis occasione, hic unus omnium fidelissimum inter historiographos quidem affert testimonium, ob quae cum ab omnibus verae pietatis cultoribus[j] avidissime legi meruerit, habet tamen quam plurima quibus curiosissimum quemque lectorem abunde oblectaverit. Ut enim silentio pertranseamus admirabilem eius in narrando gratiam, quippe qui sub miro compendio sit maxime dilucidus et sub maxima luce mire compendiosus, tanta rerum gestarum varietate scatet tantoque sententiarum pondere, ut (quod de Sallustio dici solet) res verbis aequasse videatur.[4] Contionum aptissimarum fecunditate et earum componendarum ingeniositate cum omnibus mortalibus facile contenderit. Si quidem in Iudaeo contionante cum Iudaicae historiae creberrima mentione, Iudaici spiritus ad vivum exprimit pervicaciam, in Romano Romanam magnanimitatem, denique in omnibus omne sexus, aetatis conditionisque sic servat[k] prepon et decorum, ut unum Aegesippum non omnium[l] personas induisse, sed omnes homines fuisse suspicari merito possis.[m] Quas tamen res, antistes sapientissime, ex operis ipsius lectione multo clarius et copiosius quam ex hac nostra tantilla commendatione cognosces. Fuerunt autem quae fortassis extant etiam alia eiusdem viri compluscula opera, ut illud insigne quo omnem[n] a passione dominica ad suam usque aetatem ecclesiasticorum operum texuit historiam (sermone quidem simplici, ut quorum vitam imitabatur, dicendi quoque exprimeret characterem) quinque libros complectentem, et item disputationem adversus idola. Auctor est Hieronymus.[5] Sed illud monumentum ecclesiasticorum operum a compluribus piorum et ecclesiasticorum virorum vel maxime desiderari audio. Faxit ergo bonorum omnium inventor ac largitor Deus, ut[o] si usquam locorum lateat, hoc eius opusculo viso ad publicam utilitatem prodeat in lucem. Sed quam caste,[p] quam vere[q] (quae prima historiae lex est)[6] et quam religiose de Christo praesens loquatur historia, statim intelligent vel uno obtutu qui eam legent, et qui ad concordiam secundum conciliationem quae post Anacephaleosim ad calcem adiecta est revocare studebunt. Vale decus praesulum. Ex officina nostra litteraria ad Nonas Iulias, M.D.X.

j. *om. Ren.*
k. servam *Ren.*
l. omni *Ren.*
m. posses *Ren.*

n. omnes *1510, Ren.*
o. *om. Ren.*
p. casta *1510, Ren.*
q. vera *1510, Ren.*

1. See ep. 43.
2. See ep. 71.
3. Jerome, *De vir. ill.*, 22 (ed. E. C. Richardson, *Texte u. Untersuchungen zur Gesch. d. altchristlichen Lit.*, XIV, Leipzig, 1896, pp. 20–21): "Hegesippus, vicinus apostolicorum temporum et omnes a passione Domini usque ad suam aetatem *Ecclesiasticorum actuum* texens *historias* multaque ad utilitatem legentium pertinentia hinc inde congregans, quinque libros composuit, sermone simplici, ut, quorum vitam sectabatur, dicendi quoque exprimeret charactera. (...) Praeterea adversum idola disputans, quo primum errore crevissent, subtexit historiam, ex qua ostendit, qua floruerit aetate."
4. Cf. Cicero, *De orat.* II, xiii, 56.
5. See note 3.
6. Cicero, *De orat.* II, xv, 62.

Appendix. Josse Bade to Beatus Rhenanus   [June 1, 1510.]

Aegesippi de Bello Ivdaico, Paris, 5 June 1510, fol. LXXVIIr; CCXXXVI (1511), fol. LXXVIIr. Since Badius placed the epistle immediately after the text of the *De bello Judaico*, which he finished printing on 1 June 1510, he probably wrote it on the same day. The text is that of the second edition. Previously published by Horawitz-Hartfelder, pp. 39–40 and Renouard, *Badius*, II, 487–488.

The epistle prefaces Michael Hummelberg's *Anacephaleosis*, or epitome, of Hegesippus (ed. Paris, 1510, ff. LXXVIIv–LXXXIr) and tables of concordance between Hegesippus and Josephus's *De bello Judaico* (ff. LXXXIv–LXXXIIr), also prepared by Hummelberg. Hummelberg helped L. with the editorial work on the book as well: "Ascensius ad lectores: Habes itaque, lector studiose, historiam luculentam in quinque libros distinctam cum Anacephaleosi et tabellis dexterrimo Lodovensis antistitis auspicio et vigili Stapulensis ac Hamelburgii studio: nostraque quantula est opella ad Dei optimi gloriam legentiumque utilitatem consummatam in aedibus nostris, quae sunt Parrhisiis in via regia ad divum Iacobum supra aedem divi Benedicti: e regione Craticulae: sub tribus Lupis seu Luciis aquatilibus. Anno salutis humanae decimo supra M. D. ad nonas Iunias" (fol. LXXXIIv).

Iodocus Badius Ascensius Beato Rhenano[1] suo S.

Affuit Iacobo Fabro compatri meo, mortalium uni (ut nosti) studiosissimo, Michael tuus Humelbergius,[a][2] homo in litterarum studio vigilantissimus, in recognitione Aegesippeae historiae quam in capita distinxit et ad Iosephum conciliavit, ut testimonio mox eius erunt tabellae post Anacephaleosim dictae historiae subdendae. Quam rem scio tibi fore pergratam, quippe qui tantopere flagitasti opus de[b]

a. Hamelburgius *1510, Ren.*   b. ex *Horawitz-Hartfelder, Ren.*

officina nostra emitti. Non est tamen (ut opinari videris) apostolicorum virorum gesta continens, de quo opere sacer loquitur Hieronymus et nonnulla interdum citat testimonia,[c][3] sed quod Hierosolymarum prosequitur eversionem, Iudaeorum dispersionem et lamentabile (nisi sic meritorum) fatum iuxta Hieremiae apertissima[d] super ea re vaticinia.[4] Si quid igitur aliud Aegesippi in Germania noris, aut ad nos istic excusum aut a nobis excudendum istucque remittendum mittito. Vale.

1. See ep. 67.   2. See ep. 67, note 1.   3. See above, note 3.
4. Ier. 4:7, 21:3-14, 26:4-6.

74

To Louis Pinelle   [Paris. c. July 19,] 1510.

Egregii Patris Et Clari theologi Ricardi quondam deuoti coenobitae sancti victoris iuxta muros parisienses de superdiuina Trinitate theologicum opus Hexade librorum distinctum Et Capitvm XV Decadibvs. Adivnctvs Est Commentarivs artificio Analytico: metaphysicam et humani sensus transcendentem apicem, sed rationali modo complectens intelligentiam, quod opus ad dei trini honorem & piarum mentium exercitationem Foeliciter Prodeat In Lvcem, Paris, Henri Estienne, 19 July 1510, sig. a, i, v–a, ii, v.

Louis Pinelle, doctor of theology (1491), grand master of the collège de Navarre (1497), succeeded Etienne Poncher as chancellor of Notre-Dame and of the University in 1503. He resigned the chancellorship 18 Nov. 1511. A disputed election to the bishopric of Meaux (4 Nov. 1510) was resolved in his favor by the archbishop of Sens 19 March 1511. He died 2 Jan. 1516. Pinelle was an active reformer of ecclesiastical abuses. His *Quinze fontaines vitales, utiles et salutaires, composees par ... l'Evesque de Meaulx, maistre Loys Pinelle ... lequel ... a fait led. liure pour devotes sanctimonaiales ... de l'ordre de Fontevrault* (Paris, BN. Rés. D. 16040.2) recalls this aspect of his work. The many dedications addressed to him suggest that his patronage of learning was equally active. See Raulin, *Epistolae* (Paris, J. Petit, 1521), *passim,* but esp. ep. 26; Jean Launoy, *Regalis collegii Navarrae historia* (Paris, 1677), I, 151 sqq.; Toussaints Du Plessis, *Histoire de l'église de Meaux* (Paris, 1731), I, 323–324; Chevalier, *Bio-biliographie,* II, 3762; Renaudet, *passim,* but esp. pp. 410, 439, 527, 599; Renouard, *Badius,* I, 184, 187; II, 375–376, 410; III, 24–25, 400; and M. Veissière, "Un précurseur de Guillaume Briçonnet: Louis Pinelle, évêque de Meaux de 1511 a 1516," *Cahiers d'Histoire publiés par les Universités de Clermont-Lyon-Grenoble,* IX (1964), 81–82.

c. testimonio *Ren.*   d. aptissima *Ren.*

The epistle prefaces L.'s edition of and commentary on the *De Trinitate* of Richard of St. Victor (c. 1165). Critical edition by Jean Ribailler (Paris, 1958) and a French translation by Father Gaston Salet (Paris, 1959). L.'s is the first edition. Some fifty manuscripts are known, but the one at the base of L.'s edition has disappeared. The principal variants of L.'s edition are noticed in Ribailler's apparatus. L. used only the one manuscript in preparing his edition, occasionally correcting readings that seemed to him defective. A table at the end of the volume lists these corrections: *Errata plerisque in locis Ricardi deprehensa et ex officina sedulo recognita*. Cf. A.-M. Ethier, *Le "De Trinitate" de Richard de Saint-Victor. Publications de l'Institut d'Études médiévales d'Ottawa* (Paris and Ottawa, 1939) and the bibliography in G. Dumeige, *Richard de Saint-Victor et l'idée chrétienne de l'amour* (Paris, 1952), 170–185.

Eximio Patri Lodovico Pinelo, sacrae theologiae professori, Parisiensis studii cancellario meritissimo Iacobus Faber S.

Si sermo de divinis ipsaque theologia, eximie pater et doctor excellentissime, rebus ipsis de quibus est similis haberetur, neque principium habere posset neque finem, sed principium eius esset absque principio et finis absque fine. Et quia in omni creatura quaeritur Deus, ante quaestionem inventus et ignotus post inventionem, quid mirum si ratione rationali quidem modo qui secundum nos est quaeritur, inventus autem rationaliter manet ignotus? In hoc sane opere venerabilis vitae et sanctimoniae patris Ricardi coenobii sancti Victoris[1] quod impraesentiarum ad te mitto quaeritur Deus rationaliter, et ratio intra suos fines terminosque conquiescit; et ineffabilium effingit sermones per rationalia, ut visus invisibilium per visibilia; verum quam visus videndo invisibilia non attingit, tam ratio loquendo et ratiocinando ineffabilia non manifestat, rationaliter tamen manifestat.

Et qui tres modos quibus homines Deum investigare solent statuerit forsitan non errabit: imaginatione, ratione, intellectu; primus infra nos, secundus secundum nos et tertius supra nos. Siquidem qui Deum imaginatione quaerunt in statua et idolo quiescunt, qui ratione vestigiis insistunt, qui intellectu nihil amplius ad vestigia intendunt. Estque imaginatio venatico cani persimilis qui solo auditu (ceu rauco quamprimum venatoris cornu percepto) excitatur ad praedam; ratio ut ex odoratu feram persequens; intellectus ut iam nihil auditum nihil odoratum curans, sed ex visu a longinquo tamen capturae inhians; non enim aliter attingi potest qui omnibus propinquissimus est et (ut sic dicam) penitissimus. Et cum harum inquisitionum primus sit abiicien-

dus modus, utpote qui rudibus et ineruditis idololatriam pariens infimus sit et ignobilissimus, restat solis duobus sequentibus Deum a
sapientibus esse quaerendum. At vero cum ratio uno gradu supra
imaginationem conscendat et intellectus uno supra rationem, fit ut
rationalis modus ultimus habeatur qui dignus sit quo de Deo philo-
sophemur, et hic (ut dictum est) secundum nos est. Et quia inter
imaginationem et intellectum ratio mediastinum[a] obtinet locum, frequenti usu evenit ut Deum ratione investigantes aberremus, maxime
si ad imaginationis devium flectimus, minus autem si ad intelligentiae
apicem nitimur. Rursus homo inter angelum et brutum medius est;
huic imaginatio illi intellectus proprius est, homini vero propria
ratio; cum igitur in nobis stamus, non nisi rationaliter movemur et
vivimus; cum vero supra nos timide et reverenter assurgimus, intel-
lectualiter tunc et quoquo pacto angeliformiter vivimus, illi clarius,
nos obscurius; at cum infra nos flectimur, eiusmodi vita imagina-
tionibus et concupiscentiis obnubilata potius bruto quam homini
debetur. Duos igitur primos vivendi modos in contemplativa vita in
nobis acceptat Deus, tertium autem damnat et repudiat. Et ut ex
imaginatione ad rationem conscendimus, ita proprius motionis ordo
est ex ratione ad intelligentiam moveri. Quapropter post rationalem
doctrinam, quae praesertim in schola aut tractatur aut tractari deberet, ad intellectualem aspirare debemus, in qua ad invisibilis et in-
compraehensibilis lucis spectacula raptamur, ubi se videre credentes
caecutiunt et se non videre scientes aspiciunt, ubi potior ignorantia
quam scientia iudicatur; in ratione vero secus.

Et in rationalibus omnes tibi debebunt, dignissime pater, si pro
officio tuo censuram adhibeas et invigiles ne ad inanes phantasiolas
devolvantur et ad indigna crassae barbariei deliramenta. Cum enim
philosophia sit humanarum divinarumque rerum scientia, eiusmodi
faciunt ut penitus neque humana cognosci valeant neque divina.
Rigorem quendam loquendi, non dialecticum dico (nam dialectico et
logico sermone nihil humanius, nihil rationabilius), sed dialecticae
adnatum ut arboribus fungum, ut corporibus vomicam, tua auctoritate emolli; et rupto ulcere totum hoc fetulentum et noxium virus
suppuretur et a nostro tam insigni quam almo studio evomatur penitus. Explode quandam Zenoniam turbam in partium proportionalium

a. mediastimum *ed.*

obscuritatibus latibulisque nidificantem et in illis totos dies futilem quandam dedoctionis umbram garrientem; hoc maxima pro parte crede de hirundine Pythagoricum praecipere symbolum.[2] Quid quod inculcatoria quae pridem tamquam circulatrix quaedam et subdola iure ab Italis exulat apud nostros invenit asylum et se calculatoriam nominat quae omnem rationis pervertit calculum?[3] Tolle insuper rudem nimis et indoctam sermonis absurditatem quae homines et angelos cum asinis confundit et superos Acherontaque miscet, loliorum more sese in dies noxie propagantem et tenella implicantem immo perdentem ingenia, omnis doctrinae panem inficientem. Et percute eos qui eiusmodi venditant nugas apologo asinorum. Qui cum vellent philomelis canendi imponere legem, alioqui indoctae viderentur ni ruderent, et id suadere niterentur contemnentibus philomelis sed blando canore tanto magis mundum oblectantibus et suavissimis concentibus opplentibus mundum. Asinis vero contra, fractis paene gutturibus, paene moriturientibus et efflantibus animas, cum nimium stolido ruditu conturbarent orbem, datus est camus, quo ruditus ille comprimeretur.

Ita, gravissime pater, camo comprime eos. Quod a nobis dictum sit, non quia cuipiam malum optem aut in quempiam texere moliar invectivam, sed quia nostram inclitam aliorum studiorum parentem sanam vel maxime velim Academiam. Sit igitur grave, sit serium, sit ratione et auctore dignum huicque almo studio decorum, quicquid in illis tractabitur, et auditoribus quam utile tam iucundum et honestum. Qualem se studuit exhibere venerabilis et religiosae vitae pater, huius operis artifex.

Verum pro tempore ipse Gregorii, Isidori, Idelphonsi et plerorumque aliorum memorandae antiquitatis patrum imitatus est stilum, iuncturas faciens rythmicas, quem et multi religiosorum observarunt. Qui etsi nostra tempestate viluerit, non censui tamen auctoris praesentem libellum aspernandum; quandoquidem egregiam et Deo dignam sub humilitate stili complectitur sententiam. Stultum sane et rusticum eum duxerim qui propter minus elegantem corticem suavissimum saluberrimumque negligit fructum, qui propter medicae potionis fuscedinem propriam prodit sanitatem. Propter illos tamen qui forte hoc dictaminis genere non tam offenderentur quam deterrerentur a lectione, quaedam inter recognoscendum opus, charactere sermonis immutato eandem nihilominus servantia sententiam, suppressam declarantia, augentia interdum, et interdum ad intelligentiae latus erigentia intexuimus. Quae si probaveris, haud secus omnes tuum grave sequentur iudicium ac concors exercitus imperatorem dilectissimum.[b] Vale nostrae litterariae palaestrae perspicacissime censor et dux et omnium in ea legitime decertantium praemiator aequissime. M.DX.

1. L. wrote his commentary on the *De Trinitate* at Saint-Germain-des-Prés in 1510 (colophon: "Hoc opus compositum fuit in coenobio sancti Germani prope muros parisienses anno Christi salvatoris MDX"). Michael Hummelberg saw it through the press. On the last page he addressed the following verses to his friend Beatus Rhenanus:

> Divinae Triados fidis (dum praela parantur)
> Archetypis sacrum contuleramus opus.
> O factum male, sic tacita tunc mente querebar,
> Tantum opus et tanto delituisse situ.
> Optabam legeres studiose Beate libellum,
> Accessit votis bibliopola meis.
> Gallus et Ausonius, sibi Celtiber atque Britannus,
> Tu cum Germanis ipse Beate leges.

Vale.

M.D.X.

2. Cf. Plutarch, *Quaest. Conviv.* VIII, vii, 1–3, which discusses the Pythagorean saying *hirundinem domo non recipere*.

3. The reference is to the *ars calculatoria*, more precisely to the *Liber calculationum* of Richard Swineshead (Ricardus Suiseth, fl. 1337–1348). Swineshead is most significant for his study of motion, but he wrote extensively on logic as well: *De obligationibus, De insolubilibus, De divisionibus, Sophismata logicalia*, precisely the kind of thing L. considered an intellectual perversion. Among many humanists Swineshead had already become a symbol of empty sophistry. For example, Ermolao Barbaro, whom L. admired so much, spoke of *sophisticae quisquilae et suisetica inania quae vulgo cavillationes vocantur* (Branca, II, p. 23; cf. Carlo Dionisotti, "Ermolao Barbaro e la fortuna di Suiseth," *Medioevo e Rinascimento. Studi in onore di Bruno Nardi*, Florence, 1955, I, pp. 219–253). See Sarton, III (1), 736–738 and Marshall Clagett, *Giovanni Marliani and Late Medieval Physics* (New York, 1941), *passim* but esp. pp. 171–176.

b. delectissimum *ed.*

75

Josse Bade to Jean Saulay   **Paris. August 13, 1510.**

Rosetum exercitiorum spiritualium et sacrarum meditationum: in quo etiam habetur materia predicabilis per totius anni circulum Recognitum penitus et auctum multis. Praesertim primo et vltimo titulis: per ipsius authorem (qui dum vita manebat temporalis nominari noluit). Uenerabilem patrem Joannem Mauburnum: natione Bruxellensi. Uita autem et professione regularem seu Canonicum ex institutione diui patris Augustini: cuius obseruantissimam egit vitam prius in celeberrimo cenobio Montis sancte Agnetis Traiectensis diocesis, Deinde in Francia in regali abbatia diui Seuerini iuxta castrum Nantonis: in qua regularem (que multis retro annis penitus corruerat) restituit disciplinam. Postremo in Liuriacensi monasterio in quo cum (expulsis inde irreformatis moribus) Canonici regularisque obseruationis viros colocasset: cum eisque aliquanto tempore vixisset Abbatis functus officio honorifice sepultus est, Paris, Josse Badius Ascensius for Jean Petit and Jean Scabelerius, 13 Aug. 1510, sig. AA, i, v (London, BM. Renouard, *Badius*, III, 80–82). Previously published by Renouard, III, 81–82.

Jean Saulay was a canon of Notre-Dame, archpriest of the church of the Madeleine, and secretary to the bishop of Paris. See *Gallia Christiana*, VII, 837; Lebeuf, II, 597; and Jourdain, *Index*, p. 308.

The epistle prefaces Josse Bade's edition of the *Rosetum* of John Mombaer of Brussels. See Pierre Debongnie, *Jean Mombaer de Bruxelles, abbé de Livry, ses écrits et ses réformes* (Louvain, 1927) and Johannes Donndorf, *Das Rosetum des Johannes Mauburnus* (Halle, 1929).

Praestantissimo patri et domino magistro Ioanni Saulay insigni ecclesiae Parisiensis canonico sapientia et virtutibus cumulatissimo Iodocus Badius Ascensius S. D. P.

Rosetum honorandi ob Christum patris Ioannis Momburni, Livriacensis domus canonicorum divi Augustini abbatis (dum vita manebat) dignissimi, cum animi non vulgari voluptate his diebus, praeceptor colende, impressimus:[1] tum quod[a] tam sanctam viri vitam ab iis qui eum intus et in cute norant edocti, non dubitavimus ab eo qui sic vixerit doctrinam in primis salutarem emissam; tum quod[b] inter legendum atque dirigendum opus visi nobis sumus nunc cum Deo, nunc

---

a. quia *Renouard*   b. quia *Ren.*

cum deipera[c] virgine, nunc cum sanctis eius conversari, et subinde
extra nos rapi, atque inter rosas illas caelestes collocari (quod nisi
contigerit lapidem merito censueris,[d] aut truncum nulla affectione
mobilem); tum quod[e] viri egregii longe circumspectiore quam nos[f]
simus iudicio praediti (inter quos te et Fabrum nostrum Stapulensem
non minus pietate quam litteratura praeditos reponimus) opus ipsum
tantopere commendarunt, tam ob auctoris sanctitatem et zelum in
omnes[g] Christianos quam ob doctrinae eius integritatem atque suavitatem. Mire etenim afficit et (quae utilissima est scientia) hominem
sese cognoscere facit et ad cor redire, mundum et pompas eius con-
temnere, otia mala vitare, delitias[h] carnales aspernari, Deum ad hoc
cum summa caritate venerari, proximum decenter diligere et se quemque ac operationes suas in Deum dirigere, sanctos colere ac imitari,
quin etiam in omnem regionem oculos mentis convertere ut in nullo
speculo evidentius quod imiteris quodve devites perspicias. Quocirca
non ab re Rosetum inscripsit. (Est enim locus in quo rosae unde
rosaria facies nascuntur.) Nam ut in roseto plantabili primum conspi-
cias[i] plantaria, tum frondes tum gemmas turgentes, ac demum flores
ipsos, ita auctor in hoc Roseto ab invitatorio, eruditorio, ordinario,
dietario et similibus imitationibus, quae quasi seminaria quaedam
pietatis sunt auspicatus, per chiropsalterium, scalam communionis,
ruminatoria, supplementum sacramentale, manducatorium, fercula-
rium, examinatorium et similia pietatis exercitia progressus, tandem
ad flores et fructus ipsos omnis exercitii boni, videlicet ad inflamma-
torium divini amoris per multiplicium regionum scrutationem nos
perducit, et in eo opus non imprudenter concludit, quippe in quo[j]
est finis legis et consummatio exercitii beatorum in caelis, quod ab
eis non auferetur. Hanc autem partem ultimam uti primam auctor in
novissimis diebus operi praeposuit[k] et adiecit,[l] opusque totum, ut ex
praefatione eius recenti patet, emendavit et auxit; atque utinam donec
mundius scriptum fuisset,[m] vivere datum fuisset, multo enim nos

---

c. deipara *Ren.*
d. consueris *Ren.*
e. quia *Ren.*
f. *om. Ren.*
g. omnis *ed.*
h. delicios *Ren.*

i. conspicies *Ren.*
j. eo *Ren.*
k. proposuit *Ren.*
l. adfecit *Ren.*
m. fuisse *Ren.*

labore levasset, qui in eius characteribus lectitandis tantus fuit, ut non magnopere mirandum putem si interdum somnus obrepserit. Qui tamen (uti speramus) minor est quam cui ignoscere lector nolit humanus.

Optime igitur ut sibi consulas, et mirifices sanctum domini in suis operibus dum peregre profectus est cum sacco pecuniae in die plenilunii reversurus, tibi dicare curaverunt, circumspectissime pater, hunc quem cernis favum[n] argumentose[o] apis (cuius alloquio mirum in modum delectabare dum e vernantibus scripturarum rosis haec in unum congereret) fratres Livriacenses, quos tibi familiaritatis illius successores constituisti, et dilectionis heredes, ut testantur[p] lapides suae ecclesiae et parietes tuis instaurati muneribus. Hoc igitur merito tibi dicatum opus amplexare, et filios tanti patris nosque ut bene coepisti semper ama. Vale. Ex chalcographia nostra ad Idus Augusti. M.D.X.

1. Badius's edition is the third, preceded by one in 1494 (Hain-Copinger 13995) and a second edited by Johannes Speyser and published by Jakob von Pfortzheim in Basel in 1504 (Hain 13996). Debongnie, *op. cit.*, 306–308 offers a useful table of concordance to the three editions. As he tells the reader on the title page and in his preface, Badius included new material written by Mombaer himself in the last days of his life. The edition of 1510 is clearly described by Donndorf, *op. cit.*, 4–6.

76

Josse Clichtove to Louis Pinelle
[Paris. Before October 22, 1510.]

In hoc opere continentur totius Philosophie naturalis Paraphrases: adiectis ad litteram scholijs declarate, et hoc ordine digeste, Paris, Henri Estienne, 22 Oct. 1510, fol. 3r–v; IX (1521), fol. 3r–v. The epistle will also be found in X–XIII and XV.

The epistle prefaces the second edition of Clichtove's commentaries on L.'s *Paraphrases naturales*. He had dedicated the first edition to Etienne Poncher (see ep. 30).

n. fedum *Ren.*　　　　　　　　p. testant *Ren.*
o. argumentosa *Ren.*

Iudocus Clichtoveus Neoportuensis Ludovico Pinello,[1] celeberrimo doctori theologo, Cancellario Parisiensi S.

Plutarchus, auctor gravissimus, Aristotelis vitam conscribens, de studio et doctrina eius hoc perhibet testimonium, dignissime pater Cancellarie: "Aristoteli," inquit "permultum debet humanum genus, qui disciplinas ante se varie dispersas in unum quasi corpus singulas redigere dignatus est. Itaque discere qui volunt, hunc amplectantur oportet. Cuius libri ita scripti sunt, ut et parvulos instituere et medio-cres alere et robustos exercere ac perficere voluisse illum appareat ac omnis aetatis nostrae curam cogitationemque suscepisse. Ad haec ip-sis in rebus explicatio seriosa atque perdiligens, ut sive logicae sive physicae sive ethicae tradat praecepta, continuata ubique doctrina sit et ab ipsis primordiis rerum ad finem usque perducta scientia, tamquam pater diligens qui non solum genuisse filios, sed per pueri-tiam adolescentiamque educatos non prius deserat quam continuato diligentiae studio in viros traduxerit."[2] Haec ille. Atqui Aristotelem disciplinas ante sparsim et indigeste compositas in unum collegisse rectoque ordine ab initio ad calcem usque perduxisse cum in ceteris ab eo traditis disciplinis, tum in physicis apprime perspicuum est. Nempe ante ipsum philosophi naturae perscrutatores diversa prorsus et absurda de rerum principiis, de anima, de motu senserunt et inter se plurimum dissentientes nihil certum, nihil constans, nihil denique exactum definierunt. In tanta vero sententiarum diversitate auctorum-que dissidio Aristoteles, abiectis ignorantiae deviis, veritatem sinceram amplexus, de rebus sensibilibus dilucide, accurate integreque disseruit et philosophiam naturalem ante tempora sua laceram, in frustulamen-taque dissectam, in solidam et consummatam disciplinam digessit. In qua usque adeo copiose de rerum naturalium (quibus hic mundus sensibilis coalescit) ratione causisque pertractavit, ut nullum ferme huiuscemodi rerum genus praetermiserit, cuius non absolutam per-egerit et peculiarem determinationem. Quocirca auscultationis suae physicae lectio maiorem in modum utilis atque accommoda censeri debet, quandoquidem non solum rerum sublunarium transmutationi-que subiectarum naturam inibi diligenti indagine discutiat, verum etiam ex ipsis ut substerniculis quibusdam et adminiculis ad supra-mundana contemplanda interitus immunia motuque et mole vacantia viam paret et moliatur ascensum. Quippe mundus iste corporeus

Graeca nuncupatione cosmos (ut norunt omnes) denominatur, quod ornatum sonat, quia pulcherrimus eius decor, ordinatissima dispositio et species oculis subiecta mortalium caelestium substantiarum longe praestantiorem pulchritudinem ornatumque nobis insinuat et ad eam vel umbratiliter tenuiterque animo concipiendam viam sternit affertque praesidium. Ex magnitudine enim speciei et creaturae (ut ait Sapiens) cognoscibiliter poterit creator horum videri.[3]

Quibus quidem mecum perspectis, non sum supervacuum ratus ad Physicam Paraphrasim Iacobi Stapulensis praeceptoris mei superioribus annis elaboratam scholia adiicere,[4] non perpetua continuaque lectione decurrentia, sed successiva[a] atque interpolata sicubi locus efflagitabat, ut ea dumtaxat quae abstrusam habent et elucidatione indigentem sententiam adaperiant. In quibus quidem et littera paraphraseos idem prorsus servatur ordo, ut praefixi cuique scholio numeri facile indicent cuinam loco litterae eodem numero annotatae unumquodque respondeat et accomodetur. Introductionibus identidem in Physicam, in libros De anima et Metaphysicam explanatiunculas adiunxi, quo vel in transcursu a legentibus intelligantur promptiorque sit earum ad litteram sententia. A quaestionibus autem recentiorum more agitandis et ventilandis argutiis contra probatas philosophiae propositiones consulto temperavi, quod haec veram non pariant disciplinam, sed futilem potius loquacitatem obstreperamque garrulitatem a modesta tranquillaque philosophia longe abhorrentem. Enimvero solent haec ratiuncularum contra scientiarum veritatem pugnantium commenta non ad amplectendam earum certitudinem sinceritatemque conducere, sed ab ea detorquere potius et ad captiunculas quasdam sophisticas prolabi, nihil cum vera doctrina commercii habentes; quibus imbuti ingenuorum adolescentum animi cum ad maturam scientiarum frugem provehi deberent, exarescunt prorsus et in steriles herbas vanescunt, persimiles agris suapte natura feracibus, quibus cum semen utile mandari deberet et frugiferum, neglectis tamen ob agricolarum incuriam infelix lolium et steriles dominantur avenae. Haud dissimiliter praeclara iuvenum ingenia ad capessendas rectas disciplinas optime nata cum circa inania sophismatum tendicula decipulasque tamquam muscarum reticula occupantur et a seriis

a. succisivo *eds.*

distrahuntur litteris et illis percipiendis apta tempora misere conterunt; hinc incultis eorum animis loco nitidiorum scientiarum lappae et tribuli innascuntur, carduus et spinis surgit paliurus acutis. Dissolventur quidem in adiectis scholiis nonnumquam quaestiones pro rei materia occurrentes ac agitari dignae, non tamen modo barbaro, insulso et crasso quo nostra tempestate in disciplinis moveri conspiciuntur ac deprehenduntur. Porro hanc nostram quantulamcumque operam tuae gravissimae dignitati nuncupatam voluimus, praestantissime pater Cancellarie, quod cum in hoc celeberrimo Parisiorum gymnasio ea fungaris auctoritate qua palaestrae litterariae metam consecutos pro meritis laurea insignias libertateque profitendi quas callent artes dones, par est utique bonas litteras tuis auspiciis in lucem prodire, propagari in ceteros atque transfundi. Siquidem nullius auctoritate potius fulcientur et robur assument nitidiores auctorum disciplinae quam eius qui patronus litterarum et pater institutus est, quem tota Parisiensis Academia ut vindicem et tutorem rei litterariae suspicit et observat. Itaque tuo gravissimo patrocinio fultum id opus ad alios feliciter prodeat, qui si quid (quod vel maxime optamus) fructus ex eo ceperint, id totum tuae dignitati acceptum referant, cui et haec et multo maiora nos debere fatemur. Vale studii nostri decus et praesidium.

1. See ep. 74.
2. The quotation is in fact from Leonardo Bruni's *Aristotelis vita* (ed. Ingemar Düring, *Aristotle in the Biographical Tradition*, Göteborg, 1957, p. 174). Giambattista Guarini printed Bruni's *Life* as his own work in *Plutarchi Vitae illustrium virorum sive parallelae* (Venice, Nicolaus Jensen, 1478), II, ff. 217a–219a: *Aristotelis viri illustris vita per Guarinum Veronensem edita.* Clichtove, like L. before him, mistakenly attributed it to Plutarch.
3. Sap. 13:5.
4. See eps. 1–4 and 30.

77

To members of the priesthood
Paris. [c. November 23,] 1510.

Bernonis Abbatis Libellvs. de officio Missae quem edidit Rhomae. Sacerdotes studiose legant. Agni Paschalis celebrandi ritus. vnus & vniformis vbique fuit, in ecclesijs ergo quoad fieri potest, vnus & vniformis offerendi modus esse debet. Et vt synaxeos mysterium omnium summum & maximum est, ita ius ipsum ordinandi, summi pontifices vel soli habuere. neque quicquam aut addere aut subtrahere temere audendum est. Quapropter studeat sacerdos quisque si quid antehac confusum & inordinatum in suo ministrandi modo admiserit: seipsum emendare & pro omissis veniam suppliciter exposcere, cognoscens quod ab apostolo dictum est. que autem sunt, A Deo Ordinata Sunt, Paris, Henri Estienne, 23 Nov. 1510, ff. iv–2r; CCXLII (1518), sig. a, i, v–a, ij, r. The epistle will also be found in CCXL and CCXLI. The text is that of the second edition.

The epistle prefaces L.'s edition of a short treatise on the Mass by Berno, abbot of Reichenau (d. 7 June 1048). Incipit: *Bernonis Abbatis De officio missae. De Psalmis et orationibus ante missam. cap. 1. Presbyter cum se parat ad missam, iuxta romanam consuetudinem decantat psalmos. Quam dilecta. Benedixisti. Inclina. Credidi. Pater noster cum precibus et oratione pro peccatis.* L. discovered the manuscript in Mainz in July 1510. This is not the same work as that printed in *ML.* CXLII, 1055–1080 under the title *De quibusdam rebus ad missae officium pertinentibus.* L.'s is the first and apparently only edition. For Berno, remembered today primarily as a composer and author of important treatises on musical theory, see Stammler, *Verfasserlexikon,* I, 204–208.

Iacobus Faber sacerdotibus S. D.

Sacerdotale mysterium tanta noscitur dignitate fulgere, tanta maiestate excellere, ut nihil sub sole illustrius, nihil cognoscatur augustius. Quamobrem secundum scientiam, quantum mortalibus fas possibileque est, eos qui tam sublime tractant sacramentum pure et munde ad sancta altaria accedere studendum est, ne si ignoranter accedatur, sine sale videatur summum sacrificium Deo offerri; quod nihilominus in figura in omni vel minimo sacrificiorum veteris ritus oblatione sub interminatione divina stricte vetitum est.[1] Cum etiam scriptum sit, in doctrinis glorificate Deum,[2] quid enim doctrinae nisi eorum quae tractantur certae scientiae? Ad quod quidem rite assequendum, cum superiore Iulio bibliothecas Moguntinas forte lustrarem, occurrit mihi quidam libellus venerabilis viri Bernonis quondam abbatis Augiensis, circa divinorum priscas et apostolicas institutiones pervestigandas olim vigilantissimi, qui non parum utilis et accommodus[a] huic rei mihi visus est. Quo invento rogavi excellentis prudentiae virum Andream Vestusennum doctorem,[3] ut eum ex libraria obtentum exscribi mea causa iuberet, perscriptum autem ad me mitteret in Galliam; quod lubens (ut officiosus erat) annuit. Acceptum igitur ex Germania librum commisi officinae, quo multis, maxime sacerdotibus,

a. accommodatus *1510*

prosit. Nam is mihi sane visus est, qui dignus sit in manibus omnium sacerdotum versari, ne negligenter et inscie sanctum opus aggrediantur; cum etiam scriptum esse non nesciant, maledictum eum esse qui negligenter opus domini facit.[4] Praemonitum tamen circa id sanctissimum et augustissimum mysterium paucorum verborum nullum aegre laturum crediderim, quae plerique sacerdotum vel ignorant vel in eis errare solent, ut deinceps vel admoniti vitent errorem vel non ignorantes (quod absit) delinquant. Unum est *Missa*, quod Hebraeum vocabulum est, perinde significans ac *liturgia*[b] apud Graecos et ut *officium sacrumque ministerium* apud nos, ex Rudimentis Hebraicis Capnionis.[5] Alterum *Aleluia*, quo interdum frequens est in Missa usu, quadrisyllabum est et *ia* una syllaba. Ex Hieronymo et Hebraeo significatque *alelu* per se *laudate* et *ia* monosyllabum per se *dominum*.[6] Tertium in litaniis, id est in novenis supplicationibus imitatione novem chororum caelestium, *kyrie eleison, Christe eleison*, bina sunt vocabula; et *eleison* quadrisyllabum, accentu more Graeco in antepenultima, licet penultima longa sit, *s* littera etiam crassum sonum retinente. Id ex Graeco ἐλέησον; significatque id ter *domine miserere*, ter *Christe miserere*, ter item *domine miserere*. Quartum in trisagio hymno angelorum, sanctus, sanctus, sanctus, in fine *osiana* quadrisyllabum est, significatque *salva age* sive *salva obsecro*. Ex Hieronymo et Hebraeo significatque *osia* per se *salva* et *na* monosyllabum per se *eia, age*, vel quippiam simile; est enim obsecrativa particula.[7] Haec sunt quae sacerdotes, qui angeli domini sunt, indignum latere putavi. Parisiis. M.D.X.[c]

1. Levit. 2:13. Cf. Num. 18:19; 2 Par. 13:5; Ezech. 43:24; Marc. 9:48; Coloss. 4:6.

2. Is. 24:15.

3. See ep. 99, Appendix, note 2.

4. Ier. 48:10.

5. Reuchlin, *De rudimentis Hebraicis* (Pforzheim, Thomas Anshelm, 1506), 289.

6. Jerome, *Liber de nominibus Hebraicis*, 117; *Ep.* XXV, 2; *Ep.* XXVI, 3; and Reuchlin, *De rudimentis Hebraicis*, 139.

7. Jerome, *De nominibus Hebraicis*, 92 and *Ep.* XX, the subject of which is the word *Hosanna*; Reuchlin, pp. 230–231

b. liturgiam *1510*
c. *Some copies of 1518, for example*

Paris, BN., C. 1125 (2), read M.D.XV.

78

Gregor de Stawischyn to the reader
[Cracow. c. December 24, 1510.]

Jacobi Scapulensis [sic] *introductiones in libros phisicorum et de anima aristotelis cum Jodoci neoportuensis annotationibus declarantibus candide dicta singula obscuriora ipsius introductionis*, Cracow, Johann Haller, 24 Dec. 1510, sig. a, i, v; XVIII (1518), sig. a, i, v. The text is that of the first edition. The epistle will also be found in XIX and XX. Despite its title, the 1510 edition contains only L.'s *Introduction to the Physics* with Clichtove's commentary.

Gregor de Stawischyn matriculated at the University of Cracow in 1500. He began teaching in 1504 and became a regular member of the arts faculty 28 March 1506. Between 1504 and 1519 he lectured on the *De anima, De generatione, Ethics, Metaphysics, Physics,* and *Organon,* Cicero's letters, *De officiis,* and rhetoric, Terence, Virgil, Pomponio Leto's *De Romanorum magistratibus,* Juvencus, Valerius Maximus, Ovid's *Heroides,* Francesco Negri's *De conscribendis epistolis,* and Eutropius's *Breviarum historiae Romanae.* He finished a course on Aristotle's *Physics* on 16 Sept. 1511. He no doubt intended this edition of L.'s *Introduction* for his students in this course. In 1516 he was elected dean of the faculty of arts, and on 16 Oct. 1538 rector of the university. His titles were then "artium liberalium magister, baccalarius s. theologiae, sacrae paginae professor, collegiatus maioris domus artistarum, ecclesiae collegiatae sancti Floriani custos." He disappears from the university records after 1540. See *Album studiosorum Universitatis Cracoviensis,* ed. A. Chmiel (Cracow, 1892), II, 290, 292, 295; *Liber diligentiarum facultatis artisticae Universitatis Cracoviensis,* ed. W.Wislocki, *Archiwm do dziejów literatury i oświaty w Polsce,* IV (1886), 65, 72, 96, 98, 127, and 498–499; and *Acta rectoralia almae Universitatis studii Cracoviensis,* ed. W. Wislocki (Cracow, 1893–1897), I, 533, 536, 566, 753, 765, 827; II, 47.

The epistle prefaces Stawischyn's edition of L.'s *Introductio in Aristotelis octo libros Physicorum* with Clichtove's commentary (see ep. 30).

Gregorius Sthavischyn artium liberalium magister studii Cracoviensis lectori salutem.

Vide, humanissime lector, quantum de re publica litteraria meritus sit Iacobus Stapulensis, vir procul dubio summae doctrinae et Graeci Aristotelis nostro aevo egregius paraphrastes, qui non solum in omnes libros ipsius Aristotelis philosophorum principis edidit paraphrasim, hoc est eam interpretationem quae non verborum sed sententiarum custodit seriem, sed etiam rudibus favens penetralia philosophiae in quosque praecipuos[a] libros introductiones veluti quasdam compendiosam semitam ad arcem Aristotelicae philosophiae ita formavit venusta cum brevitate, ut nulli cedens ceteros quosque superavit qui in simili materia libellos aliquando publicabant; quod quidem ita esse cum in plerisque aliis ipsius scriptis poteris cognoscere, tum et in his introductionibus nostra cura impressis facile iudicabis, si solertius inspexeris, quam sit brevis, qualiter et tersus, quomodo succinctus et insuper venustus, ut in ornatu verborum cum antiquitate certare videatur. Taceo nunc reliqua quae iure optimo pro laude auctoris et operis praedicari possent, nisi de laudibus tanti viri eligibilius crederem tacendum quam minus sufficienter loqui. Unum hoc tuae solertiae propono quisquis es qui peritus in studio philosophiae esse cupis, quive recto tramite introire aulam desideras merae philosophiae, illius inquam quae Gotica labe non sentitur esse infecta, hoc formosum Stapulensis nostri munus ne contemnas. Magnam etenim dignitatem et vim habent recta rudimenta artium, ut Quintilianus libro secundo perpulchre probat et Timothei musici olim in arte tibiarum clarissimi exemplo confirmat, hunc enim tradidit duplices ab his exigere mercedes quos alius instituisset, quam si rudes sibi traditi essent.[1] Obstant etenim nonnumquam magis ineptae eruditiones quam prosunt. Siquidem natura tenacissimi sumus eorum quae rudibus animis percipimus, ut sapor quo novas imbuas testas durat, nec lanarum colores quibus simplex ille candor mutatus est, elui possunt. Optime igitur consultum erit et docenti et discenti, ut Stapulensis istam introductionem amplectantur. Ita namque ille pie et recte docebit, et hic non erronee instituetur. Vale mi lector, et has introductiones sagaci Minerva rogo trutines.

1. *Inst. orat.* II, iii, 3.

a. praecipuus *1518*

79

Robert Fortuné to Yves de Mayeuc
Paris. Collège du Plessis.
January 9, 1511.

*Opera complura Sancti Hylarii Episcopi hac serie coimpressa. De trinitate
contra Arrianos Lib. XII. Contra Constantium hereticum. Lib. I. Ad Constantium Imperatorem. Lib. II. Contra Auxentium Arrianum. Lib. I. Auxentii Blasphemie plena Epistola. I. De synodis contra Arrianos habitis. Lib. I. Ad Apram
filiam diui Hylarii. Epistola I. In psalmos Dauid. Commentarii seu Lib. II. In
euangelium Matthei. Lib. I.*, Paris, Badius Ascensius, 10 Sept. 1510, sig. a, i, v–a,
ii, v (London, BM. Yale. Renouard, *Badius*, II, 490–491). Previously published
by E. F. Rice, in *Studies in the Renaissance*, IX (1962), 152–156.

Yves de Mayeuc entered the Dominican Order at Morlaix in 1483. A prelate
of holiness and distinction, he was confessor of Anne of Brittany, and also
bishop of Rennes (29 Jan. 1507 until his death 20 Sept. 1541). See *Gallia Christiana*, XIV, 760–761; *Nouvelle biographie générale*, XXXIV, 547; Chevalier,
Bio-bibliographie, I, 2292–2293.

The epistle prefaces Robert Fortuné's edition of the works of Hilary of
Poitiers (c. 315–356). Bibliography in Altaner, *Patrologie*, 325–329.

Reverendo in Christo patri domino Ivoni Rhedonensi antistiti dignissimo et confessionis illustrissimae ac prudentissimae Francorum
reginae auditori circumspectissimo Robertus Fortunatus Macloviensis[1] prosperam ac fortunatam valetudinem cum beatitate felicissima.

Sanctissimi Pictavorum antistitis Galliaeque totius (quod citra invidiam dixerim) et antiquissimi et litteratissimi, beatissimi praesulis
Hilarii opera compluria symbolicos a variis quos mox nominabimus
collecta, plenis punctis totisque eorumdem suffragiis in sinum atque
praesidium tuum, pater reverende, iustis rationibus conferimus, quod
et morum antiquorum, quia casti et sancti sunt, praecipuus es imitator
et doctrinae veteris, quia solida et irrefragabilis est, strenuus amator.
Neque id quidem ab re. Magnum enim veritatis et sanctitatis est indicium tot annos contra cariem temporumque iniuriam victoriose
decertasse, siquidem ut Gamaliel ille in Actis apostolorum testis est,
non potest consilium aut opus a Deo coeptum ab homine dissolui.[2]
Atque cum omnes veteres et sanctitate et doctrina illustres sint sum-

ma veneratione digni, divus tamen Hilarius utroque nomine ingentissimos meruit honores. Quid enim eius scriptis aut ad excitandam religionem devotionemque Deo faciendam praesentius, aut ad persuadendum efficacius, aut ad afficiendum accommodatius, aut ad legendum sine fastidio plausibilius? Profecto si rem iusta lance pensitaverimus, nihil. Hilarius enim totus est hilaris religio, totus sanctitas, totus amor, totus sapientia. Et cum omnes sancti doctores in factis dictisque dominicis aliquid supramundanum et ultra hominem deprehenderint, Hilarius perpetuo et infrangibili obtutu in Deum fixus omnia et facta et dicta salvatoris nostri ac domini Iesu Christi mystice interpretatus est, omnis psalmos quos quidem tractavit ad salutis nostrae mysterium convertit, usque adeo ut perpetuas noctes totosque dies in eo legendo cum hilaritate verseris, et cum rerum saecularium fastidio obrutus accesseris, tamquam famelicus et lectionis divinae adhuc sitiens ab eo discedas. Atque utinam ea mihi semper esset mens eaque facultas, ut in divi Hilarii eiusque similium lectione quod reliquum dominus dabit aetatem reponam. Non enim aut in comessationibus turgescam, aut in ambitionibus efferar, aut in carnis illecebris putrescam, sed admirabilia et magnalia Dei etiam in iis quae oscitanti stolidoque lectori aut lectionis neglectori vulgaria et minutula videntur contempler, sitque mihi (ut apostolo quondam) conversatio in caelis et mundus crucifixus et ego mundo, vivat autem in me Christus.[3]

Sed ad singula propius contemplanda accedamus. Atque ut dominus noster facere coepit et docere, primum sancti huius facta deinde doctrinam admiremur. Ceterum cum omnia probe sancteque fecerit, peculiaris illi laus est, quod contra haereticas pravitates quae illius tempestate in gregem catholicum saevissime debachatae sunt, ita dimicaverit ut fidei catholicae clipeus et haereseos framea ac malleus merito compellari potuerit. Ut enim sinceram defenderet veritatem non longinqua et diuturna obhorruit exilia, non famem, non sitim, non aestus, non frigora, non principum fastum, non haereticorum saevitiam, non mundi illusionem, non sapientium huius mundi irrisionem. Et quamquam Flacco auctore, Non vixit male qui vivens moriensque fefellit,[4] i[d est], qui sic a strepitu populari sese submovit ut vixisse ignoretur atque ita potuerit aut cum liberis aut cum libris et Musis in tenebris atque in occulto quietus vivere, zelo tamen domus Dei et fidei catholicae accensus, noluit lucernam suam sub modium ponere,[5] nec talenta sibi divinitus ad lucrifactionem data in terram defodere,[6] sed vigilando, studendo, scribendo, docendo, disputando, disceptando et manibus pedibusque (ut aiunt) obnitendo haereticum venenum ab animis fidelium depulit. Atque ut vitae sanctitatem evidentiaque miracula (nam in quadriennali illo exilio precibus suis mortuum quemdam revocavit in vitam)[7] ut omnibus nota praeteream, quid in eius scriptis doctrinisque potissimum aut primum demirabimur: stiline diligentiam, an verborum elegantiam, an demum sententiarum gravissimarum soliditatem? Profecto singula haec singulari sunt laude digna. Nam stilus ubique pressus, ubique solidus, non turgens nec inflatus, non denique calamistratus, sed sui similis constans et perseverans, nusquam exorbitans, nullo elatus, nullo deflexus, sic tamen nativo lepore fluens, ut cum in eo plurimum sit artis, artem nullam affectasse aut ostentare voluisse auctorem iudices. Visa est tamen sancto Hieronymo sublimior interdum stili maiestas quam ut simplicium lectioni congruat, unde ad Paulinum sic ait: "Hilarius Gallicano cothurno attollitur et, cum Graeciae floribus adornetur, longis interdum periodis involvitur et a lectione simpliciorum fratrum procul est."[8] Verba autem ita propria, ita Latina, ita exculta, ut cum tota antiquitate (paucis tamen novis admixtis) certare possit. Neque id magnopere mirandum. Nam cum in illa tempestate cum imperio Romano Romana vacillaret eloquentia recentesque auctores Gothice potius quam Latine loquerentur, nulla erat invidia si ad antiquos auctores respexerit, ad quorum imitationem in archetypis eius praesertim in Matthaeum Iodocus Badius Ascensius, qui transcripsit atque opus ipsum impressit, deprehenderit plurima antiquitatis vestigia, ut integras ubique servatas compositarum vocularum partes, quales sunt *inbecillitas, inmortalitas, inpono, intellego, adfectio, exsul*, et id genus alia mille. Item *ipsud* pro *ipsum, domu* pro *domo, pascham difficullimum* et non pauca alia, quae ne lectorem antiquitatis ignarum offenderent, ad praesentem monetam tornavit, sententia tamen nulla mutata. Neque verba quidem mutanda putasset si eandem in reliquis exemplaribus phrasim comperisset. Sententiarum porro tanta in hoc[a] auctore est fecunditas, ut (quod Sallustio laudi datum est) cum verborum numero ubique certent et nonnusquam ipsum superent, tan-

a. haec *ed.*

taque gravitas ut a Spiritu Sancto, qui tanti viri pectora indesolabile habuit domicilium, dictatas non dubites. Nullus enim in eis est fucus, at solidus color plurimus; nullum lenocinium, sed magnifici leporis pelagus maximum. Et cum summa insit brevitas, nulla tamen (nisi penitus illiteratus sit lector) est in eis obscuritas. Neque sui ostentator est usquam, nec verborum, licet eorum ditissimus sit, affectator. Nam quaecumque absoluta aut manifestaria putavit, praeteriit. Quae vero nodosa indicato paucis nodo sic absolvit, ut minus providus lector vix tetigisse putarit, felicior medius fidius Alexandro illo Magno Macedonum rege qui fatalem Gordii nodum quem arte solvere non valuit ferro disrupit. Sed ut ea quae de sanctissimo Hilario sentimus et dicimus non futili[b] comprobentur auctoritate, ita de eo atque eius doctrina gloriosus admodum et inter primos sanctus presbyter Hieronumus in libro De viris illustribus scriptum reliquit: "Hilarius, urbis Pictavorum Aquitanicae episcopus, factione Saturnini Arelatensis episcopi de synodo Biturensi in Phrygiam relegatus, duodecim Adversus Arrianos confecit libros et alium librum De synodis quem ad Galliarum episcopos scripsit. Et in Psalmos commentarios duos, primum videlicet a primo psalmo usque ad septuagesimum et secundum a centesimo decimo octavo usque ad extremum. In quo opere imitatus Origenem, nonnulla etiam de suo addidit. Est et eius Ad Constantium libellus, quem viventi Constantinopoli porrexerat, et alius In Constantium quem post mortem eius scripsit. Et liber Adversus Valentem et Ursacium historiam Ariminensis et Seleucensis synodi continens. Et Ad praefectum Salustinum sive contra Dioscorum. Et Liber hymnorum et mysteriorum alius. Et Commentarii in Matthaeum. Et Tractatus in Iob, quos de Graeco Origenis ad sensum transtulit. Et alius elegans libellus Contra Auxentium. Et nonnullae ad diversos epistolae. Aiunt quidam eum scripsisse in Cantica Canticorum, sed a nobis hoc opus ignoratur. Mortuus est Pictavis Valentiniano et Valente regnantibus."[9] Haec ille. Idem ad Magnum oratorem urbis Romae: "Hilarius meorum temporum confessor et episcopus duodecim Quintiliani libros et stilo imitatus est et numero."[10] Et ad Athletam de institutione filiae: "Hilarii libros inoffenso percurrat pede."[11] Et in secundo defensionis suae contra Rufinum libro: "Hilarium

b. futuli *ed.*

virum eloquentissimum, contra Arrianos Latini sermonis tubam, ut
Origenem defendas, excommunicatum a synodo criminaris."[12] Item
in epistola de Origene legendo: "Nec disertiores sumus Hilario nec
fideliores Victorino."[13] Haec rursus ille. Quibus liquet quantum eloquentiae et gravitati doctrinae beatissimi Hilarii tribuerit. Inter ea
autem opera quae summa vigilantia congesta venerandae paternitati
tuae, domine confessarie, nuncupamus, duodecim libros De trinitate
quos contra Arrianos divus Hieronymus inscripsit, et [Contra] Constantium et Auxentium haereticos, et De synodis contra eos celebra-
tis librum Georgius Cribellus presbyter pridem in lucem protulit.[14]
Commentarios autem duos in Psalmorum explanationem Ioannes
Solidus Cracovius,[15] vir litteris et moribus probatus,[c] adhortante
praesertim Iacobo Fabro Stapulensi, philosopho multis nominibus
laudato, acri vigilantia et non pauco labore e situ ac squalore redemit.
Porro tractatus in Matthaeum et epistolam ad Abram[d] filiam divi
Hilarii Guilielmus Parvus,[16] regiae confessionis auditor tibique pater
colende habitu, professione totoque ordine quodammodo collega, et
propagandorum librorum bonorum auctor maximus, e divi Benigni
Divionensis coenobio ad Badii non mali chalcographi officinam ut
Latinis characteribus vir tam anxie Latinus imprimeretur transmisit.
Omnesque qui symbolum contulere uno ore plenoque consensu com-
monuerunt ut venerationi tuae totum opus dicaremus rogaremusque
patiaris sub tuae dexteritatis praesidio opus tantum emitti, quod ut
facias, pater reverende obnixe precamur. Vale. Ex gymnasio tuo
Plesseiaco Parisiis, septimo Idus Ianuarias, anni ad calculum nostrum
M.D.X.

1. See ep. 65.
2. Act. 5:38–39.
3. Philip. 3:20; Gala. 2:20, 6:14.
4. *Epist.* I, 17, 10.
5. Matth. 5:15; Marc. 4:21.
6. Matth. 25:14–30.
7. Cf. Trithemius, *De scriptoribus ecclesiasticis* (Cologne, P. Quentel, 1531),
fol. XVv: "Nam factione Saturnini Arelatensis episcopi, de synodo Biterensi
Phrygiam relegatus, annis quatuor constanti animo durum portabat exilium, ubi
orationibus suis mortuum legitur revocasse ad vitam."
8. *Ep.* 58, 10 (ed. Hilberg, *CSEL.* LIV, Vienna and Leipzig, 1910, p. 539).

c. probatis *ed.*   d. Apram *ed.*

9. *De vir. ill.*, 100 (ed. E. C. Richardson, *Texte u. Untersuchungen zur Gesch. d. altchristlichen Lit.*, XIV, Leipzig, 1896, pp. 47–48).

10. *Ep. 70*, 5 (ed. Hilberg, LIV, 707).

11. *Ep. 107*, 12 (ed. Hilberg, LV, 1912, p. 303).

12. *Apologia adversus libros Rufini*, II, 19 (*ML.* XXIII [1865], 464 B).

13. *Ep. 84*, 7 (ed. Hilberg, LV, 130).

14. The volume was published in Milan by Leonardus Pachel 9 July 1489 (Hain 8666). The editor, Giorgio Crivelli (Cosenza, II, 1144), dedicated it to Guido Antonio Arcimboldi, archbishop of Milan. Crivelli's edition contains the *De Trinitate* (*ML.* X, 25–472; German translation by A. Antweiler, Munich, 1933–1934, and English by Stephen McKenna, New York, 1954); *Ad Constantium imperatorem lib. II* (ed. A. Feder, *CSEL.* LXV, Vienna and Leipzig, 1916, pp. 181–187, 197–205); *Contra Constantium lib. I* (*ML.* X, 577–606); *Contra Auxentium lib. I* (*ML.* X, 609–618); and *De Synodis* (*ML.* X, 479–546). To these works, reprinted from the Milan edition, Fortuné and his collaborators added Hilary's commentary on the Psalms (ed. A. Zingerle, *CSEL.* XXII, Vienna and Leipzig, 1891), prepared for publication by Jan Schilling at the request of L.; the commentary on Matthew (*ML.* IX, 917–1076), discovered by Guillaume Parvy in the Dominican monastery of Saint-Benigne in Dijon and transcribed and edited by Josse Bade; and the spurious *Epistola ad Abram filiam* (ed. Feder, *CSEL.* LXV, 237–244), also discovered at Saint-Benigne and sent to Bade by Parvy. The Fortuné-Badius edition of these works is the first.

15. See ep. 63.

16. See ep. 68.

80

Hieronymus Gebwiler to Sebastian Brant
[Strasbourg. c. March, 1511.]

Artificialis Introdvctio Iacobi Fabri Stapulensis: In Decem Ethicorum Libros Aristotelis: Adiuncto Familiari Commentario Ivdoci Clichtovei Declarata. Leonardi Aretini Dialogvs De Moribus: Ad Galeotvm Amicum Dialogo Paruorum Moralium Aristotelis Ad Evdemivm Respondens. Iacobi Fabri Stapvlensis Introdvctio In Politicam. Xenophontis Dialogvs De Economia, Strasbourg, Johannes Groninger, March 1511, fol. IIr.

Hieronymus Gebwiler (c. 1473–21 June 1545) matriculated at Basel in 1492, where he was a student of Sebastian Brant. He earned a Paris B.A. in 1493 and the M.A. in 1495 (*Auct. Chart.* III, 788, 38 and Ch. Jourdain, "Un compte de la nation d'Allemagne de l'Université de Paris au XVIe siècle," *Excursions historiques et philosophiques à travers le Moyen Age*, Paris, 1888, pp. 378–379). From 1501 to 1509 he taught at Sélestat. Among his pupils were Beatus Rhenanus, Boniface Amerbach, and Johann Sturm. Between 1509 and 1524 he headed the cathedral school in Strasbourg. Here he published a series of manuals and editions for the use of his students, among them four of L.'s Aristotelian textbooks (see eps. 110 and 115). See Allen, II, 8 and Hartmann, I, 345–346.

After 1500 Sebastian Brant (c. 1457–10 May 1521) lived in his native Strasbourg, busy with literary work, the local *Sodalitas litteraria*, and municipal office. See Stammler, *Verfasserlexikon*, I (1930), 276–290; K. Schottenloher, *Bibliographie z. deut. Gesch. im Zeitalter der Glaubensspaltung, 1517–1585*, I (1933), nos. 1601–1655; and Hartmann, I, 51.

The epistle prefaces Hieronymus Gebwiler's edition of L.'s *In Aristotelis Ethica Nicomachea introductio* with Clichtove's commentary (see eps. 7 and 31); Leonardo Bruni's *Isagogicon moralis disciplinae* (critical edition in Baron, *Bruni Schriften*, 20–41; see ep. 15, note 4); L.'s *In Politica Aristotelis introductio*; and Xenophon's *Economicus* in the translation of Raffaello Maffei of Volterra (see ep. 63).

Hieronymus Gebwilerus D. Sebastiano Brant viro iuris consultissimo, epistolarum inclitae Argentinensis rei publicae magistro.

Cum diutius, consultissime vir, cui hoc de moribus introductorium praecipue dedicandum esset animo repeterem, aptior in hac celeberrima Argentinensium urbe praeter te occurrebat nemo, quod eius disciplinae te in primis studiosum et professorem et plantatorem audiverim noverimque. Ius namque pontificale Caesareumve morali philosophiae subalternari, vel si malueris, ipsam moralem philosophiam dici, quis ignorat? Huius igitur libelluli veluti enchiridii cuiusdam lectione succisivis horulis a rei publicae negotiis feriatus nimirum recreaberis; non quod aliquid novi aut prius tibi cui nullum disciplinarum genus non cognitum invisi afferatur, verum quod saeculis nostris quibus tam proba, tersa et utilis Latinitas post prima grammatices rudimenta iuventuti haud absque magno commodo proponitur congratulaberis. Non ignoras qui fuerint praedecessorum nostrorum modorum significandi discussionibus Sisyphei labores viriumque Alexandrinarum inextricabiles labyrinthi,[a] quibus totum aevum absumpsere. Nonne multo satius, vel caeco iudice, hoc inepto relicto dogmate statim ethicae studuisse? Hac etenim amusse vitam quam victuri sunt regulantes, nedum suas immo et innumeras aliorum lucrabuntur animas. Quod si Vergilius divo Augustino teste tamquam optimus et poetarum maximus, ideo iuvenibus discendus traditur, ut teneris imbutus[b] annis firmius inhaereat, secundum illud Horatii,

a. laborinthi *ed.*   b. imbitus *ed.*

Quo semel est imbuta recens servabit odorem
Testa diu,[1]

quanto magis et is liber qui omnium virtutum quoddam quasi semi-
narium iuventuti praeponendus, ut his praeceptionibus virtutes, hoc
est domini iugum, ab adolescentia sua ferre assuescant. Aderunt procul dubio nasum rhinocerotis more torquentes, quibus pro tua sagaci-
tate ipse nos defensando respondeas. Equidem te patrono litterariae
causae timeo nihil. Vale, et tuum Hieronymum ut soles amato.

1. *De civitate Dei*, I, 3; Horace, *Ep.* I, 2, 69–70. Cf. Virgil, *Georg.* 2, 272.

81

Josse Bade to Guillaume Parvy   Paris. April 1, 1511.

*Leonis Pape: hoc est pontificis maximi et sanctissimi Epistolae catholicae et
sanctae eruditionis plenissimae*, Paris, Badius Ascensius for himself and Jean Petit,
1 April 1511, sig. a, i, v. Previously published by Renouard, *Badius*, III, 7.

    The epistle prefaces an edition of the letters of Pope Leo I (440–461). L., who
prepared the work for publication at the request of Guillaume Parvy, printed
ninety-seven letters, the largest collection of Pope Leo's correspondence among
the early editions. Texts in *ML*. LIV, 594–1213 and Ed. Schwartz, *Acta Conciliorum Oecumenicorum*, II, 4. *Leonis Papae I Epistularum Collectiones* (Berlin
and Leipzig, 1932). Cf. P. Jaffé, *Regesta Pontificum Romanorum*, 2nd ed. (Leipzig, 1885), I, 58–74. Bibliography in Altaner, *Patrologie*, 320–324.

Regiae confessionis auditori prudentissimo, sacrae theologiae professori doctissimo, fidei catholicae discussori et conservatori perspica-
cissimo, divini verbi declamatori copiosissimo atque venerandi praedicatorum ordinis lumini praeclaro[1] Ascensius[2] salutem.

    Quoniam Iacobus Faber Stapulensis, vir et vita et doctrina lauda-
bilis[a] mihique multis et magnis rationibus observandus ac tui, pater
longe reverende, instituti et mirator et prosecutor[b] maximus, Epistolas catholicae doctrinae refertas beatissimi suavissimique nec minus
venerandi Romanorum atque ita in terris maximi pontificis Leonis
Papae nostro praelo creditas, summopere tuae praestantiae nuncupatas voluit, praesertim quod[c] te hortatore ac praeside et subinde tam

a. laudabili *ed.*   c. quia *Ren.*
b. persecutor *Ren.*

sancti laboris socio hoc opus et quam plurima alia Christiani hominis lectione digna in lucem emittere constituit, suscipies benivolo animo quam tuae reverentiae dicamus lucubratiunculam, et qua nos nostraque soles humanitate opus ipsum tua protectione dignissimum prosequere. Vale. E chalcographia nostra ad Calendas Aprilis pro calculo Romano M.D.XI.

1. Guillaume Parvy. See ep. 68.
2. See ep. 71.

82

Gérard Roussel to the reader   Paris. May 1, 1511.

Logices Adminicvla. Hic Contenta. Ammonius in predicabilia. Boetij in eadem predicabilia editiones duae. In Praedicamenta Aristotelis editio vna. In per hermenias editiones duae. Ad cathegoricos syllogismos introductio. De syllogismo cathegorico libri duo. De syllogismo hypothetico itidem duo. Themistij in posteriora Arist. libri duo. Boetij de diuisionibus liber vnus. De diffinitionibus itidem vnus. De differentijs topicis tres, Paris, Henri Estienne, 28 Oct. 1511, fol. 1v (Paris, Arsenal, BN., Mazarine. Renouard, *Estienne*, 10).

Gérard Roussel was born c. 1480 in Vaquerie near Amiens. He was a collaborator of L. as early as 1501 (*Libri logicorum*, Paris, 1503, fol. 78v). In 1508 he saw through the press L.'s edition of the *Dialectica* of George of Trebizond (see ep. 65) and was apparently still a corrector at Estienne's press when he wrote his preface to the *Logices adminicula* in May 1511. Almost nothing is known about him until he published a commentary on Boethius's *Arithmetic* in 1521 (see ep. 132) and a new translation of Aristotle's *Magna Moralia* in 1522 (see eps. 135 and 136). By the spring of 1521 he was in Meaux, where his evangelical preaching seconded Briçonnet's effort to reform his diocese. In 1524 he preached on Paul's Epistle to the Romans and wrote a commentary on Romans, which he hoped Farel would have printed for him in Basel (Herminjard, I, 292–293). In Oct. 1525 he fled with L. to Strasbourg. Here he worked on a new French translation of the Bible from the original Greek and Hebrew and presented part of it to Marguerite of Navarre before 27 Aug. 1526 (Herminjard, I, 449). Neither this translation nor his commentary on Romans was published and no manuscript copies are presently known. The manuscript of a third unpublished work survives: *Familiere exposition du Simbole de la loi et oraison dominicale* (Paris, BN. ms. fr. 7021a; P. Paris, *Les Manuscrits français de la Bibliothèque du Roi*, IV, 43–49). Roussel returned to France after 16 April 1526. He spent the rest of his life as the queen of Navarre's almoner. His royal patrons rewarded him with the abbeys of Clairac and Userche (*Gallia Christiana*, II, 592 and 943) and in Feb. 1536 with the bishopric of Oleron. A Catholic fanatic murdered him in the pulpit in 1555 (Eubel, III, 280). See Ch. Schmidt, *Gérard Roussel, prédicateur de la reine Marguerite de Navarre* (Strasbourg, 1845); Herminjard, I–IV, *passim*; P. Jourda, *Répertoire analytique et chronologique de la correspondance de Marguerite d'Angoulême* (Paris, 1930), 112, 126–128; and Allen, V, 378; VI, 479; X, 227; XI, 34.

The epistle prefaces Roussel's edition of Pomponio Gaurico's very free Latin adaptation, with additions principally from Plato and Aristotle, of the commentary on Porphyry's introduction by the sixth-century Neo-Platonist Ammonius of Alexandria: *Pomponii Gaurici Neapolitani in quinque voces Porphyrii commentariolus ex Platone, Aristotele et Ammonio.* The *editio princeps* of the Greek text appeared in Venice in 1500 (*GW.* 1618; critical edition by A. Busse, *Comm. in Arist. Gr.,* IV, 3, Berlin, 1891). Pomponio translated it in Padua in the summer of 1502 at the request of his brother, the astrologer Luca Gaurico (E. Percopo, "Pomponio Gaurico umanista napoletano," *Atti della R. Acc. di Archeologia, lett. e belle arti di Napoli,* XVI [1891–1893], 181). In a short epistle dated Padua 19 Dec. 1502 Luca dedicated the work to Cardinal Domenico Grimani (ed. Paris, fol. 2r). It was published two years later in Venice by Ioannes Baptista Sessa on 17 June 1504 (Panzer, VIII, p. 368, no. 248). See also Cosenza, II, 1561–1562. Roussel reproduced the Venetian edition of 1504, adding *scholia* of his own in the margins.

Girardus Rufus Academiae Parisiensis studiosis adulescentibus S.

Maiores nostri (ceu tradunt historiae) cum rudes adhuc essent, numismata in aere aut vili alia qualibet materia signabant. Cum autem usus auri et argenti repertus est, viluit modus ille rudior, et sola aurea et argentea coepere pretio digna vel sola videri; ita prope modum utile fore crediderim si barbarae et rudes disciplinae quae nescio quid (ut sic dixerim) Morbovianum[a] redolent, cultis, nitidis et tersis venientibus disciplinis cedant locumque dent. Quis enim malit nisi caecus mente ferro, plumbo et e luto extractis scrupis quam auro, argento gemmisque pretiosis animum ornari, cum animo nihil sit pretiosius et qua parte maxime Deo similes evadere debemus? Quis adeo lippis est oculis qui non videat auctores ipsos in propria eorum littera non rudes, non barbaros, non crassos et insulsos, sed sinceros et nitidam veluti auream quandam et argenteam continentes sententiam? Quid confusiones cum demonstrationibus? Quid cum disciplinarum enuntiationibus copulata quaedam persimilia perturbatis et intricatis[b] filorum globis, quos cum filatrices anus diu luctatae explicare nequeunt

a. Marbosianum *ed.*   b. intrincatis *ed.*

(quanto enim magis tractant, tanto magis intricant[c]) ad nihil amplius utiles cum indignatione favillis mandant. Quid disiuncta neotericorum quasi quaedam male dissuta adiuvare possunt? Ex quibus si veste confecta, sophista quispiam induatur, etiam clunes appareant, et cum conditionibus, rationibus, exclusionibus, exceptionibus, reduplicationibus, diversitatibus, alietatibus aut potius sensuum alienationibus pro foribus sacrae philosophiae lacer, nudus et inops incipiat excubare, infelici conditione nescire, rationabiliter excludi, excipi, frustra preces duplicare, reduplicare, semper sibi diversus ut Cameleon quidam videri, quia numquam ab hac miseria desinet, numquam admittetur priusquam mentis insaniam et hanc sensuum alienationem exuerit et se peritis philosophiae medicis curandum crediderit. Quapropter, o generosi adulescentes, versate in manibus tersiores auctores, et vos quos iam grammatica digno sermone excoluit, in altioribus disciplinis miseranda barbaries non corrumpat; si intelligentiam quaeritis quae vos ad omnia iuvare possit, sermo tersus et philosophia dignus vobis copiosissime praestabit. Et ut fidentius loquar, cum post Trapezontium trivialia dialecticorum rudimenta lego (exceptis paucis quae ab aliis emendicata sunt), videor mihi summam caballi humeris iniectam perferre, et hinc quoque operi illi non absone nomen inditum esse. Ut vos igitur in primis ipsis philosophiae ingressibus, in primis tyrociniis, id est in logicis et dialecticis adiuvarem, dudum cum Aristotelicis libris Trapezontii ad dialecticam introductionem non inutilem mea quidem sententia libellum ex libraria officina emisi.[1] Nunc vero Ammonium in Porphyrium a Pomponio Gaurico Neapolitano Latinitate donatum, a me utcumque recognitum cum pauculis ad latus scholiis, ad vestram utilitatem emitto, una cum commentariis et libellis quibusdam Boetii et Themistii ad logicam facientibus intelligentiam, quos Franciscus Vatablus[2] huiusce puriorum litterarum studiosissimus adulescens, mihi quidem scholari consuetudine et sodalitia arctissime coniunctus, recognovit, me urgentius in laboribus officinae occupatum levans et vestris commodis consulens. Facite itaque ut vestra nobili institutione hoc unum inter reliqua floreat gymnasium et ut numerositate studentium ita et disciplinarum puritate cetera evincat. Alioqui foeda barbaries et deploranda miseraque

c. intrincant *ed.*

sophistica plures irretiat, implicet, interimat non corpore quidem sed mente, quod longe calamitosius est quam in quovis alio; quod avertat Deus optimus et faciat ut lux vestra sine invidia ad reliquos se transfundat et ab aliis quicquid ipse emitti concesserit a vobis identidem benigne suscipiatur. Valete, florete, proficite. Parisiis ex aedibus Henrici Stephani chalcographi. Kal. Maiis. M.D. XI.

1. See ep. 65. At the bottom of the title page Henri Estienne also reminded the public that he had recently published the *Dialectica* of George of Trebizond: "Dialectica Trapezontij seorsum impressa est."

2. See ep. 83.

83

François Vatable to the reader   Paris. May 12, 1511.

Logices Adminicvla, Paris, Henri Estienne, 20 Oct. 1511, fol. 26v.

François Vatable (Watebled) was born in Gamaches in Picardy. In ep. 82 Roussel calls him *puriorum litterarum studiosissimus adulescens*. If we assume that he was eighteen in May 1511, a plausible birth date is c. 1493. If that date is correct, he would have matriculated at the University of Paris c. 1508. His close relation to L. and his later documented association with the collège Cardinal Lemoine (Félibien, IV, 714) suggest that he studied and in due course taught there. This edition of the logical works of Boethius is his first publication. On 29 May 1512 he published Chrysoloras's Greek grammar, one fruit of his studies with Aleander during the latter's second period in Paris between June 1511 and Dec. 1513 (see ep. 89). During the same period he helped another student of Aleander, Charles Brachet, edit the *Dialogues* of Lucian, as Brachet notes in the preface: "Qua in re nec defraudandus est suo honore Franciscus Watablus, juvenis et moribus et literis candidissimus, qui in castigando libro alternos mecum labores sustinuit" (Omont, p. 62 and no. XVIII, pp. 33–34).

In ep. 125, dated Aug. 1518, Vatable says that he spent "pauculos annos" in Avignon. It was here, taught no doubt by members of the Jewish community, that he laid the foundation of his knowledge of Hebrew. These years in Avignon should probably be put in 1513–1516, for by 5 Aug. 1516 he was back in Paris and is described by Thomas Grey in a letter to Erasmus as the ailing L.'s *discipulus*. L., Grey reports, is ill and weak. He has received Grey most cordially, "sed certe multum debilitatus tam vulgari sermone quam doctrina, vsque-adeo vt vix quippiam dubii enucleare possit. Multa eum rogaui, sed parum ad rem respondit, ac sepius discipulum quendam Franciscum [i.e. Vatablum] interrogat, sed nondum satis maturum. Verum quo proprius morti carnis accedit, hoc magis spiritui viuit. Attamen libenter audit quicquid ab eo peto, et quum sciat, non inuitus expedi[a]t; sin minus, ingenue fatetur memoria excidisse" (Allen, II, 287–288). L.'s continued dependence on Vatable, who lived with him at Saint-Germain-des-Prés, is maliciously confirmed by a letter from Wilhelm Nessen to Bruno Amerbach, Paris, 9 Aug. 1518: "Vataplus, Fabri conuictor perpetuus, Argiropoli tralationem castigavit adiectis insuper in loco scholiis. Quem Faber in consilium asciscit, vbi opus fuerit homine greca aut hebraica lingua docto. Quod quidem et Erasmus noster, huius seculi ornamentum, dextre olfecit, quum in Fabrum Apologiam scriberet" (Hartmann, II, 121). Nessen's first sentence refers to Vatable's edition and translation of Aristotle's scientific works, published by Henri Estienne in Aug. 1518 (see ep. 125). Vatable's close association with L., whom he called his "Apollo," continued for another decade. In the spring of 1521 he accompanied L. and his old friend Roussel to Meaux (cf. Herminjard, I, 110) and participated in Briçonnet's effort to reform and evangelize his diocese. It is possible that he left Meaux in 1524, for on 8 July 1524 he exchanged his canonry in Meaux cathedral for the rectory of Suresne, retaining the benefice until his death (Lebeuf, III, 49). In 1528 and 1532 he published new editions of L.'s *Aristotelis philosophiae naturalis paraphrases* (see Bibliography, nos. IV–VI, XI–XIII). His later career is inseparably associated with the history of the *lecteurs royaux*. From the foundation of the new institution in 1530 until his death on 15 March 1547 he was "Hebraicarum litterarum professor regius" (Lefranc, pp. 175–177, 394–406; *Actes de François Ier*, II, 21, 3944; 240, 5030; 676, 7046; III, 15, 7517; 18, 7532; V, 188, 15631; VII, 785, 29053; VIII, 240, 31497). Very considerable remains of his lectures on the Hebrew Old Testament survive in manuscript (BN., ms. lat. 532–533, 537–538, 88, 540, 581, and 577).

The epistle prefaces Vatable's edition of the logical works of Boethius and of Ermolao Barbaro's translation of Themistius' paraphrase of Aristotle's *Posterior Analytics*.

Franciscus Vatablus Gamachianus in Parisiensi Academia studiosis philosophiae tyronibus S.

Philosophandi studium propter se expetendum esse nemo nescit, cum eius amore vel indocti quique rapiantur. Omnes enim (teste Aristotele) natura scire desiderant, ad idque instinctu naturae feruntur.[1] Plurimi siquidem terrenas opes flocci pendunt et maria terrasque longe positas peragrantes toto animi conatu litteris desudant. Porro qui has nacti sunt (quos solos plerique omnes admiratione laudeque dignos censent), vitam moresque ad bene beateque vivendi formam redigere et sese divinis mentibus similes efficere possunt. Omnibus itaque philosophiam et oppido quam utilem esse persuasum est. Quamobrem illam sibi asciscere nituntur, at (quod dolendum est) non eo quo opus est medio. Plurimi enim abiectissima quaeque cum aspera quadem salebrositate observantes in futilia et alogica sese totos praecipitant. Alii vero illotis (ut aiunt) manibus eam attrectare audent. Quare utrique a scopo longo distant interstitio. Hi quidem quod spernant illam quam Graeci μέθοδον λογικην,[2] nos vero rationalem semitam, id est disciplinam, vocamus, sine qua ne minima quidem philosophiae particula vendicari potest, cum illius pars sit et organon. Qui enim fieri possit ut sculptores instrumento manuque carentes vultus duro de marmore ducant? Quocirca iuxta Comici dictum, multi faciuntne intelligendo ut nihil intelligant.[3] Alii vero idipsum patiuntur, quoniam dum ea quae ad rem nequaquam faciunt pertinacius investigant pro logica sophisticam bonarum artium novercam, immo verissime corruptellam indipiscuntur. In quo quidem mihi persimiles videntur iis qui auro postposito eius scorias hoc est excrementa et minus quam adulterinum aurum eligunt. Quocirca Hesiodi sententiae immemores, Νήπιοι οὐδὲ ἴσασιν ὅδῳ πλέον ἥμισν παντὸς;[4] haud iniuria Flacci carmine taxantur, in vicium ducit culpae fuga si caret arte.[5] Vos igitur utrumque fugientes rite philosophandi scientiam assequi poteritis, si insignes tum commentariorum tum paraphraseon lucubrationes Manlii Severini Boetii et Themistii Euphradae[6] a multis quidem quibus scatebant mendis vindicatas (si modo nonnihil nostri potuere labores) nocturna versare manu versare diurna[7] non piguerit. Tunc intelligent quam praeceptores qui nos excolere studuerunt, universae philosophiae fabricae contulerunt: qui non suam sed philosophiae laudem et aliorum utilitatem quaesiere. In quo et illos et similes non laudare non possum. Resipiscant igitur hactenus coenosis poti, quod reliquum est ex limpidis Peripateticorum fontibus puram ac sorde omni expertem aquam hausuri et vana illa corneae portae insomnia, id est sophismata, relinquant, per eburneam portam tandem ad altiores disciplinas evolaturi.[8] Quod ut facilius fiat, praedictorum liberalius institutorum virorum et commentarii et paraphrases praesertim logicae in lucem prodeunt. Praemisit enim paulo ante consodalis noster Girardus Rufus[9] Ammonium. Nunc ergo res expostulat quid de his sentiamus expromere. Boetius vir utique de lingua cum Graeca tum Latina quam optime meritus, etsi Laurentianum dentem[10] non effugerit, in primam logices partem enarrationes et in duas reliquas libellos non aspernabiles edidit. Bina namque expositionum fetura quinque voces Porphyrii et libros Peri hermenias Aristotelis illustravit, quarum prima semper minus videtur exacta, altera vero castigatiori limae subdita est. Quo fit ut quicquid a prima relictum sit, secunda magis accommoda verborum elocutione suggerat. Praeterea secunda et ceterae deinceps Boetii interpretationem, prima vero Victorini[11] (quam concisam crediderim) enucleat, quod vel mediocriter erudito pervium est. Themistius autem Peripateticus haud ignobilis paraphrasin in duos Posteriorum analyticorum libros Graeco sermone conscripsit, quos Hermolaus Barbarus non barbarus, sed mea quidem sententia, fortissimus sophisticae inertiae debellator Latinos fecit.[12] Facite itaque candidi Parisinae Academiae tyrones, ut ab hoc famigerabili gymnasio barbara vanaque sophistica et ieiuna sapientiae apparentia exulet, et quod Deus superoptimus annuat, bonae artes antehac extorres revocentur in lucem, floreant atque perpetuam hic sibi sedem deligant. Valete. Parisiis IIII Idus Maias. M.D. XI.

1. *Metaph.* I, 1, 980a 21.

2. Cf. Neal Gilbert, *Renaissance Concepts of Method* (New York, 1960), 39–66.

3. Terence, *Andria*, Prologus, line 17.

4. *Opera et dies* 40.

5. *Ars Poet.* 31.

6. The contents of that part of the *Logices adminicula* edited by Vatable are as follows: (1) *Anitii Manlii Severini Boetii viri clarissimi in Porphyrii Phoenicis Isagogen a Victorino translatam commentariorum editio prima* (ff. 27r–43v) = ML. LXIV, 9–70; (2) *Anitii Manlii Severini Boetii viri clarissimi traductio Isagogarum Porphyrii Phoenicis et in traductionem commentarii libri II* (ff. 43v–67r) = ML. LXIV, 71–158; (3) *Anitii Manlii Severini Boetii viri clarissimi in praedicamenta Aristotelis commentarii libri duo* (ff. 67v–103v) = ML. LXIV, 159–294; (4) *Boetii libri περι ερμενειας Aristotelis traductio: et in eandem commentariorum aeditio prima* (ff. 103v–129v) = ML. LXIV, 293–392; (5) *Eiusdem Boetii Libri περι ερμενειας Aristotelis eadem traductio: et in eam commentariorum aeditionis secundae [libri sex]* (ff. 130r–197r) = ML. LXIV, 393–638; (6) *Boetii ad categoricos syllogismos introductio* (ff. 197r–206r) = ML. LXIV, 761–794; (7) *Boetii De syllogismo categorico libri duo* (ff. 206r–217r) = ML. LXIV, 793–832; (8) *[Boetii] De syllogismo hypothetico libri duo* (ff. 217r–230r) = ML. LXIV, 831–876; (9) *Themistii Euphradae peripatetici nobilissimi paraphrasis in posteriora Analytica Aristotelis interprete Hermolao Barbaro* (ff. 230r–249v); (10) *Boetii De divisionibus liber unus* (ff. 249v–253v) = ML. LXIV, 875–892; (11) *Boetii De diffinitionibus liber unus* (ff. 253v–258v) = ML. LXIV, 891–910; and (12) *Boetii De differentiis topicis libri quatuor* (ff. 258v–271r) = ML. LXIV, 1173–1216.

7. Horace, *Ars Poet.* 269.

8. Cf. Homer, *Ody.* XIX, 562–565; Plato, *Char.* 173A; Virgil, *Aen.* VI, 893–896; Horace, *Carm.* 3, 27, 41–42; Statius, *Silv.* V, 3, 288–290; Tertullian, *De anima* (ed. J. H. Waszink, Amsterdam, 1947, 46, 2): "Homerus duas portas divisit somniis, corneam veritatis, fallaciae eburneam."

9. See ep. 82.

10. Lorenzo Valla, *Elegantiarum liber*, VI, ch. 34, attacking Boethius's use of the word "persona": "Sed huic homini romano ostendam romane loqui nescire. (...) Boethius... qui nos barbare loqui docuit." The passage is quoted and discussed by F. Gaeta, *Lorenzo Valla* (Naples, 1955), 92.

11. See Pauly-Wissowa, XIV (1930), 1841 and XII (1953), 283.

12. [*Libri paraphraseos Themistii in posteriora Aristotelis, interprete Hermolao Barbaro, quos C. Ponticus Facinus ex archetypo Hermolao studiose auscultavit et formulis imprimi curavit*], Treviso, B. Confalonerius and Morellus Gerardinus, 15 Feb. 1481 (Hain 15463).

84

Caspar Schlick to Egidius Morch   Leipzig. July 1, 1511.

Artificiosa Jacobi Fabri Stapulensis introductio per modum epitomatis in decem libros ethicorum Aristotelis, Leipzig, Wolfgang Stoeckel, 1511, sig. a, i, v.

Egidius Morch matriculated at the University of Leipzig in the summer semester of 1498, received the B.A. in the winter of 1499, the M.A. in 1503, and in 1519 was bachelor of both laws. During the summer term of 1510 he was dean of the arts faculty and in 1511 one of the masters of the *collegium* or *paedagogium* built in 1502–1503 for the faculty of arts by Duke George of Saxony (*Codex dipl. Sax. reg.* II, 16 and 17; *Die Matrikel d. Univ. Leipzig*, ed. G. Erler, Leipzig, 1895, I, 424; II, lxxviii–lxxix, 43, 372, 399, 434). Between 1511 and 1519 Morch served the city as "Stadtschreiber." From 1520 to 1544 he was one of the Bürgermeisters (*Cod. dipl.* II, 9, p. 403; II, 10, pp. 374, 386). Cf. F. Seifert, *Die Reformation in Leipzig* (Leipzig, 1883), 9 and G. Bauch, *Gesch. d. Leipziger Frühhumanismus* (Leipzig, 1899), 70.

Caspar (Gaspar) Schlick of Zwickau was one of Morch's younger colleagues in the arts faculty. He matriculated at Leipzig in the winter of 1502, receiving his B.A. in 1504 and the M.A. in the winter of 1508 (*Matr. d. Univ. Leipzig*, I, 450; II, 406, 442).

The epistle prefaces Caspar Schlick's edition of L.'s *In Aristotelis Ethica Nicomachea introductio* (see ep. 7).

Undecumque litteratissimo Aegidio Morch Werdensi philosophiae magistro, collegii principis collegae, Gaspar Schlick de Czwickau artium professor S. D.

Quamquam omnis philosophia et amanda et amplectenda est, doctissime Aegidi, tamen ea potissimum quam Graeci ethicen, Latini moralem dicunt et suscipienda et suspicienda est. Quippe cum naturalis quam phisicen et rationalis quam logicen Graece appellitamus doctos tandem nos efficiat, haec doctrinam nobis non sine probitate suggerit. Ex quo plerique veteres huic uni se dabant, tamquam humanis rebus magis aptae magisque accommodatae. Inter quos primus Socrates ille Atticus effulsit, qui philosophiam de caelo in terram deduxisse et in urbes introduxisse fertur, qui aiebat quae supra nos nihil ad nos.[1] Quapropter constituenti diu mihi aliquid ad communem novitiorum philosophorum utilitatem et publicare et profiteri, non temere Isagogicus Iacobi Fabri Stapulensis philosophi nostra tempestate eminentissimi et eloquentissimi liber in decem ethicos Aristotelis Peripateticae principis philosophiae libros visus est dignissimus, quem in publicum prodire facerem, non facie sordida squalore obsita, barbarico situ oblita, sed laeto luculentoque aspectu. Cui vero haec vel donaverim vel dicaverim aptius quam tibi, qui a puero quasi Socraticus sanguis morali philosophiae incubuisti, insudasti, invigilasti, neque non operam (at aiunt) vel oleum perdidisti,[2] quando te vidimus in eum virum evasisse qui ob virtutem tuam cunctis es et amabilis et admirabilis, unde te Lipsensis senatus et scribam esse suum et a secretis voluit, senatum Lipsensem dico, id est spectatissimum sapientissimum. Nam non nisi sapienti sapiens placet; siquidem apud illos videmus rem publicam sapientissime tractari, quod non esset nisi sapientia ii pollerent qui rei publicae praesunt. Hinc obiter divinum illud Platonis eulogium usurpaverim: Beatam esse rem publicam quae a philosophis gubernaretur.[3] Sed Lipsensis res publica a philosophis administratur, id est ab hominibus sapientiae studiosis, ergo beata est. Sed haec praeter propositum. Tu igitur, ornatissime vir, cum in civilibus quottidie rebus verseris, civilem librum quem sub nomine interpretamur tuo, ne versare graveris, tum quod te in primis deceat tum etiam amoris erga te mei index sit. Vale et mutuo me amore ama. Haec Lips. Kalendis Iulii anno undecimo supra sesquimillesimum.

1. Cicero, *Tusc. Disp.* V, 4, 10–11; *Acad.* I, 4, 15. Cf. Diog. Laert, II, 5, 21.
2. Cicero, *Fam.* 7, 1, 3.
3. *Repub.* 473 D.

85

Josse Clichtove to Agostino Grimaldi
Paris. October 23, 1511.

Eximii Patris Et Sanctitate Percelebris Cesarii, Arelatensis Qvondam Archiepiscopi Opvs Insigne Sermonvm Ad Pios Lirinensis Insvle Monachos Enneade Gemina Distinctvm, Paris, Jean Marchant for Jean Petit, 15 Nov. 1511, ff. IV–2v (Paris, BN. Rome, Vaticana). Previously published by G. Morin, "Les Editions des sermons de S. Césaire d'Arles du XVIe siècle jusqu'à nos jours," *Revue Bénédictine*, XLIII (1931), 27–28.

Agostino Grimaldi (1479–12 April 1532), third son of Lamberto Grimaldi, lord of Monaco, was bishop of Grasse (24 Feb. 1498), abbot of Lérins (1505), and councilor and almoner to Louis XII (11 Feb. 1513). When, in 1523, his elder brother Luciano Grimaldi was assassinated by an ambitious nephew, Bartolomeo Doria (see ep. 89), Agostino assumed the sovereignty of Monaco as regent for Luciano's sons. A year later he transferred his allegiance from Valois to Habsburg. Francis I stripped him of his French benefices. Charles V rewarded him with the archbishopric of Oristano in Sardinia (28 March 1530) and the bishopric of Majorca (29 March 1530). He retained the lordship of Monaco until his death. See Tisserand, "Études historiques sur quelques personnages célèbres du Midi sous Charles VIII, Louis XII et François Ier, I: Augustin de Grimaldi," *Mém. de la Soc. des Sci. nat., des Lett. et des Beaux-Arts de Cannes*, I (1868–1869), 9–29; G. Saige, *Le protectorat espagnol à Monaco* (Monaco, 1885); and Jovy, III, 96–100 and 232–235.

The epistle prefaces Clichtove's edition of eighteen sermons by Caesarius of Arles, monk of Lérins and from 502 to 542 archbishop of Arles (Altaner, *Patrologie*, 439–440).Texts of the sermons were supplied to him by Agostino Grimaldi and Guillaume Parvy. The eighteen sermons (Dom Morin includes 238 sermons in the first volume of his edition of the *Opera omnia*, Maretioli, 1937) correspond roughly to the first eighteen sermons in a collection of thirty-six published in Venice by Jacobus Pentius de Leuco for Benedictus Fontana on 28 Jan. 1508. They correspond exactly in number, order, and text to a fourteenth-century manuscript formerly in the library of Saint-Victor (Par. lat. 14873). The oldest example of this collection, called the *collectio Clichtovei* after Clichtove's edition, is a ninth- or tenth-century manuscript in Rome (Vat. lat. 9882). Perhaps the bishop of Grasse sent Clichtove a copy of the Venetian edition of 1508, while Guillaume Parvy lent him the Saint-Victor manuscript or one of the same family. Clichtove followed the manuscript for his edition. See Morin in *Rev. Bénédictine*, XLIII (1931), 28–29 and Caesarius, *Opera*, ed. Morin, I, xii and xl.

Clichtove's edition and dedication is related to Agostino Grimaldi's efforts to reform the abbey of Lérins. The struggle was at its height in 1511. Supported by Louis XII, the cardinal of Amboise, and Jacques d'Amboise, abbot of Cluny, Agostino removed the prior, Guillaume Galette, the head of the opposition, and introduced into the abbey a group of reforming monks from Cluny. Cf. Massaut, I, 329–330.

Reverendo in Christo patri ac domino D. Augustino Grimaldo episcopo Grassensi Iudocus Clichtoveus promptissimum offert obsequium.

In Daniele propheta scriptum legimus, sacratissime antistes, qui ad iustitiam erudiunt multos, fulgebunt quasi stellae in perpetuas aeternitates.[1] Quod quidem non solum ii praestant qui exhortatorium ad virtutes sermonem in concione populi propalam habent, sed et qui antiquorum patrum adhortationes et monita ab ipsis posteritati relicta student e tenebris in lucem eruere atque legenda passim omnibus exhibere. Illi siquidem praesentibus dumtaxat auditoribus, et vocis mox ut edita est tenues abeuntis in auras officio, salutarem impendunt doctrinam verbisque torpentes animos ad bonum instimulant. Hi vero cum praesentibus tum futuris et scripturae diutius permanentis ministerio virtutis incitamenta suggerunt alienoque usi magisterio magnam salutis frugem transmittunt ad posteros. Hoc ipsum solicito tecum agitans animo, vigilantissime praesul, sermones eximii patris et sanctitate percelebris Caesarii quondam Arelatensis archiepiscopi ad monachos insulae Lirinensis, partim quidem abs te missos et partim a reverendo patre confessore regio Guilhelmo Parvo[2] insigni doctore theologo oblatos, efflagitasti impensius in lucem emitti, quod fructuosos, utiles et fecundos[a] (ut revera sunt) eos iudicaveris, ut quemadmodum priscos monasticae vitae cultores Lirinenses (quibus cum hanc degeret vitam magna cum solicitudine praefuit) hisce sermonibus Caesarius ad virtutum provocavit exercitia, mundi contemptum, Deique timorem, ita et tua pastoralis dignitas, iisdem Lirinensibus coenobitis directrix ac moderatrix designata, illarum orationum non parvam admonendi vim praetendentium lectione ipsos incitet ad vitae integritatem, religionis sinceritatem et viam salutis aeternae. Porro hoc tuum tam pium desiderium praesentis opusculi adminiculo facilem consequetur exitum, poteritque assidua eius institutione tuus ille coetus Lirinensis plane intelligere quid ad ipsum loquatur suus

a. faccundos *Morin*

olim pater Caesarius, ac inter legendum ipsum quasi viva voce exhortantem audire et salutaria monita suorum filiorum auribus inculcantem. Neque id solum assequeris, sed et in omnes exinde litterarum et religionis amatores huiusmodi sermonum utilitatem transmittes, qui ex illorum publica editione atque propalatione non mediocrem percipient fructum et admonitoriis documentis ad virtutem acrius excitabuntur. Ceterum ut hic tuus sincerus affectus nostro labore aliquantulum promoveretur et proveheretur ad opus, supradictos sermones libens recognovi, emissionique paravi, adiectis ad marginem annotamentis quibus singula ex sacris litteris deprompta suis conciliantur locis et quo ex libro[b] desumpta sunt in promptu dinoscuntur. Nonnulla tamen interdum occurrunt ab auctore desumpta ex sacrae paginae promptuario a nostrae translationis contextu verbo tenus dissidentia, quod aliam fortasse translationem ipse ad manum habuerit, cuius litteram sparsim adduxit, nulla vero in sententia est huius et illius discrepantia. Hanc autem meam quantulamcumque operam tuae pontificali auctoritati nuncupatam volui,[c] quo intelligant omnes quanta sit animi mei in illam observantia, veneratio et reverentia, neque me potuisse litterarium laborem cuiquam potius obtulisse quam ei qui omnium bonarum litterarum studiosissimus est illasque summopere colit et amplexatur. Vale praesulum decus virtutumque ac litterarum columen. Ex Parisiis. 1511. Decimo Calendas Novembres.

1. Dan. 12:3.   2. See ep. 68.

86

Johannes Cochlaeus to Anton Kress
Nuremberg. February 16, 1512.

Meteorologia Aristotelis. Eleganti Iacobi Fabri Stapulensis Paraphrasi explanata. Commentarioque Ioannis Coclaei Norici declarata ad foelices in philosophiae studiis successus Calcographiae iamprimum demandata, Nuremberg, Friedrich Peypuss, 11 Nov. 1512, sig. A, ii, r–v.

Johannes Cochlaeus was rector of the St. Lorenzkirche in Nuremberg from March 1510 until he left Nuremberg for Bologna early in 1515 as the tutor of

b. libre *ed.*   c. nolui *Morin*

Pirckheimer's three nephews, Johann, Sebald, and Georg Geuder. Among the books he wrote or edited for the use of his young students—a Latin grammar (March 1511), the *Tetrachordum musices* (July 1511), and an edition of the *Cosmographia* of Pomponius Mela (Jan. 1512)—was L.'s *Paraphrase of Aristotle's Meteorologia*. See Carl Otto, *Johannes Cochlaeus der Humanist* (Breslau, 1874), 21–59; G. Frhr. von Kress, "Die Berufung des Johannes Cochläus an die Schule bei St. Lorenz in Nürnberg im Jahre 1510," *Mitteilungen d. Vereins f. Gesch. d. Stadt Nürnberg*, VII (1888), 19–38; and Reicke, II, nos. 188, 191, 200, and 204.

Anton Kress (1478–8 Sept. 1513), member of a family of Nuremberg patricians, educated at Ingolstadt, Pavia, and Padua, doctor of both laws (from Siena in 1503), was appointed prior of the St. Lorenzkirche in 1504. He was primarily responsible for bringing Cochlaeus to Nuremberg and introducing him to the congenial circle of Pirckheimer, Dürer, the jurist Christopher Scheurl, and the poet-monk Chelidonius Musophilus. See Reicke, I, 74, note 1 and *passim*.

The epistle prefaces Cochlaeus's edition of and commentary on L.'s paraphrases of the first three books of Aristotle's *Meteorologia* (see ep. 1, note 1). He omitted the fourth book as too difficult for beginners. Cochlaeus began his commentary in the summer of 1511 and finished it at the beginning of October. The volume includes a letter to Pirckheimer dated 21 Feb. 1512 (fol. XXIIIr–v; Reicke, II, 131–139) and, prefacing the third book of the *Meteorologia*, one to Pirckheimer's eldest nephew, Johann Geuder (fol. LVIr). Valentinus Schumann reprinted Cochlaeus's commentary on L.'s paraphrases in Leipzig in 1516, omitting the prefatory epistle to Anton Kress.

Praestantissimo eximioque Antonio Kress I. V. doctori celeberrimo atque dignissimo Laurentianae ecclesiae praeposito Norinbergae domino suo Ioannes Coclaeus Noricus S. P. D.

Si mihi ter centum linguae sint oraque centum, observandissime domine praeposite, non queam philosophiae meritas explicare laudes, cum omnis boni speciem prae se ferat, quippe quae mirabili quodam dulcore suos delectet alumnos cum sinceritate quidem et puritate, conferatque ad omnem vitam, tum publicam tum privatam, recte instituendam. Testante libro V Tusculanarum quaestionum Cicerone, qui ad eam conversus divino quodam eloquio sic ora resolvit: "O vitae philosophia dux! O virtutis indagatrix expultrixque vitiorum! Quid non modo nos, sed omnino vita hominum sine te esse potuisset? Tu urbes peperisti, tu dissipatos homines in societatem vitae convocasti, tu eos inter se primo domiciliis, deinde coniugiis, tum litterarum et vocum communi ore iunxisti, tu inventrix legum, tu magistra morum et disciplina fuisti. Ad te confugimus, a te opem petimus. Tibi nos, ut antea magna ex parte, sic nunc penitus totosque tradimus."[1] Et Apuleius librum De mundo sic orditur: "Consideranti mihi (inquit) et diligentius intuenti et saepe alias, Faustine, mihi virtutis indagatrix expultrixque vitiorum, divinarum particeps rerum philosophia videbatur. Et nunc maxime cum naturae interpretationem et remotarum ab oculis rerum investigationem sibi vendicet. Nam cum ceteri magnitudine rei territi, eiusmodi laborem arduum et profundum existimaverunt, sola philosophia suum non despexit ingenium, nec indignam se existimavit, cui divinarum et humanarum rerum disceptatio deferatur."[2] Est autem trifida: rationalis, quae linguam format, moralis, quae mores instruit, et naturalis, quae rerum naturas contemplatur; tanto quidem dignior ceteris quantum divina humanis rebus praestant; auctore Seneca sacro quodam adyto reposita, cuius ostia reliquae custodiunt.[3] Etenim nisi moribus sinceris mens sit imbuta, limpide nec Deum nec Dei opera contemplabitur unquam. Quod si lingua quoque non fuerit rationali philosophia erudita, pulchra illa rerum contemplatio foeda verborum colluvie deturpata vilescet. Hinc est ille putidus sacratissimi studii contemptus, oblitteratio, exitium. Adulescentes namque triviales disciplinas nitidiore sermone edocti, ubi philosophiae arcana verborum ineptiis occlusa comperiunt, in ipso limine deterrentur. Posthabita itaque philosophia, alii totam aetatem mansuetioribus dedunt litteris, alii iuris studium immature amplexantur, alii festinanter medicinae ob quaestum inhiant. Et quidem perniciosissime; nam politiora Latinitatis studia, ut maximo sunt ornamento ubi rerum cognitioni iunguntur, ita gravissimo sunt detrimento ubi rerum scientia destituuntur. Hinc illa quorundam (qui indigne vocantur ab imperitis poetae) levitas scurrilitasque ac scelerata per omne dedecus vita, vilia Bacchi Venerisque mancipia, non Phoebi Palladisque pii vates, quos Aristoteles priscos vocat theologos,[4] Virgilius sacerdotes castos et Phoebo digna locutos.[5] Iuris autem scientia morali philosophiae subalternata est (ipsis iure consultis attestantibus) et medicina naturali; nam ubi philosophus desinit (inquit Aristoteles) medicus ibi incipit.[6] At ars subalternata (uti dicitur primo Posteriorum) principia sua recipit a subalternante.[7] Neglecta igitur philosophia, addiscunt principiata sine principiis atque sine valle ac radice montes fundant. Hinc noxia pharmaca, falsa iudicia, immaturi hominum interitus. Sed numquid incuso sacram poesim, venerandam legum maiestatem, fulcimentumque vitae humanae medicinam? Absit. Quid ergo? Contemptum philosophiae, sed ne hunc quidem adeo atque invisam stili barbariem, quia ab antiquis philosophis maxime degeneramus. Nam Aristoteles elegantissime totam perscripsit philosophiam, ante eum Plato, atque ante hunc Empedocles. Aristotelis sane elegantiam praedicat Ioannes Argyropilus interpres, atque noster Bilibaldus Pyrckhemer, qui omnia ferme opera eius proprio (id est Graeco) charactere impressa possidet, eumque Plutarcho et comptiorem et planiorem esse testatur. Platonis vero copiam mellifluam mirantur divus Augustinus ac Marsilius Ficinus totusque oratorum coetus. Empedoclis ingenium extollit Lucretius quod carmine (quod ornatissimum est dicendi genus) philosophiam perscripserit.[8] At hi Graeci fuere. Cicero ut pater est eloquentiae apud Latinos, ita primus extitit (uti de se ipso testatur) qui Latine philosophatus est.[9] Post eum M. Varro, Columella, Macrobius, Plinius, Seneca, Boetius, viri oratores, eloquentiae lumina. At post Boetium simul cum regno litteras perdidere Latini; utraque arripuere barbari. Ciceronis Varronisque opera plurima deperdita sunt; Boetii translatio depravata adeoque octingentis iam annis corrupta, ut ipse profecto, si ex mortuis resurgeret, suam esse negaturus esset. Obscurum nunc vocatur philosophiae organum. Elegantiorem edidit nuper interpretationem Argyropilus Byzantius atque Leonardus Aretinus, quorum opera philosophia prisco restitui posset nitori. Rem fideliter adiuvant Hermolaus Barbarus et Iacobus Stapulensis; ille Themistii Paraphrasim Latinitate donavit,[10] hic illum secutus Latinam interpretationem planiorem reddidit. Inter eius opera Meteorologica paraphrasis nostris adulescentibus commodior visa est, qua imbuti ad philosophiae studia ferventius accendantur. Nam plana est et iucunda, non multis obnubilata opinionibus, ordinate per capita divisa capitumque conclusionibus luculentissime digesta, ita ut opus sit minime longa subdivisionum continuatione capita in partes partiumque particulas dilacerare. Quapropter nolui in commentario textus materiam repetere, satius fore arbitratus, adulescentes textum addiscere (qui et elegans est et Aristotelis sententiae fidelis assertor) quam multa verborum circuitione ipsos defatigari memoriamque eorum a textu distrahi. Plurima tamen adieci ex ceteris auctoribus, quae ad ampliorem faciant rerum cognitionem alliciantque iuventutem in philosophorum amorem venerationemque, ut sic et rerum cognitione et auctorum praestantia pellecti, in penitiora philosophiae secreta altius progrediantur altioribusque studiis solidius iaciant fundamentum. Nolui enim solam mansuetiorum litterarum exercitationem eis proponere, ne praeter fabularum dulcedinem iucundum utileque iudicarent nihil. Quapropter et cosmographiae et meteorologiae principiis ipsos erudiri multo utilissimum fore duxi. Nam tanta rerum admiratione, spero, evehentur ad altiora studia feliciter et absque fastidio uberiori cum fructu adamplexanda. Hunc itaque meum laborem ceterosque omnes (sicut et me ipsum) tibi iampridem ut dedicavi, ita et nunc offero dedoque pro mea in te observantia publicoque iuventutis profectu. Vale ex scholis nostris. XV Kal. Martii anno salutis nostrae millesimoquingentesimoduodecimo.

1. V, 2, 5.   2. *De Mundo*, 1.   3. *Ep.* LXXXIX, 8.   4. *Metaph.* I, 3, 5.
5. *Aeneid* VI, 661–662.   6. *De sensu et sen.* 436a 20.
7. *An. Post.* I, 7 and 9, 75b 14–16 and 76a 9–15.   8. *De rerum natura* I, 716.
9. Cf. *De Finibus* III, 12, 40.   10. See ep. 83, note 12.

87

From Beatus Rhenanus   Basel. March 1, 1512.

Divini Gregorij Nyssae Episcopi qui fuit frater Basilij Magni Libri Octo. I. De Homine. II. De Anima. III. De Elementis. IIII. De Viribus animae. V. De voluntario et inuoluntario. VI. De Fato. VII. De Libero arbitrio. VIII. De Prouidentia, Strasbourg, Matthias Schürer, May 1512, ff. XLVr–XLVIr (New York, Union Theological Seminary. Oxford. Paris, BN. Sélestat. Schmidt, VIII, no 72; Walter, p. 371, no. 1434; Ritter, II, p. 704, no. 1037). Previously published by Horawitz-Hartfelder, pp. 41–45.

The epistle is a postscript to Cono of Nuremberg's and Beatus Rhenanus's edition of "a rare work and one unknown for many centuries" which Cono (see Reicke, I, 284-287) and Beatus attributed to Gregory of Nyssa. Johannes Stabius, professor of mathematics at Ingolstadt and Vienna and court historian of Maximilian I (Rupprich, pp. 120–121), had discovered the manuscript and sent it to the Strasbourg printer Matthias Schürer for publication. Michael Hummelberg brought a copy of the printed edition to Paris. L. and his friends liked it, as Badius Ascensius told Beatus in a short preface to a second edition he published in Paris on 21 May 1513: "Legerunt relegeruntque non semel quae ad nos usque misisti aurea ista Gregorii Nysseni, Basilii, Nazianzenique opuscula quae, mirum in modum, amicis praesertim tuis placuerunt, et quia ita meruerunt et quia a te missa fuerunt" (Renouard, *Badius*, II, 477).

The work is in reality the *De natura hominis* of Nemesius of Emesa, written probably in the early fifth century (bibliographies by Amann in *DTC*. XI [1], 1931, cols. 62–67; E. Skard in Pauly-Wissowa, Supplementband VII, 1940, 562–566; and Altaner, *Patrologie*, 212; text in *MG*. XL, 504–817). It was translated twice in the Middle Ages, once by Alfanus, archbishop of Salerno (d. 1085), who correctly attributed it to Nemesius (critical edition by Carl Burkhard, Leipzig, 1917), and again by Burgundio of Pisa (between 1155 and 1159), who confused Nemesius with Gregory of Nyssa, a confusion dating at least from the eighth century and probably due to the fact that a summary of chs. II and III of Nemesius's book (*MG*. XLV, 187–222) had long been current as a work of Gregory of Nyssa. Critical edition of Burgundio's translation by C. Burkhard (Vienna, Progr. des Carl-Ludwig-Gymnasiums, 1891–1902). (Cf. R. Mols, in *DHGE*. II, 1938, cols. 1363–1369, and E. M. Buytaert, *Saint John Damascene, De fide orthodoxa. Versions of Burgundio and Cerbanus*, St. Bonaventure, N.Y., 1955, pp. VII–IX.) A third translation, printed for the first time in 1538 by Sebastian Gryphius, had been made shortly before 1500 by Giorgio Valla (J. L. Heiberg, *Beiträge zur Geschichte Georg Valla's und seiner Bibliothek*, Leipzig, 1896, p. 40).

Beatus Rhenanus knew only Burgundio's version, which, he tells us, was "defiled by horrid barbarousness" and "teems with the most inept and more than Gothic misuse of words" (see below). But in the library of the Dominican house in Basel, Cono of Nuremberg, Beatus's Greek teacher, discovered several chapters and fragments of the Greek text. He corrected these sections of the old translation from the Greek (Horawitz-Hartfelder, pp. 45–46) and turned the results over to Beatus. As Beatus copied the manuscript for the press he everywhere, as he tells us, "elevated its style, lest its rustic barbarity put the reader off." The text Beatus finally presented to L., therefore, was the translation of Burgundio partly corrected from the original Greek and everywhere rephrased to bring it into line with humanist conceptions of elegance.

Beatus Rhenanus Selestensis[1] Iacobo Fabro Stapulensi praeceptori suo S. D.

Litteras tuas et elegantissimas et optatissimas Argentorati mihi reddidit Michael noster Humelbergius, bonis disciplinis mirum in modum ornatus, quas vix dici potest quanto ardore ὑπὸ τῆς ἡσονῆς[2] gestiens etiam perlegerim. Ex illis enim intellexi tui Beati te numquam interoblivisci, qui etsi in litteris parum sit adsecutus et exterae nationis, a te tamen ut a doctore discipulus arcte diligitur. Qua in re candorem tuum agnoscere licet, qui cunctis prodesse cupias, Gallis, Italis, Germanis, Britannis et Hispanis, aequali in omnes amore succensus.

Verum ab hac genuina morum tuorum dexteritate quidam non obscuri nominis vir,[3] quem etiam ob eruditionem plurimum amo, ex aula ducis Lotharingi δὶς διὰ πασῶν[4] (ut aiunt) dissidet. Is enim erga Gallos supra quam dici possit affectus, inclytos Germaniae[a] populos multis nominibus lacerat. Sed nescit certe quam suo principi rem minime placentem faciat, cuius illustris genitor iam deploratis rebus et exitio proximis ad Germanos velut ad sacram ancoram (ut adagio dictum est)[5] confugit. Ceterum quod nos barbaros ille vocat, non usque quaque auditu intolerabile est; nam et Galli eadem ratione barbari erunt. Quis enim non barbarus nascitur, quis non barbarus permanet, nisi liberalibus disciplinis mentem excolens inscitiam exuat? Neque desunt apud nos viri detersa barbarie omnem Latinorum splendorem complectentes. Habet enim inferior Germania Erasmum Roterodamum, utriusque linguae callentissimum, quem ille suae Galliae plus iusto addictus a nobis mordicus auferre conatur. Habet item Iodocum Badium Ascensium, mihi summum amicum, et Hermannum Buschium Monasteriensem,[6] Moguntia Theodoricum Gresemundum,[7] Alsatia Iacobum Vimphelingium, Iodocum Gallum[8] et F. Conradum Pellicanum Rubeaquenses et Sebastianum Brantum, Basilea Gulielmum Copum[9] et Amorbachios. Sunt in Suevia Ioannes Capnion Phorcensis, totius Europae decus, Conradus Peutinger Augustensis, Engelhardus Scintilla,[10] Georgius Symler,[11] Udalricus Zasius, Henricus Bebelius, Iacobus Philomusus,[12] Io. Brassicanus[13] et Michael noster Humelbergius. Habet insuper ager Noricus Hieronymum Aleandrum Mottensem, Latine, Graece, Hebraice Chaldaiceque eruditissimum hac tempestate, magna nominis celebritate, varios utriusque linguae auctores apud Parisios publice enarrantem, de cuius multiiuga eruditione alias ad me scripsisti, et Cuspinianum, oratoriam Viennae profitentem. Sunt et in Thuringia Mutianus Ruffus et Petrus Eberbachius.[14] Quos viros nominatim huic epistolae inserere placuit, ut et tu non ignorares Germaniam omnem ad politiores litteras sese belle accingere. Neque cunctos recensere volui, quod sane magnum negotium fuisset, sed ex eorum albo nonnullos qui reliquis ducum instar viam disciplinarum feliciter aperiunt. Porro ab horum instituto minime alienus est Io. Stabius, excellens mathematicus, qui agens in

a. Germanicae *ed.*

aula Maximiliani Augusti variis subinde chorographiis illum oblectat. Neque enim hic invictissimus Caesar (ut paululum digrediar) a litteris et Musarum commercio abhorret, sed Latinos scriptores nullo intercedente interprete probe intelligit, qui olim a quodam magni nominis theologo interrogatus, si quando veterum historias perlustrando commentaria Iulii Caesaris legisset, comiter et mansuete (ut assolet) respondit, nimium illum sibi tribuere, indicare volens Iulium etiam victum se victorem profiteri. Is inquam Stabius rarum et multis saeculis non visum opus Gregorii Nysseni quodam in loco reperit, quod Richardus Burgundio Pisanus aut Foederico Aenobarbo Caesari Augusto, omnium gentium terrori, qui Patavinam Academiam primus instituit, tralatum dicavit, aut Foederico II (id enim incertum est, cum sub utrisque floruerit), sed tam indocte, tam ineleganter, ut legi possit, intelligi nequeat. Quare cum id Matthias Schurerius, municeps meus, ex Vienna Pannoniae, quae illustrissimorum Austriae archiducum regia est, imprimendum recepisset, non passus est F. Io. Cono Norimbergensis, praeceptor meus, tam nobilem auctorem ineptissimis et plus quam Gothicis dicendi abusionibus undique scatentem, tam foeda barbarie deturpatum in publicum prodire, sed inter librariam Graecanicorum codicum suppellectilem, quae hic apud divum Dominicum ex testamento cardinalis Ragusini[15] derelicta asservatur, quibusdam capitibus sparsim inventis, suo labore et studio effecit, ut depulsis tenebris quas[b] incultior tralatio offundebat, nitidior cognobiliorque in lucem exierit. Is itaque divinissimus pater omnium primum de homine philosophatur deque creationis tum ordine tum ratione, ubi ostendit quanto ingenio supramundanus opifex hominem praesertim et reliqua produxerit, quae legentem eo perfectionis ducunt, ut miram illam decentissimamque sensilium conditionem suspiciens in conditoris admirationem subvehatur. Nam quemadmodum in excellenti opere industriam suam exprimit artifex, ita et Deus sapientiam suam maxime in hominis effictione non obscure declaravit, ut Nicolaus Cusanus omnium pie philosophantium princeps multis in locis commonstrat.[16] Hunc etenim utriusque mundi copulam constituens praeclarissimis dotibus insignivit, intellectum enim ei tribuit et liberum arbitrium, excellentissimum munus et summae libertatis qua Deus

b. quibus *Horawitz-Hartfelder*

cuncta creavit nobile vestigium. Deinde de anima contra Aristotelem et alios philosophos acriter disputat, ut pulchriora hiis nusquam me legisse crediderim. Postquam elementorum naturam ac animae vires virtutesque sensuum et organa recenset, subiungens mox utilissimam de electione voluntarioque et involuntario dissertationem, quam liber de fato excipit, dignissimo sermone de providentia finem operi imponente. Quae omnia mihi ad hoc conferre videntur, ut homo dignitatem suam agnoscens bene vivere discat; quam si diligenter consideraret, facile induceretur ut cuncta vitia veluti teterrimam pestem defugeret. Et certe cur homines plerumque peccent, in causa est propriae dignitatis oblivio. Solus enim homo inter res creatas saepiuscule a suo fine aberrat, reliquis omnibus in suis officiis continenter perstantibus ad quae natura producta sunt. Idcirco quis non philosophiam vel maxime laudarit, cum haec hominem in sui ipsius cognitionem adducat? Laudabiliorem tamen censeo quae a Christianis profluens, eorum quae ad hominis salutem attinent, simul admonet, velut haec subtilissima divini Gregorii Nysseni doctrina, quae cum multorum errores coarguat, solidae veritati innititur. E cuius penu sanctissimus pater Io. Damascenus non pauca cum sententias patrum colligeret, mutuatus est, quem tu superioribus annis diu ignotum et semilacerum ad studiosorum utilitatem reconcinnasti.[17] Vellem autem, clarissime vir, ut sicut Damascenum celeberrima Parisiorum Academia iam pridem favorabiliter suscepit,[c] ita et Nyssenum Damasceno antiquiorem minime neglectui haberet. Discent hinc studiosi multa et scitu dignissima sine altercatione, sine rixa, de quibus saepenumero in comitiis eruditorum superbius quam utilius disputatur. At proh dolor, multorum animi hac opinione persuasi sunt, ut sacratissimam theologiam sine sophismatibus constare non posse arbitrentur, οὕτω διαγιγνώσκειν χαλεπὸν πρᾶγμ᾽ ἐστὶ δίκαιον, ut non minus scite quam vere Penia Aristophanica dixit.[18] Ego vero huius operis utilitatem apud me perpendens, cum id ante praeceptor meus obeliscis undique confodisset, etsi aliis rebus et maxime litterarum Graecarum studiis praepedirer, excribendum duxi; quod mihi tanto difficilius fuit, quanto vicinius tum nundinae Germanicae instabant, chalcographis promissum exemplar exposcentibus. Plenum itaque laboris negotium extitit, adeo ut

c. *om. H.-H.*

opus mihi fuerit iuxta illud Luciani de Demosthene συνάψαι νύκτας ἐπιπόνοις ἡμέραις.[19] Inter describendum autem Burgundionianae tralationis stilum ubique fere evexi,[d] ne tam rustica barbarie deterriti lectores, veluti de Nilo canes, ut vetus verbum usurpem,[20] biberent et fugerent.[e] Burgundio enim verbum verbo reddens Graecorum σχήματα ad Latini sermonis proprietatem nequaquam reduxit, quo sane fit, ut nullus sensus etiam curiosius introspicienti nonnumquam elucescat. Verum in emendando non omnem prorsus barbariem extirpare potuimus (nova enim omnino tralatione opus fuisset), sed levigantium instar intolerabiliores salebras abrasimus, aliis quoque amplius poliendi materiam relinquentes. Eapropter, observande praeceptor, divini Gregorii Nysseni in publicum prodeuntis patrocinium suscipe, quem, etsi verborum phaleris atque ampullis minime intumescat, certe scio neutiquam spernes, sed altissimam eius philosophiam plurimum admiraberis, commendabis, efferes. Et interpolationem nostram boni consule. Dic verbis meis salutem Iodoco Clichtoveo theologo et Roberto Fortunato, optimis litterarum patronis. Bene vale et Rhenanum tuum mutuiter ama. Ex Basilea Calendis Martiis an. M.D.XII.

1. See ep. 67.

2. Cf. *Comicorum Atticorum Fragmenta*, ed. T. Kock (Leipzig, 1884), II, 306, no. 25; p. 335, no. 110, line 23.

3. Apparently Symphorien Champier, who became the physician of Duke Antoine of Lorraine, the son of King René of Anjou, c. 1510. But I have not found the attack on German culture so fiercely resented by Beatus in any work of his published before 1512. Cf. J. Knepper, *Nationaler Gedanke und Kaiseridee bei den elsässischen Humanisten, Erläuterungen u. Ergänzungen zu Janssens Geschichte des deutschen Volkes* (Freiburg-im-Breisgau, 1898), I, 2 and 3 Heft, pp. 114–115.

4. Erasmus, *Adagiorum Chiliades* (Frankfurt, 1599), 240: "Δὶς διὰ πασῶν. Id est, Bis per omnia. Hoc adagio discrimen ingens ac longissimum intervallum significabant. Unde quae pugnantissima inter sese viderentur, totoque dissiderent genere, ea bis per omnia inter se discrepare dicebant." Cf. Plutarch, *De animae procreatione in Timaeo*, 1019 B (ed. C. Hubert, *Moralia*, VI, 1, p. 173).

5. Erasmus, *Adagiorum Chiliades*, 560: "Sacram solvere ancoram, quoties ad extrema praesidia confugitur. Translatum a nautis, qui maximam ac validissimam ancoram sacram vocant, eamque tum demum mittunt, cum extremo laborant discrimine."

d. exexi *ed.*   e. surgerent *H.-H.*

6. Herman Buschius (c. 1468–April 1534). See Winfried Trusen, in *NDB*. III (1956), 61–62.

7. Dietrich Gresemund the younger (1475–1512), canon of Mainz and protonotary of the archbishopric. See Rupprich, p. 146, note 3.

8. Jobst Galtz from Rouffach in Alsace (c. 1459–21 March 1517), doctor of theology and canon of Speyer, and professor at Heidelberg. See Geiger, pp. 59–60; G. Ritter, *Die Univ. Heidelberg*, 463 sqq., 500 sqq.; Rupprich, p. 171, note 1; Reicke, I, 287; Hartmann, I, 331; and G. Buindo, in *NDB*. IV (1963), 55.

9. See ep. 45, note 8.

10. Engelhard Funck (c. 1450–29 Nov. 1513), humanist and jurist. See H. Grimm, in *NDB*. V (1960), 732.

11. Georg Simler (d. c. 1535), humanist educator. See Hartfelder, in *ADB*. XXXIV (1892), 350–352.

12. Jakob Locher (1471–1528), humanist and poet. See Rupprich, pp. 342–343.

13. Johannes Brassicanus (c. 1470–1514), humanist educator and grammarian. See R. Newald, in *NDB*. II (1955), 537.

14. Petrus Eberbachius (Petreius Aperbacchus), humanist and jurist (c. 1480–1531). See H. Grimm, in *NDB*. I (1953), 324.

15. Johannes Stoikovič of Ragusa, cardinal of S. Sisto, opened the Council of Basel 23 July 1431. He willed his Greek books to the Basel Dominicans in thanks for their hospitality to him during the council. See H. Omont, "Catalogue des manuscrits grecs des bibliothèques de Suisse," *Centralblatt für Bibliothekswesen*, III (1896), 385–452 and K. Escher, "Das Testament des Kardinals Johannes de Ragusio," *Basler Zeitschrift für Gesch. und Altertumskunde*, XVI (1917), 208–212. Cf. G. Meyer and M. Burckhardt, *Die mittelalterlichen Handschriften der Universitätsbibliothek Basel: Abteilung B. Theologische Pergamenthandschriften* (Basel, 1960), I, 138.

16. For example, *De coniecturis*, II, xiv–xv (ed. A. Petzelt, Stuttgart, 1949, I, 184–189). Cf. E. Garin, "La 'dignitas hominis' e la letteratura patristica," *La Rinascita*, I (1938), 102–146.

17. See ep. 53. Cf. Ignatius Brady, "Remigius-Nemesius," *Franciscan Studies*, N.S. VIII (1948), 275–284 and Emile Dobler, *Nemesius von Emesa und die Psychologie des menschlichen Aktes bei Thomas von Aquin* (Werthenstein, Lucerne, 1950).

18. *Plut.* 578.

19. [Pseudo-] Lucian, *In Praise of Demosthenes*, 14 (ed. M. D. MacLeod, Loeb Classical Library, vol. VIII, 252–254).

20. Erasmus, *Adagiorum Chiliades*, 584: "Qui leviter ac velut obiter artem quampiam aut autorem degustant, hi ceu canis e Nilo degustare dicentur (...). Nam in illis regionibus constat canes raptu crocodilorum exterritos, bibere et fugere. Solinus ait, eos non nisi currentes lambitare, ne deprehendantur." Cf. Macrobius, *Sat.* II, 2, 7.

88

Josse Clichtove to Guillaume Parvy   Paris. March 7, 1512.

Dogma Moralium philosophorum compendiose & *studiose collectum*, Paris, Badius Ascensius for himself and Jean Petit, [1512] sig. a, i, v–a, ii, r (Paris, Mazarine. Renouard, *Badius*, II, 408); Strasbourg, Matthias Schürer, 1512, sig. A, i, v–A, ij, r (London, BM. *B. Belg.* D 194). The text is that of the Paris edition of 1512. The epistle will also be found in editions published at Caen by Pierre Regnault c. 1512 (*B. Belg.* D 195) and Strasbourg by Matthias Schürer, July 1515 (*B. Belg.* D 196). Previously published by John Holmberg, *Das Moralium Dogma Philosophorum des Guillaume de Conches, lateinisch, altfranzösisch und mittelniederfränkisch. Arbeten Utgivna med Understöd av Vilhelm Ekmans Universitetsfond*, XXXVII (Uppsala, 1929), 81–82.

The epistle prefaces Clichtove's edition of the *Dogma moralium philosophorum*, a mosaic of quotations, principally from Cicero, Seneca, Sallust, Boethius, Horace, Juvenal, Terence, and Lucan, organized under the headings *de honesto* (the four cardinal virtues) and *de utili* (the goods of the soul, of the body, and of fortune). The compiler's purpose was *summatim docere ethicam Tullianam et Tullium et Senecam imitari* (ed. Holmberg, p. 77). The compiler worked in France in the twelfth century; his identity remains uncertain. See J. R. Williams, "The Quest for the Author of the *Moralium dogma philosophorum*, 1931–1956," *Speculum*, XXXII (1957), 736–747 for a discussion of the recent literature. The work was popular, and over one hundred manuscripts are now known. In the thirteenth and fourteenth centuries it was translated into French, German, Italian, and Icelandic. Richard Pafraet printed the *editio princeps* in Deventer c. 1486 (*GW.* 8632). Clichtove's edition is the second. Johannes Kierher (see ep. 67) sent a copy of it from Paris to the aged Wimpheling, who persuaded Matthias Schürer to reprint it in Strasbourg in 1512 (see the letter from Wimpheling to Schürer, dated 26 May 1512, at the end of the first Strasbourg edition).

Clichtove undertook the editorial task at the request of Guillaume Parvy. His contribution was to identify the sources of the classical quotations and note them in the margins in order that the reader could "easily look up the passage in the works of the original author and so drink from the source itself rather than from a tributary."

Eximio et in primis honorando patri Guilhelmo Parvo,[1] sacri praedicatorum ordinis doctori theologo confessorique regio Iudocus Clichtoveus S.ª

a. Sa. D. *Schürer*

Socrates, auctore Laertio, non parum eo ipso prae ceteris philosophis commendatur, gravissime pater, quod Ethicen primus invexerit atque de humanorum affectuum moderandorum ratione ante omnes disseruerit. Nempe cum ceteri ante eum philosophi causas naturae latentes accuratius rimati sint et circa Physicen discutiendam penitus intenti, ipse eam rerum naturalium contemplationem minus homini necessariam ratus, ea potius inquirenda hortabatur quae mores instruerent et quorum usus nobis ad totius vitae directionem esset accommodus.[2] Quid enim quaeso confert caeli vertigines et varios siderum motus indagare, quid terrae molem globorumque caelestium magnitudinem dimetiri et se ipsum ignorare, neque quo pacto degenda sit vita et actus omnes certa rationis lege regendi compertum tenere?[3] Id plane beatus Bernardus et merito quidem reprehendit dicens: "Multi multa sciunt et se ipsos nesciunt, alios inspiciunt et semetipsos[b] deserunt, Deum quaerunt per ista exteriora, deserentes sua interiora, quibus interior est Deus."[4] Eidem quoque sententiae accedit Ecclesiastes cum inquit: Quid necesse est homini maiora se quaerere cum ignorat quid conducat sibi in vita sua?[5] Denique sapiens ad disciplinam morum observandam praesertim exhortatur in libris sacris, rectae institutionis vitae humanae documenta continentibus, qui parabolas a se conscriptas potissimum meminit ad sciendam sapientiam et disciplinam, ad intelligenda verba prudentiae, et suscipiendam eruditionem doctrinae, iustitiam, iudicium et aequitatem, ut detur parvulis astutia et adulescenti scientia et intellectus.[6] Proinde in manibus semper habendi sunt libri assiduaque cura evolvendi qui bonos mores edocent et officia bene beateque vivendi tradunt. Inter quos et iste nequaquam aspernandus est, de quattuor officiorum fontibus secundum Stoicorum partitionem[7] (quas virtutes cardinales appellant) abunde disserens et praeclaras probatissimorum auctorum, poetarum inquam et oratorum sententias, virtutum praecepta complectentes atque ad vitae honestatem hortatorias concinno quodam aptoque contextu colligens. Hinc a suo (quisquis is fuerit) auctore[c] non ignobili inscriptum est praesenti opusculo et inditum nomen Dogma moralium philosophorum, quod morum praecepta et[d] recta vitae instituta ex gravibus deprompta auctoribus et certo ordine

b. seipsos *Holmberg*
c. auctori *Hol.*

d. *om. Hol.*

digesta comprehendat. Idcirco tuae paternitati dignum visum est quod in lucem emittatur ad communem legentium utilitatem, et habendum insuper eo medio virtutis capessendae adminiculum. Cuius quidem editionis provinciam tuo ipsius hortatu impulsuque libens suscepi; et quoniam commentarii luce non indiget iste libellus, ut qui seipso satis sit dilucidus, curavi loco explanationis notare loca ipsa auctorum ex quibus desumptae sunt huc adductae sententiae et ubi plurimae earum reperiantur annotatione marginali designare. Quo sane studio atque praesidio poterit facile quisque quam volet sententiam ex suo primitivo auctore perquirere et ex fonte ipso potius quam rivo potare. Itaque nostrum quantulumcumque laborem dignitati tuae (cui plurimum debemus) dicatum sereniore vultu suscipe, atque ex eo quam promptus ad tuae reverentiae obsequium nobis sit animus denique perspice. Vale religionis decus, virtutis vere custos rigidusque satelles. Parisiis. Ad Nonas Martias anno salutis nostrae M.D.XI.

1. See ep. 68.
2. See ep. 84, note 1.
3. Cf. Augustine, *Enchiridion*, 5, 16. The author of the *Dogma moralium philosophorum* used quotations from Cicero and Seneca to disparage natural philosophy. See Ph. Delhaye, "Une adaptation du *De officiis* au XIIe siècle. Le *Moralium dogma philosophorum*," *Recherches de théologie ancienne et médiévale*, I (1949), 254–255 and Williams, *op. cit.*, 744–745.
4. *Medit. de humana conditione*, 1 (ML. CLXXXIV, 485).
5. Eccl. 7:1.
6. Prov. 1:1–4.
7. Cf. Diog. Laert. VII, i, 91–92; Cicero, *De Off.* I, v, 15–17.

89

François Vatable to Bartolomeo Doria   Paris. May 29, 1512.

Ἐρωτήματα Τοῦ Χρυσολωρᾶ. *Grammatica Chrysolorae*, Paris, [Gilles de Gourmont], 13 July 1512, sig. a, i, v–a, ii, r (Harvard. Paris, BN. Omont, p. 27, no. XI); Paris, Gilles de Gourmont, 5 Feb. 1516/1517, ff. 1v–2r (Paris, Arsenal. Omont, p. 38, no. XXV). The text is that of the first edition. Previously published by Omont, pp. 57–59, and Jovy, III, 230–232.

Bartolomeo Doria was the eldest son of Francesca Grimaldi and Luca Doria, lord of Dolceaqua; the maternal nephew of Luciano Grimaldi, lord of Monaco, and of Agostino Grimaldi, bishop of Grasse (see ep. 85); and a cousin of the celebrated Genoese admiral Andrea Doria. Apart from what Vatable tells us about his studies at the University of Paris, we know nothing about Bartolomeo's early life. Assassination has rescued his later career from anonymity. Intriguing to keep Monaco from an alliance with Charles V, Andrea Doria encouraged Bartolomeo's ambition to possess the lordship of Monaco (he was fourth in line of succession). On 22 Aug. 1523 he murdered his uncle Luciano. But he bungled the coup d'état, and Agostino Grimaldi came to power in his place. Bartolomeo fled to the protection, successively, of Andrea Doria, the French admiral Bonnivet, and Duke Charles III of Savoy. He fell into the hands of his uncle early in 1525. Cardinal Sadoleto and Pope Clement VII urged mercy. Apparently Agostino hesitated and Bartolomeo escaped, for there exists a copy of a safe conduct in his name from the duke of Savoy dated 10 Aug. 1525. He died, probably in 1527, in an attack on the fortress of Penna near Ventimiglia, thrown from the height of the escarpment he had just scaled. See P. Gioffredo, *Storia delle Alpi Marittime. Monumenta historiae Patriae, Scriptores*, II (Turin, 1839), cols. 1253–1265, corrected by G. Saige, *Le protectorat espagnol à Monaco* (Monaco, 1885).

The epistle prefaces Vatable's edition of the Greek grammar of Chrysoloras, written in Florence between his arrival in the city 2 Feb. 1397 and his departure 10 March 1400 (G. Cammelli, *I dotti bizantini e le origini dell'umanesimo*, I. *Manuele Crisolora*, Florence, 1941, pp. 83–85) and first published in Florence c. 1496 (*GW.* 6694; cf. *GW.* 6695–6701 and note 5 below).

Bartholomaeo Auriae nobilissimo adulescenti, Lucae Auriae equitis aurati filio, Franciscus Vatablus[1] S.

Quantam prae te feras indolem, generosissime Bartholomaee, mirantur plerique omnes qui te norunt quique tecum praesertim sanguinis vinculo aut consuetudine aliqua coniuncti[a] sunt, inter quos primum sibi vendicare locum iure possit Augustinus Grimaldus Grassensis pontifex[2] supra omnem honoris praefationem positus, amantissimus avunculus tuus, virtutum tibi ac eruditionis fulgentissimum exemplar, cuius ductu et auspicio ad hanc inclytam Academiam, ut pervigilem studiis navares operam, longis itineribus es perductus, ut quod natura in te bona inceperat, felicius arte consummaretur.[b] Ubi Romanis litteris tota mentis alacritate desudans, non minus Graecas quam Latinas colere et admirari mihi videris. Qua in re tui candorem ingenii non probare non possum. Recte namque existimas a nostris eisdemque eruditissimis posteritati relicta monumenta sine Graecarum litterarum adminiculo aut non intellecta aut prorsus intentata hacte-

a. coiuncti *ed.*   b. consumeretur *Jovy*

271

nus in situ delituisse. Quis enim adeo impudens est, qui hoc destitutus
praesidio, Priscianum, Plinium, Senecam aut Quintilianum (cui etiam
oratorem quem suscipit instituendum a Graecis incipere placet[3]) et
ceteros id genus auctores inspicere, ne dicam legere, audeat? Quo
factum est ut in Gallia ad nostra usque tempora optimi quique auctores et Philosophia ipsa, quae tota Graeca est, atque Theologia in
tenebris iacuerint, et carie adhuc deperirent nisi numine (puto) divino
litterariae rei publicae hac in parte consultum esset, cum Hieronymus
Aleander, vir quidem omnibus doctrinae numeris et morum integritate cumulatissimus et praeceptor mihi semper observandus, quem
nemo satis unquam laudaverit, in Galliam sese contulit.[4] Quam nunc
dum suis doctissimis cum privatis tum publicis utriusque linguae
praelectionibus reddere curat illustriorem, hoc vel uno maxime studiosos (quibus plerumque splendida non arridet fortuna) iuvare voluit, quod[c] libellos Graecos, quorum maxima nos alioqui urgeret
penuria, typis excudendos tentaverit, tali profecto in his usus sedulitate, ut posthac possit Gallia nostra bonas litteras Italiae non invidere. Verum interim quotidiano ferme convitio efflagitantibus biblio-
polis ut prius impressa Chrysolorae Erotemata,[5] nunc inventu per-
rara, paulo limatiore charactere efformanda traderet et mendas quae
inter cudendum accidunt expungeret, cum Hieronymus prae nimio
litterarum studio cui plus satis deditus est, forte mala[d] in adversam
valetudinem incidisset, id negotii non mea utique fretus doctrina sed
fide ac diligentia mihi credidit, ut hoc saltem pacto bonarum artium
cupidae iuventuti prodesse non desisteret; quam sane meis imparem
humeris provinciam haud umquam subiissem, si a quoquam[e] alio mihi
commissa fuisset. Accessit et alia ratio qua in hanc sententiam facilius
adductus sum, quod tibi (quem nostrae institutioni a propinquis cre-
ditum esse, in parte non parva felicitatis meae pono) ceterisque Graecarum cupidis litterarum me rem gratam facturum non diffido, si
haec grammatica[f] cum in tuas tum in ceterorum hominum manus
quam emendatissima veniat. Hoc autem quicquid est opusculi, generosissime adulescens, tuo nomini dicatum ea fronte qua datur suscipias velim, posthac meliora suscepturus si haec successu felici non

c. quum *Jovy*
d. malo *Omont*

e. quoque *Jovy*
f. grammatice *ed.*

caruisse cognovero. Vale. Ex Lutetia Parisiorum, quarto Calendas Iunias.

1. See ep. 83.
2. See ep. 85.
3. Quintilian, *Inst. orat.* I, 1, 12.
4. Aleander taught Greek, Latin, and Hebrew at the University from 4 June 1508 to 8 Dec. 1510 and again from 19 June 1511 to 4 Dec. 1513. He had a brilliant success in Paris. See J. Paquier, *Jérôme Aléandre de sa naissance à la fin de son séjour à Brindes (1480–1529)* (Paris, 1900), 31–57 and Jovy, fascs. I–III. Aleander was in touch with Budé and L. from the beginning. He wrote to Aldus on 23 July 1508: "La fortuna mia vole cussi. Io non ho facto ancor principio alcuno perche non sono venuti li libri. Et ben che me sia sta servito de molti libri, cossi graeci como latini, non di meno monsignore Budeo non mi consilia che jo tenga adesso tal via, perche molta turba di deminudi et pediculosi scholari ce sarebbeno; ma guadagno poco; pur me ha dicto che acconciara le cose mie bene, et interim adunara alcune persone degne, si che le cose, spero, andarano bene quanto al guadagno, perche, quanto al nome (se nome se fa per questa via), gia molti homini degni et altri ce cognoscono, et nesuno di grandi accepti. Ma se bene non se guadagnasse, jo ho trovato un'altra via, laqual e di sorte che spero di non me pentir di essere venuto in Franza; che e che jo, di et nocte, do opera alii studii delle arte per bona forza et questo basti, che spero che al tempo del'Academia faremo ancora qualche cosa dela via peripatetica et dele mathematice. El Fabro e nostro duce, et altri homini degni" (Omont, p. 68).
5. Paris, Gilles de Gourmont, 1 Dec. 1507, dedicated by François Tissard to Jean d'Orléans, archbishop of Toulouse (Omont, p. 20, no. IV).

90

From Iacobus Faber of Deventer   Deventer. June 6, 1512.

Uatis diuini Althelmi presbyteri Abbatis Episcopi Parthenice. Quam haud ab re: si placet eiusdem passionale dixerit quispiam. Accedit eiusdem nobile psychomachie opusculum. Postremo Tyronis prosperi exhortatio de contemptu mundi et grauissima et elegantissima, Deventer, Theodor de Borne, 1513, sig. A, i, v (Paris, BN. Nijhoff-Kronenberg, no. 107).

Iacobus Faber or Fabri of Deventer (19 Aug. 1473–after 1517) was "intraneus lector secundae classis" and "domus clericorum moderator" at St. Lebwin's school in Deventer. He was a student of Alexander Hegius, and published his master's *Carmina* (Deventer, R. Pafraet, 29 July 1503) and *Dialogi* (Deventer, R. Pafraet, 31 Dec. 1503) and Rudolph Agricola's *Paraenesis sive admonitio qua ratione studia sunt tractanda* (Deventer, Jakob von Breda, 27 Oct. 1508). His own interests centered on patristic and pre-scholastic writers. He was fond of religious verse and wrote it himself: *In serenissimum optimi maximique regis nostri Iesu christi triumphum Panegyricon Iacobi fabri tres libros heroico carmine complectens* (Deventer, R. Pafraet, 15 Sept. 1506) and *Carmen panegyricon de admiranda Mariae et serenitate et humilitate* (Deventer, Jakob von Breda, c. 1509). In 1512 Faber edited Matthias Ringmann's *Hemistichia poetarum*, first published in Strasbourg in 1505. To it he added an abridgment of L.'s *In Aristotelis Ethica Nicomachea introductio* (cf. ep. 7, note 1): *Breves Poetarvm Sententiae Quibus additae sunt aliae Morales, secundum Duodecim Virtutes Morales per Iacobum Fabrum Compilatae*, Antwerp, Michael Hillen von Hoocstraten, 1512 (Paris, BN. Nijhoff-Kronenberg, no. 3728). Faber sent L. a copy of Nicholas of Cusa's *De arithmeticis complementis* for the great 1514 edition of the *Opera* (sig. aa, iii, v): "De arithmeticis complementis. Hos tres dono accepi a Iacobo Fabro Daventriensi viro amico et doctissimo." See Krafft and Crecelius, p. 241, no. 3; Allen, I, 384–385; III, 149; IV, xxi; Albert Hyma, *The Youth of Erasmus* (Ann Arbor, Mich., 1930), 207; Nijhoff-Kronenberg, I, nos. 47, 253, 918, 1041–1042; II, 2357, 3013, 3851, 4058, 4122.

The epistle prefaces St. Aldhelm's *De virginitate carmen* (ed. R. Ehwald, *MGH., Auct. antiqui*. XV, Berlin, 1919, pp. 350–471), which Faber printed from a manuscript lent to Alexander Hegius before 1498 by the abbot of the Benedictine monastery of St. Martin's in Cologne. The *Psychomachie opusculum* of the title page is the last part of Aldhelm's *De virginitate*. Faber entitled it "Liber Tercius non ab re Psychomachia dictus siquidem de virtutum cum viciis congressu meminit" (sig. H, i, r). The volume also includes *De contemptu mundi Tyronis Prosperi exhortatio ad uxorem* (*ML*. LXI, 737–740 and *CSEL*. XXX [1894], 344–348), commonly attributed to Paulinus of Nola or to Prosper of Aquitaine (cf. Pauly-Wissowa, XLV [1957], 884), and a poem, *Althelmi presbyteri Hymnus in ascensionem domini*, discovered by Faber in the same manuscript as the *De virginitate* and which begins: *Hymnos canamus gloriae/Hymni novi nunc personent*. Faber had already published it in 1506 along with his own *In Iesu Christi triumphum Panegyricon*, where he described the manuscript as "antiquissimus liber antiquissimis characteribus anglicanis scriptus" (Nijhoff-Kronenberg, no. 918).

Iacobus Faber suo Stapulensi salutem.

Considerans ego fructum illum qui emersit ex editione illa divi Juvenci, quem ego ante multos annos primus omnium publicavi,[1] qui erat mihi mutilatus et imperfectus ob antiquitatem, quocirca in eam formam redegi in qua et hic et in aliis locis circumfertur. Quae enim et immutata sunt in eo et quae ad imperfectos versus accesserunt propter exemplaris depravationem ex quo in aliud exemplar transfudi non dixerim facile. Quam rem videbit luce clarius qui primum exemplar ad manus habebit aliquando, ut idipsum cum iam edito conferat.

Temeritatem non attendi, quam minimi duxi qui frontem perfricueram; dum probis quibusque consulerem et providerem, praeter quod et tunc petii aliud nihil aeque atque ad praesens. Etiam in hac divi Althelmi editione, in quo non secus atque in illo Juvenco sudavi, scopulis in eo occurrentibus[a] pluribus, quos vix superare dabatur, cum ob versuum imperfectionem tum maxime propter peregrinam et incognitam characterum quibus exaratus erat archetypus ductionem, qui prae se ferebant longissime repetitam antiquitatem et aliquid ante invisum. Id quod videre licebit ex archetypo, qui nunc mihi cuius usus erat felicis recordationis Alexandro Hegio,[2] superioribus annis hic gymnasiarchae, quem accommodato habebat ex celebri et antiquo conventu qui nominatur Martini maioris Coloniae,[3] ab eius coenobii abbate reverendissimo regulam divi Benedicti cum suis profitente, quem hac via ad manus habui, in quo laboravi ut in me erat illo tempore, interea temporis annis exactis multis. Quocirca quicumque illi, quos non defuturos video, qui lacerabunt dum proderit (id quod efflagito), feram animo aequissimo. Quo modo enim non profuturus non video, cum ob alia, tum maxime propter auctoris et integritatem et fidem, qui dignissimus, cui credatur, cui tantum venerabilis Beda tribuat[4] et reverendissimus abbas Sphanhemensis.[5] Quorsum haec? Plerique (nisi fallor) quae litteris prodita de divis (an recte ipsi viderint) haud tribuunt multum, pleraque non admittentes facile auctoribus eorum quae proponuntur incertis et incognitis. Itaque hinc quid boni consulite. Vale. Ex Daventria. Octavo Idus Iunias anno a natali Christianissimo duodecimo super millesimum.

1. *Iuuencus presbyter immensam euangelice legis maiestatem heroicis versibus concludens*, Deventer, R. Pafraet, c. 1490 (Copinger 3423).

2. Alexander of Heek in Westphalia (1433–27 Dec. 1498) was rector of St. Lebwin's school in Deventer from 1483 until his death. See Krafft and Crecelius, pp. 213–288; D. Reichling, "Beiträge zur Charakteristik der Humanisten A. Hegius," *Monatschrift f. rheinisch-westfälische Geschichtsforschung und Altertumskunde*, III (1877), 286–303; Allen, I, 105–106 and *The Age of Erasmus* (London, 1914), 21, 25–30; C. Reedijk, *The Poems of Desiderius Erasmus* (Leiden, 1956), 42–47.

3. See Cottineau, I, 839.

4. *Hist. Eccl.* V, 18 (*ML. XCV*, 260–261).

5. *De scriptoribus ecclesiasticis* (Cologne, P. Quentel, 1546), 105.

a. occuerentibus *ed.*

91

To Raemundus
Paris. August 5, 1512.

Deuoti et venerabilis patris Ioannis Rusberi presbyteri, canonici obseruantiae beati Augustini, de ornatu spiritualium nuptiarum libri tres. Primus de ornatu vitae moralis et activae. Secundus de ornatu vitae spiritualis et affectivae. Tertius de ornatu vitae superessentialis et contemplativae, Paris, Henri Estienne, 3 Aug. 1512, sig. A, i, v–A, ii, r.

Renaudet, p. 621, note 4, has plausibly suggested that Raemundus was a novice in a Carthusian or Celestine monastery.

The epistle prefaces L.'s edition of Ruysbroeck's *Die gheestelike Brulocht* (c. 1350) in the Latin translation of Willem Jordaens (c. 1360). Two manuscripts of this translation are known: Brussels, Bibl. roy., no. 2384 and Paris, Bibl. Mazarine, no. 921. L.'s is the first edition. He used a manuscript very similar to that in the Mazarine, a fifteenth-century manuscript formerly in the library of the abbey of Saint-Victor. Critical edition of the Dutch text in Ruysbroeck, *Werken,* vol. I, ed. J. B. Poukens and L. Reypens (Malines and Amsterdam, 1932). L.'s remains the only edition of the Jordaens translation; English translation by Eric Colledge (London, 1952). See A. Auger, *Étude sur les mystiques des Pays-Bas au Moyen Age, Mém. couronnés par l'Acad. roy. de Belgique,* XLVI (1892), 187 and André Combes, *Essai sur la critique de Ruysbroeck par Gerson* (Paris, 1945), I, 68–70, 75–82, 135–233.

Iacobus Faber Raemundo suo S.

Cum omnis particularium religionum status, carissime Raemunde, sit quaedam mundi fuga et ad extramundana accessio, sit multorum et dividuorum derelictio et ad unum adhaesio, tantum igitur quaeque veritatis habet quantum extramundanis et illi uni quod est super omne unum haeret. In qua unione et haerentia vera consistit contemplatio et dulcissimus contemplativae vitae fructus. Qui a paucis cognoscitur, quippe qui non sine secretis immissionibus divinisque visitationibus peragitur, ex quibus quantum homini mortali fas est status spiritualis denudatur. Statum enim spiritualem perfecte vivunt animae beatae iam mortalitatis tunica exutae; qui autem nondum exuerunt, illo quidem vivere possunt sed nondum perfecte, non ex se quidem sed ex divino quodam adventu. Vado (inquit salvator) et venio ad vos.[1] Et nullam esse puto particularem religionem in qua etiam non sint aut fuerint aliqui qui nonnihil huius dulcedinis perceperint, et

maxime quae magis solitariae, abstractae, arctae sunt. Non igitur ulti-
mas partes ad hanc contemplativae vitae sublimitatem Cartusiorum et
Celestinorum esse crediderim, et bono quidem iure cum ob maiorem
solitudinem tum ob vitae arctitudinem et vigilantissimam sui status
a prolapsione defendendi providentiam. Quapropter et libros con-
templativorum virorum vel maxime amant, non quod libri contem-
plativos faciant maxime perfectiores, sed praeparant et incitant in-
cipientes; Deus autem cetera complet. Nam altiori modo contempla-
tivos radius caelestis efficit et divina quaedam congressio. Huiusmodi
tamen librorum plerosque Celestini Meduntenses,[a] Senonenses, Mar-
cusienses, Parisienses[2] et Cartusii Audomarenses,[b] Montis Dei, Burgo-
fontis, et Pariseae solitudinis Vallis viridis[3] frequenter nobis commu-
nicaverunt atque in dies cum res exposcit communicant quam humanissime; inter quos tibi communicatum avide legisti librum De ornatu
spiritualium nuptiarum quem Ioannes Rusber, devotus et religiosus
pater canonicae observationis beati Augustini, olim circa tempora
Bonifacii noni composuit.

Id tamen inter legendum te turbabat quod Gerso, vir devotus et
auctoritate gravi, sub saeculari habitu mentem religiosam gerens, illius
operis auctorem parum iudicet litteratum, quem et in aliquibus coarguit tamquam errantem. Id te parum movere debuit. Nam solus unus
est qui culpat et turba multa sanctorum virorum defendit. Quae res
si inculpatae vitae viri Ioannis Quempisii[4] devota opuscula legis te
minime latere poterit. Gerso plurimorum iudicio et devotus et multae
saecularis litteraturae fuit, et iste item devotus et multae spiritualis
litteraturae; et uterque bonus et colendus, hic in claustro, ille in
saeculo. At vero quod hic liber primum patrio sermone et vernacula
lingua editus sit, id argumento sufficienti non est auctorem paucarum
fuisse litterarum. Nam et litteratissimus quisque vernaculos edere
potest libros longe forsan melius quam illitteratus. Et grammatici qui
hunc legunt iudicabunt auctorem pro illa tempestate apprime elegantem, rhetores copiosum, philosophi secreta naturae callentem, astro-
logi cognitorem temporum, medici morborum ac sanitatum, theologi
rerum divinarum. Arbitror igitur Gersoni probo quidem viro id ac-
cidisse, quod in corruptum codicem inciderit. Quod et alias mihi

a. Medontenses *ed.*   b. Odomarenses *ed.*

accidit. Ubi autem incidi in verum et emendatum, quem iudicaveram illitteratum, mutata sententia coepi admirari. Simili igitur ratione eum allucinatum puto, et postea per eius scripta Trithemium, ut qui similia scripserit ex auditis.[5] Neque enim hic, neque ille tam iniquo erant ingenio, tam maligno iudicio, ut (si verum volumen vidissent) id unquam viro quod paucae fuisset litteraturae impinxissent. Lege ergo securus quae et ipse Gerso securus legisset et etiam delectabiliter. Vale pietate proficiens. Parisiis. Nonis Sextilibus.

1. Ioan. 14:28.

2. The Celestine Order was established in France by Philip the Fair around 1300. By the fifteenth century there were twenty-three houses in France. L. refers to La Sainte-Trinité de Limay-les-Mantes (diocese of Rouen), Notre-Dame de Sens, La Sainte-Trinité de Marcoussis (diocese of Paris), and the Paris house Notre-Dame de l'Annonciation. See A. Becquet, *Gallicae Coelestinorum congregationis ordinis S. Benedicti, monasteriorum fundationes, virorumque vita aut scriptis illustrium, elogia historica* (Paris, 1719); Cottineau, *ad voces*; Paul Lefébure, "Le Monastère des Célestins de Limay," *Mémoires de la Société historique et archéologique de l'Arrondissement de Pontoise et du Vexin*, XLIV (1935), 5–28; and L. P. Beurrier, *Histoire du monastère et couvent des Pères Célestins de Paris* (Paris, 1634).

3. Val-Sainte-Aldegonde at Longuenesse near Saint-Omer; Notre-Dame de Mont-Dieu in the Ardennes (diocese of Rheims); Fontaine-Notre-Dame or Bourg-Fontaine in the forest of Villers-Cotterets (diocese of Soissons); and Vauvert, then just outside of Paris. See G. Vallier, *Sigillographie de l'ordre des Chartreux et numismatique de Saint Bruno* (Montreuil-sur-Mer, 1891); F.-A. Lefebvre, *Saint Bruno et l'ordre des Chartreux*, 2 vols. (Paris, 1883); and Cottineau.

4. Ioannis Quempisius seems to be an error. L. has apparently taken Johannes à Kempis, the first prior of Agnietenberg (1399–1408) for his younger brother Thomas. Thomas à Kempis praised Ruysbroeck as follows in his *Chronica Montis Sanctae Agnetis* (*Opera*, ed. M. Pohl, Freiburg-im-Breisgau, 1922, vol. VII, 480–481): "Huius [Ruysbroeck] sancta et magnifica doctrina longe lateque per partes Teutoniae divulgata refulget; quem magister Gerardus Magnus personaliter cum magistro Iohanne scholastico Zwollensi visitavit ac summis doctoribus eius scripta censuit comparanda. Multos siquidem devotissimos atque altioris intelligentiae libros in Teutonico idiomate sagaciter edidit et gratiam caelestis suavitatis, quam divinitus accepit, in proximos suos et posteros ecclesiae copiosa liberalitate diffudit." Cf. Thomas à Kempis, *Vita Gerardi Magni*, chs. 10 and 15 (*Opera*, VII, 52–54 and 78).

5. Gerson severely criticized Part III of the *De ornatu* in a letter to the Carthusian monk Barthélemy Clantier (winter 1398–1399). L.'s version of Gerson's criticism is inexact. Gerson did not judge Ruysbroeck *parum litteratus*;

on the contrary. He had been informed, he tells us, that certain persons asserted the *De ornatu* to have been written by an *idiota . . . sine litteris* and, therefore, directly under the miraculous inspiration of God. To this Gerson replied that it is precisely its style which proves the book's human origin. It is neither *sordidus* nor *abjectus* (Quintilian, *Inst. orat.* II, 12, 7), its rhythmically accented prose is highly rhetorical, it quotes the profane poets and philosophers, it is, in short, humanly rather than divinely eloquent. (Gerson, *Epistola prima ad fratrem Bartholomaeum*, ed. Combes, *Essai*, 617, lines 4–11: "Ceterum stilus ipse libri non sordidus est nec abjectus. Certe tamen induci nequeo credere librum ipsum fuisse conflatum per os idiotae, quasi per miraculum. Stilus enim ipse magis sapit et redolet humanam eloquentiam quam divinam: nam et poetarum verba, ut Terentii et Boetii, et philosophorum sententiae, et orationis cursus ostendunt palam illic studiosam industriam, et diligentiae laborem diuturnum praecessisse.")

L.'s *in aliquibus coargui tamquam errantem*, on the other hand, is correct but vague. Gerson criticized Ruysbroeck for specific important doctrinal deviation, for writing that the human soul in a state of perfect contemplation is formally identified with the divine essence, absorbed in the divine essence, lost in the abyss of divine Being (Combes, *Essai*, I, 618, line 15–619, line 7): "Ponit autem tertia pars libri praefati quod anima perfecte contemplans Deum, non solum videt eum per claritatem quae est divina essentia, sed est ipsamet claritas divina. Imaginatur enim, sicut scripta sonant, quod anima tunc desinit esse in illa existentia quam prius habuit in proprio genere, et convertitur seu transformatur et absorbetur in esse divinum et in illud esse ideale defluit quod habuit ab aeterno in essentia divina. De quo esse dicit Johannes in evangelio: quod factum est in ipso vita erat, et hoc esse ponit auctor iste causam nostrae existentiae temporalis, et esse unum cum eo secundum essentialem existentiam. Addit quod perditur anima contemplantis in esse tali divino abyssali, ita ut reperibilis non sit ab aliqua creatura." Cf. Melline d'Asbeck, *Documents relatifs à Ruysbroeck* (Paris, 1928), 26–64.

It is likely that L. had not read the principal documents in this controversy, although they were available in manuscript at Saint-Victor (Molinier, *Catalogue des manuscrits de la Bibliothèque Mazarine*, Paris, 1885, vol. I, 431–433) and in the six editions of Gerson's *Opera* published before 1512, but knew Gerson's criticisms in a tradition which deformed them. His direct source was almost certainly Trithemius's *De scriptoribus ecclesiasticis* (Cologne, Peter Quentel, 1546, p. 271): "Iohannes Rusbrock . . . vir (ut ferunt) devotus, sed parum literatus: scripsit patrio sermone ad aedificationem simplicium quaedam opuscula, quae per alium post eius mortem in Latinum conversa, in certis optima, in quibusdam vero a doctoribus feruntur esse erronea. Et de his Iohannes Gerson cancellarius Parisiensis avisamenta composuit. (. . .) Claruit temporibus Venceslai imp. et Bonifacii papae 9. anno domini 1390."

By 1552, when Surius's Latin translation of Ruysbroeck's *Opera omnia* was published in Cologne, L. himself had become an authority. In his prefatory epistle F. Gerardus ab Hamont, prior of the Cologne Carthusians, defended

Ruysbroeck against Gerson and Trithemius by saying that they must have known him either in a faulty manuscript or in a bad translation and that Thomas à Kempis, Groote, and Dionysius the Carthusian have praised him; he concluded, in an indirect reference to L.'s preface: "Alter eum ab uno dumtaxat Gersone culpari, sed a turba multa sanctorum virorum defendi testatur." (sig. a, 3r–v).

92

Josse Clichtove to Jacques d'Amboise
Paris. August 31, 1512.

In Hoc Opere Contenta. Theologia Damasceni, quatuor libris explicata: et adiecto ad litteram commentario elucidata. I. De ineffabili diuinitate. II. De creatura genesi, ordine Moseos. III. De ijs quae ab incarnatione usque ad resurrectionem Christi. IIII. De ijs quae post resurrectionem usque ad vniuersalem resurrectionem, Paris, Henri Estienne, 5 Feb. 1512/1513, fol. 2r–v; CCX (1519/1520), fol. 2r–v. The text is that of the first edition.

The epistle prefaces Clichtove's commentary on L.'s translation of the *De fide orthodoxa* of John of Damascus (see ep. 53).

Reverendo in Christo patri ac domino D. Iacobo Ambasiano,[1] episcopo Claromontano dignissimo, Iudocus Clichtoveus Neoportuensis[a] S.

Una omnium qui recte sapiunt et vera est sententia, sacratissime praesul, nihil certius aut firmius animis nostris esse debere quam catholicae fidei documenta, regulas et articulos, quibus sine haesitatione aut rationis efflagitatione assentiri debent omnes, quod divina irradiatione a caelo in homines defluxerint. Si enim tanti fuit apud discipulos Pythagorae auctoritas, ut interpellati ad reddendam eorum quae asserebant causam, aliud nihil approbationis attulerint quam magistrum ita dixisse, nefasque putarent quae ab ipso acceperant in disceptationem aut controversiam deducere;[2] si rursum tanti fuit apud Athenienses momenti assertorius Xenocratis sermo, ut cum semel in iudicio manum esset aris admoturus, quo de more iuramentum praestaret, ob spectatam ipsius integritatem et gravitatem ei iudices ius iurandum remitterent, verborum suorum sola affirmatione contenti;[3] nonne maioris apud homines ponderis erit divina ac summa

a. professorum theologiae minimus *post* Neoportuensis *1519/1520*

veritas quae nec falli nec fallere novit? Est enim Deus (ut ait apostolus) verax, omnis autem homo mendax.[4] Quis igitur addubitaverit aut
ancipiti agitaverit animo quae a Deo revelata sunt sacrosanctae fidei
mysteria, praesertim cum tam solida basi nixa sint et fundata supra
firmam petram? Nihilosecius haud absurdum fuerit illa interdum rationali via modoque fulciri et salva religionis pietate persuasoriis ap-
probari rationibus ad mentis nostrae iuvandam imbecillitatem, quae
tum facilius ad ipsa credenda subvehitur cum ea perspexerit a ratione
non esse aliena. Quocirca summo studio versandi sunt libri qui altissima nostrae fidei sacramenta detegunt atque ad ea clarius intelligenda
praestant adiumentum, praesertim si ab antiquis, probatis, doctrina
et sanctitate praeclaris auctoribus elaborati sunt. Non enim potest
rivus sui fontis non sapere naturam neque fructus ab arbore sua
discrepare.

Plane inter illos et hoc quadrifidum eximii patris Ioannis Damasceni
opus haud immerito annumerandum est, quod De orthodoxa fide inscripsit, copiosum sane, fecundum et utile, nihil eorum quae ad fidei
elucidationem pertinent omittens. Exorsus enim a primo rerum omnium principio, per mundi genesim[b] et nostri lapsus reparationem in
mundi consummationem suam editionem perpetuo deducit ordine;
completoque conditionis humanae orbe et circulo, nos in eum reducit
finem per beatitudinis participationem a quo primaevam (sicut et res
omnes) sumpsimus originem, ipsum videlicet qui est alpha et ω, principium et finis, primus et novissimus.[5] Enimvero praesentem editionem hi Damasceni Theologiam, illi Librum sententiarum eius, et
utrique recte quidem, appellarunt. A quo ut archetypo crediderim
(nisi me fallat coniectura) doctrina celebrem virum Petrum Lombar-
dum sumpsisse exemplum sui operis elucubrandi, qui Sententiarum
liber vulgo nuncupatur. Idem enim utrisque est librorum numerus et
ordo eademque materia. Hic autem illo longe tempore posterior.[6]

Ceterum ut hoc praeclarum Damasceni opus magis pervium esset
legentibus, adieci facilem ad litteram commentarium, quae obscura
se offerunt planiore declaratione dilucidantem et si qua occurrunt
discussionem exposcentia doctrinali disceptatione agitantem. Verum
hasce annotationes adiunxi potius ad recentiorem Damasceni edi-

b. genesin *1519/1520*

tionem, quod nitidiore Latini sermonis elegantia exornetur quam vetustior et fidelius veriusque mentem ipsius auctoris exprimat sitque multo apertior atque accuratior.[7] Siquidem antiquior eiusdem e Graeco in Latinum traductio plerisque in locis mutilata videtur et manca, rudiore contextu, necnon usque adeo ob sermonis obscuritatem interdum abstrusa et intellectu difficilis, ut saepius aut Oedipo coniectore aut Sibylla interprete foret opus ad sensum litterae percipiendum.[8] Porro adiuncti ad inferiorem marginem numeri laterales et litteram auctoris et commentarium illius ordinem continua fere serie a capite ad calcem usque propemodum sequentem consimiliter in partes minutiores digerunt; et cui litterae parti unaquaeque commentationis pars respondeat ex eorumdem numerorum adnotatione clarius indicant. Demum hanc nostram quantulamcumque explanationem tui amplissimi nominis patrocinio ac nuncupatione in lucem prodire volui, gravissime antistes, ut si quam sacrarum litterarum studiosi utilitatem (quod vel maxime velim) ex ea hauserint, eam totam tuae eximae paternitati acceptam referant, cui me fateor imprimis obnoxium et perpetuo obsequio devinctum. Vale litterarum et virtutis amator ac cultor. Parisiis, pridie Calendas Septembres. M. D. XII.[9]

1. See ep. 51.

2. Philo, *Quaest. in Gen.* I, 99; Cicero, *De nat. deorum* I, 5, 10; Quintilian, *Inst. orat.* II, 1, 27; Valerius Maximus, VIII, xv, ext. 1; Jerome, *Praef. in Ep. ad Galat.* (*ML.* XXVI, 331 C).

3. Diog. Laert. IV, 2, 7; Valerius Maximus, II, x, ext. 2.

4. Rom. 3:4.

5. Apoc. 1:8.

6. The *De orthodoxa fide* was often given the title *Sententiae*, though not before the thirteenth century. Grosseteste and Wycliffe, for example, and many manuscripts, call the book *Opus* or *Liber sententiarum Damasceni*. This is part of the process by which John of Damascus's book was associated with the *Sentences* of Peter Lombard and shared its fame. Another part of the same process was the division of the *De orthodoxa fide* into four books. This division is found in no Greek manuscript, nor was it used in the earliest Latin versions of Burgundio of Pisa and Grosseteste. It was introduced around the middle of the thirteenth century in order to adapt it to the four books of Peter Lombard's *Sentences*. In any case, it is most probable that Peter Lombard knew only a small portion of the *De orthodoxa fide* before he finished his own book. He quotes John of Damascus twenty-seven times, but all his citations are from seven (out of a hundred) chapters of John's work (III, 2–8). Although many

scholars share Clichtove's opinion that the general order of the two books is the same and that Peter Lombard derived it from John of Damascus, this is probably an incorrect judgment. Lombard's order is also that of the theological treatises of Abelard, the *De Sacramentis* of Hugh of Saint-Victor, and the *Summa Sententiarum*; it is easier to suppose that he derived it from them. See J. de Ghellinck, *Le Mouvement théologique du XIIe siècle*, 2nd ed. (Brussels and Paris, 1948), 374–385, 414–415.

7. The translation of Lefèvre d'Etaples. See ep. 53.

8. On the earlier Latin versions see ep. 53, note 1.

9. Antoine Roussel (see ep. 100) contributed the following verses (ed. 1512, fol. 198v):

Antonii Rufi Vaccariensis ad lectores dodecasthicum carmen.

Si secreta iuvat triados mysteria summae
  Noscere et imperio cuncta creata Dei,
Denique si nostro velatum corpore verbum
  Atque novae legis munera scire libet,
Ecce Damascenus, sacer et celeberrimus auctor,
  Haec diviniloquo scemate nota facit.
Ut paradisiacus per flumina quattuor amnis
  Scinditur, et largis fluctibus arva rigat,
Sic liber iste, piae fidei documenta recludens,
  Quadrifido dulces gurgite fundit aquas.
Si qua prius fuerant caecis abstrusa tenebris,
  Nunc superinducto lumine clara patent.

93

Zanobi Acciaiuoli to Guillaume Briçonnet
[Florence. August–September 1512.]

[*Olympiodorus in Ecclesiasten interprete Zenobio Acciaiolo Florentino*], Paris, BN., ms. lat. 2465, [ff. 1r–2r]; Paris, Arsenal, ms. 55, [fol. 1r–v]; University of Notre Dame, ms. no. 28, [ff. 1r–2r]; *Contenta In Hoc Opvscvlo. Vetvs Editio Ecclesiastae. Olympiodorus in ecclesiasten inserta noua tralatione interprete Zenobio Acciaiolo Florentino. Aristeas de lxxij legis hebraicae interpretatione interprete Matthia Palmerio Vincentino*, Paris, Henri Estienne, 26 March 1512/1513, fol. 2r–v (New York, NYPL. Paris, BN. Renouard, *Estienne*, 11; Panzer, VII, p. 564, no. 550). There is a fourth manuscript of Zanobi's Olympiodorus translation in the Vatican Library (Regin. lat. 2057).

The *terminus ante quem* is the date of publication. A sentence in Zanobi's epistle suggests a plausible *terminus post*. He began translating Olympiodorus "per interregni dies cum patres nostrae societatis annua creando vicario generali celebrarent comitia; mox autem persequutus in suburbano secessu, quem mihi amantissimi patres mei per Sirianos aestus commodissimum concesserunt." Brother Giacomo di Sicilia was elected vicar-general of the congregation of San Marco in April 1512. Cajetan, general of the Dominican Order, confirmed the election on 8 May (*Registrum litterarum Fr. Thomae de Vio Caietani O.P. Magistri ordinis 1508–1513*, ed . A. de Meyer, *Monumenta Ordinis Fratrum Praedicatorum historica*, XVII [1935], p. 144, no. 269). Zanobi continued the translation during the dog days of the same summer, that is, during July and the first half of August. The manuscript had arrived in Paris before 16 Oct. because the edition is already mentioned and attributed to L. by the author of the supplement to Trithemius's *De scriptoribus ecclesiasticis*, published on that date (see ep. 94, note 11). Therefore the epistle should probably be dated Aug.–Sept. 1512.

Zanobi Acciaiuoli was born in Florence 25 May 1461 and died in Rome 27 July 1519. He entered the Dominican convent of San Marco 8 Dec. 1495. In 1518 Leo X appointed him prefect of the Vatican Library. His chief scholarly activity was translating the Greek fathers: Eusebius, *In Hieroclem*, dedicated to Lorenzo di Pier Francesco de' Medici and first published in Venice by Aldus together with Alamanno Rinuccini's translation of the *Life of Apollonius of Tyana* by Philostratus (the date at the end of the Greek text is March 1501; Aldus's preface is dated May 1504. See Renouard, *Annales des Aldes*, I, 58. Zanobi's own copy, corrected and annotated by him and signed on the title page "F. Zenobii Acciolj," is in the Vatican Library: P. de Nolhac, *La Bibliothèque de Fulvio Orsini*, Paris, 1887, p. 175); Olympiodorus, *In Ecclesiasten*, of which Estienne's 1512 edition is the first; Theodoret of Cyrus, *De curatione Graecarum affectionum libri duodecim* (Paris, Henri Estienne, July 1519) (see ep. 126); and Theodoret of Cyrus, *De providentia Dei libri X* (Rome, Vaticana, Ottob. lat. 1404). In addition to his translations Zanobi wrote a *Liber de vindicta Dei contra peccatores* (Florence, Magl. 35, 225); a panegyric on the city of Naples; and poems and letters. See James Hutton, *The Greek Anthology in Italy to the Year 1800* (Ithaca, N.Y., 1935), 106, 139, 164; P. O. Kristeller, *Supplementum Ficinianum* (Florence, 1937), II, 204, 334; Kristeller, *Studies*, 201, 296; and Cosenza, I, 35–37.

The epistle prefaces Zanobi's translation of Olympiodorus's commentary on Ecclesiastes. The translation accompanies the Greek text in *MG*. XCIII, 477–628. On Olympiodorus, an early sixth-century deacon of Alexandria, see O. Bardenhewer, *Gesch. d. altkirchlichen Lit.*, V (Freiburg-im-Breisgau, 1932), 93–95; Pauly-Wissowa, XVII (1939), 200 and 227–228; and Altaner, *Patrologie*, 480.

The volume also includes *The Letter of Aristeas* in the translation of Mattia Palmieri of Pisa. The letter of Aristeas to his brother Philocrates is ostensibly an account of the translation of the Hebrew Pentateuch into Greek under the sponsorship of Ptolemy II Philadelphus (285–247 B.C.) written by a contemporary pagan Greek official in Ptolemy's court. In reality the author was a Hellenized Jew of Alexandria and wrote c. 130 B.C. See *Aristeas to Philocrates*, edited and translated by Moses Hadas, New York, 1951 and the edition of André Pelletier, Paris, 1962, pp. 8–98. The Greek text appeared only in 1561, published by Simon Schard in Basel. The Latin translation of Mattia Palmieri was dedicated to Paul II and first published by Johannes Andreas, bishop of Aleria, as part of the prefatory material to his edition of the Latin Bible (Rome, Sweynheym and Pannarz, 1471) (*GW.* 4210; cf. *GW.* 4219, 2330–2332 and Hain 8550*; and for the Italian version of Bartolomeo della Fonte printed in several editions of the Malermi Bible, *GW.* 4313–4320). The humanist Mattia Palmieri (c. 1423–19 Sept. 1483), an apostolic secretary and *abbreviatore*, translated Herodotus for Cardinal Prospero Colonna and wrote a continuation of Eusebius's *Chronicon*: *Opus de temporibus suis ab anno 1449 ad annum 1482.* See Donato Gravino, *Saggio d'una storia dei volgarizzamenti d'opere greche nel secolo XV* (Naples, 1896), 45–66 and Cosenza, III, 2563–2564.

Fratris Zenobii Acciaioli ordinis praedicatorum praefatio in tralationem Olympiodori super Ecclesiasten Salomonis ad reverendum in Christo patrem D. Guillermum Briconnetum[1] episcopum Lodovensem.

Ex litteris tuis[a] certior factus rem tibi non ingratam esse facturum, si quis Olympiodori Graeca scholia in Salomonis Ecclesiasten Latinitate donaret, non sum passus, venerande pater, me a quoquam alio praeveniri; non quod egregiam praeter ceteros operam me[b] in ea re praestare posse confiderem, meae tenuitatis apprime conscius, sed quod ex mea erga te pietate quicquid petenti tibi gratificari possem, statim me id debere cognoscerem. Accessit autem quod Olympiodori liber apud unam dumtaxat nostram[c] bibliothecam quasi totius Italiae monopolium rarus extat ac vetustissimus,[2] ut non sine ruditatis ac inertiae nota transiturum fuerit, si e penetralibus nostris per alienas potius quam per nostras tibi manus traderetur, quasi nos deceret in hoc officii actu surdam[d] gerere tacitamque personam scriniique tantum vices ac[e] non etiam partes amici hominis[f] exhibere.

His itaque causis adductus eum tibi Latinum reddidi, aggressus quidem per interregni dies cum patres nostrae societatis annua creando vicario generali celebrarent comitia; mox autem persequutus in suburbano secessu, quem mihi amantissimi patres mei per Sirianos aestus commodissimum concesserunt. Spero autem librum hunc duplici novitate in tuam gratiam initurum. Nam et insuetam Latinis

a. tuis *Ar. 1512*; tuorum *BN. ND.*
b. *deleta Ar.*
c. *om. 1512*

d. mutam *Ar. ND.*
e. *om. ND.*
f. *om. 1512*

auribus Aquilae, Theodotionis[3] et LXX[ta] suscipit tralationem, et in ea enarranda pleraque (sicut oportuit) indicta nostris atque intacta scriptoribus protulit. Non infitias[g] tamen iverim permulta ab eo scribi quae divi Hieronymi super Ecclesiasten commentariis[4] valde conveniunt, quo maior illi etiam[h] debet fides auctoritasque accedere, qui cum tanto divinae scripturae facit expositore.[i] Ceterum me in eo vertendo ea potissimum ratio alacrem fecit, quod viderem labores meos illi me dedicare, qui castissima vitae disciplina quae apud Salomonem de contemptu mundi[j] perlegeret, nequaquam sineret per inanes aures traiecta diffluere, sed retenta fideli animo ac saepius repetita probis quoque actionibus usurparet ac in usum vitae traduceret. Neque enim latere diu nos potuit quamvis longo terrarum spatio abs te seiunctos secessus iste tuus a curiali tumulto ac tranquilla pectoris tui quies, Parisiensique in gymnasio summum theologiae ac bonarum artium studium, quae ad nos haud incerto rumore sed Capponum tuorum celebri testimonio perferuntur.[5] Mitto autem quanto desiderio tenearis undecumque tibi libros quam rarissimos comparandi quantosque in his describendis facias sumptus, ut his sapientiae thesauris auctior indies locupletiorque evadas. Sed laudandi tui partes aliis relinquemus,[k] ne videamur[l] tam cito nostri Ecclesiastae obliti esse, qui cum ceteris sapientibus optime censet, laudem quae ab hominibus oriatur vanitatem esse fumumque vanissimum.[6] Quod tamen est huius loci ac temporis non tacebo: iure optimo factum nunc esse, ut cum tu quoque procul secesseris a mundi salo curiaeque vorticibus, liber hic tibi[m] de contemptu mundi destinetur ab eo qui rursum mundi pompis renuntiavit, ut nudum in cruce filium Dei nudus expeditusque sequeretur. Quo etiam tibi carior esse debet, cum nullo mercedis aucupio ad te veniat, sed caritate sola impellente, quae satis magnam referri sibi gratiam putat, si persuadere cuiquam[n] possit ut Deum creatorem suum toto ex corde, mente et anima diligendum suscipiat. Vale.[o]

g. *om. Ar.*
h. et *1512*
i. expositorem *Ar.*
j. *om. Ar.*
k. relinquamus *ND.*

l. videamus *ND.*
m. *om. Ar.*
n. cuipiam *ND.*
o. Vale *Ar. ND.; om. BN. 1512*

1. See ep. 43.

2. The library of San Marco. The manuscript is possibly Laurentiana, Plut. X cod. xxix (Bandini, *Cat. Codicum... opera Graecorum patrum*, I, 494).

3. B. J. Roberts, *The Old Testament, Texts and Versions* (Cardiff, 1951), 120–126.

4. *Commentarius in Ecclesiasten*, ed. M. Adriaen, *Corpus Christianorum*, LXXII (1959), 249–361.

5. Briçonnet had been exceptionally active in ecclesiastical diplomacy connected with the Council of Pisa. On 1 Oct. 1511 he was in Piacenza and on 30 Oct. entered Pisa, where he remained until the middle of November. In December he followed the council to Milan, and then in June 1512 to Asti and to Lyons (Renaudet, *Le Concile gallican de Pise-Milan*, Paris, 1922, pp. 311, 374, 518, 584). His withdrawal from court to study tranquilly in Paris, reported to Zanobi by a member of the Capponi family, possibly the Florentine and Lyons banker Neri di Gino Capponi, should probably be understood as a temporary retirement in the summer of 1512 to the abbey of Saint-Germain-des-Prés, where L. was busy finishing his Pauline commentaries.

6. Cf. Eccl. 1:2 and Rom. 2:29.

94

[De Iacobi Fabri Stapulensis vita et operibus]
[c. September 1512.]

De scriptoribus ecclesiasticis. Disertissimi viri Johannis de Trittenheim abbatis spanhemensis De Scriptoribus ecclesiasticis collectanea: Additis nonnullorum rerum ex recentioribus vitis & nominibus: qui scriptis suis hac tempestate clariores euaserunt, Berthold Rembolt for himself and Jean Petit, 16 Oct. 1512, ff. CCXVv–CCXVIv (London, BM. Yale); Cologne, Peter Quentel, 1531, fol. CLXXXr–v (Paris, BN. Cornell); Cologne, Peter Quentel, March 1546, pp. 411–412 (Columbia). The text is that of the first edition.

The anonymous author of the supplementary biographies which appear for the first time in the 1512 Paris edition of Trithemius's *De scriptoribus ecclesiasticis* was almost certainly a Frenchman. The majority of the new biographies are of French scholars and they ring with an exuberant cultural patriotism. (The title page of the 1546 edition notes that the appendix containing these lives "nato est nuper in Galliis.") The author shows a certain regional and ecclesiastical bias as well. A disproportionate number of lives are devoted to Normans and to members of the Dominican Order, which suggests the circle of Guillaume Parvy or, possibly, that of Guillaume de la Mare. A host of details confirm the author's familiarity with Parisian intellectual life and publishing, especially in the years 1511–1512. The longest life is that of L. The story that L.

had renounced a substantial property in Etaples in favor of his relatives occurs here for the first time. The bibliography is far from complete. It is reasonably good on L.'s early publications and on his most recent works; it is very thin on the years between 1504 and 1510, omitting L.'s editions of the *Lausiac History* of Palladius (1504; ep. 38), Onosander's *General* (1505; ep. 42), the *Hermetica* (1505; ep. 43), Lull's *Contemplationes* (1505; ep. 45), George of Trebizond's *Dialectica* (1508; ep. 65), the *Quincuplex Psalterium* (1509; ep. 66), Ricoldo da Monte-Croce's *Contra sectam Mahumeticam* (1509; ep. 68), Hegesippus's *De bello Judaico* (1510; ep. 73), and Berno's *De officio Missae* (1510; ep. 77).

The supplement as a whole appears to have been written in 1512. The inclusion of L.'s edition of Ruysbroeck's *De ornatu spiritualium nuptiarum* (5 Aug. 1512; ep. 91), the listing of the Pauline commentaries, which were to appear only on 15 Dec. 1512 (ep. 96), and above all the author's knowledge of Zanobi Acciaiuoli's translation of the commentary on Ecclesiastes by Olympiodorus (ep. 93), on which Zanobi was still working in the environs of Florence in early Aug. 1512 and a manuscript copy of which could hardly have reached Paris much before the beginning of September—all of this suggests that the notice of L. was finished very close to the date of publication, 16 Oct. 1512.

Iacobus Faber Stapulensis, celeberrimus nostri saeculi philosophus, Belgicae quin immo totius Galliae unicum decus, hac nostra tempestate divino quodam munere in rei litterariae remedium datus, omnes philosophiae partes a caliginosa quorundam sophistarum barbariae vendicavit; et quae iam omnino Latine loqui dedidicerant,[a] ac longe ab Aristotelis ceterorumque vere philosophantium mente abierant, in pristinam et sermonis et doctrinae maiestatem restituit ea structura et serie, ut nihil desit addendum nihilque sine vitio se offerat demendum, tanta industria tantumque in omnibus suis operibus artificium, tanta in dicendo dignitas, ut cum philosophia quisque vel mediocriter doctus eloquentiam (quod antea non licebat) consequi uberrime possit. Primus enim apud Gallos (ut Cicero apud Romanos) philosophiam rudem adhuc et impolitam cum eloquentia iunxit. Nam cum antea Parisiis peregrinaretur, civitate donavit. Unde non solum philosophiae rudes, sed etiam docti aliquantum se arbitrantur adeptos et ad dicendum et ad iudicandum.[b] Est enim in dicendo sublimis, in sententiis gravis, in inventione exquisitus, in compositione diligens et curiosus, nec suorum tantum, sed etiam alienorum operum. Ad hoc siquidem unum natus videtur, ut palaestrae litterariae consulat, bonas

a. dedicerant *1546*   b. iudicandum *1546*; indicandum *1512*, *1531*

artes instauret et in antiquum splendorem reducat. Ea est huius viri cura, ea oblectatio ad studium, eo cogitatus omnis, eo mens, eo animus dirigitur, quod ut liberius fiat,[c] non modo patrimonium, quod non contemnendum Stapulis habebat, instar Demetrii suis condonavit, sed et dignitates, officia, beneficia et honorifica et opulenta abiecit, cum Thebano Crate ratus, talia raro virtutibus cohaerere. Denique ut exiguo concludas omnia versu,

> Ditavit sophia saecula nostra Faber.

Sequuntur autem quae in artibus liberalibus a se contexta sunt. Primum est:

Paraphrasis in logicam Aristotelis miro artificio elaborata,[1]

In Physicen Aristotelis introductio et paraphrasis stilo non inerudito contexta,[2]

In Ethicen eiusdem paraphrasis et introductio,[3]

In Oeconomica commentarius,

In Politica commentarius et introductio.[4]

In Arithmeticam Iordani commentarius et demonstrationes,

In Severini Boetii libros arithmeticos epitome,

In Musicam elementa quaedam,[5]

In astronomicum introductorium Iohannis de Sacrobosco commentarius.[6]

Astronomici theorici corporum caelestium libri ii,[7]

Introductio in sex libros Metaphysicos Aristotelis et in eandem commentarius.[8]

Cetera quidem maiora in liberalium artium facultate expectantur. Sed neque his contentus vir religiosissimus rebus divinis animum intendit, et se illis totum dedidit, magnum theologis nostris et divini verbi scrutatoribus ornamentum et adiumentum allaturus, utpote qui implicita explicet, obscura elucidet, innodata enodet, trunca et mutilata passim loca restituat. Quod ex his quae in hac[d] sacratissima divinae sapientiae disciplina aut traduxit aut scripsit aut correctius emendatiusque imprimi curavit facile deprehendi potest. Sunt autem subscripta:

c. fiat *1546*; fiant *1512, 1531*   d. haec *1531*

Ioannis Damasceni translatio,[9]
Commentaria in Ricardum De trinitate,[10]
Commentaria in Ecclesiasten,[e][11]
Commentaria in epistolas Pauli,[12]
Scholia in Dionysii Areopagitae opera,[13]
De ornatu spiritualium nuptiarum, [14]
Commentaria in Hugonem de Sancto Victore.[15]

Vivit Parisiis, quotidie nova quaedam fabrili sua incude cudens.

1. See ep. 13 and Bibliography, CXI–CXXXVI. Cf. ep. 27, note 3.
2. Ep. 1, note 1 and I–XV, XVI–XX.
3. Ep. 7 and XLIII–LXX. Cf. ep. 31.
4. Ep. 49, notes 2 and 3 and CXCVI–CCVI; ep. 63 and CCXIII–CCXVI.
5. Eps. 5, 9, 10, 11 and LXXXVI–CVI.
6. Ep. 8 and LXXI–LXXXV.
7. Ep. 36 and LXXXVIII, CVII–CIX.
8. Ep. 6.
9. Ep. 53 and CCVII–CCXII. Cf. ep. 92.
10. Ep. 74 and CCXXXVIII.
11. Ep. 93.
12. Ep. 96 and CCXLV–CCLII.
13. Ep. 20 and CLV–CLXVII.
14. Ep. 91 and CCXLIV.
15. This is an error. Clichtove edited several works of Hugh of Saint-Victor. Neither he nor L. wrote commentaries on Hugh. Cf. eps. 51 and 57.

95

Robert Fortuné to Louis Ruzé   Paris. Collège du Plessis.
                                       November 1, 1512.

Beatissimi Cecilii Cypriani carthaginensium presulis, oratoris, verbique diuini preconis eloquentissimi: ac trini vniusque dei proclamatoris vehementissimi opera hinc inde excerpta, et in vnum vigiliis, & sumptibus magistri Bertholdi Rembolt, & Ioannis waterloes calcographorum peritissimorum ac veracissimorum collecta & impressa: quorum distinctio fronte sequenti notatur, Paris, Berthold Rembolt and Johannes Waterloes, 13 Nov. 1512, sig. a, ii, r–a, iii, r (Florence, Bibl. Naz. New York, Union Theological Seminary. Uppsala. Panzer, VII, p. 560, nos. 512, 513).

e. Commentaria in quatuor evangelia *post* Ecclesiasten *1546*

Louis Ruzé (d. 25 Jan. 1526), "seigneur de la Herpinière et de Melun," "conseiller de ville" in 1500, "conseiller au Parlement" in 1511, and "lieutenant civil au Châtelet" or subprefect of Paris. See Delaruelle, *Répertoire*, 10–11, 33; Renouard, *Badius*, II, 534 and III, 174, 190–192, 199; Allen, II, 402, note; and Jovy, III, 12–13.

The epistle prefaces Robert Fortuné's edition of the works of Cyprian. The *editio princeps* had been published in Rome in 1471 by Giovanni Andrea dei Bussi, bishop of Aleria (*GW*. 7883). In 1483 in Venice Cristoforo da Priuli published a third edition (*GW*. 7885), dedicated to his friend Jacopo Grasolari (Ferrari, p. 373). Like the second edition (*GW*. 7884), it was a virtual reproduction of the first. The bulk of Berthold Rembolt's Paris edition of 1512 was drawn, in its turn, from that of Cristoforo da Priuli. Fortuné included not only all the works of Cyprian contained in that edition but also the prefatory epistle, "C. de P. ad Iacobum Grasolarium," the *testimonia* from Jerome and Lactantius, and the index. On the other hand, Fortuné published three items not included in the Venetian edition of 1483: (1) Arnaud de Bonneval (d. c. 1156), *Cardinalia Christi opera usque ad ascensum eius ad patrem* (attributed to Cyprian in a Paris edition of André Boucard and Jean Petit, 28 June 1500); (2) *Passio beati Cypriani episcopi Carthaginensis per Pontianum eius diaconum edita* (*Acta Sanctorum*, Sept., IV [1868], 332–333); and (3) Rufinus, *Commentarius in symbolum Apostolorum* (*ML*. XXI, 335–386; English translation by J. D. N. Kelly, *Ancient Christian Writers*, XX, 1955). Numerous manuscripts attribute this last work to Cyprian or, occasionally, to Jerome. G. Hartel, *Cypriani Opera omnia*, CSEL. III (Vienna, 1871), p. LXXVII conjectures that Fortuné printed the *Passio Cypriani* and Rufinus from Cod. Par. lat. 1922, which contains both works (the Rufinus is attributed there to Cyprian), plus several spurious works, including the *De aleatoribus*. Aleander contributed a long poem in praise of Cyprian and of the printer, Berthold Rembolt (sig. a, iii, v–a, iiii, r).

Robertus Fortunatus Macloviensis[a][1] Lodoico Ruricio Blesensi, senatorio viro dignissimo, cum litterarum tum virtutum eximio cultori, litteratorumque omnium Maecenati fortunatissime perbeateque degere.

Quod te Ruricii (non uti vulgus Rusicii vel Rusei) cognomine donet Fortunatus, Lodoice prudentissime, nihil procul dubio mirum, cum et eodem quidem Ruricii cognomento prisci maioresque tui religionis in primis cultores ab auctoribus et illustrissimis et sanctissimis nuncupati fuerint. Scribit enim Severus ille, vir litteris et sanctimonia praeditus, in beatissimi Turonici praesulis Martini vita, Ruricium quemdam, unum e Turonicis et praecessoribus tuis, dum ad

---

a. Macloniensis *ed.*

ecclesiae Turonicae praesulatum Martinus vocaretur nec erui monasterio suo facile posset, uxoris languore simulato (quemdam etenim vita functum paulo ante Martinus ipse suscitaverat) ad sancti viri genua provolutum, ut monachalem egrederetur cellulam precibus obtinuisse, ita dispositis iam in itinere civium turbis, ut sub custodia quadam ad civitatem usque deduceretur.[2] Quod insuper Ruricius dicendum, nobis non defuerit Fabii Quintiliani, Nonii Marcelli, Prisciani et aliorum complurium auctoritas, dicentium *R* in *S* elementum quam saepissime transire, ut *valesios* pro *valerios* et *maiosibus* pro *maioribus* dixerint; quod et Parisienses et Turonenses (uti quam optime nosti) mulieres potissimum vulgari sermone (quia scilicet *S* littera quam *R* suavius sonet) passim efferunt. Non itaque miretur quispiam si Ruseium modo, modo Rusicum pro Ruricio proferant. Accedit huc Roberti[b] tui Fortunati quantulumcumque iudicium,[c] quia tu musicus totus cum Musis et otiatus et rusticatus, musicos et litteratos omneis ruris et agrorum fertilium instar adiuves, foveas, eleves et tamquam Maecenas alter dirigas, incites, erigas, ut nec iniuria quidem Ruricius atque frugi dici merearis, et horum fidelissimus omnium testis fuerit

Fortunatus et ille deos qui novit agrestes.[3]

Sed quorsum haec de Rusicio seu Ruricio tanta? Martinum (quamvis a nonnullis contemptui haberetur) ad Turonensis praesulatus dignitatem evexit proavorum atavus ille tuus Ruricius. Caecilii Cypriani Carthaginensis antistitis (quo vix nobiliorem, sanctiorem, copiosiorem, subtiliorem, divinioremve comperias scriptorem) obsita carie, situ vetustateque corrosa, tantopere desiderata concupitaque opera complura in lucem prodire iubet Ruricius noster Lodoicus, rei publicae litterariae non minus quam iustitiae ministrandae benevolus, utilis, beneficissimus. Rem procul dubio Deo gratam, omnibus utilem, studiosis accommodam, a quibus laudem, sed et ab omnium bonorum retributore, Deo, perpetuae salutis mercedem expectaturus. Opus sane praeclarum, verborum ornatu limatum, sententiarum gravitate ubertateque respersum, cuius laudes oriens non ignorat, occidens canit et iubilat, opus inquam inclitum multis ante saeculis absconditum, cuius lectio dormientes excitet, calcar addat, ad Deum convertat, ad beatorum

b. Ruperti *ea*.　　　　　　　　　c. indicium *ed*.

theologiam invitet et modo quodam ineffabili disponat, nec denique per scabrosa sive ambages et inextricabiles quosdam labyrinthos Gordiive nodo legentium mentes

> Ducat in errorem variarum ambage viarum.[4]

Debebit itaque tibi plurimum, prudentissime mi Lodoice, studiosus quisque cui puriora solidiora sacrosanctaque placebunt studia; et ut magis magisque tibi, necnon dominis abbati Pruliaco et Guielmo Hueo Aurelio, viris sane ad virtutes litterasque meliores natis, debeatur, bonis avibus Petri Blessensis in lucem prodeant opera.[5] Et huic quidem tam frugi tamque pio negotio suppetias sese laturum pollicitus est reverendus ille pater ac dominus dominus Guielmus Parvus,[6] sacrarum professor litterarum, doctor eximius et Christianissimi domini nostri regis Lodoici XII a confessione dignissimus, cognomine quidem parvus,[d] re vero, auctoritate, verbo, opere pariter ac voluntate praecipuus, qui virtutibus et litteris in primis delectatus, veriorum et puriorum scripta virorum et probatiorum auctorum (quibus inhiat totus) et sequitur et pro viribus in lucem revocanda procurat. Debebitur et Guielmo nostro Poteto,[7] poetae sane et oratori facundissimo, iurium quoque cum Caesarei tum pontificii alumno multiscio, qui (nobis aut lectionibus aut rebus familiaribus occupatis) opus insigne relegit, emaculavit et annotatiunculis quibusdam non negligendis, locorumque Bibliae et aliorum citationibus vel (ut aiunt) quotationibus ad marginem perpulchre[e] multoque cum labore donavit. Debebit itidem pius lector magistro Bertholdo Rembolt chalcographo viro sane litterato, tersissimo, fidelissimo, qui nec laboribus nec pecuniis parcens, alia lubens eiusdem auctoris opera quae prius minime vel impressa vel coimpressa fuerant, perquirens partim, partim vero per nos quaesita congratanter excipiens, singula chalcographiae suae mandavit. Adiiciunda etenim tuis illis quae dedisti Cardinalia Christi opera usque ad ascensum eius ad patrem, una cum eiusdem auctoris in symbolum apostolorum expositione et per Pontianum eius diaconum passione curavimus, aliquibus uti De aleatoribus et ceteris paucis (quia parum sibi constabant) praesens in tempus omissis. Et quamquam fastidiosa forte (quia prolixior) epistola nostra nonnullis videbitur,

---

d. parvum *ed.* e. perpulchrae *ed.*

si tamen lectorem non pudet pigetve,[f] Christophorum de Priolis ad
Iacobum Grasolarium sequentem legat epistolam, quam nec omitten-
dam quidem censuimus, tum quia auctorem sua frustrandum gloria
indignum duximus, tum quoniam totius operis veluti argumentum
quoddam et ipsius auctoris in scribendo vires virtutesque paulo latius
contineat. Ad cuius quidem auctoris vitam post beatum Hieronymum
De viris illustribus et Lactantium Firmianum De divinis institutioni-
bus libro quinto addidisse, decerpsisse potius fuerat; cum virtutum
eius gratia (ut cum sancto loquamur Ambrosio[8]) non sermonibus
exponenda, sed operibus comprobanda sit, quorum pluris fuerit testimonium quam Petri Criniti sermonis duritiem audaciam aut improbi-
tatem impingentis.[9] Illud unum tamen licito[g] ipse tenuerit, hunc
nostrum auctorem Caecilium Cyprianum fuisse praesulem illum Car-
thaginensem a Caecilio presbytero (a quo Caecilii cognomen sortitus
est) ad Christi fidem conversum:[10] non autem magum illum ab
Iustina virgine, eius ad Nicomediam civitatem conmartyre, ex illa
demonum magia ad unius et veri Dei latrian revocatum et per An-
thimum[h] (cui in praesulatus dignitate successit) sacris initiatum et
addictum;[11] nec item Cyprianum inter quater mille nongentos septuaginta sex martyres sacerdotem praecipuum;[i][12] nec denique Petra-
goricensem abbatem, miraculis et vitae sanctitate clarissimum.[13] Interea fortunatissime beatissimeque vale. Ex Plesseiis tuis aedibus,
Parisiis[j] ad Kalendas Novembres. M.D. XII.

1. See ep. 65.
2. Sulpicius Severus, *Vita S. Martini*, 9, 1–2 (ed. C. Halm, *CSEL.* I [1866],
118–119). The *Vita* had been published in Paris by Jean Marchant for Jean Petit
in July 1511, edited by Jerome Clichtove, Josse Clichtove's cousin.
3. Virgil, *Georg.* II, 493.
4. Ovid, *Met.* VIII, 161.
5. The *Opera* of Peter of Blois did not appear until 1519: *Petri Blessensis…
Insignis opera in unum volumen collecta et emendata*, edited by Jacques Merlin
(Paris, André Boucard for Jean Petit, 15 Oct. 1519) and dedicated to Michel
Boudet, bishop of Langres. *Pruliacum* is perhaps the Benedictine abbey of
Preuilly-sur-Claise near Loches. Its abbot in 1512 was Georges de Chauveron
(*Gallia Christiana*, XIV, 305 and Cottineau, II, 2363–64). Guillaume Huet (d.

f. pigetur *ed.*
g. licior *ed.*
h. Autimum *ed.*

i. praecipium *ed.*
j. Parrhisii *ed.*

1522), a Benedictine at St. Aignan's in Orléans, then a Franciscan, and finally dean of the Cathedral Chapter in Paris (15 Feb. 1518), was a friend of Ruzé and of several Orléans humanists. About 1515 he published the *Sermones quadragesimales* of Bonifacio da Ceva (Paris, BN.). In 1519 Nicole Bérault described him to Erasmus as "vir alioqui in quouis scribendi genere non mediocriter antehac versatus, bonarumque omnium sed diuinarum praesertim literarum adeo studiosus, ut quem huic praeferamus habeamus profecto neminem" (Allen, III, 619 and note; cf. Renouard, *Badius*, II, 494–495).

6. See ep. 68.

7. In addition to his editorial work Potetus supplied verses in praise of Cyprian (sig. a, iii, r). Further small details on this obscure humanist lawyer in Renouard, *Badius*, II, 470.

8. [Pseudo-] Ambrose, *Commentaria in Epist. ad Thessalonicenses secundam*, 3, 10 (*ML.* XVII [1876], 485 B): "magis enim opera suadent, quam verba."

9. *De honesta disciplina*, VIII, 3 (ed. Carlo Angeleri, Rome, 1955, pp. 199–200). Pietro Crinito is reporting the views of Pico della Mirandola on the different styles of the ancient Romans, Spaniards, and Africans: "Romani omnes in suo genere pressi, elegantes et proprii... Hispani autem florentes, acuti et qui ad peregrinum inclinent... Punici et Carthaginienses duri, audaces, improbi, ut Florens Tertullianus, Apuleius, Ciprianus et Capella: 'Priores—inquit [Picus]— Romanum ius servarunt ac nulla prorsus vitia in sermone admiserunt; sequentes ab his declinarunt; tertii palam aberrantes virtuti vitium praetulerunt.'" Badius had published the major works of Crinito in Paris in 1508 and again in 1510 (Renouard, *Badius*, II, 350–362).

10. Cf. Jerome, *De vir. ill.*, 67.

11. Petrus de Natalibus, *Catalogus sanctorum* (Strasbourg, 1513), VIII, cxxj. Cf. *Acta SS.* Sept., VII (Paris, 1868), 180–243; H. Delehaye, "Cyprien d'Antioche et Cyprien de Carthage," *Analecta Bollandiana*, XXXIX (1921), 314–332; and *Martyrologium Romanum, Acta SS.* Propylaeum Dec. (Brussels, 1940), 417.

12. *Ibid.*, IX, liv.

13. *Ibid.*, I, li. Cf. *Martyr. Romanum*, p. 575.

96

To Guillaume Briçonnet   [Paris. c. December 15, 1512.]

Contenta. Epistola ad Rhomanos. Epistola prima ad Corinthios... Epistola ad Hebraeos. Ad has 14: adiecta intelligentia ex Graeco. Epistola ad Laodicenses. Epistolae ad Senecam sex. Commentariorum libri quatuordecim. Linus de passione Petri & Pauli, Paris, Henri Estienne, 15 Dec. 1512, sig. a, i, v–a, ii, v; CCXLVI (1515), sig. a, i, v–a, ii, v. The text is that of the revised edition of 1515. The epistle will also be found in CCXLIII–CCLII. French translation in

Herminjard, I, 3–9; partial English translation by P. L. Nyhus, in *Forerunners of the Reformation*, ed. H. A. Oberman (New York, 1966), 302–305.

The epistle prefaces L.'s revised text of the Latin Vulgate of Paul's Epistles and his commentaries on them.

Reverendo in Christo patri et D. D. Guillermo Briconneto episcopo Lodovensi[1] Iacobus Faber Stapulensis aeternam in Christo Deo S.

Non te latet, sapientissime pater, qui in iis quae a providentia sunt maxime oblectari soles, cum agricola proscindit agrum, quantoscumque valet illi impendens labores, si plantula surgit, si uberem fructum affert, id donum Dei esse.[2] Et etiam nemo est fidelium qui iam id addubitet eatve infitias. Si igitur terra quam pecudum vestigia calcant divino favore foecundatur, quanto magis mentium humanarum rationalis terra quae divinis patet ingressibus et quam divina terunt vestigia? Terra autem quae non colitur et quae caelestem non sentit imbrem, si quicquam profert, non est humanis usibus aptum, sed spinae sunt, vepres et tribuli aut sine ullis utilitatibus herbae. Hunc prope in modum quae divinum non sentiunt radium, si quicquam humanae pariunt mentes, id plus nocere quam prodesse solet, neque ullum mentibus vitale praebere pabulum. Mentium enim superno favore destitutarum foeturae tribuli sunt, sentes et lappae. Et ferme talibus omnia sunt plena cum eorum qui circa humana tum qui circa divina scripsere. Eos excipio qui non ex se sed divino motu impulsi ad scribendum accessere; motus enim ille ad sublimia tendit et lucida. Mentes autem humanae de se steriles sunt, quae si se posse credunt praesumunt, et si quicquam pariunt infructuosum est, grave, opacum et potius contrarium menti quam vitale pabulum animae vitaeque consentaneum. Ergo si sensibilis terra profert fructum humano corpori accommodum caelestis doni manifestissimum est indicium, at vero multo magis si humana mens foetum edit vitae ac saluti conducentem animarum. Igitur in talibus non mentem ipsam, non humanum artificem (quisquis is tandem sit quem Deus suum delegerit instrumentum) attendere oportet, sed praecipue caelestem indultum ipsumque divinum indultorem. Quapropter te, humanissime pater, et omnes qui hoc in volumine ordinatas diviniloqui Pauli lecturi sunt epistolas, oratos esse velim vel obnixissime, ut non tam Paulum ipsum quam Pauli gratiam et gratiae indultorem attendant. Et tanto minus cum commentarios forte quoscumque legunt humanos attendere debent auctores si spiritualis vitae verique animi pastus percipient indicia, sed intelligere debebunt desuper iam foecundantem virtutem, verumque agnoscere auctorem, agnitumque sequi quanta valebunt animi puritate atque pietate; ad eum enim his solis acceditur passibus qui omnia operatur in omnibus. Sin nullam vitalem mentis percipiunt alimoniam, humanae mentis ager spiritus sancti rorem non sensit, spiritus sancti imbre non maduit, sed ex se protulit inutile germen, iuxta divinum sermonem: Maledicta (inquit) terra in opere tuo: spinas et tribulos germinabit tibi.[3] Ergo quod ex secunda generatione habemus non nostrum sed divinae benedictionis est opus. In hac igitur divinam benedictionem attendamus artificem; in illa vero primae nativitatis maledictum, cuius opus aeque fugiendum ut bene- dictionis prosequendum.

Et quamquam prosequendum non tamen humanus auctor (quod dictu dignum sit) aspiciendus est, nam id quam exploratissimum esse debet: Neque qui plantat esse aliquid, neque qui rigat, sed qui in- crementum dat Deus.[4] Tanto minus aestimandi erunt qui circa iam plantata, irrigata et iam Dei incrementum habentia se exercent; magna tamen gratia in his omnibus et circa omnes esse potest. Quam qui attendent se parant, ut gratiam percipiant. Quid enim gratiarum dif- fusor vult nisi gratiam infundere paratis, haud secus ac lucidum lumen capacibus oculis? Qui intelligent has epistolas esse Dei donum et quod adiectum esse Dei donum proficient. Et ii non ex se sed ex gratia proficient. At vero qui mundanum forte attendent artificem, immo qui Paulum ipsum qui iam supra mundum est, quasi hae epistolae sint eius opus et non superioris energiae in eo divinitus operatae, suo sensu ad lecturam accedentes, parum fructus inde sunt suscepturi; et inflati sensu carnis suae, multa extorte iudicantes, circa inania vanes- cent et tantundem mente aegrotabunt. Quod si cui ita esse cernere conceditur, id non parum est. Assit Christus divinorum auctor mune- rum, omnibus gratiam donans, datamque conservans et augens con- servatam, ut nullus suo sensu iudicet praesumatque iudicans. Nam Paulus solum instrumentum est. Experimentum (inquit) quaeritis in me loquentis Christi.[5] Haec enim doctrina Christi est, non cuiusvis alterius. Proinde qui studiosi eius erunt, haurient aquas in gaudio de fontibus salvatoris, ut divinum continet oraculum.[6] Haec est pars doctrinae de qua dicitur in Osee: Scientiam Dei volui potius quam holocaustum.[7]

Quod si Paulus huius divinae scientiae solum instrumentum est, quid posteriores quicumque esse poterunt, si quicquam etiam dici possunt, nisi perexile et tenue subinstrumentum, etiam omni instrumento minus atque inferius? At magnum tamen est hoc pacto esse subinstrumentum et subinstrumento minus, etiam humanas longe exuperans vires. Qui igitur pie accedent ad haec legenda non Paulus, non quisquam alius, sed Christus et spiritus eius superbonus praestabunt, ut pietate proficiant. Qui vero praesumptuose ac superbe non etiam Paulus, non alius quicumque, sed ille repellet qui superbis resistit et humilibus dat gratiam.[8] Dulce manna quod e caeli rore concrescit et dulce mel quod ex eodem decerpitur e floribus, sed omnibus dulcius Dei donum iis quibus ipse elargitur degustandum.

Verum tantillis hactenus; pii satis a nobis admoniti sint lectores. Quibus primum ex gratia salvatoris exhibemus diviniloqui Pauli vulgatae editionis epistolas prima fronte legendas; et e regione earumdem intelligentiam ex Graeco respondentem. Post quas ut quattuordecim in ecclesiarum usu beatissimi Pauli receptae sunt epistolae, sic et quattuordecim subiecti sunt commentariorum libri, ea quidem diligentia, ut primus primae respondeat epistolae et secundum secundae atque ita deinceps.[9] Et in omnibus caput capiti et numeri numeris; suntque omnia Graeco more signata, ut facile omnium pateat conspiratio mutuaque respondentia. Parvus numerus sursum ad latus e regione sinistrae legentis caput epistolae monstrat. Id tamen advertendum: unamquamque harum epistolarum apud Graecos continuo tractu scribi et non partiri manifestis sectionibus et capitum rubricis ut apud Latinos; sed numeri dumtaxat in margine assituantur e regione locorum ubi Latini suas capitum sectiones habent. Neque enim ullorum scribentium mos est, ut cum epistola mittitur, secta rubricis et huiusmodi discapedinibus mittatur, sed continuo filo texta descriptaque continuo. Quo modo dubium non est et scripsisse et misisse omnia callentem Paulum. Idcirco et nos quoque sic sectiones per maginales numeros ad litterae latus, nunc dextrum, nunc levum adnotavimus. Minutuli autem numeri in easdem partes gratia commentariorum et canonum sunt. Sed id fortasse minus quam quod adnotatione dignum fuerit, aliquibus utcumque videbitur. Nunc vero ad reliquorum pauca monstranda redeamus. Maior numerus sursum in medio ferme margine e regione dextrae numerum monstrat epistolae; est enim epistola ad Romanos prima, duae ad Corinthios secunda et tertia et hoc pacto deinceps, eo ordine quo in libris Latinorum digeri solent. Et in eadem parte sursum ad extremum latus nomen legitur epistolae, verbi causa an ad Romanos, an ad Corinthios aut quosvis alios aliumve scripta sit. Et quia maiores nostri tum Graeci tum Latini canones his epistolis praefixere, et adhuc in plerisque vetustis codicibus eos reperire promptum est, apud quidem Graecos Eusebius et Ammonius, apud vero Latinos Priscillianus, ideo et nos (omissis tamen iis qui sunt Priscilliani non solum ob id quod ubique corrupti inveniuntur, verum et insuper quod eorum numeri nostris non conspirabant) alios praefiximus, ut ad contenta in epistolis, ad articulos fidei et adversus haereticos;[10] quae omnia luce clariora suis locis conspicabuntur perfacile.

Et in his omnibus nonnulli forte nostram probabunt diligentiam. Quod sive ita fecerint sive secus parvi refert. Servo enim nihil curae esse debet, tanto magis subservo et minus quam subservo, sive alii probent sive repraehendant, dum modo uni omnium domino et superdomino suo labor eius sit acceptus. Acceptet itaque Christus dominus, plusquam dominus et superdominus nostrum laborem.

Nonnulli etiam forte mirabuntur non parum quod ad tralationem Hieronymi intelligentiam Graecam adiicere ausi fuerimus, id nimis insolenter factum arbitrantes, et me temeritatis et audaciae non tam accusabunt quam damnabunt. Quibus nihil succensemus; nam iuste id quidem facerent si ita res haberet ut et ipsi coniectant et iam quam plurimis est persuasum. Verum nos bona venia dignabuntur cum plane intelligent nos ad sacri Hieronymi tralationem nihil ausos, sed ad vulgatam editionem, quae longe fuit ante beatum et gloriosum ecclesiae lumen Hieronymum et quam nobiscum ipse suggillat, carpit et coarguit et quam veterem et vulgatam appellat editionem.[11]

Quamvis igitur, sacerrime praesul, pro innumeris quibus me iampridem cumulasti et indies cumulas beneficiis, pro tantis ad studia commodis quibus me donas, nulla alia re respondere, nulla alia tibi usui esse queam nisi ut te omni in loco unicum benefactorem agnoscam; has tamen divinae benedictionis primitias nostri in beatissimum Paulum laboris, Deo imprimis oblatas, tu sacratus eius antistes, tu vicarius suscipere non dedignare, non ut nostrum donum sed ut Deo oblatum. Admitte Paulum hospitem, intromitte Christi praeconem, Christi ad omnium gentium vitam legatum, supermundanum oratorem. Quem tantopere peregrinum alias efflagitabas amplectere praesentem. Quem insuper si sacro pectoris tui armario condideris, conditum servaveris,[a] servatum ruminaveris, coxeris, digesseris, te dubio procul in verae beatitudinis tramite collocabit, multo cum spirituali infinitoque gaudio tandem percipiendae. Quam annuat tibi gratia Christi, caelorum terraeque domini, quae sola vere beatos efficit. Ad quam per eiusdem gratiam dilucidius intelligendam ex horum librorum piis exercitationibus non parum iuvabere, modo aliquo indigeas adminiculo et non potius ex amplis Dei muneribus ac gratiis, quae in te sunt copiosae, omnia per te possis, sufficias ac diviter intelligas. Semper igitur memineris te esse quod es: praeclarissimum inquam pontificale iubar, innumeris et raris plusquam naturae dotibus a Deo decoratum. Vale praesulum decus.

1. See ep. 43.
2. Cf. Eccl. 3:13, 5:18.
3. Gen. 3:17–18.
4. 1 Cor. 3:7.
5. 2 Cor. 13:3.
6. Is. 12:3.
7. Osee 6:6.
8. I Petr. 5:5; Iac. 4:6.
9. The contents of the editions of 1512 and 1515 are as follows. First, two texts of the fourteen Pauline Epistles "in ecclesiarum usu receptae": the *vulgata aeditio* in one column and parallel to it L.'s emended text, the Vulgate corrected from the Greek (ed. 1515, ff. 1r–64r). Fourteen books of commentaries follow (ff. 65v–258r). At the end, with its own title page, are two apocryphal accounts of the martyrdoms of Peter and Paul (ff. 259r–264r; see ep. 97).

L. added the letter to the Laodicians to his commentary on Colossians (ff. 180v–181r). "Epistola quam misit Paulus ad Laodicenses inter epistolas eius nunc non continetur. Verum unam titulo Pauli ad Laodicenses insignitam quatuor in locis reperi: primum Patavi in coenobio sancti Ioannis de Viridario, Coloniae apud fratres communis vitae, et apud Parisios in bibliothecis Eduana et Sorbonica. Quam quia non nisi pietatem continere conspexi, nihil etiam fuerit a pietate alienum si eam hoc in loco inseramus, ut qui fuerint studiosi Pauli (debent enim Christiani omnes) legant et etiam consolentur legentes. Haec autem est huiusmodi." After giving the text of the letter, L. continued: "Haec est quam

a. servaris *1512*

sub nomine Pauli et Laodicensium reperi epistolam, et gavisus sum reperiens, et eam cum voluptate ob Christi et apostoli eius nomen repertam legi perlibenter. Quae si brevis sit, quid prohibet apostolum interdum breves, interdum longas confecisse epistolas? Brevis etiam et illa est quae est ad Philemonem. Praeterea quia sapit Christum et sancta continet praecepta, ubicunque sane nomen Christi legitur, ubicunque in voce sonat, inclinatio et veneratio debetur. Nam est summi et aeterni regis nostri nomen, quem decet omnis laus et gloria et in spiritu et veritate adoratio in omnia saeculorum saecula Amen." Cf. L. Vouaux, *Les Actes de Paul et ses lettres apocryphes* (Paris, 1913), 322–326 and Altaner, *Patrologie*, 65.

At the end of his commentary on Philemon L. printed the famous Latin correspondence of Seneca and Paul (ff. 218r–221r). He had no doubt of its authenticity, prefacing it with the following remarks: "Ceterum quia hic liber [Book 13 of his commentaries] in sola expositione huius ad Philemonem epistolae non aequam ac sufficientem videtur continere molem, idcirco ad ipsum implendum nihil praeter officium fecisse videamur si familiares Senecae ad Paulum et familiares Pauli ad Senecam responsivas subiiciemus epistolas, ut non desit amatoribus Christi et Pauli in quo ipsi solentur animos in utroque modo epistolarum beatissimi Pauli tam catholico quam familiari: in catholico altius et augustius, in familiari humilius ac remissius, tanquam qui ex gravi aliquo et sublimi negotio ad aliquod leve remittit operam relaxandique quodam modo animi gratia descendit; vult enim animus interdum ex gravioribus studiis per leviora laxari. Epistolae Senecae ad Paulum sunt octo et Pauli ad Senecam sunt sex. Et scribit Paulus ad Senecam non ut ad regeneratum et plane fidelem, sed ut ad amicum et qui Christianos non odio sed benevolentia prosequeretur et qui disciplinam probaret eorum. Verum quid de his epistolis sacer sentiat Hieronymus in primis audiamus. Loquens enim in libro virorum illustrium de Annaeo Seneca ait: 'Quem,' inquit, 'non ponerem in catalogo sanctorum nisi me illae epistolae provocarent, quae leguntur a plurimis, Pauli ad Senecam et Senecae ad Paulum. In quibus cum esset et illius temporis potentissimus, optare se dicit eius esse loci apud suos, cuius sit Paulus apud Christianos.' Haec sacer Hieronymus [*De vir. ill.*, 12]. Et Linus de Paulo et Seneca loquens ait: 'Institutor imperatoris adeo est illi amicitia copulatus, videns in eo divinam scientiam, ut se a colloquio illius temperare vix posset; quo minus si ore ad os illum alloqui non valeret, frequentibus datis et acceptis epistolis ipsius dulcedine et amicabili colloquio atque consilio frueretur.' Haec Linus [R. A. Lipsius, *Acta apostolorum apocrypha*, Leipzig, 1891, I, 24]. Quis enim alius legitur imperatoris Neronis institutor nisi Cordubensis Seneca? Et videtur Seneca suum stilum aliquantulum obumbrasse et dissimulasse. Et id puto ex industria, ut si forte in alienas manus epistolae venissent (etsi inscriptae nomine Senecae) potuissent nichilominus in periculo non videri Senecae. Periculum enim erat et contra imperatoris tunc edictum Christiani aut Iudaei familiaritate uti." Cf. Vouaux, *Les Actes de Paul*, 332–369; *Epistolae Senecae ad Paulum et Pauli ad Senecam* (*quae vocantur*), ed. C. W. Barlow, Papers and Monographs of the American Academy in Rome, X (1938); and Altaner, *Patrologie*, 65.

10. On the concordances of Ammonius of Alexandria and Eusebius see Eusebius, *Epistola ad Carpianum*, ed. H. von Soden, *Die Schriften des Neuen Testaments* (Berlin, 1902), I, 388–389; *Canones Evangeliorum* (*MG*. XXII, 1275 sqq.); Jerome, *De vir. ill.*, 55; J. Quasten, *Initiation aux Pères de l'église*, tr. J. Laporte (Paris, 1955), II, 123; G. H. Gwilliam, "The Ammonian Sections, Eusebian Canons and Harmonizing Tables in the Syriac Tetraevangelium," *Studia Biblica et Ecclesiastica*, II (Oxford, 1890), 241–272; Carl Nordenfalk, *Die spätantiken Kanonentafeln. Kunstgeschichtliche Studien über die eusebianische Evangelien-Konkordanz in den vier ersten Jahrhunderten ihrer Geschichte* (Göteborg, 1938); and Eliz. Rosenbaum, "The Vine Columns of Old St. Peter's in Carolingian Canon Tables," *Journal of the Warburg and Courtauld Institutes*, XVIII (1955), 1–15. Both Ammonius's and Eusebius's canons were gospel concordances and neither included the Pauline Epistles. On the other hand, Priscillian's canons were confined exclusively to Paul (*In Pavli Apostoli epistvlas Canones*, ed. G. Schepss, *CSEL*. XVIII, Vienna, 1889, pp. 107–147). They consist of ninety doctrinal statements directed against heretics, under each of which is a list of references to passages in the Pauline Epistles that can be used to defend the statement. L.'s own very detailed canons—they precede the text of the epistles in all editions of the work—are of three sorts. (1) *Canones Epistolarum divi Pauli* are statements summarizing each paragraph into which the chapters of the Epistles have been divided. For the sixteen chapters of Romans, for example, there are one hundred and thirty-eight canons. They conviently epitomize the whole Epistle. "Igitur," L. notes, "qui leget epistolas, si cuiusvis elementi epistolae praelegerit canonem, habebit illius partem argumentum et brevem summariamque (ut sic dicam) intelligentiam." (2) *Canones ad articulos fidei*, a tabular index to places in the Epistles where the words of the Creed are mentioned, from *Pater, Filius, Spiritus Sanctus* to *sanctorum communio, peccatorum remissio, carnis resurrectio, vita aeterna*. (3) *Canones adversus haereticos et haereses*, a table indicating the heretic, the nature of his heresy, and those passages in the Epistles which appropriately refute his errors.

11. L. defended his opinion that the Vulgate text of the Epistles of Paul was not by Jerome, in the *Apologia quod vetus interpretatio epistolarum beatissimi Pauli quae passim legitur non sit tralatio Hieronymi*, which follows the prefatory epistle in all editions of the work. The substance of his argument is that Jerome himself, in his commentaries on the Pauline Epistles, frequently cited a *Latinus interpres* "non ut de se, sed ut de alio loquens" and that he frequently criticized both the *vulgata aeditio* and its *Latinus interpres*. L. concluded that the Latin Vulgate of Paul's Epistles antedated Jerome and that since Jerome himself thought it necessary to amend it, i.e. *fidei Graecae restituere*, his own effort to do the same thing was firmly based on Jerome's authority. Cf. Clichtove's defense of L.'s *Apologia* in Bibliothèque Mazarine, ms. 1068, ff. 229–233.

97

To Guillaume Briçonnet
[Paris. Before December 15, 1512.]

Contenta. Epistola ad Rhomanos.... Linus de passione Petri & Pauli, Paris, Henri Estienne, 15 Dec. 1512, fol. 263r; CCXLVI (1515), fol. 259r. The text is that of the edition of 1515.

The epistle prefaces L.'s edition of two apocryphal accounts of the martyrdoms of Peter and Paul: *Lini episcopi de passione Petri tradita ecclesiis orientalium et deinde in Latinum conversa* and *Lini episcopi de passione Pauli tradita ecclesiis orientalium et deinde in Latinum conversa* (critical editions by R. A. Lipsius, *Acta apostolorum apocrypha*, Leipzig, 1891, I, 1–44 and A. H. Salonius, *Commentationes Humanarum Litterarum*, I, 6 [Helsinki, 1926]). The *Martyrium Petri* is a legendary late Latin account belonging probably to the sixth century (Altaner, *Patrologie*, 61). The *Martyrium* or *Passio Pauli* belongs to the apocryphal *Acta Pauli*. The Greek original (Lipsius, I, 104–117) was written in Asia Minor near the end of the second century. The Latin adaptation of Pseudo-Linus dates possibly from the sixth. See L. Vouaux, *Les Actes de Paul* (Paris, 1913), 23 and Altaner, *Patrologie*, 60–61. L.'s is the first edition of these texts. He believed them to be by Linus, Peter's successor as bishop of Rome.

Exantlato (ut Deus indulsit), sacratissime praesul, in beatissimum Paulum commentariorum labore, nihil alienum ab[a] officio[a] visum est, si Lini episcopi (ut maiorum memoria servavit) de passione duorum Deo dignorum apostolorum Petri atque Pauli ad orientales ecclesias transmissa subnecterem monumenta, ut eorum conversationis exitum intuentes, fidem quoque imitemur. Accessit praeterea ut idem facerem quod nonnumquam in commentariis hosce Lini episcopi citavi libellos, quos nisi subnexuissem, eorum forte desiderium legentibus remaneret, quo quidem existente,[b] ut quamdiu res desiderata abest absentia torquet, ita praesens copia levat. Qui igitur desiderassent, ex eorum praesentia levabuntur suoque factum satis arbitrabuntur animo. Hae siquidem apostolorum passiones rarae sunt inventu, praesertim ea quae Petri est; nam plurimis lustratis bibliothecis etiam vetustissimis una et altera vix umquam nobis[c] occurrit legenda.[d] Et primum

a. *om. 1512*
b. quo quidem existente] cuius *1512*

c. *om. 1512*
d. *om. 1512*

eam comperi in pervetusto codice bibliothecae coenobii Maioris monasterii, cui aliquando praefuit Martinus Sabariensis toto orbe sanctimonia vitae et miraculorum claritudine nominatissimus.[1] Ea quae est Pauli crebrior est, sed plurimis in locis admodum mendis scatens, vitiata, ac sine ullo auctoris praefixo titulo passim occurrens. Utramque igitur ad castigatiora exempla recognovi, et utramque recognitam eo quo solet ecclesia apostolos celebrare ordine subiunxi. Priorem Petri, quod prior vocatus fuerit, prior Christum viderit, filium Dei vivi confessus, quod princeps ecclesiae a Christo domino cum adhuc visibilis versaretur in terris constitutus sit, quodque prior passus, ut maiorum tenet auctoritas. Posteriorem Pauli, quod[e] illa omnia posterior fuerit et in die annuae revolutionis passionis Petri gloriosum consummarit[f] martyrium, ut ob id ipsum de eis canat ecclesia: Gloriosi principes terrae, quo modo in vita sua dilexerunt se, ita et in morte non sunt separati, quod eodem videlicet die nata-lium eorum coniuncta sit celebritas. Et cum nostrum institutum esset, hic potius celebrare Paulum, quo modo nihilominus separasse-mus Petrum, solam Pauli ponentes passionem et eam quae Petri est omittentes, cum nusquam unum sine altero celebrare soleat ecclesia? Nequaquam id sane par nobis rationabileque[g] visum est. Habes itaque, sapientissime pater, rationes quae me ad utramque passionum et mi-nime unam absque altera emittendam et (ut puto haud irrationabi-liter) compulerunt. Nunc autem pollicita exolventes subnectimus ipsum Linum.

1. The Benedictine abbey of Marmoutier near Tours, founded by St. Martin of Tours after he was consecrated bishop in July 371 and which became his ordinary place of residence. L. calls him Sabariensis after his birthplace, Sabaria in Hungary.

e. ipse *post* quod *1512*

f. consumarit *1512*

g. rationaleque *1512*

98

Jacques Toussain to Pierre d'Aumont
[Paris. c. March 16, 1513.]

Pia et emuncta opuscula. Iacobi Synceri Sannazarii neapolitani carmen de passione dominica. Cecilii Cypriani carthaginensis episcopi de ligno crucis carmen. Ausonii Peonii Burdegalensis versus in resurrectionem dominicam. Eiusdem precatio matutina ad omnipotentem deum. Claudii Claudiani de salvatore preconia. Ioannis Iouiani Neapolitani de gestis & festis dominicis hymnus elegiacus. P. Fausti poete laureati carmen de beata virgine filium crucifixum amplectente, Paris, Badius Ascensius, 16 March 1513, sig. a, i, v (Paris, BN.).

Jacques Toussain was born in Troyes, probably in the last decade of the fifteenth century. This edition of ancient and modern religious verse is his first publication. We learn from his preface that he was a student of Fausto Andrelini. Before 21 Jan. 1515 he was giving private instruction in the humanities (Renouard, *Badius*, III, 386–387). In Feb. 1519, when Badius published Toussain's edition of the *Opera* of Poliziano, he was living in the house of his patron Louis Ruzé: "... doctissimus et modestissimus juvenis Jacobus Tusanus Trecensis, domi tuae educatus, et meis literarum incrementis auctus, incomparabilis viri Angeli Politiani opera, a non multis hactenus lecta et a paucioribus intellecta quia graeca quamplurima continerent, penitus recognovit ac latinis reddidit, servatis subinde numeris" (Renouard, *Badius*, III, 190). Toussain was a student of Guillaume Budé for many years, and was especially closely associated with him, and with Josse Bade, during the 1520s. In 1529 he was appointed "lecteur royal" in Greek. He taught at the Collège de France until his death 15 May 1547. See Lefranc, pp. 173–175, 394–406; H. Omont, "Le premier professeur de la langue grecque au Collège de France, J. Toussaint, 1529," *Revue des études grecques*, XVI (1903), 417–419; Delaruelle, *Répertoire*, 33, 107, 127, 133; "L'Étude du grec à Paris de 1514 à 1530," *Revue du XVIe siècle*, IX (1922), 137–140; and Allen, III, 281; VI, 345; IX, 105.

Pierre d'Aumont was the second son of Jean d'Aumont and Françoise de Maillé, dame de Châteauroux. Jean d'Aumont served Louis XII and Francis I as lieutenant governor of Burgundy. Pierre d'Aumont campaigned in Italy. After the death of his father and childless older brother he was lord of Estrabonne, knight of the Order of Saint-Michel, and gentleman of the chamber of Henry II. See *Actes de François Ier*, VI, 166, no. 19741; Anselme, IV, 829; Aubert de La Chenaye-Desbois, *Dictionnaire de la noblesse*, 3rd ed., II, 45; Pierre de Vaissière, "Une Correspondance de famille au commencement du XVIe siècle. Lettres de la maison d'Aumont (1515–1527)," *ABSHF*. XLVI (1909), 239–304; *DBF*. IV, 627–628.

The epistle prefaces: (1) Jacopo Sannazaro, *Carmen de passione dominica* (sig. a, ii, r–a, iiii, r) = *De morte Christi lamentatio, Opera omnia* (Paris, 1725), 43–46; (2) *Iacobi Tusani Trecensis ad suum Petrum Altimontium nemini adolescentum vel generis praestantia vel indolis bonitate cedentem Monodia* (sig. a, iiii, v); (3) Cyprian, *De ligno crucis* (sig. b, i, r–b, ii, r) = [Pseudo-] Cyprian, *De Pascha,* ed. G. Hartel, *CSEL.* III, 3 (Vienna, 1871), 305–308; (4) *Ausonius in Dominicam resurrectionem* (sig. b, ii, v–b, iii, r) = *Opuscula,* ed. R. Peiper (Leipzig, 1886), 17–19; (5) *Ausonii Precatio matutina ad omnipotentem deum* (sig. b, iii, r–b, iiii, v) = *Opuscula,* 7–11; (6) *Claudii Claudiani de salvatore preconia* (sig. b, iiii, v–C, i, r) = Claudian, *Carm. minor.* xxxii (xcv), ed. J. Kock (Leipzig, 1893), 248–249; (7) *Io. Ioviani Pontani ad Christum Hymnus* = Pontano, *Opera* (Basel, 1556), IV, 3441–3442; and (8) *Publii Fausti Andrelini Forliviensis poetae laureati regii ac reginae De beata virgine Maria filium suum crucifixum Christum amplectente Carmen.* Incipit: *Heu heu quam summo genitrix astricta dolore.*

Iacobus Tusanus Trecensis suo Petro Altimontio, natalibus, litteris, moribus adulescenti clarissimo, S.

Quam absurdus est regia maiestate princeps insignitus detrita laceraque veste incedens! Quam gravis citharoedus voce fidibus dissona! Quam molestus medicus aliis atque aliis ulceribus foedissime scaturiens! Quam denique odiosus senex bis puer! Tam inepti profecto ac deformes sunt censendi nostrae praesertim religionis candidati (mi suavissime Petre) cum eruditionem tum virtutem pili non facientes. Rogatus Aristoteles quonam discrimine dissiderent docti ab ignaris, eo scitissime respondit, quo vivi a mortuis.[1] Neque id iniuria. Quisquis enim sapientiae litterarumque est inanis, is sane Tyresia caecior, Busiride illaudatior ac quovis monstro monstruosior habendus. Neque quisquam, nisi ipso Oreste dementior, virtutem omnibus rebus albis (ut aiunt) equis anteire infitiabitur, quippe quae (ut Crispus inquit)[2] sola aeterna est et, ut Valerius, magno ubique pretio aestimatur.[3] Perge igitur, mi Petre, perge totis nervis animum litteris virtutibusque illustrare, dum mollis est et impressionem quamlibet induere facilis, ut quantum naturae bonitate atque fortunis ab initio beatus sis effectus, tantum super tua laude laborem ipse moliaris, ut orbis terraeque iudicio dilucide comprobari possit, non minorem abs te animi quam corporis habitam esse rationem. Quod quo diligentius et lubentius efficias tui nominis illustrandi tuique exhortandi gratia, poemata[a] quaedam et pia et litterata tibi imprimenda collegi, inter

a. poematia *ed.*

quae plurimum tibi delectationis adferet libellus (ut interea de aliis sileam) Iacobi Sinceri Sannazarii, celeberrimi poetae Neapolitani cum antiquis vel doctissimorum iudicio certantis, quem Ioanni Ioviano Pontano praeceptori famigeratissimo operam dedisse constat. Ex quo illud non mediocri cachinno dignum iam videri potest, quod nescio quis plagiarius litterator inconsulta fretus audacia Nicolao Cappusio, viro uni omnium minime ambitioso quique non alienis volitare pennis didicerit, falso adscriptum hunc libellum in publicum emiserit,[4] cum tamen hunc ipsum prius in Italia excusum videre liceat Sannazarii nomine, cuius diutissima consuetudine superioribus annis et Faustum, praeceptorem nostrum, regis reginaeque Francorum poetam eminentissimum, et Iacobum Fabrum Stapulensem ac Paulum Aemilium, viros omni laudum praefatione maiores, usos fuisse nemini non est in ore. Lusit et idem Sannazarius (cum Parisiis ageret) hoc distichon in fratris illius Iucundi[5] laudem, quem nova sui dexteritate ingenii extruendorum pontum artem commentum fuisse perhibent:[6]

Iucundus geminos fecit tibi Sequana pontes,
Hunc tu iure potes dicere pontificem.

Quod si haec opuscula accurate, si diligenter, si attente, si alacriter relegeris, nihil erit praeterea quod ad altum sacrae doctrinae montem adeundam maximopere desideres. Vale.

1. Diog. Laert. V, 19.
2. Sallust, *Cat.* I, 4.
3. Val. Max. 5, 4, 1.
4. Nicholas Chappusot (Cappusius, Chappusius, Chappusotus, Cappusotus) taught the humanities in Paris during the first decade of the sixteenth century. He edited and annotated Lucan's *Pharsalia* (Paris, Jean Du Pré, 30 Sept. 1501) and the *Mirabilia* of Sedulius (Paris, Badius Ascensius for himself and Jean Petit, 25 Feb. 1505/1506), dedicated to Jean Guillart. According to the title of an epigram he contributed to an edition by John Major and Jacopo Ortiz of Geronimo Pardo's *Medulla dyalectices* (Paris, Guillaume Anabat for Durand Gerlier, 7 Dec. 1505) he was from Rougemont near Besançon: "Nicolai Chappusot Bisuntici Rubei montensis... Epigramma" (*Imprimeurs et libraires parisiens du XVIe siècle*, Paris, 1964, I, 32). On 27 Jan. 1508/1509 Badius dedicated to him an edition of Bruni's translation of Basil's sermon on the reading of pagan literature, while on 20 Feb. 1509/1510 his student Andreas Alsinus dedicated an edition of Cicero "ad suum praeceptorem Nicolaum Cappusotum huiusce aetatis omnium philosophorum et oratorum apud Parrhisios eminentissimum." He died

probably c. 1511. Cf. Renouard, *Badius*, II, 145, 287, 283; III, 251, 467 and Baudrier, III, 29–30, 65–66; V, 143–144; XII, 461–462. The publication which aroused Toussain's charge of plagiarism appeared c. 1512: *Nicolai Cappusoti viri disertissimi passionis Christi Iesu heroica elegansque deploratiuncula*, Paris, Denis Roce, s.a. (Paris, BN.). The editor was Simon Charpentier, a professor of the humanities at the collège de Montaigu. "Inter versandum nonnulla frustula litteraria nostris ex archanis laribus viri doctissimi Nicolai Chappusoti viri utcumque litterati," he wrote in a prefatory epistle addressed to his students, "passionis Iesu non minus elegans quam compendiosa deploratiuncula nostras in manus decidit, ... eam (nequaquam vos tam precioso munusculo frustratum iri volentes) impressioni mandavimus, impressamque pie ac sancte more nostro vobis elucidare nostra poposcit humanitas." Charpentier, then, found a copy of Sannazaro's poem among Chappusot's papers and published it (innocently?) under Chappusot's name.

5. Fra Giocondo of Verona. See ep. 42, note 1.

6. *Epigrammata*, I, 53 (*Opera*, Venice, 1535, fol. 41v; Venice, 1568, fol. 75v, where the second line reads *Iure tuum potes hunc dicere pontificem*). Sannazaro accompanied Federigo III of Aragon, king of Naples, in his French exile. They sailed from Ischia for Marseilles 6 Sept. 1501. Sannazaro remained in France until the king's death 9 Nov. 1504. He returned to Naples with copies of rare classical works he had discovered in French libraries. See E. Pércopo, *Vita di Jacopo Sannazaro*, ed. G. Brognoligo (Naples, 1931), 61–75; Antonio Altamura, *Jacopo Sannazaro* (Naples, 1951), 20–22, 49–51. The old wooden bridge of Notre-Dame collapsed into the Seine 25 Oct. 1499. Fra Giocondo helped direct the rebuilding of the bridge in stone. The last reference to him in the documents about the bridge is on 20 July 1504. See P. Lesueur, "Fra Giocondo en France," *Bull. de la Soc. de l'histoire de l'art français* (1931), 115–144.

99

To Adelheid von Ottenstein   Paris. April 16, 1513.

Liber trium virorum & trium spiritualium virginum. Hermae Liber vnus. Vguetini Liber vnus. F. Roberti Libri duo. Hildegardis Sciuias Libri tres. Elizabeth virginis Libri sex. Mechtildis virgi. Libri quinque, Paris, Henri Estienne for himself and Jean de Brie, 30 May 1513, title page, v–sig. a, i, r.

Adelheid von Ottenstein was abbess of the Benedictine convent of Rupertsberg near Bingen (diocese of Mainz). The abbey was founded in 1147 by Hildegard of Bingen. See Leopold von Ledebur, *Adelslexicon der preussischen Monarchie*, II, 174; H. E. Kneschke, *Neues allgemeines deutsches Adels-Lexicon*, VII (Leipzig, 1867), 17; and Cottineau, I, 382.

The epistle prefaces L.'s edition of the Shepherd of Hermas, the *Visio Wet-*

tini, two works by Robert of Uzès, Hildegard of Bingen's *Scivias*, selections from Elizabeth of Schönau, and the *Liber specialis gratiae* of Mechthild of Hackeborn. Wolfgang von Matt (ep. 63) helped L. with the editorial work and corrected the proofs.

Adelaidi virgini, devotae Christi famulae, Deo sacratarum virginum coenobii sanctae Hildegardis spirituali matri, Iacobus Faber S.

Virgo Christi Adelai, librum trium virorum spiritualium et trium spiritualium virginum ad te mittere statui, ut tu et sanctae virgines Othilia, Ursula, Margareta, et reliquae quarum tu spiritualis mater es consolationem recipiatis spiritualem et, sponsum dominum Iesum Christum in gaudio spiritus collaudantes, reputetis vosipsas sponsae Christi quae est sancta et incontaminata ecclesia humillimas ancillas, quae oculis corporeis non cernitur, sed in sola luce spiritus mente cognoscitur, hic obscure, in futuro autem saeculo clare et limpide. Nec ab re quidem statui ad te et sanctas virgines mittere. Nam cum in claustro vestro archetypos sanctae virginis Hildegardis legissem, multa cum benignitate vestra et vestrorum venerabilium patrum monasterii sancti Ioannis in Rhingavia exemplaribus donatus sum; unde hoc opus bona pro parte desumptum est, id imprimis reverendissimo patre domino Frederico[1] eius loci abbate et dominis Aegidio et Ioanne Curnelo,[2] vestrae aedis custodibus et rei sacrae administratoribus, religiosissimis viris ac patribus me plurimum hortantibus, ut libri sanctae virginis Hildegardis[3] in publicam lucem prodirent, te insuper ad id celerius exequendum per epistolam meipsum stimulante et cunctatiorem emissionis increpante moram. Par igitur fuit, ut beneficii vices rependerem iis a quibus beneficium percepi et vobis virginibus et illis patribus, hospitibus quidem meis, aliquando promissum exsolverem. Ad quas etiam potius quam ad vos loci sanctae Hildegardis habitatrices et ad Sconaugienses virgines opus dirigerem, in quarum utrarumque locis lux divina olim copiose radiavit et adhuç (sic Deo placitum acceptumque sit) irradiat? Ad quas potius quam ad eas quibus sermo Latinus ad intelligentiam peculiaris suppetit familiarisque habetur, ut ipse vobiscum praesens periculum feci? Quae et vos ob Christi dilectionem arctissime clausistis, non solum mortalium virorum attactum omnem sed et omnem eorum refugientes aspectum, in sancta contemplatione solam mentis et corporis meditantes puritatem, quae nullam huius vitae neque futurae novit corruptionem. Clausistis, inquam, virilis tori et totius familiaritatis praeeligentes ignorantiam, ut Christo caelesti sponso tamquam prudentes virgines in aeternitate placeatis. At te non latet, ancilla Christi, nobilis genere ut ex Ottensteinensi domo, sed nobilior religione et virginitatis proposito,[4] quae sacri Hieronymi volumina frequenter manibus volvis, te, inquam, non latet quam ille doctrinam nobilissimae Athletae pro instituenda filia super lectione librorum tradiderit.[5] Quapropter praecipua tua et sacratarum virginum quae tecum degunt cura erit et primus praecipuusque amor studium sacrorum librorum quos canon ecclesiasticus celebrat, noctem continentium atque diem: nox vetus testamentum est, dies autem novum. Placeat ergo tibi ante omnia lux illa sacrae diei, ubi Christus sponsus ille aeternus ut in meridie recubat, et (ut Deo dicatas virgines hortatur Hieronymus) evangeliorum codex semper ut speculum teneatur in manibus.[6] Post hos autem sacrorum eloquiorum libros, agiographi, quales sunt qui nunc ad te mittuntur, pro secundo studio ut secundae quaedam animi mensae et quaedam (ut sic dicam) spiritualis exercitii bellaria non displiceant, nam aedificationem continent et sanctam ad Deum desideriorum omnium finem manuductionem. Quicumque enim pio fuerint animo, hos libros procul dubio probabunt, et eos quidem omnes, et maxime Herman[7] et Elizabeth,[8] ob idipsum quod spiritus magis exprimunt energiam et sermonem in sacrarum visionum simplicitate et sinceritate magis repraesentant angelicum. De Hildegarde autem et Mechtilde[9] grande aliquid identidem coniectandum est, sed minus earum interpretes id repraesentasse, infraque dignitatem substitisse spiritus, et interdum etiam nonnihil sui immiscuisse;[10] sunt tamen pia omnia et aedificatoria et piarum mentium consolatoria.

Quae quamquam ita se habent, haud tamen me fugit futuros qui detrahant et statim per contemptum dicant librum Pastoris qui liber Hermae est, beatissimi Pauli olim discipuli, esse apocryphum; et Gelasii canonem citabunt contra Gelasii intentionem, qui in eo canone approbat quaecumque gravissima sacri patris Hieronymi probavit auctoritas.[11] Probat autem ille De viris illustribus scribens eum (qui in fronte huius operis habetur) Pastoris librum: "Apud quasdam", inquit, "Graeciae ecclesias etiam publice legitur, revera utilis liber mutique de eo scriptorum veterum usurpavere testimonia, sed apud Latinos paene ignotus est."[12] Haec sacer Hieronymus. Approbat igitur et Gelasius; sed non vult eum esse de canone et in numero eorum librorum qui sunt in prima auctoritate ecclesiae, quos et Irenaeus, Clemens, Eusebius, Hieronymus, et alii doctores sancti enumerant. Ideo Gelasius apocryphum librum illum more Hieronymi appellat, qui in prologo voluminis regum, ubi veteris legis primae auctoritatis fuisse indicium est, quod ex Herma et Origenes[14] et quicquid extra hos est, inter apocrypha esse ponendum. Igitur Sapientia quae vulgo Salomonis inscribitur, et Iesu filii Sirach liber, et Iudith, et Tobias, et Pastor non sunt in canone."[13] Haec Hieronymus. Ecce quomodo connectit Pastorem libro Sapientiae, Ecclesiastico, libro Iudith et Tobiae, eandem tribuens ei auctoritatem, quia eandem continet ad aedificationem pietatis virtutem. Sed et hos omnes solum nominat apocryphos, quia de canone non sunt et in prima supremaque ecclesiae auctoritate. Apud tamen maiores nostros proximae auctoritatis fuisse indicium est, quod ex Herma et Origenes[14] et Chrysostomus[15] et alii priores sanctitate viri illustres testimonium sumpsere, qui non solent in scriptis suis nisi sacrorum librorum aut eorum qui cum eis paene de parilitate et prima auctoritate certant testimonia inserere. Id ergo eos nosse operae pretium erit qui in nomine apocryphorum et fallunt et falluntur, apocrypha duplici significatione dici, haec bona nota, illa mala. Meliore nota dicuntur apocrypha quae sacris eloquiis, id est iis quae prima et summa auctoritate existunt, vicina sunt et quasi indiscriminata. Deteriore vero nota, superstitiosa, haeretica, curiosa, vana, et perierga omnia, a quibus sancti iubent prorsus non solum abstinendum sed et adhorrendum; et haec numquam sunt legenda, numquam affectanda, ut quae nihil aedificant, at aedificationi et omni pietati potius adversantur et penitus obsunt. In hac alea non sunt liber Sapientiae, Ecclesiasticus, liber Iudith, Tobiae, Pastoris, Enoch, quem apostolus Iudas spiritu sancto plenus in catholica sua tamquam pro irrefragabilis auctoritatis testimonio citare nihil est veritus,[16] sed haec in prima sunt apocryphorum nota et laudabilissima post eloquia significatione. Vocat enim ea (ceu dictum iam est) sacer Hieronymus apocrypha. Et haec aequivocatio multos lusit et multorum etiam clarorum virorum intelligentiam torsit. Nam illa ab his, id est prima et melioris notae a secundis, tantum distant quantum lux a tenebris, sancta a prophanis, legenda et amplectenda a non legendis et abhorrendis. Illa abscondita, sed ab impuris et immundis. Haec abscondita, sed a sanctis et mundis. Horrent enim haec sanctorum aspectum et illa prophanorum et immundorum. Quae apocryphorum duplicitas maiores nostros nequaquam latuit, quam et sacrorum conciliorum et statutorum patrum collector adnotavit diligentissimus antistes Isidorus.[17]

Taceo insuper quod id detrectabunt mulierculis habendam revelationum fidem, quasi id aut impossibile aut novum sit, cum nihilominus beatissimus Hieronymus (ut ipse unus in omnibus et pro omnibus testis nobis sufficiat, cum etiam suppeterent alii multi si operae pretium videretur) de Paula, urbica nobilissima matrona et eadam religiosa, simile iis testetur quae et hic sacrae denarrant virgines. Inquit enim: "Ad praesaepe quoque O Paula (te teste) nato puero multitudinem angelorum inter crepundia novi partus et querelas nescii ploratus pro Fescenninis, Gloria in excelsis Deo et in terra pax hominibus bonae voluntatis cantantem audisti, et radiantem stellam vidisti, pastoribus insuper evangelizantibus credidisti, magos praeterea tria deferentes munera in visione beatis oculis aspexisti."[18] Haec de sacra Paulae visione. Et non Paulam solum, sed et se quoque similia passum ad Deo dicatas virgines de dulcedine contemplationis erga divina scribens idem sacerrimus ab omnibus approbatus ecclesiae doctor testatur. "Scio", inquit, "quid loquor, carissimae; nam ut meam insipientiam loquar, ego homunculus sic abiectus, sic vilis, in domo domini adhuc vivens in corpore angelorum choris saepe interfui, de corporeis per hebdomadas nihil sentiens divinae visionis intuitu. Post multorum dierum spatia praescius futurorum redditus corpori, flebam. Quid ibi manens felicitatis habebam, quid inenarrabilis delectationis sentiebam, testis est ipsa beatissima trinitas quam cernebam, nescio quo intuitu, testes sunt et ipsi beati spiritus qui aderant."[19] Haec de se sacer Hieronymus. Numquid forte ista negaturi sunt, quia talia neque passi, sunt, neque apti, immo forte neque ullo pacto digni ut similia patiantur, et de solari radio contra aquilam noctuae disceptabunt, et talpae diem negabunt et speculum? Ne igitur, virgo Christi et ancilla devotissima, ob talium detractorum verba vel potius audacem superbiam et superbam audaciam movearis; verum magis quae ab angelis et divino spiritu tradita sunt, non ab hominibus, reverere et casta mente amplectere. Vale virgo, et indies magis atque magis tu et quae tecum sunt sacratae ad thalamum candidissimi agni excubitrices virgines, in Christi amore vestris orationibus mei memores, invalescite. Parisiis his festis paschalibus, anno a resurrectione domini supercaelestis et superamabilis sponsi. M.D. XIII.

1. Friedrich von Rüdesheim, abbot of the Benedictine monastery of St. John the Baptist in the Rheingau from 1508 to 1538. See *Gallia Christiana*, V, 585 D and F. W. E. Roth, *Die Geschichtsquellen des Niederrheingaus* (Wiesbaden, 1880), III, 94, 98, 281. On the abbey of Johannesberg see Franz Bodmann, *Rheingauische Atlertümer* (Mainz, 1819), 193–210 and the literature cited by Cottineau, I, 1485.

2. Aegidius and Johannes Curnelus were perhaps monks at Johannesberg.

3. The *Scivias* of Hildegard of Bingen (1098–1179). L.'s edition (ff. 28r–118v) is the first. His text is reproduced in *ML.* CXCVII, 383–738. There is no critical edition yet. L. found a manuscript of the *Scivias* in the convent of Rupertsberg during his trip to Germany in the summer of 1510. He reported to Beatus Rhenanus in a letter dated from Saint-Germain-des-Prés 24 June 1511 that he had had the manuscript copied, but that publication was delayed because the copyist had omitted parts of the text; in the meantime Kilian Westhausen of Mainz was restoring the missing passages (Horawitz-Hartfelder, p. 38: "Superiori anno Aquisgranum profectus sum... incidi in monasterium virginum beatae Hildegardis, de qua alias ad te scripseram. Comperi profecto libros devoti pectoris. Copia mihi facta est ad utilitatem posterorum. Verum aliquid exemplari defuit, unde factum est, ut nihil adhuc ex officina emitti potuerit. Exspecto in dies ex vicinia illa Quilianum nostrum, qui resartiet quae desunt."). On Hildegard of Bingen see Jacques Christophe, *Sainte Hildegarde* (Paris, 1942); Bertha Widmer, *Heilsordnung und Zeitgeschehen in der Mystik Hildegards von Bingen* (Basel, 1955), 277–286; and M. Schrader and A. Führkötter, *Die Echtheit des Schrifttums der heiligen Hildegard von Bingen* (Cologne, 1956), 17, 185–192.

4. Cf. Jerome, *Ep.* 108, 1 (ed. Hilberg, *CSEL.* LV, 306): "nobilis genere, sed multo nobilior sanctitate...."

5. *Ep.* 107 (ed. Hilberg, *CSEL.* LV, 290–305).

6. [Pseudo-] Jerome, *Regula monacharum*, xxvi (*ML.* XXX, 413 D).

7. The Shepherd of Hermas, whom L., following Origen and Jerome, identified with the disciple of Paul mentioned in Rom. 16:14, dates from the middle of the second century. References in J. Quasten, *Initiation aux Pères de l'Église*, tr. J. Laporte (Paris, 1955), I, 107–122; Altaner, *Patrologie*, 69–71; the editions of Molly Whittaker (Berlin, 1956) and R. Joly (Paris, 1958); and Stanislas Giet, *Hermas et les Pasteurs* (Paris, 1963). The Shepherd was known in the West in two Latin translations, the *versio vulgata*, which possibly dates from the second century (*Hermae Pastor. Veterem Latinam interpretationem e codicibus edidit Adolphus Hilgenfeld*, Leipzig, 1873, and C. H. Turner, "The Shepherd of Hermas and the Problem of His Text," *Journal of Theological Studies*, XXI [1920], 199–209) and the later *versio Palatina*. Cf. J. T. Muckle, "Greek Works Translated Directly into Latin before 1350," *Mediaeval Studies*, IV (1942), 37. L. pub-

lished the *versio vulgata*. His edition is the first. The Greek text appeared only in 1856 after the discovery on Mount Athos of a fourteenth-century manuscript.

8. Elizabeth of Schönau (1129–1164). Critical edition of her works by F.W.E. Roth, *Die Visionen der hl. Elisabeth sowie die Schriften der Äbte Ekbert und Emecho von Schönau*, 2nd ed. (Brünn, 1886). L. published the following works: (1) *Visiones* (ff. 119r–129r) = ed. Roth, pp. 1–15, i.e. L. printed only Book I of Roth's edition, divided this into two books, and omitted Books II and III; (2) *Liber viarum Dei* (ff. 129r–138v) = ed. Roth, pp. 88–122; (3) *Visio Elizabeth ... quam vidit in Sconaugiensi coenobio de assumptione virginis Mariae matris domini* (ff. 138v–139r) = *Visiones*, II, chs. 31 and 32, ed. Roth, pp. 53–55; (4) *Liber revelationum Eliz. de sacro exercitu virginum Coloniensium* (ff. 139r–143r) = ed. Roth, pp. 123–135; (5) letters (ff. 143r–146r) = ed. Roth. eps. 1–17; and (6) Ekbert, *De Obitu Eliz. virginis* (ff. 146r–150v) = ed. Roth, pp. 263–277. L.'s source for the letters and Ekbert's *De Obitu* was possibly a German manuscript, perhaps called to his attention during his visit to Rupertsberg and Johannesberg. For Elizabeth's other works he used a fifteenth-century manuscript of the same family as Par. lat. 2873, a twelfth-century codex very close to L.'s printed text. See Roth, pp. L–LI; E. Krebs, in Stammler, *Verfasserlexikon*, I, 554–556; and Kurt Köster, "Elisabeth von Schönau. Werk und Wirkung im Spiegel der mittelalterlichen handschriftlichen Überlieferung," *Archiv für mittelrheinische Kirchengeschichte*, III (1951), 243–315.

9. Mechthild of Hackeborn (1241–1299) was a nun at the Cistercian convent of Helfta, and among her sisters were the celebrated mystics Gertrud of Helfta and Mechthild of Magdeburg. L.'s edition of the *Liber specialis gratiae* (ff. 150v–190v) followed a German translation published in Leipzig in 1503 and an excellent Latin text published in Würzburg in 1510. He knew neither edition. The ignorance of the nuns of Rupertsberg is more surprising, although it is perfectly possible that L. discovered Mechthild elsewhere after the summer of 1510. Critical edition by the Benedictines of Solesmes, *Revelationes Gertrudianae ac Mechtildianae*, II. *Sanctae Mechtildis virginis ordinis sancti Benedicti Liber specialis gratiae* (Paris, 1877), 5–369. L.'s text of Books I–IV is faithful to the best manuscripts. Book V is badly mutilated. Books VI and VII were not in the manuscript he used and therefore do not appear in his edition. Cf. E. Krebs, in Stammler, *Verfasserlexikon*, III, 321–323.

10. L. seems to have believed that Hildegard knew no Latin, or almost none, no doubt because of the following passage from her preface to the *Scivias*: "Et repente intellectum expositionis librorum videlicet Psalterii, Evangeliorum et aliorum catholicorum tam Veteris quam Novi Testamentum voluminum sapiebam, non autem interpretationem verborum textus eorum, nec divisionem syllabarum, nec cognitionem casuum aut temporum callebam" (*ML.* CXCVII, 384). Hildegard did in fact work with collaborators. They were not translators, however; the first of them, Volmar, monk of Disibodenberg, who helped her with the *Scivias*, corrected her grammar but did not embellish her style. On the other hand, Guibert of Gembloux, a later collaborator, did "mix in something of

himself" (H. Herwegen, "Les Collaborateurs de sainte Hildegarde," *Revue Béné-dictine*, XXI [1904], 192–203, 302–315, 381–403). The case of Mechthild of Hackeborn is rather different. She is reported to have been unusually learned *in litteratura* (*Liber specialis gratiae*, I, Prolog., ed. Benedictines of Solesmes, p. 6). But her book was written down without her knowledge by Gertrud of Helfta and another sister who dictated to each other Mechthild's accounts of her visions. The book was put into final form and parts of it plainly written only after her death.

11. *Decretalis de recipiendis et non recipiendis libris, qui scriptus est a Gelasio papa cum LXX viris eruditissimis episcopis in sede apostolica urbis Romae*, iv, 7 (ed. A. Thiel, *Epistolae Romanorum pontificum genuinae*, Braunsberg, 1868, p. 463): "Liber, qui appellatur Pastoris, apocryphus." But as L. points out, Gelasius's letter had very high praise for Jerome: "Item Rufinus vir religiosus purimos ecclesiastici operis edidit libros, nonnullas etiam scripturas interpretatus est. Sed quoniam venerabilis Hiernoymus eum in aliquibus de arbitrii libertate notavit, illa sentimus, quae praedictum beatum Hieronymum sentire cognoscimus; et non solum de Rufino, sed etiam de universis, quos vir saepius memoratus zelo Dei et fidei religione reprehendit. (...) Item Origenis nonnulla opuscula, quae vir beatissimus Hieronymus non repudiat, legenda suscipimus" (*ibid.*, iii, 4, p. 460).

12. *De vir. ill.*, 10 (ed. E. C. Richardson, Leipzig, 1896, p. 14).

13. *Praef. in libros Sam. et Malach.* (*ML. XXVIII* [1865], 600 B–602 A).

14. *Comment. in Epist. ad Rom.* X, 31 (*MG. XIV*, 1282).

15. [Pseudo-] Chrysostom, *Opus imperfectum in Matthaeum, Homil.* 33 (*MG. LVI*, 813–814).

16. Jude 14.

17. Cf. *Etymologiarum Libri*, VI, ii, 51–52.

18. L. is quoting an apocryphal letter from St. Jerome to Paula and Eustochium on the assumption of the Virgin (*ML. XXX*, 122 D–123 A). Cf. C. Lambot, in *Revue Bénédictine*, XLVI (1934), 265–282. The letter dates from the Carolingian period and was written by Paschasius Radbertus.

19. [Pseudo-] Jerome, *Regula monacharum*, xxvi (*ML. XXX*, 414 B).

Appendix. To Markwert von Hatstein, Kilian Westhausen, and Wolfgang von Matt [Paris. Before May 30, 1513.]

Liber trium virorum et trium spiritualium virginum, sig. a, i, v–a, ii, r.

D. Machardo de Hatstein primariae Moguntinensis ecclesiae insigni canonico,[1] D. Quiliano Vesthusenno,[2] et Volgatio Pratensi[3] amicis carissimis S.

Cum praesens opus nondum ex officina emissum esset, sed adhuc sub incude versaretur et praecedens cuderetur epistola, petiistis ut, si quid de auctoribus operis huius qui sunt sex et operibus eorum amplius inveniretur, paucis ad utilitatem legentium adiicerem. Vobis igitur ut satisfaciam: de Herma, praeter testimonium sacri Hieronymi quod gravissimum est, habemus et alia ex Dorotheo, qui sanctorum lxxª discipulorum numero eum associat.[4] Ex Catalogo sanctorum ubi scribitur fuisse episcopus Philopoleos et eum beato fine quievisse Romae; et dubium non est sacro martyrio laureatum et sepultum in baptisterio sanctae Praxedis virginis et martyris facultatibus extructo; dies eius celebratur vii Idus Maii.[5] Opus sequens composuisse, quod a vetustis Graecis citatur et in magna auctoritate fuit, Hieronymus auctor est. Sed et alia opera composuisse ex Libro pontificum cognoscitur, qui et apud posteros auctoritatem obtinuit, cuius et auctor est Damasus, ubi in vita Pii ita legitur: "Sub huius episcopatu Hermas librum scripsit, in quo mandatum continetur quod ei praecepit angelus domini cum venit ad eum in habitu pastoris, et praecepit ei ut sanctum pascha die dominico celebraretur."[6] Et tantum fidei verbo eius praestitum est, ut postea nusquam nisi die dominico sanctum pascha celebretur. Verum liber ille alius est ab eo qui nunc emissus est; nam qui nunc emissus, scriptus est sub Clemente, ut licet vel aperte legentibus intueri, in quo nihil de sancta paschae observatione cavetur; ille vero scriptus sub Pio, longo tempore post Clementem.[7] Unde patet Christum per longissima tempora eum reservasse ad gloriosum martyrii certamen. Haec de glorioso discipulo Herma.

Uguetinus legitur primum canonicus observationis regulae beati Augustini transisse ad arctiorem vitam monachorum Metensium ubi et visionem illam terrificam et maxime a vitiis contra naturam deterrentem, aedificatoriam tamen, vidit. Nec quicquam aliud de eo legi.[8]

F. Robertus ex libro visionum nobili familia ortus intelligitur, et in habitu saeculari etiam sacerdos diu vixisse, munus habens divinae visitationis; deinde cepit habitum fratrum sancti Dominici; prophetavit de statu summorum pontificum, regum et principum, de apostasia religiosorum, de modo studiorum quaestionario, parum (ut ei revelatum est) fructuoso, de ordine suo, et plerisque aliis. Composuit et epistolas ad varios. Nec plura de eo legi.[9]

a. lxxii *ed.*

Hildegardem in descriptione vitae eius,[10] quae apud virgines loci eius est, legimus Gallam citeriorem fuisse, sanctas visiones semper habuisse citra omnem extasin, libros composuisse:

Librum scivias.
Librum divinorum operum.
Vitam sancti Ruperti.
Vitam sancti Disibodi.
Librum in regulam sancti Benedicti.
Librum triginta quaestionum.
Homilias lviii in evangelia.
De sacramento altaris.
Epistolas numero cxxxv.

Et pleraque alia quorum plurima a devotis sororibus monasterii eius mihi communicata fuerunt, et quae ex libro De scriptoribus ecclesiasticis cognosci possunt.[11]

Elizabeth Germana fuit; divinas visiones patiebatur, sed plurimum cum fortibus extasibus, aliquando sine extasi. Est enim extasis recessus quidam mentis et quaedam a corpore avocatio, ut spirituale aliquod spectaculum cerni possit, quae in bonis a bonis sit spiritibus, et in malis, curiosis et elusis a malignis; haec infra naturam, illa supra naturam. Est praeterea extasis contra naturam quae ab infirmitate nascitur, quae et lipothymia, id est defectio animi cordisque dicitur, de qua medici studiose tractant. Verum harum trium extasium, prima sanitate melior, secunda aegritudine deterior, tertia solum humana aegritudo est. Scripsit:

Librum revelationum suarum.
Librum viarum Dei.
De glorioso martyrio undecim milium virginum Coloniensium.
Epistolas multas.

Quae etiam inter scripta ecclesiasticorum scriptorum sunt relata.[12]

Mechtildis quae fuerit, facta diligenti multaque indagine, neutiquam adhuc agnoscere valui quaenam ea fuerit, cuius religionis, et in quo coenobio diversata. Scripsit tamen ad me Beatus Rhenanus, quem super ea re epistolio consulueram, intellexisse se eam fuisse Germanam et circa montes Rhetios habitasse vergendo ad Elvetios, unamque de filiabus alicuius comitum fuisse, atque in illis locis coli memoriam[b] eius et sacrum obtinere sacellum.[13] Arbitror eam ordinis beati Bernardi fuisse. Et ipsa dum viveret sacras patiebatur visiones et id frequenter per extases, ex quibus Liber spiritualis gratiae fini operis adiunctus desumptus est. An alia dictaverit, nullum repperi monumentum.

Haec sunt, amici, quae de auctoribus huius opusculi brevibus ad vos perstrinxi, ut desideriis vestris quoad potui satisfacerem. Valete.

1. On Markwert von Hatstein, canon of Mainz, see Gustav Bauch, "Aus der Geschichte des Mainzer Humanismus," *Archiv für hessische Geschichte und Altertumskunde*, N.F. V (1907), 77.

2. Kilian Westhausen, member of a prominent family in Mainz, appears to have been another of L.'s German students. He knew Beatus Rhenanus, perhaps in Paris. He helped L. prepare the manuscript of Hildegard's *Scivias* for publication (see above, note 3) and, with his brother Kaspar, copied Cusa's *De concordantia catholica* (Cusanus, *Opera*, Paris, 1514, I, sig. aa, iii, v). Kaspar Westhausen was a man of some note, professor of canon law at the University of Mainz and in the autumn of 1511 one of five Mainz professors commissioned by the Elector to review the heresy charges against Reuchlin. On Kaspar and Kilian Westhausen see G. Knod, *Aus der Bibliothek des Beatus Rhenanus* (Leipzig, 1889), 43; J. M. E. Roth, "Beiträge zur Mainzer Schriftstellergeschichte des 15. und 16. Jahrhunderts," *Der Katholik*, LXXIX (1898), 245; Roth, "Kampf um die Judenbücher und Reuchlin vor der theologischen Fakultät zu Mainz, 1509–1513," *Der Katholik*, LXXXIX (1909), 139–144; and Bauch, *op. cit.*, 78. Andreas Westhausen was probably a member of the same family. He copied Berno's *De officio Missae*, which L. discovered in Mainz during his Rhineland trip of 1510 (see ep. 77). L. called him "doctor," but without specifying whether of law or of theology.

3. See ep. 63.

4. [Pseudo-]Dorotheus, *De septuaginta Domini discipulis* (*MG*. XCII, 1063 B). The book dates from the sixth century. On its character and contents see Franz Delitzsch, *De Habacuci prophetae vita atque aetate commentatio historico-isagogica cum Diatriba de Pseudodorothei et Pseudoepiphanii vitis prophetarum* (Leipzig, 1842), 54–98; R. A. Lipsius, *Die apokryphen Apostelgeschichten und Apostellegenden* (Brunswick, 1883), I, 193–207; Krumbacher, *Geschichte der byzantinischen Litteratur*, 2nd ed. (Munich, 1897), 391–392; and G. Bareille, in *DTC*. IV, 1786–1788.

5. Petrus de Natalibus, *Catalogus sanctorum*, IV, cxlvi (ed. Strasbourg, 1513, fol. LXXXIIIIr). Cf. Ado, *De festivitatibus apostolorum libellus* (*ML*. CXXIII, 189 A): "Qui [Hermas] digne Deo semetipsum sacrificans acceptabilisque Deo

b. memoria *ed.*

hostia factus, virtutibus clarissime fundatus, coeli regna petivit. Sepultus apud urbem Romam. Titulus nomine ipsius, juxta quod baptisterium ex facultatibus sanctae Praxedis est extructum, et beato Pio discipulo apostolorum operante studio consecratum, venerabiliter ei statutus est"; *Acta Sanctorum*, May, II (Antwerp, 1680), 360 and December, V (Brussels, 1940), 180.

6. *Liber pontificalis*, ed. Duchesne (Paris, 1886), I, 132.

7. Hermas, as L. rightly observes, made no mention of the date of Easter. By the early fourth century, however, a decretal attributed to Pope Pius I by Pseudo-Isidore cites Hermas as the authority for celebrating Easter on Sunday: "Caeterum nosse vos volumus quod pascha domini die dominica annuis solemnitatibus sit celebrandum. Istis temporibus ergo Hermes doctor fidei et scripturarum effulsit inter nos, et licet nos idem pascha praedicta die caelebremus, et quidam inde dubitarunt, ad corroborandas tamen animas eorum eidem Herme angelus domini in habitu pastoris apparuit et praecepit ei, ut pascha die dominico ab omnibus celebraretur tempore suo" (*Decretales Pseudo-Isidorianae*, ed. Hinschius, Leipzig, 1863, p. 116). The *Liber pontificalis* echoes this tradition. L.'s statement that the Shepherd was written during the pontificate of Clement I is based on the text itself (*Pastor*, 8, 3, ed. Robert Joly, Paris, 1958, pp. 96–97).

8. *Libellus de visione Uguetini monachi* (ff. 17r–19r). L. got his information about Uguetinus from the incipit of his manuscript (fol. 17r): "Visio Uguetini prius canonici, postea monachi, quam ostendit illi Deus per angelum et quam nos fratres eius ipso narrante scripsimus, servi sancti Vincentii Metensis" (cf. *ML.* CV, 771 A). The vision castigates monastic vice under headings such as these: *De damnatis adulteris et sacerdotibus terribilia, Non esse negligendas subventiones defunctorum, Quod abominabile coram Deo peccatum contra naturam et quam multiphariam in omni statu serpet*. The work is in reality the *Visio Wettini*, written down by Hatto, abbot of Reichenau before 806 when he became bishop of Basel (M. Manitius, *Gesch. d. lateinischen Lit. d. Mittelalters*, I [Munich, 1911], 302–308). L.'s is the first edition. Critical edition by E. Dümmler in *MGH., Poetae Latini aevi Carolini*, II (Berlin, 1884), 267–275.

9. The Dominican mystic Robert of Uzès died in 1296. L. published two short works: *Liber sermonum Domini Ihesu Christi quos locutus est in servo suo* (ff. 19r–24v) and *Liber visionum quas dedit videre dominus Ihesus servo suo* (ff. 24v–27v). He prefaced the *Liber visionum* with the following remarks (fol. 24v): "Sequens liber visionum factus est a docto fratre Roberto maxima pro parte ante religionis ingressum. Et ideo ordine prior; nihil tamen referat si posterior legatur, nam etiam continet quae aedificare possint non pauca, et utiles sunt non parum spiritum intelligentibus visiones." See Quétif-Echard, *Scriptores Ordinis Praedicatorum* (Paris, 1719–1721), I, 449–450 and Chevalier, *Bio-bibliographie*, II, 4011. L. says nothing about the provenance of the manuscript. Renaudet (p. 602, note 3) conjectured plausibly that he found the works of Robert of Uzès and the *Visio Wettini* in Metz in 1510.

10. *Vita sanctae Hildegardis auctoribus Godefrido et Theodorico monachis* (*ML.* CXCVII, 91–130).

11. Trithemius, *De scriptoribus ecclesiasticis* (Cologne, 1531), fol. LXXIXr–v.
12. *Ibid.*, fol. LXXVIIIv.
13. L. to Beatus Rhenanus, 24 June 1511 (Horawitz-Hartfelder, p. 38): "Habeo opus etiam Elizabeth virginis et virginis Mechtildis. Verum quaenam ea virgo fuerit, cuius coenobii, cuius religionis numquam quacumque inquisitione invenire potui. Quapropter interroga (te oro) in monasteriis etiam sororum sancti Benedicti et sancti Bernardi quae apud vos sunt, si forte norint quaenam ea Mechtildis fuerit, et ubi diversata, et fac me certiorem." Beatus's answer is lost, but L. is using here its inaccurate contents.

100

Antoine Roussel to Guillaume Parvy
[Paris. c. June 1, 1513.]

Sigeberti Gemblacensis coenobitae Chronicon ab anno 381 ad 1113 cum insertionibus ex historia Galfridi & additionibus Roberti abbatis Montis centum & tres sequentes annos complectentibus promouente egregio patre D. G. Parvo, doctore theologo, confessore regio: nunc primum in lucem emissum, Paris, Henri Estienne for himself and Jean Petit, 1 June 1513, sig. C, i, v (London, BM. Paris, BN. Yale. Panzer, VIII, p. 6, no. 648; Renouard, *Estienne*, 15).

His name and birthplace suggest that Antonius Rufus Vacariensis (Antoine Roussel from Vaquerie near Amiens) was the brother of Gérard Roussel (Gerardus Rufus Vacariensis) (see ep. 82), probably the younger brother whom we know to have been teaching in one of the colleges of the University, possibly Cardinal Lemoine, in Dec. 1524 (Herminjard, I, 414). In 1512–1513 he was a corrector for Henri Estienne and contributed verses to Clichtove's *De mystica numerorum significatione opusculum* (Paris, Henri Estienne, 16 Dec. 1513) and to Clichtove's commentary on L.'s translation of the *De orthodoxa fide* of John of Damascus (ep. 92).

The epistle prefaces the *editio princeps* of the popular *Chronicon* of Sigebert of Gembloux (c. 1030–5 Oct. 1112). For Sigebert see Manitius, *Gesch. d. lateinischen Lit. d. Mittelalters*, III (Munich, 1931), 332–350 and *DTC.* XIV, 2 (1939), 2035–2041. For the text, *ML.* 160, 57–546. In his introduction the editor, L. C. Bethman, has carefully described the contents of the first edition and the two manuscripts on which it rests (cols. 10–58, esp. 38–39, 54–55).

Plurimum reverendo patri et domino D. Guillelmo Parvo[1] regiae maiestati ascito confessori, doctori theologo quam clarissimo, Antonius Rufus S.

Superioribus diebus cultor tui nominis et litteris Academiae nostrae Parisiensis utcumque potest inserviens, Iacobus Faber, tuo nomine et

Ioannis Parvi insignis bibliopolae[2] eiusdem studii, colendissime pater, tradidit mihi historiam Sigeberti Gemblacensis monachi, quod superiore aestate Chronicon Eusebii de temporibus emitti[3] iusseras. Ego vero protinus acceptam historiam cum vetusto exemplari ex bibliotheca divi Victoris in submoeniis urbis Pariseae multa cum humanitate cum abbatis[4] tum venerabilium illius loci patrum ad tuum nomen extracto contuli, et quam plurima scitu digna comperi, maxime quae ad rem ecclesiasticam et religiosam pertinent; in tuo tamen exemplari, religiosissime pater, sunt quaedam inserta ex historia Britannica Galfridi Monemutensis, ex antiquissimis Britannici sermonis monumentis in Latinum sermonem traducta, quae quia sic repperi intexta dimisi.[5] Quare, celeberrime pater, arbitraturus nostram operam haud tibi displicituram, aggressus sum domesticae officinae Henrici Stephani[6] apud quem diversor committere opus, ut ad effigiem Eusebii cuderetur; sic enim hoc opus cupiebas multis prodesse ac in publicum elucescere. Si optimo desiderio tuo satisfecero, rei publicae satisfactum putavero, cuius utilitati in emittendis nondum luce donatis libris, quae tanta[a] est animi tui nobilitas, vel maxime studes. Unde tibi non parum merito debebit studiosorum omnium posteritas. Recte vale.[7]

1. See ep. 68.

2. The bookseller Jean Petit. See Allen, I, ep. 236, note 11; II, p. 44; Ph. Renouard, *Répertoire des imprimeurs parisiens*, 3rd ed. (Paris, 1965), 339–341.

3. *Eusebii Caesariensis Episcopi Chronicon: quod Hieronymus presbyter diuino eius ingenio Latinum facere curavit, & vsque in Valentem Caesarem Romano adiecit eloquio. Ad quem & Prosper & Matthaeus Palmerius, & Matthias Palmerius, demum & Ioannes Multiuallis complura quae ad haec vsque tempora subsecuta sunt adiecere*, Paris, Henri Estienne for himself and Badius Ascensius, 13 June 1512 (Panzer VII, p. 564, no. 553; Renouard, *Badius*, II, 429–430).

4. Nicaise Delorme, abbot of Saint-Victor from 1 Oct. 1488 until his retirement in 1514 (F. Bonnard, *Histoire de l'abbaye royale et de l'ordre des chanoines réguliers de Saint-Victor de Paris*, Paris, 1903-1907, I, 445; II, 423).

5. Parvy's manuscript, on which Roussel based his edition, was probably destroyed during the printing. The manuscript Roussel borrowed from the library of Saint-Victor is BN. ms. lat. 14624 (L. Delisle, "Inventaire des manuscripts latins de Saint-Victor conservés à la Bibliothèque Impériale sous les numéros 14232–15175," *BEC.* XXX [1869], 31).

6. Henri Estienne was the principal printer for L.'s circle. See Elizabeth

a. tua *ed.*

Armstrong, "Jacques Lefèvre d'Étaples and Henry Estienne the Elder, 1502–1520," in *The French Mind: Studies in Honour of Gustave Rudler* (Oxford, 1952), 17–33.

7. Guillaume Parvy rededicated Sigebert's chronicle to Antoine Bohier, Benedictine abbot of Fécamp, future archbishop of Bourges, and cardinal (sig. C, ii, v): "Ampliss. patri D. Antonio Boero D. Fiscannensi Guillelmus Parvus ordinis praedicatorum S. Cum praesens Sigeberti clarissimi monachi Chronicon mihi hodie cum praefixo ad me epistolio oblatum fuisset, id non satis pro dignitate factum putavi et indolui plane. Nam non mihi debebatur, sed alii potius et tibi potissimum, qui es ingentis monachicae vitae multitudinis amplissimus pater et optimus moderator, et eius quidem professionis cuius fuit et ipse Sigebertus temporum rerumque insignium in eis ipsis gestarum vigilantissimus collector. Quare exemplo eius (praesertim cum tibi nuncupabitur opus) poterunt tui exhortari ut studiis honestatis vacantes posteris vivant. Ad quod praeterea poterunt animos eorum plurimum impellere multorum sanctorum illic descripta clarissima facinora, sed maxime omnium (ut me fert opinio) tui nominis in huius libri frontispicio gravissima conspecta authoritas. Haec me causa permovit, ut et opus tibi dicatum iri vellem et ad te breviusculam hanc conscribere epistolam, praeter illam antiquam observantiam qua te tuosque semper summe colui atque magni feci. Vale. Parisiis ex regia curia septimo Idus Iunias. Anno Christi M.D. XIII."

101

From Etienne de Bar   Nancy. September 10, 1513.

Symphonia Platonis cum Aristotele: & *Galeni cum Hippocrate D. Symphoriani Champerij. Hippocratica philosophia eiusdem. Platonica medicina de Duplici mundo: cum eiusdem scholijs: Speculum medicinale platonicum:* & *apologia literarum humaniorum,* Paris, Badius Ascensius, 18 April 1516, fol. CLIIIr–v (London, BM. New York, Academy of Medicine. Paris, BN. Allut, p. 171, no. XIII; Renouard, *Badius,* II, 274–275).

The physician Etienne de Bar, a protégé of Symphorien Champier, matriculated at the University of Montpellier 6 Oct. 1516 (M. Gouron, *Matricule de l'Univ. de médecine de Montpellier, 1503–1599,* Geneva, 1957, p. 29). See Renouard, *Badius,* II, 272 and V.-L. Saulnier, "Médecins de Montpellier au temps de Rabelais," *BHR.* XIX (1957), 448.

The epistle prefaces Symphorien Champier's defense of gentile philosophy, especially the philosophy of Plato: *Domini Symphoriani Champerii Lugdunensis apologeticon de studio humanae philosophiae ad dominum Iacobum Fabrum Stapulensem* (ff. CLIIIv–CLXXIIr).

Eruditissimo in omnique disciplinarum cognitione consummatissimo, totius item Galliae philosophorum principi, Iacobo Fabro Stapulensi Stephanus de Barro natione Tullensis S. P. D.

Maxima hercle debetur peritis reverentia, Iacobe praestantissime, iis praesertim qui assiduo conatu student non solum sibiipsis, verum etiam posteritati commodare, perinde atque ad communem utilitatem nati essent, hac Platonica sententia a Cicerone repetita ducti: Non solum nobis nati sumus, ortusque nostri partem patria vendicat, partem amici.[1] Inter quos Symphorianus Champerius, alter ille Aesculapius, non minus eximium meretur laudis praeconium quam Alcides ille Tirynthius, quem bis senis laboribus sibi caelum comparasse fabulantur. Hic sua vi fera domuit monstra; ille facundia artis Paeoniae bonam magnamque partem prius incultam et ieiunam expolivit atque adornavit. At nunc profecto non modo laudem non assequuntur (ut de teipso in dies magis magisque facis periculum, qui inter doctissimos quosque facile obtines palmam), sed miris invidiae aculeis exacerbantur. Nam tanta est imperitorum multitudini innata vecordia, ut veluti Orestis furore rapta in unumquemque doctum etsi eloquentia Demosthenem, iustitia Traianum, clementia Caesarem facile superarit, solvere linguam non erubescat; sed profecto cum in diutinum tempus odium produxerit, tandem fucorum more a litteratis explodatur necesse est, quos apes agmine facto ignavum pecus a praesaepibus arcent.[2] Verum enimvero ne in his insectandis epistolae metas praetergrediar (epistola quippe librum redolere non debet) et ut propositum exequar, dederat forte fortuna Champerius tuus opus quoddam Platonicum multiiuga praegnans doctrina chalcographis imprimendum. Verum quidam[a] ex suis amicis oppido quam litteratus, cuius censurae et iudicio hanc crediderat provinciam, eundem litteris certiorem reddidit, non posse (si imprimeretur) calumniantium mordaces sales evitare, tum quia Platoni nimis adhaereret, tum quod gentilium facta ad moralem sensum reduceret. Quibus Symphorianus ille Champerius (cuius disciplinae sum alumnus) brevi hoc apologetico nomini tuo dicato sigillatim respondet, atque luce Phoebea clarius indicat priscos auctores Christianos per totam ecclesiam celebratos gentilium litteras haud somniculose lectitasse eorumque gesta ad meliorem sensum reducta suis operibus inseruisse. Vale litterarum decus eximium et

a. quidem *ed.*

totius Galliae unicus splendor. Ex Nanceio, quarto Idus Septembres.
M.D.XIII.

1. *De Officiis* I, vii, 22. Cf. *De Finibus* II, xiv, 45.
2. Virgil, *Georg.* 4, 168.

102

Jean Pelletier to Johannes Sági de Ság
Paris. September 23, 1513.

Peri Archon (id est de principijs) scientiarum: que in dialectices initio generatim inquiri solent, breuiter & artificiose complectens, Paris, Henri Estienne, 8 Oct. 1513, sig. a, IV–a, 2r (Harvard. Paris, BN. Renouard, *Estienne*, 15).

Jean Pelletier of Mouflers (Somme) was a student of L. and Clichtove. In 1501 L. listed him among his collaborators in reforming the curriculum of the faculty of arts (*Libri logicorum*, Paris, 1503, fol. 78v). His only significant published contribution to this effort was his edition of a textbook in logic entitled *Peri archon.* He contributed verses to Clichtove's commentary on L.'s paraphrases of Aristotle's natural philosophy (see ep. 30), to Bovillus's *De constitutione et utilitate artium humanarum* (ep. 41), and to Bovillus's *Liber de nichilo* (*De intellectu, De sensu*..., Paris 31 Jan. 1510/1511, fol. 62v). He was elected rector of the University 23 June 1504 (Villoslada, p. 434). He appears in the records in 1515 (Bulaeus, VI, 70) and again in April 1518 (E. Coyecque, *Recueil d'actes notariés relatifs à l'histoire de Paris ... au XVIe siècle*, Paris, 1905, I, 28, no. 122) as "proprimarius" or "sous-principal" of Cardinal Lemoine. See also Renouard, *Badius*, II, 221; A. Apponyi, *Hungarica. Ungarn betreffende im Auslande gedruckte Bücher und Flugschriften* (Munich, 1903–1925), I, 72–73, no. 93; Jourdain, p. 320.

Johannes Sági de Ság (Ioannes Saghinus Pannonius, Johannes Seg de Seg), a Hungarian noble, matriculated at the University of Vienna 13 Oct. 1505. After studying in Paris he returned to Vienna, where he received the M.A. in 1518. He was proctor of the Hungarian nation in the same year (Karl Schrauf, *Die Matrikel der ungarischen Nation an der Wiener Universität, 1453–1630*, Vienna, 1902, pp. 29, 52, 61, 63, 67, 179, 272; *Matr. d. Univ. Wien*, II [1], 333).

The epistle prefaces Pelletier's edition of an anonymous work entitled *Peri archon scientiarum.* The preface of the work itself (*Opusculi cui nomen Peri Archon scientiarum praefatio*) begins as follows: *Cum temporibus nostris authores multiplicibus variisque dictionum significantiis invigilent.* Chapter I is entitled: *Artificialis logicae aequivoca divisio pariter et membrorum descriptiones* and begins: *Logica artificialis primo modo est habitus evidenter cognoscendi conclusiones logicales per principia logicalia.*

Ioannes Pellitarius Mofloriensis ingenuo adulescenti Ioanni Saghino Pannonio S.

Cum publicae utilitatis gratia nonnihil suscipere commendabile semper ac praeclarum iure et dicatur et existimetur, esse quoque a me haud alienum duxi prompto alacrique animo induci reddere et invulgare praesens opusculum, eiusque mendas propemodum scatentes pro tenui meae intelligentiae modulo litura tollere, expungere, ac inversa discerptaque denuo immutare. Cumque principium (philosopho teste) sit plus quam totius dimidium et dimidium plus toto,[1] his sane persuasus rationibus non equidem nisi studiose ac libenter tentare decrevi id ipsum, praesertim cum ei titulus nomenque inscribatur περὶ ἀρχῶν (id est de principiis) scientiarum, ita dubio procul nuncupatum quod in eo quae in disciplinarum vestibulis investigari solent prompte et artificiose comperiantur omnia. Omitto autem quam multiplici, quamque varia tum ingenii tum eruditionis luculentia fecunditateque redundet atque refulgeat, sententia quidem cum neotericis communi, ast longe dissimili contexta artificio. Eapropter omnes studiosi adulescentes logico rationalique initiandi instrumento hoc in compendiolo perinde ac praeludio quodam prius mentis suae aciem periclitentur quam temere et illotis (ut aiunt) pedibus[2] ad Logicen celeriusculo gradu conscendant; et tu in primis ad id animi nervos intendas, clarissime Ioannes, quem indubie pluris semper fecero, si ut naturali indole dotatus magnopere es commendandus, ita praecipue et animi virtute ac morum integritate praecellere studueris teque ipsum meliorem in dies magis magisque efficere. Neque est quod e vestigio te deterreat si id genus opusculi primo forsitan obtutu reconditum quoddam atque abstrusum prae se ferat artificium; id enim citra rationem minime factum putare convenit, quod a probatissimis auctoribus indubitatum sit arti esse peculiare ac prorsus domesticum, artem celare[3] nisi cum doceatur. De qua in posterum intelliges (cum in auscultatione physica versabere) illud tritissimum: naturam sine arte invalidam inconsummatamque permanere.[4] Arte siquidem ac industria praestantissimas parari virtutes quibus rudior natura instruatur, adornetur et excolatur, quis non videat vel luce clarius? Itaque cum exercitatio (uti paroemia usurpatur) possit omnia,[5] non ignaviter te posthac exercebis mi Ioannes obsecro obtestorque quam maximo possim opere, non modo in hoc artificii charactere verum in ceteris cultioribus litteris capessendis quoad talentorum (ut sic dixerim) pentas quinariusque, si totidem a natura receperis, patietur, ut cum Pannoniam tuam olim revises aliorum pentadem superlucratus decada tibi vendices ac possideas, ovansque atque de ignorantiae castris triumphans benignissimam reverendaque canitie conspicuam illustrissimi ac perquam magnifici domini mei D. Ioannis Bornemizae[6] arcis Budensis Castellani patrui tui frontem comiter et hilare salutaveris. Interim quia ut Lucano placet stimulos dedit aemula virtus,[7] tuae fuerit generositatis in hoc florentissimo Parisiorum gymnasio imitari tamquam unicum verumque vitae tuae exemplar virum eximium et dum in vivis hic ageret vitae probitate quam ornatissimum, necnon mihi arcta familiaritate amoreque fraterno devinctum D. Martinum Tolninum[8] pastorem Colouarensem consanguineum tuum quem numquam tacere velim nec debeam. Vale felix una cum D. Georgio Mezlenio[9] canonico Iaurinensi et D. Emerico Dalacho[10] conterraneis tuis et puriorum litterarum assiduis ac diligentissimis cultoribus. Parisiis. 1513. Nono Kal. Octob.

1. Aristotle, *Pol.* V, iii, 2, 1303b 29; *Eth. Nic.* I, vii, 23, 1098b 7. Cf. Horace, *Ep.* I, 2, 40. The proverb ἀρχή ἥμισυ παντὸς is ascribed to Hesiod by Lucian, *Hermot.* 3, and to Pythagoras by Iamblichus, *Vita Pyth.* 29 (Hesiod, *Opera et Dies*, ed. T. A. Sinclair, London, 1932, pp. 6–7). The proverb πλέον ἥμισυ παντὸς was also celebrated in antiquity: Hesiod, *Op.* 40; Plato, *Laws* III, 690 E and *Rep.* V, 466 C. Cf. Erasmus, *Adagia* (Frankfurt, 1599), 29 and 1301; Walther, *Proverbia*, III, p. 957, no. 22429.

2. Erasmus, *Adagia*, 1751 explains as follows the phrase, *illotis pedibus ingredi*: "Est confidenter atque imperite rem egregiam aggredi, tanquam profane et irreverenter." Cf. Macrobius, *Sat.* I, 24, 12.

3. Cf. Ovid, *Ars am.* II, 313.

4. Aristotle, *Pol.* VII, 17, 1337a 1; *Phys.* II, 8, 199a 15–20.

5. Erasmus, *Adagia*, 195–195: "Cura omnia potest . . . significat autem, nihil esse tam arduum, quod diligentia curaque non efficiatur." Diog. Laert. I, 8, 99 attributes the saying to Periander.

6. János Bornemissza, canon of Várad, described by a contemporary as "ein kleine und grave Person," made his career in the royal finances. In 1481 he was secretary and notary to Orbán of Nagylucse, bishop of Erlau, the king's treasurer. He served as deputy treasurer from 1487 to 1493. In 1500 he became the treasurer of Wladislas II, and c. 1508 tutor of the royal children. According to Pelletier, Bornemissza was the uncle of his student Johannes Sági de Ság and governor of the citadel of Buda. See John. Chr. von Engel, *Geschichte des ungarischen Reiches und seiner Nebenländer* (Halle, 1787), I, 194; J. Fógel, *II.*

Ulászló udvartartása (1490–1516) (Budapest, 1913), 55–56; and *Acta et epistolae relationum Transylvaniae Hungariaeque cum Moldavia et Valachia*, ed. Andreas Veress (Budapest, 1914), I, 57.

7. *Pharsal.* I, 120.

8. Martinus [Bornemissza] of Tolna (Martinus Tolninus, Tholminus, Thonynus) was a Hungarian noble from the diocese of Pécs, the brother of János Bornemissza and uncle of Johannes Sági de Ság. He matriculated at the University of Vienna in 1502: "Dom. Martinus frater thesaurarii regis Hungarie no[bilis]" (*Matr. d. Univ. Wien*, II, 1, p. 303, col. 1). He moved to the University of Paris in 1505 (notes of Prof. A. L. Gabriel to the *Liber receptorum* of the German nation in the sixteenth century). In Sept. 1508 Wolfgang von Matt asked Jan Schilling to greet him (both Schilling and Tolninus were then in Rome) and to give him a copy of L.'s *In Politica Aristotelis introductio*, which had just appeared (see ep. 63). On Pelletier's evidence here he held a benefice in Klausenburg and died before Sept. 1513.

9. Georgius Meszlény (Mezlenius, Georgius Doleatoris de Meslen, Georgius Pinter de Messlen), canon of Györ, matriculated at the University of Vienna in April 1500, received the B.A. in 1503 and the M.A. in 1505. See Schrauf, *op. cit.*, 48, 82, 151 and *Matr. d. Univ. Wien*, II (1), 281.

10. Emericus Dalachus (Emericus Pauli de Dalaczye, Emericus de Dalatha) matriculated at the University of Cracow in 1509 and received the B.A. in 1511. See *Album Studiosorum universitatis Cracoviensis*, ed. A. Chmiel, II (Cracow, 1892), 117 and K. Schrauf, *Registum bursae Hungarorum Cracoviensis* (Vienna, 1894), 13, 72.

103

Philipp Gundel to the reader
[Vienna. Before December 1, 1513.]

Compendium philosophie Moralis ex Aristotelis Peripateticorum Principis Ethicorum atque Politicorum libris: per Jacobum Fabrum Stapulensem et breuiter et (vt illi moris est) eleganter contractum, Vienna, Hieronymus Vietor and Joannes Singrenius for Leonard and Lukas Alantsee, 1 Dec. 1513, sig. c, iii, v–c, iv, r.

Philipp Gundel of Passau (1493–1567) matriculated at the University of Vienna 4 Nov. 1510 (*Matr. d. Univ. Wien*, II [1], 373). He published editions of ancient and modern authors, orations, and poems. See Rupprich. pp. 623–625; W. Näf, "Philipp Gundel, Vertreter und Nachfolger Vadians in der Wiener Professur," *Schweizer Beiträge zur allgemeinen Geschichte*, XIV (1956), 148–155; G. Bonorand, "Aus Vadians Freundes- und Schülerkreis in Wien," *Vadian-Studien*, VIII (St. Gallen, 1965), 26–28.

Gundel's poem, occasioned by a rumor of L.'s death, is a postscript to his edition of *In Aristotelis Ethica Nicomachea introductio* (see ep. 7) and *In Aris-totelis Politica introductio* (ep. 63). Johannes Winterburg had already printed L.'s introduction to the *Ethics* in Vienna in 1501. Gundel edited it again in 1513 at the request of Martin Edlinger, a master in the Vienna arts faculty.

In Iacobi Fabri Stapulensis et libelli huius rursum Martini Edlinger[1] philosophi doctissimi consilio impressi praeconium, Eligidion ad Lectores.

Sumite doctiloqui lectores dogmata Fabri,
    Nos quibus ad mores imbuit ille bonos,
Sumite: nec parvo pensetis corpore fructum,
    Magna sub exili commoda mole latent.
Quidquid enim veterum lectum est molimine, quidquid
    Socraticus caeli vexit ab arce labor,
Cuncta liber verum Latio conscripta lepore
    Abiectaque rudi garrulitate tenet.
Denique saltem illud tantus persuadeat auctor,
    Auctor quo vix haec saecula maius habent,
Quem rapuisse tamen diri inclementia fati
    Dicitur (O facinus dii prohibete ferum)
Carpsisset nullos intempestivior artus,
    Patrasset maius nec mala Parca nefas.
Ille per immensi versatus semina mundi
    Complexusque animo sidera humumque suo,
Reddidit antiquo sophiae ardua sensa nitori
    Et docuit Latia denuo voce[a] loqui,
Quaeque erat infestis quondam paene obruta Gothis
    (Proh pudor!) antiquum perdideratque decus,
Hoc ductore animum maiestatemque recepit.
    Haecine pro tanto dona labore ferat?
Parcite Graiugenae, Romani parcite manes,
    Non tantam sophiae contulit alter opem.
Tu quoque Aristoteles et tu Plato credite, et omnes
    Quoscumque hoc merito saecula cuncta colunt.
Quorum aliqua invenit; aliis pars magna repertam

a. vice *ed.*

Excoluit, cultam pars bona in ampla tulit.
Incipere egregius labor est; succurrere lapsis
   Non minus ex aequo iudice laudis habet.
Non plus ille suo divum rex praestitit orbi
   Cum daret extructo sidera clara polo,
Quam Phaethontei reparat cum damna pericli
   Cumque Giganteas amovet inde manus.
Contulit in dominam nil maius Romulus urbem
   Quam qui victores propulit hinc Zenonas.
Sic sophia erectam quo se iam vindice gaudet;
   Hunc, quantum vobis cui modo debet, habet?
Sive ergo meritae defunctus munere vitae
   Ille est seu vitam (quod precor) usque tenet,
Debemus vivo, debemus manibus omnes
   Quicumque ad sophiae quaerimus antra viam.
Te quoque, Pannonice decus, O Martine Palaestre,
   Quo duce Palladias nunc ego sector opes,
Laudamus merito, cui ceu doctrina perennis
   Ceu semper virtus aurea corde sedet
(Scilicet arceri mentis negat illa latebris
   Sed regni semper ampliat arua sui).
Sic alios laevum vitae descendere callem,
   Sic alios animo non sinit[b] esse rudes.
Quo suadente iterum divina fruge libellus
   Pressus per nostras itque reditque manus.
     Ph. Gundelius faciebat.

1. Martin Edlinger of Wels matriculated at the University of Vienna in the spring of 1498. He was dean of the arts faculty in 1512, 1517, and 1519 and, also in 1519, rector of the University. See *Matr. d. Univ. Wien,* II (1), 262; Schrauf, *Matr. d. ungarischen Nation an der Wiener Universität,* 51; Michael Denis, *Wiens Buchdruckergeschicht bis M.D.LX.* (Vienna, 1782), 23, 87; and *Die Vadianische Briefsammlung der Stadtbibliothek St. Gallen,* I (1508–1518), ed E. Arbenz, *Mitteilungen zur vaterländischen Geschichte,* XXIV (St. Gallen, 1890), 158, 197.

b. finis *ed.*

104

Josse Clichtove to Jacques d'Amboise
Paris. January 5, 1514.

Opus insigne beati patris Cyrilli patriarche Alexandrini in euangelium Ioannis: a Georgio Trapezontio traductum, Paris, Wolfgang Hopyl, [1514], Part I, fol. 115v–Part II, fol. 1r; Paris, Wolfgang Hopyl, 15 Dec. 1520, ff. 104v–105r. The text is that of the revised edition of 1520. In the first edition the epistle is dated 1514; in the second 1513. Neither date is said to be "ad calculos Romanos." Since eps. 105 and 106 document Clichtove's preoccupation with Cyril of Alexandria in the late winter and spring of 1514, it seems more plausible to date this piece of Cyril scholarship in Jan. 1513/1514 rather than in Jan. 1514/1515. I therefore assume the date given in the second edition to correct a misprint in the first.

The epistle prefaces Clichtove's "reconstruction" of the four lost middle books (V–VIII) of the *Commentary on St. John* by Cyril of Alexandria: *Quatuor libri intermedii: commentariis Cyrilli patriarche Alexandrinum evangelium Ioannis, nuper adiecti per Iudocum Clichtoveum Neoportuensem, doctorem theologum.* Cf. ep. 62.

Ad reverendum in Christo patrem et dominum D. Iacobum Ambasianum,[1] episcopum Claromontanum dignissimum, Iudoci Clichtovei Neoportuensis in quattuor libros intermedios commentariis Cyrilli super Ioannem adiectos praefatio.

Apelles egregius ille pictor inchoatam imaginem moriens imperfectam reliquit, ut tradunt auctores, praestantissime praesul, sed qui eam uti incepta fuerat perficeret inventus est nemo. Non enim potuerunt alii quantumlibet ea arte clari ad unguem lineamenta efformare prioribus omnino respondentia, neque eam exprimere speciem et formam adamussim quam ille in sua effigiatione inceperat protrahere. Proinde maluerunt manum non admovere operi quam tale quippiam attentare, in quo fortasse non responderent ultima primis. Simile quiddam de Panaetio insigni auctoritate[a] refert in Officiis Cicero: "Publium scilicet Rutilium Rufum dicere solitum, qui Panaetium audiverat, ut nemo pictor esset inventus qui Veneris eam partem quam Apelles inchoatam reliquisset absolveret (oris enim pulchritudo

a. authore *1514*

reliqui corporis imitandi spem auferebat), sic ea quae Panaetius prae-
termisisset et non perfecisset, propter eorum quae fecisset praestantiam, neminem esse persecutum," et hinc contigisse opus de officiis
a Panaetio inceptum ad finem perductum non esse, sed tertiam illi
partem deesse.[2] Haud aliter cum beatus pater Cyrillus patriarcha
Alexandrinus duodecim commentariorum libros in evangelium Ioannis ediderit, quorum quattuor intermedii iniuria temporum et negligentia deperditi sunt, neque extare dinoscuntur, difficile admodum
factum reor quemquam inveniri adeo industrium artificem, qui quattuor illos interversos omissosque libros instar priorum excudat reddat-
que sublata intercisione opus uniforme et continuum, cuius media
pars ab extremis nulla dissimilitudine aut difformitate dissideat. Quis
enim sensorum evangelicorum profunditatem, uti ille, rimari et perscrutari sufficiat? Quis dilucidam servaverit in explanandis sententiis
quam ille praefert interpretationem? Quis denique tantam sermonis
maiestatem et gratiam, quis eam sacrarum litterarum ubertatem et
copiam, quae in ipso more torrentis exundat, imitari satis aut aequare
valeat? Quod sane perspicientes viri eruditissimi et in scripturarum
studio exercitatissimi hactenus non tentaverunt, fragmentum illud
quattuor (qui desiderantur) librorum supplere et sua opera ex integro
contexere, subveriti (ut autumo) se non assecuturos omnimodam reli-
quarum partium conformitatem et assimilationem in eo quod adiicere
molirentur intermedio opere. Idcirco satius duxerunt imperfectum
relinquere opus quam humano capiti et pedibus dissimile pectus an-
nectentes monstrosum quippiam et horridum aspectu effingere, quod
primo obtutu sese prodat non ex unius opificis officina prodiisse, sed
diversorum manibus elaboratum. Quod si praestantissimi et clarissimo
ingenio viri non sunt pro sua modestia ausi hanc subire aggredique
provinciam, utpote resarciendi quod deest complemento commentariorum Cyrilli et amissam eorum partem redintegrandi, qua fronte,
quo animo ipse me ingeram huic operi factitando, cui vires sunt tam
gravi sarcinae longe impares? Si non audet aquila eximium solis iubar
fixa acie contueri, quonam pacto tentabit illud noctua caecutiens?
Verum quod detrectat onus imbecillitas propria, id assumendum
nobis suadet auctoritas aliena, et illorum quidem quibus iure negare
nihil possumus. Impellunt enim cotidiana adhortatione et contendunt
nos debere ingenium hac in re periclitari, quae et fructum legentibus

sit allatura et interrupto operi quantulamcumque consummationis speciem exhibitura. Tentavi itaque insuetum per iter et vadum insolito ferri gressu, et aliorum potius hortatui cedere quam meo innitens animo pertinacius repugnare, illius praesertim fretus auxilio, qui (ut testatur sapiens) aperit os mutorum, et linguas infantium facit disertas,[3] qui confugientibus ad se dabit intellectum et instruet eos in via in qua ambulent, firmabitque super eos oculos suos.[4] Neque in hac via peragenda mihimetipsi nimium fidens duces aspernabor, sed eos mihi pro viribus asciscam quos hoc calle inoffenso pede noverim deambulasse, potissimum beatum Ioannem Chrisostomum in homeliis super Ioannem et sanctum patrem Augustinum in expositione quam in Ioannis evangelium elaboravit, quorum sensa utcumque datum fuerit aperiam in hac elucidatione potius quam propriam afferam sententiam, evitaboque pro facultate ne meo ipsius sensu excogitatam adinventamque interpretationem moliar. Ceterum ne quispiam temeritatis me vitio accuset, meminisse debent omnes plerosque ante nos id tentasse, ut imperfecta aliorum opera mortisque interventu inexpleta suo labore et studio perficerent. Sic enim beati Bernardi homelias in Cantica canticorum a Gilberto Cistertiensi consummatas lectitamus;[5] sic complurium auctorum monumenta litteraria, quibus extrema necdum manus erat imposita, ab aliis ad finem usque deducta perspicimus. Quorum imitatione si carie et situ marcidam Cyrilli imaginem et media sui parte emortuam instaurare annitimur, quamvis rem ipsam pro dignitate assequi neutiquam poterimus ut modo professi sumus, nihil praeter nostrum officium fecisse videbimur.

Ceterum hanc nostram operam insigni tuae paternitati, antistes amplissime, merito nuncupamus, quod in tuam ascripti clientelam atque praeclaris tuis nepotibus instituendis designati,[6] simus illi plurimum obnoxii, nosque et nostra omnia ipsi iure debeamus. Cui et id accedit, quod superioribus annis Cyrillus quantum ad primos et postremos libros in lucem exiit, patrocinio et nomine reverendissimi patris Georgii Ambasiani cardinalis Rothomagensis et Franciae dum viveret legati, qui cum interea rebus humanis exemptus sit et ad feliciorem vitam translatus, cui quaeso potius adiecta Cyrillo portio, post eum, quo utcumque perfectus habeatur, nuncupari debuit quam eximiae tuae amplitudini, quae ut fraterni sanguinis vinculo ita quoque eiusdem libri nuncupatione germano suo coniungatur? Sic sane gravissima tui nominis auctoritate fultum hoc opus fidentius ad ceteros transibit, et sacrarum litterarum studiosis utilitatem (ut speramus) uberius afferet. Vale praesidium decusque nostrum. Parisiis. M.D. XIII.[b] Nonis Ianuariis.

1. See ep. 51.
2. III, ii, 10.
3. Sap. 10:21.
4. Ps. 31:8.
5. St. Bernard left his sermons on the Song of Songs unfinished at his death in 1153. Gilbert de Hoyland, abbot of Swineshead, undertook the task of continuing the work, but he in turn died in 1172 without finishing it. See Jean Leclerq, *Recueil d'études sur saint Bernard et ses écrits* (Rome, 1962), I, 175–176.
6. See ep. 51, note 3.

105

Josse Clichtove to Guillaume Briçonnet
Paris. [c. April 4,] 1514.

Praeclarum opus Cyrilli Alexandrini: quod Thesaurus nuncupatur, quatuordecim libros complectens: et de consubstantialitate filii & spiritus sancti cum deo patre, contra hereticos luculenter disserens: Georgio Trapezontio interprete. In quo uersutissime continentur ipsorum argutie, ex sacra scriptura perperam intellecta desumpte: et ad impugnandam ueritatem fidei excogitate. que ab ipso Cyrillo sacrarum litterarum authoritatibus, ac ualidissimis rationibus acerrime confutantur, Paris, Wolfgang Hopyl, 4 April 1513/1514, sig. a, 2r–v (Clark University, Worcester, Mass. Harvard. London, BM. Paris, BN. Legrand, III, no. 163, pp. 191–192); Paris, Wolfgang Hopyl, 18 Nov. 1521, sig. A, 2r–v (Harvard. Oxford. Legrand, III, no. 231, pp. 265–266). The text is that of the first edition.

The *Thesaurus* of Cyril of Alexandria (before 425) is a work on the Trinity designed to put the faithful on guard against the errors of the Arians (*MG.* LXXV, 9–656). Like Cyril's other works, it was virtually unknown in the West until the thirteenth century (N. M. Haring, "The Character and Range of the Influence of St. Cyril of Alexandria on Latin Theology, 430–1260," *Mediaeval Studies,* XII [1950], 1–19). Since Aquinas made significant use of the *Thesaurus* in his *Contra errores Graecorum* (P. Renaudin, "La Théologie de S. Cyrille d'Alexandrie d'après saint Thomas," *Revue Thomiste,* XXXIX [1924], 490), it is possible he knew a complete Latin translation. But no such translation has come to light, and it remains certain that Cyril of Alexandria was first introduced to

b. M.d. xiiii *1514*

Western readers in an important way by the Renaissance translations of George of Trebizond. For a study of the character and value of George's translation of the *Thesaurus* see N. Charlier, "Le 'Thesaurus de Trinitate' de saint Cyrille d'Alexandrie. Questions de critique littéraire," *Rev. d'hist. eccles.* XLV (1950), 36, 47–51. Clichtove's editions are the first, followed by Basel editions in 1524, 1528, 1546, and 1566, and by two further Paris editions in 1573 and 1605.

Reverendo[a] in Christo patri ac domino D. Guilhelmo Briconneto, episcopo Lodovensi dignissimo,[1] Iudocus Clichtoveus humillimam S. D.

Non parva illis debetur gratia, sacratissime praesul, qui sua industria contra hostiles incursus munimenta parant, quibus adversariorum tela retundantur, irriti fiant eorum conatus et insultus inanes. Unde Archimedes Syracusanus magnopere celebratur auctore Plutarcho, quod cum Marcellus dux Romanorum Syracusas obsidione premeret, ipse varia excogitarit machinamenta, ratione geometrica fabricata, quibus hostium navigia, tormenta et machinas magno impetu elisit urbemque diutius incolumem ne caperetur servavit.[2] At vero longe maiore gratia et laude cumulandi sunt ii qui suo studio in certamine litterario veritatem licet invincibilem opprimere contendentium spicula contundunt, arma reddunt imbecilla et collatis signis eos in fugam vertunt, ut non praevaleat contra sincerae fidei pietatem daemonica cohors et insana impiorum caterva, sed obstruatur os loquentium iniqua et victrix tandem veritas profugatis hostibus gloriosa triumphet.[3] In quorum numero merito inter ceteros habendus est Cyrillus Alexandrinus, inclytus veritatis catholicae satelles, propugnator ac signifer et orthodoxae fidei contra haereticorum rabiem defensator acerrimus. Qui duodecim primis huiusce operis libris Arrianos Eunomianosque oblatrantes in filium Dei et Deum verum benedictum in saecula, quod creatura sit, quod patri inconsubstantialis et dissimilis, validissime confutat, rationes eorum ex scriptura sacra perperam intellecta desumptas acutissime dissolvens et sanctarum litterarum testimonio quasi illato lumine ipsorum vesaniam multifariam damnans. Duobus vero postremis eiusdem operis libris Macedonianos refellit blasphemantes in spiritum sanctum et inter creaturas ipsum connumerantes, qui rerum omnium creator et deus est, quos itidem multiplici divinorum eloquiorum auctoritate rationibusque ex ea depromptis mani-

a. Reverendissimo *1521*

feste impii arguit erroris. Porro in hoc auctore tanta est disserendi sub-
tilitas et acrimonia, tantum rationum acumen et robur, tam exuberans
doctrinae copia, denique tanta convincendi adversarios fidei energia
et efficacia, ut ipse exemplum optimo iure proponatur omnibus qui
de rebus sacris divinisque mysteriis disserere debeant, quod intuentes
attentius considerent quomodo ex scripturis et sanctis eloquiis sua
depromenda sint et contexenda ratiocinia, aut ex puro inferiorum
scientiarum fonte, neque in re tam ardua futilia agitanda sophismata,
captiones inanes aut argutiolae proponendae. Quae cum nihil aliud
quam vanam pariant multiloquentiam, ab omnibus plane et potissimum
sacris disciplinis merito explodi, eliminari et exsibilari debent. Hunc
itaque Thesaurum (nam is presenti libro titulus inscribtur) gazis Persi-
cis ac Attalicis opibus pretiosiorem, minime passa est gravissima tua
paternitas, non minus bonarum litterarum splendore quam praeclaris
virtutum dotibus adornata, amplius absconditum in agro delitescere,[4]
sed communicato (quae tua est humanitas) exemplari, a reverendo
patre domino Dionysio episcopo Tolonensi[5] fratre tuo ab urbe Roma
misso, in publicum efferri voluit ad communem omnium utilitatem.
Cui quidem operi et ipse libens meum quantulumcumque laborem
sum impartitus, ut castigatus amplissimi tui nominis et domini Dionysii fratris tui patrocinio in lucem exeat, ac gratitudinis animi mei ob
singularem tuam olim et frequenter in me beneficentiam nulla oblivione obliterandam non obscurum apud te sit argumentum, cui me
totum ut clientulum dedo ac devoveo. Vale praesulum decus litterarumque et litteratorum fautor et columen. Parisiis anno domini 1513.[b]

1. See ep. 43.
2. *Vita Marcelli*, 19-21. Cf. ep. 28, note 4 and ep. 34, note 5.
3. Ps. 62:12.
4. Matth. 13:44.
5. See ep. 109.

b. 1521 *1521*

106

Josse Clichtove to Guillaume Parvy
Paris. [c. May 20,] 1514.

*Eximii patris Cyrilli Alexandrini, commentarii in Leuiticum: sexdecim libris
digesti. In quibus uarios sacrificiorum antique legis ritus primum ad allegoricum
sensum accommodat: ostendens omnes illos aliquid mysticum designasse, quod in
Christo completum est. Deinde vero eosdem ad sensum moralem et instituendam
hominum uitam congruentissime applicat,* Paris, Wolfgang Hopyl, 20 May 1514,
fol. 1v (Clark University, Worcester, Mass. Harvard. London, BM. Paris, BN.
Panzer, VIII, p. 11, no. 691); Paris, Wolfgang Hopyl, 4 Oct. 1521, fol. 1v (Harvard. Oxford. Smith College. Yale. Panzer, VIII, p. 69, no. 1231).

The epistle prefaces a *Commentary on Leviticus* discovered by Guillaume
Parvy in the library of the monastery of Corbie and transcribed by L. Clichtove's and L.'s attribution of the commentary to Cyril of Alexandria—an attribution they no doubt found in the Corbie manuscript—is an error. The work
Clichtove published is Origen's *In Leviticum Homiliae XVI* in the translation of
Rufinus (ed. W. A. Baehrens, *Origines Werke,* VI. *Homilien zum Hexateuch in
Rufins Übersetzung, GCS.* XXIX, Leipzig, 1920, pp. 280–507).

Reverendo patri ac domino D. Guillermo Parvo[1] ordinis praedicatorii sacrae theologiae doctori eminentissimo et Ludovici duodecimi
Christianissimi Francorum regis confessori dignissimo Iudocus Clichtoveus S. P. D.

Egregiam merentur laudem et amplam commendationem, colendissime pater, qui sedula cura bibliothecas evolvunt et antiquorum monumenta litteraria perlustrant, ut si quid in eis offendant quod publicam
possit utilitatem studiis afferre, curent idipsum proferri in publicum.
Nempe hoc pacto non parum studiosae litterarum consulunt communitati, cui accommoda parant ad assequendas scientias instrumenta ipsamque locupletiore exornant librorum supellectile. Et sane quemadmodum aequa fere laus tribuitur Camillo quod fusis hostibus Romam
instauraverit captaque signa victor retulerit atque Romulo urbis conditori,[2] ita haud multo minor debetur commendatio ei qui praeclara
veterum auctorum opera (ne pulvere obsita perpetuo maneant aut delitescant in tenebris) profert in lucem quam ei qui primum huiusmodi
opera suo ipsius labore excudit, quandoquidem parum conferret poste-

ritati ista elucubratio nisi adhiberetur vigilantia illam passim omnibus communicandi. Quid enim proferet luminis lucerna posita sub modio[3] aut quid afferet commodi hominibus thesaurus absconditus? Sapientia absconsa (dicit Ecclesiasticus) et thesaurus invisus, quae utilitas in utrisque?[4] Rursum idem, Bona abscondita in ore clauso, quasi appositiones epularum circumpositae sepulchro.[5] Atqui nihil refert in ore clauso aut libro clauso catenisque strictius alligato bona sint abscondita, quoniam neque hic neque illic communicatio illorum bonorum traducitur in alios. Non possum itaque non commendare hunc ingenuum tuum laborem, praestantissime pater, quo sedulus bibliothecas omnis lustrare soles ac disquirere solicite, ut si quippiam occurrat manibus tuis quod ad Christianae religionis pietatem aut rectam morum institutionem conducat, id protinus omnibus communicatum velis. Cum igitur eximii patris Cyrilli Alexandrini inter sacros scriptores Graecos probatissimi commentarios in Leviticum sexdecim libris digestos ex insigni et pervetusta Corbeiensi bibliotheca offendisses et (ut patrum eius loci humanitas est) obtinuisses, ac plerosque alios, quorum tui cultor observantissimus Iacobus Faber pro indissolubili amoris vinculo quo a plurimis annis nectimur vel arctissime mihi copiam fecit, operae pretium duxisti tam praeclarum opus ad omnes prodire, ne diutius inter blattas et tineas moretur situmve ducat. Neque ab re quidem. Continet enim volumen illud mysticam explanationem sacrorum veteris legis, allegoricas caerimoniarum rationes et multiformium hostiarum symbolicas significativasque notiones, ut quicquid corporaliter et ad litteram in Levitico observandum statuitur, id omne ad spiritualem vivificantemque transferens intelligentiam aut fidei sacrae mysteriis aut humanae vitae directioni moribusque formandis concinne et decenter adaptet. Demum et ipse ut aliquem afferrem sacrarum litterarum studiosis opem et tuae venerandae paternitati (cui plurimum debeo) vel hoc exiguo inservirem officio, operam dedi sedulo, ut tui nominis auspicio ac nuncupatione idem Cyrillus elimatus edatur in lucem, quatenus tua suffultus gravissima auctoritate maioris apud omnes habeatur momenti. Qui tamen si aequum nactus sit censorem, tantus ac talis est ut hominum patrocinio aut approbatione non indigeat, siquidem bono vino (ut in adagio est) non opus est hedera.[6] Vale litterarum ac virtutis amator. Parisiis, anno verbi incarnati, 1514.

1. See ep. 68.
2. Livy, V, 49 (ed. G. Weissenbron and K. Müller, Leipzig, 1904, pp. 337–338).
3. Cf. Matth. 5:15; Marc 4:21; Luc. 11:33.
4. Eccli. 20:32; 41:17.
5. Eccli. 30:18.
6. Erasmus, *Adagia* (Frankfurt, 1599), 164: "Vera virtus non eget alienis praeconiis, aut res praeclarae per se placent, neque desiderant exoticam commendationem."

107

Guillaume Parvy to Claude de Seyssel   Paris. July 10, 1514.

R. Patris Claudij de Ceissello episcopi Massiliensis Moralis explicatio euangelii Lucae Missus est angelus. & cantici diuae virginis vsque ad eum locum. Impletum est Helizabeth tempus pariendi, Paris, Josse Badius Ascensius, 17 Aug. 1514, sig. A, i, v (Cambridge, Queens. Paris, Mazarine. Renouard, *Badius*, III, 256); *Claudij Seysselli Sabaudiensis Marsiliensis episcopi Explanatio moralis in primum caput euangelii diui Lucae: quatuor tractatus continens: quibus omnem hominis poenitentis, proficientis & perfecti statum verbis euangelistae appositissime accommodat: Leoni decimo Pon. Maximo nuncupata*, Paris, Badius Ascensius, 7 July 1515, sig. a, i, v (Paris, BN. Renouard, *Badius*, III, 258); *Tractatvs De Triplici Statv Viatoris: Ex tribus Lvcae capitibus per ampliss. Antistitem Clavdivm Seissellvm Sabavdinensem, tunc episcopum Massiliensem: Nunc Archiepiscopum Tavrinensem*, Turin, Nicolaus Benedictus and Antonius Ranotus, 20 May 1518, sig. Aa, i, v (London, BM. Paris, BN.). The text is that of the edition of 1515. The epistle will also be found in a second Badius printing of 1514, where the preface is dated Ides of August 1514 (Renouard, *Badius*, III, 256). The epistle is dated in the first edition VI Idus Iulias M. D. XIIII.

Claude de Seyssel, jurist, statesman, diplomat, bishop of Marseilles (3 Dec. 1511–11 May 1517), and archbishop of Turin from 11 May 1517 until his death on 20 May 1520 (Eubel, III, 255, 329). See A. Caviglia, *Claudio di Seyssel (1450–1520). La vita nella storia dei suoi tempi* (Turin, 1928); D. Bertetto, "Claudio di Seyssel, arcivescovo di Torino, maestro di vita pastorale all 'inizio del 1500," *Salesianum*, V (1943), 116–156; J. H. Hexter, "Seyssel, Machiavelli, and Polybius VI: The Mystery of the Missing Translation," *Studies in the Renaissance*, III (1956), 75–96; and *La Monarchie de France*, ed. Jacques Poujol (Paris, 1961), 9–53.

The epistle prefaces Seyssel's *Moralis explicatio Evangelii Lucae*, a commentary on the first chapter of the Gospel of Luke. Seyssel wrote it in Rome in the spring of 1514 and sent a copy to Guillaume Parvy. Badius published it in August. Parvy then showed it to L., Clichtove, and Jean Raulin. All approved it, and on 8 Dec. 1514 Parvy inserted a new sentence into his epistle stating this fact. Seyssel later expanded his commentary to include the second and third chapters of Luke, entitled it *Tractatus de triplici statu viatoris*, and prefaced it with a dedicatory epistle to Leo X dated 31 Jan. 1516/1517. The first edition of the complete work is that published in Turin 20 May 1518.

Guilielmus Parvus[1] ordinis Praedicatorii sacraeque sapientiae professor et regiae confessionis auditor indignus venerando patri Claudio Seissellio regio oratori et Marsiliensium episcopo dignissimo salutem.

Legi perlegique ac relegi cum ingenti interioris hominis oblectatione, sacro quodam mentis tripudio, admirationeque summa quam in evangelii[a] Lucae primum[b] caput,[b] quo incarnati verbi mysterium nostraeque salutis recitatur exordium, hisce diebus Romae et valitudinarius et magnis arduisque legationibus occupatus divino ingenio tuo mirandaque sapientia et plane Ciceroniano eloquio elucubrasti explanationem. In qua cum verborum iste plausibilis et oratorius lepos, tum sententiarum gravium adhortationumque salutarium et schematum appositissimorum frequentia, ita me extra me rapuit ut gratulabundus subinde ad te advolare mihi viderer. Neque me quidem solum, sed et omnes quibus eam communicavi; communicavi autem certatim petentibus quam plurimis. Inter[c] quos Raulinus[2] et Clichtoveus nostri magno eulogio theologi et Iacobus Faber primarius philosophus.[c] Proinde quaecumque istius apud te monetae excusa sunt (esse autem complura non dubito), nobis impartire ne graveris oro. Ceterum ut in multos hanc sani animi voluptatem aegroti vero curationem praesentissimam conferrem, curavi eam[d] industria Iodoci[e] Badii[e] boni apud nos nominis chalcographi et tuae dignitati noti imprimendam. Cuius impressionis hoc specimen tam grato recipias precor animo quam ego ipsius accepi archetypum, sitque utrumque alteri mutuae amicitiae perpetuum monimentum. Vale. Ex oratorio nostro Parisiensi. VI Idus Decemb.[f] M. D. XIIII.

1. See ep. 68.   2. Jean Raulin. See ep. 45, note 5.

a. illud *ante* evangelii *1514*
b. *om. 1514*
c. Inter ... philosophus *om. 1514*
d. ilico *1514*
e. *om. 1518*
f. Iulias *1514*

108

Josse Bade to Marco Dandolo   Paris. August 2, 1514.

Preconium Sanctiss. Crucis a Magnifico. D. Marco Dandalo editum: tunc quum elaboratum est Cussidii Captiuo: nunc vero apud Sacram Christianiss. Regis Ludouici. xii. maiestatem Venetorum Oratore Clarissimo, Paris, Badius Ascensius, 6 Aug. 1514, sig. A, i, v–A, ii, r (Seville, Colombina). Previously published by Renouard, *Badius*, II, 358–359 and Emile Picot, "Une édition inconnue du 'Praeconium Crucis' de Marco Dandolo," *Le Bibliographe moderne*, VII (1903), 303–305. There is a manuscript copy of this edition in the Museo Correr in Venice (cod. Correr 278).

Marco Dandolo (25 March 1458–15 May 1535) was the son of Andrea Dandolo and Orsa Giustiniani. After studying philosophy and law at the University of Padua, he made an excellent diplomatic and administrative career. In 1507 the Venetian government appointed him governor of Brescia. When the city fell to the invading French in 1509, Dandolo was taken prisoner and removed to a benign captivity in France. He wrote the *Preconium crucis*, a short work in praise of the Holy Cross, while a prisoner in Coucy, and dedicated it to his friend and jailer Georges d'Auxy, maître d'hôtel of Louis XII and governor of Coucy (Jean d'Auton, *Chroniques*, ed. Maulde la Clavière, IV, 366). Badius published it on the advice of L. At the conclusion of peace between Louis XII and Venice in 1513, Dandolo remained in France as Venetian ambassador. See Picot, *op. cit.*, 301–306; A. Medin, "Gli scritti umanistici di Marco Dandolo," *Atti del R. Istituto Veneto di Sci., Lett. ed. Arti*, LXXVI (1916–1917), 335–414; Branca, II, 143; and Cosenza, II, 1179.

Praeclaro ac magnifico viro Marco Dandalo, doctori et equiti aurato, patricio Veneto, apud sacram Christianissimi regis Ludovici XII. maiestatem illustrissimae Reipublicae Venetiarum oratori meritissimo, Iudocus Badius Ascensius[1] felicitatem.

Immensa optimi maximi Dei nostri potentia, sapientia, bonitas, cum in omnibus operibus suis, tum (divo Aurelio censore[2]) in eo vel praecipue conspicitur, quod nostra subinde mala et potest et scit et vult ad universi bona convertere. Cuius mihi sententiae in mentem venit simul ac novi tuam praestantiam summo quoque imperio dignam, Deo sic volente nuper quidem captivam, nunc vero apud regem victorem in summa auctoritate habitam, tam praeclare divinum Dominicae crucis lucubrasse praeconium. Cogitavi enim ilico mecum hoc illud erat quod arcanae providentiae et inscrutabili iudicio Dei placitum est, inter amplissimam Christianissimi Francorum regis maiestatem ac augustissimum Venetorum principatum[a] bellorum seri discrimina, ut Venetis ancipiti Marte lacessitis et te viro nimirum optimo fortissimo et circumspectissimo (alea belli sic versante) capto, mortales intelligerent omnes quantum pietatis ac sapientiae in Veneti senatus pectoribus sit reconditum, si per otium a publicis curis liceret aliquando[b] ad divinorum mysteriorum contemplationem animi oculos appellere, usque adeo ut quemadmodum de Romano illo senatu Cineas olim censuit, magnorum regum esse consessum,[3] sic de Veneto quisque merito nunc censeat optimorum summaeque prudentiae heroum esse regiam. Nam per immortalem Deum quis non et maximi philosophi et[c] perspicacissimi theologi et clarissimi oratoris lucubrationem hanc esse dixerit, in qua e sacris litteris deprompta tam crebra tamque apposita citantur testimonia, ut nullus tam miro perspicacique ingenio admirandaque[d] Christianae doctrinae intelligentia atque splendore perscrutari amplectique potuisset, quam incredibili miseratione ineffabilique pietate humani generis redemptionem Deus ipse omnipotens nobis cumulatissime fuerit elargitus, nisi ille qui in nulla alia quam in librorum sacrorum lectione vitam omnem transegerit, in eaque consenuerit? Qua quidem lectione lucubrationeque cum nihil sit efficacius, et ut animus noster ad clementissimam Dei maiestatem subvehatur et ut ad pias lacrimas in clementissimum salvatorem nostrum Iesum Christum excitetur, curavi etiam, te inconsulto ac ignorante, quinimmo pro innata illa tua et ingenua verecundia et modestia reluctante, dum id abs te saepius etiam enixe peteremus, cum superioribus diebus in hac praeclarissima civitate apud Christianissimum regem nostrum oratorem ageres, caeleste hoc munus praelo nostro promulgandum, idque potissimum Iacobo Fabro, viro undequaque eruditissimo ac extra omnem ingenii ac doctrinae aleam posito hortante, immo saepius ac saepius et suo et ceterorum huius Academiae doctorum virorum nomine impellente, ne summa providentia parta ac incredibili doctrina et eloquentia conscripta, nostra negligentia pereant. Boni itaque consule et vale decus ac praesidium nostrum

a. principem *Picot*
b. aliquen *Picot*

c. *om. Ren.*
d. admirandoque *Picot*

amplissimum. Ex chalcographia nostra postridie Kalendas Augusti M. D. XIIII.

1. See ep. 71.
2. Cf. *ML*. XXXIII, 727; XXXV, 1924; XXXVIII, 409–410.
3. Florus, I, 18, 20. Cf. Plutarch, *Pyrrhus*, 19, 5; Appian, III, 10, 3; Ammianus Marcellinus, XVI, 10, 5.

109

To Denis Briçonnet   Paris. [c. August 23,] 1514.

Haec Accvrata Recognitio Trivm Volvminvm, Opervm Clariss. P. Nicolai Cvsae Card. Ex Officina Ascensiana Recenter Emissa Est. Cvivs Vniversalem Indicem, Proxime Seqvens Pagina Monstrat, Paris, Badius Ascensius, 23 Aug. 1514, sig. aa, ii, r–aa, iii, r. The date is fixed by the colophon at the end of vol. II: "Emissum est hoc librorum Cusae opus egregium Parisiis: ex officina Ascensiana anno Christi pientissimi omnium redemptoris M. D. XIIII. octava assumptionis semper sanctae semperque virginis Christi Deique matris Mariae, qua patrocinante apud filium portum salutis speramus et veniae" and by L.'s statement at the beginning of his epistle that the printing of Cusa's *Opera*, which had begun eight months before, was now finished.

Denis Briçonnet (1479–15 Dec. 1535) was the son of Guillaume Briçonnet, cardinal of Saint-Malo, and brother of Guillaume Briçonnet, bishop of Lodève and Meaux. He was bishop of Toulon at eighteen (20 Dec. 1497–1514), Saint-Malo (18 Aug. 1514–1535), and Lodève (23 Sept. 1519–5 Dec. 1520) and abbot of Cormery (1521–1535). He participated, with his father and brother, in the Council of Pisa; was declared a heretic and deprived of his bishopric by Julius II (13 Feb. 1512); then attended the eighth and ninth sessions of the Lateran Council (Dec. 1513 and May 1514), presenting his own and his father's submission to Leo X, who restored them to bishopric and cardinalate on 17 April 1514. While he was in Rome he sent to Paris a manuscript of the *Thesaurus* of Cyril of Alexandria, which was edited by Clichtove and published by Wolfgang Hopyl on 4 April 1514 (see ep. 105). He was again in Italy from Aug. 1516 to midsummer 1517 negotiating difficulties that had arisen over the application of the Concordat. Immediately after his return from Rome he visited his diocese of Saint-Malo, determined, like his brother at Meaux, to initiate a program of diocesan reform. As part of this effort he published in Nantes 10 April 1518 Gerson's *L'Instruction des curez pour instruire le simple peuple* (see ep. 123). In 1519 he was again French ambassador in Rome (cf. Bibliography, CCLXII). He spent most of the rest of his life in Saint-Malo or at Cormery, respected as a patron of letters and protector of the poor. See Bretonneau, pp. 225–278;

Eubel, II, 252 and III, 244, 248, 335; and *DBF.* VII (1956), 285.

The epistle prefaces L.'s edition of the works of Nicholas of Cusa. The edition is in three volumes: the first contains philosophical and theological works; the second theological and mathematical works; the third the *De concordantia catholica.* All of the works in the first volume and several in the second had already appeared in earlier editions: Strasbourg, Martin Flach, [c. 1488] (Polain 2814; Hain-Copinger 5893) and Milan (Cortemaggiore), Benedictus Dolcibelli, 1502 (P. Wilpert, ed., *Nicolaus von Kues. Werke. Neuausgabe des Strassburger Drucks von 1488,* Berlin, 1967, I, vi–ix). For these works the Strasbourg edition was L.'s only source. Of the remaining treatises L.'s edition is the *editio princeps.* He had been collecting material for this edition since at least 1507. On sig. aa, iii, v he thanked the many friends who had found and copied manuscripts for him: Beatus Rhenanus, the Carthusian monk Gregor Reisch, Jan Schilling of Cracow, Pierre Meriele, Johannes Brosgoicus (Hartmann, I, 124), Reuchlin, Iacobus Faber of Deventer, Toussaint Vassier (a monk of Livry), Nicolaus Moravus, and Kaspar and Kilian Westhausen of Mainz. Cf. Horawitz-Hartfelder, pp. 16, 24–26, 29. Michael Hummelberg helped L. with the editorial work; Michael Pontanus (see ep. 119, note 2) and Ludovicus Fidelis read the proofs (sig. aa, iii, v): "Tres illos libros recognovit doctissimus artium doctor et sacris pontificii iuris sanctionibus insignitus Michael Humelbergius germanus. Cudit haec omnia Parisiis elimatissime Iodocus Badius Ascensius. Recognoverunt in officina Michael Pontanus et Ludovicus Fidelis, uterque disciplinarum Cusae studiosissimus." Cf. Reinhold Weier, *Das Thema vom verborgenen Gott von Nikolaus von Kues zu Martin Luther* (Münster, 1967), 53–60.

Reverendo in Christo patri D. D. Dionysio Briconneto episcopo Tholonensi Iacobus Faber Stapulensis S. D.

Excellentissimi sine ulla controversia in omni disciplinarum genere viri eminentissimique doctoris Nicolai Cusae opera tua causa, sacratissime antistes, Gymnasii Parisiensis praela susceperunt; quae temporis intervallo ferme octimestri, ut nunc ad te elaborata vides, reddiderunt. Haec enim illorum emittendorum una praecipuaque ratio fuit (quamquam et multi alii similiter efflagitabant), quod tu ipse vel avidissime ea percuperes, qui bonorum auctorum omnium cum Latinorum tum Graecorum solertissimus es indagator, neque ullam bibliopolae horum librorum lectu quidem dignissimorum aut tuae dignitati aut aliis facere poterant copiam. Itaque voto tuo satisfaciens, plurimis satisfecisse videbor, a quibus tibi gratiae debebuntur quod tam altas et sublimes tuo optato consecuti fuerint theoreses.

Et ne videar ex me ipso tantum opus tamque insignem auctorem magis ex affectu quam ex veritate praeconiis prosequi velle, operae pretium existimavi doctissimi viri Ioannis Andreae et non minus veracis, prius episcopi, deinde cardinalis Aleriensis,[1] cardinalis Cusae dum viveret admiratoris et ob raras et praeclaras dotes observatoris immodici, hoc in loco de titulis Cusae testimonium inserere. Hic enim de egregio patre Cusa, loquens in panegyrico quem in morte ipsius habuit, sic inquit. "Quisquis velit scribere, facillime quod laudet obvium promtumque inveniet. Ubi tamen desinat aut cui quid praeferat de summis eius meritis vel ornamentis, numquam, si sapiat, poterit exacte iudicare. Fuit enim tanta bonitate dum viveret, ut vir eo melior numquam sit natus, vitiorum omnium hostis acerrimus atque publicus inimicus, fastus et ambitionis totus adversarius, integritate animi immutabilis, honestorum laborum in declivi etiam senecta patientissimus, benefaciendi et gratificandi gratiaeque referendae promptitudine admirabilis, ut natus omnibus maxime, sibi ipsi minime videretur. Sane tanta omnium doctrinarum ubertate fuit, ut quidquid ex tempore dicendum incidisset, tali id semper ille copia dissereret, ut ei solum facultati studuisse censeretur, vir ipse supra opinionem eloquens et latinus. Historias omneis non priscas modo sed mediae tempestatis tum veteres tum recentiores memoria retinebat. In disciplinis mathematicis eo tempore doctior fuit nemo. Ius civile et pontificium recte pureque didicerat et, ut immortali atque aeterna memoria erat, tamquam tunc primum ex illorum studiorum officina prodiisset, memoriter sanctiones et patrum decreta et doctorum insuper sententias recitabat. Philosophiae Aristotelicae acerrimus disputator fuit. Theologiae vero Christianae summus interpres et magister et caelestis arcani antistes sapientissimus. Huius vero celeberrimi viri plurima extant summi ingenii sui opera, quae nullus non summe admirari poterit tamquam divina potius quam humana." Haec Aleriensis.[2] Virum in primis supra opinionem eloquentem fuisse et Latinum commendat. Id ipsum crediderim, sed eloquentia non tam forensi quam Christiana, quae nusquam affectata, nusquam subsultans, nusquam tumens et insolenter loquentem efferens, sed simplex, nuda infucataque ubique proserpit, numquam modestiae terminos excedens. Talis est Cusae stilus, talis est dicendi character, in quo potius intelligentia quam sermonis flos requiri debeat, quamquam nec deest sermonis flos atque gratia. Sed catholicus est potius quam oratorius sermo, et magis theologo, sancto supramundanoque philosopho ac-

commodus quam saeculari viro ac mundano theatralique pompae
dedito. Sed quid immoror de stilo loquens, cum tu ipse sis in hoc dis-
cernendi doctissimus et iudicandi peritissimus? At sinamus valere
historias, leges, decreta sanctionesque patrum, tametsi maximum habeant ad activam vitam momentum, quae nullus qui epistolas eius et
De catholica concordantia legerit libros dubitare poterit ipsum plenissime percalluisse; magis sane id in eo suspiciendum, magis admirandum quod nullum disciplinae genus ad otium et contemplationem
pertinens non attigisse videatur uberrime. Mathematicas disciplinas
nemo eo profundius penetravit. Et illa attingere tentavit in quorum
perquisitione nullus maiorum nostrum non succubuit, ut quadraturam
circuli, chordarum et sinuum rationes, rectae in curvam et curvae in
rectam resolutiones, divisionem anguli in quotvis partes, et id genus
similia quae omne aevum latuerunt.[3] Neque quisquam putet mathematicum laboriosum sciendi genus inutile esse, quandoquidem in eo divina
maxime relucent; et quae qui ignoraverit, pulcherrimas et dignissimas de Deo contemplationes, quas manuductiones, assurrectiones et
divina paradigmata dicere possumus, ignorare necesse est, ut ex primo
Doctae ignorantiae libro, ex Coniecturis et aliis libris agnosci potest,
quos ipse vir divinus divinis anagogis, assurrectionibus elevationibus-
que per mathematica respersit.[4] Et quid in mathematicis solum Cusam
cito, cum saecula nostra ingeniis non careant mathematicorum ad
divina transferendorum solertia? Et cum possem plures, vel unum
hic aduxisse sufficiat. Nonne Lucas Paciolus,[5] domesticus reverendissimi patris et litteris excultissimi cardinalis Adriani,[6] in libro
suo quem inscripsit De divina proportione, ex ratione lineae medio
extremoque divisae assurgit ad divinam unitatem, divinam trinitatem,
Dei incompraehensibilitatem, immutabilitatem et ubique totius prae-
sentiam, totum esse in toto, totum in parte, totum in magno, totum
in parvo, principium omnium et formam omnia formantem?[7] Ad
quae cogitanda manu duci et pulcherrimum et felicissimum est. Tu
vero, sapientissime praesul, cum sis Romae, quotidie virum convenire
potes qui tibi maiora sacrae matheseos mysteria feliciter aperiet.
Mathesis igitur magna est, sed tum maxime cum modus ad divina
surgendi non abest.

Verum omnium maxima theologiae cognitio, in qua (ut supra
testatus est veridicus et doctissimus Aleriensis) vir divinus Cusa sum-

mus fuit interpres et magister et caelestis arcani antistes sapientissimus. Enimvero triplicem comperio theologiam: primam et summam,
intellectualem; secundam et mediam, rationalem; tertiam ac infimam,
sensualem ac imaginariam. Prima in pace veritatem indagat; secunda
aperto Marte rationis via ex veris falsum expugnat; tertia in insidiis ex
quibuslibet etiam falsis verum oppugnare nititur. In prima lux maior
minorem offundit; in secunda lumen tenebris opponitur; in tertia
tenebrae lumini. Prima in silentio docet; secunda in sermonis modestia; tertia in multiloquio perstrepit. Prima sursum habitans, si quando
demittit oculum, id facit, ut ex imis rursum sibi reparet ascensum;
secunda, alis rationis fulta, media luminis inhabitat loca; tertia, quasi
humi repens, obscuritatibus involvitur et variis obruitur phantasma-
tum tenebris. Primae lucis immensitas tenebrae, cuius ignoratio potior
est scientia; secundae finitum lumen lumen est, cuius scientia praecipua possessio; tertiae tenebrae lumen apparent, estque huius partis
opinio, scientia et multo magis illa ignoratione deterior. Quorsum
haec? Ut intelligas, sapientissime pater, theologiam Cusae ad primam
illam intellectualem theologiam totam pertinere, et qua nulla magis
iuvamur ad sacra Dionysii Areopagitae adyta et eorum, qui genero-
sius, augustius et sublimius de Deo philosophati sunt, dicta conqui-
renda.

Quamobrem in recognitione et emissione horum divinorum librorum non tibi soli me gratificatum putaverim (et si tibi gratificando
mihi satisfactum esset), sed et omnibus qui altiore, sacratiore ac diviniore sunt mente, et praesertim summis divinarum rerum moderatoribus, summis ecclesiae columnis, cardinibus orbis, sanctae sedis aposto-
licae confessoribus, de quorum sacro coetu et altissimo ordine olim
horum operum auctor omni saeculo nominabilis Cusa fuit unus, quos
quotidie vides, quos colis, quos observas. Inter quos sanctissimus
Leo X, ut summo pontificatus honore decoratus, ita omni literatura
et virtutis splendore praeeminens, tamquam sol inter sua sidera fulget.
Quis igitur temerarius ausit tanto auctori, tantis operibus maledica
lingua detrahere, quae tantos tam potentes tamque eminentes habi-
tura sunt vindices? Venerentur igitur omnes, detrahat nemo. Et certe
nemo detrahet, nisi quem invidia praecordia rodens fecerit iudicio
praecipitem et temerarium iudicem aut cuius, non aliter quam oculus
aeger lumine solis, hebetior mens harum altissimarum theoriarum

luce superata caecutierit. Suscipe igitur hos nostros in tam digni operis recognitionibus labores tam grato animo quam multis cupimus eos ad Christi aeterni Dei gloriam profuturos. In quo tu, longe observande praesul, perenniter vale. Ex Parisiensi Academia anno eiusdem Christi Dei salvatoris nostri MDXIIII.

1. Giovanni Andrea dei Bussi (1417–1475), was Nicholas of Cusa's companion and secretary from 1458 until the cardinal's death in 1464. Successively bishop of Accia and Aleria, Vatican librarian under Sixtus IV and a papal secretary, he is best known for his association with Conrad Sweynheym and Arnold Pannartz between 1468 and 1472 and for the many *editiones principes* of Latin authors he prepared for their press. He was never a cardinal. See Sabbadini, *Enciclopedia Italiana*, VIII (1930), 162 and Otto Hartlich, "Giovanni Andrea dei Bussi, der erste Bibliothekar der Vaticana," *Philologische Wochenschrift*, LIX (1939), 327–336, 395–399. The bulk of his prefaces are accessible in Beriah Botfield, *Praefationes et epistolae editionibus principibus auctorum veterum praepositae* (Cambridge, 1861).

2. The remoter source of this quotation is Bussi's dedicatory epistle to Pope Paul II for his edition of the works of Apuleius: *Lucii Apuleii Platonici madaurensis philosophi metamorphoseos liber: ac nonnulla alia opuscula eiusdem*, Rome, 1469, fol. 4r–v (*GW.* 2301). Its immediate source is the abbreviated version of Bussi's panegyric quoted in the *Prohemium* to the Strasbourg edition of Cusa's works (Martin Flach, [c. 1488], fol. 1r). L. reproduced the Strasbourg edition with minor changes, adding the erroneous information that his quotation came from a funeral oration. See Martin Honecker, *Cusanus-Studien, II. Nikolaus von Cues und die griechische Sprache. Nebst einem Anhang: Die Lobrede des Giovanni Andrea dei Bussi, Sitzungsberichte der Heidelberger Akademie der Wissenschaften*, Philos.-histor. Klasse, Jhrg. 1937–1938, 2 Abhdlg. (1938), 66–76.

3. Cf. Nikolaus von Cues, *Die mathematischen Schriften*, ed. and tr. Josepha and J. E. Hofmann (Hamburg, 1952).

4. *De Docta ignorantia*, I, 11–23; *De Coniecturis*, I, 4; *Idiota de sapientia*, Book II; *De Beryllo*, viii, ix, xvi, xxii, xxv, xxxiii; *De Venatione sapientiae*, v, xxvi.

5. Luca Pacioli (c. 1445–c. 1514) was one of the most celebrated mathematicians of his time. Friend of Piero della Francesca, Leon Battista Alberti, Melozzo da Forlì, and Leonardo, he joined the Franciscan Order c. 1475 and subsequently taught mathematics all over Italy: Perugia (1475–1480), Naples, Milan (1496–1499), Florence and Pisa (1499–1506), Venice, and Rome. His principal works are the *Summa de Arithmetica, Geometria, Proportione et Proportionalita* (Venice, 1494), the *De divina proportione* (Venice, 1509), and an edition of Euclid in the translation of Campanus (Venice, 1509). There is no evidence that Pacioli was ever the *domesticus* of Cardinal Adriano da Corneto. See R. Emmett Taylor, *No Royal Road. Luca Pacioli and His Times* (University of North

Carolina Press, 1942); Pierre Speziali, "Léonard de Vinci et la *Divina Proportione* de Luca Pacioli," *BHR*. XV (1953), 295–305; and *De Divina Proportione di Luca Pacioli, Fontes Ambrosiani in lucem editi cura et studio Bibliothecae Ambrosianae*, XXXI (Milan, 1956).

6. Adriano Castellesi da Corneto, cardinal of St. Chrysogonus (c. 1458–1521), was made successively bishop of Hereford (1502) and Bath and Wells (1504) by Henry VII and a cardinal by Alexander VI (31 May 1503). His career is summed up in a contemporary epigram: "Huic homini eruditio honori, pecunia invidiae, ambitio calamitati fuit" (Bruno Gebhardt, *Adrian von Corneto*, Breslau, 1896, p. 52). As a collector of Peter's pence in England (1490–1508) he became enormously rich. He was twice forced to flee Rome for his life, in 1507 from Julius II, apparently because he wrote an insulting report to Henry VII about the pope, and again from Leo X, who accused him of conspiracy and stripped him, on 5 July 1518, of his benefices and of the cardinalate. He defended Reuchlin in the Curia, and was himself a humanist of interest. His principal works are a poem about a hunting expedition of Cardinal Ascanio Sforza (*Venatio*, Venice, Aldus, 1505); a second poem, *Iter Iulii*, celebrating Julius II's successful campaign against Bologna in 1506; the *De vera philosophia ex quattuor doctoribus ecclesiae* (Bologna, 1507), a collection of citations, mostly from Augustine, attacking Plato, Aristotle, dialectics, and rhetoric in favor of a return to the Bible as the true source of philosophy; and an often-reprinted treatise on the Latin language, *De Sermone latino et modis latine loquendi* (Basel, 1513). Adriano is last heard of traveling from Venice to Rome for the conclave after the death of Leo X, 1 Dec. 1521. See *Venatio*, ed. J. Lavallée (Paris, 1868–1869); E. Carusi, in *Enciclopedia Italiana*, IX (1931), 354; and Pio Paschini, *Tre illustri prelati del Rinascimento* (Rome, 1957), 43–130.

7. *De divina proportione*, ch. v (ed. Constantin Winterberg, *Fra Luca Pacioli, Divina proportione: Die Lehre vom goldenen Schnitt*, Vienna, 1889, pp. 43–44).

110

Hieronymus Gebwiler to the reader   Strasbourg, 1514.

Introductio in Physicam paraphrasim: adiectis annotationibus explanata. A Iacobo Stapulensi edita, Strasbourg, Rheinhold Beck, 1514, sig. a, IIr. Previously published in part in *B. Belg*. L 587.

The epistle prefaces Gebwiler's edition of L.'s *Introductio in Aristotelis octo libros Physicorum* with Clichtove's commentary. See ep. 1, note 1 and ep. 30.

Hieronymus Gebviler[1] lectori salutem.

Hasce in octo physicorum Aristotelis libros introductiunculas (candide lector) a Iacobo Fabro[a] Stapulensi elucubratas in litterariae palaestrae tyrunculorum rem ac profectum seorsum litteris excudi curavimus, quod[b] scholasticis grammatices et dialectices fundamina edoctis in naturalis philosophiae penum glaciem scindere ac fenestras aperire possint. In tradendis siquidem disciplinis si fructificare voluerimus, necesse est ordinem ac modum observari; post elementares namque litteras ad Donati perfectam notitiam pueri inducantur, hinc canonas etymologiae, syntaxis et prosodiae cum temporum, modorum et casuum aptis in patriam linguam interpretationibus addiscant, continuato tamen declinandi et coniugandi exercitio, orationes Latinas ex classicorum poetarum, oratorum atque historiographorum praescripto conficiant. Impudicos poetas et aniles eorumdem nugas fugiant, versiculis pro animi recreamento ludere assuescant. Epistolarum conficiendarum exemplar non a proletariis, immo classicis eius rei scriptoribus, quales Cicero, Plinius, Politianus et ceteri id genus sumant. Hinc dialecticae non cavillatoriae principia imbibant, qua duce arguere, diffinire, dividere ac per rationes verum a falso discernere discant, quibus adeptis ad huius videlicet philosophiae naturalis principia se conferant. Demum ad moralis philosophiae introductiones scitissime a praefato Stapulensi nostro excerptas[2] sese convertant, ut quid vitium, quid virtus sit cognoscentes facilius illud fugiant, hanc vero sequantur. Hos pacto fundati adulescentes litteraria archigymnasia relictis trivialibus scholis petentes, haud mediocrem in altioribus disciplinis facient progressum. Curent igitur optimi praeceptores ne teneram aetatem in his principiis negligant, olim dignam vilicationis suae rationem super his Deo reddituri.

1. See ep. 80.
2. L.'s *In Aristotelis Ethica Nicomachea introductio* and *In Politica Aristotelis introductio*, published by Gebwiler in Strasbourg in March 1511. See ep. 80.

a. Fabri *ed.*   b. quot *ed.*

III

Josse Clichtove to Guillaume Briçonnet
Paris. Before April 8, 1515.

Theologia viuificans. Cibus solidus. Dionysii Celestis hierarchia. Ecclesiastica hierarchia. Diuina nomina. Mystica theologia. Undecim epistole. Ignatii Undecim epistole. Polycarpi Epistola vna. Haec secundaria est et castigatissima ex officina aemissio, Paris, Henri Estienne, 14 April 1515, ff. 2r–3r. I infer the date from that of Easter in 1515.

The epistle prefaces Clichtove's commentaries on the *Corpus Dionysiacum* in the translation of Ambrogio Traversari. Cf. ep. 20.

Reverendo in Christo patri ac domino D. Guillelmo Briconneto,[1] episcopo Lodovensi dignissimo, Iudocus Clichtoveus humillimam S. D.

Qui templi fores reserant, ut introitum pandant volentibus abstrusa sacra contueri, sacratissime praesul, non modicum praestant illis adminiculum, quo sui desiderii compotes fiant. Haud aliter qui sanctos elucidarunt auctores divinorum mysteriorum interpretes, ut illorum pervia magis esset intelligentia perceptibiliorque sensus, non contemnendam tulerunt opem cupientibus recondita in illis altissimae sapientiae arcana pio mentis obtutu conspicere. Sicut enim ad templorum adyta penetraliaque secretiora non datur cuiquam introitus nisi valvis adapertis foribusque reclusis, ita plane nec deiloquorum patet auctorum sententia aut ad manum obviaque fit legenti, in quibus abdita sunt et occultata caelestium sacrorum munia, nisi sit qui viam aperiat, seras patefaciat, et illato lumine dimoveat obscura.

At vero inter eos qui post sanctorum eloquiorum scriptores caelestia nobis mysteria litterarum adminiculo tradiderunt, divinus pater Dionysius Areopagita cum primis annumerandus est, a beatissimo quidem Paulo verae fidei sacramenta edoctus et acceptum supernae lucis iubar clarissimo radiorum iactu per librorum suorum pia monumenta in posteros transfundens. Verum tam ardua sublimiaque sunt eius opera, quibus de sacris caelestium spirituum ordinibus disserit, ecclesiasticae hierarchiae functiones assignat, divinorum nominum rationes et demum mysticae theologiae dignitatem eminentissime pandit, ut non facile cuivis ad hauriendam divinam illam sapientiam pateant. Perstringitur enim eximiis illis quos vibrat fulgoribus imbecilla nostrae mentis acies, neque intrepidum valemus oculum fulgentissimis illius radiis infigere. Quocirca non parvam piis studiis utilitatem is attulisset, qui adiecto ad litteram supradictorum operum beati patris Dionysii familiari commentario, continuo contextu litteralem seriem sententiamque sequente, dilucidiora reddidisset tam sacra opera benignisque lectoribus apertiora. Et idipsum mihi persuadens, non meis quidem viribus fretus, quae pertenues sunt et hoc munere rite obeundo longe inferiores, sed Dei praesidio, hunc elucubrandi commentarii laborem aggressus sum. Declaratio namque sermonum Domini illuminat et intellectum dat parvulis; eius item praeceptum lucidum est, illuminans oculos.[2] Quis autem addubitaverit sacratissima beati patris verba sermones esse Dei et in ipsis praecepta vitae contineri? Spero equidem ipsum patrem luminum non negaturum subrutilam infirmis oculis nostris affulgentiam ad exhibenda paulo apertius in hisce libris contenta divinorum mysteriorum spectacula, qui uberiore clarissimae lucis iubare sacram auctoris mentem implevit.

Nec me arbitretur quispiam tam arduum et difficile munus meo ipsius delectu aut arbitrio solum suscepisse. Non enim tantae sum temeritatis aut arrogantioris audaciae quod tam grave negotium meo solius sensu aut iudicio aggredi unquam tentassem. Sed assiduis et crebris multorum et gravium virorum impulsibus ad id attentandum sum permotus, qui forte plus aequo de me sentiebant et mihi plus aequo tribuebant, dolebantque maiorem in modum tantum divinae sapientiae thesaurum nullo reserante delitiscere et tam diu latebroso in codice claudi. Quibus cum frequentius fuissem reluctatus, mihi nimirum conscius quod tantae moli ferendae essem longe impar, improbae tamen illorum importunitati, sed sanctae et piae tandem manus victas dedi moremque gessi. Neque itidem supervacuum hunc laborem nostrum fore putarunt, quod scholia exactissime elaborata superioribus annis huic novae translationi in quam paramus commentarium subiuncta videantur;[3] quandoquidem illa certorum dumtaxat locorum intercisa annotatione explicant sententiam, reliquam autem litteralis contextus partem explanationis luce destitutam relinquunt; et praeter huiusmodi annotamenta certis affixa locis efflagitant impensius complures familiarem explicationem et continuam, toti litterae non intercise, non mutilatim sed integre respondentem. Igitur nos persuasionibus eorum victi, pro facultate nostra impraesentiarum talem continuam tentavimus expositionem, obnixe cupientes ut illa ad haec sanctissima divinae sapientiae antistitis opera clarius intelligenda praestet adiumentum et pios legentium animos ad Deum cum veneratione, pietate et religione sacratius colendum quodam quasi vehiculo subvehat, erigat, promoveat. Enimvero hic sacratissimi patris et omnium qui litteraria nobis de Deo divinisque mysteriis monumenta pararunt praecipuus est finis: ut ex illis Deus cognoscatur sincerius, cognitus ametur ardentius, amatus autem in spiritu et veritate colatur, adoretur et laudetur uberius.[4]

Porro cum variae sint operum beati Dionysii traductiones,[5] eam praesertim quae Ambrosii est monachi Camaldulensis delegi nostro efflagitato commentario declarandam, quod ceteris emunctior sit et tersior, quam et Faber Stapulensis, olim praeceptor noster, diligenti recognitione et scholiis suis reddidit illustriorem. Utriusque autem horum subnectendam huic nostrae epistolam sedulo curavi,[6] ut ex utraque constet liquidius praestita amborum ea in re opera atque elaboratio. Hos vero quantuloscumque labores nostros tuae gravissimae paternitati dicatos volui, antistes amplissime, non solum quod pridem de me pluribus beneficiis optime merita sit, sed et quod eam noverim cum sacrarum disciplinarum omnium, tum operum beatissimi Dionysii quam studiosissimam et in illa sinceriore animo affectam vel maxime. Neque id quidem praeter rationem. Non enim potest qui praeceptorem egregium (Paulum dico apostolum) unice colit et illius tam divinum discipulum propemodum sui magistri aemulum et affectatorem non colere atque observare. Atqui diviniloqui Pauli studio addictissimam esse tuam insignem amplitudinem negaturum putaverim neminem, qui commentarios novos in epistolas eius tui gravissimi nominis auspiciis iampridem in lucem feliciter editos esse agnoverit.[7] Iure igitur et Dionysiana praecipuo et singulari affectu amplexatur opera ob altissimae doctrinae cum Paulo germanitatem ac affinitatem tua eximia praestantia; meritoque illi nuncupantur et in Dionysium commentarii, ut eiusdem tui nominis auctoritate et divini praeceptoris et eiusdem discipuli monumenta legantur iam et enodatiora et detectiora. Itaque sit haec nostra (velim) lucubratio tuae praestantissimae dignitati accepta, et pro amplissima in me tua beneficentia vel quantulumcumque gratitudinis argumentum, legentibus autem omnibus utilis atque ad percipiendam divinorum sensorum intelligentiam accommoda. Vale litterarum et virtutum decus. Ex Parisiis, anno 1514.

1. See ep. 43.

2. Ps. 118:130; Ps. 18:9.

3. L.'s *scholia*, published in his first edition of the *Corpus* (6 Feb. 1499) and reprinted in the Strasbourg and Venice editions of 1502 and 1503. Cf. ep. 20.

4. Cf. Ioan. 4:23–24.

5. On the medieval translations of Pseudo-Dionysius see ep. 20, note 1.

6. The prefaces of Ambrogio Traversari (ff. 3r–4r) and L. (ff. 5r–7r). Ambrogio's *Prologus* is a translation of Maximus Confessor's preface to his *scholia* (*MG*. IV, 16–21; *Dionysiaca*, I, pp. CXIII–CXIV).

7. L.'s commentaries on the Pauline Epistles, dedicated to Briçonnet and first published 25 Dec. 1512. See ep. 96.

112

Pierre Des Prés to Renaud Maxiane
[Caen. c. May 15, 1515.]

Quincuplum Psalterium. Gallicum. Romanum. Hebraicum. Vetus. Conciliatum, Rouen, Pierre Olivier for Michel Angier, bookseller in Caen, 15 May 1515, title page.

Pierre Des Prés, from the village of Meulles in the diocese of Lisieux, began teaching in the arts faculty of the University of Caen in 1514. He was dean of the faculty in 1517 and was elected rector of the University 23 March 1521, when he appears in the records as "in artibus magister ac in sacra pagina licentiatus" (*Inventaire sommaire des archives départementales antérieures à 1790. Calvados. Archives civiles, Ser. D. Université de Caen*, ed. A. Bénet, Caen, 1892–1894, vol. I, 225 and II, 25). Bénet, I, 127 prints a poem by Des Prés in praise of the University of Caen. He later became a celebrated preacher and vicar-general of the diocese of Lisieux. Cf. Delisle, *Caen*, I, 125–126, 310–311 and II, vc–cvi, 22–23, 26–27, 38, 42–43 and Henri Prentout, in *L'Université de Caen. Son passé —son présent*, ed. E. Bigot (Caen, 1932), 88–89.

Renaud Maxiane was a student in the Caen arts faculty in 1492, and by 1515 master of arts, bachelor of theology, and principal of the collège du Bois. He was elected rector 19 March 1524 and appears in the University records of that year as "magister Reginaldus Maxienne in decretis licenciatus, curatus ecclesiae parrochialis de Cambernone et canonicus Sancti Sepulchri Cadomensis" and "principalis domus collegialis de Mara, alias de Boscho, in hac Universitate fundate, capellanus Sancti Georgii de Boscho Halley sive de Nemoribus, Bajocensis dyocesis [abbey of St. Georges de Boscherville]" (Bénet, I, 225 and II, 19, 26, 69). Cf. Delisle, II, cxvii–cxviii, 28–29 and Prentout, pp. 76–77.

Petri de Pratis ad praeclarum virum magistrum Reginaldum Maxianum, sacris in litteris baccalarium permeritum atque domus paedagogialis quam vulgo Cadomenses Nemorensem appellant primarium vigilantissimum, commendaticium huius operis carmen.

> Si te sacra iuvat studioso pagina zelo,
>   Psalmus Iessei regis adesse potest.
> Caelita divinus modulatur[a] carmina psaltes,
>   Numine praedicens vera futura sacro.
> Clarus hypertheae triados speculator ab alto
>   Digna Panomphaei sacra Tonantis habet.
> Non Paphiae Cyprios Veneris modulatur amores,
>   Aspera nec rigido praelia Marte canit.
> Maxima prosequitur passi mysteria Christi,
>   Et colit in vero numina trina Deo.
> Hinc Stapulensis adest vigilans industria Fabri,
>   Efficiens verbis lucida cuncta suis.
> Propria perquirens divini sensa prophetae,
>   Sacra velut vates verba secundus ait.
> Graeca sub Hebraeo libans primordia fonte
>   Tersa locis reparat plurima menda suis.
> Pentaplus ista tibi pandit psalteria quinque,
>   Quinque lyras pulsans unicus auctor habet.

113

To Robert Fortuné
                Paris. Abbey of Saint-Germain-des-Prés.
                              September 14, 1515.

Contenta. Continetvr Hic Aristotelis Castigatissime recognitum opus metaphysicum a Clarissimo principe Bessarione Cardinale Niceno latinitate foeliciter donatum, xiiij libris distinctum: cum adiecto in xij primos libros Argyropili

a. modutatur *ed.*

Byzantij interpretamento, rarum proculdubio et hactenus desideratum opus. Deus optimus qui sub nomine ipsius entis in hoc opere celebratur: hoc ipsum faciat ad sui & laudem & cognitionem omnibus studijs proficuum. Theophrasti metaphysicorum liber I. Item Metaphysica introductio: quatuor dialogorum libris elucidata, Paris, Henri Estienne, 20 Oct. 1515, fol. ıv.

The epistle prefaces L.'s edition of the *Metaphysics* of Aristotle and of Theophrastus in the translations of Bessarion and Argyropoulos and his own *Metaphysica introductio* and dialogues (see ep. 6, note 3).

Iacobus Faber Stapulensis Roberto Fortunato,[1] bonarum litterarum assertori, collegii Plesseiaci moderatori vigilantissimo S.P.D.

Semper existimasti, bonarum litterarum undecumque non assertor modo verum etiam defensor animose, recte instituendi docendique formam probos in se non ex alienis nosse auctores, et propemodum eos in via esse ut saperent qui probos ab improbis discernerent; et similem esse in studiis errorem non auctorem pro auctore recipere atque velle nullo insigni duce praevio docere, quod persimile est ac si quis aedificium velit sine fundamento in aere perstruere, quo vitio maxime laborant qui sectas habent. Ad id ipsum igitur studuisti domum tuam Plesseiacam nobilem sane cum doctrina tum moribus semper formare, ut haberes qui pure docerent et minime insulse ac barbare. Et ob hanc docendi viam probare soles plerasque studii nostri particulares diatribas, inter quas non parum effers domum illam collegialem, quam olim celeberrimi nominis Ioannes cognomento Monachus, sanctae Romanae ecclesiae cardinalis, condidit et id nomen loco indidit.[2] In quo philosophis dudum praefuerunt et nunc quoque praesunt, qui ne in minimo quidem (quantum assequi et potuerunt et possunt) ab hac recta instituendi ex probatissimis auctoribus norma usquam discesserunt aut discedunt; neque tu solus es qui haec probas, sed doctissimi quique idem certe sentiunt. Cum itaque res ita [se] habeat, concepi ad te tuique similes parare libros primae philsophiae Aristotelis ex tralatione Bessarionis, cum Aristoteles ipse absque controversia probatissimus in philsophia habeatur auctor, quos quidem libros ipse μετὰ τὰ φυσικά, alii vero plerique metaphysicorum apellant.

Sed quid titulus iste μετὰ τὰ φυσικά designat, quid promittit? Nihil aliud (mea quidem sententia) μετὰ τὰ φυσικά nisi post physica sive post naturalia designat. Id tamen nosse operae pretium est philosophiam tria complecti genera: mathematicum, physicum, divinum. Infimum mathematicum, ut quod de accidente sit; post quod ascendendo naturale ac physicum, ut quod de substantia est, sed mobili ac media. Post physicum vero sursum vergendo solum restat divinum philosophiae genus, ut quod de substantia, sed non mobili ac media verum prorsus immobili et summa prorsusque divina. Haec ipsum ens est ad quod omnia sunt analogice revocanda, ex quo omnia, per quod omnia, in quo omnia, cuius gratia omnia, ipsi honor in saecula;[3] haec praenosse, huius sapientiae clavis est. Hic igitur titulus μετὰ τὰ φυσικά id tertium philosophiae genus, quod post physicum ac naturale sed quod iam supernaturale ac divinum est, nobis pollicetur. Quo fit, ut idem velint qui composito vocabulo hanc disciplinam metaphysicen vocant, sive transnaturalem, transmundanam, suprave mundanam, aut quippiam simile id interpretari velint. Sunt tamen divina maxima pro parte in hoc opere sub naturalium involucris adumbrata, haud secus ac ignis in silice; quem qui novit excutere, lucem videt et admirabilem quidem, quam velabat longe dispar silicis opacitas. Quanto igitur admirabiliora visurus est, cui Deus ex opacitate vestigiorum ad solum superadmirabile et incomprehensibile veritatis lumen (qui ille ipse est) dederit assurgere? Est revera Aristotelica littera (ut plurimum) similis ichnographiae, metaphysicus vero intellectus similis architecto aedificium erigenti, cuius summitas caelis altior, per quod eum videt opificem cuius esse est omnia, posse omnipotentia, nosse summa sapientia, velle autem omne bonum.

Sed revertamur ad Bessarionis interpretationem.[4] Hanc, carissime Fortunate, sic cum Graeco contuli et ad intelligentiam sicubi in devium flectebatur iter revocavi, ut hos libros nunc vel facile absque commentariis legi posse haud dubitem. Cui adieci Argyropylum,[5] qui magis sapit paraphrasten; Bessario vero potius partes interpretis agit; intelligent haec qui Latina Graecis contulerint. Hic autem Bessario tam rarus auctor in manus meas pervenit beneficio et humanitate (quis enim eo nobilior, quis eo humanior fuit?) illustrissimi principis Ioannis Pici comitis Mirandulae,[6] viri sane omni aevo admirabilis, ut qui erat tamquam litteratorum sol et splendissimum sapientiae iubar, qui (quod norim) hoc metaphysicum opus solus habebat. Itaque putent qui haec aliquando lecturi sunt, non tam a me hoc rarum et eximium opus quam ab illo nobilissimo principe sibi, ut in altissimarum rerum theoriis philosophiam semper pietati coniungentes proficiant, communicatum esse; hic enim philosophiae finis. Enimvero qui nescit philosophiam pietati coniungere, id est ex humanis ad divina, ex vestigiis ad exemplaria, ex obscuris ad lucida surgere, ignorat pretiosissimum philosophiae fructum. Vale felix et tuum instituendi propositum prosequere. Ex coenobio sancti Germani xiiii Septembris M.D. XV.[7]

1. See ep. 65.

2. The collège du Cardinal Lemoine, founded in 1302 by the canonist Jean Lemoine. See Charles Jourdain, "Le Collège du Cardinal Lemoine," *Mém. de la Soc. de l'Hist. de Paris et de l'Ile-de-France*, III (1876), 42–81.

3. Rom. 16:27; 1 Tim. 1:17.

4. Cardinal Bessarion translated the *Metaphysics* c. 1450 and dedicated it to King Alfonso of Naples. His version follows faithfully the thirteenth-century translation of William of Moerbeke. See *Aristoteles Latinus*, I, 61–66; Grabmann, *Guglielmo di Moerbeke*, 96–103; L. Mohler, *Kardinal Bessarion als Theologe, Humanist, und Staatsmann* (Paderborn, 1923), I, 341–345; and Garin, "Traduzioni umanistiche di Aristotele," pp. 74–75. L.'s is the first edition. Aldus reprinted it in Venice the next year, 1516, along with Bessarion's *In Calumniatorem Platonis*.

5. Argyropoulos translated the first twelve books of the *Metaphysics* in Florence c. 1460 and dedicated them in turn to Cosimo and Piero de' Medici. The translation was printed in Venice 13 July 1496 (*GW*. 2341) and again in 1507 (Carlo Frati, "Le traduzioni aristoteliche di G. Argiropulo e un'antica legatura medicea," *La Bibliofilia*, XIX [1917], 4–5). Cf. Legrand, III, 406; G. Cammelli, *Giovanni Argiropulo* (Florence, 1941), 116 sqq., 183 sqq.; and Garin, "Traduzioni umanistiche di Aristotele," p. 85.

6. L. met Pico in Florence in 1492. See Renaudet, 142, 153, note 6, and 668.

7. To his edition of the only two fifteenth-century humanist translations of Aristotle's *Metaphysics* L. added Bessarion's translation of Theophrastus's τὰ μετὰ τὰ φυσικά. The essay is preceded by a prologue (fol. 121r): "Libellum hunc Andronicus [c. 40 B.C.] et Hermippus [c. 200 B.C.] non agnoscunt. Nec enim de eo mentionem fecere in librorum Theophrasti descriptione. At Nicolaus (is enim ex Suda creditur e Damascenorum urbe philosophus Peripateticus, Herodi Iudaeorum regi Augustoque Caesari familiaris) in speculatione τῶν μετὰ τὰ φυσικά Aristotelis eius meminit Theophrastique esse asserit. Sunt autem paucae quaedam in eo praeviae tractatus universi dubitationes." With the exception of the parenthetical identification of Nicolaus as Nicolaus of Damascus (Suidas, ed. Bernhardy, Halle, 1853, II, ch. 986), this is a translation of a scholion found at the end of Theophrastus's essay in Greek manuscripts of the work (ed. W. D. Ross and F. H. Fobes, Oxford, 1929, p. 38, 12a4–12b5). The author was an editor of Aristotle's works active under the empire (Werner Jaeger, in *Gnomon*, VIII

EPISTLE 114

[1932], 289). Cf. Ross and Fobes, pp. ix–xi; and on the very rare medieval translation of Bartolomeo da Messina: R. Seligsohn, *Die Übersetzung der pseudoaristotelischen Problemata durch Bartholomaeus von Messina* (Berlin, 1934) and W. Kley,*Theophrasts Metaphysisches Bruchstück und die Schrift* περὶ σημείων *in der lateinischen Übersetzung des Bartholomaeus von Messina* (Berlin, 1936), 1–15. The Greek text appeared first in Aldus's *editio princeps* of Aristotle (Venice, 1498). L.'s is the first edition of Bessarion's translation.

114

Josse Clichtove to János Gosztonyi
Paris. [Before March 23,] 1516.

Elucidatorium ecclesiasticum, ad officium ecclesiae pertinentia planius exponens: & quatuor libros complectens. Primus: hymnos de tempore & sanctis per totum anni spacium, adiecta explanatione declarat. Secundus, nonnulla cantica ecclesiastica, antiphonas & responsoria: vna cum benedictionibus candelarum, caerei paschalis & fontium: familiariter explanat. Tertius: ea quae ad missae pertinent officium, praesertim praefationes & sacrum canonem breuiter explicat. Quartus, prosas quae in sancti altaris sacrificio ante euangelium dicuntur: tam de tempore quam sanctis facili annotatione dilucidat, Paris, Henri Estienne, 19 April 1516, ff. IV–2v (Yale. *B. Belg.* C 401); Paris, Henri Estienne and Simon de Colines, 30 April 1521, ff. IV–2v (Paris, BN., Mazarine. *B. Belg.* C 104; Renouard, *Colines*, 17). The text is that of the first edition. The epistle will also be found in two Froben editions, dedicated by Wolfgang Capito to Christoph von Uttenheim, bishop of Basel, Basel, Aug. 1517 (*B. Belg.* C 402) and Aug. 1519 (*B. Belg.* C 403), and in several Paris editions published between 1540 and 1558 (*B. Belg.* C 405–411 and C 642). There is an abridged French translation in Herminjard, I, 20–23. I derive the date from that of Easter in 1516.

János Gosztonyi of Felsoszeleste, successively bishop of Györ (10 Feb. 1511) and of Transylvania (1525–1526), royal secretary, vice-chancellor, diplomat, and royal councilor, was in Paris late in 1513 and early in 1514. Several Parisian scholars dedicated books to the learned and generous Hungarian bishop. Blasius de Varda, a canon of Györ, edited the *Viatice excursiones* (Berthold Rembolt for Jean Petit, 15 May 1515) and *Sermones Quadragesimales* (Berthold Rembolt, 2 Jan. 1517/1518) of Bonifacio da Ceva, provincial of the conventual Franciscans, and sent them to Gosztonyi. In addition to the *Elucidatorium ecclesiasticum* Clichtove dedicated to him his *De necessitate peccati Adae* (Paris, Henri Estienne, 16 Feb. 1519/1520) and at his request wrote the *De regis officio opusculum* for Louis II, king of Hungary (Paris, Henri Estienne, 30 Aug. 1519). Cod. Lat. Med. Aevi 348 in the National Museum Library in Budapest contains 102 *responsiones* by Clichtove to questions put to him by Gosztonyi. In the preface to his *Introductorium morale* (Paris, Jean Petit, 1519), the last of this group of books dedicated to Gosztonyi, Jerome de Hangest, professor of theology at the Sorbonne, contrasted Gosztonyi's simplicity, piety, and learning with the pride, sinfulness, and luxury of most contemporary bishops. He died at Mohács. See *B. Belg.* C 413 and C 427; A. Apponyi, *Hungarica. Ungarn betreffende im Auslande gedruckte Bücher u. Flugschriften* (Munich, 1903–1924), I, no. 105, pp. 80–82 and III, no. 1628, pp. 83–84; Eubel, III, 232; Jósef Fógel, *II. Ulászló udvartartása (1490–1516)* (Budapest, 1913) 247, 84; A. Eckhardt, "Un prélat hongrois humaniste et érasmien: Jean de Gosztonyi à Paris," *Rev. du seizième siècle,* XVIII (1931), 130–148; and A. Gabriel, "Blaise de Varda, humaniste hongrois à Paris," *Archivum Europae Centro-Orientalis,* VII (1941), 527–540.

Clichtove's *Elucidatorium ecclesiasticum,* closely related in purpose to L.'s edition of Berno's *De officio missae* (ep. 77), was designed to mitigate the ignorance of the secular clergy by explaining the meanings of the principal texts used in the services of the Catholic church. Clichtove wrote the book at the request of the bishop of Győr, who probably supplied him with material for his notes on the hymns of the Hungarian saints. See also Massaut, II, 28–29, 285–335.

Reverendo in Christo patri ac Domino D. Ioanni Gozthon de Zelesthe superiore in Pannonia, ecclesiae Iauriensis episcopo dignissimo locique eiusdem comiti perpetuo, Iudocus Clichtoveus Neoportuensis S. D.[a]

Admonet nos divinus psaltes, sacratissime antistes, quod Deo sapienter psallamus,[1] non sola scilicet nuda verba ore proferentes, sed et piam eorum intelligentiam ac sensum mente in Deum excitata meditantes. Quod plane non tantum ad psalmodiam et sacram psalmorum decantationem accommodandum putem, verum etiam et ad omnem quae Deo rite exhibetur laudationem ac orationem, quandoquidem omnis illa sicut recte integreque proferri a ministris ecclesiasticis debet, ita et sane intelligi, quo animum orantis intentius in Deum erigat et sincerius affectum reddat. Idem quoque docet deiloquus Paulus ad Corinthios scribens: Orabo (inquit) spiritu, orabo et mente, psallam spiritu, psallam et mente.[2] Ubi et spiritu et mente orare vocat, divinas quidem laudes ore depromere et eas intelligentia menteque capere. Quod si desit eorum quae Deo concinuntur intellectus, mens orantis plerumque otiosa est, et sine operatione intentioneque in Deum. Et tunc potissimum id locum habet, quod dominus per Esaiam prophetam conqueritur, cum ait, Populus hic labiis me

a. S.D.] sacrae theologiae professor humillimus S. *1521*

honorat, cor autem eorum longe est a me.[3] Quod praesertim in viris
ecclesiasticis summopere dignum est repraehensione et vitio dandum,
quoniam ipsorum partes sunt et munia non modo pro seipsis sed et
pro tota fidelium ecclesia preces ad Deum fundere et iugiter illi
sacrificium laudis et orationum libamina publico ministerio offerre.
Astipulatur eidem sententiae praeclarus etiam vir Cassiodorus in
prologo expositionis psalmorum dicens: "Verumtamen nequaquam
nobis ut psitacis merulisque vernandum est, qui dum verba nostra
conantur imitari, quid tamen canant, noscuntur modis omnibus ignorare. Melos siquidem blandum animos oblectat, sed non compellit ad
lachrimas fructuosas; permulcet aures, sed non ad superna erigit
audientes. Corde autem compungimur, si quod ore dicimus animadvertere valeamus, sicut in psalterio legitur, Beatus populus qui intelligit iubilationem.[4] Et iterum, Quoniam rex omnis terrae Deus,
psallite sapienter.[5] Philippus quoque apostolus cum reginae Candacis
eunuchum Esaiam legere cognovisset, scripturas ei sanctas compe-
tenter exposuit. Qui postquam quod legebat advertit, statim gratiam
baptismatis exquisivit et mox perfectae munera salutis accepit.[6] In
evangelio etiam dominus ait, Omnis qui audit verbum regni et non
intelligit, venit malus et rapit quod seminatum est in corde eius.[7]
Unde congrue datur intelligi haec illis provenire non posse, qui scripturas sanctas puro corde merentur advertere." Haec Cassiodorus.[8]
Quocirca vel maxime curandum est et enitendum, ut quicumque ecclesiasticis addicti sunt officiis saltem mediocriter intelligant ea quae
singulo quoque die decantanda occurrunt et lectitanda in persolu-
tione divinarum laudum, utputa hymnos, canonem missae, prosas, et
cetera id genus ad officium ecclesiasticum attinentia, quo sinceriorem
Deo exhibeant famulatum, et tam corde quam voce, tam animo quam
corpore debitum illi praestent obsequium, ipsumque adorent in spiritu
et veritate, quemadmodum teste evangelio Deus qui spiritus est ado-
rari petit.[9]

Id sane frequentius solicito revolvens animo gravissima tua paternitas, zelo domus Dei succensa, multo iam tempore indoluit tantam
in ecclesia Dei invalescere inscitiam, atque tam crassam eorum qui
sancto ministrant altari et divinas ex officio personant laudes ignorantiam, ut rari admodum inveniantur qui exacte et integre quae legunt
aut canunt intelligant, qui eorum quae ore expromunt sensum capiant

aut rectam teneant percipiantve sententiam. Unde permulti ipsorum redduntur animo aridi, instar aquae gelidi, et in divinis persolvendis officiis prorsus extincto spiritus fervore tepidi, qui labiis quidem perstrepunt sacra cantica, sed intimo corde nullam eorum tenent intelligentiam. Ceterum ut huic gravi morbo iam late grassanti et totum paene occupanti Christianum orbem pro viribus occurrere mederique possit insignis tua dignitas, cum apud celeberrimam Parisiorum Academiam diversaretur ad tempus, non pertaesa tam difficilem et longinquam a solo natali peregrinationem, ut more Pythagorae et Platonis illustrium philosophorum etiam apud exteros praeclaras exquireret et capesseret disciplinas,[10] me pro incredibili sua humanitate in mutuam familiaritatem et quotidianam congressionem ascitum, assiduis adhortata est impulsibus et continua efflagitatione sollicitavit, ut hymnos ecclesiasticos qui in horis canonicis quotidie decantantur facili planaque expositione elucidarem, quod illi nonnunquam multis scateant mendis, librariorum incuria passim inductis, et plerique eorum non statim perviam praeferant sententiam, sed abstrusiorem latentioremque et lucis indigam, ut etiam sacrum missae canonem augustissima complectentem mysteria verbaque sacratissima, annotationibus breviusculis patentiorem redderem et detectiorem, ut denique prosas, quae in celebrando altaris sacrificio ante evangelium pro more ecclesiastico leguntur, necnon orationes benedictionum ecclesiasticarum, et cetera id genus familiari et aperta explanatione enodarem, quod et in iis occurrant saepius errata et intellectu difficiles contextus.

At vero diutius (fateor) hanc detrectavi subire provinciam, causatus eam ad me nequaquam spectare, aliis occupatum gravioribus studiis et arctioribus implicatum negotiis, sed potius ad peritum grammaticae professorem, cuius partes sunt de generibus carminum hymnicorum disserere et cuiusque Latini sermonis aperire sententiam; illud insuper afferens, eos qui vel mediocriter grammaticis elementis sunt instituti, sensum hymnorum, prosarum et consimilium orationum aut proprii ingenii perspicacitate suaque Minerva aut librorum super his editorum diligenti lectione penetrare facile posse, neque me supervacuo illo labore consumi debere, quo actum agere viderer, aut clarissimo soli faculam admovere velle quae illum reddat conspectiorem. Et certe visum est mihi studium illud aliquanto humilius et submissius quam quod a me suscipi deberet aut meae professionis rationem deceret. Verum dignissima tua paternitas ex evangelio compertum habens improbam importunitatem instantiamque quotidianam et in pulsando perseverantiam efficacissimam esse ad quippiam et a Deo et ab hominibus impetrandum, exemplo mulieris Chananaeae post crebram repulsam filiae suae salutem consecutae,[11] exemplo itidem amici petentis ab amico nocte intempesta tres panes,[12] et viduae interpellantis iniquum iudicem pro sumenda vindicta de suo adversario,[13] non destitit obnixius me quotidianis quatere efflagitationibus et sancta improbitate importunis petitionibus, donec evictum me in suam perpulisset sententiam. Contestata est enim idipsum ad sacerdotis munus, quo (licet indignus) fungor, congruenter attinere, quod sacerdotale officium clarius reddat illiusque involucra et nodos dissolvat, neque me publicam docendi provinciam quam suscepi fructuosius utiliusve ad quicquam accommodare posse aut exercere quam quod sacerdotes Dei doceam, ut quae legunt intelligant. Contendit insuper singularis tua prudentia, in mediumque adduxit, quod sicut recte docent fabrilia fabri, et ventorum naturam nautae, sicut item agriculturam probe tradit durus arator, et artem militarem qui impiger assidue gravibus sudavit in armis, ita congruum esse ac decens quod sacris initiatus ecclesiasticae sorti addictos suaeque militiae viros ea quae sunt ecclesiastica rite edoceat, et praecipuam eos salutaribus documentis instituendi curam gerat. Itaque victus sum fateor importunitate tua, dignissime praesul, sed quae omni opportunitate tempestivior est et commendabilior. Victus sum itidem illa animi tui eximia sinceritate, qua non propriae utilitatis sed publicae tantum rationem habens, ea impensius expetis fieri quae ad Dei honorem in omnibus quaerendum et ad animarum nostrarum salutem attinent, quaeque ad cultum ecclesiasticum et maiorem divinarum rerum spectant celebritatem. Victus sum denique incredibili tua in me beneficentia, qua ob suscepta cumulatissime a tua reverenda paternitate munera usque adeo illi sum obstrictus, ut ne minimam quidem illorum partem condigna compensatione aequare possem. Ne tamen ob hanc tuorum in me meritorum inaestimabilem magnitudinem nulla prorsus ipsis referatur gratia, quibus certe debetur quam maxima, connixus sum pro viribus elucubrare succisivo studio hoc quod tantopere efflagitasti opus, non quidem quantum exposcit ipsa rei dignitas, sed quantum valet tenuis

mea facultas, persuasum habens singularem tuam benivolentiam mihi
quidem perspectissimam, facili venia id excusaturam quod minus sufficienter aut plene discussum est in eo negotio aut non satis reclusum.
Enimvero hanc nostram qualemcumque elucubrationem elucidatorium ecclesiasticum inscripsi, quod ad ecclesiasticum pertinentia officium atque in eo legenda dicendave clarius elucidet. Eandem qua-
drifidam quadripartitamque digessi atque in quattuor libros dissectam.
Quorum primus hymnos ecclesiasticos, secundus nonnulla cantica,
antiphonas, responsoria et peculiares quasdam benedictiones, tertius
aliquas missae partes praecipue praefationes et canonem, denique
quartus prosas missarum explanabit. Non tamen passim omnes hymnos aut prosas promiscue dilucidare institui, quandoquidem id maiorem exigeret operam et otium quam ipse possem in re praesenti im-
pendere, sed eos dumtaxat qui in frequentiore ecclesiae usu habentur,
et quos hinc discedens apud me scriptos reliquisti prae ceteris exponendos. Nihilosecius praeter illos interdum alios adiiciam, quorum
crebrior est usus et sententia dignior, quemadmodum etiam fieri a
me debere expetisti. Meum utique erit studium genera carminum,
quibus hymni contexti sunt paucis describere, rythmorumque ecclesiasticorum in prosis observatorum leges et numeros recensere, si
qua in illis errata aut mendosa deprehensa fuerint, ad limam reducere,
auctores ipsorum ubi mihi comperti fuerint nominatim exprimere.
Demum si qua deinde occurrerint annotationem propriam diffusius
exposcentia, aut grammaticam aut ex scriptura sacra pendentem,
illam adducto probatorum auctorum testimonio approbationeve sanctorum eloquiorum ordine versuum observato subnectam. Neque ex-
horrebo etiam ea quae humilia videbuntur aut rudimentis puerilibus
persimilia interdum ubi locus id expostulaverit afferre, mihi persuadens non dedecorosum esse illa familiarius explicari quae ignominio-
sum est ignorare, et longe satius esse illa ipsa latius expromi quam
ignorata intelligentiam infirmis praecludere. Siquidem ut ita facerem
mihi legem praescripsisti, et eorum etiam quae ad grammaticam attinent rationem expetiisti declarationem, si quando res ipsa poposcerit
adiectum iri. Si itaque id a me factum esse damnaverint aut improba-
verint aliqui, tibi hoc exigenti eam culpam (quae certe nulla est)
ascribant, cui malui (ut par erat) in re tam seria morem gerere quam
aliorum suggillationem reprehensionemve reformidare. Tui itaque

gravissimi nominis (cui hosce meos labores nuncupatos iure volui) auctoritate ac patrocinio suffultus, malo pro legentium instructione videri utilia quam praeclara et ardua hic dicere. Ceterum quoniam non solum hanc operam nostram insigni ecclesiae tuae Iauriensi aut Pannoniae, sed et Galliae nostrae et quibusvis aliis profuturam speravi, ratus sum id cunctis conducibile fore si in lucem edatur arte chalcotypa proferaturque in publicum, quo in plures extendatur atque propagetur ipsius (si qua est futura) utilitas. Audivisti namque ex divino patre Dionysio (cuius praeter ceteros es studiosissimus) spiritualia munera sui in plura distributione nequaquam imminui, sed magis ac magis exundare, quo divinae bonitatis inexhaustum propius imitentur fontem, qui iugi perpetuaque bonorum in creaturas elargitione non diminuitur, sed immensus semper et exuberantissimus permanet.[14] Itaque amplissimae tuae paternitati dedicatum hoc opus, atque pollicitationis nostrae satisfactorium sereniore vultu suscipe quaeso, atque illud in mei (quo te merito prosequor) monumentum et pignus amoris et vel exiguum gratitudinis in te meae argumentum apud te repone, non quidem ut ea quae complectitur evolvendo discas, qui litteris cum humanis tum divinis liberaliter ac praeclare institutus longe haec omnia transcendisti, neque eorum indiges elucidatione aut enodatione, sed ut frequentiore codicis huius aspectu atque attrectatione crebrior mei te subeat memoria, qui tibi clientulus sum dedititius tuaeque dignitatis observantissimus. Valeat quam diutissime, veneranda et mihi semper colenda tua paternitas. Ex Parisiis, anno verbi incarnati M.D. XV.[15]

1. Ps. 46:8.
2. 1 Cor. 14:15.
3. Is. 29:13.
4. Ps. 88:16.
5. Ps. 46:8.
6. Act. 8:26–39.
7. Matth. 13:19.
8. *Exp. in Ps.*, Praef. (ed. M. Adriaen, *Corpus Christianorum*, XCVII, p. 5, lines 101–106 and 118).
9. Ioan. 4:24–25.
10. See ep. 55, note 2.
11. Matth. 15:21–28.
12. Luc. 11:5–13.
13. Luc. 18:1–8.

14. Cf. *De div. nom.* IV, I (*MG.* III, 693 B).

15. In the second Paris edition of 1521 (fol. 2v) Clichtove drew the reader's attention to additions he had made to the text: "Candide lector: id unum te admonitum velim, quod cum secunda huius operis pararetur editio ipsiusque a vertice ad calcem usque mea opera rursum susciperetur recognitio, operae pretium duxi eam cum ampliore foenore et incremento fieri debere. Proinde nulla propemodum ante dictorum facta subtractione et paucis admodum sicubi res efflagitabat commutatis, cuique librorum praesentis operis facta est aliquanta accessio, et adiectio eorum quae in priore volumine nequaquam continebantur. Siquidem in primo libro interiecti sunt (suo quisque loco) complures hymni prius nequaquam expositi. Secundus cantica ferialia cuiusque diei totius hebdomadae complectitur adiectitia et nonnullas benedictiones calci eius annexas. Tertius aliqua ad sanctissimum altaris sacrificium pertinentia generatim in ipsa fronte comprehendit adiuncta, praesertim quae consecrationem ecclesia et altaris, indumentorum sacerdotalium rationem et ministros ipsos templi ac sacerdos concernunt. Demum in quarto libro superadditae percipientur aliquot prosae ecclesiasticae cum suis explanationibus, suo quaeque loco (ut certus exposcebat ordo) dispositae. Quae omnia ex collatione huius secundae emissionis cum prima facile constabunt. Vale, anno dominicae incarnationis. 1520." Cf. *B. Belg.* C 404 for a detailed list of these additions.

115

Hieronymus Gebwiler to studious youths
[Strasbourg. c. November 21, 1516.]

Introductiones logicales, Strasbourg, Johann Knoblouch, 21 November 1516, sig. a, ii, r.

The epistle prefaces Gebwiler's edition of L.'s *Introductiones logicales* (see ep. 13).

Hieronymus Gebvilerius[1] studioso adulescenti salutem.

Quisquis es (ingenue adulescens philosophiae sacris initiande) hasce[a] Iacobi Fabri Stapulensis et dialectices, physicae et ethices introductiunculas in enchiridii formam redactas[2] parvo quidem aere comparabiles posthabeas minime. Illic quippe in Aristotelicos libros glacies scinditur; hoc item emenso fluviolo totius rationalis, naturalis ac moralis scientiae aequor vel speciosissimum cum securius tum facilius transvolabis. Sophisticarum quippe captiuncularum (viros nequaquam

a. hosce *ed.*

decentium) istic reperies nihil; Gordiacos insuper problematum nodos (quibus non citra resoluturientium simultatem nonnunquam digladiatur) haud temere silentio praeteritos censeo. Quocirca obviis ulnis libellum hunc amplexans, crebrius eundem relegendo modo, sementem posthac messem (ni fallor) facies iucundissimam.[b] Interea vale politioris litteraturae non immemor.

1. See ep. 80.

2. Gebwiler had already published L.'s *In Aristotelis Ethica Nicomachea introductio* and *In Politica Aristotelis introductio* in 1511 (ep. 80) and the *Introductio in Aristotelis octo libros Physicorum* in 1514 (ep. 110).

116

Josse Clichtove to Charles Guillart
Paris. [c. November 22,] 1516.

In Hoc opere contenta. In politica Aristotelis introductio: adiecto commentario declarata. Oeconomicon Xenophontis: a Raphaele Volaterano traductum, Paris, Henri Estienne, 22 Nov. 1516, fol. 2r–v; CCXVI (1535), fol. 2r–v.

Charles Guillart was born at Châtellerault, the son of Jean Guillart, lawyer, treasurer of the comte du Maine, and royal notary and secretary. Jean was ennobled in 1464, bought the seigneury of Epichelière at Soulingé-sous-Vallon in the province of Maine, and built a chateau. Charles was "conseiller lai" in the Parlement of Paris (30 Dec. 1482), master of requests (27 Aug. 1496), and fourth president of the Parlement (3 June 1508). Francis I often used him on financial and diplomatic business: to examine the accounts of Semblançay, for example, or to bribe the Imperial Electors in 1519. He resigned his presidency in 1535. Both father and son had humanistic interests, and their patronage extended from the pornographic verse of Hieronymus Balbus to the sober learning of Clichtove. Charles died 13 June 1538. See *Actes de François Ier*, I, 404, 2149; 447, 2366; 653, 3424; II, 406, 5781; III, 10, 7491; IV, 755, 14510; V, 167; 15527; 444, 16958; VIII, 575, 32255; B. Hauréau, *Histoire littéraire du Maine*, IV (Paris, 1852), 196–197; A. Pommier, *Chroniques de Souligné-sous-Vallon et Flacé* (Angers, 1889), 125–247, 431–578; P. S. Allen, "Hieronymus Balbus in Paris" *English Historical Review*, XVII (1902), 421–423; Maugis, III, 115, 119, 148.

The epistle prefaces Clichtove's commentary on L.'s *In Politica Aristotelis introductio*, first published 28 Sept. 1508 (see ep. 63).

Clarissimo viro et aequissimo Parisiensis senatus praesidi Carolo Guil-

b. iucundissima *ed.*

liardo Iudocus Clichtoveus Neoportuensis promptissimum offert obsequium.

Cum tria ad humanae vitae institutionem conducentia opera ediderit Aristoteles (ut optime nosti gravissime praeses), Ethica, quae cuiusque hominum formant mores, Oeconomica, quae domus ac familiae gubernationem curant, et Politica, quae rem publicam recte moderandam edocent, constat utique hanc postremam disciplinam ceteris duabus longe praestabiliorem haberi debere. Siquidem ut auctor est idem philosophus, quamvis unius hominis idem et civitatis est bonum, civitatis tamen comparare conservareque bonum, maius et perfectius esse videtur.[1] Nam amabile est et si uni soli, maius autem atque divinius si genti civitatibusve sit acquisitum partumque conservetur. Neque id quidem iniuria, nam civitatis bonum divinae providentiae magis est aemulum illique propius assimilatur, attingenti a fine usque ad finem fortiter et disponenti omnia suaviter, immo toti huic mundo ut civitati cuidam summa auctoritate praesidenti atque rectissimis ipsum suae sapientiae legibus gubernanti. Cum igitur id pro confesso habeant omnes unoque fateantur ore, totius inquam rei publicae bonum unius hominis itidem et domus bono esse praeferendum, quoniam communius est, quis iure ambigat eam disciplinam quae comparando et conservando rei publicae bono est intenta potiorem sortiri superioremque locum quam eas quae uniuscuiusque hominum particulatim aut domus unius rectam determinant directionem? Magni ergo facienda est politicorum disciplina, quae civitatem omnem, ut incolumis et integra consistat, optimis efformat institutis. Itaque ut ad hanc tanti momenti scientiam facilius capessendam nos quoque pro tenuitate nostra vel modicam feramus opem: elaboratam superioribus annis a praeceptore nostro singulari Iacobo Fabro Stapulensi in Politica Aristotelis Isagogen compendiariamque introductionem familiari commentario studuimus elucidare, quo in rectam illius operis Aristotelici intelligentiam paratior habeatur introitus. Enimvero sicut infantilis aetas lacte prius enutrienda est mollioribusque cibis, ut ad solidiores escas deinde sumendas accipiat valentius robur, haud secus rudes disciplinarum animi epitomatis introductiunculisque primum fovendi sunt et tenerius educandi, quibus ad solidum scientiarum cibum capiendum disponantur aptius. Et plane introductoria arte adiutus animus ita ad disciplinas quas praegustavit rite per-

cipiendas praeparatur atque mollitus imbre temporaneo sulcus ad
semina terrae cum largo futuro foenore suscipienda. Imbibit enim
mens ipsa docilis isagogica institutione primum totius disciplinae
succum, cuius postea eo subvecta adminiculo pleno se proluet haustu.
Porro hanc nostram quantulamcumque lucubratiunculam tuae amplissimae dignitati nuncupandam decrevimus, non quidem quod ea
hisce indigeat documentis ad tenendam examussim iustitiae lineam,
quae iam diutius in publica illius administratione cum summa integritate et laude sit versata, sed ut ex his dinoscat philosophica etiam
auctoritate ac sententia comprobari illam moderandae rei publicae rationem, quam semper est amplexata, commendarique perspiciat laudatissimum (quod sequitur) vitae institutum. Quis enim non oppido
gaudeat se id vitae genus aggressum et longo iam tempore prosecu-
tum esse, quod cum philosophorum omnium tum ipsius Aristotelis
eorum facile principis iudicio cognoverit summopere laudari? Volui
itidem hac nuncupatione animi in te mei gratitudinem testificari, ob
insignem tuam beneficentiam amplissimaque merita plurimum tuae
eminentissimae praestantiae devincti, cui quidem non quantum debeo
sed quantum possum, ut suo patrono clientulus offero, hac in re non
discedens ab antiquo Persarum more, apud quos cum quis adire regem
statuisset, ea deferre ad illum dona studuit, quae offerentis observantiam atque venerationem in regem declararent. Verum ut oblata
munera rex ipse sereniore vultu suscipere solitus fuisse praedicatur,
eo quoque pacto et oblatum hoc munusculum abs te susceptum iri
postulo. Neque aspernandum videri debet hoc donarium quod exiguum sit et modicum, quoniam in muneribus suscipiendis non tam
rei datae moles ac pretium quam sincerus dantis affectus pensandus
est; quandoquidem vidua illa paupercula mittens in gazophilacium
duo aera minuta testimonio summae veritatis plus aliis omnibus obtulisse perhibetur;[2] et calix aquae frigidae in potum datus uni ex
minimis discipulorum domini suam non perditurus mercedem asseri-
tur.[3] Accedit huic sententiae Seneca in libro De beneficiis dicens:
"Non quid detur refert, sed qua mente. Animus enim est qui parva
et sordida illustrat, magna et pretiosa dehonestat. Nonnumquam
magis nos obligat qui parva dedit magnifice, quia regum opes exae-
quavit animo qui exiguum tribuit sed libenter. Multo gratius venit
quod facili quam quod plena manu datur."[4] Vale praesidium et dulce
decus meum. Ex Parisiis anno domini 1516.[5]

1. Cf. Aristotle, *Pol.* I, 1, 1, 1252a 1–6.
2. Luc. 21:1–4. Cf. Marc. 12:41–44.
3. Matth. 10:42.
4. *De Beneficiis*, I, 6, 1–2; 7, 1–2.
5. Michel Pontanus (see ep. 119, note 2) contributed the following verses:

Michaelis Pontani Sameracensis ad lectores dodecasthicum carmen.

Ut Deus aeterna mundum ratione gubernat
  Et triplicis regni sceptra verenda tenet,
Sedibus aethereis, terrae dominatur et orco,
  Atque suo nutu condita cuncta regit,
Sic humana suos poscit res publica reges
  Et ducibus (populum qui moderentur) eget,
Ut teneant omnes tranquillae foedera pacis,
  Rectaque iustitiae regnet ubique manus.
Tunc siquidem felix hominum communio fiet
  Et pariet cunctis vita beata decus.
Quo sit quaeque modo regio moderanda domusque,
  Haec licet exigua pagina mole docet.

117

Pedro Sánchez Ciruelo to the reader   [Alcalá. 1516.]

Cursus quattuor mathematicarum artium liberalium quas recollegit atque correxit magister Petrus Ciruelus Darocensis theologus simul & philosophus, [Alcalá, Guillem de Brocar], 1516, Part II, sig. a, i, r–v; CIV (1528), Part II, sig. a, i, r–v. The text is that of the first edition.

Pedro Sánchez Ciruelo of Daroca in Aragon (c. 1470–1548) studied arts at the University of Salamanca (1482–1492) and, between 1492 and 1502, theology at the University of Paris. In Paris he taught the "mathematical arts" and published editions of the *Speculative Arithmetic* and *Geometry* of Thomas Bradwardine (1495 and 1496; *GW.* 5002 and 5003) and the *Sphere* of Sacrobosco (1499; cf. ep. 28). From 1502 to 1505 he taught at Siguenza. In 1509 he moved to Alcalá, where he held the chair of Thomist theology (1510–1533). See J. M. Lorente y Pérez, *Biographía y análisis de las obras de matemática pura de P. Sánchez Ciruelo* (Madrid, 1921); Julio Rey Pastor, *Los matemáticos españoles del siglo XVI, Biblioteca Scientia,* no. 2 (1926), 44, 54–61; Villoslada, pp. 402–404; Thorndike, V, 275–286; and *GW.* 7052.

The *Cursus quattuor mathematicarum artium* is a collection of mathematical introductions. In his preface Ciruelo defined the term and praised the usefulness of introductions, in words borrowed from L. and Clichtove (cf. ep. 7, note 1

and ep. 20): "Nam eis [breves summae, artes introductoriae, singularum scientiarum introductiones] tenera puerorum ingenia quasi lacteo quodam praelibamento ad solidiorem earum cibum disponuntur, eorumque mens quasi facili
quodam praemisso viatico ad nitidiores auctorum disciplinas praeparatur. Nam
introductioriae artes simillimae semitis esse per[h]ibentur, quae sine viarum erroribus ocissime perducunt ad terminum et quasi naviculae paratissimae altum
tentantibus aequor, quibus sine scopulis caecae ignorantiae securus attingitur
scientiarum portus. Nempe in eis plurimum artis et doctrinae cum multa facilitate brevitateque continetur, quando quidem diffinitiones, divisiones et regulae,
quibus potissimum introductiones texuntur, se statim intellectui manifestas offerunt. Et animus hominis ab ignorantiae morbo, aeque atque corpus a febre
primum facillimis sirupis digerentibus, deinde rigorosiore farmaco purgari habet.
Et anima rationalis adeo creata velut tabula mundissima primum rudi effigie
linearum est figuranda, postea vero coloribus appositis est in Dei imaginem
pingenda ac polienda. Sic in tradendis disciplinis audientium animos prius rudi
Minerva novimus esse praeparandos, demum vero exactiore doctrina diligenter
excolendos. Ego itaque omnium hic recte philosophantium infimus cogitavi ut
vel modulo meo tam praeclarae universitati quoquo modo deservirem, si in
doctrinas mathematicas (quas omnes rationes numerorum vocavit beatus Augustinus et theologis necessarias praedicavit) breves introductiones tum ab aliis tum
et a me editas in unum corpus recolligerem emendatissimas" (*Cursus*, Part I,
sig. a, ii, v–a, iii, r).

Among these introductions Ciruelo printed L.'s *Elementorum musicalium libri
quattuor*, first published in Paris in 1496 (see ep. 9). The following text is Ciruelo's preface to this work.

Petri Cirueli Darocensis quaestiuncula praevia in Musicam speculativam divi Severini Boetii.

Ad elucidationem theoricae musicae (quam divus Severinus Boetius compendiose ex antiquioribus auctoribus recollegit modo quodam introductorio) videtur in primis quaerendum an theorica ista
philosophorum concordet practicae communium musicorum voce
aut instrumentis constantium. Pro cuius solutione sine argumentis est
advertendum primo: quod musica scientia cum sit mixta mathematica
subalternatur scientiae naturali pro ea parte qua agitur de audibili et
de[a] auditu in secundo libro De Anima[1] et in libello De Sensu et
sensato,[2] sicut etiam perspectiva subalternatur eidem physice in quantum agit in eisdem locis de visibili et visu, licet utraque earum imagina-
tionibus mathematicis res naturales pertractet et eas demonstrare
conetur; nam sicut perspectiva per puncta, lineas et superficies de

a. *om. 1528*

irradiatione lucis et coloris disputabat, ideoque dicebatur subalternata
geometriae, simili modo etiam musica de sonis et vocibus agens eas
pertractat rationibus numeralibus, hoc est ac si voces essent unitates
et numeri pares aut impares, et easdem proportiones aut proportion-
alitates quae numeris conveniunt, ista in vocibus et sonis imaginatur.
Unde non immerito musica dicitur etiam subalternata arithmeticae.
Ad hoc propositum quidam exponere volunt et satis bene auctoritatem Aristotelis in Categoriis capitulo de quantitate ubi ait: est autem
quantitas discreta ut numerus et oratio,[3] quia ut aiunt per illa verba
noluit dicere quae essent species quantitatis discretae de per se ad
illud praedicamentum pertinentes, sed potius voluit distinguere duas
scientias quae sunt de quantitate discreta: alteram pure mathematicam
scilicet arithmeticam quam denotat per numerum, et alteram mixtam
ex physica et mathematica scilicet musicam quam designat per orationem, non qualemcumque sed vocalem quae est obiectum audibile;
unde et ibi mentionem facit de sillaba brevi et longa.[4] Similiter[b] intelligendam censent litteram Aristotelis sequentem de quantitate continua ubi per lineam, superficiem et corpus insinuat geometriam, quae
est pure mathematica; per locum autem et tempus designat perspectivam et astrologiam, quae sunt mathematicae mixtae de quantitate
continua.

Secundo est advertendum quod sicut musica supponit ex arithmetica regulas numerorum et proportionum, quae sunt principia aut
conclusiones arithmeticae, sic etiam supponit ex physica seu naturali
scientia sonum et vocem esse propria obiecta auditus. Nec pertinet
ad musicum disputare quae res sit sonus aut vox audibilis, utrum
scilicet res permanens aut successiva vel utrum sit substantia aeris vel
aliqua qualitas aerem informans et causata in eo ex collisione duorum
corporum, etc., quia hoc physici est inquirere vel potius metaphysici.
Scimus enim super hac quaestione magnas esse et graves philosophorum altercationes; nam qui peritiores et subtiliores reputantur apud
eos negant omnes res successivas in mundo, unde et consequenter
negare habent sonum aut vocem esse qualitatem talem qualem antiquiores ponebant, scilicet successivam et nullo modo in aere perma-
nentem sed raptim transeuntem. Isti vero potius sonum et vocem

b. Similiter et *1528*

dicunt esse ipsum aerem ab aliis corporibus percussum aut inter ea constrictum et divisum; sed de his alias operosius. Nunc autem satis sit nobis quod musica nostra ad omnes illas philosophorum diversitates communis et indifferens est, dum modo generaliter et confuse detur sibi a philosopho sonum esse obiectum audibile quicquid illud sit: et sive per se sive per accidens ab auditu percipiatur; et in hac scientia sicut in perspectiva et astrologia omnia vocabula propria sunt mixte cognotantia adduntque significationem physicalem super terminos arithmeticos, ut diapason super duplam proportionem, diatesaron super sesquitertiam, diapente super sesquialteram et sic de aliis, cognotant enim tales proportiones esse res audibiles.

Tertio est advertendum quod musici vel cantores practici vix aut raro utuntur supradictis terminis musicae speculativae scientiae, sed ad faciliorem intelligentiam finxerunt[c] sibi quaedam vocabula sui cantus puncta denotantia quae sunt, ut re, mi, fa, sol, la. Et per talia puncta ascendendo vel descendendo faciunt in vocibus consonantias aliis tamen vocabulis ab eis nominatas. Nam quod theoricus musicus vocat diapason, practicus dicit octavam; et quod ille diapente, iste quintam nominat. Similiter diatesaron vocat quartam. Diapason cum diapente duodecimam; bis diapason appellat quintamdecimam vocem sub vel super aliam; et sic de aliis multis hinc et inde differentiis quae solum verbales sunt. Nam in re utrique idem dicunt, quod sic declaramus: ponatur quod vox prima in aliquo cantu sit elevata aut depressa ut quattuor; tunc alia vox quae super illam ascendit per septem vel octo ex illis punctis quae ponit practicus musicus facit ad eam consonantiam diapason, quae solum per quinque diapente et quae per quattuor diatesaron. Nam octo dupla proportio est ad quattuor, quinque vero super quattuor si non omnes sint toni integri est proportio sesquialtera. Quattuor denique puncta si etiam non omnia sint toni, est proportio sesquitertia; similiter una duodecima est tripla et una quindecima est quadrupla proportio, quae bis diapason appellatur. Similis processus observatur in descendendo sub voce illa prima supradicta quae semper est reputanda ut quattuor. Sed ad evitandum omnes scrupulos est sciendum quod in punctis illis musicae practicae est diversitas, nam quidam eorum ascendunt vel descendunt per tonos

c. fixerunt *1528*

integros qui reputantur velut unitates. Alii vero sunt semitoni et non omnes aequales. Item inter tonos alii sicut maiores alii minores, quamvis in hoc saepius practici decipiantur.

Sed de his iam satis, nam in discursu huius scientiae demonstratione evadent omnia quam manifestissima. Has demonstrationes nuper ex Arithmetica Iordani deductas eleganter adiecit magister Iacobus Faber natione Gallus hac nostra tempestate philosophus insignis et celebratissimus. Qui ut in ceteris scientiis solet, ita et in musica introductionem edidit hanc quam aggredimur perquam luculentissimam.

1. II, 8, 419b 4–421a 6.
2. *De sensu*, esp. 1, 437a 4–17 and 7, 448a 20.
3. *Cat.* 6, 4b 20–25 in the translation of Boethius (ed. L. Minio-Paluello, *Aristoteles Latinus*, I [1–5], Bruges-Paris, 1961, p. 13): "Est autem discreta quantitas ut numerus et oratio, continua vero ut linea, superficies, corpus, praeter haec vero tempus et locus."
4. *Cat.* 6, 4b 35 (ed. Minio-Paluello, p. 14).

118

To Alfonso of Aragon   Paris. December 25, 1516.

Prouerbia Raemundi. Philosophia amoris eiusdem. Iodoci Badii qui impressit tetrastichon.

> *Est cibus hic animi purgati pneumate sacro*
> *Coctus in eximii pectore syluicolae.*
> *Qui quoniam radios detraxit ab aethere mundos:*
> *Ab radiis mundis nobile nomen habet.*

Paris, Badius Ascensius, 13 Dec. 1516, sig. a, i, v–a, ii, v. Published in whole or in part by Luis Juan Vileta, in *Artificivm Sive Ars Brevis D. Raymvndi Lvlii* (Barcelona 1565), fol. 6r; Jaume Custurer, *Disertaciones historicas del culto inmemorial del B. Raymundo Lulio* (Majorca, 1700), 455–456; and Ivo Salzinger, *Beati Raymundi Lulli Opera omnia* (Mainz, 1721–1742), I, Testimonia, pp. 4–5.

Alfonso of Aragon, a natural son of the Catholic king, was archbishop of Saragossa from 14 Aug. 1478 (he was then seven) until his death 24 Feb. 1520 and of Valencia 23 Jan. 1512–1520 (Eubel, II, 113; III, 346). See Chevalier, *Biobibliographie*, I, 163 and *DHGE.* II (1914), 698–699.

The epistle prefaces two works by Ramon Lull: (1) *Liber Proverbiorum*, written in Rome in 1296 (Catalan text in *Obres de Ramon Lull*, ed. S. Galmés, XIV, Palma, 1928, pp. 1–324; Latin text in *Opera*, ed. Salzinger, VI, 283–413; cf.

Peers, pp. 273–274; Avinyó, pp. 134–136, no. 63; Platzeck, II, pp. 30*–31*, no. 81)
and (2) *Arbor philosophiae amoris*, written in Paris in 1298 and dedicated to
Philip IV of France (Catalan text in *Obres*, XVIII, Palma, 1935, pp. 67–227;
Latin text in *Opera*, ed. Salzinger, VI, 159–224; cf. Peers, pp. 279–287; Avinyó,
pp. 146–149, no. 69; Platzeck, II, p. 33*, no. 88). L.'s edition is the first of the
Latin text of the *Arbor philosophiae amoris*. The *Proverbia* had already appeared in Barcelona in 1493 (Rogent-Duràn, no. 20, pp. 18–19) and in Venice in
1507 (Rogent-Duràn, no. 37, p. 36).

R. in Christo patri et domino domino Alphonso ab Aragonia, Caesaraugustae et Valentiae archiepiscopo, Iacobus Faber S. D.

Aphuentes[1] arte medica R.D. tuae commendatissimus per Academiam Parisiensem iter in Belgas faciens, et illinc per eandem ad suos
ab illustrissimo Carolo rege catholico se recipiens, me super libris pii
eremitae Raemundi Lulli consuluit, et plerosque sacrae theologiae
egregios nostri studii professores, quorum longe mens sanior, ingenium felicius et iudicium acrius. Qui omnes (ut par erat) piae mentis
et a Deo (ut putatur) illustratae opera probaverunt. Verum ille, nondum factum satis praesentaneo sermone ducens, rogabat insuper ut
eadem de re ad R.D. tuam darent litteras. Quos cum a scribendo
celsitudo tua deterreret, praesertim cum qua nulla eis umquam inter-
cesserat consuetudo, continuo animos illorum ad scribendum erexit,
obiecta (qua in omnes cuiuscumque sortis homines uti soles) humanitate tua. Arbitrorque iam illos scripsisse.[2] Verum quid et ipsi senserint
et ego cum eis, ne videar vel in hoc dignitati tuae amplissimae gratificari nolle, paucis accipe. Sentiunt profecto quae Romani, quae Veneti,
quae Germani, quae denique vestri, qui omnes opera illius excudunt,
legunt, admirantur, eos autem qui illa profitentur publice libenter audiunt probantque audita, ita in nostro ubivis gentium probe famigerato
Parisiensi gymnasio eadem formis mandant diligenter, et ad alienas
transmittunt oras, profitentur cum adventant qui istas norunt artes,
tum publice tum privatim. Quod etiam superiore anno, qui fuit
Christi omnium servatoris et salvatoris quingentesimus ac decimus
quintus supra millesimum, sacrae paginae doctor egregius Bernardus
Lavineta[3] favorabili auditorio factitavit. Ceterum bibliothecae nostrae libris eiuscemodi doctrinae sunt adornatae, praesertim illa insignis
domus Sorbonicae, quae nobilissimum est in toto terrarum orbe tam
nominatissimorum theologorum quam publicorum theologicorum
certaminum domicilium, et ea quae ad aedem divi Victoris est. Char-

tusia insuper quae haud procul ab urbe Parisia sita est capsulis arcisque id genus librorum refertis abundat, quos sancti illi viri frequenter versant manibus, fructum pietatis inde colligentes, quos et petentibus suscepto chirographo liberaliter communicant.[4] At quoties audivimus inclytam illam Romam auctoritate pontificia adversus malevolos calumniatores haec opera defendisse, probasse, roborasse? Quo modo igitur possent nostri non approbare quae sciunt a capite fidei fuisse approbata? At aliquando non approbaverunt.[5] Si hoc verum est, id eo tempore praesertim evenisse putandum est, quo sequaces Abenruth prius sectae Arabicae, mox Christianae, sed demum impii apostatae studium maxima pro parte obtinebant. Contra quem et sequaces Raemundus cum verbis tum scriptis viriliter animoseque certabat, quo tempore odium veritas peperit. Verum nunc prostratus est impius Arabs, Raemundus autem pius victor (ut par est) susceptus, nec ab re quidem. Militabat enim ille (omni lege reiecta) diabolo, hic vero (lege vitae aeternae admissa) Christo. Ex cuius luce, cum alioqui idiota esset, sapientes huius mundi convincebat, pro cuius amore martyrium etiam minime detractavit. Qua igitur fronte huius pientissimi viri, qua mente Christi martyris scripta, quae solum ad divina mentes legentium evehunt, reiicere possemus? Nequaquam id putare velis, sacerrime praesul. Haec sane sunt quae amplitudini tuae scripturus eram. Verum in eo ipso transmissionis articulo egregius medicinae doctor Ioannes Capellanus[6] ducalis medicus, quo nullus mihi amicior, nullus Raemundi amantior, una ex parte Proverbia eius ad me misit, altera ex parte Carthusii Vallis Viridis, vicinia loci notissimi, sanctimonia vitae probatissimi, Philosophiam amoris eiusdem auctoris transmiserunt mea cura excudenda. Quem laborem eo libentius suscepi quo amplius nossem eminentissimae dignitati tuae placiturum, quae in his omnibus mirificam ingenii fecunditatem relucere comperiet, ut in Proverbiis Gymnosophistas, qui in dicteriis maxime valuisse probantur,[7] superare posse ipse videatur, in Philosophia porro amoris nusquam ab aeterno amato mentem deflectit. Quod Diocles ex philosopho factus anachoreta nobis faciendum admonebat, inquiens, eum qui a Dei cogitatione recedit aut daemonibus aut brutis animantibus protinus evadere persimilem, quandoquidem tunc necesse sit in desideria terrena mentem deflecti, quod brutorum est, aut in aliquem furorem, quod est daemonum. Contra vero, eum qui in quacumque cogitatione actioneve pius existit studetque placere Deo, cum Deo esse.[8] Tu igitur, optime praesul, ita vivens, hos cum epistola libellos suscipe benignoque prosequere favore, et remissis nonnumquam gravioribus curis hos libros relegens, animum divinis cogitationibus pasce. Neque deterreat legentem sancti eremitae sermonis simplicitas, quem[a] viventem vita simplex, vilis habitus, et neglectus mundus Christo faciebant carissimum; in quo semper felix vale. Ex inclyta Parisiorum Academia sub natalem dominicum anno ab eodem M.D. XVI.

1. Ioannes de Vera, alias Fuentes, physician of the king of Spain and of the archbishop of Valencia. See Custurer, *Disertaciones historicas*, disert. II, cap. 7, p. 451 and note 2 below.

2. This official letter, dated Paris 11 Oct. 1516, was published by Custurer, *Disertaciones historicas*, disert. II, cap. 7, p. 451. The celebrated John Major of the college of Montaigu, Major's students the brothers Luis and Antonio Coronel, fellows of the Sorbonne and professors of theology (Villoslada, pp. 386–390), and Juan de Quintana (Villoslada, pp. 413 and 429), bachelor of theology and fellow and prior of the Sorbonne, appeared before two notaries: "Dixerunt, ac pro veritate attestati sunt, quod anno praesenti legebatur publice Parisiis apud Matutinos Ars et doctrina Magistri Raymundi per quemdam Albertum, et cum legeretur, nulla prorsus fiebat prohibitio dicto Doctori, et eius auditoribus; eratque auditorium frequens, et hoc sciunt iidem attestantes, quod in Bibliotheca dicti Collegii Sorbonae, et apud Cartusiensis iuxta Parisiis habentur quamplures libri dicti Magistri Raymundi, in eodem honore sicut caeteri, qui permittuntur legi hominibus volentibus, quorum nonnulli sunt dati impressioni. De quibus praemissis venerabilis et egregius vir magister Ioannes de Vera, alias Fuentes, medicus regis Hispaniae et archiepiscopi Caesaraugustae petiit a dictis notariis tanquam devotus et discipulus dicti Raymundi, ut dicebant, praesentes sibi fieri, in cuius rei testimonium sigillum curiae nostrae praesentibus litteris duximus apponendum. Datum Parisiis anno Domino millessimo quingentessimo decimo sexto, die undecima mensis Octobris."

3. Bernardus de Lavinheta, a Franciscan friar, appears to have spent most of his life in the order's Lyons house. A zealous Lullist, he devoted his energy to explicating the Lullian art. In 1514 he edited the *Ars brevis* for the Lyons printer Etienne Baland (Baudrier, XI, 18; Rogent-Duràn, no. 52, p. 50). According to L. he lectured on Lullism at the University of Paris in 1515. During his stay Badius Ascensius published Lull's *Metaphysica nova* and dedicated it to Lavinheta, addressing him as professor of theology and "artis Lullianae interpres acutissimus" (Renouard, *Badius*, III, 46–47). He was succeeded as professor of the Lullian art in Paris by "a certain Albert" (see above, note 2). In 1516 he

a. quam *ed.*

taught at the University of Cologne, where he published Pedro Dagui's *Ianua artis Lulli* (Cologne, May 1516; Rogent-Duràn, no. 61, p. 59) and a work on the Incarnation: *De Incarnatione verbi, contra magistrum sententiarum et sectatores ejus: una cum impugnatione secte Nominalium et confutatione Hebreorum et Sarrhocenorum* (Cologne, 1516; Panzer, VI, p. 376, no. 258). He apparently returned to Lyons early in 1517, for in May 1517 appeared his annotated edition of the *Ars generalis ultima* (Lyons, Jacques Marechal for Simon Vincent; Rogent-Duràn, no. 65, pp. 60–62). His chief work on Lull came out in 1523: *Practica compendiosa artis Raymundi Lul. Explanatio compendiosaque applicatio artis illuminati doctoris magistri Raymundi Lull* (Lyons, Jean Moylin de Cambray, 1523; Baudrier, XII, 383–384; Rogent-Duràn, no. 78, pp. 71–72). In a note at the end Lavinheta calls himself *artium et theologiae doctor* and says that he finished the work in the Franciscan monastery of St. Bonaventure in Lyons on 1 March 1523. Cf. Joan Avinyó, *Història del Lulisme* (Barcelona, 1925), 379; Rogent-Duràn, pp. 72, 103, 117–118, 144–145; *DTC.* IX (1926), 36–37; Thomás and Joaquin Carreras y Artau, *Historia de la filosofia española* (Madrid, 1943), II, 209–214; and Frances Yates, "The Art of Ramon Lull," *Journal of the Warburg and Courtauld Institutes*, XVII (1954), 166.

4. On the important collections of the works of Lull in the libraries of the Sorbonne and of the monasteries of Saint-Victor and Vauvert, the Paris Charterhouse, see Delisle, *Le Cabinet des manuscripts de la Bibliothèque nationale* (Paris, 1874–1881), III, 69, 76, 114; Ramon de Alós y de Dou, *Los catálogos lulianos. Contribución al estudio de la obra de Ramón Lull* (Barcelona, 1918); and J. Tarré, "Los codices lulianos de la Biblioteca Nacional de París," *Analecta sacra Tarraconensia*, XIV (1941), 155–174. Cf. ep. 45, note 13.

5. The chief persecutor of Lullism was the Dominican inquisitor for Aragon Nicholas Eymeric (1320–1399), who described him as a heretic, an ignoramus, and a necromancer in his *Directorium Inquisitorum*, first published in Barcelona 28 Sept. 1503: "Postea Dominus Papa Gregorius XI in Consistorio, etiam de Concilio Fratrum, interdixit et condemnavit Doctrinam eiusdem Raymundi Lulli, Catalani, Mercatoris, de Civitate Majoricarum oriundi, laici, phantastici, imperiti, qui quamplures Libros ediderat in vulgari Catalanico, quia totaliter Grammaticam ignorabat; quae doctrina erat plurimum divulgata, quam creditur habuisse a Diabolo, cum eam non habuerit ab homine, nec humano studio, nec a Deo, cum Deus non sit doctor haeresum nec errorum: licet ipse Raymundus asserat in Libris suis, quod eam habuit in quodam monte a Christo, qui sibi (ut dixit) apparuit crucifixus; qui putatur fuisse Diabolus, non Christus" (quoted by Avinyó, *Història del Lulisme*, 343). Gregory XI condemned 100 propositions drawn by Eymeric from Lull's works in a bull dated 6 Feb. 1376; but on 24 March 1419 Martin V declared Gregory's bull a forgery. During L.'s lifetime Popes Sixtus IV, Innocent VIII, and Leo X approved the Lullian art. See Menendez y Pelayo, *Historia de los heterodoxos españoles* (Madrid, 1917), III, 278–289; Peers, pp. 376–385; and Carreras y Artau, II, 31–44.

6. Jean Chapelain (d. 1543) studied medicine at Pavia and was admitted to

the faculty of medicine of the University of Paris in 1508. He was the principal physician of Louise of Savoy (created duchess of Angoulême and of Anjou in 1515—this is why L. calls him *medicus ducalis*), remaining in her service until her death in 1531, when he entered the service of Francis I. A man of humanistic interests, Chapelain was the friend and correspondent of L., Bovillus, Champier, and Agrippa of Nettesheim. See *Politicorum Aristotelis libri octo* (Paris, 1506), fol. 119r; Wickersheimer, *Commentaires*, p. 487; V.-L. Saulnier, "Médecins de Montpellier au temps de Rabelais," *BHR.* XIX (1957), 453; and Charles Nauert, *Agrippa and the Crisis of Renaissance Thought* (Urbana, Ill., 1965), 23, 88–102.

7. Plutarch, *Alex.* 64, 1–5. Cf. Diog. Laert, I, 1, 1; Pliny, *Nat. Hist.* VII, 2, 22.

8. Palladius, *Historia Lausiaca*, 58, 3 (ed. A. Lucot, Paris, 1912, pp. 354–356).

119

To François Briçonnet   Paris. January 7, 1517.

Contenta. Evclidis Megarensis Geometricorum elementorum libri XV. Campani Galli transalpini in eosdem commentariorum libri XV. Theonis Alexandrini Bartholomaeo Zamberto Veneto interprete, in tredecim priores, commentariorum libri XIII. Hypsiclis Alexandrini in duos posteriores, eodem Bartholomaeo Zamberto Veneto interprete, commentariorum libri. II. Vtcvnqve Noster Valvit Labor conciliata sunt haec omnia, ad studiosorum non paruam (quam optamus) vtilitatem: id Magnifico D. Francisco Briconneto postulante. Si haec beneuole suscipiantur, & fructum adferant quem cupimus: alia eiusdem authoris opera prodibunt in lucem, successum praestante deo, & adiutoribus (vbivbi gentium sint) ad bonarum literarum institutionem probe affectis Gallis, Italis, Germanis, Hispanis, Anglis, quibus omnibus prospera imprecamur: & puram pro dignitate veramque cognitionis lucem, Paris, Henri Estienne, [Jan. 1516/1517], sig. a, ii, r–v.

François Briçonnet was the son of Pierre Briçonnet (see ep. 31), nephew of Cardinal Guillaume Briçonnet, and first cousin of Guillaume Briçonnet, bishop of Lodève and then of Meaux. L. succeeded Paulo Emilio as his tutor in 1502. He was lord of Cormes and "maître de la Chambre aux deniers du roi" (19 Feb. 1505). There is a letter to him in the second edition of Bovillus's *Commentary on John* (Paris, Badius Ascenius, 13 Sept. 1514). See Bretonneau, pp. 46–47 and Borrelli de Serres, *Recherches sur divers services publics du XIIIe au XVIIe siècle* (Paris, 1895–1909), III, 191, 202. Cf. ep. 31, note 1.

The epistle prefaces Euclid's *Elements* in the Latin versions of Giovanni Campano da Novarra and Bartholomeo Zamberti. L. shared a common medieval and early sixteenth-century view of Euclid: he confused him with Euclid of Megara, Socratic philosopher and contemporary of Plato; he thought the *Ele-*

ments had fifteen books—in reality the so-called Book XIV is by Hypsicles (second century B.C.) and Book XV by a pupil of Isidoros (sixth century); he knew that the enunciations were Euclid's, but he believed mistakenly that the proofs or "commentaries" in Campano's version were wholly by Campano, those in Zamberti's translation of Books I–XIII by Theon of Alexandria (fourth century A.D.), and those in Books XIV and XV by Hypsicles.

François Briçonnet had asked L. to prepare an edition of Euclid's *Elements* for him in 1514. L. was the more willing to do this because he had already completed editorial work on the first ten books of Campano's "commentaries." Late in 1514, however, he turned the Euclid project over to his assistant, Michael Pontanus, then living with him at Saint-Germain-des-Prés, in order to accompany his patron the bishop of Lodève to Narbonne, where he was present at the death of Cardinal Briçonnet on 14 Dec. Pontanus, whom L. praises for his intelligence and mathematical competence, prepared the text of Zamberti's translation, finished the edition, and saw it through the press.

Francisco Briconneto clarissimo viro D. suo praestantissimo Iacobus Faber S. D.

Dum gubernacula regni adhuc moderaretur inclitissimus rex Ludovicus XII, tu vero camerae aerarii regii magistratum gereres, efflagitasti, generose Francisce, commentarios in Geometriam Euclidis Megarensis, viri sane omnium in hoc exercitii genere consummatissimi, tuo favore recognosci. Quam petitionem tuam eo libentius amplectebar quo mihi multis eras carior, ut qui admodum iuvenis (ita instituente nobilissimo patre tuo domino meo, mihi quidem et omnibus qui eum noverunt pientissimae memoriae, Petro Briconneto, equite aurato et fidelissimo regni generali exquestore) mecum in philosophicis te exercueras, post nostri Pauli Aemilii[1] ferulam, sub quo tunc apprime tum in lingua Latina tum in historia profeceras. Excitabat me id insuper quod olim decem primorum librorum ipsius Euclidis demonstrationes ex Campano recognoveram; quae res mihi fiduciam pariebat residui minuendi laboris. Ceterum utilitas quam bonarum litterarum studiosis accessuram subaugurabar omnem levabat laborem; nam verae doctrinae perceptio vanitatum et errorum detectio est eiectioque insulsorum dogmatum. Novit enim geometria Daedalus[a] fabrefacere labyrinthos, quibus ineluctabiliter cum ululante Minotauro perpetuo relegatos (si usquam erunt) occludat sophistas, adaperta verae philosophiae ianua. Haec siquidem mea mens fuerat.

a. Daedalias *ed.*

Verum longe secus evenit atque mihi proposueram. Nam eo tempore (certa impellente causa) reverendus in Christo pater dominus meus episcopus Lodovensis, patruelis tuus, Narbonam proficiscitur, visurus reverendissimum dominum cardinalem Narbonensem, patruum tuum, qui paulo post (sic enim eunt res humanae, etiam illustriores) lacrimas et desiderium sui multis relinquens, ex hac incerti momenti luce (sed mea sententia feliciter) migravit ad dominum. Nam adeo sancte et religiose (ipse testis aderam), ut non tam lugendus quam revera beatus ex ipso transitu praedicandus videatur. Igitur reverendum dominum meum cui super omnes viros debebam ac debeo secutus, totum negotium commisi nostro Michaeli Pontano,[2] qui tunc mecum communes habebat aedes, in recognoscendis et emittendis libris quos prodesse posse arbitrabamur adiutor; eius enim ingenium noveram et in intelligentia magnitudinum ac numerorum perspicacitatem. Ille vero provinciam suscepit admodum lubens, quia te iam agnoscebat benefactorem, cui prae ceteris mortalibus cupiebat in aliquo morem gerendo gratificari posse. Quos quidem commentarios, non Campani modo sed et Theonis Alexandrini, Bartholomaeo Zamberto Veneto interprete,[3] ubi recognovit, se totum obligavit officinae, durissimam profecto versans glebam, ut labores suos tibi offerat et per te ceteris litteratis. Igitur illum in futurum agnosces, agnosces quidem tuum et propensissimum eius tibi obsequendi animum. Et utinam studiosi cognoscerent quantum fructus decerpere possunt ex auctorum fideliter traditis operibus.

Una quidem in omnibus relucet veritas quae lucem habitat inaccessam, ad quam per ea tamquam per certos gradus scanditur, et maxime si analogiarum et assurrectionum non ignoretur modus. Verum id munus Dei est. Sed quae (obsecro) promptiores, abstractiores, puriores ad divina surgendi praebere possint analogias, quae nullius foedi nulliusque rei carnalis prae se ferant vestigium, quam litterae mathematicae? Id haud impendio difficile intelligent qui Analytica numerorum Odonis et eiusdem De triade libellum[4] librosque cardinalis Cusae legerint, quales sunt ii quos De docta ignorantia, De coniecturis, De beryllo intitulat, et similes. Et hic philosophandi modus vetustissimus fuit, ante etiam Pythagoram, Platonem et Aristotelem, ut vel ex antiquitate cognoscatur augustior. Et hanc philosophiae partem, geometriam dico, (quantum memoriae proditum est) primi omnium Phoenices et Aegyptii reperere. Deinde Thales Milesius, Ameristus, Pythagoras, Anaxagoras Clazomenius, Oenopides et Hippocrates Chii, Theodorus, Plato, Leodamas,[b] Archytas, Theaetetus, his posteriores Eratosthenes, Archimedes, Neoclides,[c] Leon, Eudoxus, Amyclas, Hermotimus, Theon, Pappus, Hypsicles: hi omnes et plerique alii magnifice hanc scriptis et laudibus honestavere.[5] Sed et ipsa manet laudibus superior, maxime scientibus ea ipsa ad divinorum investigationem uti. Arithmetice enim ex unius noti luce omnia patefacere potest. Unum vero ignotum haud parvi pendendum in geometria pondus habet; Deus unus, notus pariter et ignotus, a quo omnis lux cognitionis pendet et per quem noscuntur omnia. Per unum notum rationaliter, per unum ignotum supra rationem philosophamur. Inventio quadraturae circuli (modo ad omnem circulum surdum non sit omne quadratum) supra rationem est et unum exposcit ignotum. Neque adhuc aliter inter quaevis duo designata extrema posse duo media proportionalia constituere repertum est quam per unum ignotum. Quo fit ut praeexercitari in ea parte arithmetices quae de uno ignoto, numero, plano, latere cum tetragonico tum cubico, tetragono, cubo, tetragono tetragoni, cuboque cubi tractat, et horum invicem adiectione, subtractione, ductione, subductione, nunc simpliciter nunc per plus atque minus, non parvum geometrae adferat adminiculum. Cum enim exploratum tibi sit per 47 primi huius operis, diametrum quadrati duplum posse ad latus eiusdem,[6] quo pacto agnosces diametrum actu adiicere lateri (nisi excidit memoria) latus tetragonicum senarii, minus latere tetragonico 32, id est duorum supra triginta, si ignoraveris latus tetragonicum binarii a binario sive a latere tetragonico quaternarii quod idem est, per minus subtrahere? Sed plura super his disserere brevitas non sinit epistolaris. Vale igitur et me tuumque Michaelem solita prosequere benivolentia ac humanitate. Parisiis. Anno M.D.XVI. postridie Epiphaniae domini, qui et saeculi nostri et posteritatis prospere studiis infulgeat. Iterum feliciter vale.

1. See ep. 15, note 6.

2. Michael Pontanus from Samer, near Boulogne and Etaples in the Pas-de-Calais, worked with L. at Saint-Germain-des-Prés 1514–1516 and as a corrector for Henri Estienne. In addition to his contribution to L.'s edition of Euclid, Pontanus corrected proof for the Cusanus edition (ep. 109) and contributed

b. Cleodamas *ed*.   c. Neocles *ed*.

verses to Clichtove's commentaries on L.'s *Introduction to Aristotle's Politics* (ep. 116) and *Astronomicon* (ep. 122) and to Clichtove's *De laudibus sancti Ludovici et sanctae Caeciliae virginis* (Paris, Henri Estienne, 10 Jan. 1517).

3. Campano's Euclid, extant in numerous manuscripts and first published in Venice by Erhardt Ratdolt in 1482 (*GW.* 9428), is rather a paraphrase and commentary on earlier twelfth-century translations from the Arabic than an independent version. Zamberti's is the first complete surviving translation from the Greek. It was printed in Venice in 1505 (Thomas-Stanford, no. 3, p. 22) and again in 1510 (Thomas-Stanford, no. 5, p. 23). L. and Pontanus arranged the propositions as follows: "first the enunciation with the heading *Euclides ex Campano*, then the proof with the note *Campanus*, and after that, as *Campani additio*, any passages found in the edition of Campanus's translation but not in the Greek text; then follows the text of the enunciation translated from the Greek with the heading *Euclides ex Zamberto*, and lastly the proof headed *Theon ex Zamberto*. There are separate figures for the two proofs" (T. L. Heath, *The Thirteen Books of Euclid's Elements Translated from the Text of Heiberg with Introduction and Commentary*, Cambridge, 1908, I, 100). For Books XIV and XV the arrangement is the same except that the text of the enunciation translated from the Greek is followed by proofs headed *Hypsicles ex Zamberto*. The Lefèvre-Pontanus edition was reissued in 1537 and 1546 (Thomas-Stanford, nos. 9 and 11, pp. 25–26) at Basel by Johannes Hervagius. L.'s prefatory epistle was replaced by a long and interesting introduction by Melanchthon. The relation between these Basel editions and L.'s is made clear in Hervagius's preface: "Collatum est itaque exemplar, Iacobi Fabri Stapulensis ductu Parisiis ante aliquot annos excusum, ad fidem Graeci exemplaris a doctissimo viro Christianno Herlino mathematicarum disciplinarum publico apud Argentinenses professore, cui acceptum feras quicquid hic aut ad Graecum exemplar aut alioqui docte restitutum videris" (ed. 1537, fol. 1v). See, in addition to Heath's fundamental work, H. Weissenborn, *Die Übersetzungen des Euklid durch Campano und Zamberti* (Halle, 1882), *passim*, but esp. 56 sqq.; J. L. Heiberg, "Beiträge zur Geschichte der Mathematik im Mittelalter, II. Euclids Elemente im Mittelalter," *Zeitschrift für Mathematik und Physik*, hist.-lit. Abt., XXXV (1890), 48–58, 81–86; Thomas-Stanford, no. 6, pp. 23–24; Sarton, I, 153–156, 181; II (2), 985–986; and M. Clagett, "The Medieval Latin Translations from the Arabic of the *Elements* of Euclid," *Isis*, XLIV (1953), 29–30. Cf. ep. 50, note 2.

4. Odo (d. 1161), abbot of the Cistercian monastery of Morimond, was a specialist in the mathematical ascension to divine things. What is perhaps the autograph manuscript of *De analytica numerorum* is in the Bibliothèque de Troyes. The same library has a manuscript entitled *Odonis tractatus de Analeticis ternarii*, probably the same work L. calls *De triade* (*Catalogue général des manuscrits des bibliothèques publiques des départements*, II [Paris, 1855], no. 780, p. 322 and no. 868, p. 359). Other similar works are attributed to Odo: *De significatione numerorum* (there are several manuscripts of this in the Biblio-

thèque Nationale), *De mysteriis figurarum, De relationibus et earum mysteriis, De cognitionibus et interpretationibus numerorum*. Nothing by Odo but five sermons has been printed (*ML*. CLXXXVIII, 1643–1658). Cf. Chevalier, *Bio-bibliographie*, II, 3399.

Odo's *De analytica numerorum* is, I think, the book twice referred to in the correspondence of Beatus Rhenanus and Michael Hummelberg. Replying to Hummelberg on 15 May 1508 Beatus wrote: "Analyticen vero numerariam ad altiorem sacrorum intelligentiam pias mentes evehentem tua recognitione elimari lubentissime audivi, quam (ut scribis) suis mox scholiis Faber reddet clariorem. Egregium id opus erit. Non enim ignoras, quanta in numeris lateant mysteria. Admiranda res est Numerus. Numerum huius mundanae molis conditor Deus (ut divus Boethius ait) primum suae habuit ratiocinationis exemplar et ad hunc cuncta constituit, quaecunque fabricante ratione per numeros assignati ordinis invenere concordiam. De numeri dignitate plurima apud Cusanum" (Horawitz-Hartfelder, p. 16). In a letter to Bruno Amerbach from Paris on 9 Jan. 1509 Hummelberg mentioned the same project: "Diuini nostri Numeri adhuc puluerulentis sub chartis latent; iugem tamen operam dabo, quo sub lucem aliquando emergant, jamque emersissent, si excribendo in opere apud Parrhisios diutius Stapulea familiaritate conversati[oneque] fuisse usus" (Hartmann, I, 372). Renaudet (p. 506) mistakenly assumed that the reference was to a *De divinis numeris* by Cusanus; but Cusanus wrote no such book. Hartmann, I, 372, note 6 suggests that Hummelberg was referring to the *De Trinitate* of Richard of Saint-Victor, apparently on the grounds that it has *scholia* by L. and was seen through the press by Hummelberg (see ep. 74, note 1). It is more plausible to suppose that L. once planned to publish and annotate Odo's *Analytica numerorum* and that Hummelberg was helping him prepare the manuscript for the press.

5. L.'s sketch of the origins of geometry and his catalogue of names come from Proclus, *In Primum Euclidis Elementorum librum commentarii*, ed. G. Friedlein (Leipzig, 1873), Prol. II, pp. 64–68. Cf. the notes of Paul Ver Eecke to his translation of Proclus's commentary (Bruges, 1948), 55–62.

6. Euclid, *Elem.* I, prop. 47 (ed. Paris, 1516/1517, fol. 22r): "In rectangulis triangulis quadratum quod a latere rectum angulum subtendente sit, aequum est quadratis quae fiunt ex lateribus rectum angulum continentibus." The translation is Zamberti's.

120

From Mathurin Alamande   Lectoure. May 20, 1517.

Que hoc libro contineantur. Almandini Aquitani viri clarissimi, & theosophie cultoris eloquentissimi, Genethliacon Carmen de Natalicio redemptoris die. Ad Leonem decimum pontificem maximum. Ac reliquos Ecclesiae sanctae dei Pon-

tifices. Eiusdem Epistola ad Iacobum Fabrum Stapulensem rarissimum Galliarum Philosophum. Eiusdem Hymni tres de rebus diuinis. Eiusdem Historiarum Enarratio in Paradoxa M. Ciceronis ad Reuerendos in Christo patres Petrum et Rainaldum Martigniacos fratres germanos Castrensis & Vabrensis ecclesiarum Episcopos, Toulouse, Jean Faure for himself and Guillaume Le Nud of Castres, 1 Oct. 1519, sig. D, i, r–D, ij, r (University Library, University of Manchester).

The humanist poet and schoolmaster Mathurin Alamande of Saint-Jean-d'Angély was born 10 July 1486, the son of Jean Alamande and Guillemette Bourgonce. He went to the University of Paris c. 1500, where he was a student of L. By 1509 he was principal of the school in his native Angély. During the following years he can be traced in various parts of Aquitaine: Poitiers (1509), Bordeaux and Lectoure (1517), Beaumont near Condom and Castres (1519). The 1519 Toulouse edition of his *Genethliacon carmen* contains a brief biography (ff. 20v–21r). It lists the following works: *Epithalamion in Christum et virginem ecclesiam; Panegyricum carmen ad pontificem Uticensem; Sylva cui titulus Angeria, heroico carmine; Deprecatoria ad deiparam Mariam Elegeia; Genethliacon carmen de Natalicio redemptoris die; Divinarum Odarum sive Hymnorum libri tres; Latinarum epistolarum libri quattuor; Apologetica Epistola pro secularibus scriptoribus; Curriculum septem sophorum; Encomium Marianum; De laudibus candidae virginitatis insigniumque virginum libri duo; Epistolae centum de rebus divinis et moralibus; Enchiridion moralis philosophiae; De placitis veterum theologorum; Orationes complures, quarum prima est de sempiterno Christi sacerdotio; De placitis iurisconsultorum; Commentarii nonnulli in electos titulos Pandectarum seu Digestorum.*

The biography continues: "Scripsit et vitas multorum virorum illustrium; et nonnulla linguae latinae ac historiae lumen adferentia, quae omnia divina adspirante clementia in communem omnium utilitatem edentur. (. . .) Eius propositum perpetuum fuit primam sapientiam, sive mavis theosophiam, cum eloquentia coniungere. Graecas litteras semper fecit maximi, adseverans eas Latinis perquam necessarias esse in quocumque disciplinarum genere versentur." In 1523 Alamande won a prize in a poetry competition, probably the celebrated "Jeux floraux" in Toulouse. He continued to make his living as a schoolmaster. He was in Agen in 1530 and possibly principal of the school in Lectoure in 1530–1531. When he died is uncertain. See A. Claudin, *Les origines de l'imprimerie à La Réole en Guyenne. Recherches sur la vie et les travaux de Jean Le More, dit Maurus, de Coutances, imprimeur et professeur de grammaire* (Bordeaux, 1894) and Claudin, "Un écrivain saintongeais inconnu. Mathurin Alamande, poète et littérateur, de Saint-Jean d'Angély," *Bulletin de la Soc. des Archives historiques de la Saintonge et de l'Aunis*, XV (1895), 189–203.

Claudin suggested plausibly that the purpose of Alamande's letter was to attract L. from Paris to the provinces by hinting at a suitable opening in the household of the bishop of Condom. L. did not reply. In another letter dated Castres, 5 Sept. 1519 (sig. E, ij, v), Alamande asked his friends Gilles Galérite (Galerita), canon of Lectoure, who was about to leave for Paris, to greet L.:

"Saluta non vulgariter, quaeso, meis verbis Jacobum Fabrum Stapulensem, rarum Galliarum specimen. Scripsi quidem ad eum, ut tua novit solertia, sed nulla rescripta suscepi."

Maturinus Almandinus Aquitanus Iacobo Fabro Stapulensi celeberrimo Galliarum philosopho salutem.

Profectus ego a nobilissima[a] Parisiorum Academia in Tolosatium fines, virorum optime atque celeberrime, inveni felici quodam sidere non contemnendam ad te scribendi occasionem. Nactus enim sum inter cetera amicum ex animi sententia tuum nescio magis an meum, immo patronum studiosissimis quibusque praecipue singularem Alanum Varenium genere Montalbanum,[1] virum in divina humanaque philosophia undequaque doctissimum et vitae sanctimonia praeclarum, quo sine non est profecto mihi (ut Enniano verbo utar) vita vitalis.[2] Cupio enim Apollonii illius Tyanei imitator aliqua ex parte evadere, qui cum ob philosophiam capessendam peregrinationem illam a Philostrato octo voluminibus litteris mandatam suscepturus esset, a sole optasse inter prima dicitur, ut viros bonos et inveniret et cognosceret.[3] Id autem ego a sole mihi concedi nequaquam optarim, ut ille fecisse perhibetur, sed a Deo optimo maximo (a quo omne bonum optimum et omne donum perfectum descendit) permultis precibus petere minime gravabor, cuius immensa benignitate Tobiae peregrinanti datum est, ut vel archangelum Raphaelem inveniret fidissimum viae comitem.[4] Testimonium autem de praeclara Varenii conditione et probitate omnibus Aquitaniam ipsam incolentibus testatissimum animadvertere liceat. Varenium commemoro dignum profecto virum quem vel Apollonius ille trans Persas, Caucasum, Albanos, Scythas, Massagetas, et opulentissima Indiae regna, trans Elamitas, Babylonios, Chaldaeos, Medos, Assyrios, Parthos, Syrios,[b] Phoenices, Arabas et Palaestinos avidissime (si hodie viveret) quaerere deberet.

Sed cuius potissimum opera tantus ac talis evasit? Nimirum marte tuo (quod dicitur) vir clarissime ac faber artificiosissime (uti mihi interea ad cognomenti tui ethymon adludere liceat), qui iam olim tuae alumnus disciplinae, arma longe meliora quam fuerunt illa Vulcania Aurorae, Veneris et Thetidis pro Memnone, Aenea et Achille fabricata ex tua nactus est officina. Censeo te Fabrum[c] (absit

a. noblissima *ed*.
b. Syros *ed*.
c. Foabrum *ed*.

dicto omnis invidia) Galliarum finibus divina concessum providentia, cuius incude efformata iam pure (ut ait Longolius noster)[5] loqui didicit omnis philosophia. Quam divinus ille Plato primus in partes treis (ut tua novit sapientia) appositissime distinxit distribuitque: moralem quae potissimum in operatione versatur, naturalem quam contemplationi deditam constat, rationalem qua verum a falso discriminatur.[6] Scite autem Augustinus ille vir summus II. De civitate Dei volumine scribit istis tribus respondere tria, quae in unoquoque artifice ut aliquid efficiat rite spectantur: naturam, doctrinam, usum. Natura ingenio, doctrina arte sive scientia, usus vero fructu diiudicandus est.[7] Haec idcirco dixerim cum etiam bifariam omnis philosophia dividi possit, cum alios in activa excelluisse, alios vero contemplativae intelligentiae viribus institisse animadvertamus. Tu vero Platonem imitatus philosophiam perfecisse laudaris, ex cuius gymnasio veluti ex equo illo Troiano innumerabiles principes prodierunt, inter quos Varenius noster haud extremae sortis esse (vel iniquo iudice) censendus est, cuius nimirum si voluero singulas virtutes percurrere iustum operae pretium erit implere volumen.

Rescire autem te velim eundem amplissimi pontificis Rutheni[8] vicarium (ut aiunt) generalem superioribus mensibus effectum esse, cui etiam cum Angollismorum, Gratianopolitanorum, Cadurcorum, Montalbanorum, ac Massiliensium pontificibus, itemque Tolosanis senatoribus non parva intercedit amicitia. Quippe dignus est Varenius noster, de quo omnes bene dicant, quem omnes unice ament. Extant complures nostrae ad eum mutuae quoque ad nos epistolae, quarum insortem (si fieri possit) te abire minime patiar.

Diversatus autem sum hisce diebus apud Ioannem Marram,[9] sanctissimum Condomiensium praesulem, cuius contubernio utinam te aliquando frui liceret. Videres profecto virum in quo sit inextinguibilis virtutum omnium lampas, videres praecipuum doctrinae doctorumque virorum amatorem usque adeo ut non mediocribus sumptibus Iacobum Almaynum[10] genere Senonensem, insignem admodum theologum, ad se ex celeberrimo Parisiae Lutetiae gymnasio arcessiverit honestissimisque stipendiis honestaverit. Superioribus autem annis in Aquitaniae oppidulo (cui Altovillari nomen est et Garunna flumine adluitur) non sine optimorum quorumque luctu vita excessit. Nunc itaque placida compostus pace quiescit. Succisus est autem Iacobus

noster dum cresceret, succisus est dum veluti oliva fructifera in ecclesia Dei floreret,[11] succisus est dum suavissima divini verbi alimonia
pasceret Aquitanos. Recordatus autem sum illius memorandae Ezechiae regis sententiae ab Isaia[d] propheta repetitae: Praecisa est velut
a texente vita mea, dum adhuc ordirer succidit me.[12] Ego itaque
(quod ingenue fateri libeat) non parum illius desiderio moveor.
Magna enim iactura in tanti viri animula facta est. Ceterum ea lege
natus erat, ut diutine[e] cum habitantibus Cedar[13] commoratus tandem
ipse moreretur. Neque vero eum amisimus (ut Augustini verbis utar)
sed praemisimus.[14]

Aegidius Galerita Lactoreus[15] canonicus vir doctissimus Parisios
proficiscitur te ipsum salutaturus, in cuius librum (cui Chorus clericorum titulus est) epigramma scripserim. In eo enim ecclesiasticos viros
sapienter instituit, ut tales sese exhibeant quales erant illi de quibus
elegans illa Austri[f] regina[16] sapientissimum compellans Salomonem
locupletissimum perhibuit testimonium. Beati sunt (inquit) viri tui
[et] beati servi tui, qui adstant coram te semper et sapientiam tuam
audiunt.[17] Saluto Faustum illum Andrelinum, magnum egregiumque
Galliarum musicum, in eo qui suprema salus est ac vera felicitas.
Iulianus Pius Mazeriensis[18] (quem probe nosti) non volgarem tibi
salutem impertitur. Denique orator ad te venio, sive exorator fiam.
Ego enim abs te postulo, ut indicem bibliothecae tuae ad nos mittas
itemque Catalogum nobilium scriptorum qui nostro saeculo flororunt, cuius initium sit a Ioanne Pico Mirandulano, qui uno omnium
ore phoenix nostri saeculi haud immerito adpellatus est. Vale feliciter
clarissime vir, Almandini tui non immemor. Lactorae. 1517. Decimotertio Calendas Iunias.

1. See ep. 72.
2. Cicero, *Lael.* 6, 22.
3. Philostratus, I, 31.
4. Tob. 10:11–11:12.
5. *Christofori Longvolii Parisiensis Oratio De laudibus diui Ludouici, atque
Francorum, habita Pyctauij in Coenobio Fratrum minorum. Anno domini .1510.,*
Paris, Henri Estienne, [1510, after 5 Sept.], sig. c, ij, v. The reference to L.
occurs in a list of contemporary French humanists: "In Bellaeo etiamnum ephebo

d. Esaia *ed.*   f. Haustri *ed.*
e. diutile *ed.*

poeticam indolem demiraberis, in Germano Brixio facilitatem, in Varannio simplicitatem, sanctitatem in Burro, elegantiam in Iacobaeo, in Delpho candorem, in Pio ingenium, in Conrardo varietatem, acumen in Briando, in Castello eruditionem. Dicet Budaeus diligenter, Briconetus leniter. Narrabit apte Scisselus. Eloquetur graviter Tisardus, apposite Badius, Gaguinus luculenter, Pinus scite, duo Fernandi splendide, Erasmus copiose, acute, nitide, Faber Stapulensis philosophice. Cuius incude expolita iam pure loqui didicit philosophia. Clichtovei casto sermone Theologia melle dulcius concionabitur. Litteratura Bovilli Mathesi rubiginem detersit. Copo duce medici et cum eloquentia morbos curabunt, praeeunte Champerio omnes philosophiae partes tentabunt." Quoted by Th. Simar, *Christophe de Longueil* (Louvain, 1911), 22–26.

6. Augustine, *De civitate Dei*, VIII, 4.

7. XI, 25.

8. François d'Etaing, bishop of Rodez (11 Nov. 1501–2 Nov. 1529). See *Gallia Christiana*, I, 228–229.

9. Jean de la Marre, bishop of Condom (23 Jan. 1497–13 Oct. 1521). See Claudin, "Mathurin Alamande," p. 195, note 4.

10. Professor at Montaigu and Navarre, rector of the University 1507–1508, philosopher, theologian, and conciliar theorist, Jacques Almain (d. 1515) was one of the most notable figures in the intellectual life of Paris in the early sixteenth century. See Renaudet, *passim*, but esp. pp. 592–595 and *DBF*. II, 262–263.

11. Ps. 51:10.

12. Is. 38:12.

13. Ps. 119:5.

14. *Ep.* 92, 1.

15. Gilles Galérite, canon of Lectoure. See Claudin, "Mathurin Alamande," p. 196, note 2.

16. Cf. Matth. 12:42; Luc. 11:31.

17. 3 Reg. 10:8.

18. A few years earlier Julien Py had published a volume of epigrams and moral treatises: *Juliani Pii Bituricensis epigrammata necnon moralia opuscula* (Poitiers, 1509: Paris, BN.). See Claudin, "Mathurin Alamande," pp. 189–190 and Simar, *Christophe de Longueil*, p. 23, note 4.

121

Josse Clichtove to the reader   [Paris. c. October 10, 1517.]

Hvgonis De sancto victore Allegoriarum in vtrunque testamentum libri decem, Paris, Henri Estienne, 10 Oct. 1517, sig. A, ii, r–v (Harvard. Paris, BN., Mazarine. Yale. Renouard, *Estienne*, 19; Mortimer, II, no. 322).

The epistle prefaces Clichtove's edition of the *Allegoriae in Vetus et Novum*

Testamentum, which correspond to Richard of Saint-Victor's *Liber exceptionum*, Part II, Books I–IX and XI–XIV (ed. Jean Chatillon, Paris, 1958, pp. 222–372, 439–517). Part I of the *Liber exceptionum* (1155–1162) is a universal history; Part II is a treatise on the spiritual and figurative senses—allegorical, tropological, and anagogical—of the historical books of the Old Testament and of the four Gospels. For the attribution and contents of the work and for Clichtove's interesting editorial procedures, see Chatillon's introduction, esp. pp. 53–57. A special apparatus usefully notes the principal variants of Clichtove's text. Clichtove himself attributed the work to Hugh rather than Richard of Saint-Victor, no doubt under the influence of a tradition still vigorously defended by the monks of the abbey of Saint-Victor in the early sixteenth century. There is in the Bibliothèque de l'Arsenal (ms. 266 A, ff. 1–140) a twelfth-century manuscript of the *Liber exceptionum* formerly in the library of Saint-Victor. On the upper margin of fol. 1, a later, probably thirteenth-century, hand has added: "Liber exceptionum magistri Hugonis de Sancto Victore." The same codex contains a table of contents in the hand of Claude de Grandrue, the librarian of Saint-Victor who catalogued the library in 1513–1514. The table begins: "Tabula hic contentorum. Liber exceptionum magistri Hugonis de Sancto Victore continens duas partes principales." Another manuscript from Saint-Victor reflects the same tradition of attribution: Par. lat. 14504, which the catalogue of Claude de Grandrue also assigns to Hugh (Par. lat. 14767, fol. 102r). Cf. Chatillon, "Le contenu, l'authenticité et la date du *Liber exceptionum* et des *Sermones centum* de Richard de Saint-Victor," *Revue du Moyen Age Latin*, IV (1948), 31–32. Clichtove's edition is the first.

Iodocus Clichtoveus Neoportuensis benignis lectoribus salutem in domino sempiternam.

Inter sacras historias et prophanas id esse comperitur discriminis, quod hae rem gestam tantum denarrant vitaeque rectius instituendae praestant exemplum, cum ex iis quae priscis saeculis actitata sunt posteros edocent quidnam ipsis agendum sit aut cavendum; illae vero multo amplius ac verius utrumque illorum exhibent. Insuper et mysticum continent sensum historicae narrationis velamine obductum, quo aut per allegoriam monstrant alta sacrae fidei mysteria, aut per tropologiam recta vitae instituta formandosque mores, aut per divinam anagogen speranda supernae civitatis praemia, quae quidem spiritualia sensa ex gentilium historiis nequaquam elicere quis possit, nisi penitus desipiat aut deliramenta confingat. Neque istud ab re contingit, quandoquidem humano dumtaxat ingenio atque opificio contextae sunt ethnicorum historiae, nihilque in illis ultra hominum industriam et operam est disquirendum. Sacrae vero calamo scribae velociter scribentis sunt exaratae et spiritu sancto intrinsecus dictante, qui ita contextum adaptavit rei gestae et eo verborum schemate deprompsit, ut multiformis ex eo sensus derivari ac deduci non inconcinne possit. Nonne Paulus vas electionis geminam Abrahae prolem, unam ex ancilla et alteram ex libera, asserit per allegoriam duo significare legis testamenta, vetus atque novum?[1] Nonne etiam sublatio serpentis aerei[a] in stipitem a Moyse facta in deserto exaltationis Christi in cruce typum gessit?[2] Triduana itidem Ionae in ventre ceti occlusio, nonne triduanam Christi sepulturam teste evangelio expressit?[3] Innumera sunt alia ex quibus ostendere promptum foret historias sacras divinorum mysteriorum symbola esse et mysterium aliquid semper insinuare. Si igitur magnum hominibus est studium evolvendi annales, diaria et quasvis antiquorum historias, quanto magis esse debet ad perlegendas sacrarum rerum enarrationes quae in divinis conscribuntur eloquiis, ex quibus longe meliorem referent frugem.[4]

Neque minor omnibus praestanda cura atque vigilantia ad eos versandos codices qui sacrarum historiarum allegoricum recludunt sensum aut tropologicum aut anagogicum, ut inde copiosior enascatur utilitas et doctrina uberior. Inter quos praecipue se offert luculentum hoc opus eximii patris Hugonis de Sancto Victore, commendatione sane dignissimum ob auctoris excellentiam simul et materiae subiectae praestabilitatem. Auctor quidem eius ob egregiam divinarum rerum eruditionem, copiosam sacrorum operum editionem et admirandam sermonis suavitatem sua tempestate alter Augustinus dictus est,[5] religiosamque Sancti Victoris iuxta muros Parisienses domum singulari sua doctrina et vitae probitate mirifice decoravit.[b] Materia vero quae pertractatur est historiarum cum veteris tum novi testamenti allegorica expositio atque ad mysticam intelligentiam applicatio, usque adeo accommodata personis, rebus et locis ut nihil in ea violentum, nihil coactum, nihil denique extortum invenias. Illic facili cursu ex uno historiae fonte multiplices deducuntur allegoriarum rivuli, quibus irrigatae mentes aridae atque fecundatae exuberantem proferunt bonorum operum messem. Illic itidem ex una radice multiformis exoritur fructus ad spiritualem animae pastum summopere conducibilis, quem decerpere cuivis datur qui hortum hunc multimodis con-

a. enei *ed*.   b. dicoravit *ed*.

situm arboribus studiose obambulaverit. Denique ibidem ex una luce multifidi sparguntur radii, qui claritatis suae spicula in aciem mentis internam eiaculantes, densas ignorantiae propellunt tenebras et multifarium agnitionis illi lumen infundunt, cuius plane conspicui luminis ductu diriguntur pedes humani in viam pacis et salutis aeternae. Itaque opus hoc vestrae omnium utilitati^c paratum atque emissum assidua versate manu, candidi lectores, atque pretiosum in eo absconditum thesaurum enixius exquirite qui in animorum vestrorum penetralibus altius abstrudatur mediationeque iugi simul et operis exercitatione eos exornet, locupletet ac demum beatos efficiat. Valete.

1. Gala. 4:23–24.
2. Ioan. 3:14–15.
3. Matth. 12:40–41; Luc. 11:29–32.
4. Clichtove reused most of this paragraph in the preface to his unpublished *Epitome historiae sacrae*, dedicated to Louis Guillart in 1521. See ep. 131.
5. Trithemius, *De scrip. eccl.*, Cologne, Peter Quentel, 1546, p. 152: "Hugo, presbyter et monachus S. Victoris Parisiensis, ordinis canonicorum regularium Augustini, et abbas (ut ferunt) ibidem, natione Saxo, vir in divinis Scripturis eruditissimus, et in saeculari philosophia nulli priscorum inferior, qui velut alter Augustinus doctor celeberrimus suo tempore est habitus, ingenio subtilis, et ornatus eloquio, nec minus conversatione quam eruditione venerandus."

122

Josse Clichtove to Pierre des Gorres
[Paris. c. December 9, 1517.]

In Hoc Libro Continetur. Introductorium astronomicum, theorias coporum [sic] *coelestium duobos libris complectens: adiecto commentario declaratum*, Paris, Henri Estienne, 9 Dec. 1517, fol. 2r–v.

Pierre des Gorres, doctor of medicine, was born in Bourges and studied the liberal arts under L. at Cardinal Lemoine in the early 1490s. He began his medical training at Montpellier, where he was bachelor of medicine and licentiate in 1495. Then he went to Italy. After studying and teaching at Pavia, he received the doctorate of medicine at Ferrara in 1506. He returned to Paris in 1507. Bovillus dedicated his *Liber de mathematicis corporibus* to him in 1511, and there is a letter to him dated 12 Aug. 1514 in Bovillus's *Commentarius in primordiale evangelium divi Ioannis* (Paris, Badius Ascensius, 1514), ff. LXXXVIv–

c. vilitati *ed.*

LXXXVIIIv. He was the author of two books: *Praxis medicinae in communem usum totius Europae* (Paris, 1555) and *Formulae remediorum, quibus vulgo medici utuntur* (Paris, 1560). See Bulaeus, VI, 33–40; Herminjard, I, 209–210; *Biographisches Lexikon d. hervorragenden Ärzte*, II (1930), 804; Jourdain, *Index*, 319.

The epistle prefaces Clichtove's commentary on L.'s *Astronomicon* (1503) (see ep. 36).

Eximio et insigni viro Petro Gorraeo, doctori medico in primis celebri, Iudocus Clichtoveus Neoportuensis S. D.

Cum Aristippus, Socraticus philosophus, facto naufragio in Rhodiorum litus vi tempestatis eiectus, descriptiones quasdam geometricas in harena delineatas conspexisset, tum gestientem eum exclamasse ferunt cohortatumque comites fuisse ut bona spe essent, quod hominum vestigia videret. Quorum erectus fiducia, ubi oppidum ingressus pariter et gymnasium multa de philosophia elegantissime disseruisset, amplissimis donis a Rhodiis magnifice ornatus est.[1] Mihi certe videtur vox illa, clarissime vir, praeclaro philosopho digna, qua diagrammata mathematica hominum vestigia ille nuncupavit, quod solius sit hominis ea efformare, illorum adminiculo caelum terramque metiri, eorum etiam contuitu aciem mentis in sublimium speculationem rerum ingenue intendere. Quod cum aliae disciplinae mathematicae abunde praestant, tum vel maxime astronomia, quae globorum siderumque caelestium varios motus peculiariter rimatur, exortus astrorum occasusque vices sapientissima Dei ordinatione (qui fecit caelos in intellectu) definitas rationaliter inquirit et quam admirabilis sit omnium conditor in hoc divino suo opificio diligenti indagine perscrutatur. Sane id animo humano praestat nobilis illa et liberalis disciplina, ut liber in aethereos ire meatus possit et expeditus gravi mole corporis per amplissimos caelorum tractus libere dispatiari et quo carnalis oculus penetrare non valet perspicaci mentis obtutu pertingere. Quod et divinus psaltes se facturum asseverat ad magnificam illam divinae maiestatis regiam clarius agnoscendam, cum ait: Quoniam videbo caelos tuos opera digitorum tuorum, lunam et stellas quae tu fundasti.[2] Non enim de contuitu caelorum qui corporeis fit oculis credendus est inibi verba fecisse (quandoquidem is nobis cum animantibus rationis expertibus est communis, neque excellens quiddam aut praeclarum in se habet), quod Deo polliceri propheta debeat, sed de intima animi contemplatione, qua rapidae circorum caelestium noscuntur vertigines, multiformes eorum gyrationes, luminarium deliquia, et cetera id genus scitu dignissima, in quibus elucet summi sapientia patris et ex quibus humana mens assurgit in admirationem tam insignis fabricae prorumpitque attonita tantarum spectaculo rerum in ipsius tam admirandi artificis laudem.

Porro cum ad capessendam hanc disciplinam praeceptor noster singularis Iacobus Faber Stapulensis (quem et tu unice colis sinceroque prosequeris amore) compendiariam superioribus annis paraverit introductionem, theorias corporum caelestium duobus libris succincte accurateque complectentem, cuius adiumento facile cuivis pandatur in totius astrorum disciplinae penetralia introitus, ratus sum me suppetias non aspernandas illi negotio laturum, si ut in ceteras ab eo elaboratas doctrinali artificio introductiones prius factitavi, ita in hanc quoque commentarium excuderem, cuius luce clarior redderetur eorum quae littera proponit intelligentia. Quod demum aggressus sum, ipsamque isagogicae editionis seriem pariter et numeros laterales continuo ordine secutus, formulas et schemata figurarum (sicubi locus expostulabat) adhibui. Non tamen hic sistere suum studium debet qui integrum profectum ex huius[a] operis lectione desiderat assequi, sed ad praxin et usum abaci astronomici tabularumque Alphonsi Castellani[3] deinceps se conferre, ut illis fere omnia quae hic pertractantur ad opus accommodet. Sicut enim medicae artis praecepta et canones libris digesti parum conducunt nisi etiam assit illorum usus atque ad rem applicatio, ita neque haec astronomiae theoremata plenum afferunt cuiquam fructum si desint ratiocinia et numerorum supputationes ad exquirendos orbium caelestium rotatus ac lationes.

Ceterum hanc nostram quantulamcumque lucubratiunculam tuo nomini nuncupatam volui, celeberrime vir, ut sit in monumentum et pignus singularis illius benevolentiae, qua tibi sum vel arctissime devinctus, ex eo quidem tempore quo nitidiorum disciplinarum flagranti captus amore Fabrum nostrum philosophiae naturalis publicae interpretationi intentum (iam multi fluxerunt anni) sedulus audivisti, tunc enim primum conciliatus noster amborum amor assidua consuetudine in solidum nunc robur coaluit. Adde quod astronomica institutio a

a. haius *ed*.

medicinae perceptione non abhorret, quin immo cognatione quadam et affinitate illi cohaeret magnoque est usui. Iure igitur tibi dicatur opera nostra, qui artis illius professione insignis evasisti, usu vero et exercitio percelebris. Itaque hoc nostrum opusculum ad te progrediens sereniore vultu suscipe et quem geram in te animi affectum ex ipso quasi tabella depicta lege. Vale felix tuique Iudoci perpetuo memor. Parisiis, anno dominicae incarnationis 1517.[4]

1. Vitruvius, *De Architectura*, VI, Preface, 1.

2. Ps. 8:4.

3. The Alphonsine tables (c. 1272) were known in Paris in the Latin elaboration prepared by John of Saxony in the first half of the fourteenth century. See Sarton, II (2), 837–838, 841.

4. Michael Pontanus Sameracensis (see ep. 119) contributed the following verses to the volume (fol. 56v):

> Michael Pontanus Sameracensis ad lectorem carmen.
>
> Caelorum authorem dominum laudare iubemur,
>   Lucida qui stabili sidera lege movet.
> Utque Deum laudet, lampas Phoebea monetur,
>   Et vario lumen schemate luna gerens.
> Laudis ad officium caeli quoque deinde vocantur,
>   Atque orbis rutilo stellifer igne micans.
> Scilicet haec domini manibus fabricata loquuntur,
>   Quanta sit artificis dextera visque sui.
> Haec sunt signa quibus divina potentia nota est,
>   Et decus authoris nobile prodit opus.
> Est igitur pulchrum rapidos cognoscere cursus
>   Caelorum, et stellae quo moveantur iter.
> Si quis id ingenua flagrat compraehendere mente,
>   Hunc librum vigili sedulitate legat.
> Quem Faber excudit Stapulensis, at additus illi
>   Explicuit Portus condita sensa Novus.
> Sit labor amborum lector tibi candide gratus,
>   Et facili munus suscipe fronte datum.
>
>   Vale.

123

Denis Briçonnet to the clergy of his diocese
[Before April 10, 1518.]

Linstruction des curez pour instruire le simple peuple. Il est enioinct a tous les Curez, vicaires, maistres descolles, dospitaulx et autres par tout leuesche De Sainct Malo dauoir auecques eulx ce present Liure et le lyre souuent: et y a grans pardons en ce faisant. In hoc opusculo continentur tractatus sequentes. Primo tractatur de virtutibus et eorum contrariis viciis. Secundo de his que a domino deo emanauerunt mandatis principaliter agitur. Tertio specialiter omnium de diuinis sacramentorum institutis, necnon quomodo et de quibus sacerdotes debent in confessione interrogare enucleabitur. Quarto que diffuse pro regimine Maclouiensis ecclesie in eius statutis habentur vulgari lingua paucis declaratur. Quibus sacerdotum speculum adiungendum vna cum sacre rei familiari explanatione congruum fore videbatur, Nantes, Jean Baudouin, 10 April 1518, ff. 4v–5v (Paris, Ste. Geneviève).

The epistle prefaces Jean Gerson's *L'Instruction des curez pour instruire le simple peuple*, an adaptation of the *Opus tripartitum* (c. 1400), an *Opusculum septem ecclesiae sacramenta et artem audiendi confessiones breviter declarans* attributed to Gerson, and an epitome of the synodal statutes of the diocese of Saint-Malo. Already during Gerson's own lifetime twenty-two dioceses had used the *Opus tripartitum* to instruct clergy and laity in the elements of the Christian faith. In 1507 Simon Vostre published in Paris the model of the Nantes edition (Paris, BN.), prefaced by a pastoral letter of Etienne Poncher (see ep. 30) dated 18 Oct. 1506 which recommended the use of the book in the diocese of Paris. Raoul Du Fou, bishop of Evreux, prefaced a Rouen edition with a similar letter, dated 25 May 1507, and on 15 Sept. 1519 Jean de Foix, archbishop of Bordeaux, ordered the clergy and schoolmasters of his diocese to read and use it. Simon de Colines published it in 1526 for use in the diocese of Chartres, while another Paris edition of 1531 contains a letter by the bishop of Chartres, Louis Guillart (see ep. 131), reiterating his recommendation of the book. It is therefore not surprising that "aucuns docteurs de l'université de Paris" (possibly Clichtove and L., the principal spiritual adviser of his brother) suggested it to Denis Briçonnet when he undertook to reform his diocese in the summer of 1517.

The epistle, like the work itself, appears in both Latin and French. Encouraged by the book's compiler, who cautioned the reader that "n'y aura point du tout correspondence du latin au françois, mais plus en françois que en latin" (fol. 6r), I have chosen to reproduce the French text, which is longer and more interesting than the Latin. See A.-L. Masson, *Jean Gerson* (Lyons, 1894), 141; E. Vansteenberghe, "Le Doctrinal de Gerson à la cathédrale de Thérouanne," *Bull. de la Soc. des Antiquitaires de la Morinie*, XV (1934), 467–474; and for the earlier editions, Gerson, *Œuvres complètes*, ed. Mgr. Glorieux, I (Paris, 1960), 83–85.

Nous Denis[1] par la grace et miseration divine evesque de Saint Malo à tous et chacuns les abbez, archidiacres, doyens, prieurs, noz curez et leurs vicaires, maistres d'escolles et d'ospitaulx, et autres qui ont à presider et enseigner le commun peuple en quelque maniere que ce soit en nostre diocese de Saint Malo salut et prudent zele des ames à vous commises.

Aprés avoir fait visitation l'esté derrain passé et estre deuement informé de la simplesse et insuffisance non pas seulement des simples chapelains mais de ceux qui ont charges d'ames, qui doibvent estre guides à enseigner et montrer exemples aux autres de la maniere de bien vivre, considerans l'honneur de dieu, ses commandemens et sacremens estre par l'ignorance d'iceux souvent contempnez et desprisez, et qu'ilz vont en tenebres et le peuple par deffaute de guide aveugle et en captivité et la chose publique à desolation, à quoy desirant obvier pour le devoir de nostre office pastoral selon nostre puissance le plus convenablement que faire se pourra, par l'advis et conseil de gens d'esperit (et l'avans[a] tant de nostre diocese que aucuns docteurs de l'université de Paris), combien que noz predecesseurs se soient efforcez de bailler statuz et doctrine facile pour l'instruction des simples curez et non lettrees et autres semblables. Toutesfois elle semble encore trop difficile, attendu leur savoir à vous[b] congneu faisant ladicte visitation, pour ce que la plus grant partie n'entent gueres le latin. Pour eviter la prolixité et difficulté duquel avons voulu en ensuivant les statuz de noz predecesseurs et leur doctrine en substance et principalement de bonne memoire Guillaume par la grace de dieu evesque, cardinal, et archevesque de Narbonne, et evesque de Saint Malo,[2] nostre predecesseur, canoniquement et juridiquement par luy faitz et promulguez, et aussi pour l'information du simple peuple qui n'a pas souvent predications fructueuses et salutaires exhortations de leurs propres curez ou vicaires, mais seulement d'aucuns freres qui bien souvent n'ont pas grant zele aux ames, ains leur suffist venir, à leur intention faire ce petit abbregé en cler françois, lequel contiendra quattre parties en principale matiere,

a. savans *ed.*

b. à vous] avons *ed.*

avecques quelques petites additions a chascune partie. En la premiere partie sera traité des vertuz et vices contraires. En la seconde partie sera traité des commandemens de dieu et de son eglise. En la tierce partie sera traicté des sacremens instituez par Ihesuchrist qui sont remede et medecine contre les vices, avecques injunctions mises à chacun sacrement. En la quarte partie l'on verra de l'habit exterieur des gens d'eglise avecques declaration du mistere de la messe et la maniere de dire la messe. En ces quatre petites parties seront mises et inserees plusieurs choses utiles tant pour les gens d'eglise que le simple peuple. Pour publier et faire publier diligement, remonstrer par tout nostre diocese le contenu de nostre foy catholique, les commandemens de dieu pour les garder, la maniere facile de soy confesser aprés le transgressement desdicts commandemens pour faire digne fruit de penitence, et consequemment la science de bien vivre et bien mourir, dont l'ignorance n'excuse ame, pour quoy s'ensuit que la congnoissance d'eulx est necessaire, à ceste cause avons faict imprimer et correctement examiner ce present livre extraict des statuz de noz predecesseurs, et partie des ditz de prudent zelateur des ames Maistre Jehan Gerson, tant pour l'utilité des gens d'eglise que des simples gens laiz, affin que plus promptement et à vil pris ung chacun le puisse avoir et entendre. Si vous mandons et commandons, especialement aux curez ou leurs vicaires à nous subgetz, qu'ilz ayent ceste presente doctrine par escript et que diligemment ilz la estudient, et qu'ilz soient soigneux de l'exposer et enseigner à leur peuple, et les maistres d'escole à leurs disciples, et tous administrateurs à ceux qu'ilz ont en charge. Et pour mieux le faire et que plus grant fruict s'en ensuive, avons ordonné que toutes les festes commandees, et principalement le dimenche à la messe matinale, qui est pour les jeunes et serviteurs, les curez ou leurs vicaires, ou predicateurs, se aucuns se trouvent, lisent et exposent ung chapitre ou deux de ceste presente doctrine, plus ou moins selon la matiere et la longeur du chapitre ou du service du jour. Et qu'ilz lisent poseement, clerement, et entendiblement à tous. Et qu'ilz l'aprennent et estudient le jour precedent avecques leurs chapelains, affin que plus clerement le jour ensuivant ilz exposent aux ignorans, et aussi pour mieux en respondre quant ilz en seront enquis. Declarreront danvantaige à leur peuple les pardons et indulgences que gaignent les bons auditeurs de ceste doctrine, et ceux qui la repetent aprés qu'ilz ont ouye et l'enseignent aux autres. Et sera pareillement fait à la grant messe parrochialle par le curé ou prescheur; s'il s'y trouve predicateur, il poura faire une partie de son sermon de ceste matiere. Et se pourront raisonablement abreger[c] les prieres communes et autres mandemens qui sont voluntaires, car pour chose à plaisir l'on ne doit jamais mettre les choses necessaires en arriere. Et specialement ou temps de caresme seront soigneux de declarer[d] les choses qui touchent le sacrement de penitence et a la maniere de soy confesser et soy preparer pour venir à ce sacrement, et induire le peuple de bonne heure à soy confesser. Et affin que la lecture[e] ne soit infructueuse par default de auditeurs, nous amonestons et exortons tout nostre simple peuple y assister, estre diligens et attentifz à ouir et entendre à leur povoir, retenir l'instruction et discipline de dieu leur pere et sainte eglise leur mere. Et la repeter en leurs maisons et bonnes compaignies. Et solliciter les maistres d'escolle que en ce instruisent les enfans, affin que ceux qui viendront à estre gens d'eglise soient de bonne heure instruiz en ceste doctrine à eux necessaire, et davantage pour mieux induire chacun par esperance de retribution à desirer, aymer, ouir, lire, et declairer ceste sainte doctrine de dieu, sans laquelle ou equivalente toutes gens vivent en danger de damnation eternelle. A tous curez, vicaires, maistres, parens, et autres quelzconques qui soigneusement comme dit est ceste presente doctrine liront, donnons et confermons à chacun d'eux pour chacune instruction xl jours de pardon. Et pareillement à tous les assistens qui seront attentifz à ouyr et escouter ladicte instruction, soit à l'eglise ou ailleurs, et à ceux qui auront ce livre et le liront, nous donnons pour chacune fois xx jours de pardon. Et davantage faisons prohibition que l'on ne chante point de messe avant la lecture de ce present livre, ne avant la messe matinale ou la grant messe, sinon en lieu secret, ou s'il n'y a cause urgente. Et si aucuns ont haste de chanter, commencent incontinent aprés la lecture faicte à la messe matinale ou aprés l'autre lecture, affin que par leur messe le peuple qui doyt ouir ladicte lecture ne s'envoye. Et que lors qu'on fera ladicte lecture que tout le monde face silence. Voulons aussi et generalement commandons que tous prebstres, maistres d'escolles et[f]

c. abreber *ed.*
d. decalrer *ed.*

e. licture *ed.*
f. a *ed.*

tous ceux qui sont in sacris en nostre diocese, avoir ce present livre tresutile et necessaire et le lire soigneusement sur peine arbitraire, laquelle nous reservons à la disposition de nous ou de noz vicaires. Et ceux qui ne tiendront compte et que durant ladicte lecture seront ou cimitiere ou en la taverne, des apresent les reputons contumatz, et voulons que diligemment soint traitez d'office et puniz comme ceux qui n'ont point de memoire et ne donnent compte de leur salut, et au contraire exortant que tous ceux qui estudieront[g] ce present livre bien leur en prendra. Finablement ordonnons que tous curez ou vicaires aportent ce present livre à nostre senne avec noz statuz synodaux et nous informent de l'obeissance qu'on fera à ceste presente ordonnance, laquelle desirons et commandons pour nostre descharge estre immolablement gardee.

1. See ep. 109.
2. See ep. 66.

124

Josse Clichtove to François du Moulin de Rochefort
[Paris. Before July 22, 1518.]

De Maria Magdalena, Tridvo Christi, Et ex tribus vna Maria, disceptatio: ad Clarissimum virum D. Franciscum Molinum, Christianissimi Francorum Regis Francisci Primi Magistrum, Paris, Henri Estienne, 1518, ff. IV–5v; CCLXI (1519), ff. IV–5v. The date is fixed approximately by a statement in *Marci de Grandval theologi Ecclesiae catholicae non tres Magdalenas sed unicam colentis: Apologia seu defensorium* (Paris, Badius Ascensius). Its preface is dated 23 Aug. 1518, and in it Grandval says that he read L.'s *De Maria Magdalena* and Clichtove's letter to François du Moulin on 22 July.

François du Moulin de Rochefort was the son of Jean du Moulin, lord of Breuil de Seuilly and Rochefort in the Mirebalais, mayor of Poitiers in 1461, and notary and secretary of Louis XI. He was canon of St. Pierre and Ste. Radegonde of Poitiers (14 Jan. 1501) and by 1501 "maistre d'escole" of the future Francis I. Several works prepared for his royal pupil are in the Bibliothèque Nationale. They include a French translation of the first book of Xenophon's *Cyropaedia* (ms. fr. 1383), a dialogue attacking games of chance (ms. fr. 1863), and an ode (ms. lat. 8396) for Francis's eighteenth birthday 12 Sept. 1512 (Maulde

g. estudiront *ed.*

la Clavière, *Louise de Savoie et François Ier*, Paris, 1895, pp. 231–238). In the new reign he was made royal almoner and abbot of Saint-Maximin at Micy on the Loire near Orléans (1518). On 8 Oct. 1519, at the request of the queen mother, Francis appointed him grand almoner (*regiarum eleemosynariorum princeps*) and after the death of Jean de la Marre (13 Oct. 1521) named him bishop-designate of Condom. He was a friend of Lefèvre (whom he calls his "précepteur"), Budé, Guillaume Parvy, and Guillaume Cop. Bovillus dedicated to him his *Aetatum mundi septem supputatio* (Paris, Badius Ascensius, [c. 1521]) and Erasmus the *Exomologesis sive modus confitendi* (Basel, Froben, 24 Feb. 1524). See Marie Holban, "François du Moulin de Rochefort et la querelle de la Madeleine," *Humanisme et Renaissance*, II (1935), 26–43, 147–171 and Charles Terrasse, *François Ier* (Paris, 1945), I, 27–31.

Louise of Savoy had a particular veneration for St. Mary Magdalen. Early in 1517 she asked François du Moulin to write for her a brief life of the saint. He turned for material and advice to L., and between Feb. 1517 and Feb. 1518 wrote his *Vie de saincte Madeleine* (BN. ms. fr. 24955). Called to the attention of the royal family by François du Moulin, L. also wrote a treatise on the Magdalen in order to answer questions put to him by the queen mother: *De Maria Magdalena et triduo Christi disceptatio*, published by Henri Estienne in the spring of 1518. L. dedicated the book to François du Moulin. It has no prefatory epistle. A few months later he published a second edition of this work, joining to it a new treatise, *De una ex tribus Maria*. The following epistle is Clichtove's preface to this edition. L.'s criticisms of traditional legends about St. Mary Magdalen and St. Anne launched the elaborate "quarrel of the three Marys," an international controversy that ultimately generated over a dozen other treatises by François du Moulin, Marc de Granval, Augustinian canon of Saint-Victor, John Fisher, bishop of Rochester, Cornelius Agrippa of Nettesheim, Noel Beda, Symphorien Champier, Willibald Pirckheimer, the Spanish theologian Balthasar Sorio, and Giovanni Maria Tolosani della Colle, a Dominican of San Marco in Florence. See *B. Belg.* C 428; Clerval, pp. 27–30; Margaret Mann, *Erasme et les débuts de la Réforme française (1517–1536)* (Paris, 1933), 47–62; M. Holban, *op. cit.*; V. Carrière, "Libre examen et tradition chez les exégètes de la Préréforme (1517–1521)," *Revue d'Histoire de l'Eglise de France*, XXX (1944), 39–53; L. W. Spitz, *The Religious Renaissance of the German Humanists* (Cambridge, Mass., 1963), 172, 331; Charles Nauert, *Agrippa and the Crisis of Renaissance Thought* (Urbana, Ill., 1965), 61 sqq.; Edward Surtz, *The Works and Days of John Fisher* (Cambridge, Mass., 1967), 5–7, 157–160, 274–289; Anselm Hufstader, "Lefèvre d'Etaples and the Magdalen," *Studies in the Renaissance*, XVI (1969), 31–60; Richard Cameron "The Attack on the Biblical Works of Lefèvre d'Etaples, 1514–1521," *Church History*, XXXVIII (1969), 1–16; and Kristeller, *Iter Italicum*, I, 164.

Domino Francisco Molino, reverendo sancti Maximini abbati, a secretis et consilio Christianissimi Francorum regis Francisci primi ordinario, Iudocus Clichtoveus, professorum theologiae minimus S. D.

Forte putas, reverende pater, libellum de Magdalena dignitati tuae nuncupatum a theologis nostris non satis fuisse acceptum, praesertim hac in parte qua tres mulieres fuisse disserit, Peccatricem, inquam, Mariam Magdalenam quae a Galilaea dominum sequebatur, et Mariam Marthae sororem, quae passim et vulgo una sola creditur. Verum adeo non male acceperunt plurimi, et maxime ii qui in vestiganda veritate sunt diligentiores, ut etiam probaverint et in eam sententiam venerint facillime. Ingenue etiam fateor rem plerisque novam visam fuisse, praesertim hac nostra aetate qua audiri solita placent, insolita autem etsi vera haud facile admittuntur. Adde aliquos esse qui non nisi suo credunt consilio, et quod semel asseruerunt, volunt oraculo solidius haberi. Alii autem auctoritatula una aut unius scribentis dicto, ut equus capistro, retinentur; et ceteros aspernantur qui ea de re aut dixerunt aut scripserunt, omnemque aliam spernunt rationis indaginem. Et hi admodum probandi non sunt, quibus si disceptatio de Magdalena non probatur haud impendio curae fuerit. Et ut de meipso loquar, aliquando eius sententiae fui, has tres unicam fuisse Magdalenam. Verum cum libellum evolvi et eius gratia antiquiores scriptores lustravi, factus meipso diligentior, repperi tam novum et paene paradoxum ante tempora Gregorii fuisse si unica assereretur quam nunc cum tres asseruntur et non una sola.

Nam Irenaei martyris Lugdunensis episcopi (cui Eusebius Caesariensis et omnes antiqui gravissimum ferunt testimonium) tertium sectarum librum pervolvens, in caput incidi praenotatum de iis quae in evangelio per solum Lucam cognovimus. Et legens, comperio sic eum de Luca loquentem: "Plurima et magis necessaria evangelii per hunc cognovimus, sicut Ioannis generationem, historiam de Zacharia, adventum angeli ad Mariam, exclamationem Elizabeth, angelorum ad pastores descensum, Annae et Simeonis de Christo testimonia, quod duodecim annorum Iesus in Hierusalem relictus sit, baptismum Ioannis, et quot annorum dominus batizatus sit." Et subdit: "Et haec omnia per solum Lucam cognovimus, et plurimos actus domini per hunc didicimus, ut multitudinem piscium quam concluserunt ii qui cum Petro erant, iubente domino ut mitterent retia; et deinde quod, apud Pharisaeum recumbente eo, Peccatrix mulier osculabatur pedes eius et ungebat unguento, et quae propter eam dixit ad Simonem dominus de duobus debitoribus."[1] Et pleraque alia quae inserit Irenaeus evangelio Lucae peculiaria. Si igitur per solum Lucam de Peccatrice cognovimus, ut sanctus martyr Irenaeus et maiores nostri sensere, et per eundem Lucam et per ceteros de Maria Magdalena quae Iesum sequebatur a Galilaea et de Maria sorore Marthae novimus, recte fit ut Peccatrix neque fuerit ea quae sequebatur dominum a Galilaea neque Maria soror Marthae.

Ceterum praeter testimonia in hoc libello citata, lego Origenem in homilia tricesima quinta super id Matthaei, Dixit Iesus discipulis suis, Scitis quia post biduum pascha fiet:[2] "Quae (inquit) secundum Lucam est, plorat et multum lacrimat et pedes Iesu lacrimis lavat, quae autem secundum Ioannem est Maria, neque peccatrix neque lacrimans introducitur. Forsitan ergo quis dicet quattuor fuisse [mulieres] de quibus conscripserunt evangelistae. Ego autem magis consentio tres fuisse."[3] Haec Origenes. Et cum dicit, "Ego autem magis consentio tres fuisse," constat eum tres fuisse nihil dubitasse. Neque Origenis testimonium hac in parte reiiciendum censeri debet quod (ut sentiunt plerique) quaedam minus consona pietati orthodoxae fidei in nonnullis suis operibus scripserit. Nam Gelasii Papae decreto Origenis opera quae sacer Hieronymus non repudiat ecclesia catholica legenda suscipit.[4] Atqui homilias Origenis in Canticum Canticorum Hieronymus non modo non refutat, sed et miris effert laudibus, ita de eo scribens ad Damasum Papam: "Origenes, cum in ceteris libris omnes vicerit, in Cantico Canticorum ipse se vicit."[5] Quin immo quattuor Origenis homilias in illud aeterni sponsi et dilectae sponsae epithalamium Hieronymus ipse e Graeco interpretatus est atque in Latinum vertit eloquium.[6] Insuper ipsius Origenis homilias in Matthaeum idem Hieronymus in prologo explanationis Origenis in Lucam magnopere commendat.[7] Qua igitur fronte (ne dicam impudentia) audent nonnulli testimonia in hoc libello ex Origene adducta repellere ut haeresin sapientia, cum in hisce operibus ex quibus desumpta sunt ea dicta approbetur ab eruditissimo et gravissimae auctoritatis doctore Hieronymo? Quapropter desinant, obsecro, quidam obtrectare et quasi haereticos dehonestare eos qui tres fuisse disserunt, dumtaxat cum illa sit et sanctorum et maiorum nostrorum assertio, et haec materia non sit haereseos, et eos potius prosequi debeamus benevolentia qui

laboribus suis obscura illustrant, aut lapsa erigunt, restituuntque antiquitati quae probe posteris reliquerat.[a]

At ecclesia recepit unam esse et non tres. Sed nonne erat ecclesia
temporibus Irenaei, Origenis, Eusebii, Chrysostomi, Hieronymi, Ambrosii? Verumtamen tunc plures recipiebat. An nunc alia? At quomodo alia, cum scriptum sit, Una est columba mea, perfecta mea,[8]
quod de ecclesia bona pars exponere solet? Verum esto nunc ecclesia
toleret tres sub uno nomine celebrari, et officia earum confundi;
numquid idcirco una sola erit? Et Gregorius in homilia non tam
asserit unicam esse quam tres sub uno nomine tangit.[9]

Addes, Ecclesia canit. Fateor, et pleraque alia quae nec asserit nec
recipit. Canit enim in theophania, id est divinae apparitionis celebritate, id homiliae Gregorii: "Sed quaerendum nobis est quidnam sit
quod, redemptore nato, pastoribus in Iudaea angelus apparuit." Et
paulo post respondet, "Quia videlicet Iudaeis tamquam ratione uten-
tibus rationale animal, id est angelus, praedicare debuit."[10] Haec
Gregorius. Sed an ecclesia recipit id Platonicum, angelum esse animal
rationale, contra id evangelii dictum, Spiritus carnem et ossa non
habet?"[11] Et quamquam ecclesia illud neque probat neque recipit,
permittit tamen in toto orbe Romano passim legi cum omnis schola
et teneat et asserat oppositum, angelum scilicet non esse animal rationale, neque omnino animal. Et sentit Gregorium obiter id pronun-
tiasse potius quam asseruisse, ut et pleraque alia, de quorum numero
et id de Magdalena in homilia dictum eius existimandum est. Hoc
adieci, ne quis continuo putet irrefragabile esse quicquid aut in ecclesiis canitur, aut in homiliis continetur. Hoc profecto scripturarum
genus longo intervallo sacrarum scripturarum, quae canonicae dicuntur, sequitur dignitatem.

At populus scandalizabitur si tres audierit, cum semper ei unica
praedicata fuerit. Veritas non scandalizat, sed falsitas. Veritatis autem
lux illuminat animas et ad salutem aedificat. Et id falsum semper
unicam annuntiatam fuisse. Nam et pauci anni fluxerunt, vir quidam
insignis eloquentiae, dignitatis, et religionis in oppido Insulensi tres
fuisse palam annuntiabat, et in multis aliis locis. Quod et in Gallia
Celtica etiam saepius factitatum audio. Et saepe hic Parisiis variis in

a. reliquerant *eds.*

locis praedicatum Mariam sororem Marthae non fuisse illam publicam Peccatricem, sed sanctam, incontaminatam, et virginem, quod et magis credo. Sed et hanc super Magdalena etiam in Italia versari controversiam Baptista Mantuanus in suis Fastis testatur ita scribens:[12]

> Sunt qui turpe putent Marthae infamare sororem.
> Sed memorant alia quandam de gente puellam
> Nominis eiusdem, cui sic illuserit illa
> Tempestate Venus, iuvenum teterrima pestis,
> Gregoriumque volunt foedi qui criminis auctor
> Extiterit peccasse, velut peccasse Maronem
> Dicimus ob laesum castae Didonis honorem.

Et se nolens huius controversiae facere censorem subdit:

> Et seu peccatrix fuerit, seu nescia culpae,
> Non dubitamus eam mensis accumbere divum.

At dices, si populus non scandalizabitur, attamen si tres ponantur, eius devotio minuetur. Immo crescet! Et peccatores, cum viri tum mulieres, ad Peccatricem recurrent, ut illis exoret peccatorum suorum veniam. Et piae matronae Christum devotione sequentes et membris eius per opera misericordiae ministrantes ad Mariam Magdalenam quae a Galilaea sequebatur dominum, ei de facultatibus suis ministrans. Sanctae vero virgines quae interno puritatis hospitio Iesum recipiunt atque ad pedes eius suavissima verborum ipsius contemplatione pascuntur ad Mariam, Marthae sororem, virginem, Christi hospitam. Non enim umquam legitur Martha habuisse virum, tanto minus Maria soror eius natu minor. Et his ferme diebus cum quidam modestus adulescens pro honesta consuetudine litanias virginum oraret, audivi eum ter Sancta Maria Magdalena replicantem; et interroganti mihi cur ter replicaret, respondit se primo cogitare Peccatricem, secundo Mariam Magdalenam quae a Galilaea sequebatur dominum, tertio Mariam Marthae sororem. Enimvero hic modestus adulescens iam ex auditu, quod plures eo nomine essent sanctae mulieres, devotionis acceperat incrementum; quod et quicumque modesto fuerint animo, arbitror potius facturos. Et meditando ordinem observabat ingenuus ille puer qui ponitur in Luca. Nam capite septimo de

Peccatrice tangit,[13] capite octavo de Maria Magdalena quae a Galilaea sequebatur dominum,[14] et capite decimo de Maria Marthae sorore.[15]

Sed et unus theologorum, admodum insignis litteraturae et doctrinae, mihi narrare solebat ad se venisse quamdam mulierculam ex iisce forte devotulis et sciolis quae sermones frequentant et quae semper discunt et numquam ad agnitionem veritatis pertingunt, et tamquam exploratricem eum percontatam fuisse. Nomen (inquit) Magdalena mihi est; tres autem aiunt esse. Cuiusnam illarum trium existam? Ille vero, ut facetus erat, respondit: Haud dubito Peccatricis. Non enim aliqua est Mariae sororis Marthae nisi virgo sit et hospita Christi illumque intimo suscipiens puri cordis hospitio. Neque Mariae Magdalenae a Galilaea nisi frequens Christum consimili modo et pro virili de suis facultatibus ei ministrans. Illa vero erubescens recessit.

Vides igitur, humanissime pater, quomodo haec assertio nihil pietati et verae theologiae adversetur; quin magis devotioni suffragetur et veritati, ut intelligas non tam theologos quam addicticios quosdam aut veritatis indagandae incurios hanc ad te scriptam de Maria Magdalena disceptationem culpare. Et minus culpare poterunt quod tam pie quam vere adiectum est ab eodem auctore de Anna et filiabus Annae. Vale felix.

1. *Contra Haereses*, III, xiv, 3.

2. Matth. 26:2.

3. *Comm. in Matth.*, 77 (ed. E. Kostermann, *GCS*. XXXVIII, Leipzig, 1933, p. 179, line 23–p. 180, line 4).

4. *Decretum Gelasianum de libris recipiendis et non recipiendis*, IV, 5 (ed. Ernst von Dobschütz, *Texte und Untersuchungen zur Geschichte der altchristlichen Literatur*, XXXVIII, 4, Leipzig, 1912, p. 10): "Item Origenis nonnulla opuscula, quae vir beatissimus Hieronimus non repudiat, legenda suscipimus."

5. Origen, *Homiliae in Canticum Canticorum*, Prolog. (ed. W. A. Baehrens, *GCS*. XXXIII, Leipzig, 1925, p. 26, lines 3–4); Jerome, *Ep.* 84, 7, 4 (ed. Hilberg, *CSEL*. LV, 2, Leipzig, 1912, p. 129).

6. *Ibid.*, 27–60, which contain, however, only two homilies by Origen on the Song of Songs translated by St. Jerome. Perhaps Clichtove confused these homilies with Origen's four books of commentaries on the Song of Songs (*ibid.*, 61–241).

7. *Homilia in Lucam*, Prolog. (ed. Max Rauer, *GCS*. XXXV, Leipzig, 1930, pp. 1–2).

8. Cant. 6:8.

9. *Homiliarum in Evangelia*, II, 33 (*ML*. LXXVI, 1239 C).

10. *Homilia*, I, 10, 1110 C.

11. Luc. 24:39.

12. "De S. Magdalena," *Fastorum libri XII, Opera omnia* (Antwerp, Joannes Bellerus, 1576), II, 320r.

13. Luc. 7:36–50.

14. 8:2–3.

15. 10:38–42.

125

François Vatable to Guillaume Briçonnet
Paris. Abbey of Saint-Germain-des-Prés.
Before August 9, 1518.

Ex Physiologia Aristotelis, Libri Dvodetriginta. 1. De auscultatione naturali octo. 2. De coelo quatuor. 5. De anima tres, Ioanne Argyropylo interprete. 3. De generatione & corruptione duo. 4. Meteorologicorum quatuor. 6. De sensu & sensili vnus. 7. De memoria & reminiscentia vnus. 8 De somno & vigilia vnus. 9. De insomnijs vnus. 10. De diuinatione in somno vnus. 11. De longitudine & breuitate uitae vnus. 12. De iuuentute & senectute & vita & morte & respiratione vnus, Francisco Vatablo interprete. Quibus omnibus, antiqua tralatio tricenos libros continens, ad Graecum per eundem Vatablum recognita: columnatim respondet, Paris, Henri Estienne, Aug. 1518, ff. 1v–2v. I have added the day of the month to the date because W. Nessen mentioned this edition in a letter from Paris dated 9 Aug. (Hartmann, II, 121).

The epistle prefaces Vatable's edition of Aristotle's works on natural philosophy, undertaken at the request of L.L. mentioned his connection with the edition in a letter to Jean de la Grène dated Paris 6 Oct. 1518: "His diebus emisimus ex officina Physiologiam Aristotelis integram cum duplici tralatione, opus quod studiis optamus utile" (S. Champier, *Duellum epistolare*, Venice, 1519, sig. h, i, r–v). The volume includes Vatable's own translations of the *De generatione et corruptione*, *Meteora*, and *Parva naturalia*. Vatable's is the first Renaissance translation of the *Parva naturalia*, antedating those of Juan Ginés de Sepúlveda (Bologna, 1522), Niccolò Leonico Tomeo (Venice, 1523), and Agostino Nifo (Venice, 1523).

Francisci Vatabli[1] in tralationes Physiologiae Aristotelis ad R. P. D. Guillermum Briconnetum episcopum Meldensem[2] praefatio.

Redeunti mihi Avenione, praesul optime, quo me ante pauculos annos ad cultum ingenii capessendum receperam, ratus litteras He-

braeas nostris, id est Christianis seu Latinis seu Graecis, non parum
lucis et ornamenti adferre posse, doctissimus ille Faber tuus, Maecenas
et praeceptor meus, antiquam tralationem philosophiae naturalis,
quae non ab uno tota sed a diversis eisdemque incertis prodiit auctoribus,[3] ad Graecum examinandam discutiendamque et demum recog-
noscendam commisit, nonnihil forte sibi, ut est in discernendis animis
exercitatissimus, de meo ingenio pollicitus, quamquam mihi oppido
quam mediocre contigit, ut cetera pleraque. Quod unum in causa
fuit, ut aliquandiu hanc provinciam recusarim, quam tandem volens
nolens suscepi. Quid enim facias: sive auctoris dignitatem spectes,
quem Plinius ipse, ut de ceteris taceam, summum in omni scientia
virum appellat;[4] sive operis utilitatem, quippe quod de rebus naturalibus tractet, quarum cognitionem atque notitiam homini apprime
utilem esse nemo nescit; sive demandantis auctoritatem pariter et
humanitatem (is enim est cui, ut semel omnia complectar, me meaque
debeo)? Susceptam itaque provinciam haud segniter aggressus, integram veterem tralationem ad exemplar Graecanicum summa diligentia contuli, correxi et infinitis prope mendis expunctis e tenebris in
lucem revocare tentavi. Sed an effecerim quod quaerebam, alii iudi-
cent; ipsa certe quandam quasi novam faciem prae se ferre videtur,
ita tamen ut pristinam non omnino exuerit, adeo ut illud periculum
sit, ne lectores nisi boni consulant, mihi, quod quaedam praetermise-
rim dissimulaverimve, vitio vertant, quandoquidem ad nonnulla con-
nivere malui quam in alieno libro ingeniosus videri, quamquam istaec
quam paucissima sunt et eiusmodi quae lector vel mediocriter eruditus nullo negotio depraehendat, ut interim taceam quod si quid perperam in alterutra columella dicatur, in altera recte dicitur. Praeterea
interpretationem Argyropyli,[5] viri quidem Graeci ceterum in hoc
munere scribendi laudatissimi, non minus fidelem quam claram et
elegantem, ab innumeris librariorum erratis quibus antehac differta
et penitus conspurcata erat vindicavi. Sed enim quamvis id haud
parvo labore confecerim, dolui tamen vehementer quod ex Physiologi-
cis ea tantummodo ab eodem in Latinum sermonem conversa haberentur quae in fronte libri enumerata sunt, magno eorum pudore, qui
veterem illam traductionem, incultam etiamnum atque mendosam,
Argyropylo ascribere et nomine Argyropyli circumferre ausi sunt.
Id quod aut lucriones isti aginatoresque, quos vulgo impressores ne

dicam impostores nuncupant, commenti sunt; aut certe, quod magis crediderim, barbari sophistae qui hanc quoque litteraturae partem iam sese exerentem obruere volebant, tanta siquidem est id genus hominum improbitas, ne quid deterius dicam, ut dum soli sapere videri cupiunt, non modo puriores litteras, sed etiam asseclas earum opprimere conentur manibus pedibusque; non contenti iampridem sua inepta et horrida barbarie, praeclara aliquot ingenia nationesque paene integras a philosophiae studio deterruisse atque adeo avocasse. Castigata igitur utraque ac tandem negotio formulariis delegato, cum iam ad calcem librorum De Caelo ventum esset, neque haberetur quicquam quod in libris De Generatione et corruptione, Meteorologicis et Parvis, ut vocant, naturalibus veteri tralationi opponi posset,[6] tum primum de vertendo toto eo quod ab Argyropylo erat omissum, quamvis difficillimum, cogitare coepi, tum ut res ipsa ubique sibi similis haberetur, tum ne in adiuvandis promovendisque bonis artibus et litteris prorsus immunis essem ac plane superessem. Exinde aliquandiu cessatum ab opere est, tantisper videlicet dum novam hanc interpretationem cuderem. Quam, tantum abest ut iuxta praeceptum Flacci nonum presserim in annum,[7] ut calentem etiam adhuc et ab incude venientem, typographo (eam enim quotidianis paene conviciis efflagitabat) informandam tradiderim; satius enim esse duxi interea studiosos hoc veluti specimine seu potius vestigio et umbra exactioris operis, utcumque mihi promereri. Quod, spero, facile exibit cum paulo plus otii et librorum nactus fuero; nam ad alia incommoda hoc quoque accessit, nempe exemplaris Graecanici quod tunc unicum habui depravatio, quae me nonnumquam adeo torsit ut plane nescirem quo me verterem, ita ut plus in castigando codice quam auctore vertendo sudaverim. Erat enim corruptissimus; id quod ne ipse quidem Aldus, vir alioqui de litteris tam Graecis quam Latinis optime meritus, quamquam eundem suis excusum formis publicarit, infitiatus est, immo praefatus in ea epistola quam Auscultationi naturali praefixit, unde id acciderit satis superque explicans.[8] Adde etiam quod sicut commentaria Graeca nulla habui, sic nihil iuvari ab iis potui qui Aristotelem foede ac barbare commenti sunt. Utcumque tamen hasce difficultates superavi, et ita superavi ut affirmare queam Aristotelem Latinum a Latinis facilius intelligi posse quam Graecum a suis. Sed non sine auxilio, ut obiter fatear per quos profecerim: primum

Ioannis Argyropyli, Theodori Gazae et Hermolai Barbari, trium insignium virorum qui suis tralationibus felicissimis philosophiam Latinam illustravere;[9] deinde Apollinis (sic enim Fabrum meum appellito), quem, cum domi haberem, quoties dignus vindice nodus inciderat, consulebam. Atque sic tandem effectum est, ut per singulos libros tralatio nova antiquae respondeat. Quam maiusculis characteribus ideo exarandam curavi quod antiquitati nonnihil esse deferendum existimem quodque simplicius ea Philosophi verba repraesentet; reliqua praetereo, ne putes me respondere velle vanis istis blateronibus qui, cum ipsi nihil agant, aliena omnia carpunt. Ceterum utrique numeros adieci: antiquae quibus ei Paraphrasin physicam Fabri nostri conciliavi, quae propediem ut castigatior, ita aliquot aucta libris, aspirante Deo optimo maximo emittetur,[10] quod vice commentariorum esse possit; novae quibus eos ad Commentatorem ablego qui inventis frugibus glande vesci malunt.[11] Item paragraphos, ut si quid in alterutra sit quod lectorem aut offendat aut remoretur, in altera facile inveniri possit. Haec autem omnia, veterem inquam tralationem et novam, primum ingenii mei fetum, tibi sacerrime antistes, egregio quidem litterarum patrono et cultori, dedico, simul ut meam in te observantiam, qui domi tuae exigo, agnoscas, simul ut ceteri, tui nominis praefatione commoniti, partim litteras litteratosque tueantur, foveant, provehant, partim relictis aut saltem intermissis prioribus studiis, sive sophisticis sive etiam poeticis aut oratoriis, ad elegantem philosophiam Aristotelis, viri (ut inquit ille) immensae subtilitatis, sese conferant. Vale. Ex coenobio divi Germani. Mense Augusto. M.D. XVIII.

1. See ep. 83.

2. See ep. 43.

3. On the medieval versions of Aristotle's scientific works see *Aristoteles Latinus*, I, 51–61; II, 787–788; G. Lacombe, "The Medieval Latin Versions of the Parva Naturalia," *The New Scholasticism*, V (1930), 289–314; L. Minio-Paluello, "Henri Aristippe, Guillaume de Moerbeke et les traductions latines médiévales des 'Météorologiques' et du 'De generatione et corruptione' d'Aristote," *Revue Philosophique de Louvain*, XLV (1947), 206–235; Grabmann, *Guglielmo di Moerbeke* (Rome, 1946), 90–96; D. J. Allan, "Medieval Versions of Aristotle, De Caelo, and the Commentary of Simplicius," *Medieval and Renaissance Studies*, II (1950), 82–120; and Minio-Paluello, "Iacobus Veneticus Grecus, Canonist and Translator of Aristotle," *Traditio*, VIII (1952), 265–304.

4. *Nat. Hist.* VIII, 17, 3.

5. Argyropoulos lectured on Aristotle's natural philosophy at the Studio Fiorentino 1458–1460. His translations of the *Physics, De caelo*, and *De anima* are related to his Florentine courses. He dedicated the *Physics* and *De anima* to Cosimo de' Medici before the latter's death in 1464. See C. Frati, "Le traduzioni aristoteliche di G. Argiropulo e un'antica legatura medicea," *La Bibliofilia*, XIX (1917), 1–25; G. Cammelli, *Giovanni Argiropulo* (Florence, 1941), 86, 183; Garin, "Traduzioni umanistiche di Aristotele," pp. 82–86, 100–101; and for the earlier editions of these translations *GW*. 2341, 2346, 2442 and Legrand, III, 89, nos. 63 and 64; 91, no. 68; 153, no. 128; 159, no. 134; 167, no. 143; 192–193, no. 165; 230–232, nos. 193–195.

6. There in fact existed some little-known Italian humanist translations of the *De generatione et corruptione* (by George of Trebizond and Andronico Callisto) and of the *Meteora* (by Mattia Palmieri). See Garin, "Traduzioni umanistiche di Aristotele," pp. 76–77, 87, 100.

7. *Ars Poet.* 386–390.

8. Aldus's letter to Alberto Pio, prince of Carpi, prefacing the second part of the first volume of the *editio princeps* of the Greek Aristotle (Venice, 1494–1498): "Quanquam minus fieri potuit, nequid his libris desideraretur, quod non mea quidem culpa factum est (nam hoc vere queo dicere, quicquid meo labore formis excuditur, ipsis exemplaribus longe correctius ac magis perfectum exire ex aedibus nostris), verum tum hominum qui ante nos fuerunt, tum edacium temporum quae tandem cuncta immutant, consumunt, abolent" (B. Botfield, *Prefaces to the First Editions of the Greek and Roman Classics and of the Sacred Scriptures*, London, 1861, pp. 199–200).

9. Legrand, III, 33, 37–38; Branca, I, 92, 96; II, 53; Garin, "Traduzioni umanistiche di Aristotele," pp. 76–80.

10. Vatable's new editions of L.'s *Aristotelis philosophiae naturalis paraphrases* appeared in 1528 and 1532. See Bibliography, nos. IV–VI, XI–XIII.

11. Cicero, *Orator* 9, 31: "Quae est autem in hominibus tanta peruersitas, ut inuentis frugibus glande vescantur?"

126

To Michel Briçonnet   [Paris. Before August 14, 1519.]

Contemplationes Idiotae. De amore divino. De Virgine Maria. De vera patientia. De continuo conflictu carnis et animae. De innocentia perdita. De morte, Paris, Henri Estienne, Aug. 1519, sig. a, i, v–a, ii, r; CCLXV (1530), fol. 2r–v. The epistle will also be found in CCLXVI–CCLXXIV. The text is that of the first edition. The date of the epistle is based on the date of publication and on the supposition that Guillaume Briçonnet made his French translation, which is dated 14 Aug. 1519, from the printed text (cf. ep. 127).

Michel Briçonnet was the son of Guillaume, seigneur of la Querée and "con-seiller" in the Parlement of Paris; grandson of Jean Briçonnet and Jeanne Ber-thelot; nephew of the cardinal of Saint-Malo; and first cousin of Denis Briçonnet and Guillaume, bishop of Meaux. He was in turn his uncle's vicar-general in Narbonne, abbot of Saint-Guilhem-du-Désert, canon of Notre-Dame of Paris (18 July 1513), and bishop of Nîmes (7 Jan. 1514–3 Aug. 1554). See Pierre Jourda, *Répertoire de la correspondance de Marguerite d'Angoulême* (Paris, 1930), I, 67–68 and R. Limouzin-Lamothe, in *DBF*. VII (1956), 287.

The epistle prefaces L.'s edition of the *Contemplationes Idiotae*. In the six-teenth century "Idiota" was generally thought to have lived in the ninth century or earlier, and it was not until the middle of the seventeenth century that Théophile Raynaud discovered a manuscript of the works which identified their author as Raymundus Jordanus, a canon regular of St. Augustine, prior of the house of his order in Uzès in 1381, and afterwards abbot of the monastery of Selles-sur-Cher in the diocese of Bourges. Raynaud attributed sixteen works to Jordanus in his edition of 1654. The *Contemplationes* was very popular in the sixteenth and seventeenth centuries. L.'s first edition was frequently copied. Later, as the supposed work of a reasonably early Christian writer, the *Contem-plationes* found a place in Johannes Heroldt, *Orthodoxographa* (Basel, 1555), J. J. Grynaeus, *Monumenta S. Patrum Orthodoxographa* (Basel, 1569), in the various editions of La Bigne, *Bibliotheca veterum Patrum*, and in several editions of works by St. Augustine. In Aug. 1519 Guillaume Briçonnet translated the section of the work entitled *de virgine Maria* and in 1521 the third part, *de vera patientia* (see ep. 127). A complete French translation appeared in 1538, a Dutch translation by Jan van Alen was published by Willem Vorsterman in Antwerp in 1535, and a Spanish translation by F. Diez de Frias appeared in 1536. There was an English translation in 1662. See *The Catholic Encyclopedia*, VII (1910), 635 and the introduction by Father de Boissieu to his French translation (Saint-Maximin, Var, 1923), 5–12, and that of Emilio Piovesan to his Italian translation of the first section, *de amore divino* (Florence, 1954).

Reverendo in Christo patri et domino D. Michaeli Briconneto, epi-scopo Nemausensi, praesuli suo unico, Iacobus Faber Stapulensis S. D.

Cum Parisios novissime invisisti, humanissime antistes, pro ea reverentia quam erga Deum ac divina semper habuisti, me adhortatus es, si quid forte fortuna mihi occurreret quod pium religiosumque foret et lectoris affectum ad pietatem traducere posset, eius te pro-tinus participem efficerem, quo mens tua agendorum mole oppressa haberet quo interdum ad superna reniteretur; subinde tamen intulisti parum admodum tibi curae esse si res ea affectatam minime[a] redoleret eloquentiam, modo pia esset et[b] Deum saperet magis quam mundum,

a. et *ante* minime *1530*   b. *om. 1530*

vixque aliter tibi persuasum iri posse quam eum sermonem qui mundum sapiat, Deum non sapere, quamquam divinus quoque sermo divina non careat eloquentia. Navavi itaque operam, ut tuo sancto desiderio facerem satis. Nam coenobiis aliquot et oratoriis sanctorum virorum perlustratis tandem in manus nostras incidere contemplatorii libelli cuiusdam pii ac sancti viri, qui se non alio quam Idiotae nomine prodit, quos ilico typis nostris informandos commisi. Proinde periculum facies, si mentem pascent tuam; ubique enim lectorem tria haec docent: se erigere, se accusare, non se sed Deum respicere, quae idem sunt quod illuminare, purgare, perficere. Stilus humilis est, sed purus sincerusque et plane Christianismum sapiens. Quod si te cultius et elegantius opus legere delectabit, nuper ex eadem officina nostra et eisdem characteribus quibus hoc opus excusum est, exierunt Theodoriti Cyrensis episcopi, De curatione Graecarum affectionum libri duodecim, non minus Christiani quam ornati, ad Leonem X Pontificem Maximum, Zenobio Acciaolo viro rarissimo doctissimoque interprete,[1] qui ut varietate lectionis oblectant, ita multiplicem continent eruditionem. Vale viveque Deo.

1. *Theodoriti Cyrensis Episcopi de Curatione Grecarum affectionum libri duodecim Zenobio Acciaolo interprete* (Paris, Henri Estienne, July 1519). Cf. ep. 93.

127

Guillaume Briçonnet to the abbess and sisters of Faremoutiers   Meaux. August 14, 1519.

Les contemplations faictes a lhonneur et louenge de la tressacree vierge Marie, par quelque deuote personne qui sest voulu nommer Lidiote, translatees par leuesque de Meaux. le xiiii. Aoust. M.D. xix., [Paris, Henri Estienne, 1519], sig. a, 1v–a, 2v (Paris, BSHPF. Renouard, *Colines*, 421; A. Endrès, "Les débuts de l'imprimerie à Meaux," *Positions luthériennes*, XII [1964], 101–105).

The abbess of the convent of Faremoutiers (diocese of Meaux) was Jeanne Joly, who had succeeded Marie Cornu after her death 31 Jan. 1519. Marie Cornu, with the support of Briçonnet and of King Francis I, had begun the reformation of the abbey in Feb. 1518. Her successor continued these efforts. Briçonnet's dedication testifies to his continued interest in monastic reform and the close attention with which he followed the religious life of his diocese. See D. Patrice

Cousin, "Les Abbesses de Faremoutiers au XVIe siècle," in *Sainte Fare et Fare-moutiers: treize siècles de vie monastique* [Abbay de Faremoutiers (S.-et-M.), 1956], 57–66.

The epistle prefaces Briçonnet's translation of the second part, *de virgine Maria*, of the *Contemplationes Idiotae*, edited by L. and published by Henri Estienne in Aug. 1519 (see ep. 126). Briçonnet later translated part three of the same work, *de vera patientia*; for in a letter to Marguerite d'Angoulême dated 22 Dec. 1521 (BN. ms. n. acq. fr. 11495, fol. 83v) he refers to *Lydyot de vraye patience* which he has lately sent to her.

Lettres de l'evesque de Meaulx aux seurs abbesse et religieuses de Faremonstier.

Mon seigneur sainct Pol dit que, n'ayant le monde en la sapience de dieu congneu par sapience dieu, il luy a pleu (assotissant la sapience du monde) par sotise de predication le saulver; et se aneantissant la divine sapience a voulu perdre la sapience des sages et reprouver la prudence des prudens.[1] Qui est, mes bonnes filles, moult grande instruction à l'esperit humain pour se tenir sur ses gardes et humilier es distributions des graces de la bonté divine qu'il experimente et congnoist deriver en luy, lequel d'autant plus qu'il sent leur regorgement en abondance doit se nichilifier par aneantissement et recongnoissance que la source n'en est en luy, ains en la mer infinie de grace se communicant en ses creatures quant et comme il luy plaist. Indignité recongneue est commencement d'acroissement de dignification par celuy qui par benefique visitation remplist les cueurs humbles et incinerez, les eslevant es sieges de grace dont il depose, et destitue les puissans et riches en oultrecuider. Et pource que la tressacree vierge Marie, preeslevee[a] et dignifiee mere de vostre debonnaire espoux Jesus, a sur toutes creatures esté (aprés luy qui est la verité de tout aneantissement et humiliation) le paragon de humilité, la bonté divine l'a exaltee et eslevee non seulement sur les hommes, mais sur tout l'ordre hierarchique des anges, faicte royne du ciel et de la terre.

Mes filles, voulant que ayez tousiours si excellent miroir devant les yeulx de vostre esperit, desire que taschez à le aneantir par recongnoissance de vostre nichilité et que estudiez en sotise, qui fait les ames sages, enyvrees au pressover que vostre doulx espoux Jesus

a. preesleve *ed.*

a tourné seul. Et pour à ce cooperer, m'a semblé aprés avoir leu les contemplations faictes par la personne Idiote à la louenge et honneur de la trespure vierge Marie, que la communication d'icelle vous y pourroit ayder, et à mieulx solenniser la feste de son assumption. Et bien que n'aye acoustumé ce mestier, l'affection que dieu m'a donné pour vostre salut m'a contrainct vous en faire part, esperant que ferés le semblable de vos prieres et oraisons à (qui plus que autre est indigent) vostre inutile pere G. B., indigne ministre de Meaulx. Audit Meaulx le xiiii Aoust, M. D. XIX.

1. 1 Cor. 1:19–21.

128

Jean de la Grène to the reader   [Lyons. c. July 12, 1520.]

Diui Augustini Sermones, Lyons, Jacques Mareschal, 12 July 1520, sig. A, i, v (Paris, BN. Baudrier, XI, 406).

Jean de la Grène (Lagrène) was closely associated with L.'s circle for many years. In 1500 he contributed verses to Bovillus's commentary on L.'s *Introductio in suppositiones* (ep. 24, note 2), while in 1501 L. listed him among his active collaborators in efforts to reform instruction in the arts faculty (*Libri Logicorum*, Paris, 1503, fol. 78v). With Clichtove, Beatus Rhenanus, and Wolfgang von Matt he helped prepare Lull's *Contemplationes* for the press (ep. 45). There is a letter to him from L. dated 6 Oct. 1518 in Champier's *Duellum epistolare* (Venice, 10 Oct. 1519, sig. h, i, r–v). He was then a doctor of theology and guardian of the Franciscan friary of St. Bonaventure in Lyons. There are two letters to him from Charles de Bovelles in Bibliothèque de l'Université de Paris, ms. 1134, ff. 24–25 (Nov. 1527) and 31–32 (31 July 1529). In 1522 he corresponded with Cornelius Agrippa (Charles Nauert, *Agrippa and the Crisis of Renaissance Thought*, Urbana, Ill. 1965, pp. 22, note, and 77). Lagrenus published an elementary grammar, *Rudimenta grammatices* [probably Paris, undated] (Paris, BN.), which had three subsequent editions by Simon de Colines in 1526, 1531, and 1539 (Renouard, *Colines*, 89, 181–182, 313); an edition of Richard of Middleton's commentary on the fourth book of Peter Lombard's *Sentences* (Lyons, J. de Platea, 15 July 1512 [Paris BN.]; and an edition of the *Magna moralia* of Gregory the Great (Lyons, Jacques Mareschal for Simon Vincent, 12 Feb. 1518 [Paris, BN.]; 2nd ed. Lyons, Jacopo Giunta, 17 Aug. 1530 [Baudrier, VI, 135], as well as this edition of St. Augustine's sermons.

Frater Ioannes Lagrenus Franciscanus ad lectorem.

Habes, benigne lector, praeclarissima quaedam sermonum divi Aurelii Augustini Hipponensis episcopi emendatioribus nuper excusa formulis opuscula, quae profecto nostrae tempestatis ad populum declamatores aere quantulocumque sibi comparatos nocturna deberent versare manu versare diurna. Tanti etenim momenti sunt et dignitatis, ut omnis arena Tagi maximusque Indicarum margaritarum cumulus nequaquam his mereatur comparari. Nam qualis quantusve fuerit Augustinus, quam sacrarum litterarum studiosus, quam et copiosus et fidelis earum interpres extiterit, cum omnibus sit perspectissimum, nihil hic refert recensere. Innumera nempe eius admirandae et subtilitatis et utilitatis monumenta sic testantur, ut si quem ei Latinorum praetuleris, videaris multorum iudicio non levem iniuriam irrogasse. Haud igitur te pigeat, pie lector, huius ceterorumque veterum operibus, quae te et doctiorem et meliorem reddere possunt, praecipuas horas et annos dare. Sicut enim rivus quanto suo fonti aut radius suae fuerit origini vicinior, tanto defaecatior est ac sincerior, sic itidem in divinis studiis quae ad superaugustam[a] sacrosanctamque divinorum eloquiorum potissime evangeliorum puritatem accedunt proximius, puritatis illorum cumulatius participia dignoscuntur, quo fit ut apostolorum discipulorumque Iesu Christi ac ceterorum seriatim sequentium lucubrationes longe maiori veneratione amplecti debeamus et exosculari. Inest namque illis quidam divinitatis odor, quo mentem erigunt, affectum alliciunt, animam denique ipsam saginant et nutriunt; sed proh dolor sic vel hominum socordia vel temporum iniuria iam factum est, ut horum omnium quasi neglectis archetypis ad quasdam frigidissimas et confusione plenissimas farragines deventum sit, sic ut iam non sit qui esurienti frangat panem sed inanes siliquas, non sit qui sitienti hauriat aquas de fontibus salvatoris, sed de feculentis cisternis sordidam quandam colluviem. Nunc multos videas pro veris auctoratisque historiis aniles nenias ridiculasque fabellas ex quibusdam exemplorum promptuariis effutire, pro sacrarum scripturarum soliditate contentiosas quasdam quaestiunculas tumentibus buccis in utris morem verum[b] sonantes, rudi popello proponentes et ingerentes, et quod longe omnium est

a. superangustam *ed.*   b. utrum *ed.*

pessimum sic qui talibus sunt delibuti haec placent, ut praeter haec
illis sapiat nihil, adeo ut iam sacris eloquiis operam navare, agiographa
evolvere, illustrium scriptorum dicta rimari, denique evangelium
praedicare ignorantiae ascribatur et ruditati, hinc[c] dignissima quaeque
ferme volumina in pulverulentis bibliothecis cum tineis et blattis
multis annis rixantia nonnihil situs carieique contraxerint, quae si
quis forte pro gratia sibi caelitus data ab his eximere periculis inque
lucem revocare conetur, grande piaculum obscuri quidam tenebriones
fecisse clamitent, blatterent et latrent ac in eum dentibus stridant.
Sed tu, benigne lector, quem popularis aurae minime cura sollicitat,
qui ad meliora te natum consideras, id genus hominum cum suis
spernito quisquiliis et breviorem tibi concessam vitae portiunculam
utilioribus impende studiis, in illis suda, in illis senesce et tandem
moriare, nec tibi sit grave textualis appellari. Vale.

129

From Gianfrancesco Pico [c. August, 1520.]

Ioannis Francisci Pici Mirandvlae Domini, et Concordiae Comitis, Examen Vani-
tatis Doctrinae Gentivm. Et Veritatis Christianae Disciplinae, Distinctvm In
Libros Sex, Qvorvm Tres Omnem Philosophorvm Sectam Vniversim, Reliqvi
Aristoteleam Et Aristoteleis Armis Particvlatim Impvgnant, Vbicvnqve Avtem
Christiana Et Asservitvr Et Celebratvr Disciplina, Mirandola, Ioannes Maciochius
Bundenius, 1520, fol. CCVIr (Columbia. Cornell. London, BM.); *Opera Omnia*
Ioannis Francisci Pici, Basel, Henricus Petrus, 1572–1573, vol. II, pp. 1363–1364.
The epistle will also be found in the 1601 Basel edition of Pico's *Opera*, vol. II,
pp. 876–877. Since Pico tells L. that he is sending him a copy of the *Examen*
vanitatis and asks for his judgment of it, the epistle should probably be dated
after Pico's dedicatory epistle to Leo X (13 July 1520) and before the printing
was finished (before the end of 1520), possibly in August.

Gianfrancesco Pico (1469–1533) succeeded his father Galeotto as lord of
Mirandola in 1499. Exiled from Aug. 1502 to Jan. 1511, he made two trips to
Germany, in 1501 and 1502, where he met the leading humanists and became a
well-known figure at the imperial court. Julius II helped him regain Mirandola
in 1511, but the victorious French forced him into exile a second time, in 1512.
After his return in 1514 he spent the rest of his life alternately in scholarship
and in defending his principality. On 16 Oct. 1533 his nephew Galeotto II Pico
broke into the castle of Mirandola and murdered him. See R. H. Popkin, *The*

c. huic *ed.*

History of Scepticism from Erasmus to Descartes, 2nd ed. (Assen, The Netherlands, 1964), 19–22 and Charles Schmitt, *Gianfrancesco Pico della Mirandola (1469–1533) and His Critique of Aristotelian Philosophy* (The Hague, 1967).

The epistle is a postscript to Pico's most important work, the *Examen vanitatis*. Gianfrancesco sent it to L. apparently because he considered him an Aristotelian scholar of celebrity who would not be out of sympathy with his elaborate critique of Aristotle's philosophy. The epistle contains all that is presently known about the relations between Pico and L.

Ioannes Franciscus Picus Iacobo Fabro Stapulensi S. P.

Nec eram animi dubius, Faber doctissime, si quae de vanitate doctrinae gentium concepissem, ea ipse litteris mandarem, calumniam me pro gratia apud multos habiturum; neque ignorabam eis ipsis usui eventurum, quod plerisque solet, qui constitutum in animo habent, se ab amicis quod magnopere desiderant non reportaturos. Quamobrem desinunt eos adire, et quod in votis est quaerere, cuius facile compotes fierent, ni antea sibi animum pravi iudicii obstinatione penitus obfirmassent. Sed apud me sane plus potuit veritatis amor quam timor calumniae; scripsi enim ea de re libros sex. An vero plus apud illos obstinatio potuerit, uti nolint consequi, quam si voluerint poterunt, veritatis cognitionem, ipsi suo periculo viderint. Eos ad te libros mitto, ut eorum et lector esse possis et iudex, quorum primis tribus quicquid fere vanitatis a vetustissimis illis gentium sapientibus atque philosophis, per varias sectas divisis et diversa numerosaque successione propagatis commissum est, et narratur et arguitur. Tres autem reliqui Aristotelis dogmatibus infirmandis accincti agmen cogunt. Existimo autem veritatem gratiorem tibi quam vulgi sensum futuram, quam tuam etiam erga gentium philosophos et ipsum quoque Aristotelem gratiam, quamquam illum es praeclaris commentariis interpretatus. Fui et duplici alio nomine ad id faciendum subinvitatus, et quod ex Philesio auditore tuo rescivi olim te nostris lucubrationibus delectari, tuaque ad illum epistola certior factus sum, te libros De praenotione rerum et alia quaepiam nostra Germanis typis excusa volumina tibi adscivisse,[1] et quod tanta est tua in praeclaro Parisiorum Gymnasio vel doctrina vel auctoritas vel utrumque,[a] ut facile si haec tibi placuerint,[b] alios qui istic degunt, excitare possis ad veritatem,

a. utrum quod *1573*   b. placuerit *1573*

non per transennam sed intime et proxime perspiciendam. Idque magis te facturum confido cum perceperis monstratum a nobis gentium philosophos instar terrigeni exercitus mutuo (ut est in fabulis) vulnere concidisse,[2] et quod attinet ad Aristotelem quem nunc paene omnes colunt, aliter sese habere rem quam putabatur, eoque etiam magis, cum videris non solum in tribus superioribus libris celebratorum omnium philosophorum examen, sed in 5 maxime et 6 non Ephecticorum[3] et Sexti Pyrrhonii severissima bilance, non libra arrepta de Porticu, non Academiae varia trutina, non statera senis Gargettii,[4] non examine vel a Galeno vel ab Avicenna mutuo accepto, qui omnes non ita propendere Aristotelem ut plerique autumant censuerunt, sed nostro potius quantulumcumque est examine, et quod de ipso Lycio Aristotelis sumptum est, in perpendendo Aristotelem nos usos fuisse. Vale.

1. The humanist Matthias Ringmann or Philesius Vogesigena (1482–1511) studied under Wimpheling at Heidelberg toward the end of the fifteenth century and in Paris with Fausto Andrelini and Lefèvre before his return to Alsace in 1503. In April 1505 Gianfrancesco Pico visited Strasbourg, where he met Philesius and promised to give Thomas Wolf some of his works for publication in Strasbourg. In October Wolf sent Philesius to Italy to fetch the promised manuscripts. He received them from Pico in Carpi in November. This early important collection of Pico's works, edited by Matthias Schürer and printed by Johannes Knoblouch, appeared in installments in 1506–1507 (Ritter, III, 1195–1198). Philesius visited Pico in Italy a second time, in Aug. 1508. It is perhaps on this occasion that he informed him of L.'s admiration for the *De rerum praenotione libri novem pro veritate religionis contra superstitiosas vanitates editi* and for the other works contained in the Strasbourg edition of 1506–1507. L.'s *Rithmimachiae ludus* (see ep. 12) inspired Philesius's *Grammatica figurata* (1509), published in facsimile and with an introduction by R. von Wieser in 1905. See Charles Schmidt, *Histoire littéraire de l'Alsace* (Paris, 1879), II, 76–81, 87–132; Horawitz-Hartfelder, p. 620; Th. Vulpinus, "Matthias Ringmann, 1482–1511," *Jahrbuch f. Gesch., Sprache und Literatur Elsass-Lothringens*, XVIII (1902), 127–130; and K. Klement, "Neue Belege f. das Lebensbild des Philesius Vogesigena," *Jahrbuch ... Elsass-Lothringens*, XX (1904), 298–301.

2. Ovid, *Met.* III, 116–126; VII, 141–142.

3. Sceptics. Diog. Laert. I, 16: "οἱ δ' ἐφεκτικοί." Cf. Cicero, *De nat. deorum* I, 1, 1; *Acad.* I, 12, 45; II, 21, 67–68.

4. Epicurus, who belonged to the deme of Gargettus, near Athens. Cicero, *Fam.* XV, 16, 1; Statius, *Silv.* I, 3, 94; II, 2, 113.

130

Josse Bade to Etienne Poncher   Paris. November 17, 1520.

Basilii Magni Caesariensium in Cappadocia Antistitis sanctissimi Opera plane diuina, variis e locis sedulo collecta: & *accuratione ac impensis Iodoci Badii Ascensii recognita* & *coimpressa, quorum Index proxima pandetur charta,* Paris, Badius Ascensius, 13–17 Nov. 1520, sig. a, i, v (London, BM. Renouard, *Badius,* II, 145); Paris, Badius Ascensius, 15 May 1523, sig. A, i, v (Paris, BN. Renouard, II, 146–147). Previously published in *MG.* XXIX, cols. cclxxv–cclxxvi and Renouard, II, 146.

The epistle prefaces Josse Bade's edition of the works of Basil the Great, among them the *Hexameron* translated by Argyropoulos for Sixtus IV, a copy of which L. had sent to Badius from Rome (fol. Ir): "... cura Iacobi Fabri Stapulensis, viri multis et magnis nominibus semper laudandi, ad Ascensianam usque officinam ab Roma transvectum" (cf. below). Jacobus Mazochius had printed Argyropoulos's translation of the *Hexameron* in Rome in 1515 (Panzer, VIII, p. 256, no. 95). There are manuscripts in Rome and Naples: Vat. lat. 301 and Naples, Bibl. Naz., VII A 9 (Kristeller, *Iter Italicum,* I, 403).

Reverendissimo patri ac domino domino Stephano Poncherio[1] Senonensi archiepiscopo Iodocus Badius Ascensius[2] S.

Iacobus Faber Stapulensis, philosophus[a] insignis et omni disciplina laudabili extra invidiae aleam ornatus, tuaeque archiepiscope dignissime sapientissimae[b] excellentiae multis magnisque nominibus (id quod accepi) carus, et (quod certo scio) deditissimus, ubi in adulescentia sua cum experiundi tum religionis ergo varias regiones peragrasset multasque bibliothecas invisisset, perinde ac apes daedalea solerti indagine tamquam e floribus fragantissimis optima et[c] liquidissima mella praestantissima summi cuiusque scriptoris opera delegit eaque onustis alis ad nos usque transvexit. Inter quae superioribus annis divi Hilarii, Aegesippi, Nicolai Cusani et quasdam alias neutiquam paenitendas lucubrationes ipso auctore emisimus.[3] Nuper autem divi Basilii vere Magni monumenta aeterna cedro dignissima ab urbe Roma ad nos usque perlata, hinc ad negotia sua profecturus, praelo nostro commisit, ea stipulatione, ut quanta maxima valerem diligentia

a. sane *post* philosophus *Ren.*   c. ac *Ren.*
b. sapientiae et *Ren.*

recognita nec segniter coimpressa faustissimo nomini tuo, pater amplissime, nuncuparem, quatenus[d] incomparabilis viri divina scripta[4] sapientissimi et potentissimi antistitis praesidio ab invidulorum defenderentur morsiculis. Operae siquidem pretium videbar illi etiam non vulgare facturus, si meis vel importunis precibus exorarem, ut [scripta] eius viri qui unus post Christum dominum Magni cognomentum vere meruit et irrefragabilem auctoritatem obtinuit (usque adeo ut non minus apud ipsius quam olim apud Pythagorae discipulos pro summa dicti comprobatione suffecerit, si quispiam mutiverit, ipse vel magister dixit[5]) eius praesulis clipeo protegerentur, cuius maxima quondam in primario senatu et nunc in tota Christianissimi regis curia auctoritas eloquentissima, suffulta sapientia, praenitet. Accesserunt ad Fabri nostri aequissima mandata Nicolai Beraldi,[6] hominis summa cum scientia tum eloquentia praediti et magnificentiae tuae ut alacris ita indefessi buccinatoris, exhortationes neutiquam vulgares, quibus quod antea subverebar (nam nec[e] de facie quidem notum opinor[f]) audere coeperim. Boni itaque consules, praesul humanissime, et huius lucubratiunculae nostrae dulcissimo praesidio tuo dicatae protectionem, cum ob Basilii excellentiam, tum ob utrorumque et Fabri et Beraldi nostrorum desideria non aspernabere. Vale. E chalcographia nostra ad XV. Calendas Decembris M. D. XX.

1. See ep. 30.
2. See ep. 71.
3. See ep. 71 (Homer, *Iliad*), ep. 73 (Hegesippus), ep. 79 (Hilary), ep. 81 (Leo I, *Epistolae*), ep. 109 (Cusanus).
4. In addition to the *Hexameron*, the volume includes the following works: *Adversus Eunomium*, translated by George of Trebizond at the request of Cardinal Bessarion and sent by him to Eugenius IV; Gregory Nazianzen's funeral oration on Basil the Great in the translation of Raphael Volaterranus; a generous selection of Basil's sermons and several letters, also translated by Volaterranus; and, finally, the *De institutis monachorum*, Rufinus's translation, adaptation, and fusion of Basil's two monastic rules, the *Regulae fusius tractatae* and *Regulae brevius tractatae*. Texts in *MG.* XXIX, XXX, XXXI and F. Boulenger, *Grégoire de Nazianze. Discours funèbres en l'honneur de son frère Césaire et de Basile de Cesarée* (Paris, 1908), 58–231. Bibliography in Altaner, *Patrologie*, 258–266. Like the *Hexameron*, the translations of Volaterranus had been printed in Rome in 1515 (Panzer, VIII, 255, no. 92); in June 1508 Matthias Schürer had

d. quatinus *1520, 1523*   f. opiner *Ren.*
e. *om. Ren.*

printed *Basilii Oratio de invidia, Nic. Perotto interprete* in Strasbourg (Panzer, VI, p. 42, no. 131). The letters on reading the pagan classics and on the solitary life were well known, but Badius's is the first printing of so important a collection of Basil's works.

5. See ep. 92, note 2.

6. Nicole Bérault (1470–1555) taught Roman law and the humanities at Orléans c. 1500–1512. After 1512 he was in Paris. He practiced law; lectured at the University (in 1513 on Quintilian, the *Rusticus* of Politian, and Pliny; in 1515 on Suetonius); studied Greek; and worked for several printers and publishers correcting texts. His principal patron was Etienne Poncher. His primary interests and associations were with the legal humanists, the circle of Budé, Louis Ruzé, and François Deloynes. He appears to have had little contact with L. See Allen, III, eps. 925, 989, 994; IV, 1002, 1024, 1058, 1185; Louis Delaruelle, "Notes biographiques sur Nicole Bérault suivies d'une bibliographie de ses œuvres et de ses publications," *Revue des Bibliothèques*, XII (1902), 420–445; "Nicole Bérault," *Le Musée Belge*, XIII (1909), 253–312; and "Notes complémentaires sur deux humanistes," *Revue du seizième siècle*, XV (1928), 311–318.

131

Josse Clichtove to Louis Guillart   Paris. 1521.

Paris, BN. ms. lat. 525, I, ff. 1r–7r. The epistle prefaces Clichtove's unpublished epitome of the historical books of the Old Testament and of the Gospels (cf. Clerval, p. xxix). Clichtove left it unnamed. Professor Michael Kraus has appropriately entitled it *Epitome historiae sacrae.*

Younger son of Charles Guillart, lord of Epichelière and fourth president of the Parlement of Paris (see ep. 116), and of Jeanne de Vignacourt, Louis Guillart was successively bishop of Tournai (8 June 1513–29 March 1525), Chartres (29 March 1525–2 Oct. 1553), Châlons sur Saône (16 Oct. 1553), and Senlis (4 Sept. 1560–19 Sept. 1561). He died 19 Nov. 1565. Clichtove was his tutor at the collège de Navarre 1515–1517. He accompanied him in Oct. 1518 on a visitation of the diocese of Tournai and in April 1520 delivered two sermons at the diocesan synod. He continued to work closely with him in Chartres. Until Clichtove's death in 1543 Louis Guillart remained his most important patron and the recipient of the majority of his dedications. See Eubel, II, 168, 336; *Gallia Christiana*, III, 238; VIII, 1188–1189; *Actes de François Ier*, I, 404, 2149; 447, 2366; II, 406, 3781; IV, 755, 14510; V, 167, 15527; Clerval, p. 23 and *passim*; Allen, II, 150, note and IV, 527–528; Massaut, II, 32–45.

Reverendo in Christo patri ac domino domino Ludovico Guilliardo episcopo Tornacensi dignissimo Iudocus Clichtoveus humilis eius clientulus felicitatem exoptat.

Quantam afferat mortalibus utilitatem, clarissime praesul, historica lectio haud facile fuerit oratione consequi. Enimvero illa maiorum res praeclare gestas immortalitati commendat, cum ipsas litterarum monumentis traditas ad totam transfert posteritatem. Facta siquidem priscorum virorum quamquam illustria unius tantum sunt temporis, uno gesta sunt loco, et in una hominum aetate; historia vero idipsum praestat ut sic coarctata in omnium hominum aures, aetates, et loca divulgentur. Quique scribendis historiis animum appellunt, cum vetera tum recentia, cum domestica tum peregrina, quae unius temporis et aevi fuerunt brevissimi, in omne tempus extendunt, in omnemque promulgant locum aeterno suorum scriptorum praeconio atque testimonio. Adde quod historia praeclarum sit humanae vitae speculum vivendique forma quam sequamur ac capessamus. Nempe cum ipsa eximias illustrium virorum virtutes claris extollit titulis effertque ad astra nimirum ingenuas mentes ea buccinatione cantuque sonoro accendit ad illarum imitationem, haud minus quam insignes memorabilium virorum statuae pro rostris aut in foro erectae aspectantes incitare censuerunt ad virtutis aemulationem. Cum etiam historica narratio tetra memorat facinora infandaque scelera immanium tyrannorum perditissimorumque hominum, nonne ea commemoratione ceteros absterret homines et avocat a tali flagitiorum immanitate, ne suum nomen cum perpetua infamiae nota posteritati cognitum relinquant? Ad haec, cum ineunda sunt rerum agendarum consilia, quaenam certior regula adhiberi potest ad illorum directionem quam rerum prius gestarum notio? Ex qua praeteritis futura conferentes (ut prudentium est virorum) probe noverint quid in negotio impendenti sit actitandum, cum exploratos habuerint ex anteactis rebus gestis consimilium casuum exitus. Quippe ut vulgata est sententia, praeteriti ratio scire futura facit.[1]

Denique quam dederis hominum aetatem aut conditionem cui non sit utilis pariter et iucunda historiarum cognitio? Adulescentibus etenim et iuvenibus accommoda est ad formandos in ferventiore illa aetate mores ad lineam honestatis compescendosque effrenes animi motus anteactis probatorum virorum exemplis, tamquam retinaculis quibusdam et loris, ne prorsus ferantur in praeceps et abrupta vitiorum. Adultae vero et provectioris aetatis hominibus conducit historia, ut sumptis ex ea clarorum virorum dictis simul et factis minores natu rectis instituant morum disciplinis ad probitatemque componant aliorum exemplo. Hinc, ut auctor est Valerius cum de institutis agit antiquis, maiores natu in conviviis egregia illustrium virorum opera carmine comprehensa pangebant, quo ad ea imitanda iuvenum animos alacriores redderent.[2] Demum senili et decrepitae aetati utilem et propemodum necessariam esse historiam infitiabitur nemo qui ex Horatio didicerit quod multa senem circumveniunt incommoda,[3] illorum namque incommodorum solamen atque levamen[a] erit historica lectio aut enarratio, quae cum ingentem secum afferre soleat voluptatem levabit graves illius aevi curas et mentem solabitur aegram leviusque reddet ingravescentis et iam defessae aetatis onus. Insuper quarumcumque scientiarum professoribus magno usui et ornamento est historia, quae copiosos reddit illos ad disserendum de quavis re proposita. Civitatum itidem et regnorum moderatoribus nihil est historica cognitione conducentius, ex qua et agendarum rerum captent consilia et suscepta rei publicae agant gubernacula. Denique bellorum ducibus et praefectis militum magnam affert commoditatem rerum prius actarum notitia, quippe quae eos recto dirigat calle ad bella feliciter gerenda, ad praeclara ex aliorum exemplo praestanda strategemata. Postremum (ut paucis rem absolvam) nullum assignaveris vitae genus inter homines nullamque dederis aetatem, cui ipsa historia non magnae sit utilitati pariter et voluptati.

Quod si haec locum habent et usum in prophanis ethnicorumque et gentilium historiis et quas humano ingenio composuerunt saecularis litteraturae homines, quanto magis veritatem habere dinoscentur in sacris historiis divinae paginae complexu contentis et quas descripsit calamus scribae velociter scribentis, quandoquidem hae ab illis distant eo plane intervallo quo caelum a terra, aurum a ferro, lux ab umbra.[4] Et ut cetera ambarum secernicula atque discrimina in praesentia emittamus, id unum nunc adducere sufficiat utriusque discerniculum et interstitium, quod prophanae historiae rem gestam tantum denarrant vitaeque rectius instituendae praestant exemplum, cum ex iis quae priscis saeculis actitata sunt posteros edocent quidnam ipsis agendum sit aut cavendum. Sacrae vero historiae multo amplius ac verius utrumque illorum exhibent. Insuper et mysticum

a. levimen *cod.*

continent sensum historicae narrationis velamine obductum, quo aut per allegoriam monstrant alta sacrae fidei mysteria, aut per tropologiam recta vitae instituta formandosque mores, aut per divinam anagogen speranda supernae civitatis praemia, quae quidem spiritualia sensa ex gentilium historiis nequaquam elicere quis possit, nisi penitus desipiat aut deliramenta confingat. Neque istud ab re contingit, quandoquidem humano dumtaxat ingenio atque opificio contextae sunt ethnicorum historiae, nihilque in illis ultra hominum industriam et operam est disquirendum. Sacrae vero denarrationes rerum spiritus sancti calamo sunt exaratae ipsoque interius dictante, qui ita contextum adaptavit rei gestae et eo verborum schemate deprompsit quae reipsa acta sunt, ut multiformis ex eo sensus derivari ac deduci ultra ipsam litteram historicamque veritatem non inconcinne possit. Nonne Paulus vas electionis geminam Abrahae prolem, unam ex ancilla et alteram ex libera, asserit per allegoriam duo significare legis divinae testamenta, vetus atque novum?[5] Nonne etiam sublatio serpentis aerei in stipitem a Moyse facta in deserto exaltationis Christi in cruce typum gessit?[6] Triduana itidem Ionae in ventre ceti occlusio, nonne triduanam Christi sepulturam teste evangelio expressit?[7] Quid memorem diluvium Noae baptismi fluenta, et arcam ipsam ecclesiae sanctae sacramenta designasse? Quid Isaac immolatum a patre secundum voluntatis promptitudinem Christi a Deo patre pro nobis oblati similitudinem gessisse referam? Agnus identidem typicus et paschalis Christum verum agnum (qui abstulit peccata mundi et nos a potestate tenebrarum liberavit) indicabat.[8] Rursum transitus populi Israelitici per mare rubrum, Pharaone cum suis curribus et equitibus demerso, populum signat Christianum lavacro regenerationis ablutum totamque vitiorum cohortem prorsus abrasam. Ita peragratio eiusdem populi per desertum quadraginta annis facta peregrinationem nostram in hac vita, et manna typicum sacrosanctam praesignificabat eucharistiam. Et denique transito Iordane ingressus filiorum Israel in terram longe ante repromissam signabat populi fidelis post decursum praesentis vitae stadium in caelestem Hierusalem et terram viventium introitum. Innumera sunt et alia ex quibus ostendere promptum foret historias sacras divinorum mysteriorum symbola esse et mysticum aliquid semper insinuare. Si igitur magnum hominibus est studium evolvendi annales, diaria et quasvis antiquorum historias, quanto magis esse debet ad perlegendas sacrarum rerum enarrationes quae in divinis conscribuntur eloquiis, ex quibus longe meliorem referent bonorum morum et documentorum frugem doctrinamque uberiorem.

Haec omnia secum animo volutans insignis tua dignitas, non contenta in primis annis adulescentiae Livianas sub optimis praeceptoribus et alias saeculares historias audivisse, miro flagravit desiderio etiam eas quas in sacrarum continentur litterarum voluminibus cognoscendi. Atque ut tandem voti compos evaderet, quotidiano fere impulsu atque efflagitatione postulavit a me veneranda tua paternitas ut compendiaria quadam collectione (quae epitomen referret et isagogicam quamdam brevitatem) constringerem historias cum in veteri pagina tum nova comprehensas, quas tamquam enchiridion manualemque libellum exigua mole conclusum tecum gestare posses semper, et assidua versare manu continuaque lectione percurrere. Cumque suggererem insigni tuae prudentiae maiorem colligi posse fructum si ex ipso vivo fonte integrisque sacrae paginae libris peterentur sacrarum rerum enarrationes, quod illic in sua visantur integritate nativoque decore, sine succisione, mutilatione aut detruncatione. Cum vero decorem non ita vegetum et vivum conspici posse si deductis ex ipso primario fonte lacunis delibetur aqua historicae narrationis ut quae dulcorem suum et saporem ex ipsa traductione et translatione in aliud vas immutaverit, huic meae obiectationi responsum adhibuit gravissima tua dignitas totius bibliae molem maiorem esse quam quae quotidie manibus contrectari facile possit ad historicae narrationis lectionem, in ea quoque multa esse permixta librorum genera quae ad rationem historiae non attinent. Gratiorem subdidit futuram lectionem atque expeditiorem enarrationis historiarum de sacris rebus contextarum si in unum quasi fasciculum collectae pugillo contineantur, atque a ceteris divinae paginae libris secretae in unum quasi corpus redigantur; quod si in huiusmodi compendiaria traditione historiarum locus occurrat subobscurior aut declarationem efflagitans, ex marginali annotatione libri et capitis quo locus ille continetur facilem esse recursum ad integrum ipsum volumen in bibliotheca repositum, cuius ope ac praesidio occurrens ille scrupus sustollatur et perplexitas submoveatur.

Hisce rationibus persuasum me demum evicit dignissima tua paternitas, antistes amplissime, impulitque ad accingendum me operi ad-

movendasque manus meas illi labori, quem ut utilem fore et fructuo-
sum quoquo pacto mihi persuadeo. Atque ut commodior ex eo colli-
gatur fructus ac profectus uberior hunc mihi ordinem praescripsi,
ut a libro Geneseos continue fuerim progressus usque ad finem libri
Machabeorum per ordinem capitum cuiusque libri sine intercisione
a capite ad calcem usque, quod in omnibus hisce libris continuo filo
sine interruptione deducatur historia. Secundo vero loco, in quattuor
libris Iob, Hieremia, Daniele et Iona (quamvis libros Machabeorum
ordine et situ librorum veteris testamenti praecedant) annotationem
contexui intercisam et non continuo progredientem capitum ordine,
earum dumtaxat materiarum quae ad historiam pertinent; alias autem
intermixtas et minus nostro conducentes instituto missas feci. Hinc
quattuor illi libri extra ceterorum ordinem sunt secreti. Demum tertio
loco ex quattuor evangelistis unam compegi continuam evangelicae
lectionis enarrationem cum annotatione marginali quo ex loco una
quaeque historica lectio sit desumpta, quasi monotesseron sive unum
evangelium ex quattuor more priscorum patrum contexens. Multa
(fateor) hac in parte omisi quae in fontibus evangelicis continentur,
ut brevitati consulerem et prolixitatem fastidium ingerentem devi-
tarem; quae autem desunt huic evangeliorum compendio ex ipsis
potius primariis fontibus petantur, qui abunde suppeditabunt quod
in his nostris deductitiis rivulis non continetur. Demum totum id
nostrum opus claudunt acta apostolica, continuo capitum ordine
digesta, quod in toto librorum novi testamenti volumine nihil historicum contineatur praeter evangelia et acta apostolorum, meumque a
principio fuerit institutum nihil nisi attinens ad historiam in praesenti
codice compendio constringere. Porro hunc meum quantulumcumque laborem dignissimae tuae reverentiae dicandum censui, ornatissime praesul, ut ad eum recurrat a quo suum sumpsit exordium,
illique offeratur collecta seges qui occasionem praestitit et materiam
seminandi primum ac deinde messem colligendi. Si gratus tuae dignitati fuerit meus labor, nihil est quod amplius expetam. Vale, praesidium et dulce decus meum. Ex litteraria Parisiorum diatriba, anno
ab incarnatione dominica, 1521.

1. Walther, *Proverbia*, III, p. 934, no. 22264.
2. Val. Max. II, 1, 10.
3. *Ars Poet.* 169.

4. Clichtove had already used much of the rest of this paragraph in the preface to his edition of Hugh of Saint-Victor's *Allegoriarum in vtrunque testamentum libri decem*, published 10 Oct. 1517. See ep. 121.

5. Gala. 4:23–24.
6. Ioan. 3:14–15.
7. Matth. 12:40–41; Luc. 11:29–32.
8. Exod. 12:1–14.

132

Gérard Roussel to Lorenzo Bartolini
[Paris. c. July 11, 1521.]

Divi Severini Boetii Arithmetica, Dvobvs Discreta Libris: Adiecto Commentario, Mysticam Nvmerorum applicationem perstringente, declarata, Paris, Simon de Colines, 11 July 1521, fol. 2r–v (Columbia. Renouard, *Colines*, 15–16).

Lorenzo Bartolini (c. 1494–May 1533), member of a distinguished Florentine family, was abbot of the Augustinian house of Entremont in Haute-Savoie and by 1519 an apostolic protonotary. In the summer of 1519 he traveled in France in the company of Christophe de Longueil. According to Giulio Landi, who met him in Paris, Bartolini visited L. at Saint-Germain-des-Prés; "Con questo gentilissimo e virtuosissimo gentilhuomo hebbi io fin dalla prima gioventù intrinseca amicitia, laquale in Francia incominciossi, massimamente in Parigi, là dove egli era ito per il gran desiderio che de gli studi di filosofia ei teneva, e non solo si mantenne tra noi la benivolenza, ma col tempo per gli scambievoli e amichevoli uffici augumentossi al sommo grado dell'amore. In ciò perseverando noi fin ch'al Signore Iddio piacque chiarmarlo in cielo, ma in me ancora vive, e viverà fin ch'io haverò vita l'amorevole memoria di quello nobilissimo e santo spirito. Morì giovane piu tosto che d'anni carico in Venetia, là dove egli s'era ridotto, fuggendo i travagli e le guerre civili, lequali non solo la patria sua, ma l'Italia ancora con molte ruine e calamità de' popoli molestavano allhora. Ne gli studi suoi fu dell'opere e della disciplina del Fabro molto studioso, e perciò era da lui in Parigi visitate spesso nella badia di San Germano, là dove il Fabro habitava. Quivi l'Abate, fra molte volte ragionando con esso lui e col Clitoveo, vennero a rationare della Filosofia morale, come nel progresso dell'opera, Illustrissimo Monsignore, pienamente vederete" (*Le attioni morali dell'illvst. Sig. Conte Givlio Landi Piacentino, nelle qvali, oltra la facile e spedita introdvttione all'Ethica d'Aristotele, si discorre molto risolvtamente intorno al Duello*, Vinegia, Gabriel Giolito de' Ferrari, 1564, I, 11–12). Landi (see C. Poggiali, *Memorie per la storia letteraria di Piacenza*, Piacenza, 1789, II, 195–214) dedicated Book I of his *Attioni morali* to Giulio Feltrio della Rovere, duke of Sora and cardinal of Urbino. It is a copious paraphrase of L.'s introduction to Aristotle's Ethics in the form of a dialogue. The interlocutors are L., Clichtove, and Lorenzo

Bartolini. Two letters of Longueil dated May–June 1522 show that Bartolini was then in Florence. See Delaruelle, *Répertoire*, 78, 84, 98, 106; Th. Simar, *Christophe de Longueil* (Louvain, 1911), 180; and Allen, IV, 445.

The epistle prefaces Gérard Roussel's commentary on the *Arithmetic* of Boethius. Cf. ep. 11.

Girardus Ruffus[1] reverendo in Christo patri et domino D. Laurentio Bartholino praesuli meritissimo S.

Inter munia, sacratissime praesul et virtutum ac litterarum antistes, quae diviniore calculo benigna humanitatis artifex natura nobis contulit, ad postremum haudquaquam adducitur ipsa ratio, nempe ad quam quae humanae addicuntur substantiae ad unum adhaerescunt prope omnia. Idque tam apposite quam quod maxime, quandoquidem superiorum inferiorumque collimitium et nexus est; atque adeo quod in plerisque omnibus naturae praestantis, signoque velut optimae figurae impresso compositae et a caliginis imperfectionisque fluctu astrictae, pleniore sane in sese perstringit nota. Perstringit autem? immo vero ad vivum refert; neque est cuiquam non exploratum quam secum sit scire quid fiat, immo vero quid factum fuerit, adhuc autem et quid futurum. Nam totius profecto prudentiae sedes est. Hac una a cunctis disiungimur et a nostra arcentur singula sede: ἐστι[a] γὰρ (inquit philosophiae singularis ille antistes Aristoteles in Animalium historia) βουλευτικὸν καὶ μόνον τῶν ζῴων ὁ ἄνθρωπός.[a] Καὶ μνήμης μὲν καὶ διδαχῆς πολλὰ κοινωνεῖ, ἀναμιμνήσκεσθαι δὲ καὶ[b] οὐδὲν ἄλλο δύναται πλὴν ἄνθρωπος.[2] Porro eidem non abest, quo velut proprio auctoramento suum referat auctorem, quo devergit is quem sibi fabrefacit numerum. Cui sane propriis nixa principiis tanta vicinia defert, ut et suam nomenclaturam eidem accommodare non addubitaverit; adeo quaeque numerorum intervalla rationes dici nullus nescit, ut interim silentio praeteream a nonnullis haud ignobilibus philosophis scripto relictum, ipsam etiam numerum esse, quamquam aptius id esse dicatur quod numerat. Numerus namque cum ad voculas necnon artis organa demittitur aures demulcet, at longe maxime et tamquam iucundissimo concentu internus prurit auditus cum ad divina adducitur. Hoc quasi sublevamine mens vires suas expendens modo in divina attollitur, mox in semetipsa residet secumque habitat.

a. ἐστι... ἄνθρωπός] βουλευτικὸ νδὲ μόνον ἄνθρωπός ἐστι τῶν ζῴων   *ed. A. L. Peck (Loeb Classical Lib., 1965)*   b. *om.* Peck

Iam recto agitur cursu, e summis corusco eoque divino nixa radio, iam iuxta ac media praeterfluere parata. Statim contra, ob crassitiem corporeamque molem resiliens, retuso obliquoque radio, rursum ad summa revocatur. Bone deus, cui non defert spirae, quo motu non adigitur, quas negligit aut oscitanter amplexatur functiones, quo sese a corpore avocans singula quaeque suo premat signo? Hic agnoscit potentiam materiemque, illic actum; hic multa, illic unum; hic compositum, illic simplex; hic mutationem, illic statum; hic alterum, illic idem; hic inaequale, illic aequale; hic infinitum, illic finitum; hic par, illic impar; hic sinistrum, illic dextrum; hic femininum, illic masculum; hic altera parte longius, illic quadratum; hic opinionem, illic intellectum; hic umbram, illic lucem; hic passionem, illic actionem; hic tempus et aetatem, illic aevum et aeternitatem; et (ut semel finiam) hic vestigium, illic veritatem; hic cuncta in imagine, illic quaeque omnia in veritate; adeo nihil divinum, sive humanum, nihil parvum sive magnum, nihil inferius sive superius, nihil denique tam arduum tamque difficile quod non sibi hoc numerorum candore praesumpserit. Idque quod alia ex causa sibi deperiit ac decidit, hac ratione corrogat et sarcit. Et qui res trino dispescuerit intervallo, hocne a veritate sane fuerit alienus? Nam quaedam quod summo honoris fastigio cumulatissime exprimuntur quidem, at non item alicuius expressiones aut signa sunt. Aliae contra notae et expressiones bona parte sunt, quo in genere sunt numeri. Nec desunt quae utrique suum summovent calculum, ut naturae entia. Haec namque pariter et numeros, tamquam imagines, expressiones et symbola, sua consideratione perstringit ipse sapiens; eaque tum rerum tum numerorum est dignitas, quatenus divinarum intelligentiarum apposita sunt symbola; enimvero qui in mathematicis solos numeros amplexatur, nihili pendens mysticum eorundem significatum, est prope assimilis oculo qui quod in tenebris sit lucem floccifecerit.

Atque his sane rationibus adductus sum, quo ingenii vires etiamsi exiguas (nam apprime novi quam sit mihi curta supellex) expenderem in eruendo mystico numerorum significatu. Idque malui hac in re meum periclitari ingenium quam hanc partem intactam omittere, praesertim cum hisce temporibus iam emergere, suum iam erigere caput mathesis occeperit. Neque me praeposteris imbuti litteris, quorum mentes sentes alunt et monstra, quibus vellicandis ne unus quidem Hercules satis sit, remorati sunt, aut absterruerunt. Nam (quod in Sapientis paroemia est) frustra iacitur rete ante oculos pennatorum.³ Hominum mentes eodem esse quo arva fato, satis exploratas habeo, quae si excolantur bona, si negligantur mala proferunt gramina. Hac tamen in re nolui sine duce progredi; sed quem aptiorem deligere poteram illo qui Latinis auribus has artes invulgavit? Itaque Boetii Arithmeticen, duobus discretam libris, ea qua potui diligentia lustravi, et quae lucem claritatemque desiderare videbantur, ea cursim et brevis annotamenti lumine pervia feci. Adieci passim complures ascensus et paradeigmata; qua in re si effecerim quod volui, alii iudices sunto. Has autem primores ingenii nostri feturas, tuo nomini R.P. eamobrem dicatas volui, quo plane intelligeres nostri animi gratitudinem pro innumeris quibus me dudum cumulasti atque indies cumulare pergis beneficiis, eoque quod aliter non datur, te meum revereor benefactorem, neque ob aliud sane te revereor quam quod omni laude dignissimum. Vale praesulum decus.

1. See ep. 82.
2. I, 1, 488b 24–26.
3. Prov. 1:17.

133

Jean Lange to Jean de Mauléon   Paris. Collège du Cardinal Lemoine. March 5, [1522].

Ori Apollinis Niliaci Hierogliphica, Paris, Pierre Vidoue for Conrad Resch, 1521/1522, ff. 1v–3v (London, BM. Paris, BN. Panzer, VIII, p. 74, no. 1284).

Johannes Angelus (Jean Lange) taught Greek at Cardinal Lemoine. He later joined L. in Meaux. Herminjard, I, 178–181 printed a letter from him to Farel dated "Meldis, apud Fabrum, Calendis Januariis 1524." There is a second letter, to Erasmus, of precisely the same date, in Allen, V, 375–380. Cf. Herminjard, I, 71.

Jean de Mauléon was abbot of the Cistercian monastery of Bonnefont, diocese of Comminges (21 Nov. 1498). He was elected bishop of Comminges in 1513, but occupied his see only on 7 June 1523. He died in 1551. See *Gallia Christiana*, I, 1105–1106; Eubel, III, 193; J. Lestrade, "Un curieux groupe d'évêques commingeois," *Revue de Comminges*, XXII (1907), 194–208; A. Clergeac, "Chronologie des archevêques, évêques et abbés de l'ancienne province ecclésiastique d'Auch (1300–1801)," *Arch. hist. de la Gascogne*, 2e sér., fasc. XVI (1912), 54; J. Contrasty, *Histoire des évêques de Comminges* (Toulouse, 1940); and Guy

Gueudet, "Papiers de Guillaume Budé à la Bibliothèque de Brême," *BHR*. XXX (1968), 182–183.

The epistle prefaces Lange's edition of the *Hieroglyphica* of Horapollo, which contains the Greek text and the Latin translation of Bernardino Trebatio of Vicenza (c. 1480–11 April 1548). The *editio princeps* of the Greek text was published in Venice by Aldus in 1505 along with Aesop's fables (critical edition by Fr. Sbordone, *Hori Apollinis Hieroglyphica*, Naples, 1940). Bernardino translated the *Hieroglyphica* in Augsburg and dedicated it to Conrad Peutinger in a preface dated 20 April 1518 (Panzer, VI, p. 204, no. 216). See G. Friedlaender, *Beiträge zur Reformationsgeschichte. Sammlung ungedruckter Briefe des Reuchlin, Beza und Bullinger* (Berlin, 1837), 99–107; E. König, *Konrad Peutingers Briefwechsel* (Munich, 1923), 257; and Cosenza, I, 537. For the fortune of the *Hieroglyphica* in the Renaissance see George Boas, *The Hieroglyphics of Horapollo* (New York, 1950), 17–54.

Ad illustrissimum Ioannem Mauleonem in episcopatum Convenarum electum confirmatumque Ioannis Angeli Argonensis epistola.

Cum Pharsaliae luculentissimus scriptor, tum praeclarus historiographus Cornelius Tacitus memoriae prodiderunt primos extitisse Aegyptios qui multiplici diversorum animalium herbarumque, fluviorum, et arborum figura usi sint in exprimendo quid sentirent, ac enuntiando quid mente conciperent. Quorum alter ita paucis cecinit:

> Nondum flumineas Memphis contexere biblos
> Noverat, in saxis tantum, volucresque, feraeque,
> Sculptaque servabant magicas animalia formas.[1]

Alter vero in eandem sententiam ubi de litterarum disserit inventoribus: "Primi (inquit) per figuras animalium Aegyptii sensus mentis effinxerunt et antiquissima monimenta memoriae humanae impressa saxis cernuntur."[2] Sed qua potissimum ratione id factum sit,[a] hanc inter ceteras coniicere licuit, ne si rerum sacrarum mysteria ita aperte evulgarentur ut nullis non patentium litterarum expressione primo velut obtutu intelligerentur, inde magis evilescerent obsordescerentque ac ut abiectissima despicerentur. Quoniam ea quae sic passim vulgaria feruntur multo minus auctoritatis, reverentiae, maiestatisque retinent quam quae in abdito sic adservantur ut perpaucis vel sint ad manum obvia, vel prope nullis nisi difficulter admodum exporrecta. Et ut verbi gratia unum tantum ex plurimis, quod tamen ab

a. fit *ed.*

Oro Apolline praetermissum est, desumatur exemplum. Spem venturae salutis intelligentes crucis effigiem signabant ac in reliquis, ut plane percipietur, identidem facientes. Unde, cum istaec mecum animo repetam, iure indignandum censeo quod salvatoris nostri optimi maximi arcana ita propemodum nota sint vel nescio quibusdam e purpuratarum matronarumque numero ut certe timendum sit ne earum insatiabilis, quae dici non debeant, instantius semper percunctandi cupiditas impiius[b] procedat,[c] vel ne is ingeneretur scrupulus eorum quae nec capere possunt, nec fas sit ut capiant, ut inveteratum tandem et altis animi sedibus infixum errorem argumentatione nisi obluctatoria forsan et pertinaci haud quaquam e pulmone vitiato revellas. Quare pulchre a Philostrato de discipulis Pythagorae traditum est: πολλὰ γὰρ θεῖά τε καὶ ἀπόρρητα ἤκουον, ὧν κρατεῖν χαλεπὸν ἦν μὴ πρῶτον μαθοῦσιν.[3] Sic voluit prudens ille philosophus quoscumque contubernales elinguare, ne quae minus intellecta forent aut aniliter effutientes aut secure nimis obgarrientes omnia quaeque corrumperent contaminarentque.[d] Sed de his hactenus.

Curavimus hunc Orum Apollinem, Parisiis non antea Graece impressum, in commoditatem studiosorum (qui nobiscum graecissant) tuo nomine in lucem emitti, e quorum numero longe lateque collucet Nicolaus a Prato,[4] nobililissimus adulescens illius Germani Brixii[5] (quem non parum amas) a me numquam citra praefationem honoris nominandi consanguineus, illius inquam tersissimi poetae Brixii, ex omnibus qui mihi bene cupiant vel praecipui. Curavimus et ob haec potissimum, tum quod non infrequenter mihi iusseris, cum per aestatem ruri aliquando rusticabaris, ne tam iucundi auctoris amoenis illis secessibus tuis lectione careres, tum quod, ubi me ex veternoso aulicae pigriciae somno in experrectiores cardinalitiae, immo fabrilis philosophiae vigilias remisisses, voluisti ex omnibus libris meis (quos mihi bona ex parte liberaliter contulisti) istum solum tibi relinqui, quocum et anxias negotiorum tuorum solicitudines aliquantulum delinires et succisivas horas tuas post grande iuris divini et legum studium non omnino pessime collocares. Igitur eo in praesentia feliciter utere, aliis quoque pluribus[e] postmodum usurus, si Angelum tuum (ut coepisti) semper benigne foveas, aequaturus (utinam super-

b. inpeius *ed.*
c. procidat *ed.*
d. contaminatamque *ed.*
e. puribus *ed.*

aturus) illos antistites,[f] vel reliquorum totius Galliae munificentissi-
mos venerandum archiepiscopum Ebrodunensem[6] qui Dionysium
Corrhonium[7] virum utriusque linguae doctissimum magnis exornet
donetque stipendiis, dominum Meldensem qui ter maximum illum
Fabrum, praeter Gerardum Ruffum,[8] Franciscum Vatablum,[9] et alios
amplexetur, nutriat, amplisque provehat honoribus.[10] Te clementissimus Iesus ex animi sententia semper sospitet. In collegio Cardinalis
Monachi, iii Nonas Martii.

1. *Pharsalia*, III, 222–224.

2. *Annales*, XI, 14, 1.

3. Philostratus, I, 1 (ed. C. L. Kayser, Leipzig, 1870, p. 2, lines 3–5).

4. I have not been able to identify this young relative of Germain de Brie.

5. Germain de Brie from Auxerre studied Greek with Lascaris and Musurus
in Italy and was successively in the service of Louis d'Amboise, bishop of Albi,
the chancellor Jean de Ganay, and Anne of Brittany. He was archdeacon of
Albi, canon of Auxerre (1515) and of Notre-Dame of Paris (1519), and a royal
almoner. See Delaruelle, *Répertoire, passim* but esp. pp. 19 and 132; Allen, I,
447–448; II, 530; IV, 128; Delaruelle, "L'Étude du grec à Paris de 1514 à 1530,"
Revue du XVIe siècle, IX (1922), 143–145; D. Murarasu, *La poésie neo-latine
et la Renaissance des lettres antiques en France (1500–1549)* (Paris, 1928), 55–63;
Hartmann, II, 238; Elizabeth Rogers, *The Correspondence of Sir Thomas More*
(Princeton, 1947), 212; and *DBF*. VII, 294–295.

6. François de Tournon, archbishop of Embrun (30 July 1518–8 Jan. 1526).

7. Denis Coroné (Corronius, Corron, Charron) was to become, many years
later, *lecteur royal* in Greek (c. 1543–after 1551). He published several translations from the Greek by his friend the medical humanist Jean Ruelle and wrote
his epitaph (Baudrier, IV, 238 and V, 207). See Lefranc, pp. 159–160, 353, 381,
404; Arthur Tilley, *Studies in the French Renaissance* (Cambridge, 1922), 133.

8. See ep. 82.

9. See ep. 83.

10. L. had left Paris for Meaux between April and June 1521. Glareanus reported his departure to Zwingli on 4 July 1521: "Faber Stapulensis ab urbe longe
abest ad XX lapidem, neque ullam ob causam, quam quod convitia in Lutherum
audire non potest, tametsi Quercinus [Guillaume Duchêne, doctor of the Sor-
bonne] ille theologus neque a Fabro neque ab Erasmo etiam temperet" (Zwingli,
Werke, VIII, Leipzig, 1911, p. 462). On 11 Aug. 1521 Briçonnet gave him the
administration of the city's leprosarium (Bretonneau, p. 178) and on 1 May 1523
made him his vicar-general. Cf. Imbart de la Tour, III, 115, note 1 and René-
Jacques Lovy, *Les Origines de la Réforme française, Meaux, 1518–1546* (Paris,
1959), 75.

f. antistes *ed*.

134

To Christian readers   Meaux. [Before April 20,] 1522.

Commentarii Initiatorii In Qvatvor Evangelia. In euangelium secundum Matthaeum. In euangelium secundum Marcum. In euangelium secundum Lucam. In euangelium secundum Ioannem, Meaux, Simon de Colines, June 1522, sig. a, ij, r–a, iiij, v; CCLXXVII (1523), sig. a, 2r–a, 4v; CCLXXVIII (1526), sig. a, 2 r–a, 4v; CCLXXIX (c. 1531), sig. A, 2r–A, 4r. The epistle will also be found in CCLXXX. I derive the date from that of Easter in 1522. French translation by Herminjard, I, 89–97; English by John C. Olin, *The Catholic Reformation: Savonarola to Ignatius Loyola. Reform in the Church, 1495–1540* (New York, 1969), 107–117.

The epistle prefaces L.'s *Commentaries on the Four Gospels.* The epistle takes as its texts five verses printed on the title page of the first edition: "Vidi alterum angelum volantem per medium caelum habentem evangelium aeternum" (Apoc. 14:6–7); "Praedicabitur hoc evangelium regni in universo orbe, in testimonium omnibus gentibus" (Matth. 24:14); "Euntes in mundum universum praedicate evangelium omni creaturae" (Marc. 16:15); "Evangelizo vobis gaudium magnum quod erit omni populo" (Luc. 2:10); "Non enim erubesco evangelium Christi. Virtus enim Dei est in salutem omni credenti, Iudaeo primum et Graeco. Iustitia enim Dei in eo revelatur ex fide in fidem, sicut scriptum est, Iustus autem ex fide vivet" (Rom. 1:16–17).

Iacobi Fabri Stapulensis ad Christianos lectores in sequens opus praefatio.

Qui dominum nostrum Iesum Christum et verbum eius in incorruptione diligunt, O vere a Deo delecti[a] et mihi cum primis in Christo dilecti viri, hi soli vel maxime Christiani sunt, quod est sanctum et venerabile nomen. De quo Ignatius ad Magnesianos[b] ait, "Qui alio nomine praeter istud vocatur, hic non est Dei."[1] Verbum autem Christi verbum Dei est, evangelium pacis, libertatis et laetitiae, evangelium salutis, redemptionis et vitae. Pacis, inquam, ex bello perpetuo, libertatis ex durissima servitute, laetitiae ex luctu indeficiente, salutis ex summa perditione, redemptionis ex miserrima captivitate, et denique vitae ex intermina morte. Et hinc nomen evangelium traxit, quod sit eiusmodi[c] et infinitorum in supernis nos manentium

a. dilecti *c. 1531*   c. huiusmodi *c. 1531*
b. Magnesios *c. 1531*

bonorum nuntium. At qui Christum et verbum eius hoc modo non diligunt, quo pacto hi Christiani essent? Cuncta etiam his ex opposito contingunt; de quorum sorte nullos prorsus esse velim, de illorum autem omnes. Nec ab re quidem, cum Deus ipse omnes velit homines salvos fieri et ad agnitionem venire veritatis et proinde ad dilectionem evangelicae lucis.

In qua primas ac summas parteis tenere debent pontifices, et maxime omnium qui inter eos in sacris visibiliter peragendis functionibus primus, summus maximusque appellatur; non enim nisi ab illo immortali, incorrupto spiritualique Christi evangeliique amore talis quisquam appellari potest. Deinde reges, principes et magnates omnes, et subinde omnium nationum populi, ut nihil aliud cogitent, nihil adeo amplectantur, nihil aeque spirent ac Christum et vivificum Dei verbum, sanctum eius evangelium. Et hoc sit cunctis unicum studium, solatium, desiderium, scire evangelium, sequi evangelium, ubique promovere evangelium. Atque hoc firmissime teneant omnes, quod maiores nostri, quod primaeva illa ecclesia sanguine martyrum rubricata sensit, extra evangelium nihil scire, id esse omnia scire. Cuius solius studio Pannonia, Italia, Germania, Gallia, Hispania, Britannia, immo universa Europa, Asia, Africa felix esse potest.

Et certe quisque pontificum similis esse debet illi angelo quem Ioannes in sacra Apocalypsi vidit per medium caelum volantem, habentem evangelium aeternum, super omnem gentem et tribum et linguam et populum vociferantem, Timete Dominum et date illi honorem.[2] Nam quia angelus nihil debet nisi quod Deus mandat nuntiare; quia volans debet iugiter aciem mentis ad sublimia intendere; quia evangelium habens aeternum nihil quod sit extra evangelii limites curare (quod quia aeternum est, quid aliud quam immortalitatem promittere potest?); denique quia omni genti, tribui, linguae et populo clamans et magna quidem voce, numquam a praedicatione et provocatione ad verum Dei cultum cessare, qui ad unum solum tendit. Timete, inquit, Dominum et date illi honorem. Et subdit, Adorate eum qui fecit caelum et terram, mare et fontes aquarum; et omnem multitudinem quae in unam verissimam simplicissimamque unitatem non conspiret, non coincidat, excludit, quandoquidem unum solum potens est et omnis multitudo impotens, nisi quatenus ab illo maxime uno potest.[3] Et proinde multitudo uni adnumeranda non est, ut neque potentiae impotentia, enti nihilum, et infinito finitum. Illius solius est purus cultus; ceterorum purus esse non potest. Hunc indicabat (ut iam quoque dictum est) sacrae Apocalypseos angelus voce magna clamans, Timete Dominum et date illi honorem, ubi timor augustam quandam reverentiam signat et honor puram hanc sinceramque latrian quae uni soli Deo, patri, filio et spiritui sancto et (ut sic dicam) incommunicabiliter debetur.

Proinde eo conatus, vigor nervique omnes, tum pontificum tum regum et potentatuum omnium contendere debent, ut conservent illum sicubi adest et instaurent sicubi labefactatus est; nam in eo solo nobis vitam assequendi aeternam spes relicta est. Agite igitur pontifices, agite reges, agite generosa pectora; ubivis gentium expergiscimini ad evangelii lucem, ad verum Dei lumen, respirate ad vitam, eliminate quicquid huic puro obest officitque cultui. Nolite attendere quid dicat aut faciat caro, sed quid dicat aut iubeat Deus. Sedulo mementote illius sententiae Pauli, Ne tetigeritis, neque gustaveritis, neque contrectaveritis quae sunt omnia in interitum ipso usu secundum praecepta et doctrinas hominum, quae sunt rationem quidem habentia sapientiae in superstitione et humilitate.[4] Verbum Dei sufficit. Hoc unicum satis est ad vitam quae terminum nescit inveniendam. Haec unica regula vitae aeternae magistra est; cetera quibus non adlucet verbum Dei quam non necessaria sunt, tam nimirum superflua. Neque ad puritatem cultus, pietatis integritatemque fidei quod huiusmodi est, evangelio adnumerandum est, ut neque creatura Deo.

At dicet quispiam: Cupio ergo intelligere evangelium, ut credam evangelio et purum Dei cultum aemuler. Non proponit Christus, dux vitae et eiusdem largitor aeternae, intelligendum evangelium, sed credendum, cum pleraque contineat, et haec non pauca, quae transcendunt intelligentiae non modo nostrae, sed et omnis (ut arbitror) creatae quae ὑποστατικῶς Deo coniuncta non sit, captum.[5] Credite (inquit) evangelio. Sed et prius resipiscendum iussit, cum dixit, μετανοεῖτε, poenitentiam agite.[6] Et merito quidem. Nam prius omnes carnem sapiunt quam spiritum et ea quae hominum sunt avidius amplectuntur quam quae Dei;[7] nec forsitan nulla causa, cum haec sint supra hominem, illa secundum hominem. Ergo ab illis resipiscendum est, et caro et ea quae hominum sunt reiicienda sunt, ut credere possimus evangelio. Vincant itaque divina, facessant humana quae ex evangelio lumen non habent, etsi sapientiam et pietatem prae se ferant; nam hic de verbo Dei, de fide, de puro Dei cultu agitatur sermo, in quo nimirum sola veritas quae est verbum Dei salvat; quod autem tale non est, perdit. Colligit unum, multitudo dispergit.

Et utinam credendi forma a primaeva illa peteretur ecclesia quae tot martyres Christo consecravit, quae nullam regulam praeter evangelium novit,[8] quae nullum denique scopum praeter Christum habuit et nulli cultum praeterquam uni trinoque Deo impendit. Sane si ad hunc morem viveremus, floreret nunc ut et tunc floruit aeternum Christi evangelium. Omnino ex Christo pendebant; et nos quoque ex eodem omnino penderemus. Tota fides eorum, tota fiducia, totus amor ad ipsum colligebatur; et haec etiam in nobis ad eundem colligerentur. Nullus suo sed Christi spiritu vivebat; sic et nos viveremus. Et sic tandem ex hac vita ad ipsum ituri essemus, ut et ipsi nos praecesserunt quibus unus erat omnia Christus, quos omnes et amamus et laudamus propter Christum, unde et omnem soli Deo cultum et gloriam cum ipsis impendimus. Et quidni saecula nostra ad primigeniae illius ecclesiae effigiem redigi optaremus, cum tunc et purius Christus coleretur et nomen eius latius effulgeret, quandoquidem tunc (attestantibus non paucis, ac etiam in libello adversus Iudaeos Tertulliano, qui illius tempestatis erat) Persae, Medi, Elamitae, Mesopotamii, Armenii, Phryges, Cappadoces, Pontini, Asiani, Pamphyliani, Aegyptii, Afri, Cyrenaei, Romani, Hierosolymitae, Getuli, Indi, Aethiopes, Mauri, Hispani, Galli, Britanni, Sarmatae, Daci, Germani, Scythae, ignotarum gentium insulae in Christum credebant, Christum colebant, Christum adorabant? "Christi", inquit, "regnum et nomen ubique porrigitur, ubique creditur, ab omnibus gentibus supra numeratis colitur, ubique regnat, ubique adoratur. Omnibus ubique tribuitur aequaliter; non regis apud illum maior gratia, non barbari alicuius imperiosi minor laetitia, non dignitatum aut natalium cuiusquam discreta merita; omnibus aequalis, omnibus rex, omnibus iudex, omnibus Deus et dominus est." Haec ille de illius tempestatis fide in Christum longe lateque diffusa.[9]

Quam fidei amplitudinem, quem puritatis cultum redeunte evangelii luce nobis quoque annuat ille qui est super omnia benedictus. Redeunte inquam evangelii luce quae sese tandem mundo rursum hac tempestate insinuat, qua plerique divina luce illustrati sunt, adeo ut

praeter alia multa a tempore Constantini, quo primitiva illa quae paulatim declinabat desiit ecclesia, non fuerit maior linguarum cognitio,
non maior orbis detectio, non ad longinquiora terrarum spatia quam
temporibus istis nominis Christi propagatio. Linguarum enim cognitio, et maxime Latinae et Graecae (nam postea Hebraicarum litterarum studium a Ioanne Capnione excitatum est), circa tempora Con-
stantinopoleos ab hostibus Christi expugnatae redire coepit, paucis
Graecis, nimirum Bessarione, Theodoro Gaza, Georgio Trapezuntio,
Emmanuele Chrysolora, illinc in Italiam receptis. Terrarum autem
detectionem et subinde nominis Christi propagationem haud ita multo
post, ad exortum quidem solis fecere Lusitani, ad occasum vero vergendo ad meridiem primum (duce Ligure) Hispani, deinde vergendo
ad septentrionem etiam Galli; in quibus omnibus locis utinam nomen
Christi pure ac sincere annuntiatum sit, et posthac annuntietur, ut
brevi impleatur id, Omnis terra adoret te Deus,[10] sincero scilicet ac
evangelico in spiritu et veritate cultu,[11] quod maxime optandum est.

Sed age cum dominus iubeat, ut dictum est, evangelio credere, non
autem intelligere, aspirandumne erit ad ipsum intelligendum? Quidni?
Sed ita tamen, ut credulitas priores parteis obtineat, intelligentia
posteriores; nam qui non credit nisi quod intelligit nondum bene ac
sufficienter credit. Sunt enim in eo (ut iam dictum est) non pauca
quae ab hominibus credi possunt, at intelligi non possunt, ad quae
etiam intelligenda nemo aspirare debet, cum satis sit Christum et
spiritum Christi qui in credente est illa intelligere. Quandoquidem
immensitas credendorum ac maiestas humanam mentem opprimunt,
ut fons solaris lucis sensibilem oculum, adeo ut tum illa nihil intelligat,
perinde ut iste nihil videt. Credit tamen iste, et indubitato quidem,
fontanam illam lucem, etsi eam in fonte videre non possit; sic et illa
credere debet, etsi intelligere nequeat. At ut credulitas oculi maius
quid est quam visio, cum haec sit exigui, illa immensi, sic et credulitas
mentis maius quid est quam intelligentia, cum haec sit finiti, illa etiam
infiniti.

Vt tamen ad intelligentiam evangeliorum nos proveherent, multi e
maioribus nostris etiam praeclari viri, alii homiliis, alii commentariis
sua tempora illustrarunt et alii alios scribendi modos in illis enuclean-
dis tentaverunt; quorum omnium conatus, et maxime eorum qui id
spiritu impellente aggressi sunt, plurimi facio. Verumtamen ut lux

solis innumeris per noctem siderum luminibus explicari non potest, sic nec lux evangeliorum innumeris scriptorum (etiam si divine illa tractent) lucubrationibus. Proinde ut novum sidus exortum nihil officit, sed noctem reddit illustriorem, etsi solis iubar nondum explicetur, sic nec novos, si qui pararentur, in evangelia commentarios qui etiam mentem nostram illustrarent quicquam obesse duximus.

De quorum tamen genere hosce commentarios, quos primum ad Dei gloriam, deinde ad evangelicae veritatis cognitionem, postremo ad omnium utilitatem in evangelia conscripsimus, nequaquam esse dicimus; sed de eorum qui mentis tenebras discutiant et eam luci perviam quoquo modo efficiant. Nam quia ut nox siderum lumine non illustratur nisi prius discussis aeriis caliginibus et aere purgato, sic nec ignorantia commentariorum luce nisi prius depulsis mentis tenebris et eadam purgata. Idcirco operam navavimus parandis novis in evangelia commentariis qui tenebras mentis discuterent et in eadem quandam veluti purgationem efficerent, solum eam quam a Deo expectavimus secuti gratiam, nisi sicubi nos nobisipsis relicti nonnihil nostri admiscuimus; quod nostrum fatemur et nequaquam magnifaciendum, quod autem tale non est Deo acceptum referimus. Neque aliorum laboribus incubuimus, ut inopes magis a Deo penderemus; etenim me non latebat diligentiam quae studio et evolvendis libris praestatur horum sacrorum afferre non posse intelligentiam, sed eam dono et gratia esse expectandam, quae non pro cuiusquam meritis, sed pro mera largientis liberalitate concedi solet. Proinde hos commentarios ne stellae quidem lucenti per noctem assimilari volumus, sed aeriae potius purgationi. Tria namque sunt quae maiores nostri posuere: καθαρισμὸς, φωτισμὸς, καὶ τελείωσις ἤτε τελειότης, id est purgatio, illuminatio et perfectio, quibus haec inferiora superiorum redduntur aemula.[12] Inter quae perfectio locum tenet summum, illuminatio medium, purgatio infimum; quo in genere commentarios nostros, qualescumque sunt, collocamus et proinde purgatorios, id est, initiatorios nuncupamus. Det Deus sint qui et illuminatorios et (ut volet) perfectorios adiiciant, quia eius solius est omne divinum munus, et maxime quod tale sit, infundere. Purgationis autem hic meminit Paulus, καθαρισμὸν ποιησάμενος τῶν ἁμαρτιῶν ἡμῶν.[13] Illuminationis hic, εἰς τὸ μὴ αὐγάσαι αὐτοῖς τὸν φωτισμὸν τοῦ εὐαγγελίου τῆς δόξης τοῦ Χριστοῦ.[14] Et perfectionis hic, διὸ, ἀφέντες τὸν τῆς ἀρχῆς τοῦ θεοῦ λόγον, ἐπὶ τὴν τελειότητα φερώμεθα.[15]

Ceterum cum dicimus hos in evangelia commentarios purgatorios, nemo putet evangelia purgatione egere; non enim illa egent, immo neque illuminatione neque perfectione, quandoquidem et seipsis purgatissima, illuminatissima et perfectissima sunt. Sed hanc purgationem, qua de hic loquimur, ad mentium, sed eorum praesertim qui adhuc rudes ad sacrorum evangeliorum adita, ad arcana verbi Dei mysteria accedunt, caligines discutiendas pertinere, quo sincerum ac sanctum lumen et inviolabile aeternae lucis sacramentum intra se admittere possint, iam cessante ignorantiae nocte et oriente in cordibus ipsorum evangelii luce. Nam nisi illae depellantur, mentes eiusmodi persaepe circa litteram ipsam caligabunt; quod ne fiat commentarii praestare solent. Sed quantumlibet insignes sint, nihil lucis addere queunt evangeliis (hoc enim fieri nequit, cum ne sensili quidem soli quicquam lucis adiici queat), sed contra evangelia commentariis. Quod si non fiat, commentarii nihil aliud sunt quam colores in tenebris et multiplices mentium caligines.

At ne vos lateat quo pacto hi commentarii sint purgatorii, paucis tandem vos ordinis admonebo. Primo loco vetus occurrit editio. Deinde annotationes breves, quae partim quod in vetere editione obscurum est illustrant, partim quod vitiatum est emendant, partim quod apud Graecos plusculum est adiiciunt praeposito asterisco *, partim quod non habetur apud illos confodiunt obelisco ▰,[16] partim alia subindicant quae ab iis qui quantulacumque luce donati sunt facile intelligentur. Quae omnia tum mentium tum veteris litterae purgationem efficiunt. Tertio loco sequitur commentarius exactius consimilia efficiens, id est, interdum veteris litterae, interdum mentium, interdum utrorumque illius mendas, harum caligines detergens. Sed et veteris editionis litteram duplices numeri circumstant: quorum qui in exteriori margine sunt collocati numeris commentarii respondent, qui in interiori numeris brevium annotationum. At antequam opus ipsum aggrediamur, concordiam quandam quattuor evangelistarum praefigemus, in qua duo puncta designant illic minus haberi, tria instar trigoni plus, quattuor instar tetragoni simile, duo puncta praeposita trigono primum minus, deinde plus, et contra ediverso.[17] Sed haec forte leviora sunt quam ut admonitione egeant.

Boni ergo consulite Christiani piique lectores et rogate dominum verbi, qui est Christus dominus, ut verbum eius non sine fructu cadat sed in universo orbe in vitam fructificet aeternam, et ut ipse, cum sit dominus messis, mittat in messem novam novos et alacres operarios. Valete in eodem Christo Iesu domino nostro, qui factus est nobis a Deo sapientia, iustitia, et sanctificatio, et redemptio, et ipse Christus Iesus in gloria patris et caritate spiritus sancti sit vobis omnia, qui et in iis qui aeterno aevo in beatitudine fruentur erit omnia in omnibus. Meldis. An. M.D.XXI.

1. *Ad Magnesios*, x, 2. The translation is the Old Latin version of the Long Recension, ed. F. Funk, *Opera Patrum Apostolicorum* (Tübingen, 1881), II, 89, line 18.

2. Apoc. 14:6–7. Cf. Pseudo-Dionysius, *Hier. cael.*, xii, 1–2 (*MG*. III, 292–293).

3. Cf. Plotinus, *Enn.* V, iv, 1; VI, vi, 1; Pseudo-Dionysius, *De div. nom.*, xiii, 2–3 (*MG*. III, 977–981); *Nicolai de Cusa De pace fidei*, ed. R. Klibansky (London, 1956), 70, note 8.

4. Coloss. 2:21–23.

5. Cf. Pseudo-Dionysius, *De div. nom.*, vii, 1 (*MG*. III, 865 B–C).

6. Marc. 1:14–15. Cf. Matth. 3:2.

7. Cf. Rom. 8:5.

8. The theological faculty of the University of Paris began an official examination of L.'s *Commentarii Initiatorii in quattuor Evangelia* on 16 June 1523. On the 18th the chancellor Duprat, archbishop of Sens, Briçonnet, bishop of Meaux, and the bishops of Langres and Senlis summoned the dean of the faculty to hear the king's displeasure. The next day the dean transmitted the king's wishes to the theologians: "Secundo, quod rex nollet scriptum magistri Jacobi Fabri super evangelia per Facultatem examinari et definiri, quin prius Facultas ipsis dominis cancellario et prelatis ante nominatis omnes articulos ratione quorum dicerent ipsum Fabri scriptum suspectum esse de errore, et jusserat ipse dominus cancellarius illos omnes articulos sibi deferri intra diem jovis XXVam hujus mensis postride Nativitatis beati Johannis Baptiste" (Clerval, *Régistre des procès-verbaux de la Faculté de théologie de Paris, I. 1505–1523*, Paris, 1917, p. 359). L.'s errors were eventually summed up in eleven articles, the first of which was drawn from this sentence: "Primaria Ecclesia quae tot Martyres Christo consecravit nullam regulam praeter Evangelium novit" (C. Duplessis d'Argentré, *Collectio judiciorum de novis erroribus*, Paris, 1728, II, Part I, p. xi).

9. *Adversus Iudaeos*, vii, 3–5, 9 (ed. Aem. Kroymann, *Corpus Christianorum*, II, 2 [1954], 1354–1356).

10. Ps. 65:4.

11. Ioan. 4:23.

12. The three "viae" of mystical theology. Although L. has given Pauline

sources for these terms (see notes 13–15 below), Pseudo-Dionysius, *De Eccl. hier.*, v, 1, 6–7 (*MG.* III, 506 D–510 B) is equally relevant.

13. Hebr. 1:3.

14. 2 Cor. 4:4.

15. Hebr. 6:1.

16. The Aristarchian signs. See ep. 66, note 26.

17. A single concordance based on Matthew, although L. is at pains to point out that "hoc unico concordiae canone ad Matthaeum te si velis (perquam pauco adhibito labore) tot deprehendere posse, quot decem illis quos vir egregia laude Eusebius olim apud Graecos concinnavit" (ed. 1522, sig. a, vi, v).

135

Josse Clichtove to Charles Guillart
Paris. [c. September 20,] 1522.

In Hoc Libro Contenta. Opvs Magnorum Moralium Aristotelis, duos libros complectens: Girardo Ruffo Vaccariensi interprete. Eidem noue traductioni e graeco in latinum, adiectus ad literam commentarius: cum annotationibus obscuros locos explanantibus. Altera eiusdem operis magnorum moralium interpretatio, per Georgium Vallam Placentinum iampridem elaborata: & breuiusculis annotationibus explicata, Paris, Simon de Colines, 20 Sept. 1522, fol. 2r–v.

The epistle prefaces Clichtove's commentary on Aristotle's *Magna Moralia* in the translation of Gérard Roussel. In 1497 L. had published Giorgio Valla's translation of the *Magna Moralia* from a copy given to him by Gianstefano Ferrero (see ep. 11 and ep. 15, notes 3 and 4) with explanatory marginal notes and a tabular concordance of the *Magna Moralia* and *Nicomachean Ethics*. When Clichtove decided to write a commentary on the work, he found Valla's translation imperfect: difficult to understand and sometimes unfaithful to the Greek. He asked Gérard Roussel to make a new one (see ep. 136). To the Roussel translation and his own commentary on it (ff. 5r–85r) he added Valla's translation with L.'s notes and concordance (ff. 85v–114r).

Clarissimo viro et Parisiensis senatus aequissimo praesidi Carolo Guilliardo[1] Iodocus Clichtoveus, professorum theologiae minimus, felicitatem imprecatur.

Socratem philosophum insignem magnis laudibus extollit antiquitas, gravissime praeses, quod posthabita naturalium rerum speculatione ad ethicen se converterit (ut auctor est Laertius[2]) illamque primus Athenis invexerit, ratus eam philosophiae partem humanae vitae instituendae magis esse necessariam (ut certe est), pariter et accommodam. Verum Aristotelem, philosophorum omnium facile principem, multo celebriore praeconio dignum existimem, quod et physicen absolute tradiderit, ad supramundana cognoscenda maiorem in modum conducibilem, et scientiam de moribus a Socrate introductam consummaverit ad calcemque perduxerit, conscriptis de ea praeclaris operibus, quo non modo suae aetatis hominibus, sed et ceteris consuleret, doctrinamque tantopere salutarem litterarum monumentis tradens, ad posteros eandem transmitteret. Hic sane tria de moribus opera excudisse dinoscitur, ad vitam cuiusque formandam apprime utilia: Ethica scilicet in decem libros digesta ad Nicomachum, Magna moralia duobus distincta libris, et Parva moralia ad Eudemum,[a] necdum (quantum norim) Latinitate donata.[3] Horum tamen loco lectitatur apud nos Leonardi Aretini, viri utique doctissimi, dialogus introductorius de moribus ad Galeotum, amoenus admodum et fecundus, isagogicaque brevitate gratissimus.[4]

Sed cur (inquies) de re domestica administranda unicum opus, de civili itidem unicum, de vita autem singulorum moderanda terna composuit opera Aristoteles? Id plane in causa esse arbitror, quod probitas in unoquoque viro morumque integritas in primis necessaria est, necnon conducens ad rem familiarem simul et publicam rite gubernandam et tamquam moderationis in plures habendae basis ac substerniculum. Si quis enim seipsum certis prudentiae virtutisque legibus regere nequiverit, quonam modo totius domus aut rei publicae gubernacula recte tractaverit, cum praeclare dicat Sapiens: Ab immundo quid mundabitur et a mendace quid verum dicetur;[5] et rursum idem: Qui sibi nequam est, cui alii bonus erit?[6] Pythagoram quoque dicere solitum ferunt, quod aliis non potest esse bonus qui suis in se moribus fuerit malus. Itaque ad id quod magis erat necessarium et ad cetera praeambulum optimus ipse magister morum Aristoteles accuratiore opera censuit elaborandum diversisque operibus idem tentandum.

At vero opus illud de moribus, secundo nominatum loco (quod Magnorum moralium titulo est inscriptum, non tam ob voluminis ipsius molem quam materiae inibi pertractatae ubertatem ac copiam), praeter annotatiunculas illi iam pridem adiectas mihi commentarium

a. Eudemium *ed.*

efflagitare diutius visum est, propter breviorem litterae contextum sententias amplas continentem more Aristotelico obscurioremque et difficiliorem eius intelligentiam multis haud facile perviam. Enimvero liber ille ut epitome est et compendiaria quaedam collectio totius libri Ethicorum, duobus concludens libris quicquid fere materiae decade illa librorum comprehenditur; illic tamen apertius et plenius, hic vero latentius et contractius. Nihilo secius occurrent interdum hic nonnulla diligentius excussa, quae in Ethicis neutiquam agitantur aut pertractantur. Quocirca supervacuum laborem non sum arbitratus me suscepturum, si explanatoriam illi commentationem adiecero, servato ordine litterae iisdem numeris lateralibus (quibus illa signatur) distinctam, quo commodius cuique parti litteralis sententiae sua respondeat expositio et ex una in alteram facilior sit lectionis transitus.

Porro in hac explanatione brevitati quam maxime potui dedita opera studui, ut more paraphrastis sententiam ipsam auctoris secundum litterae tenorem et seriem potius deprompserim quam ultra eam quippiam declaratorium addiderim. Sicubi tamen locus efflagitat, non est praetermissa in singulis etiam capitibus aliquorum praeter litteram annotatio. Huiusce autem mei instituti causa haec fuit, quoniam praesidio indicis et descriptionis in fronte operis huius affixae, haud magno negotio poterit lector unamquamque praesentis libri materiam in Ethicis pertractatam invenire et ad illum amplioris determinationis locum tamquam ad latiorem campum recurrere. Nempe si quid hic ambiguum aut intricatum relinquitur, illic enodatius expromitur; et quod hic disceptatione plerumque discutitur ac inquisitione agitatur, illic solide dissolvitur.

Ceterum hunc ad litteram commentarium adieci novae traductioni eiusdem Magnorum moralium libri quam nuperrime elaboravit vir omneis philosophiae partes egregie callens et Graecae itidem litteraturae scientissimus, Girardus Ruffus Vaccariensis, importuna et frequenti efflagitatione ad eam provinciam obeundam a me ipso impulsus, quod tralatio prior superioribus annis a Georgio Valla Placentino elucubrata nonnullis in locis obscura videatur et involuta intellectuque difficilis; discedat etiam interdum a Graeci codicis intelligentia atque deerret ab archetypo, uti accepi; quod ex ipsius novae interpretationis collatione cum altera, iisdem conciliata numeris et in huius voluminis calce subiuncta, plane constabit.

Demum hanc litterae Aristotelicae explicationem, emissioni ad publicam omnium utilitatem paratam, tuae praestantissimae dignitati nuncupatam volui, excellentissime praeses, ut qui sincera morum integritate inculpataeque vitae candore disciplinam virtutum semper approbasti, tua itidem senatoria auctoritate suffulcias hoc opusculum, ad capessendas virtutes nequaquam incommodum, tuique nominis adiutum praesidio idem sinas transire ad ceteros. Vale virtutum columen et decus egregium. Ex Parisiis, anno ab incarnatione dominica M.D. XXII.

1. See ep. 116.
2. Diog. Laert. II, 21. Cf. Cicero, *Tusc. Quaest.* V, 4, 10; *Acad. Quaest.* I, 4, 15.
3. No Latin translation of the *Eudemia* had yet been published. Two Quattrocento Italian humanist translations existed in manuscript: one by Gianozzo Manetti (Vaticana, Urb. lat. 223) and a second by Gregorio da Città di Castello, done for Nicholas V c. 1453, part of the papal project to retranslate all of Aristotle's works (Florence, Laur. 79, 15). See Garin, "Traduzioni umanistiche di Aristotele," pp. 71–73.
4. *Isagogicon Moralis disciplinae ad Galeottum Ricasolanum* (ed. Hans Baron, *Bruni Schriften*, 20–41).
5. Eccli. 34:4.
6. Eccli. 14:5.

136

Gérard Roussel to François Bohier
[Paris. c. September 20, 1522.]

Opvs Magnorum Moralium Aristotelis, duos libros complectens: Girardo Ruffo Vaccariensi interprete, Paris, Simon de Colines, 20 Sept. 1522, ff. 3r–4r; *Opvs Magnorvm Moralium Aristotelis, duos libros complectens, Girardo Ruffo Vacariensi Interprete, cum annotationibus, doctissimi viri Iodoci Clichtovei Neoportuensis, nunc vigilanter aliquot in locis mendis purgatum, quibusdam notulis recentissime in margine superpositis, quae non modo memoriam iuvant, sed & exoptatorum inuentionem praestant,* Paris, Prigent Calvarin, 1537, ff. 1v–3v (Paris, BN.).

François Bohier, younger son of Thomas Bohier (d. 25 March 1525), baron of Saint-Cirgues, lord of Chenonceaux, and an important royal financial officer, and of Catherine Briçonnet (d. 3 Nov. 1526), a sister of the bishop of Meaux, was born in Tours c. 1500. He and his elder brother Antoine were educated by a humanist tutor, Remigius Rufus Candidus. Early destined to an ecclesiastical career, François was *canonicus primarius* or *praepositus* of Chartres in 1515–1516, when Remigius and Badius dedicated to the two young men [Pseudo-] Lull's *In rhetoricen isagoge* and Quintilian's *Institutio oratoria* (Renouard, *Badius*, III, 197–198, 210, 471–472; cf. Renouard, *Imprimeurs* & *libraires parisiens du XVI siècle*, Paris, 1964, I, 231). In 1522 he was dean of Tours, and in 1535 succeeded his uncle Denis Briçonnet as bishop of St. Malo. He maintained his patronage of letters in his maturity and himself translated Cusanus's *Coniectura de ultimis diebus mundi* into French. He died c. 1567. See Charles de Mecquemem, "Antoine Bohier," *Mém. de la Soc. hist., litt. et sci. du Cher*, 4e sér., XXXIII (1922), 1–47; XXXIV (1923–1924), 312–325; and *DBF*. VI, 781.

The epistle prefaces Roussel's translation of the *Magna Moralia*. Cf. ep. 15, note 4 and ep. 135.

Girardus Ruffus Vaccariensis Francisco Bohero Turonensi decano docto iuxta ac probo S. D.

Cum eximius doctor theologus, praeclare decane, et suis litterarum monimentis, virtutis quoque candore probe notus, Iodocus Clichtoveus, suum (aliquantum iam interfluxit temporis) in commentandis Aristotelis Magnis moralibus exerceret calamum, in aliquot incidit locos certe non paucos, quos densis obductos tenebris cum interpretationis occasione (nec omnino pessime) causaretur, coepit me pro sua ipsius genuina modestia consulere, nonnihil de ea sibi pollicitus opera quam in Graecis litteris ac iam pridem in philosophia haud prorsus segniter insumptam mihi nosset. Acquiesco tum ego quidem officiosior, cui dudum pergratum erat obsequi viro; moraque sublata istiusmodi locos ad Graecum codicem ceu ad praescriptum satago excutere, quos accuratius expensos ab amussi distare, neque auctoris assequi intelligentiam comperio primum, deinde rem obscurare magis quoque perviam, tum demum (quo viro facerem satis) eosdem ad verbum transfero, ut ita suo nihil adimi iudicio, Graecus magis promeret codex. Ceterum (tantum abest ut fluctuantem ipsius sedarim animum) coepit ex eo haesitantius agere, ne forsan in plerisque quoque aliis locis interpreti caespitatum esset, adeoque quod sibi subesset cordi quod in aliis, in his etiamnum Aristotelis lucubrationibus praestare, non destitit exinde efflagitare ex integro verterem opus, hoc ipsum ratus non uni modo sed plerisque praeterea cessurum commodo. At vero quo minus istud obirem munus, mihi plus satis id unum (etiamsi nihil aliud) visum est obsistere, quod ea in re viderer

plerisque interpretem minime proletarium sugillare ac somni cuiusdam (ut parcius agam) insimulare, quod non admodum libens fecerim, qui alioqui meae quoque parvitatis probe sim conscius; nec eo
usque me philautiae non intercutaneus, verum etiam ἐντοκάρδιος
provexit morbus, tametsi nostri pridem saeculi infixus hominibus, tot
mala propagarit, tantaque enixus sit monstra, ut ea exprimere perinde
fuerit, ac τοῦ Αὐγίου βούσταθμον expurgare. Quo in genere sunt
invectivae, quas proferunt in vulgus nescio qui, siquando dementiunt,
efferuntur, insaniunt; quarum ethnicum quoque depuduerit, nedum
Christianum, cui nihil accesserit fellis, si sui (quantum satis est) memi-
nerit capitis. Hi certe dum aliorum famae iniquius incumbunt, suam
impensius obscurant, ne nihil ad eos pertineat diverbium ξῦρός εἰς
ἀκόνην. Nec dubito istius modi viros pessime audire a doctis iuxta
ac piis, praecipue qui summissum caelitus radium adscitis pluribus
ronchis, sannis ac blateramentis obterere contendunt, quique nihil
norunt suo non suspendere naso, modo suae non sit farinae. Neminem
taxo ex nomine; at magis Christiano optarim affectu hos (quamquam
sibi maxime coram hominibus probantur) resipiscere, ad se redire,
Christiani non dememinisse candoris, et demum illius, qui nihil non
antea in examen adductum admittit reiicitve, paratior ut lapsum con-
donet quam ut quempiam infamet, nedum de Christianis litteris pie
meritos adlaboret ceu haereticos convellere. Porro huic occurrens
obiecto primum ob oculos vulgatum hoc figebat ex Aristotele,
Δόξειε δ'ἂν ἴσως βέλτιον εἶναι, καὶ δεῖν ἐπὶ σωτηρίᾳ τῆςᵃ ἀληθείας
καὶ τὰ οἰκεῖα ἀναιρεῖν, ἄλλως τε καὶ φιλοσόφους ὄντας, ἀμφοῖν γὰρ
ὄντοιν φίλοιν ὅσιον προτιμᾶν τὴν ἀλήθειαν.[1] Hoc est, porro pro
salute veritatis etiam propria refellere oportere, praesertim philosophos, melius forsan videbitur, nam cum ambo sint amici, pium est
veritatem in honore praeferre. Nullam deinde me aiebat egerere in
interpretem notam, si sua seorsum missa interpretatione in eodem
versarer ego studio, suo quemque sinens arbitrio utrum sequi malit,
quod hoc etiamnum tempore plerique omnes graecissent, quorum
bonam in partem fuerit amicam admovere censuram. Adhuc autem
(ne ullus tergiversandi me maneret locus) id ad unam et alteram
interpretationem aiebat accedere momenti, quod cuique appositior

---

a. γε *ante* τῆς *ed. Bywater, Oxonii, 1891*

ex collatione suggereretur intelligentia, nihil dissimulans commodum quod ex trina Ethicorum ad Nicomachum interpretatione[2] studiosis dudum obvenerat, qui has perinde ac commentatione suffuncti conferrent invicem.

Sic ille suas artes intentans mihi, ac alias expertus persuadendi vias, denique crebro interpellatu constantique adhortatione me impulit ut istud interpretandi subirem munus, rursumque hoc opus a me Latinitate donatum in studiosorum prodiret manus. Quod tibi idcirco dicatum volui, qui amore, obsequio, benevolentia, litteris non facile cuiquam cessurus sis, si modo te audieris, hoc est, si eas animi non neglexeris dotes quas tibi summus naturae parens abunde impartiit; quo plane intelligas quantum istoc tuum in sincera piaque studia adamem propensius desiderium, per quod anniteris assectari individue reverendum episcopum Meldensem Guillelmum Briconnetum, tuum avunculum, virum sane cum primis probitate eximium, ingenio facundiaque praecipuum, rerumque cum humararum tum divinarum scientia admirandum, denique (ne quid maius addam) nostro saeculo unum qui Paulinum propius agat pastorem, ad cuius instar, ac si tuus inter mortales scopus, nihil tu tibi non exigis.

Ad extremum obiter mihi monendus est lector rationis ambitu perstringi singula quae huic inserta sunt operi, cui cum spiritu nihilo magis convenit quam cum inferiore appetitu, etiamsi huiusce cognatae functiones ad rationis exactae normam, pravae dicantur; adeo spiritualia iis quae ratione subduntur (quo tamen universum, si quod est, hominis spectat arbitrium, quod αὐτεξουσιότητα appellitant Graeci) praeponderant, ut id intercedat commercii, quod luci et umbrae. Nam virtutes quas parit ratio quasque praedicant philosophi umbrae earum sunt quas spiritus Christi in membris suo insertis corpori operatur: has commendant eloquia; illarum humanus spiritus suae missus naturae auctor est, harum vero spiritus divinus; in illis agit homo, in his agitur potius ac organum est; illae humanae, hae divinae; illae humanae iustitiae, hae divinae ac fidei; illae umbratiles, hae verae. Et licet homini sua illic cesserit libertas, at non item in his quas solus Christi reddit spiritus, quod facile expendit, cui fides obversatur animo, per quam corpori (quod solo Christi agitur spiritu ac vivit) arctius quisque fidelis insertus est quam suo quodque membrum corpori. Quae profecto servitus apud me pluris multo fit quam quaeque libertas, nihilque duco praestantius quam organum fieri in quo non ego ipse sed solus operetur Christus. Nec eo ista spectant, ut hanc morum damnem philosophian culpamve ullam in Aristotelem regeram, nempe cui divina dignatione collata munia tam veneror ut qui maxime; sed suo eam exigi velim limite, quod si fieret ne hac quoque parte cuiquam male (ni fallor) audierit Aristoteles. Atque id dissimulari utique poterat, nisi sacra eloquia interim et beneficia Dei obscurassent, non suo istaec expensa loco. Nam mihi magis Christus fuerit quam quisque philosophus, ne nihil iis quoque deferam quibus in universum humana (ut modestissime dicam) non magni fiunt. Haec velut aliud agens adieci, mi decane, ne quis omissa luce (quam nihil opus est attollere verbis) plus satis umbrae deserviat; qui nihil perinde optarim atque si fieri potest Christianos omneis in divinorum luce liberrime versari, ac in illam plane transformari, alioqui haec exactiore premenda stilo fuerant. Vale.

1. *Eth. Nic.* I, vi, 1, 1096a 14–17.
2. See ep. 14, note 5.

137

To all Christian men and women   [Meaux. c. June 8, 1523.]

Les choses contenues en ce present liure. Vne epistre exhortatoire. La S. Euangile selon S. Matthieu. La S. Euangile selon S. Marc. La S. Euangile selon S. Luc. La S. Euangile selon S. Jehan. Aucunes annotations, Paris, Simon de Colines, 8 June 1523, sig. a, ii, r–a, viii, r; CCLXXXII (7 April 1524), sig. a, ii, r–a, viii, v. The text is that of the second edition. The epistle will also be found in CCLXXXIII–CCLXXXVI, CCXCIV, and CCXCIX. Previously published by Herminjard, I, 133–138.

The epistle prefaces L.'s French translation of the four Gospels, the first part of his translation of the New Testament.

Epistre exhortatoire.

A tous Chrestiens et Chrestiennes grace, illumination et salut en Jesuchrist.

Quant sainct Pol estoit sur terre preschant et annonceant la parolle de dieu avec les autres apostres et disciples il disoit: Ecce nunc tempus acceptabile, ecce nunc dies salutis: Voicy[a] maintenant le temps acceptable, voicy maintenant les jours de salut.[a][1] Aussi maintenant le temps est venu que nostre seigneur Jesuchrist, seul salut, verité et vie, veult que son Evangile soit purement annoncee par tout le monde, affin que on ne se desvoye plus par autres doctrines des hommes qui cuydent estre quelque chose et (comme dict sainct Pol) ilz ne sont riens, mais se decoyvent eulx mesmes.[2] Parquoy maintenant povons dire comme il disoit: Ecce nunc tempus acceptabile, ecce nunc dies salutis: Voicy maintenant le temps acceptable, voicy maintenant les jours de salut.

Et affin que ung chascun qui a congnoissance de la langue gallicane et non point du latin soit plus disposé à recevoir ceste presente grace, laquelle dieu par sa seule bonté, pitié et clemence nous presente en ce temps par le doulx et amoureux regard de Jesuchrist nostre seul sauveur, vous sont ordonnees en langue vulgaire par la grace d'iceluy les evangiles selon le latin qui se lit communement par tout sans riens y adiouster ou diminuer,[3] affin que les simples membres du corps de Jesuchrist, ayans ce en leur langue, puissent estre aussi certains de la verité evangelique comme ceulx qui l'ont en latin. Et aprés auront par le bon plaisir de iceluy le residu du nouveau testament, lequel est le livre de vie et la seule reigle des Chrestiens, ainsi que pareillement est maintenant faict en diverses regions et diversitez de langues par la plus grande partie de Europe entre les Chrestiens, mouvant à ce les cueurs d'iceulx l'esperit de nostre seigneur Jesuchrist, nostre salut, nostre gloire et nostre vie.

Et encore nous monstre sa bonté infinie qu'il est de[b] necessité en ce temps que grans et petis sachent la saincte evangile, ouquel nous menace envoyer les Turcz ennemys de nostre foy, comme les Babyloniens estoyent anciennement ennemys de la loy Israelitique. Et ce pour corriger les faultes de la chrestienté, lesquelles sont moult grandes, se brief on ne se retourne a luy, en delaissant toute autre folle fiance en creature quelconque et toutes autres traditions humaines, lesquelles ne peuvent sauver, et en suyvant la seule parolle de dieu qui est esperit et vie. Car comme dit la veritable et vivifiante escripture, Il n'est que ung seigneur, une foy, ung baptesme, ung dieu et pere de tous, sur tous, et par toutes choses, et en nous tous.[4]

a. Voicy ... salut *om. 1523*   b. *om. 1523*

Efforceons nous doncques tous de savoir sa voulenté par la saincte evangile, affin que au temps de tentation qui est à nostre porte ne soyons delaissez avec les reprouvez. Recevons la doulce visitation de Jesuchrist, nostre seul salutaire en la lumiere celeste evangelique, laquelle comme dit est, est la reigle des Chrestiens, reigle de vie, et reigle de salut. Et quiconques vouldroyent mettre ou soustenir autre reigle que celle que dieu a mise, qui est ceste seule, ilz[b] sont ceulx ou semblables desquelz sainct Pol par l'esperit de Jesuchrist parle à Timothee disant, Finis autem praecepti est charitas de corde puro et conscientia bona et fide non ficta. A quibus quidam aberrantes, conversi sunt in vaniloquium, volentes esse legis doctores, non intelligentes neque de quibus loquuntur, neque de quibus affirmant. C'est à dire, La fin du commandement est charité de cueur pur, et de bonne conscience, et de foy non fainte. Desquelles aucuns se[b] desvoyans, sont convertis en vanité de parolles, voulans estre docteurs de la loy, n'entendans point ne les choses desquelles ilz parlent, ne celles lesquelles ilz afferment.[5] Suyvons doncques la sapience de dieu ou ne peut estre vanité, ne faulte de intelligence, ne chose affermee qui ne soit la verité à tout entendement non offusqué, et voire aussi à tout entendement et à toute intelligence qui passe l'entendement la plus desiree.

Mais aussi ne voyons nous point que quant il est jour et que le soleil luyst clerement que on ne voit nulles estoilles? Comment doncques au jour de Jesuchrist, qui est le vray soleil, peut on veoir autre lumiere que la lumiere de sa foy, laquelle est baillee en la saincte evangile? Se on a foy et fiance en autre que en Jesuchrist touchant la vie eternelle que nous attendons, laquelle luy qui est verité infallible nous a promis, comme il est escript, Et non est in aliquo alio salus: Et[c] en nul autre n'y a salut,[c 6] nous sommes encores en la nuyct et ne voyons point la lumiere du soleil qui manifeste toute chose en bas et absorbe toute lumiere en hault. Qui est ce qui en plain jour puist veoir les estoilles? Parquoy serions[d] encore en faulseté et en tenebres de la nuyct. Et Jesuchrist nous dit par sainct Jehan, Si quis ambulaverit in die, non offendit, quia lucem huius mundi videt. Si quis ambulaverit in nocte, offendit, quia lux non est in eo. C'est[e]

c. Et ... salut *om. 1523*   e. C'est ... luy *om. 1523*
d. sommes *1523*

à dire, Se aucun chemie de jour, il ne se blesse point, car il voit la lumiere de ce monde. Et se aucun chemine de nuyct, il se blesse, car la lumiere n'est point en luy.[e][7].Parquoy il donne à entendre que qui chemine de[f] nuyct, combien qu'il voye des estoilles, lesquelles il[b] cuyde estre son adresse, il erre.

Doncques mes freres et seurs cheminons en la lumiere du jour, en la lumiere de la saincte evangile, ayans toute nostre fiance de vraye adresse au vray soleil, et jamais nous ne offenserons dieu; car luy mesme le nous a tesmoigné par sainct Jehan, comme avez ouy. Ne alons doncques à autre que au pere celeste par Jesuchrist et en Jesuchrist, comme sa parolle nous commande, et nous serons enfans de dieu en luy et de par luy, enfans de grace et de lumiere, enfans de esperit et de vie. Alors nous vivrons de son esperit et de sa vie qui est tout, et non du nostre et de la nostre qui n'est riens. Laissons la chair, prenons l'esperit. Laissons la mort, prenons la vie. Laissons la nuyct, prenons le jour, Sachans[g] (comme dict sainct Pol) que la nuyct est passee et le jour est approché[g] et que les œuvres precedentes ont esté œuvres de tenebres.[8] Sachons que les hommes et leurs doctrines ne sont riens, sinon de autant que elles sont corroborees et confermees de la parolle de dieu. Mais Jesuchrist est tout; il est tout homme et toute divinité; et tout homme n'est riens, sinon en luy; et nulle parolle d'homme n'est riens, sinon en la parolle de luy. Pourtant dit sainct Jehan en sa seconde epistre, Si quis venit ad vos, et hanc doctrinam non affert, nolite recipere eum in domum, nec Ave ei dixeritis. C'est à dire, Se aucun vient à vous, et n'apporte point ceste doctrine, ne le recevez point en vostre maison, et ne le saluez point.[9] Et que[h] est ceste doctrine, sinon la seule evangile de Jesuchrist?

Et se aucun voulant desgouster les simples ou destourner de la verité, disoit premierement[i] qu'il vault mieulx lire les evangiles comme devant ont esté translatees, en adioustant, diminuant ou exposant, et que par ainsi elles[b] sont aussi plus elegantes, se peut respondre que ce n'a on voulu faire, ne aucunement user de paraphrase, se autrement a esté possible expliquer le latin, de paour de

f. par la *1523*
g. Sachans ... approché] Scientes (comme dit saint Pol) quod nox precessit, dies autem ap-

propinquavit *1523*
h. que *1523*; qui *1524*
i. disoit premierement] premierement disant *1523*

bailler autre sens que le sainct esperit n'avoit suggeré aux evangelistes, comme il est escript, Paracletus autem spiritus sanctus quem mittet pater in nomine meo, ille vos docebit omnia, et suggeret vobis omnia quaecumque dixero vobis: Le[j] sainct esperit, le consolateur, lequel le pere envoyra en mon nom, iceluy vous enseignera toutes choses, et vous reduira à memoire toutes les choses que je vous ay dict.[j] [10] Ou de paour[b] de[b] mesler la parolle de l'homme avec la parolle de dieu, pour parolle de dieu. Laquelle chose voulant faire Theopompus, ung escrivain ancien, en translatant[k] la loy de Moyse, comme[l] se trouve par hystoire, fut faict aveugle[l] en punition de son audacieuse presumption.[11] Pour ceste cause user de paraphrase en translatant la parolle de dieu est chose perilleuse, principalement se on y adiouste aucune chose oultre la parolle de dieu, ou se on y diminue. Et de[b] ceulx qui cuident ainsi faisant la chose estre plus elegante, peut sembler que de[b] penser ce en la saincte escripture est presumption. Veult aucun estre[m] plus elegant que le sainct esperit? Veult aucun estre[m] plus savant que celuy qui l'a voulu ainsi avoir: Non in persuasibilibus humanae sapientiae verbis, comme dit sainct Pol?[12] Par ceste raison donsques doibt on estre excusé se plus ne moins on n'a escript que contient la saincte escripture et la vraye parolle de dieu. Et sachez que ce que plusieurs estiment elegance humaine est inelegance et parolle fardee devant dieu, et que la parolle de dieu en chasteté et simplicité de esperit est vraye elegance devant dieu et aux yeulx spirituelz, lesquelz luy seul enlumine.[n]

Secondement diront que en leur baillant ainsi les evangiles maintes choses seront[o] difficilles et obscures, lesquelles les simples gens ne pourront comprendre, mais pourront estre cause de erreur; parquoy n'est convenable de les[b] leur bailler ainsi. Il n'estoit point doncques convenable par ceste mesme raison que les evangelistes les baillassent ainsi aux Grecz, et ainsi les Latins aux Latins; car il y a moult de lieux difficiles et obscurs, lesquelz ne les Grecz ne les Latins ne pevent comprendre, et suffit de les croire, comme nostre seigneur

j. Le ... dictes *om.* *1523*
k. transferant *1523*
l. comme ... aveugle] fut fait aveugle, comme se trouve par hystoire *1523*

m. aucun estre] estre aulcun *1523*
n. il *ante* enlumine *1523*
o. maintes choses seront] seront maintes choses *1523*

commande disant, Credite evangelio: Croyez[p] à l'evangile.[p] [13] Et les plus subtilz d'engins et literez comme Arrius, Eunomius, Photinus, Sabellius et plusieurs autres sont tombez en erreur, et non point les simples vulgaires. Et aussi doit ung chascun savoir que pour neant se efforceroit aucun de vouloir faire entendre à ung aveugle la beauté, excellence et magnificence du soleil materiel. Et de tant est il plus impossible escrire ou faire entendre en escrivant la beauté, excellence et la gloire de l'evangile, qui est la parolle de dieu, ray du vray soleil spirituel ouquel[q] toute beauté, excellence, gloire, et toute supereminente bonté est[b] enclose, lequel ne peut estre congneu se luymesme ne se manifeste par dedans à l'œil interiore de l'esperit, comme le soleil materiel ne peut estre congneu se luy mesme ne se manifeste par dehors à l'œil exteriore de la chair. Mais comme le soleil materiel se veult communiquer par luy et par sa bonté naturelle, aussi faict moult plus fort le soleil spirituel par luy et par sa bonté supernaturelle, de tant qu'il est inestimablement plus beau et meilleur que le soleil materiel, et se communique aucunesfoys plus entierement et spirituellement aux simples, de tant qu'ilz sont plus humbles et petis, que aux clers moins humbles et plus grans, comme est congneu par la parolle de nostre seigneur disant en l'evangile sainct Matthieu, Confiteor tibi pater domine caeli et terrae, quia abscondisti haec a sapientibus et prudentibus, et revelasti ea parvulis: O[r] pere seigneur du ciel et de la terre, je te rendz graces que tu as caché ces choses aux sages et prudens et les as revelé aux petis.[r] [14]

Et se aucuns vouloyent dire ou empescher que le peuple de Jesuchrist ne l'eust en sa langue l'evangile, qui est la vraye doctrine de dieu, ilz sachent que Jesuchrist parle contre telz, disant par sainct Luc, Vae vobis legisperitis qui tulistis clavem scientiae, ipsi non introistis, et eos qui introibant prohibuistis. C'est à dire, Malheur sur vous, docteurs de la loy, qui avez osté la clef de science; vous n'y estes point entrez, et avez empesché ceulx qui y entroyent.[15] Et ne dit il point encore par sainct Marc, Euntes in mundum universum praedicate evangelium omni creaturae: Alez par tout le monde et preschez l'evangile à toute creature? [16] Et par sainct Matthieu, Docentes eos servare omnia quaecumque mandavi vobis: Les enseignans

p. Croyez ... l'evangile *om. 1523*   r. O ... petis *om. 1523*
q. est *post* ouquel *1523*

à garder toutes les choses que je vous ay commandé.[s][17] Et comment prescheront ilz l'evangile à toute creature, comment enseigneront ilz à garder toutes choses que Jesuchrist a commandé, se ilz ne veulent point que le simple peuple voye et lise en sa langue l'evangile de dieu? De ce fauldra il rendre compte devant le tribunal du grant juge au jour du jugement, et pareillement se on a presché au peuple parolles, faisant entendre quelles estoyent les parolles de dieu, et elles ne l'estoyent[t] point. Dieu dit par Esdras en[b] parlant[b] de l'ancienne loy, Legant digni et indigni: Les[u] dignes et indignes la lisent.[u] [18] Les Chrestiens, enfans de dieu, sont ilz de pire condition à lire la loy nouvelle, la loy de vie et de grace, que les Juifz l'ancienne, lesquelz estoyent serfs? Serons nous pires en nostre loy que les Juifz en la leur encore à ceste heure, lesquelz on ne sauroit interroguer de quelque passage de leur loy ancienne que promptement ilz n'en respondent? Et toutesfois il est escript des Crestiens par Hieremie, Dicit dominus: Dabo legem meam in visceribus eorum et in corde ipsorum scribam eam. C'est à dire, Le seigneur dieu dit: Je donneray ma loy en leurs interiores et l'escriray en leur cueur.[19] Et qui est ceste loy, sinon la loy evangelique et les escriptures du nouveau testament? Nous ne deverions point doncques les lire seulement et les avoir en livres materielz, mais les tenir promptement en memoire et les avoir escriptes en noz cueurs, Calciati pedes, c'est à dire, tous noz desirs et affections avironnez in praeparationem evangelii pacis.[20] Et affin, mes freres et seurs en Jesuchrist, que comme ceste epistre a esté commencee par sainct Pol[v] aussy elle fine avec sainct Pol, nous prions ce qu'il[w] prioit aux Corinthiens, que la grace de nostre seigneur Jesuchrist, et la charité de dieu le pere, et la[x] communication du sainct esperit soit avec vous tous.[21] Amen.

1. 2 Cor. 6:2.

2. Gala. 6:3.

3. The first edition of 8 June 1523 contains the following note (sig. C, i, r–v), written, I think, by Simon de Colines: "Il est à noter que en imprimant ces euangiles ceulx qui ont corrigé, ne entendans point l'intention pour laquelle

s. commandees *1523*
t. les estoyent *1523*
u. Les … lisent *om. 1523*

v. que *post* Pol *1523*
w. qu'il *1523*; qui *1524*
x. *om. 1524*

ont esté transferees, ont aucunesfoys corrigé selon le grec, parquoy ont une foys ou deux plus ou moins mis que n'est contenu au latin. Et jaçoit que on ne doibve reputer ce à faulte, toutesfoys affin que ceulx qui ne entendroyent point ce ne puissent calumnier et dire que autrement est au latin, les dictz lieux seront notez cy dessoubz, affin aussi que ceulx ausquelz il plaira puissent tout avoir à l'intelligence latine. Et pareillement ont esté changez aucuns motz en imprimant desquelz usait l'exemplaire, comme *Faictes penitence* où il y a au latin *Peniten-tiam agite* ou *Penitemini*, et *penitence* où il y a au latin *penitentia* ou aucun des desrivez. Au lieu desquelz ont mis aucunesfoys *Retournez vous, Amendez vous, Repentez vous*; et pour *penitence* quasi tousjours *repentance*. Et où estoit escript *les scribes*, ilz ont toujours mis *les docteurs*. Et est bien vray que les scribes et les docteurs de la loy, c'est tout ung, comme se peult congnoistre par le v. chapitre de S. Luc. Et souventesfoys ont mis *recevoir la veue* pour *veoir*. Et *pere et mere* pour *parens*, exposans les motz. Jaçoit que l'intencion eust esté interpreter, non point exposer, car autre chose est interpreter et autre exposer. Et ce est dict affin que ne soit donnee à aucun occasion de calumnier. Et jaçoit que ces choses soyent entendues facillement en lisant, toutesfoys aucuns des lieux seront notez cy dessoubz. Et quant le lieu sera corrigé selon le grec, ce signe 'G', qui signifie selon le grec, se mettra au devant. Et en la fin de la ligne, ce signe 'L', qui signifie selon le latin." This text seems to confirm L.'s express statement that he translated from the Latin "qui se lit communement par tous sans riens y adjouster ou diminuer" and that the "corrections from the Greek" (listed at sig. C, i, v–C, iv, v and taken from Erasmus's edition of the Greek text) were made not by L. but, as the note says, by a corrector at the press. The corrector was plausibly the young Robert Estienne. Colines omitted his corrections from the text of the second edition of 17 April 1524.

4. Eph. 4:5–6.
5. 1 Tim. 1:5–7.
6. Act. 4:12.
7. Ioan. 11:9–10.
8. Rom. 13:12.
9. 2 Ioan. 10.
10. Ioan 14:26.
11. *Aristeas to Philocrates*, 314–316; Josephus, *Ant.* 12, 112.
12. 1 Cor. 2:4.
13. Marc. 1:15.
14. Matth. 11:25.
15. Luc. 11:52.
16. Marc. 16:15.
17. Matth. 28:20.
18. Cf. 2 Esdr. 8:2–3, 7–8; 9:3, 13:1.
19. Ier. 31:33.
20. Eph. 6:15.
21. 2 Cor. 13:13.

138

To all Christian men and women
[Meaux. c. November 6, 1523.]

Le contenu en ceste seconde partie du nouveau testament. Vne epistre exhorta-
toire. Les epistres S. Pol. xiiii. Les epistres Catholiques. vii. Les actes des apostres.
i. Lapocalypse S. Jehan. i., Paris, Simon de Colines, 6 Nov. 1523, sig. A, ii, r–a,
iiii, r; CCXC (10 Jan. 1524/1525), sig. A, ii, r–b, iiii, r. The text is that of the
second edition of Simon de Colines of 10 Jan. 1524/1525. The epistle will also
be found in CCLXXXIX, CCXCI–CCXCIII, and CCXCIX. Previously published
by Herminjard, I, 159–169.

The epistle prefaces the second part of L.'s French translation of the New
Testament: the Pauline Epistles, Catholic Epistles, Acts, and Apocalypse.

Epistre exhortatoire.
A tous Chrestiens et Chrestiennes salut en Jesuchrist, vraye congnoissance et amour de sa parolle.

Sainct Pol, parlant de la saincte escripture aux Romains, dit que
toutes les choses qui sont escriptes sont escriptes à nostre doctrine,
affin que par patience et consolation des escriptures nous ayons
esperance,[1] c'est à dire que instruictz par les sainctes escriptures,
toute nostre fiance soit en dieu. Ce n'est point doncques de mer-
veilles se ceulx qui sont touchez et tirez de dieu desirent la vraye et
vivifiante doctrine, qui n'est que la saincte escripture. Auquel desir
passez trente six ans ou environ fut incité le tresnoble roy Charles
huytiesme de ce nom, à la requeste duquel la saincte Bible fut entierement mise en langue vulgaire, affin que aucunesfois il en peult avoir
quelque pasture spirituelle, et pareillement ceulx qui estoient soubz
son royaume, cooperant à son sainct et fructueux desire ung savant
docteur en theologie son confesseur, qui avoit nom Jehan de Rely,[2]
constitué en dignité episcopalle, grant annonciateur de la parolle de
dieu. Et lors fut imprimee ladicte bible en françoys, et depuis de
rechief par plusieurs fois, comme encores[a] de present se peult
trouver.[a][3] Et presentement il a pleu à la bonté divine inciter les

a. encores ... trouver] encores de   jour en jour aux boutiques des li-
present est, et se peult trouver de   braires *1523*

nobles cueurs et chrestiens desirs des plus haultes et puissantes dames et princesses du royaume de rechef faire imprimer le nouveau testament pour leur edification et consolation,[4] et de ceulx du royaume, affin qu'il ne soit seulement de nom dit royaume treschrestien mais aussi de fait. Et leur a pleu qu'il ait esté reveu et conferé à la lettre latine ainsi comme le lisent les Latins pour les faultes, additions et diminutions qui se trouvoient en ceulx qui estoient imprimez. Ce que par la grace de dieu a esté fidelement fait. Parquoy, treschiers freres et seurs en Jesuchrist, toutes les fois que vous lirés ce nouveau testament, vous ne devrés oublier en voz prieres les tresnobles cueurs qui vous ont procuré ce bien et exercice tant salutaire et divin, et que ja avez eu par leur moyen la premiere partie, c'estassavoir les quatre evangiles de Jesuchrist,[5] qui sont quatre fleuves spirituelz de paradis, par lesquelz se derive toute sapience et doctrine de vie, comme nostre seigneur dit par sainct Jehan, Qui biberit ex aqua quam ego dabo ei non sitiet in eternum; sed aqua quam ego dabo ei fiet in eo fons aquae salientis in vitam eternam: Celuy qui beuvera de l'eaue que je luy donneray n'aura point soif eternellement; mais l'eaue que je luy donneray sera faicte en luy une fontaine d'eaue saillante en vie eternelle.[6] Ceste eaue est l'esperit et l'intelligence par foy du nouveau testament.

Et qui est celuy qui n'a soif de si noble et si excellente eaue? Et qui ne dit en ung profond desire de cueur avec la Samaritaine, Sire donne moy de ceste eaue?[7] Laquelle se respant aussi et se distribue au residu du nouveau testament: c'estassavoir aux epistres sainct Pol, aux epistres catholiques, escriptes par sainctz Jaques, Pierre, Jehan et Jude, aux actes, c'est à dire faictz des apostres, excriptz par S. Luc, et à l'apocalypse de S. Jehan, comme à quatre roues de doctrine divine du triumphant chariot du roy des roys, qui est nostre seigneur Jesuchrist, lequel chariot meine au dieu des dieux en Sion, qui est le pere de nostre seigneur Jesuchrist en la gloire celeste. Et soubz le nom de l'evangile sont comprinses toutes ces sainctes et vivifiantes doctrines, c'estassavoir tout le nouveau testament. Et ne sont point doctrines d'hommes, mais doctrines de Jesuchrist, doctrines du sainct esperit, qui est l'esperit de Jesuchrist parlant es hommes[b] et par les

b. *om. 1523*

hommes. Comme sainct Pol nous tesmoigne, disant aux Thessaloniciens, Evangelium nostrum non fuit ad vos in sermone tantum, sed
et in virtute et in spiritu sancto: Nostre evangile n'a point esté vers
vous seulement en parolle, mais aussi en puissance et en sainct esperit.[8]
Et en ung autre lieu il dit, An experimentum quaeritis eius qui in me
loquitur Christus? Demandez vous experience de celuy qui parle en
moy qui est Christ?[9] Par lesquelz dictz entendons que lesdictes
escriptures s'appellent evangile et qu'elles ne sont point des hommes,
mais sont de Jesuchrist parlant en eulx et par eulx. Parquoy en moult
grande reverence devons avoir les parolles de ce sainct nouveau
testament. Duquel on obtient l'intelligence en se humiliant devant
dieu par humble priere et plus par souspirs et desirs d'esperit, lesquelz
dieu donne aux humbles, et ne scet on dont ilz viennent sinon que on
scet bien qu'ilz ne vienent point d'ung cueur glacé comme le nostre.
Plaise au doulx Jesus l'eschauffer en luy, qui est le vray feu venu en
terre pour se donner à tous. Ces souspirs sont ouys de dieu plus que
toutes les voix, sons et clameurs du monde. Je croy que de telle
priere Moyse prioit dieu, sans ouvrir ne bouche ne levres, quant dieu
luy disoit, Que crie tu à moy? [10] Car il n'est point là escript qu'il dist
aucune chose. En telz souspirs habite l'esperit de Jesuchrist et luymesmes les faict. Et en iceulx peut on obtenir plus de grace, d'intelligence et de congnoissance de dieu et de ses sainctes escriptures que
en lisant les commentaires et escriptures des hommes sur icelles; car
l'unction de Christ, comme dit sainct Jehan, enseigne de toutes
choses.[11]

Doncques chiers freres et seurs si aucun est touché de ce sainct
souspir de desir celeste et vient à aucune intelligence de l'escripture
saincte de la sapience divine, il n'en doit estre ingrat, mais continuelle-
ment rendre graces[c] du profond du cueur[c] et larmoyant à celuy qui
revele ses secretz aux cueurs humbles. Et se garde sur toute chose de
se enorgueillir ou de juger les autres destituez de semblable grace et
intelligence. Car l'esperit de dieu par sainct Pol le nous deffend en
plusieurs lieux, comme aux Corinthiens, disant, Qu'est[d] ce que tu as[d]
que tu n'aye receu, c'est à dire qui ne te ait esté donnee? Et se tu
l'a receu, pourquoy te enorgueillis tu comme se tu ne l'avois point

c. graces... cueur] grace de cueur   d. Qu'est... as] Quelle chose a tu
   visceral *1523*   *1523*

receu?[12] Et aux Romains, Dico enim per gratiam quae data est mihi, omnibus qui sunt inter vos, non plus sapere quam oportet sapere, sed sapere ad sobrietatem: Je dis à tous ceulx qui sont entre vous par la grace qui m'est donnee que ilz ne vueillent non plus savoir qu'il leur appartient de savoir, mais savoir à sobrieté.[13] Et plus oultre dit, Non alta sapientes, sed humilibus consentientes: Ne sentez point de vous orgueilleusement, mais soyez consentans aux humbles[14]. Et pource[e] de tant que les grans tresors de dieu vous sont communiquez qui estes simples et sans lettres et non point clercz, de tant vous debvez vous plus humilier et exercer en toutes graces et vertus. Et ne debvez point semer les marguerites celestes, se intelligence vous est donnee, se ce n'est en exhortant l'ung l'autre à aymer dieu (là git la vie chrestienne qui est vie spirituelle et celeste et non point charnelle et terrienne), et principalement es lieux et aux personnes ou povez seulement edifier et nul offenser. Car en ce monde y a[f] plusieurs charnelz aymans seulement la fange et l'ordure et plusieurs envieux contre les spirituelz, lesquelz l'escripture saincte appelle porceaux et chiens. Et devant ceulx là (selon la doctrine de l'evangile) ne fault aucunement parler, ne semer les precieuses marguerites de l'escripture saincte; autrement les ungz les foulleroient de leurs piedz, qui sont leurs affections ordes et vilaines, et les autres à leur povoir vous feroient detriment et detracteroient de vous.[15] Soyez donques prudens comme serpens et simples, c'est à dire humbles, comme columbes en toutes choses,[16] et suyvans la doctrine de l'esperit de dieu, qui est doulx, bening, amateur de paix, ayez amour avec tous fors avec peché.

Mais pour retourner à sainct Pol, vray chevalier de Jesuchrist, portant la banniere de foy, flamboyante de l'amour de nostre seigneur Jesuchrist devant tous les chrestiens venuz des gentilz, lequel est le premier en ceste seconde partie du nouveau testament, debvez savoir qu'il est vaisseau et instrument de dieu, remply et souffisant pour amollir les endurcis et faire les vaisseaulx de ire vaisseaulx d'honneur et de gloire.[17] Et tel estoit il quant il estoit sur terre, et tel est il maintenant quant il est ou ciel, en tant qu'il nous a laissé ses epistres, esquelles Jesuchrist a parlé par luy. Il estoit si plain de

e. pourtant *1523*   f. il *ante* y a *1523* charité et de l'esperit de Jesuchrist qu'il estoit mort au monde, à soy et à toute creature, et ne vivoit plus de son esperit, mais vivoit de l'esperit de dieu, ou dieu en luy comme luymesmes le tesmoigne, quant l'amour de Jesuchrist qui estoit en luy superabondante le faisoit escryer, Vive je moy? non point moy, mais Jesuchrist vit en moy.[18] Il estoit si plain de Jesuchrist que tout ce qu'il pensoit estoit Jesuchrist, tout ce qu'il parloit Jesuchrist. Quatrecens quaranteneuf fois ou plus il a en ses epistres nommé le nom de Jesuchrist. Quelque part qu'il allast, il alloit à Jesuchrist[g] et pour Jesuchrist. Et quelque part dont il vint, il venoit de Jesuchrist[h] et pour Jesuchrist. Tout ce qu'il faisoit estoit par Jesuchrist[i] et pour Jesuchrist. Il ne nous vouloit point mener à creature mais au createur, au filz de dieu qui nous a cree et fait enfans de dieu son pere, en se offrant sacrifice à dieu son pere pour nous. Qui a voulu mourir pour tous, pour donner vie eternelle et nous laver de son sang, nous ostant la lepre de Adam nostre premier pere, nous purifiant et nettoyant pour estre comme les anges de dieu son pere. Comme en sentence il le dit par sainct Luc, Ceulx qui seront dignes du siecle à venir, ilz ne pourront jamais mourir; car ilz sont esgaux aux anges et sont enfans[j] de dieu.[19] C'est doncques à Jesuchrist à qui sainct Pol meine, non point à la creature. Car de luymesmes il dit que il n'est riens (disant aux Corinthiens qui se glorifioient et confioient en la creature), Mais qu'est ce que de Apollo? Mais qu'est ce de Pol? Ilz sont serviteurs de celuy auquel vous avez creu.[20] Et dit plus oultre, J'ay planté et Apollo a arrousé, mais dieu a donné l'accroissement. Ne celuy doncques qui a planté est aucune chose, ne celuy qui a arrousé, mais dieu qui donne l'accroissement.[21] Et sainct Ignace en l'epistre qu'il escrivoit aux Romains, "Je n'ay desir d'aucunes des choses visibles ou invisibles, affin que puisse acquerir Jesuchrist". Et aprés dit, "Je desire nostre seigneur, le filz du vray dieu, et le pere de Jesuchrist. Iceluy je quiers totalement, et celuy qui pour nous est mort et resuscité".[22] Alons doncques à Jesuchrist en toute fiance. Il soit nostre pensee, nostre parler, nostre vie et nostre salut et nostre tout. Lequel dieu le pere nous a donné pour vivre en luy et par luy et par sa parolle. Et se ainsi faisons, nous serons semblables à Pol, Apollo, Ignace et à tous les autres apostres.

g. *om. 1523*
h. *om. 1523*

i. *om. 1523*
j. fils *1523*

Laquelle chose vous congnoistrés plus à plain quant en ferveur de cueur et entendement d'esperit (lesquelz dieu donne) vous lirés les sainctes et chrestiennes epistres de sainct Pol. Pourquoy à present nous en tairons et vous dirons ung mot de ung chascun des autres.

Aprés doncques les epistres[k] sainct Pol vous avez l'epistre catholique de sainct Jacques. Dicte catholique, c'est à dire universelle, pource qu'elle appartient universellement à la doctrine de tous chrestiens. Elle enseigne que debvons estre fermes en foy, patiens en persecutions et tribulations, qui purgent et purifient les chrestiens et les rendent plus parfaictz, comme le feu l'or. Elle monstre que nous n'avons aucun bien de nous, mais que tout bien et toute perfection vient d'enhault, de dieu qui est le pere des lumieres.[23] Et baille enseignemens de fuyr toutes les choses de la chair et suyvre seulement celles qui sont de l'esperit de Jesuchrist. La vie de Christ, la vie d'ung chascun chrestien n'est point charnelle, mais spirituelle. It ne suyt point son esperit, sa voulenté, sa concupiscence, mais l'esperit de dieu. Et sa voulenté est celle de dieu, et son desir est dieu. Elle enseigne que ung chrestien ne soit point accepteur de personnes, qu'il ne soit point chrestien par dit seulement, mais soit chrestien par faict et œuvre de foy. Car la foy sans œuvre est morte et semblable à celle des malingz esperitz reprouvez eternellement de dieu.[24] Elle veult que nous ne ayons point plusieurs maistres et plusieurs doctrines, mais seulement la doctrine de Jesuchrist. Je entendz ce pour proffiter à la vie pour laquelle dieu nous a cree, recree et racheté par son filz Jesuchrist, et autres telz plusieurs beaulx enseignemens que l'esperit de Jesuchrist nous donne par luy. Dieu par sa bonté nous vueille illuminer à les spirituellement et salutairement comprendre en les lisant à la gloire de dieu le pere et de Jesuchrist son filz, qui est nostre eternel salut.

Aprés avez deux epistres de sainct Pierre. En la premiere il nous monstre que toute nostre esperance, c'est à dire toute nostre fiance, doit estre en Jesuchrist qui est mort et resuscité pour nous et pour nous donner ung heritage incorruptible qui est la gloire de dieu incomprehensible et eternelle, pourveu que ne cheminions point selon les desirs de la chair, mais en toute nostre conversation soyons sainctz à la semblance et imitation de celuy qui est le sainct des sainctz. En-

k. de *post* epistres *1523*

seignant qu'il fault delaisser toute mauvaistie et comment en chascun estat on se doit spirituellement gouverner l'ung avec l'autre.[25] En la seconde il nous admonneste de sainctement proffiter en ce que la congnoissance de Jesuchrist et de sa saincte foy nous est donnee par sa seule divine bonté. Il deffend (en prophetizant de ce qui estoit à venir) toutes sectes et diversitez de doctrines hors celle de Jesuchrist. Et que nous ayons seulement ou cueur et en souvenance ce que les prophetes et apostres nous ont enseigné de la doctrine de nostre seigneur Jesuchrist. Car en icelle seule est la vie de tous, aprés laquelle toute esperit esleu de dieu souspire. Et nous fait mention que suyvons la doctrine que la sapience de dieu a donné à sainct Pol, en nous admonnestant que esdictes epistres y a[1] choses difficiles à entendre. Affin que nous nous humilions en les lisant et ne abusions point de nostre sens en presumant de les vouloir par tout entendre, en les depravant, les exposans selon nostre sens.[26] Il fault doncques honnorer la saincte escripture en ce que on entend, en rendant graces à celuy qui donne l'entendement. Et en ce que on n'entend point, en le croyant selon le sens de l'esperit de dieu et non point selon le nostre qui ne passe point raison, mais selon celuy qui surmonte tout sens et raison. Et en ce faisant nous nous humilions et honnorons le sens de dieu comme devons. Laquelle chose la grace de Jesuchrist nous doint faire par toute la saincte escripture et par tout pensement et parolle de dieu.

Aprés viennent trois epistres de sainct Jehan. Et que vous diray je de sainct Jehan? Il est couché ou lict d'amour divine et de charité (qui est le sein de nostre seigneur Jesuchrist, sur lequel aussi s'enclina en terre) si parfond qu'il ne pense que à amour. Il ne parle que amour. Il ne souspire que amour. Car qui ha charité, il ha tout. Il ha foy en plaine lumiere, luysante plus cler en l'esperit esleu de dieu, enflambé par amour, que ne fait le soleil à midy au plus cler et plus chault jour de l'esté. Il ha fiance si parfaicte en dieu que ciel, ne terre, ne chose qui soit en ciel ne en terre ne luy est riens, sinon celuy seul qui est sa fiance, qui luy est tout. Il est tout en luy, et tout en ciel et en terre, et en toutes choses, et par toutes choses qui sont ou ciel et en terre et qui oncques furent et qui jamais seront. Dieu donc-

1. il *ante* y a *1523*

ques nous doint reposer ou sein de Jesuchrist, affin que nous puissions estre enyvrez du vin des anges et de tous les sainctz et sainctes de paradis et de ce monde cy, qui est charité de Jesuchrist.

Aprés sainct Jehan vient une epistre de Jude, nous enseignant sur toutes choses seulement suyvir la doctrine de la foy de nostre seigneur Jesuchrist. Et de fuyr tous ceulx qui suyvent en vie, en conversation, en doctrines les concupiscences de la chair, declarant par l'esperit de dieu quelz ilz sont, affin que on les puist mieulx congnoistre, eviter et fuyr, et en les fuyant militer en la foy de nostre seigneur Jesuchrist. En laissant la robbe charnelle qui est toute souillee et maculee et prenant la spirituelle, clere et resplendissante comme le soleil, pure et nette comme la pruenelle de l'œil, sans quelconque souilleure ou macule. Laquelle chose la grace de Jesuchrist nous ottroye.

Aprés viennent les Actes des apostres qui sont saincte histoire, contenant les faictz de sainct Pol plus amplement que de tous, comme facilement se pourra congnoistre en lisant.

Quartement et finalement vient l'apocalypse, c'est à dire la revelation, monstree à sainct Jehan par l'esperit de Jesuchrist, laquelle n'est point pour les mondains, ne pareillement pour les clercz de ce monde, mais pour ceulx esquelz l'esperit de dieu est habitant, non point seulement pour vivifier et illuminer en foy, ravir en esperance, enflammer en amour qui s'apelle charité, mais pour reveler les secretz de la sapience divine. A laquelle riens de toutes choses qui ont esté, sont et seront ne peut estre celé, que elles ne luy soient aussi clerement congnues devant qu'elles soient faictes, voire eternellement, avant le commencement du monde, comme quant elles sont faictes. En quoy et les anges et tous les esperitz bienheureux louent, adorent et admirent l'eternelle sapience. Et pource elle n'eust point esté mise icy de paour que aucuns par curiosité ou presumption de sens n'en eussent abusé, se n'eust esté pour bailler entierement tout le nouveau testament, en admonestant premierement tous que nul ne soit curieux ou abusant de son sens. Non point que l'esperit de dieu ne puisse reveler à aucun ou aucune simple personne les secretz de ceste saincte revelation qui est pour tout le temps depuis l'advenement de Jesuchrist jusques à la fin du monde, voire plustost que à ceulx que on repute sages et lettrez selon le monde. Car comme il est escript,

L'esperit inspire là où il luy plait.[27] Il fault doncques quant on la lit,
louer, adorer et admirer la haultesse et incomprehensibilité de la sapience de dieu, laquelle scet tout le cours des siecles et de tous
cueurs et toutes pensees des le commencement du monde et paravant
eternellement. A laquelle puissons par sa saincte grace finalement
venir, et que ce que Jesuchrist, sapience divine, dit de dieu le pere
soit accomply en nous, Haec est autem vita aeterna, ut cognoscant
te, solum deum verum, et quem misisti Iesum Christum: Ceste est la
vie eternelle, que ilz te congnoissent seul vray dieu, et Jesuchrist lequel tu as envoyé.[28] Qui est[m] doncques celuy qui n'estimera estre
chose deue et convenante à salut d'avoir ce nouveau testament en
langue vulgaire? Qui est chose plus necessaire à vie, non point de ce
monde, mais à vie eternelle? Se en chascune des religions particulieres
ilz ordonnent que chascun d'eux ignorant le latin ait sa reigle en
langue vulgaire et la porte sur soy et l'aye en memoire et que on leur
expose plusieurs fois en leurs chapitres, de tant par plus forte raison
les simples de la religion chrestienne, seule necessaire (car il n'en peut
estre que une necessaire), doivent avoir leur reigle, qui est la parolle
de dieu, escripture plaine de grace et de misericorde, en laquelle dieu
se offre à nous pour l'amour de Jesuchrist son cher filz unique,
comme le pere de misericorde à ses enfans de grace. Et que veult il
sinon misericorde? Je veulx (dit il) misericorde, et non point sacrifice.[29] Et que veult il donner sinon sa grace? Ceste saincte escripture
est le testament de Jesuchrist, le testament de nostre pere, confermé
par sa mort et par le sang de nostre redemption. Et qui est ce qui
deffendera aux enfans de avoir, veoir et lire le testament de leur
pere? Il est doncques tresexpedient de le avoir, le lire et le porter
sur soy en reverence, le avoir en son cueur et le ouyr non une fois,
mais ordinairement es chapitres de Jesuchrist, qui sont les eglises où
tout le peuple tant simple comme savant se doibt assembler à ouyr
et honnorer la saincte parolle de dieu. Et telle est l'intention du debonnaire roy tant de cueur que de nom treschrestien, en la main
duquel dieu a mys si noble et excellent royaume, que la parolle de
dieu soit purement preschee par tout son royaume à la gloire du
pere de misericorde et de Jesuchrist son filz. Laquelle chose doit

m. ce *post* est *1523*

donner courage à tous ceulx dudit royaume de proffiter en vayre chrestienneté, en suyvant, entendant et croyant la vivifiante parolle de dieu. Et benoiste soit l'heure quant elle viendra. Et beneis soient tous ceulx et celles qui procureront ce estre mis à effect, non point seulement en ce royaume, mais par tout le monde. Affin que de toutes pars soit accomply ce que dit le prophete, Confitemini domino quoniam bonus: quoniam in saeculum misericordia eius. A solis ortu et occasu: ab aquilone et mari.[30] Parquoy aussi tous evesques, curez, vicaires, docteurs, prescheurs deveroient esmouvoir le peuple à avoir, lire et ruminer les sainctes evangiles, accomplissans le vouloir de dieu et les desirs de tresnobles cueurs et ensuyvans l'exemple du sainct et bon evesque Chrysostome qui ainsi faisoit à son peuple, et par tous lieux là où il povoit, comme il est manifeste par la dixiesme homelie qu'il a escript sur l'evangile sainct Jehan, sur ce passage, Et verbum caro factum est,[31] où il dit ainsi, Curae vobis sit evangelicas legere lectiones, etc.: "Ayez soing de lire les evangiles, lesquelles devez avoir entre les mains devant que veniez aux predications, et les recorder souventesfois en la maison, enquerir diligentement le sens d'icelles, et quelle chose est clere et quelle obscure en icelles. Et notez les choses qui semblent estre repugnantes, ja soit que elles ne repugnent point. Et adonc toutes ces choses bien examinees et pensees, vous vous devez presenter tresattentifz aux predications. Et par ainsi sera grant proffit à nous et à vous. Car nous ne aurons point grant labeur à vous monstrer la vertu de l'evangile quant en la maison vous vous aurés fait ainsi familiere la sentence selon la lettre. Et vous serés fais plus promptz, subtilz et ingenieux, non point seulement à ouyr et entendre la saincte doctrine, mais aussi à enseigner les autres." Et aprés ces parolles il reprent ceulx qui sont negligens à ce faire, se excusans pour leurs occupations et negoces soient publiques ou privees, soient riches ou povres. Et monstre que toutes leurs excusations son frivoles et de nul moment en quelque estat qu'ilz soient et que nul ne se peut raisonnablement excuser. Et dit ainsi, "Quod si qui sunt qui negotia", etc.[32] Laquelle chose à cause de briefveté je delaisse pour les clercz, qui pevent veoir au long en ce lieu là toute la verité comme maintenant on vous a dit. Et affin que la prolixité de ceste epistre ne donne empeschement de lire chose plus saincte et plus salutaire, laquelle incontinent sensuit, icy feray la fin, priant ce que sainct Pol prioit pour les Ephesiens, que Jesuchrist habite en voz cueurs par foy, desirans toute gloire estre donnee à dieu le pere par Jesuchrist et à Jesuchrist, en unité du sainct esperit, en toute eglise et en toute nation et en tous siecles des siecles.[33] Amen.

1. Rom. 15:4.

2. See ep. 14.

3. *Le premier volume de la bible historiee. Le second volume de la bible en francois historiee*, Paris, Antoine Vérard, [c. 1495]. Our principal clue for dating this first edition is L.'s statement here that Jean de Rély undertook his revision of the *Bible historiale* "passez trente six ans ou environ." The *terminus post quem* is consequently c. 1487, and this has been a date commonly assigned to the edition, although modern bibliographers tend to put it somewhat later. (See Van Eys, I, no. 7, pp. 8–12; John Macfarlane, *Antoine Vérard*, London, 1900, no. 105, p. 54; Darlow and Moule, II, no. 3703, p. 378). The first edition was followed by several others before 1523 (Van Eys, nos. 8, 15, 18–22). The first volume of the third edition, *Le premier volume de la grant bible en francois historiee & corrigee nouuellement auec le psaultier* (Lyons, c. 1515; Van Eys, no. 15; Darlow and Moule, no. 3704, p. 379), has a most interesting preface: "... pource que oysiveté est ennemye de l'ame, il est necessaire à toutes gens oyseux par maniere de passe temps lire quelque belle hystoire ou aultre livre de science divine. Vous pouvés lire ce present livre qui est la saincte bible, laquelle a esté translatee de latin en françoys sans riens adjouster que pure verité comme il est en la bible latine, riens n'a esté laissé sinon choses qui ne se doivent point translater. Et a esté la translacion faicte non pas pour les clercz, mais pour les laiz et simples religieux & hermites qui ne sont pas litterés comme ils doivent, aussi pour aultres bonnes personnes qui vivent selon la loy de Jesuchrist, lesquelz par le moyen de ce livre pourront nourrir leurs ames de divines hystoires, & enseigner plusieurs gens simples et ignorans. ... Et a esté ceste bible en françoys la premiere foys imprimee à la requeste du trescretien roy de france Charles. viiii. de ce nom, & despuys a esté corrigee et imprimee & avec ce adjousté le psaultier comme dit est, affin que la bible fust toute complecte. ..."

4. Marguerite d'Angoulême, duchess of Alençon; her aunt and friend Philiberte de Savoie, duchess of Nemours; and the queen mother Louise de Savoie, duchess of Angoulême.

5. L. published the Gospels on 8 June 1523. See ep. 137.

6. Ioan. 4:13–14.

7. Ioan. 4:15.

8. 1 Thess. 1:5.

9. 2 Cor. 13:3.

10. Exod. 14:15.

11. 1 Ioan. 2:27.

12. 1 Cor. 4:7.

13. Rom. 12:3.

14. Rom. 12:16.
15. Matth. 7:6.
16. Matth. 10:16.
17. Cf. Rom. 9:21–23.
18. Gala. 2:20.
19. Luc. 20:35–36.
20. 1 Cor. 3:4–5.
21. 1 Cor. 3:6–7.
22. Ignatius, *Ad Rom.* 5, 3 and 6, 1 (ed. F. X. Funk, *Opera Patrum Apostolicorum*, Tübingen, 1881, II, 209 and 211): "Nulli aemulor visibilium et invisibilium, ut Iesum Christum merear adipisci. (...) Dominum namque desidero, filium veri Dei et patrem Iesu Christi. Ipsum utique quaero et illum, qui pro nobis mortuus est et resurrexit."
23. Iac. 1:17.
24. Iac. 2:17. "Sic et fides, si non habeat opera, mortua est in semetipsa"; *ibid.*, 2:20. "Vis autem scire, o homo inanis, quoniam fides sine operibus mortua est?"
25. 1 Petr. 1:13 sqq.; 2:11–3:9.
26. 2 Petr. 1:3 sqq.; 2:1 sqq.; 3:15–16.
27. Ioan. 3:8.
28. Ioan. 17:3.
29. Matth. 9:13, 12:7.
30. Ps. 106:1.
31. Ioan. 1:14.
32. *Homilia* XI (*MG*. LIX, 77–78).
33. Eph. 3:17.

139

To all Christian men and women
[Meaux. c. February 16, 1524.]

Les choses contenues en ce present liure. Vne epistre comment on doibt prier Dieu. Le psaultier de Dauid. Pour trouuer les sept pseaulmes accoustumez, qui a deuotion de les dire. Argument brief sur chascun pseaulme pour Chrestiennement prier et entendre aucunement ce que on prie, Paris, Simon de Colines, 16 Feb. 1523/1524, sig. A, ii, r–A, iii, v; CCCXIII (1525), sig. A, ii, r–A, iii, v; CCCXIV (1525/1526), sig. A, ii, r–A, iii, v. The text is that of the second edition, its occasional errors corrected from the editions of 1523/1524 and 1525/1526. Previously published by Laune, pp. 3–4.

The epistle prefaces L.'s French translation of the Psalms.

A tous Chrestiens et Chrestiennes salut et gloire en Jesuchrist.

C'est le vouloir et bon plaisir de dieu que on le prie et adore en esperit et en verité, comme il a dit par sainct Jehan,[1] et que on ne adjouste riens à l'intention du sainct esperit, laquelle nous est donnee par sa parolle, affin que on ne trebuche en erreur et superstition. Et pour ce que le livre des pseaulmes est faict du sainct esperit de verité qui nous instruict et enseigne à prier dieu comme il fault et comme il veult estre prié (car[a] sainct Pol dit, parlant par l'esperit de Jesuchrist, que nous ne sçavons prier[a] comme il fault, mais l'esperit prie pour nous par gemissemens inenarrables[2]), pourtant nous avons mys ledict sainct livre en langaige vulgaire, affin que ceulx et celles qui parlent et entendent ce langaige puissent plus devotement et par meilleure affection prier dieu, et qu'ilz entendent aucunement ce qu'ilz prient, comme ilz font en plusieurs nations. Et avec ce les simples clercz en conferant et lisant ver pour ver auront plus facilement l'intelligence de ce qu'ilz lisent en latin. Et croy sans point de doubte que en la primitive eglise tous Chrestiens et Chrestiennes n'estoient autrement instruitz de prier dieu, sinon par la seule escripture et parolle de dieu, comme est ce sainct et devot psaultier où sont les louenges, oraisons et cantiques divins. Pource nous admonneste sainct Pol disant, La parolle de Jesuchrist habite en vous abondamment en toute sapience, enseignans et enhortans vous mesmes en pseaulmes, hymnes et cantiques spirituelz, en graces chantans en voz cueurs à dieu.[3] Et dit encores, Sed[b] in ecclesia volo quinque verba sensu meo loqui[b], ut et alios instruam, quam decem milia verborum in lingua: Mais[c] j'ayme mieulx parler en l'eglise cinq parolles en mon sens, c'est à dire sachant et entendant ce que je dys, affin que je instruise les autres, que d'en dire dix mil en langaige que je n'entende[d] point ou que ceulx ausquelz je parle n'entendent point.[4] Parquoy nous est monstré que les apostres vouloient que chascun entendist

a. car ... prier] car Jesuchrist dit parlant en sainct Pol, Nous ne sçavons prier *1523/1524*
b. Sed ... loqui] Malo quinque verba sensu meo loqui in ecclesia *1523/1524*
c. *om. 1523/1524*
d. n'entendent *1525*

ce qu'il prioit et que toute[e] louenge et oraison fust tousjours adressee
à dieu par Jesuchrist nostre seigneur. Comme encore dit sainct Pol
en autre lieu, Vostre fiance soit en dieu sans solicitude, mais en toute
oraison et supplication; en rendant graces voz demandes soient
adressee à dieu; et la paix de dieu, laquelle surmonte tous sens, garde
voz cueurs et intelligences en Jesuchrist.[5] Et qui autrement fait, c'est
chose supersticieuse ou humaine et non point de l'ordonnance de
dieu. Se sainct Pol parlant par l'esperit de dieu nous enseigne prier
dieu, rendre graces et demander noz petitions à dieu en langue que
on entend, et que à ceste cause sainct Hierosme ait fait en son pays
de Dalmacie que tous grans et petis, prestres et autres ne feissent
oraison ou priere à dieu sinon en langue Dalmacienne, pourquoy doncques ne priera le peuple en ce royaulme et toute autre nation selon
la langue du pays, en entendant ce qu'il prie, et les graces qu'il rend
à dieu et les demandes qu'il luy[f] faict? Certes nul n'eust deu despriser
se ja pieça aprés l'enseignement de l'apostre, c'est à dire du messagier
de dieu, veu aussi l'example de sainct Hierosme; on eust remonstré
au peuple la maniere comment il devoit prier et comment et à qui on
doit adresser sa priere. Et pour faire fin briefvement, dieu par sa
saincte bonté doint à chascun grace de le prier par sa parolle fruc-
tueusement, à la gloire du pere, et de son fils Jesuchrist, et du sainct
esperit. Amen.

I. Ioan. 4:23.   2. Rom. 8:26.   3. Coloss. 3:16.   4. 1 Cor. 14:19.   5. Philip. 4:6–7.

140

To Jean de Selve   Meaux. May 1, 1524.

Psalterivm David, Argvmentis fronti cuiuslibet psalmi adiectis, Hebraica &
Chaldaica multis in locis tralatione illustratum, Paris, Simon de Colines, 1524,
sig. *ij, r–*vij, v. Previously published in part by Herminjard, IV, 431–435.

Jean de Selve (17 April 1475–10 Dec. 1529) rose from modest origins (he was
the tenth son of Fabien de Selve, a royal notary in the small town of Laroche
in Limousin) to the top of the legal and administrative hierarchy. A doctor of
both laws, he was appointed councilor in the Parlement of Toulouse on 12 Nov.

e. toutes *1525/1526*   f. a *post* luy *1525*

1500 after having been a professor at the University. He rose steadily under the patronage of Georges d'Amboise. He played an important role in the trial of Maréchal de Gié (1504–1506), and by March 1505 appears in the documents as "conseiller dudit seigneur [i.e. the king] et president en la cour de l'eschiquier de Normandie, à Rouen." In the summer of 1514 he negotiated the marriage of Mary of England and Louis XII, the beginning of a diplomatic career which in the early years of the next reign made him, after Antoine Duprat, the major instrument of French diplomacy. For example, he conducted the negotiations that led to the Treaty of Madrid (1525–1526). Francis I made him first president of the Parlement of Bordeaux (23 Feb. 1515), vice-chancellor of the Duchy of Milan (1515), and first president of the Parlement of Paris (17 Dec. 1520). See Maulde-la-Clavière, *Procédures politiques du règne de Louis XII* (Paris, 1885), 178–179, 340–341, 560–561; G. Clement-Simon, "Un Conseiller du roi François Ier: Jean de Selve," *Revue des questions historiques*, LXXIII (1903), 44–120; and Albert Buisson, *Le Chancellier Antoine Duprat* (Paris, 1935), 67, 150, 179.

The epistle prefaces L.'s edition of the Psalms: the Vulgate text corrected from Latin translations of the Hebrew and Aramaic texts. L. mentioned this edition of the Psalms in a letter to Farel dated 6 July 1524: "Accepi et *Epistolas* et *Psalterium Pomerani*, donum profecto magnificum Hugaldi, fratris charissimi. Tu illi vice mea gratias habebis quamplurimas. Si citius venisset in manus meas, non curassem emitti ex officina *Psalterium* cum brevibus argumentis et quadam auxesi ex Hebraeo et Chaldaeo; sed jam *primarius praeses* habebat ad manus, nomini suo dedicatum, quo favorem curiae emercaremur, ad quicquam, si opus esset, excudendum. Nam scis ordinationem Senatus, omnibus libris, tum excudendis, tum precio exponendis, praebentem impedimentum, nisi instituti quidam censores (et iidem, si non etiam indocti, certe male adfecti) adprobaverint" (Herminjard, I, 222–223).

Egregio viro D. Ioanni a Selva, senatus Parisiensis primario praesidi, Iacobus Faber gratiam et pacem a Domino nostro Iesu Christo exoptat.

Aequissime praeses, quid aliud est divinae scripturae lectio quam quaedam animi nostri felix ad Deum peregrinatio? Neque enim per aliud quodcumque studium propius ad Deum nos accedere contingit. Et quis neget hunc ad Deum vere esse accessum, cum ipsum in ea loquentem audiamus? Nam sacra scriptura (modo quis recte diffinire velit) nihil aliud est quam quaedam Dei loquela aut loquelae eius expressio. At ita ferme comparatum est, ut qui aliquo peregrinantur compendio maxime gaudeant, ut quam citissime possint optatum pertingant terminum. Et nescio an usquam magis sit Dei loquela et non fluxae sed consubstantialis loquelae eius (quae Christus dominus est) expressio quam in psalmis Davidicis. Proinde studuimus in illa sacra hymnologia breve quoddam excogitare compendium, et brevius quidem iis commentariis et adminiculis quae multi nec ignobiliter nec inutiliter excogitaverunt. In quo magis sanctum imitati sumus Hieronymum, qui brevitati studens ad psalmos nostros veritatem adiecit Hebraicam, rem sane et sanctam et piam, nec minus utilem quam necessariam.[1] Et id quidem ipse per totum effecit; nos vero, ut compendiosiores essemus, solum in parte, ubi scilicet obscuriora tralationis nostrae loca (qua Latinorum utuntur ecclesiae et quae ex Graeco LXX interpretum fonte ad nos dimanavit)[2] id exposcere videbantur. Quod tentavimus efficere ex Hebraicis et Chaldaicis (nam apud me erant tralationes Hebraicae et Chaldaicae),[3] ut lux intelligentiae horum sacrorum hymnorum qui desideratus huius compendii nostri terminus est cunctis facile et utinam non infeliciter suboriatur.

Hunc autem laborem nostrum celeberrimo nomini tuo dicavimus, quod me non lateret te esse et horum Davidicorum psalmorum et totius verbi Dei studiosissimum. Praeterea non eram nescius me hac in re toti clarissimo Senatui rem non ingratam facturum, cum ex eorum fuerint ordine qui maxime pro Christo et verbi eius assertione olim clarissimi sunt habiti. Nonne Apollonius, nobilis ille urbis Romae senator, pro Christo et verbo eius non formidavit capitis supplicium?[4] Quibus item non sunt auditi celebratissimi nominis, senatorii ordinis viri, Symmachus, Boetius, Ambrosius, Prudentius, Cassiodorus? Quorum duo primi praeter insignia scripturae monimenta sanguine laureati convolarunt ad caelum. Tertius celeberrimus Christi antistes totius fere sanctae scripturae corpus scriptis mirifice illustravit. Quartus hymnos cecinit Christo devotissimos. Porro quintus in commentandis psalmis laudes non vulgares promeruit. Praeterea inter eos qui in senatu causas agebant, Iustinus pro verbo dei martyrii coronam adeptus nunc cum Christo triumphat.[5] Sic et Minutius Felix Romae clarus habitus.[6] Sic Aristides sub Adriano.[7] Sic et Tertullianus sub Severo. Quibus omnibus omnes illius celeberrimi vestri primariique senatus (sive hi sedeant iudices, sive patronos agant) non inferiores, sed multo etiam clariores optarim evadere. Tales verbum Dei et amatum et (si opus sit) fortiter assertum maxime efficiet. Aderit Christus, qui est robur fortissimum, qui et est omnium futurus iudex et omnium vera iustitia. Tales decet regnum quod dicitur Christianissimum. Felices igitur cur non possim dicere tales? Ergo, optime Praeses, sub tuo nomine intelligat totus ille primatum optimatumque senatus, opus ipsum non minus sibi quam tibi dicatum. Quibus (quod sciebam) tu sic haeres, et ipsi tibi, ut caput membris et membra capiti, ut alterum ab altero dividi divellique nisi soluta harmonia non possit. Quid enim dividerem quos arctissimum necessitudinis et iustitiae coniunxit vinculum?

Itaque tu et ipsi pro incomparabili animi vestri candore opus ipsum suscipite, non nosipsos, non nostros qualescumque labores attendendo, sed Davidem ipsum, organum spiritus sancti ad has sacras hymnidicasque odas Deo concinendas, sed patrem misericordiarum et Christum ipsum, de quibus hi diuino afflatu sunt psalmi. Ubi perfecte discimus quonam pacto orandus sit Deus et intelligimus non nosipsos esse qui oramus, sed spiritum veritatis qui orat in nobis, quod est in spiritu et veritate orare patrem.[8] O quam magnifice accrescit fides, sine qua impossibile est placere Deo, cum in ipsis videamus spiritum sanctum nihil non omnibus saeculis clarissime cernentem, omnia Christi mysteria praedicere ab incunabilis eius usque ad gloriosam resurrectionem, ascensionem et sessionem in dextra patris, et denique ad ipsam δικαιοκρισίαν iustumque Dei iudicium,[9] et adeo plane ob oculos nostros omnia ponere, ut lux meridiana oculis nostris non sit illustrior! Et hoc mille annis, immo (si supputatio Eusebii in Chronico placet) sexaginta novem supra mille ante Christi adventum![10] Et quis ambigat psalmos ipsos de Christo esse, cum ipse apud Lucam dicat, Necesse est impleri omnia quae scripta sunt in lege Moysi et prophetis et psalmis de me?[11] Et David de seipso novissima verba locutus etiam dicat Dixit David filius Isai, dixit vir cui constitutum est de Christo Dei Iacob, egregius psaltes Israel. Spiritus domini locutus est per me, et sermo eius per linguam meam?[12] Ipsi ergo psalmi de Deo et Christo domino, afflante spiritu sancto, egregio praecipuoque psalte, a propheta emanarunt. Ad haec ex Matthaeo, Marco, Luca, Ioanne, Petro, Paulo apostolis de Christo domino manifeste sunt hi psalmi: primus, secundus, sextus, octavus, decimusquintus, decimusseptimus, duodevigesimus, vigesimusprimus, trigesimus, trigesimusquartus, trigesimusnonus, quadragesimus, quadragesimustertius, quadragesimusquartus, sexagesimusseptimus, sexagesimusoctavus, septuagesimusseptimus, octogesimusprimus, octogesimusoctavus, nonagesimus, nonagesimusquartus, nonagesimussextus, centesimusprimus, centesimusoctavus, centesimusnonus, centesimus decimussextus, centesimus decimusseptimus, centesimus trigesimusprimus. Locos autem singulorum subiecta descriptiuncula obiter indicabimus.[13]

1	Heb. 10	In capite libri scriptum.
2	Heb. 1	Filius meus es tu.
2	Heb. 5	Idem.
2	Act. 4	Quare fremuerunt gen.
2	Act. 13	Filius meus es tu.
6	Matt. 7	Discedite a me omnes qui.
8	Matt. 21	Ex ore infantium et lact.
8	1. Corin. 15	Omnia subiecisti sub pedi.
8	Heb. 2	Quid est homo quod me.
15	Act. 2	Providebam dominum in consp.
15	Act. 13	Non dabis sanctum tuum.
17	Roma. 15	Propterea confitebor ti.
17	Heb. 2	Et sperabo in eum.
18	Roma. 10	In omnem terram exivit so.
21	Matt. 27	Vt quid dereliquisti.
21	Matt. 27	Diviserunt sibi vestiment.
21	Ioan. 19	Partiti sunt vestimenta.
21	Heb. 2	Narrabo nomen tuum fra.
30	Luc. 23	In manus tuas con. spir.
34	Ioan. 15	Odio habuerunt me gra.
39	Heb. 10	Sacrificium et obla. nolu.
40	Ioan. 13	Qui manducat mecum.
43	Roma. 8	Propter te mortifica.
44	Heb. 1	Thronus tuus deus in se.
67	Roma. 15	Laetamini gentes cum ple.
67	Ephe. 4	Ascendens in altum.
68	Ioan. 2	Zelus domus tuae com.
68	Ioan. 19	Et in siti mea potaver.
68	Roma. 11	Fiat mensa eorum.
68	Roma. 15	Improperia improperan.
68	Act. 1	Fiat commoratio eorum.
77	Matt. 13	Aperiam in parabolis.

81	Ioan. 10	Ego dixi, Dii estis.
88	Ioan. 12	Semen eius in aeternum.
90	Matth. 4	Angelis suis mandavit.
90	Luc. 4	Idem.
94	Heb. 3	Hodie si vocem eius audie.
96	Heb. 1	Adorate eum omnes angeli.
101	Heb. 1	Initio tu domine terram fun.
108	Ioan. 17	Et episcopatum eius accip.
108	Act. 1	Idem.
109	Matt. 22	Dixit Dominus domi. meo.
109	Marc. 12	Idem.
109	Luc. 20	Idem.
109	Ioan. 12	Christus manet in.
109	1. Corin. 15	Donec ponam inimicos.
109	Heb. 1	Sede a dextris meis.
109	Heb. 5	Tu es sacerdos in aeter.
109	Heb. 7	Iuravit dominus, et non poe.
109	Heb. 10	Donec ponam inimicos.
109	Act. 2	Dixit Dominus domi. meo.
116	Ioan. 12	Veritas domini manet in aet.
116	Roma. 15	Laudate dominum omnes gen.
117	Matt. 21	Lapidem quem reprobave.
117	Marc. 12	Idem.
117	Luc. 20	Idem.
117	1. Petr. 2	Idem.
117	Act. 4	Factus est in caput ang.
131	Act. 2	De fructu ventris tui po.

Cum igitur hi psalmi tot sacrae scripturae testimoniis apertissime probati sint esse de Christo, quid de aliis sentiendum? Et adeo nemo id possit infitiari, ut etiam Iudaei ipsi testentur, non psalmos modo sed et prophetas omnes de tempore Messiae locutos. Auctores sunt Rabbi Ioanna et Rabbi Salomo,[a] cuius haec sunt verba, "Omnes prophetae non prophetaverunt nisi de diebus redemptionis et diebus Messiae."[14] Quod dictum sane receptum mirifice conducit et adiuvat

a. Selomo *ed.*

ad psalmos ipsos et prophetas omnes, non in umbra sed in veritate ipsa consistendo pedemque figendo, spiritualiter intelligendos. Christus dominus est totius scripturae spiritus. Et scriptura sine Christo scriptura sola est et littera quae occidit; Christus vero spiritus vivificans.[15] Christus dominus est spiritus oris nostri, qui (iuxta Hieremiae Threnos) captus est in peccatis nostris.[16] In cuius luce novae legis nobis vivendum est ut Christianis, non in umbra veteris ut Iudaeis. Qui (attestante Paulo ad Corinthios) factus est nobis sapientia et iustitia et sanctificatio et redemptio.[17]

Nos igitur, magnifice Praeses, tibi in Christo domino gratificari volentes, mittimus ad te opus ipsum psalmorum, Hebraica tralatione et Chaldaica argumentisque in fronte cuiusque psalmi adiunctis illustratum, ut cum ipsum videris et probaveris ad multorum utilitatem et pietatem erga Deum excitandam, si tibi ita visum fuerit, tua auctoritate, tuo tuorumque iudicio committatur typographis excudendum. Faxit Deus, qui solus optimus, maximus potentissimusque est, ut tantillum non minus, immo magis prosit, quam si sese in vastam extulisset molem. Quod et ita futurum plane in Christo confido, cum divinae miserationi placitum sit sese ultro communicare et libere ingerere omnium oculis qui se a divina luce non avertunt et ad tenebras non relabuntur. Lux est immensa verbum Dei quod non humana sed divina luce capitur. O quam pulchrum est hominem sibiipsi mori et Deum in ipso vivere, hominem subiici et Deum regnare, hominem humiliari et Deum vel solum exaltari! Revela, Deus, oculos mundo, ut haec videat, vivificetur et sapiat. Si quid autem aliud admonitu dignum videbitur, in adnotatiuncula nonnullis dignoscendis necessaria, quae mox subiicietur, reperietur, ne longior quam par sit nostra protrahatur epistola. Auctori igitur munerum, patri domini nostri Iesu Christi, et domino nostro Iesu Christo honor et gloria, qui et prosperum rei praestet exitum; in quo et tu aeterna pace, iustitia et felicitate vale, et clarissimus in quo praesides optimatum senatus, et omnes qui patrem domini nostri Iesu Christi et ipsum dominum nostrum Iesum Christum et verbum eius in incorruptione diligunt. Meldis, Calendis Maiis. M. D. XXIIII.

1. *Psalterium iuxta Hebraeos.* See ep. 66, note 27.
2. *Psalterium Gallicanum.* See ep. 66, note 25.
3. For the Hebrew L. used the Latin translation of Felix Pratensis: *Psalterium*

ex hebreo diligentissime ad verbum fere tralatum: fratre Felice ordinis Heremi-tarum sancti Augustini interprete (Venice, 1515; 2nd ed., Hagenau, 1522; copies of both editions in London, BM.; cf. *Encyclopaedia Judaica*, VI, 953). For the "Chaldaean" he used Agostino Giustiniani's polyglot Psalter, *Psalterium He-braeum, Graecum, Arabicum, et Chaldaeum, cum tribus latinis interpretationibus et glossis* (Genoa, 1516), which contains the Targum and a literal Latin version of it. Cf. L.'s note on fol. *ix, v and A. Laune, "Des Secours dont Lefèvre d'Etaples s'est servi pour sa traduction française de l'Ancien Testament," *BSHPF*. L (1901), 598.

4. Jerome, *De vir. ill.*, 42.

5. I assume that L. refers to Justin Martyr. I have found no lawyers among the Justins catalogued in the *Acta Sanctorum*.

6. Jerome, *De vir. ill.*, 58: "Romae insignis causidicus".

7. Jerome, *De vir. ill.*, 20; *Acta Sanctorum*, August, VI (1743), 650–651; De-cember, V (1940), 371–372.

8. Ioan. 4:23.

9. Rom. 2:5.

10. Christ was born 2015 years after the birth of Abraham and David began his reign 940 years after Abraham (*Eusebii Pamphili Chronici Canones Latine vertit, adauxit, ad sua tempora produxit S. Eusebius Hieronymus*, ed. J. K. Fotheringham, London, 1923, pp. 110 and 251). L.'s 1069 years corresponds, therefore, to the sixth year of David's reign.

11. Luc. 24:44.

12. 2 Sam. 23:1–2.

13. In column 1 are the numbers of the Psalms; in column 2 the places in the New Testament where they are quoted; in column 3 the texts themselves.

14. Raymundus Martinus, *Pugio fidei adversus Mauros et Iudaeos* (Paris, 1651), 278: "Scriptum est in Massechet Sanhedrin, distinctione Chelek: ... Dixit R. Iochanan, Omnes Prophetae, et universi non prophetarunt nisi ad dies Mes-siae. Idem dicit R. Salomo super illud Zachar. 9. v.1. (...) Onus verbi Dei in terra Hadrach... Dixit Mar, Omnes Prophetae universi non prophetarunt nisi super annis redemptionis, et diebus Messiae, sic est istud traditum, et scriptum in libro Siphre. Haec R. Salomo." Cf. Solomon ben Isaac, called Rashi, *Commen-tarius Hebraicus in Prophetas Maiores et Minores, ut et in Hiobum et Psalmos*, ed. and tr. J. F. Breithaupt (Gotha, 1713), 314: "... ast Rabbini nostri, qui dixe-runt, quod omnes prophetae non sint vaticinati, nisi de diebus Messiae."

15. 2 Cor. 3:6.

16. Lam. 4:20.

17. 1 Cor. 1:30.

141

To Antoine Duprat   Meaux. [c. December 25,] 1524.

Iacobi Fabri Stapvlensis, Theologi Celeberrimi, Commentarii in Epistolas Catholicas, Iacobi I. Petri II. Ioannis III. Iudae I. Nunc primum ab autore emissi & *aediti*, Basel, Andreas Cratander, July 1527, ff. *2r–*3r; CCCXXII (1540), sig. a, 2r–a, 4v. The text is that of the first edition. There is a French translation of this epistle in Herminjard, II, 34–37. The epistle is dated "tamquam pro encaeniis circa anni virginei partus initia M.D. XXV," i.e. L. offered his commentaries to Antoine Duprat "as a gift about the beginning of the year of the Virgin's giving birth 1525." The problem is whether L., in this instance, began the year at Christmas, or on 1 Jan., or, following ordinary French practice, at Easter, which in 1525 fell on 16 April. Herminjard, II, 37, note 9 argued plausibly that the tone and content of the letter make improbable a date over six weeks after the arrival in France of news of the Battle of Pavia and the capture of the king (24 Feb. 1525). Moreover, L. did not address Duprat as archbishop of Sens, strong evidence that he wrote before 20 March 1525, the date of the chancellor's elevation to that see. Of the two remaining possibilities, the phrase "anni virginei partus initia" suggests that L. had in mind 25 Dec. 1524 rather than 1 Jan. 1525.

Antoine Duprat (1463–8 July 1535) was the son of a merchant-banker from Issoire in Auvergne. He rose rapidly in the magistracy, first in the Parlement of Bordeaux, then in Paris: fourth president (1 Dec. 1506), first president (8 Feb. 1508). On 20 May 1511 Jean Petit published his codification of the customary law of his native province. Fausto Andrelini compared him to Solon and Lycurgus in a prefatory epigram. With the accession of Francis I Duprat became the most powerful man in France, after the king. He remained chief minister for twenty years, accumulating wealth, titles, and offices, ecclesiastical (he was left a widower in 1508) and lay: chancellor of France (7 Jan. 1515), of Brittany, of Milan, and of the Order of Saint-Michel; archbishop of Sens (20 March 1525) and abbot of Saint-Benoît-sur-Loire (1525); cardinal (21 Nov. 1527); bishop of Albi (23 Dec. 1528); legate *a latere* (4 July 1529); bishop of Meaux (20 Feb. 1534). His favor was worth currying. See Marcellin Boudet, "Documents sur la bourgeoisie dans les deux derniers siècles du Moyen Age: les Du Prat," *Revue de la Haute Auvergne*, XXVIII–XXXIII (1926–1931); and Albert Buisson, *Le Chancelier Antoine Duprat* (Paris, 1935).

The epistle prefaces L.'s *Commentaries on the Catholic Epistles*.

Praestantissimo ac eminentissimo D. Antonio a Prato, Cancellario

Franciae, Sacr. LL. Doctori, equiti aurato, Iacobus Faber in Christo
Iesu, qui vera omnium salus et vita est, S.

Non pauci aulici et iidem percelebres clarique et litterati viri ad
me scripsere, tibi viro cum primis eminentissimo, acerrimo iudicio,
et apud regiam maiestatem summae auctoritatis locum sortito, scripsere inquam, tibi placuisse Commentarios nostros in Evangelia; et
non solum placuisse sed et eorum tutelam, si qui minus candide nonnulla in ipsis contenta intelligere aut suggillare vellent, suscepisse.[1]
Quod pietatis tuae officium non tam mihi, et si mihi, quam Christo
et verbo eius impendisse videris. Quod ut intellexi me tanto honora-
tum testimonio, tanta suffultum tutela, cogitavi, ne tantae viderer
ingratus benevolentiae, si quo officio tandem possem (etsi impenso
beneficio longe esset impar) illi respondere. Sed quonam, nisi munusculo quopiam litterario, quod solum apud me est, testarer animi mei
gratitudinem? Et volutanti mihi animo quodnam illud demum esset,
venit in mentem, cum probatos a te in Evangelia Commentarios iam
olim emissos non possem, quippiam saltem proximum illis me eminentissimae auctoritati tuae ex nomine dicaturum. Et quia rari admodum
reperiuntur commentarii in Epistolas quas nostri canonicas, Graeci
catholicas dicunt, hi quidem quod universaliter ad omnes fideles
spectent, siquidem καθολικὸς, universalis dicitur; illi vero canonicas,
quod recte vivendi secundum spiritum et verum Christianismum contineant[a] canonem, id est regulam, et hae adeo quippiam Evangelio
proximum sunt, ut etiam Evangelii nomine contineantur. Nam Evangelium id totum est, quicquid novo continetur testamento, quod
complectitur quattuor peculiaria Matthaei, Marci, Lucae, et Ioannis
evangelia, Acta apostolica, Lucae evangelico scribae attributa, Epistolas Pauli, Iacobi, Petri, Ioannis, et Iudae, cum sacra Ioanni facta reve-
latione, quae Apocalypseos nomine Graece magis quam Latine nobis
insinuatur. Cum igitur in has Epistolas Iacobi, Petri, Ioannis, et Iudae
rari admodum reperiantur commentarii, et maxime qui antiquorum
sint (neque enim memini me in eas quicquam ex antiquis legisse, nisi
quasdam adumbrationes quae Clementi cuidam Alexandrino adscribi
solent,[2] et Collectanea Bedae[3]), ita studui, Christi adiutrice gratia et
utinam per totum directrice, in ipsas commentarios concinnare, ut

a. contineat *1540*

479

omnibus prodesse et neminem (nisi quem pia Christi doctrina laedit) possint offendere. Sed quem laeserit umquam Christi pietas? Tuto igitur, praecellenti auctoritate praedito et iudicandi prudentia perito, insigni nomini tuo illos nuncupare ausus sum, non tam ut aulicis erga te optime affectis et de te optime meritis in parte satisfaciam et gratiae erga me tuae respondeam, etsi illis debitor sim, quam ut Christo Evangelioque eius inserviam. Cui non aulici modo, sed et rex et tu ipse, et omnes regnicolae—quid dico regnicolae?—immo omnes orbicolae debitores sunt. Nonne spiritus in propheta ait: Laudent illum caeli et terra, mare et omnia reptilia in eis?[4] Et quis posset illi sufficienter servire, quis eum sufficienter laudare, cum virtutes quidem caelorum omnes[b] sufficientia sint impares, dicente Paulo ipsum ad dexteram patris constitutum in caelestibus supra omnem principatum et potestatem et virtutem et dominationem, et omne nomen quod nominatur non solum in hoc saeculo sed etiam in futuro, et omnia subiecta esse sub pedibus eius?[5] Et alibi: Donatum illi esse nomen quod est super omne nomen, ut in nomine Iesu omne genu flectatur caelestium, terrestrium, et infernorum.[6] Et Petrus in Actis ait: Et non est in aliquo alio salus, nec enim aliud nomen est sub caelo datum hominibus, in quo oporteat nos salvos fieri.[7] O verba potentissima ad salvandum! O digito Dei mentibus salvandorum insculpenda! O veritas neminem unquam laesura, neminem deceptura! Hic est quem catholicae Epistolae solum auctorem salutis adnuntiant, hic est quem nostri commentarii praedicant, ut omnes ad quos pervenerint participes sint tantae salutis et gratiae, quae in ipso et per ipsum iis qui hanc fidem habent et habituri sunt revelanda est, quae omnem excedit mortalium sensum et comprehensionem. Hanc Christianissimo regi fidem, hanc salutem, hae epistolae, hanc hi commentarii exoptant. Hanc tibi, hanc proceribus et regnicolis omnibus, et ut magis Christiane loquar, omnibus ubicumque gentium degentibus, maxime Christum et sanctum verbum eius, quod est Evangelium pacis et aeternum, iam[c] amore prosequentibus. Neque addubitent reges, praesides, senatus, et potestates verbum Dei in suis regnis, dominiis, terris, iurisdictionibus sinere passim et libere invulgari, quin id ipsum magis adiuvent, nam tanto magis honore et debita reverentia per ipsum

b. omnia *1540*   c. eam *1540*

digni habebuntur. Quod iubet Christus nunc per Evangelium, nunc
per Paulum, nunc per Petrum, et per alios afflatu spiritus sancti illustratos viros. Nonne Evangelium dicit: Reddite quae sunt Caesaris
Caesari, et quae sunt Dei Deo?[8] Et Paulus ad Romanos: Omnis anima
potestatibus sublimioribus subdita sit, non enim est potestas nisi ad
Deo. Et subdit: Itaque qui resistit potestati, Dei ordinationi resistit.[9]
Et ad Timotheum iubet pro ipsis sedulo esse precandum, dicens:
Obsecro igitur primum omnium fieri obsecrationes, orationes, postu-
lationes, gratiarum actiones pro omnibus hominibus, pro regibus et
omnibus qui in sublimitate constituti sunt, ut quietam et tranquillam
vitam agamus in omni pietate et castitate.[10] Et ad Titum: Admone
(inquit) illos principibus et potestatibus subditos esse, dicto obedire,
et ad omne opus bonum paratos.[11] Et Petrus: Subiecti estote omni
humanae creaturae propter Deum, sive regi tamquam praecellenti,
sive ducibus tamquam ab eo missis ad vindictam malorum, laudem
vero bonorum.[12] Sed quid de obedientia mulierum erga proprios
viros, liberorum erga parentes, servorum et famulorum erga dominos
opus est plura dicere, cum hae epistolae huiusmodi sancta institutione
sint refertae? Hae verbum Dei quod est efficax et penetrabilius omni
gladio ancipiti continent,[13] his sacrae litterae sanctis vitae aeternae documentis atque instructionibus sunt plenae. Quid igitur omnes sublimi-
tatum[d] status non ubique illas animose promoverent? Et certe silentio
non est praetereundum, Christianissimum regem Franciscum hoc
auspicato nomine primum, cui et regno eius benedicat Christus, hoc
ipso laudem et gloriam apud posteros promeriturum, quod voluerit
verbum Dei in suo amplo regno et libere haberi et Evangelium
Christi sincere pureque ubique adnuntiari, volens et multo magis
aeterno regi Christo parere et verbo eius, quam ipse vel a suis sub-
ditis, et sibi et verbo suo audiri. O quantum laudis promerebitur apud
Deum et homines, si iuxta Pauli doctrinam ad Titum, exactam navet
operam in singulis quibusque amplissimis regni sui dioecesibus, fideles[e]
esse verbi Dei ministros, qui pure et sincere adnuntient sanctum Dei
Evangelium, quod est in salutem omni credenti, qui iidem praedicent
verbum, qui instent opportune, importune, qui arguant, obsecrent,
increpent in omni patientia et doctrina.[14] Et si qui aliter docent, et

d. sublimatum *1527, 1540*   e. fides *1527, 1540*

non acquiescunt sanis sermonibus domini nostri Iesu Christi, et ei quae secundum pietatem est doctrinae, eiusmodi regia repellat auctoritas, extrudat,[f] exterminet.[15] Ergo macte virtute, qui regis es Mercurius, caduceator et interpres, ad hoc ipsum regium pectus impelle, optime nato adiice calcar, iamiam ad bravium currere parato. Et ut paucis omnia complectar, verbum Dei est omnis status rei publicae stabilitas, soliditas, et confirmatio. Quapropter opto non solum e tuis manibus, vir splendidissime, sacros libros numquam excidere, sed ne e manibus quidem generosae admodum indolis liberorum tuorum Antonii et Gulielmi paternam probitatem et litteraturam probe imitantium.[16] Quos catholicis Epistolis cum novis commentariis, bene aspirante Christo, protinus donabo, si publica luce tuae auctoritati digni videbuntur. Ad quos citius evolvendos ne te argumenta remorentur, nunc illa supprimam, cum etiam in promptu sint ea quae a beato Hieronymo sunt adiecta,[17] finem epistolae hinc faciens, Iesum Christum prius precatus, qui est omne bonum, cum quo et (attestante Paulo) a caelesti patre donata sunt nobis omnia,[18] ut te in arduis et maximi ponderis regni negotiis diu conservet et in omnibus dirigat, et regis nostri clementiam et omnes status publicos omniaque regnum ipsum concernentia prospera, laeta, faustaque semper efficiat. Meldis, tamquam pro encaeniis circa anni virginei partus initia, M.D. XXV.

1. See ep. 134, note 8.

2. The commentaries of Clement of Alexandria on the Catholic Epistles formed part of the *Hypotyposes*, eight books of commentaries on selected texts from both the Old and New Testaments (Eusebius, *Hist. Eccl.* VI, xii and xiv). A substantial fragment of this work—commentaries on 1 Peter, Jude, and 1 and 2 John—survives in the Latin translation made by Cassiodorus in the first half of the sixth century for the monks of Vivarium (Cassiodorus, *Inst.* I, viii, 4, ed. R. A. B. Mynors, Oxford, 1937, p. 29: "In epistulis autem canonicis Clemens Alexandrinus... quaedam Attico sermone declaravit; ubi multa quidem subtiliter, sed aliqua incaute locutus est. quae nos ita transferri fecimus in Latinum, ut exclusis quibusdam offendiculis purificata doctrina eius securior potuisset hauriri"). For the text see *Adumbrationes Clementis Alexandrini in Epistolas Canonicas*, ed. Otto Stählin, *GCS.* XVII (Leipzig, 1909), 203–215.

3. *ML.* XCIII, 9–130. These were Bede's most popular commentaries throughout the Middle Ages (M. L. W. Laistner, *Bedae Venerabilis Expositio Actuum Apostolorum et Retractio*, Cambridge, Mass., 1939, p. xii, note 1).

f. extrudet *1540*

4. Ps. 68:35.

5. Eph. 1:20–22.

6. Philip. 2:9–10.

7. Act. 4:12.

8. Matth. 22:21.

9. Rom. 13:1–2.

10. 1 Tim. 2:1–2.

11. Tit. 3:1.

12. 1 Petr. 2:13–14.

13. Hebr. 4:12. "Vivus est enim sermo Dei et efficax, et penetrabilior omni gladio ancipiti."

14. Tit. 1:7–9. "Oportet enim episcopum sine crimine esse ... sed hospitalem, benignum, sobrium, justum, sanctum, continentem, amplectentem eum, qui secundum doctrinam est, fidelem sermonem, ut potens sit exhortari in doctrina sana, et eos qui contradicunt arguere"; Rom. 1:16. "Non enim erubesco evangelium. Virtus enim Dei est in salutem omni credenti, Iudaeo primum, et Graeco"; 2 Tim. 4:2. "Praedica verbum, insta opportune, importune; argue, obsecra, increpa in omni patientia et doctrina."

15. 1 Tim. 6:3. "Si quis aliter docet, et non acquiescit sanis sermonibus Domini nostri Iesu Christi, et ei quae secundum pietatem est doctrinae." Cf. 1 Mac. 9:73. "Et cessavit gladius ex Israel, et habitavit Ionathas in Machmas: et coepit Ionathas iudicare populum, et exterminavit impios ex Israel."

16. Guillaume Duprat (1507–1560) succeeded his uncle Thomas Duprat as bishop of Clermont 17 Feb. 1529. He was one of four French bishops at the first session of the Council of Trent (1546–1547) and played an important role in establishing the Jesuit Order in France. His elder brother Antoine, lord of Nantouillet and Précy and baron of Thiers, was provost of Paris (1 March 1542). He died in 1553. Jean de Pins, French ambassador in Rome and Venice and bishop of Rieux (1523–1537), dedicated his *Allobrogicae narrationis libellus* to Guillaume and Antoine in 1516. See *Gallia Christiana*, II, 297; Anselme, VI, 454–455; *Actes de François Ier*, IV, 295, no. 12376; VI, 528–529, nos. 21642–21644; the Marquis du Prat, *Vie d'Antoine du Prat* (Paris, 1857), 285–301, 387–391; and Ferdinand Fournier, "Monseigneur Guillaume du Prat au Concile de Trente," *Etudes*, XCVII (Jan.–March, 1904), 289–307, 465–484, 622–644.

17. *Argumenta* to each of the seven Catholic Epistles were traditionally attributed to St. Jerome and appear in most manuscripts of the Vulgate. Partial lists of these manuscripts in Samuel Berger, *Les Préfaces jointes aux livres de la Bible dans les manuscrits de la Vulgate* (Paris, 1902), pp. 66–67, nos. 293–294. Berger found the *argumenta* in no manuscript earlier than the eight century. For the texts see the Oxford Vulgate, Part III, fasc. 2: *Septem Epistulae Canonicae*, ed. H. F. D. Sparks and A. W. Adams (Oxford, 1949), 232, 266, 310, 334, 380, 387, and 394.

18. Rom. 8:32. Cf. 1 Cor. 8:6.

Appendix I. To the reader [Meaux. 1524.]

Commentarii in Epistolas Catholicas, Basel, 1527, fol. *3r; CCCXXII (1540), sig. a, 5r–v. The epistle is L.'s second preface to his commentaries on the Catholic Epistles.

Ad lectorem.

Adieci, candide lector, annotationes ex Graeco in fronte marginis cuiusque capitis editionis Latinae, quam potui proxime locis quibus respondent, ut nostrae tralationis a Graeca littera quae nunc habetur dinoscatur diversitas, et etiam ut aliquot in locis planior reddatur intelligentia. In quo id diligenter animadvertas velim, si quid in epistolarum littera fuerit notandum, id duobus angulis oppositis claudetur, hoc pacto [   ] et notabitur in margine. Et si quid indicabitur non haberi in exemplari Graeco impresso, signabitur in littera obelo, id est veru in principio et angulo in fine, hoc modo ▬ et nihil in margine. Si vero aliquid adiiciendum ex Graeco, locus ubi adiiciendum erit indicabitur in littera linea ex utraque parte in summitate angulum habente, hoc pacto T, et adiiciendum ponetur in margine praecedente asterisco, id est stellula tali *.[1] Et id insuper notatu non videatur indignum, in Evangeliis et Epistolis Pauli editionem Graecam nostra tralatione fideliorem atque integriorem. In his autem catholicis Epistolis nostram tralationem illa quibusdam in locis nunc habet (ut nonnulli putant) integriorem, et eo ordine quo sacer Hieronymus indicavit ac partim restituit, ipso dicente in prologo super has ad virginem Eustochium: "Ita has proprio ordini (Deo iuvante) reddidimus. Est enim prima earum una Iacobi, duae Petri, tres Ioannis, et una Iudae. Quae si, sicut ab eis digestae sunt, ita quoque ab interpretibus fideliter in Latinum verterentur eloquium, nec ambiguitatem legentibus facerent, nec sermonum varietas sese impugnaret; illo praecipue loco ubi de unitate trinitatis in prima Ioannis epistola positum legimus. In qua etiam ab infidelibus translatoribus multum erratum esse a veritate comperimus: trium tantummodo vocabula, hoc est, aquae, sanguinis, et spiritus, in ipsa sua editione ponentibus et patris, verbique ac spiritus testimonium omittentibus, in quo maxime et fides catholica roboratur, et patris et filii et spiritus

484

sancti una divinitatis substantia comprobatur."[2] Haec sacer Hieronymus. Unde fit, ut tempore Hieronymi codices Graeci hanc particulam in epistola Ioannis haberent: Tres sunt qui testimonium dant in caelo, Pater, Verbum, et Spiritus sanctus, et hi tres unum sunt, qua nunc carent nostra exemplaria Graeca.[3] Sed tu, lector optime, omnium κάλλιστος κριτής ἔσω, omnibus bene utere ac omnia bene consule. Et quod nostrum erga fideles omnes votum est, tu pariter bene perpetuoque in Christo Iesu omnium salute. Vale.

1. The Aristarchian signs. See ep. 66, note 26.

2. [Pseudo-] Jerome, *Prologus septem epistolarum canonicarum*, in the Oxford Vulgate, Part III, fasc. 2: *Septem Epistulae Canonicae*, ed. H. F. D. Sparks and A. W. Adams (Oxford, 1949), 230, line 5–231, line 15. That this text is not by Jerome was amply demonstrated by Richard Simon, *Histoire critique du texte du Nouveau Testament* (Rotterdam, 1689), 206–210. It appears for the first time in the codex Fuldensis, written at Capua between 540 and 546. On its origin and early history see S. Berger, *Les Préfaces jointes aux livres de la Bible dans les manuscrits de la Vulgate* (Paris, 1902), 11–12; C. Künstle, *Das Comma Ioanneum* (Freiburg-im-Breisgau, 1905), 27 sqq.; and John Chapman, *Notes on the Early History of the Vulgate Gospels* (Oxford, 1908), 262 sqq.

3. 1 Ioan. 5:7, the *Comma Johanneum*. Erasmus omitted it from the translation which accompanied his Greek New Testament (1516) because he did not find it in any Greek manuscript. [Pseudo-] Jerome's prologue to the Catholic Epistles long remained the oldest authority in its favor, and since no one in the sixteenth century questioned *its* authenticity, a weighty one. L. was not the first to use it in order to defend 1 John 5:7 against Erasmus. In 1520 Edward Lee cited it in his second polemic against Erasmus's Greek New Testament. The year before, Stunica, one of the principal editors of the *Complutensian Polyglot*, had used it to make precisely the same points made by L., in this preface: "Sciendum est hoc loco Graecorum codices apertissime esse corruptos; nostros vero veritatem ipsam, ut a prima origine traducti sunt, continere. Quod ex prologo beati Hieronymi super epistolas canonicas manifeste apparet. Ait enim: 'Quae si sic, ut ab eis digestae sunt, ita quoque ab interpretibus...'" (*Annotationes Iacobi Lopidis Stunicae contra D. Erasmum Roterodamum in defensionem tralationis noui testamenti. Apologia D. Erasmi in Iacobum Lopidem Stunicam. Eivsdem Stunicae annota. in Iacobum Fab. super epi. Pavli*, Paris, P. Vidoue for Conrad Resch, July 1522, sig. K, ii, r). L.'s text of 1 John 5:7–8 reads as follows (*Commentarii in Epistolas Catholicas*, Basel, 1527, fol. 61r–v): "◢ Quoniam tres sunt qui testimonium dant in coelo: pater, verbum, & spiritus sanctus: & hi tres unum sunt. Et tres sunt qui testimonium dant ◢ in terra: spiritus, aqua, & sanguis: & hi tres [unum] sunt." In the margin (fol. 61r) and referring to the passage within obelisks: "Haec particula tempore Hieronymi Graece habebatur." The commentary (ff. 62v–63r) does not raise the question of the authenticity of the

text. On the *Comma Johanneum* see A. Bludau, "Der Beginn der Controverse über die Aechtheit des *Comma Joanneum* (1 Ioan. 5, 7–8.) im 16. Jahrhundert," *Der Katholik*, 3. Folge, XXVI (1902), 25–51, 151–175; E. Riggenbach, *Das Comma Johanneum* (Gütersloh, 1928); and A. Lemonnyer, in *Dictionnaire de la Bible*, Supplément II (1934), 67–73.

Appendix II. Andreas Cratander to the reader

Commentarii in Epistolas Catholicas, Basel, 1527, fol. *1v.

Andreas Cratander (Hartmann) was educated at Heidelberg and, after learning his trade from Matthias Schürer in Strasbourg, was active in Basel as a scholar-printer from 1518 to 1536. See Hartmann, II, 264 and *NDB*. III, 402. L. was in Basel in May 1525 (Allen, VI, 345–346). He probably left the manuscript of his *Commentaries on the Catholic Epistles* with Cratander then. Cratander had already published, in 1523 and 1526, two editions of L.'s *Commentarii in quattuor Evangelia*.

The epistle is Cratander's preface to L.'s *Commentaries on the Catholic Epistles*.

Andreas Cratander lectori felicitatem.

Valde candide lector quam strenue operam navemus, ut semper aliquid novarum lucubrationum, non quorumcumque sed optimorum dumtaxat auctorum, habeas. Porro sunt quibus maxime placet quicquid ante aliquot saecula natum est, neque iniuria, quoniam et nos sanctam vetustatem ita veneramur ut multis sudoribus magnoque sumptu antiquissimos utriusque linguae scriptores a situ et internitione vindicare studeamus, id quod iamdiu officina nostra satis superque testata est, et mox divi Cyrilli Alexandrini operibus proculdubio testabitur, quae insigni accessione locupletata, et iuxta probae fidei Graecos codices ex variis bibliothecis vix tandem adeptos, tralata atque emendata bonis avibus prodibunt.[1] Verum non incommodum interim videtur recentiores et doctos et pios tibi exhibuisse, quorum e numero non postremus est Iacobus Faber Stapulensis, theologus eximius, homo non minore vitae integritate spectatissimus quam linguarum cognitione et omniiugae disciplinae peritia ornatissimus, cuius dotes maiores sunt quam ut hic a me possint recenseri. Commentarios igitur tanti viri in epistolas quas canonicas vocant legere, quisquis es qui sacras litteras amas, non pigeat, neque scio te facti poenitebit. Vale.

1. Cratander kept his promise in Aug. 1528: *Divi Cyrilli Archiepiscopi Alexandrini Opera, in tres partita Tomos: in quibus habes non pauca antehac Latinis non exhibita* (Panzer, VI, p. 265, no. 702; Legrand, III, no. 295, pp. 318–319). These works, translated by George of Trebizond and edited by Josse Clichtove, had already appeared in Paris (see eps. 104–106).

142

An Exhortation to the Christian reader
[Meaux. Before June 20, 1525.]

Les choses contenues en ce present liure. Vne epistre comment on doit prier dieu. Vne table pour facilement trouuuer [sic] *les Pseaulmes. Le psaultier de Dauid. Argument brief sur chascun Pseaulme pour Chrestiennement prier et entendre aucunement ce que on prie. Vne exhortation en la fin,* Antwerp, Martin de Keyser, 20 June 1525, sig. x, ii, r–x, viii, r; CCCXIV (1525/1526), sig. T, vi, r–U, iv, r. The text is that of the Antwerp edition of 1525, corrected from the Simon de Colines edition of 17 Feb. 1525/1526.

The "Exhortation" appears at the end of the second and third editions of L.'s French translation of the Psalms (cf. ep. 139). L. had it printed by Martin de Keyser in Antwerp rather than in Paris by Simon de Colines, possibly to avoid censorship, possibly because of his dissatisfaction with Simon de Colines, acidly expressed in a letter to Farel dated Meaux 6 July 1524: "De officina nostra juste conquereris, et ego conqueror, et Robertus [Stephanus] frater, ad quem dedisti, ut ad me scribit, literas. Sed compater ille domus [Simon de Colines] quem scis, omnia evertit, et nunc sic occupat domum, ut nihil nisi sordidum emitti possit" (Herminjard, I, 226–227). Nevertheless, Simon de Colines reprinted Keyser's Antwerp edition on 17 Feb. 1525/1526.

Exhortation finale.

Mes chiers freres et seurs en Jesuchrist, la grace d'iceluy soit avec vous. Mes treschiers, comme dit sainct Pol, Nul parlant par l'esperit de dieu ne dit parolle execrable de Jesus. Et nul ne peult dire, Nostre seigneur Jesus, sinon par le sainct esperit.[1] Parquoy ne vous devez refroider de riens à prier dieu par ces sainctes louenges contenues en ce livre des pseaulmes du prophete royal David, quelques choses que vous oyez, mais ainçois la charité de dieu et de sa parolle vous eschauffe tant plus fort. Car dieu veult estre prié en esperit de[a]

a. et en *1525/1526*

verité, comme il dit par sainct Jehan.² Laquelle chose vous faictes en lisant ces sainctes pseaulmes, qui sont faictes par l'esperit de dieu, comme nous tesmoigne nostre seigneur Jesuchrist par sainct Matthieu, quant il respond aux Pharisiens, disant, Comment donc dit David en esperit: Le seigneur dieu a dit à mon seigneur: Siedz à mes dextres, Jusques à tant que je metteray tes ennemys la scabelle de tes piedz?³ Et qu'est ce l'esperit de dieu, sinon l'esperit de toute verité? En disant doncques ces pseaulmes reveremment et devotement, c'est adorerᵇ dieu vrayement en esperit et verité. Et ces louenges sont faictes par l'esperit parlant par David devant l'advenement de nostre seigneur Jesuchrist pres de mil ans. Car depuis David jusques à la captivité de Babylone y a plus de quatre cens et vingt ans, comme se trouve par la supputation des ans des regnes des roys qui ont regné en Hierusalem aprés David jusques à ladicte captivité; et depuis la captivité jusques à Jesuchrist, cinq cens ans ou environ, comme se trouve par les sepmaines de Daniel.⁴ Doncques par ces louenges si long temps faictes devant son advenement, contenans son advenement, sa nativité, son adoration par les roys, sa conversation en terre, ses faictz, les congregations et conseilz contre luy faictz, sa mort et passion, sa resurrection, son ascension, sa session à la dextre de dieu son pere, la mission du sainct esperit et de ses apostres par le monde, du salut de tous fait par luy, et autres divins mysteres, veult que nous louons le pere de misericorde, et luy pareillement qui à tous a fait et fait misericorde, qui s'est fait sacrifice pour tous, et a esté accepté de dieu le pere pour tous ceulx qui ont ceste foy en sa misericorde et qui croyent qu'il est de si grande et incomprehensible bonté envers nous, pour l'amour qu'il a vers nous en son filz Jesuchrist qui a esté fait semblable à nous sans peché selon la chair. Et bien entendre ce en lumiere de foy est le salut de tout fidele et ung sacrement qui fait tout congnoistre à peu de parolles. En ce est toute la sapience etᶜ theologie du monde. C'est ce que sainct Pol disoit, Non enim iudicavi me aliquid scire inter vos, nisi Iesum Christum, et hunc crucifixum. Je ne me ay point estimé sçavoir aucune chose entre vous, sinon Jesuchrist, et iceluy crucifié.⁵ Riens doncques ne vous desgouste ou destourne de ces sainctes louenges, desquelles il a esté loué il y a plus de deux mille quatre cens ans.

b. adore *eds*.   c. la *post* et *1525/1526*

Et s'il semble à aucuns que quelque chose soit estrange en^d ces pseaulmes, ou autres sainctes escriptures, comme peult estre ce de la pseaulme seconde, Quare fremuerunt gentes? Pourquoy ont fremy les gens?,⁶ se iceulx demandent l'intelligence aux bien vueillans et amateurs de la parolle de dieu, ilz responderont que c'est à dire, Pourquoy se sont esmeuz, troublez, fait tumulte les gens? Et ce, premierement, en la nativité de nostre seigneur Jesuchrist, comme il est escript en sainct Matthieu, Et oyant Herode il fut troublé, et toute Hierusalem avec luy.⁷ Et aussi furent ilz esmeuz, troublez, et faisans tumultes plusieurs autres fois contre nostre seigneur Jesuchrist, et principalement ou temps de sa passion; et de ces troublemens et tumultes parle la seconde pseaulme. Toutesfois si ce mot, *ont fremy*, qui est plus pres du latin, ne plaist, ilz y pourront mettre *ont esté esmeuz, troublez*, ou *fait tumultes*, lequel qu'il leur plaira, car c'est tout ung.

Et pareillement ce de la pseaulme xxxv, Homines et iumenta salvabis, Domine, quemadmodum multiplicasti misericordiam tuam Deus. Seigneur dieu tu sauveras les hommes et les iumens, comment sire dieu as tu multiplié ta misericorde!⁸ Se iceulx demandent l'intelligence à ceulx qui sont de cueur chrestien, ilz les enseigneront, disans, par les hommes estre entendus les Juifz et par les iumens les Gentilz. Car par les hommes sont entendus ceulx qui avoient la congnoissance de dieu; et par les iumens et bestes, ceulx qui n'en avoient point la congnoissance. Or les Juifz seulz avoient vraye congnoissance de dieu, et tous les Gentilz estoient idolatres, ayans ignorance d'iceluy. Et certes il n'y a autre difference entre l'homme et la beste, sinon que l'homme est fait à avoir congnoissance de dieu et la beste n'en peult avoir congnoissance. Et tout l'honneur de l'homme est congnoistre et aymer dieu et avoir en luy sa fiance. Et quant il ne le^e congnoit, il est dict beste et iument, comme il est dit en la pseaulme xlviii, Quant l'homme estoit en honneur il ne l'a point entendu, il a esté comparé aux iumens sans entendement, et a esté fait semblable à icelles.⁹ En oultre nous disons que par les hommes nous devons entendre les spirituelz et par les iumens les charnelz. Parquoy ce n'est autre chose à dire, Seigneur dieu tu sauveras les hommes et les iumens, que dire,

d. a *1525*; en *1525/1526*   e. *om. 1525*

Seigneur dieu tu sauveras les spirituelz, les justes, et les charnelz, les pecheurs, quant ils retourneront à toy. Et parquoy? Par la multitude de sa misericorde, de laquelle le prophete dit, en s'escriant, Comment sire dieu as tu mutiplié ta misericorde! Par laquelle parolle il humilie les spirituelz et les justes, leur donnant à congnoistre que ce n'est point par eulx ne par leurs œuvres qu'ilz sont sauvez, mais par la divine misericorde. Et donne couraige aux charnelz et pecheurs d'esperer et retourner à si grande et ineffable misericorde.

Et se ilz demandent de ce en la pseaulme cent et treize, La mer l'a veu et s'en est fuyé, Jordain en est converty au derriere,[10] ilz reponderont que quant les enfans de Israel se partirent de Egypte, la mer rouge comme se elle eust veu le peuple de dieu, se retira arriere d'ung costé et d'autre, comme faisant place et honneur au peuple de dieu, et qu'elle ne leur donnast aucun empeschement à passer du quartier de Egypte à la rive de Arabie. Et pareillement le fleuve Jordain se retira au derriere, c'est à dire vers sa source et commencement, laissant la place vuyde, affin qu'il n'empeschast le peuple de dieu à passer vers Judee, comme par la voulenté de dieu les honnorant et reverant.

Et pareillement se ilz demandent le sens de ce qui s'ensuit, Les montaignes ont saulté comme moutons et les petites montaignes comme les aigneaux des brebis,[11] ilz leur responderont que les expositeurs Hebrieux disent que quant le peuple de dieu vint aux Amorriens, les montaignes grandes et petites de la riviere de Arnon se jecterent d'ung costé et d'autre, affin que les enfans de Israel peussent passer, comme les ayans en reverence. De laquelle chose est escript ou livre des Nombres, Sicut fecit in mari Rubro, sic faciet in torrentibus Arnon. Scopuli torrentium inclinati sunt, ut requiescerent in Arnon. C'est à dire, Comme il feit en la mer rouge, ainsi fera il es torrens de Arnon. Les rochiers des torrens ont esté abaissez pour se reposer en Arnon.[12] Et ainsi ces rochiers et montaignes saulterent et se jetterent en bas, comme les moutons et aigneaux saultent et se jettent d'ung lieu en l'autre. Et en toutes ces choses est monstré que aux serviteurs de dieu nulles choses ne pevent donner empeschement de parvenir à la vraye terre de promission, qui est la terre des vivans eternellement. Et le mot qui est icy mys en latin, *exultaverunt*, signifie *ont saulté*, qui vient de *ex* et *salto* selon les grammariens, et aucunesfois signifie *s'esjouyr*, mais en ce lieu signifie *saulter*, comme aussi se congnoist par sainct Hierosme translatant ce passage ainsi, Montes subsilierunt quasi arietes et colles quasi filii gregis.[13] Les montaignes ont saulté en bas comme moutons et les petites montaignes comme les filz du tropeau. Et le mot *subsilierunt* est composé selon les grammariens de *sub* et *salio*. Et ainsi aussi l'exposent les Hebrieux.

Et finalement affin que nul n'ait occasion de mal penser de ce qui est mys au commencement de la derniere pseaulme, qui est la cl, Laudate dominum in sancto eius, Louez le seigneur dieu en son sainct, ce a esté faict selon sainct Hierosme et les Hebrieux, qui ont ainsi.[14] Et certes en Hebrieu en ce lieu cy est le mesme mot de la pseaulme soixante et treize, où il est dict, Quanta malignatus est inimicus in sancto.[15] Et en la pseaulme de devant qui est la soixante et deuxiesme, où il est[f] dict, Donec intrent in sanctuarium Dei.[16] Parquoi se entend bien que le mot cy mys signifie en nombre singulier sainct et sanctuaire. Et qui se peult mieulx entendre ce sainct et ce sanctuaire que[g] nostre seigneur Jesuchrist, duquel dit sainct Pol, Offrons donc tousjours par luy sacrifice de louenge à dieu?[17] Donc nous entenderons par ce sainct et ce sanctuaire nostre seigneur Jesuchrist, par lequel la premiere pseaulme commence quant on dit, Beatus vir;[18] et pareillement la derniere quant on dit, Laudate dominum in sancto eius. Et en l'ancienne loy n'y avoit que ung sainct et ung sanctuaire, qui estoit le temple en Hierusalem, estant la figure du vray seul sainct et sanctuaire. Parquoy ne convient point si bien de dire, *Laudate dominum in sanctis*, comme *in sancto*, puis qu'il n'y en avoit[h] que ung, ouquel tous les Juifz de toutes pars venoient aux grandes solennitez pour y louer dieu. Et encore ce qui est[i] escript en la pseaulme cxxxiii, Extollite manus vestras in sancta, il est là[j] dit en singulier *in sanctum* sive *in sanctuarium*.[19] Et quant en ceste derniere pseaulme selon les Latins on dit *in sanctis*, en ce lieu *in sanctis* ne peult estre prins pro *sanctis*, id est *divis*, mais pro *sanctuariis*. Et ceste signification *sanctis* pro *divis*, en usant ainsi qu'on a acoustume de user, pro his quibus templa ponuntur et cultus impenditur, neque est hic ad

f. *om. 1525*

g. ne *1525*; que *1525/1526*

h. n'y en avoit] n'en y avoit *1525/*

1526

i. estoit *1525*

j. *om. 1525*

propositum, neque in universo sacrae scripturae corpore, ne quis erret hallucineturve in vocabulo.

Et se quelque autre passage en ces pseaulmes semble difficile ou estrange, et que les simples par eulx ne puissent entendre, sans oster leur cueur de la parolle de dieu qui est parolle de vie, que ilz demandent l'intelligence aux amateurs de ladicte parolle; et non pas tant lesdictz amateurs que la grace de l'esperit de dieu satisfera à leur desir et demande, tant en ce sainct livre des pseaulmes que es evangiles et que en autre escripture saincte. Contre laquelle nul ne doit mal parler, autrement seroit blaspheme contre le sainct esperit, qui est autheur d'icelle. De laquelle chose nostre seigneur dit par sainct Marc, Qui autem blasphemaverit in spiritum sanctum, non habebit remissionem in aeternum.[20] Il appartiendroit bien doncques icy une grosse invective contre les contredisans, maldisans et desgoustans les simples de la parolle de dieu; mais l'esperit de dieu est bening qui veult sauver et non point perdre ou exasperer. Et ceulx qui sont telz ayent vergongne plus devant dieu que devant les hommes, qui les congnoist et auquel riens ne peult estre celé. Pourtant mes freres et amys portez grant crainte et reverence à ces sainctes escriptures, et ne oyez point aucuns de quelque condition qu'ilz soient se ilz en estoient maldisans. Et s'il vous semble que ne puissiez prouffiter à leur respondre, taisez vous alors, et beneissez dieu en voz cueurs et sa saincte parolle, et priez dieu pour eulx, que son sainct plaisir soit de les enluminer; mais s'il vous semble que puissiez[k] prouffiter, admonnestez les doulcement, comme la parolle de dieu vous donnera et la charité, disans ce que sainct Pol disoit, Je n'ay point certes honte de l'evangile, car elle est la puissance de dieu à tout homme qui la croit.[21] Et nostre seigneur dict en sainct Luc, Qui aura honte de moy et de mes parolles, le filz de l'homme aura honte de luy quant il viendra en sa majesté, et de son pere, et des sainctz anges.[22] Et detracter de ses parolles ou en mal parler est beaucoup plus que en avoir honte. Parquoy mes treschiers freres gardez vous d'en destourner aucuns, et tant plus d'en blasphemer; mais excitez ainceois les cueurs de tous, disans avec l'Ecclesiastique, La parolle de dieu est fontaine de vie d'enhault, et les voyes d'iceluy commandemens eternelz.[23]

k. puissez *1525*

Et aprés il dit, Qui craignent dieu, ilz ne seront point incredules à sa parolle, et ceulx qui l'ayment garderont sa parolle.[24] Et plus oultre, Ne contredis point aucunement à la parolle de verité.[25] Et qui est la parolle de verité, sinon la parolle de dieu? Ne dit pas David, Seigneur dieu ne oste point de ma bouche la parolle de verité aucunement.[26] Elle soit doncques tousjours en la bouche d'ung chascun, affin que dieu soit loué, honnoré, et adoré en esperit et verité. Et à tant nous ferons icy fin, prians ce que sainct Pol prioit aux Colossiens, Que la parolle de Christ habite en vous abondamment en toute sapience, enseignans et admonnestans vous mesmes en pseaulmes, hymnes et cantiques spirituelz, chantans en voz cueurs à dieu; et que toutes choses que vous faictes, soit en parolles ou en œuvres, vous les faciez toutes ou nom de nostre seigneur Jesuchrist, rendans graces à dieu et au pere par luy.[27] Amen.

1. 1 Cor. 12:3.
2. Ioan. 4:23.
3. Matth. 22:44. Cf. Ps. 109:1.
4. The Babylonian captivity began 1,426 years after Abraham. David's reign ended 980 years after Abraham. From the end of David's reign to the beginning of the captivity there are 446 years, no doubt the figure L. had in mind (*Eusebii Pamphili Chronici Canones Latine vertit, adauxit, ad sua tempora produxit S. Eusebius Hieronymus*, ed. J. K. Fotheringham, London, 1923, pp. 114 and 174). The famous prophecy in Dan. 9:24–27 mentions seventy weeks. Commentators normally held each week to represent seven years, making 490 years. According to the *Chronici Canones* there were 519 years between the end of the captivity and the birth of Christ (*ibid.*, 186 and 251). The two figures average out to L.'s "cinq cens ans ou environ." This interpretation of the weeks of Daniel is unusual. No important ancient or medieval Christian commentator took the captivity or the first destruction of Jerusalem as the beginning of the seventy weeks. Jewish commentators, on the other hand, almost always did so. Ending the seventy weeks with the birth of Christ has, of course, no Jewish source. Although undoubtedly suitable from the Christian point of view, it nevertheless is rare. Most Christian commentators chose Christ's baptism, or the Crucifixion, or the Ascension, or some later, generally illogical, date. See Franz Fraidl, *Die Exegese der siebzig Wochen Daniels in der alten und mittleren Zeit* (Gratz, 1883).
5. 1 Cor. 2:2.
6. Ps. 2:1.
7. Matth. 2:3.
8. Ps. 35:7–8.
9. Ps. 48:21.

10. Ps. 113:3.

11. Ps. 113:4. "Montes exultaverunt ut arietes, et colles sicut agni ovium."

12. Num. 21:14.

13. *Psalterium iuxta Hebraeos*, 114 (Vulg. 113): 4; Nicholas of Lyra, *Postillae* (Venice, 1488), II, sig. KK, 5r.

14. Ps. 150:1. In the *Psalterium iuxta Hebraeos* Jerome translated: "*Laudate Dominum in sancto eius.*" The Vulgate reads: "*Laudate Dominum in sanctis eius.*"

15. Ps. 73:3 (Vulgate).

16. Ps. 72:17 (Vulgate): "Donec intrem in sanctuarium Dei."

17. Hebr. 13:15.

18. Ps. 1:1.

19. Ps. 133:2. The same verse in the *Psalterium iuxta Hebraeos* reads: "Levate manus vestras ad sanctum."

20. Marc. 3:29.

21. Rom. 1:16.

22. Luc. 9:26.

23. Eccli. 1:5.

24. Eccli. 2:18.

25. Eccli. 4:30.

26. Ps. 118:43.

27. Coloss. 3:16–17.

143

Robert Estienne to the reader   Paris. March 1, 1528.

Biblia [latina], Paris, Robert Estienne, 28 Nov. 1527–1528/1529, sig. *ij, r–v (Chicago, Newberry. New York, NYPL. Darlow and Moule, no. 6109). According to his customary practice Estienne dated book and preface in the new style (A. E. Tyler, "The Chronology of the Estienne Editions, Paris, 1526–50: Old Style or New?" *The Library*, 5th ser. IV [1949], 64–68).

Robert Estienne, born in 1503, was L.'s last and most brilliant disciple. The career of this learned and attractive man has been admirably studied by Elizabeth Armstrong, *Robert Estienne, Royal Printer* (Cambridge, 1954).

The epistle prefaces the first folio edition of Estienne's text of the Vulgate Bible, the beginning of the first effective effort to establish a critical edition of Jerome's text. A royal privilege dated Paris 5 Feb. 1527 appears at the end of the book: "Receu avons l'humble supplication de Robert Estienne libraire imprimeur demourant à Paris, contenant que depuis trois ans en ça le dict suppliant à grans fraitz et labeurs a assemblé certains vieulx exemplaires escriptz de la Bible et iceulx conferez et accordez à la realle verité par l'advis et meure deliberation de gens de grant savoir et experience avec l'interpretation et vraye declaration des noms hebrieux et à icelle adjoint deux tables et repertoires."

Lectori.

Cum sacratissima utriusque testamenti Biblia typis nostris exprimere statuissemus, Christiane lector, operae pretium facturos esse arbitrati sumus, si prius quam aggrederemur rem ipsam vetera exemplaria consuleremus, inde germanam lectionem excerpturi, quo auctoritate eorum fulti et quae depravata essent restitueremus, et scrupulosis quibusdam lectoribus satisfieret, quos vel unius verbuli immutatio solet offendere. Cum itaque anno M.D. XXIIII huius urbis pervetustas bibliothecas evolveremus, eam maxime quae est apud D. Germanum a Pratis, in manus tandem nostras pervenit exemplar quoddam mirae vetustatis,[1] quod ut manu diligentissime scriptum, ita et a viris doctis, ut videre licet, accurate perlectum erat, et si quando librariorum vitio mendae irrepsissent, tanto studio castigatum ut non credam aliud usquam pari. Eius nobis copiam libenter fecerunt qui illi bibliothecae praeerant, a quibus et alterum simili prope diligentia conscriptum[2] mutuo accepimus, in quo (ut fuerunt observantissimi minimarum etiam rerum patres nostri) videas accentus superscriptos dictionibus ambiguae significationis, quod et imitati sumus. Nec his quidem contenti, evolvimus et bibliothecam S. Dionysii, in qua unicum exemplar[3] reperimus quod ad fidem praedictorum accederet, tametsi multa alia illic visuntur, sed quae elegantia tantum scripturae nostra superent, non item fidelitate. Contulimus ea cum iis quae tunc ut emendatissime impressa circumferebantur, adnotantes in quibus illa discreparent ab impressis, adnotantes inquam seorsum in scheda quadam ad tempus, non autem in margine librorum qui paulo post opera nostra excusi fuerunt, germana lectione, quae nimirum cum Hebraeis conveniret, contenti. Ceterum ut ingenue fateamur, prima illa collatio non usquequaque exacta fuit, quandoquidem tunc pauca et cursim quidem emendavimus, aliis districti negotiis. Ob idque, ne tum quidem conquievit animus noster, qui maiore quam credi possit desiderio flagraret emittendi tandem Biblia illa quam emendatissima. Dum sedulo igitur disquireremus quod ad exactam illorum editionem conferre posset, memores dictorum beati Augustini in Decretis, distinct. IX, "Vt veterum librorum fides de Hebraicis voluminibus examinanda [est], ita novorum veritas Graeci sermonis normam desiderat,"[4] nostris sumptibus allata sunt Biblia illa Hispaniensia, a Leone X Pontifice Maximo tantopere laudata.[5] Contulimus illico nostram tralationem, quae in illis inserta est, cum nostris exemplaribus, quorum supra meminimus, deprehendimusque per omnia fere consentire; diceres Hispanos illa ex nostris exemplaribus impressisse. Posthac,[a] corrogatis undique et aliis exemplaribus pressis, iis maxime in quorum margine toties adiecta est nota illa variae lectionis *alias*, denuo laborem illum conferendi subivimus, singula quaeque (quoad eius fieri potuit) expendentes; exque variis lectionibus eas potissimum delegimus quae antiquis, Hispaniensi, et Hebraeis codicibus astipularentur, a Genesi facto exordio. Illas in duos quaterniones qui apud nos asservantur coniecimus, patres nostros imitati, qui quae dissidentia compererant adnotavere, legitimam lectionem indicantes, quod testari potest vel liber ille qui in bibliotheca Sorbonae adservatur, inscriptus Correctiones Bibliae.[6] Quaedam tamen ad praelum ipsum ex frequenti collatione restituimus, quae in quaterniones illos non sunt relata, quod memoria exciderint ob graves et nimium festinos labores. Unum tamen nobis curae ac religioni semper fuit, ne quid de genuina illa nostra tralatione immutaretur, sed quam fieri posset incorruptissima prodiret. Quod vehementer optasse videtur Hieronymus cum alibi tum in prologo in Psalterium, scribens hunc in modum: "Unde consueta praefatione commoneo tam vos quibus forte labor iste desudat, quam eos qui exemplaria istiusmodi habere voluerint, ut quae diligenter emendavi, cum cura et diligentia transcribantur."[7] Ad quod praestandum nobis non parvo adiumento fuit Liber differentiarum veteris testamenti, olim quidem ille a Nicolao Lyrano editus,[8] nuper vero auctus locupletatusque studio ac labore Pauli cuiusdam,[9] viri eruditi iuxta diligentisque, cuius cum primis opera Hispani in editione sua usi sunt. Nonnumquam ad marginem indicavimus quid legerent Hebraei. Nec nisi rarissime etiam adiecimus supradictum symbolum duplicis lecturae *alias*, cum gemina tantum lectio ob verbi Hebraici duplicem significationem sese offerebat. Obeliscos saepius affiximus. Semel atque iterum asteriscos. Praefationes prophetis minoribus praepositas integritati suae restitutas leges, indicato loco unde desumptae sint ex Hieronymo, praeter paucas incerti auctoris.[10] Capitum sin-

a. Post haec *ed.*

gulorum argumenta sive summaria, ut vocant, per omnes veteris testamenti libros ita digessimus, ut singula e regione loci ponantur cuius sententiam brevibus comprehendunt. Ceterum in novo testamento nulla prorsus adiecta sunt, quod marginem totum occupassent; singuli namque versus singulae sunt sententiae, immo vero singula in eo verba, praesertim in epistolis, plena sunt sensibus. Quamobrem et copiosum indicem rerum et sententiarum tam in ipso quam in vetere contentarum paravimus.[11] Ad haec inter conferendum (ut dictum est) varia illa exemplaria anxie institimus in propriis nominibus hominum et locorum, utpote in quorum scriptura nonnumquam omnia exemplaria discrepabant; ac ita tandem illa reposuimus ut non facile sit posthac ea corrumpere, modo quis per singula libellum de interpretatione Hebraicorum nominum[12] consulat, quem simul cum illis indicibus impressimus. Perlege igitur, candide lector, ac laboribus nostris fruere. Etsi quando a nobis cessatum sit, aut etiam erratum, ut sumus homines, boni consule. Vale. Parisiis, ex officina nostra. Calend. Mart. M.D. XXVIII.

1. Par. lat. 11937, a ninth-century manuscript containing Theodulf's revision of the Vulgate text as far as the Psalms. See L. Delisle, *Les Bibles de Théodulfe* (Paris, 1879), 28–30; John Wordsworth, *The Gospel according to St. Matthew from the St. Germain Ms. (g1), Now Numbered Lat. 11553 in the National Library at Paris, Old-Latin Biblical Texts*, I (Oxford, 1883), Appendix I, pp. 47, 49; S. Berger, *Histoire de la Vulgate pendant les premiers siècles du Moyen Age* (Paris, 1893), 178–179, 408; Armstrong, *Robert Estienne*, 11.

2. Par. lat. 11532–11533, a folio Vulgate Bible in two volumes copied at Corbie c. 855, formerly in the library of Saint-Germain-des-Prés. See Wordsworth, 47 and 57; Berger, *Histoire de la Vulgate*, 104–108; Armstrong, *Robert Estienne*, 11.

3. Par. lat. 2 (olim Reg. 3561), a folio Vulgate dated c. 876, formerly in the library of the abbey of Saint-Denis. Wordsworth, 47, 50, 55 and *Bibliothèque Nationale. Catalogue générale des manuscrits latins*, I (Paris, 1939), 2.

4. *Corpus Iuris Canonici*, I, dist. IX, 6. Although attributed to Augustine by Gratian, the text is from Jerome: *Ep.* 71, 5 (ed. Hilberg, *CSEL*. LV, 6).

5. The Complutensian Polyglot, printed at Alcalá de Henares by Arnoldo Guillermo de Brocario in six folio volumes between Jan. 1514 and July 1517, approved and authorized for publication by Leo X in a brief dated 22 March 1520, and probably issued ony in 1522. See F. J. Delitzsch, *Studien zur Entstehungsgeschichte der Polyglottenbibel des Kardinals Ximenes*, 3 vols. (Leipzig, 1871–1886); E. Mangenot, art. "Polyglottes," *Dict. de la Bible*, V (1912), 514–518; M. Revilla Rico, *La políglota de Alcalá* (Madrid, 1917); and B. Hall, "Biblical Scholarship: Editions and Commentaries," *The Cambridge History of the*

Bible, ed. S. L. Greenslade (Cambridge, 1963), 50–52.

6. Par. lat. 15554, a thirteenth-century manuscript from the library of the Sorbonne containing two complete *correctoria* of the Bible and fragments of others. See S. Berger, "Des essais qui ont été faits à Paris au XIIIe siècle pour corriger le texte de la Vulgate," *Revue de Théologie et de Philosophie*, XVI (Lausanne, 1883), 50, 58–62; H. Denifle, "Die Handschriften der Bibelcorrectorien des 13. Jahrhunderts," *Archiv für Literatur und Kirchengeschichte des Mittelalters*, IV (1888), 263–311, 471–601; Berger, *Quam notitiam linguae Hebraicae habuerunt Christiani medii aevi temporibus in Gallia* (Nancy, 1893), 26–36, but esp. p. 28; and E. Mangenot, art. "Correctoires de la Bible," *Dict. de la Bible*, II (1899), 1022–1026.

7. *Biblia Sacra iuxta Latinam vulgatam versionem ad codicum fidem edita*, X. *Liber Psalmorum* (Rome, 1953), p. 3, lines 7–10.

8. Nicholas finished his *Tractatus de differentia nostrae translationis ab Hebraica littera in Veteri Testamento* on 16 Oct. 1333. Based on material drawn from his voluminous *Postillae*, the smaller book shows passages in the Old Testament where the Latin Vulgate differs from the Hebrew. There are many manuscripts and one printed edition (Rouen, Martin Morin, [c. 1510–1520]; Paris, BN. Copinger, 3727). See H. Labrosse, "Œuvres de Nicholas de Lyre," *Etudes franciscaines*, XXXV (1923), 175–177.

9. Paul of Burgos (c. 1351–1435), a converted Jew who was in turn bishop of Cartagena and Burgos, wrote *Additiones* (1429) to the *Postillae* of Nicholas of Lyra. They were frequently printed. See Ch. Merchavia, "The Talmud in the *Additiones* of Paul of Burgos," *Journal of Jewish Studies*, XVI (1965), 115–134 and *New Catholic Encyclopedia*, XI (1967), 23.

10. Cf. S. Berger, "Les Préfaces jointes aux livres de la Bible dans les manuscrits de la Vulgate," *Mém. de l'Academie des Inscriptions et Belles-Lettres*, XI² (1904), 1–78.

11. The index is a thorough reworking of the *Tabula alphabetica historiarum Bibliae* by the Franciscan Gabriello Bruno, written in 1489 and first published in the octavo Bible printed in Venice 7 Sept. 1492 by Hieronymus de Paganinis (Darlow and Moule, no. 6087).

12. *Hebraica, Chaldaea, Graecaque et Latina nomina virorum, mulierum, populorum... quae in Bibliis utriusque testamenti sparsa sunt restituta... cum interpretatione latina.*

144

[Simon de Colines?] to the reader [1528.]

Liber Psalmorvm cvm tenoribvs ad rectè proferendum aptissimis, Paris, Simon de Colines, 1528, sig. *i, v–*ij, r. The epistle will also be found in CCCXXVIII.

Simon de Colines succeeded Henri Estienne as L.'s principal printer after the latter's death in 1520. See Renouard, *Colines*, 439–474 and J. Veryrin-Forrer, in *DBF*. IX, 244–248. Cf. Herminjard, I, 226–227.

L. had gone into exile at Strasbourg in Oct. 1525. He returned to France by way of Basel in May 1526 (A. Clerval, "Strasbourg et la Réforme française," *Revue d'histoire de l'Eglise de France*, VII [1921], 150–151; Allen, VI, 281, 345–346, 351; J. V. Pollet, *Martin Bucer, Etudes sur la correspondance*, Paris, 1958, 1, 114, note 5). Francis I made him tutor of his third son, Charles, duke of Angoulême (21 Jan. 1522–8 Sept. 1545), an appointment mentioned in an addition (book XVII) to Jacopo Filippo Foresti of Bergamo's *Supplementum chronicorum* (Paris, Jacques Nyverd for Galiot Du Pré and Simon de Colines, 31 July 1535), fol. 436v: "Iacobus Faber Stapulensis, clarissimus philosophus, primus sophisticis cavillis expugnatis ac barbarie profligata Lutetiam bonis artibus illustrem fecit. Cui iam admodum seni Franciscus rex tertium filium adhuc iuniorem erudiendum tradidit, quod officium etiam annosus Faber tam diligenter obiit, ut regis animum inclinatissimum sibi fecerit, ac nisi honorum et dignitatum contemptor fuisset (quo nomine philosophi ac viri boni titulum ab omnibus promerebatur), haud mediocrem authoritatem in aula regia fuisset consecutus." Cf. V.-L. Saulnier, "La mort du dauphin et son tombeau poétique," *BHR*. VI (1946), 96–97.

For Charles, and for his sister Madeleine de France, L. prepared three schoolbooks, all printed by Simon de Colines: *Liber Psalmorum cum tenoribus*; the *Grammatographia* of Oct. 1529 (see ep. 145); and a Latin-French dictionary of words contained in the Psalms, *Vocabulaire du Psaultier*, 1529 (Renouard, *Colines*, 146).

The attribution of this accented Psalter to L. rests on the testimony of Martin Bucer in the dedicatory epistle to the Dauphin François de Valois, dated 13 July 1529, of his *S. Psalmorvm libri qvinqve ad Ebraicam veritatem versi, et familiari explanatione elucidati* (Strasbourg, Georgius Ulricherus Andlanus, Sept. 1529), fol. 3v: "Est quoque spes eadem opera gratiam me initurum et ab illustrissimo fratre tuo Abdenagone Angolismensium Principe, quem his sacratissimis odis, ut par erat filium Regis, pientissimus ille et eruditissimus senex Iacobus Faber Stapulensis nuper instituit." Cf. Herminjard, II, 195–196 and Renouard, *Colines*, 424.

It is less probable that L. wrote the prefatory epistle. I am inclined rather to assign it to Simon de Colines, who in the following year signed a similar preface to L.'s *Grammatographia* (ep. 145). A French translation accompanies the Latin text.

Hic libellus ac psalterium typis excusum est desiderio illustrissimi adolescentis D. Caroli ducis Angolismensis, tertii filiorum Christianissimi regis Francisci hoc nomine primi. Cui non satis visum est ut disceret legere, sed simul apte legere apteque pronuntiare quae legeret, quandoquidem res vitiosa, indecora ac probrosa est in omni

lingua, praesertim non barbara cuiusmodi Latina est, legere et perperam pronuntiare. Et optat, ut posthac suo exemplo doceantur pueri
ab ineunte aetate hunc in modum in ludis litterariis pronuntiare, et
subinde non sint usque adeo barbari tum in hoc regno tum aliis
plerisque in locis tam viri quam mulieres ac parvuli. Et hoc cuique
erit haud mediocri honori habere filium regis tam strennuae indolis
pro archetypo. Et non est ab re mirandum a mille et supra huic rei
non fuisse consultum, cum hoc parvo nogotio fieri possit. Verum
Deo laus et gratiarum actio, qui plerisque in locis suas gratias revelat
et benedictiones. Ad id igitur prompte exequendum, operae pretium
est duos apices notare, qui adiiciuntur vocalibus dictionum super
duas syllabas excrescentium. Unus apex ut angulus acutus in imo est,
et est pro tenore vocalis brevis, fitque hoc pacto ˅. Alter fit ex opposito ut angulus acutus superne sic, et est pro tenore vocalis longae, licet nonnulli utantur hoc apice pro accentu circumflexo. Verum
hic dumtaxat ponitur ad designandam vocalem longam utcumque
longa sit. Et par est teneri syllabam super quam conspicietur apex,
sive brevis sive longa sit, et iure longa posset plusculum teneri, verum
super hoc non est laborandum. Hac quoque de causa hic apex ˅ tenor
vocalis brevis dicitur et hic tenor vocalis longae. Et sunt quinque
vocales a, e, i, o, u super quas ponuntur interdum brevis apex, interdum alter. Diphthongi sunt etiam quinque: ae, oe, au, eu, ei, et sunt
semper longae; ae et oe sonant ut e et ei sonant ut i, et e ponitur pro
ae et oe, quapropter semper est longum. Et quando docebuntur
parvuli, post omnes litteras adsueto more nuncupatas, nominabuntur
eis hi duo apices fini adiecti, unus tenor brevis et alter tenor longus.
Quapropter probe consultum videbitur, ut posthac libelli sic signen-
tur pro neophytis diatribarum, psalteria, oraria, imo universa sacra
scriptura, quo, cuiuscumque conditionis sint, proficiant omnes. Et
hoc sat abundeque fuerit pro praesenti introductiuncula, nunc autem
bene propitio Deo auspicabimur.[1]

---

1. I have omitted the promised accents in this edition.

145

Simon de Colines to the reader   [Paris. c. October 1529.]

Grammatographia Ad Prompte Citoqve Discendam Grammaticen, tabulas tum generâles, tum speciâles cóntinens, Paris, Simon de Colines, Oct. 1529, sig. A, ij, r; CCCXXX (1533), fol. 2r. Previously published by Renouard, *Colines*, 472–473.

The epistle prefaces L.'s *Grammatographia*. The attribution of this grammatical textbook to L. rests on the late but apparently well-informed evidence of the catalogue published in Aug. 1546 by Regnauld and Claude Chaudière, Simon de Colines's successors: *Libri venales bibliopolio Reginaldi Calderij, tum ab Simone Colinaeo, cum a Calderio excusi.* See Renouard, *Colines*, 135–136, 424, 473 and note.

Simon Colinaeus omnibus citto et facile discendae grammaticae cupidis S.

Hoc grammaticali artificio perfacile initiandi omnes, quaeque ad grammaticen spectantia discent. Nam ut in universali descriptione mundi (quam cosmographiam vocant) promptissime omnes, et parvo quidem tempore, totum oculis perlustrant orbem, et quodam modo discunt quod vix plurimo tempore discursu librorum fieri possit, sic universali descriptione grammatices (quam idcirco grammatographiam dici liceat) perprompte parvoque tempore omnia pene ad grammaticen spectantia cernuntur et quodam modo discuntur, modo sint qui in ipso litterarum aditu adposite id monstrare queant. Et generales formae magnis chartis[1] compinguntur, ut in abditioribus studii locis domi parietibus adfigi possint, quo semper domi discentes habeant prae oculis quousque formae illae mente sint conceptae tenaciterque hæreant. Compinguntur et in libro cum formis tabulisque specialibus, ut foris etiam existentibus non desit proficiendi occasio. Formae generales primum memoria discendae sunt, et deinde ex specialibus ad eas recurrendum. Et hoc adserere ausim, uno anniculo hoc artificio ferventes et attentos peramplius discere posse quam alioqui sex annis in ludis literariis discere soliti sint, maxime qui arte tesserisque noverint feliciter uti. Quod quidem artificium in gratiam Serenissimae adolescentulae D. Magdalenes, quae est superstitum Christianissimi Francorum regis Francisci hoc nomine primi, filiarum maior natu filia elaboratum. Quae quidem haud invidet ad publicam utilitatem ceteris iri communicatum, immo optat hoc ipso omnibus bene esse consultum. Vale.[2] . . . .

1. Possibly the *Tabulae totius grammaticae, Jacobo Fabro authore* listed in the Chaudière catalogue (Renouard, *Colines*, 426)

2. Following the epistle is an epigram by Ioannes Larcherius:

Ioannis Larcherii Campani ad iuvenes Epigramma

I procul Ausoniae qui spernis Palladis artem,
  I procul hinc celeri Gottica turba pede.
Non veniunt rostris tractanda haec grammata aduncis,
  Quin potius facili concipienda manu.
Namque hic succincto tractantur multa cothurno,
  Quae tibi vix alius haud breviore potest.
Innumeras alii cumularunt ordine leges,
  Quas tibi sola brevis culta pagella dabit.
Ergo age, mox properes, sitibunda huc curre Iuventus,
  Ut culte discas arte docente loqui.
Hic sunt longaevi sacrata palatia Phoebi,
  Regia Calliope prima docebit iter.

146

Breve instruction pour deuement lire l'escripture saincte
(Before November 1529)

Les choses contenues en ce present liure. Vne breue instruction pour deuement lire lescripture saincte. Le S. Euangile selon S. Matthieu. Le S. Euangile selon S. Marc. Le S. Euangile selon S. Luc. Le S. Euangile selon S. Jehan, [Alençon, Simon Dubois], Nov. 1529, sig. i, v–viii, v. Published in part by O. Douen, "L'Imprimeur Simon Dubois et le réformateur Pierre Caroli, 1529–1534. Un Nouveau Testament de Lefèvre ignoré," *BSHPF*. XLV (1896), 204–206.

The following text prefaces the first volume of Simon Dubois's 1529 edition of L.'s French translation of the New Testament (cf. eps. 137 and 138). As W. G. Moore pointed out in 1930, it is an adaptation of Luther's second preface to the *Adventspostille* of 1522: *Eyn kleyn unterricht, was man ynn den Evangelijs suchen und gewartten soll* (*WA*. X[1], 1, pp. 8–18); Latin translation by Martin Bucer, "Methodus docens quid in Evangeliis quaerendum, quidve expectandum," *Primus tomus Enarrationum in Epistolas et Evangelia, ut vulgo vocant, lectiones illas, quae in Missa festis diebus ex historiis Evangelicis et scriptis Apostolicis solent recitari. Authore Martino Luthero*, Strasbourg, Johannes Hervagius, March 1525, ff. 1r–6v (R. Stupperich, "Bibliographia Bucerana," *Schriften des Vereins für Reformationsgeschichte*, CLXIX, Heft 2 [1952], p. 47, no. 10). Another different, more faithful translation of Luther's preface had already appeared in Antwerp: *La maniere de lire leuangile et quel profit on en doibt attendre. Acheuez de lire: et puis iuges* [Antwerp, Willem Vorsterman for Martin de Keyser, c. 1528] (London, BM. and Paris, BSHPF., where it is bound with Dubois's Alençon New Testament of Nov. 1529). A single example will make it clear that the Antwerp pamphlet and the preface of the Alençon New Testament are indepedent versions:

La maniere de lire	*Breve instruction*
Doncques il fault recepvoir Christ, ses faictz, ses dictz, et ce qu'il a souffert, en deulx manieres. Premierement que tu les preigns comme ung example, qu'il te propose affin que tu le re-sumes, comme dict S. Pierre: Christ a souffert pour nous en nous laissant exemple, en i. Pierre ij. Ainsy doncques que tu vois que Christ jeusne, aide les hommes et les aime d'une merveilleuse amour, ainsy toi fais à tes prochains, toutesfois cecy est le moindre usaige ou fruict de l'evangile et à quoy moins tu doibz reguarder, car par cela seulement pourroit estre appellee evangile, veu que Christ prins en ceste sorte ne te donneroit riens ou peu dadvantage que quelqungz aultres saintz. Et en effect ceulx qui n'ont autre chose aprins de Christ en l'evangile, ils deviendront facilement hipocrites, mais Chrestiens non. (sig. A, iii, v, lines 2–18)	Aprés fault noter que Jesuchrist, avec ses faictz et ditz et ce que a souffert, doibt estre consideré et receu en deux manieres: c'est à sçavoir pour exemple et pour don. Pour exemple, selon que dit sainct Pierre en sa premiere epistre, chap. ii, Christ a souffert pour nous, nous delaissant exemple pour suyvir ses voyes et trasses. Voyans donc que il a prié, jeuné, distribué sa vie avec tous les biens pour les hommes, ainsi debvons nous faire à nostre prochain. Mais selon ceste seule consideration ne peult estre telle doctrine appellee Evangile, car aussi ne nous seroit point plus utile que les sainctz, qui nous sont soubz luy exemple. Et certes celuy qui ne considere es Evangiles Jesuchrist sinon pour exemple et aultrement ne les congnoist, il peult bien estre hypocrite, mais non pas chrestien. (see below, p. 505)

The translators of both pamphlet and preface have remained anonymous. The translator of the "Breve instruction," who was probably also the editor of the 1529 Alençon New Testament, was possibly someone in the circle of the queen of Navarre. Douen suggested Caroli; at the end of his life N. Weiss attributed it to Lefèvre, who was in Strasbourg not long after Bucer's Latin translation appeared in March 1525; Roussel or Michel d'Arande are plausible candidates. It is equally credible that the university-educated printer Simon Dubois himself edited this New Testament, adapted Luther's "Eyn kleyn unterricht" to preface his first volume, and used a shortened version of L.'s "Epistre exhortatoire,"

"Quant sainct Pol estoit sur terre" (ep. 137) to preface volume two. I know of no evidence at present which permits more than simple conjecture. Cf. Douen, *op. cit.*, 200–212; Moore, pp. 118–119; Clutton, p. 128, no. 31; Annie Tricard, "La Propagande évangélique en France: l'imprimeur Simon Du Bois (1525–1534)," *Aspects de la propagande religieuse, Travaux d'Humanisme et Renaissance*, XXVIII (Geneva, 1957), 1–37.

Breve instruction pour deuement lire l'escripture saincte et en icelle proffiter.

Il nous est besoing tellement lire, ouyr, ruminer et mediter l'escripture saincte, qui est la doctrine du sainct esperit, laissee pour nostre pasture, utilité et edification, que nous ne cerchons en icelle sinon Jesuchrist, fin de la loy et de toute escripture, tournant à justice et salut à ceulx qui le reçoipvent par foy, comme tesmoigne sainct Paul aux Romains, chapitre dixiesme,[1] Jesuchrist qui nous est proposé et donné du pere celeste, non seulement pour nous monstrer le chemin de vraye vie, mais davantage pour nous conduire et mener en iceluy, nous donner vouloir et povoir d'y cheminer. Lequel chemin ne congnoissoit Lucifer quant il voulut, à cause des perfections qu'il recongnoissoit en luy, monter jusques au throne de dieu et estre faict semblable au treshault. Lequel ne congnoissoient[a] les premiers parentz quant voulurent par manger du fruict de l'arbre de science de bien et mal estre faictz semblables à dieu, sçachans bien et mal. Lequel ne congnoissoient les geans qui edifierent la tour de Babel pour monter au ciel. Lequel n'ont point sceu les philosophes et saiges de ce monde, qui par sapience, puissance, biens, vertus, humaines justices et prudences ont pensé parvenir au port et à la fin pour lequel l'homme est cree.

Ce chemin a esté long temps incongneu à l'homme, mais es derniers jours a esté revelé par Jesuchrist, qui à ceste cause nous a esté envoyé du pere eternel, et s'est aneanty, ayant prins la forme du serf, au contraire de attribuer à soy la gloire qui appartient à dieu seul, comme Lucifer et Adam. Ce que Jesuchrist ne s'est attribué. Mais estant vray dieu, s'est faict serf pour nous monstrer le vray chemin de vie, qui est par humilité, et vrayement renoncer à soy mesmes, par vraye sapience de la croix, laquelle humilie la creature et la declaire avecques toute sa sapience, puissance, perfection, impuissante à salut

a. congnoissoit *ed.*

[et] vraye vie, et exalte dieu, luy donnant bonté et gloire, le recongnoissant seul autheur de vraye vie et salut. Attendu que la voye et porte de salut et vraye vie est dicte estroicte,[2] est besoing de tel deschargement, d'estre ainsi humilié, faict petit et aneanty, affin d'entrer par icelle porte en la plenitude de toute felicité. Et pour vrayement dire, l'escripture saincte n'est aultre chose que doctrine laissee du sainct esperit pour humilier la creature et luy donner à congnoistre son imperfection, et qu'elle n'est rien, et pour exalter dieu et de luy recongnoistre tout.

Et est l'escripture divisee en ces deux parties, dont l'une tend à humilier la creature, luy donner et congnoistre ce que veritablement elle est, c'est à sçavoir son ignorance, son impuissance, imperfection et peché. Et à ceste appartiennent les lieux de l'escripture qui nous declairent enfans d'ire, de malediction, mort, damnation et semblables. Mesmes la loy, qui est moult spirituelle, qui requiert pureté interieure et de cueur, laquelle à ceste fin nous est donnee que congnoissons nostre imperfection et que à nous, estans destituez de l'esperit de dieu, soit comme à l'aveugle la loy de veoir et au sourd la loy de ouyr. L'aultre partie est pour exalter dieu en ses creatures et les creatures en luy, laquelle est appellee proprement l'Evangile, bonne et joyeuse nouvelle.

Et n'est aultre chose l'Evangile, comme sainct Paul donne à congnoistre au commencement de l'epistre aux Romains,[3] que une narration et annonciation de Christ, l'exprimant estre filz de dieu pour nous faict homme, ayant enduré la mort, estant ressuscité et finablement constitué sur toutes choses. Et comme Jesuchrist est ung, aussi n'y a que ung Evangile, combien que divers ont escript. Et ne sont les epistres sainct Paul et sainct Pierre moins Evangile que la narration de sainct Matthieu, sainct Marc, et des aultres. En ce peult estre difference, que les Evangelistes traictent plus d'ordre les faictz et œuvres de Christ, sainct Paul et sainct Pierre plus la puissance et effect de la mort et resurrection d'iceluy.

Aprés fault noter que Jesuchrist, avec ses faictz et ditz et ce que a souffert, doibt estre consideré et receu en deux manieres: c'est à sçavoir pour exemple et pour don. Pour exemple, selon que dit sainct Pierre en sa premiere epistre, chap. ii, Christ a souffert pour nous, nous delaissant exemple pour suyvir ses voyes et trasses.[4] Voyans donc que il a prié, jeuné, distribué sa vie avec tous les biens pour les hommes, ainsi debvons nous faire à nostre prochain. Mais selon ceste seule consideration ne peult estre telle doctrine appellee Evangile, car aussi ne nous seroit point plus utile que les sainctz, qui nous sont soubz luy exemple. Et certes celuy qui ne considere es Evangiles Jesuchrist sinon pour exemple et aultrement ne les congnoist, il peult bien estre hypocrite, mais non pas chrestien. Mais devant prendre Jesuchrist pour exemple, il le fault considerer, prendre et embrasser comme ung don tres excellent que dieu nous a donné, tellement qu'il est à nous entierement tant grand et excellent qu'il soit, tellement que quant nous lisons, oyons qu'il a faict quelque chose ou souffert, ne debvons doubter iceluy Jesuchrist avec ce qu'il faict et seuffre estre nostre, et donné à nous comme don propre et peculier, si que ainsi nous nous povons fier et arrester en ce qu'il a faict et souffert comme si nous mesmes avions ce faict et souffert. Ainsi le considerer, recepvoir et embrasser est vrayement congnoistre l'Evangile. Que si chascun oyt voluntiers parler de ce qui est sien, et n'est rien plus aggreable que ouyr magnifier sa propre chose, quelle donc consolation est ce à ceulx qui congnoissent Jesuchrist estre à eulx par don du pere celeste lire et ouyr l'escripture saincte, où est declairee l'excellence d'iceluy, les tresors en luy cachez, comment il est toute perfection, en luy tout et hors luy rien! N'est possible avec telle congnoissance se fascher de ouyr, ains continuelle doulceur et consolation est.

Voila la tresgrande bonté de dieu, de laquelle nul prophete, nul apostre et, qui plus est, nul ange n'en peult assez parler, nul cueur ne peult assez ne penser ne avoir en admiration. En cela gist ce tresgrand feu de dilection et amour dont le cueur et la conscience sont recrees, recoipvent paix et asseurance, nonobstant qu'ilz soient au mylieu de peché, mort, enfer et damnation et que n'ayent à dextre, senestre, de toute part, sinon signe de ruine, de mort et damnation. Ceste paix surmonte tout entendement, elle triumphe es cueurs des fideles armez de telle congnoissance de l'escripture, elle garde leurs cueurs et intelligence. Tel feu de dilection est le vray guydon et la vraye enseigne de la maison de vin, en laquelle le roy meine son espouse, comme il dit au cantique, chap. i.[5] Il n'est doulceur, liesse, consolation, exultation à comparer à celle que recoipvent et experimentent ceulx qui avec ce guydon et ceste enseigne penetrent les sainctes escriptures. Prescher ceste chose c'est veritablement prescher et enseigner la foy et religion Chrestienne. Telle predication est vrayement appellee Evangile, annonciation, messaige joyeux, doulx et gracieux, plein de consolation et asseurance.

Ce, long temps paravant, avoit predict Esaie, quant au ix. chap. il a dit: Le petit nous est donné, le filz nous est donné. Puis declairant de quelle qualité et perfection est celuy qui nous est donné, il met suyvant: Et la principaulté et seigneurie est posee sur ses espaules, et son nom est conseiller admirable, dieu fort, pere du siecle, prince de paix, son empire sera multiplié et n'aura fin sa paix, et cetera.[6]

Cela nous doibt merveilleusement consoler et asseurer que cil qui est de telle excellence entierement est nostre, duquel povons presumer et user comme du nostre. Ung tel seigneur et prince estoit moult necessaire, qui estions soubz la servitute de peché, mort et damnation. Ung tel conseiller, qui avions noz choses desperees. Ung tel dieu fort, qui estions si impuissans que de peché, qui n'est rien, estions detenuz. Ung tel pere d'eternité, qui estions mortelz, corruptibles et de nulle duree. Ung tel prince de paix, qui estions soubz la guerre, soubz l'intranquillité de conscience, soubz la crainte de mort et damnation. Et ne fault que nous doubtions tout avoir, puisque Jesuchrist est nostre par le pere celeste, comme dit sainct Paul aux Romains ou chap. viii.: Si dieu mesmes n'a point espargné son propre filz, mais l'a baillé pour nous tous, comment donc ne nous donnera il point toutes choses avec luy?[7]

Et quant nous recepvons ainsi Jesuchrist comme don donné à nous du pere celeste, et ne faisons aulcune doubte, sommes chrestiens. Ceste foy nous delivre de peché, mort et damnation et nous rend superieurs à toutes choses. O innumerable bonté de dieu! O abysmes d'amour et dilection, quant non seulement sans nul merite ne desserte a esté donné ung tel don! Mais mesmes l'homme estant es abysmes de peché, de l'inimitié contre dieu, ainsi fidele decedant de ce monde dit avec Simeon: Maintenant tu delaisses ton serf en paix, car mes yeulx ont veu ton salutaire.[8] Je meurs de mort corporelle, mais des yeulx de l'esperit je voy celuy qui me delivre de mort, peché et damnation, et en ce meurs en paix. Je oy qui garde la parolle de dieu, il ne goustera la mort à jamais, comme il dit en sainct Jehan,[9] c'est à dire, qui s'arrectera fisché à la parolle de la promesse du pere celeste, fermant les yeulx, mesprisant toutes choses, car foy n'a nul pied en terre, ne es choses qui sont de ce monde. Certes, qui est destitué de telle congnoissance regarde les escriptures et considere Jesuchrist, il ne peult gouster ne sentir la doulceur de l'Evangile et n'entent pas la cause de la venue de iceluy.

Mais aprés avoir ainsi receu Jesuchrist, et la conscience pacifiee et asseuree, s'ensuit incontinent ce que secondement fault considerer es sainctes escriptures: c'est à sçavoir prendre Jesuchrist pour exemple à former nostre vie et estre à nostre prochain ce que Jesuchrist nous a esté propre usage et office de charité.

Par ainsi foy et charité, en quoy gist toute la perfection chrestienne, summaire de toute la loy et escripture, selon ces deux considerations et regardz sont occupees. Car Jesuchrist comme don pasture la foy, et ainsi receu faict le chrestien. Maix comme exemple exerce et dirige le chrestien à faire les œuvres et toutes ses perfections. Charité se accommode aux prochains par vrayz fruictz de foy, à quelque chose qui sorte de nous, comme cooperateurs. Mais doibvent telles œuvres estre donnees au prochain. Foy nous impetre tout; charité nous communique tout à nostre prochain. Foy faict Jesuchrist nostre; charité nous faict à nostre prochain. Jesuchrist par foy nous est faict pain et pasture, nous donnant vie eternelle; par charité sommes aussi pasture et à nostre prochain servans à son salut et edification. Par foy sommes faictz cousteaux; charité use du cousteau. Par foy sommes faictz bons arbres; charité manifeste les fruictz pour la pasture du prochain. Les fruictz ne servent d'aultre chose à l'arbre sinon de donner à congnoistre qu'il est bon, et ne le font pas bon, mais servent de pasture aux hommes; ainsi les œuvres du fidele et chrestien servent, non à le justifier et le faire chrestien, mais à le declairer tel, et à la pasture et edification du prochain.

Parquoy foy justifie l'homme et le faict chrestien; charité le declaire tel à l'utilité du prochain. C'est donc l'Evangile non ung livre de loy, mais de promesses, esquelles dieu nous offre et donne tout ce qu'il ha de bon, et ce qu'il faict en nous donnant Jesuchrist. Et est à noter que la loy, laquelle Jesuchrist a declairé en sainct Matthieu, ch. v. et vi., devant la justice de foy pour le mieulx ne sert sinon à faire congnoistre le peché, sinon de pedagogue, excitant et engendrant desir de estre delivré de telle charge et imperfection. Mais, aprés foy, est reigle spirituelle pour former la vie du chrestien à l'edification du prochain. Et est lors plus exhortation voluntaire que loy. De cela est que tant doulcement l'enseigne, si que semble plus attraire et inviter que commander, quant il commence en ceste sorte: Bieneureux sont les paovres d'esperit, etc.[10]

Et les apostres usent regulierement de telle parolle: Nous exhortons, nous prions, etc. Mais Moise dit: Je commande, je enjoinctz, voire et avec menasses, peines et terreurs. Quant donc lisons ou oyons Jesus estre venu à quelcun, avoir faict quelque curation, incontinent debvons estimer iceluy estre venu à nous et nous estre menez à luy, nous avoir receu ce benefice quant à l'ame, tellement que foy faict ceste mesme œuvre en nous que nous lisons et oyons estre faicte par Jesuchrist; et le moyen de bien proffiter et cueillir pour le premier en toutes les œuvres et faictz de Christ exercice de foy, c'est de croire iceluy avec toutes ses œuvres estre à nous, de ce qu'il a faict aux aultres exterieurement, ce mesmes estre faict à nous par foy, quant à l'esperit, en tant que iceluy nous est donné, quelque chose que soit. Et fault pour le second exercice de charité, à l'exemple de celuy, subvenir aux indigences et necessitez de nostre prochain selon les dons et talentz qu'avons receuz de dieu, comme il a subvenu aux aultres, si que prenons de luy exemple de vie.

En somme, voila les deux biens que avons receu de dieu lors que estions pecheurs et ennemys. Et au lieu de recepvoir punition de noz pechez, avons receu pour commutation de noz pechez ces deux grandz biens, esquelz est recommandee à tous siecles la tresgrande et infinie charité de dieu. C'est ce que dit Esaie, chap. xl, Consolez vous, consolez vous mon peuple, dit vostre dieu. Parlez au cueur de Jerusalem et l'appellez; son peché luy est pardonné, son iniquité a prins fin.[11] Elle a receu doubles biens (pour ses pechez) de la main de dieu. C'est à dire, ces deux choses qu'on doibt penser de Jesuchrist, qui est don et example, auquel gist remission de peché, vraye consolation et liberté d'esperit. Et pour dire en bref mot toute la perfection chrestienne, non seulement es escriptures du nouveau testament fault prendre garde à ces deux choses, mais aussi es prophetes, esquelz on voit Jesuchrist enveloppé de petiz draps mis en la creche, c'est à dire caché en figure et obscurté enumbré. Parquoy est bien dit par sainct Luc, chap. dernier, que Jesuchrist a ouvert le sens des apostres pour entendre les escriptures.[12] Et non sans cause en sainct Jehan, chap. x, il se dit huys.[13] Car par luy il fault entrer et à cestuy œuvre le portier, c'est à dire le sainct esperit, qui par luy entre, affin qu'il trouve pasture, c'est à sçavoir vraye justice et vie eternelle.

Donc ceste consideration et recongnoissance de Jesuchrist est la clef de toutes escriptures pour les entendre et proffiter en icelles, lesquelles ne tendent à aultre fin que pour nous donner à congnoistre que c'est de Jesuchrist, pourquoy il est donné et promis, et en quelle maniere toutes les escriptures le preschent et magnifient. En telle est l'ordre que debvons recueillir des sainctes escriptures pour bien instituer nostre vie.

Premierement debvons par icelles apprendre et congnoistre que sommes de nature enfans d'ire. Parquoy toutes noz œuvres, affections et cogitations sont de nulle estimation et valeur; ainsi en tout et par tout miserables et pecheurs, redigez en toute servitute et captivité, en indigence de tout bien. Car qu'est ce aultre chose ce qui est nay de chair estre chair, sinon que l'homme sensuel destitué de l'esperit ne peult aymer, penser, ne desirer que choses charnelles et avoir en luy rien de spirituel? Laquelle chose est pour humilier l'homme.

Secondement, par icelles fault apprendre et congnoistre que le dieu tout puissant, à nous ainsi miserablement appaovriz et denuez de tous biens, a donné son filz unique, affin que en croyant en luy et en mettant en luy toute nostre fiance, soyons non seulement delivrez de peché, ire et damnation et malediction, mais aussi enrichiz jusques à estre enfans de dieu et heritiers de paradis en equalité de biens avec Jesuchrist, filz unique du pere celeste. C'est ce qui est escript en sainct Jehan, chap. i: Il a donné puissance d'estre faictz enfans de dieu à tous ceulx qui croyent au nom d'iceluy, etc.[14] Et que d'aultre, ne aultrement, ne nous fault esperer salut (ja soit que toutes les creatures avec toutes leurs œuvres fussent assemblez ensemble) sinon par Jesuchrist qui est nostre salut, qui une fois s'est offert pour noz pechez. Et ainsi nous a obtenu remission de peché pour tous ceulx qui croient en luy. Tellement que nul peché ne leur est imputé. Laquelle foy povons obtenir par seul don de dieu: Par grace (dit sainct Paul) estes sauvez par foy, et non de vous. Car c'est ung don de dieu, non des œuvres, affin que nul ne se glorifie.[15]

Tiercement, en considerant l'exemple de Jesuchrist, ce qu'il nous a esté, fault embrasser charité et par dilection estre l'ung à l'autre comme Jesuchrist nous a esté. Car les œuvres d'ung chrestien se doibvent faire à ce que le prochain soit aydé et subvenu et non pas pour meriter moult envers dieu. Et ainsi que liberalement et voluntairement Christ a espars indifferemment sa doctrine, sa parolle et vie à tous, ainsi nous nous debvons exposer à noz prochains. Car sans charité toutes les aultres choses ne sont rien, comme tesmoigne sainct Paul en la premiere aux Corinthiens, chap. viii.[16] Et comme la face regardé ou miroir n'est point vraye face, mais seulement l'image, ainsi n'est foy sans dilection, ains ung songe et representation de foy, comme tesmoigne sainct Jacques ou premier chapitre.[17]

Quartement, en icelles considerons l'effect de la croix et combien elle est necessaire pour mortifier le vieil Adam, et pour estre faicte innovation en nous fault que apprenons patience soubz les tribulations et croix. Car il n'est possible que le fidele qui met sa fiance au seul dieu, qui par charité s'abandonne à son prochain, ne cerchant soy mesmes, mais ce qui est de la gloire de dieu et de l'edification du prochain, que tel devant dit ne seuffre persecution. Mais ce bien y a, que patience produit esperance et que par ce moyen la foy se augmente de plus en plus.

Voyla quatre choses que debvons recueillir es sainctes escriptures à ce que soyons vrayement humiliez et par Jesuchrist exaltez, et que nostre vie à l'exemple de luy soit instituee et formee, et que portons aprés luy nostre croix, estans conduictz en le suivant par la vraye voye de vie, pour parvenir au port de salut et posseder l'heritage promis et regner avec iceluy en gloire. Auquel avec le pere et sainct esperit soit gloire et honneur à jamais. Amen.

1. Rom. 10:4–6. 2. Matth. 7:13–14; Luc. 13:24. 3. Rom. 1:1–6. 4. I Petr. 2:21. 5. Cant. 2:4. 6. Is. 9:6–7. 7. Rom. 8:32. 8. Luc. 2:29–30. 9. Ioan. 8:52. 10. Matth. 5:3. 11. Is. 40:1–2. 12. Luc. 24:45. 13. Ioan. 10:7, 9. 14. Ioan. 1:12. 15. Eph. 2:8–9. 16. I Cor. 8:1. 17. Iac. 1:26–27.

147

[Lefèvre d'Etaples?] to the reader
[Before December 10, 1530.]

La Saincte Bible en Francoys, translatee selon la pure et entiere traduction de sainct Hierome, conferee et entierement reuisitee, selon les plus anciens et plus correctz exemplaires. Du sus vng chascun Chapitre est mis brief argument, auec plusieurs figures et Histoires: aussy les Concordances en marge audessus des estoilles, diligemment reuisitees, Antwerp, Martin de Keyser, 10 Dec. 1530, sig. a, iv, v–b, i, r.

The *Prologue* prefaces the first complete edition in one volume of L.'s French translation of the Bible. An imperial privilege (sig. a, iv, r), dated at Malines 4 July 1530, granted Martin de Keyser (Lempereur) a two-year monopoly to print and sell the Bible in French: "Receu avons l'humble supplication de Martin Lempereur, Imprimeur demourant en nostre ville d'Anvers: Contenant que à son industrie et grandz frais et despens, il ayt puis naguieres fait translater la Bible en Françoys. Et combien que l'inquisiteur de la foy, et autres Theologiens [de la faculté de Theologie à Louvain], ausquelz il a communiqué ladicte translation en Françoys l'ayent admis, et par tant seroit bien parmis au dict suppliant d'imprimer ladicte Bible en Françoys." The text is a slightly revised version (*conferee et entierement revisitee*) of the translation L. had been publishing in sections in Paris and Antwerp since Simon de Colines's first edition of the Gospels on 8 June 1523. The *Prologue* is unsigned, and there is no compelling evidence that L. wrote it or that he was responsible for the revision of the text, a revision largely confined to the books of the Old Testament and based on Sanctus Pagninus's translation from the Hebrew which had appeared in Lyons between 29 Jan. 1527 and 1528 (Darlow and Moule, no. 6108). On the other hand, the contents of the *Prologue* and the editorial procedures used to establish the text are in character; L. had been supplying Martin de Keyser with Evangelical copy for some time (he printed the Psalms on 20 June 1525 and the octavo first edition of the Old Testament in four volumes between 30 April 1528 and July 1532); and since L. probably retired permanently to Nérac only in the autumn of 1531 (P. Jourda, *Répertoire de la correspondance de Marguerite d'Angoulême*, Paris, 1930, pp. 114–115), he still had at his disposal in 1529–1530 the rapid and convenient lines of communication linking the Paris region to Antwerp. I therefore tentatively assign the 1530 edition of the Bible and its preface to L. himself. Cf. Laune, pp. 1–30 and Moore, pp. 85–87.

Prologue de tous les livres de la Saincte escripture et de ceulx qui les ont mis par escript.

Paul,[a] vasseau d'election, en plusieurs passages, principalement en la seconde epistre à Timothee, loue magnifiquement les escriptures divines de ce qu'elles ont pour leur autheur Dieu, qui est toute puissance, toute sapience et toute bonté, de ce aussy que sus toutes choses humaines elles sont convenables et utiles pour acquerir eternelle felicité, d'autant quelles deboutent et confondent toutes erreurs et rendent leurs vrais auditeurs parfaictz, instruictz et appareillez à toute bonne œuvre.[1] Icelles donc sont d'autant plus excellentes et veritables, et plus convenables et decentes de soy y exerciter en les lisant, que en toutes autres escriptures composees de tout humain entendement, d'autant que Dieu est plus puissant que les homes, et que le filz de Dieu est plus saige que les filz des homes, et que l'esperit de Dieu est meilleur que l'esperit de l'home et que la pure verité excede mensonge. Que sy en aucuns passages d'icelles sont trouvees quelques difficultez (comme aussy tesmoigne Sainct Pierre des epistres Sainct Paul),[2] mesme aucunes authoritez, lesquelles de prime face semblent contraires, ce non obstant ne fault pas que l'home incontinent se attedie en les lisant ou qu'il ymagine de soy mesme quelque gloze ou exposition, mal venant au propos de l'escripture (combien que ce luy semble bien dit), mais fault que les passages obscurs soient clarifiez par autres concordans et plus evidentz. Et à ce faire, et pour avoir grand commencement de l'intelligence des escriptures, est fort utile de premierement considerer la proprieté de parler d'icelles, selon que une chascune langue a sa propre maniere de parler. Secondement, fault necessairement regarder les parolles precedentes bien conferees à celles qui suyvent, en scrutinant diligemment de qui ou à qui elles parlent, en quel temps, et pour quelle cause, tellement que sçavoir les circonstances des escriptures n'est pas petite introduction à icelles. Finablement, d'ung cueur fidele et craintif en icelles et par icelles cercher et demander, non par la gloire des homes, ne curiosité de science, mais la gloire de Dieu, avec l'edification et proffit de son prochain.

Affin donc que en brief on puist congnoistre le contenu de toute la Saincte escripture, icelle premierement est divisee en l'ancien Testament et le nouveau Testament.

a. Saul *ed.*

L'ancien Testament selon la plus commune division est party en quattre.

La premiere partie contient les livres de la loy, qui sont: Genese, Exode, Levitique, Nombres et Deuteronome, lesquelz (selon les docteurs des Hebrieux) Moyses a mis par escript, exceptez huyt vers en la fin du Deuteronome commenceans. Et là mourut Moyses serviteur, et cetera,[3] jusques en la fin du livre.

La seconde partie contient les histoires, qui sont Josué, les Juges, Ruth, les quattre livres des Roix, les deux livres de Paralipomenon, les quattre livres de Esdras, Tobias, Judith, Hester, Job et les deux livres des Machabees. Desquelz Josué a escript son livre et les huyt vers de la loy derniers. Samuel a escript les Juges, Ruth, le premier et le second livre des Roix. Jeremias a escript le troiziesme et le quattriesme livre des Roix. Esdras a escript les deux de Paralipomenon et les deux premiers livres dudict Esdras. Les homes de la grande Sinagogue ont escript Hester. Moyses a escript le livre de Job. Il n'est pas trouvé qui aient escript les autres.

La tierce partie contient les livres de Sapience, qui sont: Les proverbes de Salomon, l'Ecclesiaste, les Cantiques des Cantiques, Sapience et l'Ecclesiastique. Desquelz Esaie a escript les trois premiers. Le livre de Sapience est escript selon les Juifz par Philo. L'Ecclesiastique a esté faict par Jesu filz de Syrach.

La quattriesme partie contient les Prophetes, qui sont: le Psaultier ou le livre des Pseaulmes, Esaias, Jeremias, les Trenes ou Lamentations, Baruch, Hezechiel, Daniel, Oseas, Joel, Amos, Abdias, Jonas, Micheas, Naum, Abacuch, Sophonias, Aggeus, Zacharias et Malachias. Desquelz David et dix prophetes ont escript les pseaulmes. Esaias a escript son livre. Jeremias a escript son livre et les Trenes. Les homes de la grande Synagogue ont escript Hezechiel et Daniel avec les douze petis Prophetes, asçavoir, Oseas, Joel, etc.

Parquoy entre tous les livres dessus dictz aucuns sont que l'on ne trouve pas en Hebrieu ou qui ne sont point livres Canoniques, lesquelz toutesfois pour la bonne doctrine et Prophetie qui est trouvee en eulx sont receus et approuvez de l'eglise. Comme le troiziesme et quattriesme livres de Esdras, Tobias, Judith, Sapience, l'Ecclesiastique, Baruch et les deux livres des Machabees, dont le premier est trouvé en Hebrieu. Et sont iceulx livres appellez Apocryphes, c'est à dire, desquelz l'autheur est incongneu.

Le nouveau Testament est divisé en cinq parties.

La premiere contient les quattre Evangelistes, asçavoir Sainct Matthieu, Sainct Marc, Sainct Luc et Sainct Jean.

Le seconde contient les faictz ou Actes des Apostres.

La tierce contient les quattorze epistres Sainct Paul, asçavoir, Aux Romains j, Aux Corinthiens ij, Aux Galatiens j, Aux Ephesiens j, Aux Philippiens j, Aux Colossiens j, Aux Thessaloniciens ij, A Timothee ij, A Tite j, A Philemon j, Aux Hebrieux j.

La quattriesme partie contient les sept epistres Canoniques, asçavoir, de Sainct Jaques j, de Sainct Pierre ij, de Sainct Jean iij, de Sainct Jude j.

La cinquiesme contient l'Apocalipse ou revelation de Sainct Jean dict Theologien ou Evangeliste. Et ce est le total contenu des Sainctes escriptures, lesquelles regardent toutes et adressent leur fin, comme les deux Cherubins de l'arche, au seul propitiatoire qui est Jesuchrist Dieu eternelle. A l'intelligence et fructification desquelles nous doint parvenir cestuy mesme par sa misericorde, qui fait les petis de sens en ce monde abonder en Sapience, savourant les choses celestes. Amen.

1. 2 Tim 3:14–17.   2. 2 Petr. 3:15–16.   3. Deut. 34:5.

148

Pierre de Vingle to the reader [Lyons. c. 1530.]

La premiere partie du nouueau testament: contenant ce qui sensuyt.... La seconde partie du nouueau testament: contenant ce qui sensuyt..., [Lyons, Claude Nourry and Pierre de Vingle, after Aug. 1529], sig. a, i, v; CCXCVII (c. 1530), sig. a, i, v. Previously published by E. Droz, "Pierre de Vingle, l'imprimeur de Farel," *Aspects de la propagande religieuse, Travaux d'Humanisme et Renaissance*, XXVIII (Geneva, 1957), 44–45. For the dates, conjectural but plausible, I have followed Mlle. Droz.

Pierre de Vingle (c. 1495–c. 1535) was active in the shop of his father-in-law, Claude Nourry, in Lyons during the years 1525–1532. A Protestant convert, he abandoned his wife and daughters and fled to Switzerland, probably in the late spring of 1532. He settled in Neuchâtel where he printed several important works, among them L.'s New Testament in 1534 (see ep. 151) and the Olivetan Bible (1535). There is no record of him after 1535 and nothing is known of his fate. See Droz, "Pierre de Vingle, l'imprimeur de Farel," 38–78 and "Une impression inconnue de Pierre de Vingle: *Les Prières et Oraisons de la Bible*: (Lyon), 19 aout 1530," *BHR.* XX (1958), 158–169.

The epistle prefaces Pierre de Vingle's Lyons editions of L.'s translation of the New Testament. Pierre testified in Berne in Oct. 1532 that he had been expelled from Lyons for printing "Testaments noveaulx en franceoys" (Herminjard, II, 446).

Epistre exhortatoire.

Ung bien desire estre communiqué, car le tresor pendant qu'il est caché certes de riens ne proffite. Or n'est il bien qui à cestuy doibve estre comparé, donc à bon droit doibt estre publié. C'est le tresor qui tous nous enrichist, c'est le traicté de nostre apointement, c'est la promesse et tresferme testament dont de misere sommes affranchis, c'est à dire aux humbles et dociles, qui n'ont en eulx orgueil ne lumine que en vive foy nous demonstre et faict veoir celuy tout seul qui n'a tenebres ou macule. David en parle disant ainsi: La declaration de tes parolles nous enlumine et donne entendement aux humbles.[1] Esaye en a escript,[2] et sainct Luc au vray le recite: Aux paovres (dit il de Jesuchrist) m'a envoyé evangelizer.[3] Aux paovres, c'est à dire aux humbles et dociles, qui n'ont en eulx orgueil ne fierté, ausquelz dieu par sa bonté souvent revele ce que aux tressages du monde est absconse. O combien donc par ung cordial desir d'esperit bening, en reverence et grande suavité debvrions noz ames preparer pour humblement recepvoir, honnorer et priser ce que dieu luy mesmes lors que en ce monde preschoit en langaige vulgaire a voulu pronuncer! Et pas ne preschoit aultrement que on a escript, et l'escript on pour le sçavoir, cela est cler. A ceste cause on lit tout hault l'evangile aux eglises à la messe, car Chrestiens ne doibvent aux Machometistes ressembler, qui leurs escriptures cachent à leur povoir. Parquoy (attendu que par exprés il est mandé l'evangile à toute creature estre annuncee) bien nous doibt venir à plaisir veoir purement en nostre langue facile ce que plusieurs en tant de sortes ont translaté, comme sainct Hierosme (non obstant qu'il fust souverain rethoricien), affin que d'ung chascun fust entendu, l'a mys de grec en si aysé latin que semble estre italien. Et que plus est, le mist en esclavonien. Juvencus pareillement en fort beaulx vers l'a traduict,[4]

pour mieulx en la memoire incorporer le pain celeste, que dieu nous
doint si bien mascher que par union invisible et secrete spirituellement en luy uniz et luy à nous sans fin puissons nous demourer.
Amen.

1. Ps. 118:130.
2. Is. 61:1. Cf. Is. 40:8–11.
3. Luc. 4:18.
4. See Altaner, *Patrologie*, 366–367. Cf. ep. 90, note 1.

149

[Pierre Caroli?] to the reader
[Alençon. Before February 18, 1532.]

Le Liure des Psalmes, [Alençon, Simon Dubois, 1531 or 1532], sig. B, i, r–B, x, r.
The book contains a table of the dates of Lent, Easter, Advent, etc., from 1532
to 1540 (sig. A, i, v), which suggests that it was published late in 1531 or early
in 1532, before the beginning of Lent on 18 Feb.

The following text, which prefaces Simon Dubois's Alençon edition of L.'s
French translation of the Psalms, is a translation of the Latin text of Luther's
"Vorrhede" to his *New deutsch Psalter*,Wittenberg, Hans Lufft, 1528 (*WA.*, *Die
deutsche Bibel*, II, p. 438, no. *29), beginning, "Es haben viel heiliger Veter den
Psalter sonderlich fur andern büchern der schrifft gelobt und geliebt" (German
text, ed. Hanns Rückert, *Die deutsche Bibel*, X¹, 98–104; Latin text, *Psalterivm
Translationis ueteris, Correctum*, Wittenberg, Hans Lufft, 1529, sig. A, ij, r–A,
vij, r).

Douen plausibly identified the anonymous translator with Pierre Caroli, who
had given a course on the Psalms at the collège de Cambrai in 1525 and followed
Marguerite to Alençon, probably in 1526. She made him her almoner and gave
him the parish of Notre-Dame d'Alençon (1530). He remained in Alençon until
Nov. 1534, when he fled to Switzerland to escape the persecution unleashed by
the day of placards. See Herminjard, I, 172, 227, 235, 240, 292, 378–380, 401–403;
G. Despierres, *Etablissement d'imprimeries à Alençon de 1529 à 1575* (Paris,
1894), 11–21; O. Douen, "Un Psautier protestant inconnu (1532)," *BSHPF.* XLII
(1893), 98–104; Douen, "L'imprimeur Simon Dubois et le réformateur Pierre
Caroli, 1529–1534," *BSHPF.* XLV (1896), 200–212; C. Oursel, "Quelques notes
sur la Réforme à Alençon et dans le diocèse de Sées au temps de François Ier,"
Revue Normande et Percheronne illustrée, VIII (1899), 209–220; Moore pp.
144–149; Clutton, p. 128, no. 28; and *DBF.* VII, 1194.

Prefation.

Plusieurs des anciens et sainctz peres ont magnifiquement collaudé le Psaultier par devant tous les aultres livres de l'Escripture et ont tesmoigné aymer merveilleusement les Psalmes. En verité ce livret combien qu'il soit petit, merite estre recommandé à tous, non pas que les divins Psalmes ayent besoing de louenges empruntees, car ilz se recommandent et approuvent assez par soymesmes, et icy est vray plainement ce que on dit, L'œuvre celebre l'ouvrier.[1] Mais j'ay à ce appliqué mon labeur, non pour entreprendre la publique collaudation des Psalmes, qui par soymesmes sont assez louez, mais pour monstrer aux fideles le jugement que j'ay de ce tresbon livret. Nous avons veu ce temps passé qu'on portoit infinitz livretz sans saveur et sans utilité, esquelz soubz honneste et favorable tiltre (legendes et exemples des sainctz les appelloit on) bourdes de vieilles et mensonges treseshontez estoyent contenuz. Tout estoit tellement renply de telz escriptz egalement folz et infideles, que cependant les Psalmes gisoyent contemnez en tenebres et que n'avions pas ung seul Psalme commodement interpreté ou entendu. Toutesfois, pource que ce livre des Psalmes estoit chanté en tous temples et es prieres des heures estoit frequenté par tresgrande multitude de gentz, combien que telle tractation de Psalmes feust froide, neantmoins quelque odeur de vie a esté donné par icelle à plusieurs hommes de bonne pensee; et tousjours, tellement quellement, les craintifz de dieu on senty quelque peu de consolation et de doulx vent souefvement soufflant, comme d'ung jardin planté de rosiers, par les parolles desdictz Psalmes, ja soit quelles ne feussent pas entendues. Tout ainsy comme quelque souef odeur parvient aux narines de l'homme entré en ung pré d'excellente amenité, ja soit qu'il ignore la vertu des herbes et des fleurs.

Je diray brevement ma sentence des Psalmes. Certainement je ne pense point que soubz le ciel soit livre de exemples ou histoires qui puisse estre comparé au Psaultier. Car si par vœuz on debvoit encores impetrer de dieu que tout le meilleur et le choix tiré et cueilly de toutes les vrayes histoires des Sainctz fust tresbrevement et promptement serré et joinct en ung livret, cela qui de la fine fleur des choses esparses en toute l'Escripture pourroit estre formé et composé de quelque tres spirituel et excellent ouvrier, indubitablement ce seroit ce Psaultier de David, ou quelque chose tres semblable. Car tu trouveras icy non seulement la vie d'ung Sainct, mais comment Christ, chef de tous Sainctz, a esté affecté ou meu de courage, car icelluy est vivement descript es Psalmes. Comment aussy tous Sainctz ont esté affectez et en prosperité et en adversité; comment ilz se sont portez envers Dieu, envers amyz et envers ennemyz; comment ilz se sont gouvernez en divers perilz et afflictions, parmy l'ardeur des tentations et tresgrandes necessitez. Et oultre ce que le Psaultier contient excellentes doctrines et preceptes de pieté, nous le debvons aymer principalement pource qu'il comprent tant manifestes propheties de la mort et resurrection de Christ et nous exhibe tant nobles promesses du regne de Christ, du cours de l'Evangile et de l'estat de toute l'eglise. Parquoy droictement pourrois tu appeller le Psaultier la Petite Bible, car en luy toutes choses plus amplement exposees en toute la Bible sont par merveilleuse et tresdelectable brevité serrez en ung tresbeau Manuel. Si Dieu luymesmes te bailloit du ciel quelque livret, lequel il collaudast par voix divine, ho que tu l'aurois en grandes delices, que tu le prendrois avidement! Le Sainct Esperit, n'en doubte point, luymesme, comme ung pere pour ses petitz enfantz, a prescript ceste forme de prieres; il a composé ce Manuel pour ses disciples et en ce a cueilly exemples, gemissementz et affections quasi de plusieurs milliers, desquelz luy seul voit et congnoit les cueurs. Si donc tu ne povois lire toute la Bible, voicy par la seule leceon du Psaultier tu as non seulement le Summaire de pieté, mais aussi toutes choses souveraines et experiences tresspirituelles.

Davantage, ceste est la principale vertu des Psalmes. Comme ainsy soit que es aultres escriptz et histoires les œuvres et la corporelle exercitation des Sainctz soyent descriptes, on trouve trespeu de histoires ainsy exprimantes es Sainctz les motz, les voix, le sermon, qui est le caracter et marque de l'esperit et courage. Parquoy le Psaultier pœut estre le soulas des ames fideles. Car la leceon des Psalmes est tant delectable que de iceulx pourras congnoistre non seulement les œuvres des Sainctz, mais chascunes parolles, voix, gemissementz et colloques, desquelz ilz ont usé devant dieu en tentations et consolations, sy que, ja soit qu'ilz soyent mortz, neantmoins encores vivent et parlent à toy es Psalmes. Donques les aultres histoires et exemples des Sainctz, lesquelles descripvent les œuvres, si elles sont comparees au Psaultier, elles nous proposent les Sainctz muetz, et tout y est muet. Mais es Psalmes, pource qu'ilz sont les voix des priantz en Foy, tout est vivant, tout est spirant, et nous monstre les Sainctz vivantz, alaigres et dressez par affection de Foy, aussi au mylieu des afflictions, sy que, ja soit qu'ilz sovent mortz, neantmoins encores vivent homme. Car l'homme est differé des aultres animaulx plus par usage de parolle que par nulle aultre chose. La pierre prendra bien la figure si l'industrie de l'ouvrier y est mise, et les animaulx sans parolle mangent, boyvent et usent des organes des sens naturelz ainsy comme nous, et sont de corps plus ferme pour endurer labeurs; mais la seule parolle discerne l'homme de la beste et est le caracter et miroir du courage et pensee.

Comme ainsy soit donc que les Psalmes descripvent le sermon, parolles et voix des Sainctz, ils nous expriment vivement la pensee d'iceulx. Car les Psalmes ne descripvent point les voix familiaires et vulgaires, mais les affectueuses et tresardentes des Sainctz, esquelles ilz ont par grande attention espandu leur cueur non pas devant quelque petit amy, non pas devant ung homme, mais devant son Dieu en la grande horreur des tentations, comme en Jacob en sa tresaigre luicte.

Pour conclusion, les Psalmes non seulement expriment les œuvres et voix des Sainctz, mais le plus caché thresor de leur cueur, les interiores mouvementz de la volunté et affections de courage. Tu vouldroys bien veoir le^a visage et face du roy David, en quoy il a enduré les diverses calamitez et perilz desquelz Dieu l'a exercé. Leiz les Psalmes, qui te representent non seulement l'exterieur, mais aussy l'interieur David plus expressement que luymesme en presence n'eust pœu se descripre par aulcunes parolles. Que sont donc en comparaison des Psalmes les aultres histoires, lesquelles raconptent je ne sçay quelles œuvres et miracles des Sainctz? Je ne voy pas encores le cueur et les affections, ja soit que je voye les œuvres et miracles. Mais comme j'aymeroye trop mieulx oyr David ou quelque Sainct semblable parlant que veoir les corporelz exercices d'icelluy, ainsy je desireroye tresfort congnoistre les interiores cogitations et la profonde bataille de foy de David. Or les Psalmes fournissent cela sy

a. les *ed.*

richement que d'iceulx povons congnoistre comme les Sainctz ont esté
moeuz de courage es tentations, par quel ardeur de parolles ilz ont
exprimé les affections de leur courage.

Certes le cueur humain est comme la nasselle au mylieu de la mer,
laquelle de toutes partz est exposee aux perilz et au jeu des ventz.
Car d'ung costé, Soucy et Crainte de mal futur, comme subite tem-
peste, desarme noz courages. D'aultre costé, Pusillanimité et Tristesse
de cueur nous opprime quasi de grandz flotz. Tantost Fiance des
choses prosperes nous exalte au ciel à pleins voiles. Derechef Seureté
des biens presentz heurte la nasselle au rocher quant on ne y pense
pas. Pour conclusion, tant de perilz de ceste vie, mil telz dangers,
facilement nous aguysent et excitent, facilement nous enseignent
souspirer de profondes entrailles, espandre tout nostre cueur, et par
tout l'ardeur de nostre pensee crier au ciel. Les complainctes de
ceulx qui sont vrayement dolentz sont trop plus ardentes que de
ceulx qui tant seulement simulent l'angoisse de courage. Celluy qui
s'esjouist de cueur est bien plus alaigre, plus excité, plus fervent et
de regard et de parolles et de tout le geste de la face que celluy qui
par simulation seulement monstre joyeux semblant. Les voix des
Psalmes viennent par effort des vrayes et vives affections. Car la
pluspart des Psalmes sont parolles pathetiques et d'affections tresardentes sur tentations et afflictions de toute sorte. Tu ne trouveras
en nulz escriptz l'affection de courage menant joye et exultation
expressé plus droictement et signifiamment que es Psalmes de actions
de graces ou de louenges. Car en iceulx on poeut veoir dedans les
cueurs des Sainctz tout ainsy que dedans ung paradiz ou ciel ouvert,
en quelle varieté là sortissent par quelzques intervalles les amyables
fleurettes et estoillettes tres estincellantes des affections tresdoulces
envers Dieu et ses benefices. Au contraire, tu ne trouveras point angoisse de pensee, douleur et tristesse de courage descript par parolles
plus signifiantes que es Psalmes des tentations et complainctes, comme
au vi. et aux semblables. Tu vois là Mort et Enfer en soy pourtraictz
et painctz par leurs couleurs; tu vois là tout obscur, tout triste, par
le regard de l'ire et desperation divine. Semblablement, quant les
Psalmes parlent de Esperance ou de Crainte, ilz descripvent ces affections par leurs voix sy nayves, que nul Demostenes, nul Cicero ne
l'eust pas exprimé plus vivement ou plus heureusement. Car, comme
j'ay dit, les Psalmes ont cela propre par devant les aultres escriptz,

comme les Sainctz les ont prononcé non pas au vent, non pas devant quelque petit amy, mais devant leur Dieu et comme devant les yeulx de Dieu. Certes ce aguyse et enflamme les affections plus que toutes choses; ce esmoeut tous les oz et moelle quant la creature sans fiction et de vif sentement parle devant son Dieu. Aultrement, quant nous complaignons noz necessitez à quelque privé amy ou homme, tout n'est pas sy ardent, sy vivant, sy fluctuant par impetuosité d'affections. Le Psaultier donc, entant qu'il contient affections, est livre tant accommodable à tous Chrestiens que chascun vrayement craignant Dieu, en quelconque tentation trouvera es Psalmes parolles et affections aussy bien convenantes à ses afflictions comme si au jourdhuy ces Carmes estoyent escriptz et composez de ses propres afflictions.

Vrayement, cela seul te poeut estre à grande consolation, quant les Psalmes te plaisent moult. Quintilian dit, Cestuy sçache avoir profité, auquel Cicero plaist bien fort.[2] Je tordray (poeut estre) non ineptement cecy à mon propos: Iselluy sçache avoir profité es Sainctes Lettres, qui est moult consolé des Carmes de David. Car quant tu es semblablement affecté, quant les nerfs et chordes du Psaultier, touchees par semblable affection et mouvement de ton courage, resonnent, tu es certifié estre en la congregation des Esleuz de Dieu, comme ainsy soit que tu es affligé en la mesme maniere que ilz ont esté affligez et pries de telle Foy et Affection qu'ilz ont prié. Les Psalmes sont sans saveur au lecteur incredule et froid.

Finalement, les Psalmes sont en la vie des Sainctz la partie que tu poeuz plus seurement ensuyvir. Les aultres exemples et histoires, par lesquelles non les voix et les parolles, mais seulement les œuvres des Sainctz sont descriptes, contiennent moult de choses que nous ne povons ensuyvir es Sainctz, comme les Miracles et Puissances. Item, plusieurs œuvres sont telles qu'on ne les poeut ensuyvir sans grand peril, pource qu'elles excitent sectes et heresies et appellent hors de l'unité de l'esperit. Mais les Psalmes meinent hors des sectes à l'unité de l'esperit, et enseignent en choses prosperes retenir la crainte du Seigneur et en adversité ne jecter point esperance hors, et ainsy sentir vrayement une mesme chose et estre semblablement affecté avec tous les Sainctz. Pour conclusion, si tu veulx regarder l'eglise Chrestienne tiree sus le vif, comme en ung tresbeau tableau, alhors prens le Psaultier en ta main, car il te sera en lieu de miroir trespur, lequel te representera la vraye image de l'eglise, et aussy de toymesmes, si tu es fidele, affin que iouxte le dict du Sage Grec tu congnoisses vrayement toymesmes et, qui plus est, Dieu et toutes creatures.

Pourtant veillons que en cestuy nostre siecle ne soyons point ingratz pour ceste Revelation de Parolle, pour ce Don Inenarrable de Dieu. Usons de ces tant excellentz dons à la gloire de Dieu et à l'utilité du prochain, affin que ne soyons grevement punyz de nostre ingratitude. Car quelque temps a esté ouquel on eust estimé grand thresor si nous eussions eu ung Psalme bien congneu ou entendu, et nous n'en avons pas eu ung. Mais maintenant nous sommes bienheureux en telle abondance, et bienheureux sont les yeulx qui voyent ce que nous voyons et les aureilles qui oyent ce que nous oyons.[3] Mais que je crains que ne disions avec les Juifz ennuyez de la Manne au desert, Nostre ame se fasche sur ceste viande treslegere.[4] Vrayement les contempteurs de la Parolle porteront leur Jugement, quelz qu'ilz soyent, comme les Israelites porterent horrible Jugement. Mais le Pere de Misericordes et Dieu de toute consolation nous garde et avance en la congnoissance de sa Parolle par Jesus Christ nostre seigneur. Auquel soit louenge et gloire pour ce Psaultier et pour tous dons desquelz il nous a excellentement enrichyz eternellement. Amen.

1. Eccii. 9:24.   2. *Inst. orat.* X, 1, 112.
3. Cf. Matth. 13:16; Luc. 10:23.   4. Num. 21:5.

150

Robert Estienne to the Christian reader
[Paris. c. November 6, 1532.]

Biblia. Breves In Eadem Annotationes, ex doctiss. interpretationibus, & Hebraeorum commentariis. Interpretatio propriorum nominum Hebraicorum. Index copiosissimus rerum & sententiarum vtriusque testamenti, Paris, Robert Estienne, 6 Nov. 1532, sig. *ii, r–v (New York, NYPL, Union Theological Seminary. Darlow and Moule, no. 6112).

The epistle prefaces the second folio edition of Robert Estienne's Latin Bible. Cf. ep. 143 and Armstrong, *Estienne*, 72.

Robertus Stephanus Christiano lectori S.

Ne tu forte, Christiane lector, nihil in hac Bibliorum altera editione praestitum existimares amplius quam in prima quae ex nostra officina ante aliquot iam annos prodiit,[1] voluimus paucis hic indicare quo quidque modo, quaque diligentia perfectum fuerit. Primum omnium vulgarem Bibliorum tralationem denuo tanta accuratione contulimus cum veteribus exemplaribus manu descriptis quae annis superioribus nobis monachi S. Dionysii, itemque S. Germani et gravissimum illud theologorum Parisiensium collegium nobis communicarunt,[2] ut nihil iam omissum putemus (agnoscimus enim quod conquesti sunt amici quidam in priore editione nonnihil esse dormitatum), esseque nostram tralationem nunc primum prope integram et illibatam qualis ab ipso interprete quondam scripta fuerat. Ne autem periret tam molestus labor, loca omnia corrupta quae in hac editione restituta fuerunt in commentarium regessimus quem apud nos diligentissime asservamus, ut si quid emendate impressum a nonnullis iudicaretur corruptum, prolato eo statim ex quibus exemplaribus id restitutum sit ostenderemus. Nam hoc unum semper curavimus, ut haec nostra tralatio integra maneret, neque quicquam ab ea detraheretur aut minueretur; quod nisi auxilio veterum exemplarium fieri haud potuisse quis non intelligit?

Quoniam vero inter conferendum multa obscurius versa deprehendebantur, quae nisi consultis Hebraicis voluminibus statim intelligi non poterant; multa praeterea quae aliter atque ab interprete versa erant transferri poterant; nonnulla postremo ab Hebraica significatione prorsus aliena; essetque haec tralatio receptissima, quam plures iam memoria paene totam tenerent, qui tamen ipsi aliorum quoque versionibus uti cuperent, nec commode id facere multis locis possent ignoratione linguae Hebraicae, ut qui nescirent quibus verbis nostri interpretis verba alterius respondere deberent (adeo diverse locum unum et eundem aliquando a variis redditum offendebant), idcirco rogati annotavimus in gratiam illorum ad marginem interiorem ea quae a diversis interpretibus aliter atque aliter reddita essent, ut statim e regione haberent quod ab aliis versum iis auxilio esse posset ad intelligentiam sacrarum litterarum. Nam quantumvis doctus ille fuerit qui rursum nobis Biblia vertat, numquam tamen ea ita vertet ut omnibus faciat satis, nisi simul annotationes ediderit quibus doceat quam varie locus unus aliquando verti possit. Varia Dei dona sunt; tantum quisque intelligit quantum ei datum est a Deo. Qui vertit unicum sensum exprimit, tametsi probe sciat locum etiam aliter verti posse. Alius qui post illum vertet, non ad eum sensum vertet quem secutus est ille, sed alterum quem putabit magis loco congruere. Variam enim ut plurimum habent originem dictiones Hebraeae; alius ab una radice derivat, alius ab alia; quo fit necessario ut diversae sint significationes eiusdem verbi aliter atque aliter derivati. Hinc bona ex parte tanta etiam doctissimorum interpretum in iisdem de Hebraeo convertendis diversitas nascitur. Cum igitur haec sic habeant, placuit interim dum vir doctus aliquis annotationes integras in totum vetus testamentum parabit, Origenem et Hieronymum imitari et variorum interpretum et eorum quidem doctissimorum interpretationes atque annotationes ex ipsis Hebraeorum commentariis depromptas, quam paucissimis fieri potuit, ad marginem adscribere in gratiam eorum potissimum qui nihil noverunt in litteris Hebraicis, iisdem signis et notis utentes quibus ipsi usi fuerunt, asterisco et obelisco.

Obelisco confodimus quod in Hebraicis voluminibus non legitur.

Asterisco usi sumus quoties Hebraea plus habent quam nostra tralatio.

Verba quae annotanda erant, pro quibus aliqui interpretes aliud verterunt, his signis inclusimus [   ]. Nonnumquam adscripsimus etc. propter angustias marginum, contenti principium versus annotasse.

Ubi nostra tralatio nihil ab aliis interpretationibus sensu, sed verbis tantum differebat, nihil annotatum est.

Cum interpres noster recte sensum unum loci cuiuspiam assecutus est quem alii aliter vertunt, omnium varias illius loci interpretationes indicavimus, praeposito *vel* ut lectoris etiam iudicio libera potestas fieret, quam ex multis, rectis quidem omnibus, sed tamen diversis, interpretationem sequi mallet.

Quoties Chaldaeus paraphrastes aut septuaginta interpretum tralatio aliquid dilucide et aperte vertit, quod alii obscurius, id etiam indicavimus.

Quaedam clarissime reddita erant ab interprete quorum Hebraea quia obscura erant, ad verbum annotavimus, ut videret lector quam clare quae obscurissima erant apud Hebraeos et docte reddidisset noster interpres.

Si qua dictio Latina in nostra tralatione aliter potuit accipi quam sonarent Hebraea, annotandum id quoque duximus.

Hebraismum et modos loquendi Hebraeorum si quando non reddidit interpres noster (bonam enim partem reddidit, idque quoties fecit indicavimus) in phrasim Latinam convertimus, adiectis in fine annotationis tribus litteris, Heb.

In libris qui Hebraice non sunt scripti, nihil annotatum fuit, quod Graeca exemplaria admodum inter se discreparent.

Quod praestitum est in veteri testamento, idem factum est et in novo ex doctissimorum hominum variis tralationibus et annotationibus.

Denique ut tandem finiamus, post omnes illos labores denuo rerum et sententiarum veteris testamenti indicem collegimus, et novi testamenti indici admiscuimus, ut unicus esset index. Quid porro commodi ex illo percipi possit, sentient (ni fallor) quorum partes sunt docere populum.

Haec sunt, Christiane lector, de quibus te admonitum voluimus. Si quid minus dictum in annotationibus illis aut obscurius censueris, meminisse debes annotatiunculas scribere nos voluisse, non integrum volumen, tantumque fere indicare ubi annotatione opus esset, ut ad scribendum iusta annotationum volumina doctorum ingenia excitarentur. Boni igitur consule quod egimus, et laboribus nostris fruere ac fave. Vale.

1. *Biblia* [*latina*], Paris, Robert Estienne, 1527–1528/1529. See ep. 143.
2. See ep. 143, notes 1, 2, 3, and 6.

151

Pierre de Vingle to the reader
[Neuchâtel. c. March 27, 1534.]

Le nouueau testament de nostre seigneur & *seul sauueur Jesus Christ*, Neuchâtel, Pierre de Vingle, 27 March 1534, sig. AA, i, v. Published in large part by E. Pétavel, *La Bible en France* (Paris, 1864), 288–290.

The epistle prefaces Pierre de Vingle's Neuchâtel edition of L.'s French translation of the New Testament (cf. eps. 137 and 138).

L'imprimeur[1] aux lecteurs.

Entre toutes les choses que le Seigneur Dieu a donné aux hommes,

il n'y a rien plus precieux, plus excellent, ny plus digne que sa saincte
et seule vraye parolle qui est contenue es livres de la saincte escripture. A laquelle Sainct Paul, vaisseau d'election, baille plusieurs
tistres d'honneur. Premierement pource qu'elle a le treshault et tres-
puissant Seigneur Dieu (qui est verité infallible) pour autheur. Item
à cause qu'elle rejecte toute erreur. Et aussi à raison qu'elle rend les
auditeurs parfaictz, prestz et appareillez à toutes bonnes œuvres.
Persevere (dist il en la ij. à Timothee, iij. chapitre) es choses que tu
as aprinses, et qui te sont commises, congnoissant de qui tu les a apris
et que tu a congneu des ton enfance les sainctes lettres, lesquelles
te pevent instruire à salut par la foy qui est en Jesus Christ. Toute
escripture divinement inspiree est utile à endoctriner, à reprendre,
à corriger et à enseigner en justice, affin que l'homme de Dieu soit
entier instruict à toute bonne œuvre.[2]

Davantage le sainct apostre monstre clerement quelle abomination
est es bourbiers et puantes cisternes des doctrines humaines, et quelles
miseres et erreurs pevent resourdre et prevenir aux estudians d'icelles.
Si aucun (dist il j. à Timothee, vj) enseigne autrement, et ne obeyt
point aux saines parolles de nostre Seigneur Jesus Christ et à celle
doctrine de pieté, il est orgueilleux, ne sachant rien, mais languissant
entour questions et debatz de parolles, desquelles naissent envies,
contentions, blasphemes, mauvaises suspicions, conflictations d'hommes corrompus d'entendement et qui sont privez de verité, reputans
gaing estre pieté.[3] Si ces parolles estoient justement pesees, on
ne verroit point au jourdhuy tant de sophistes, tant de caphars, ny
tant d'estudians es lettres humaines contemner ny mespriser la simple
verité de l'escripture saincte. Car ilz congnoistroient à l'œil que leur
sapience n'est point descendue du ciel, ains quelle est terrienne, bru-
tale et diabolique. Mais la sapience qui est d'enhault est (comme dit
sainct Jacques, iij. chapitre) pure, pacifique, modeste, suasible, con-
sentant à bonnes choses, pleine de misericorde et de bons fruictz,
jugeant sans feintise.[4]

Qui bien entendroit ces choses, on estudieroit songneusement en
ladicte saincte escripture, rejettant tous vains et frivoles sophismes,
questions insolubles et argumens scolastiques; car en telles et par
telles disputations fantastiques verité est perdue, et les argumentateurs
se esguarent en leurs vaines pensees, et sont faictz semblables (comme

dit sainct Hierosme) aux grenouilles d'Egypte, la playe desquelles on ne list point avoir esté guarie.[5] Entre les serviteurs de Dieu doibt estre amiable et doulce conference, non point disputation estourdie, sans raison et sans entendement. Il y a aucunes questions sans erudition et doctrine, lesquelles l'Apostre commande de rejetter et mespriser, ij. Timo. ij., disant: Evite les folles questions et sans discipline, sachant qu'elles engendrent noises. Et il ne fault point que le serviteur de nostre Seigneur soit noiseux, mais qu'il soit begnin à tous, prest de enseigner, patient, reprenant avec modesteté ceulx qui resistent à verité.[6] Ce nonobstant plusieurs ayment mieulx languir en diverses et fantastiques questions ausquelles il n'y a jamais fin que de suyvir la pure verité qui est es sainctes escriptures, de aussi eulx gouverner par traditions humaines que par la parolle de Dieu. Contre ce qui est escript des enfans d'Israel aux Nombres, ix. chapitre, que par le commandement de Dieu ilz dressoient leurs tabernacles et les levoient au commandement d'iceluy.[7]

A l'estude et leçon des sainctes escriptures nous sommes exhortez par nostre bon pere celeste quand il nous commande de ouyr son chier filz Jesus Christ en sainct Matth. xvii: Cestuy est mon filz bien aymé auquel est mon bon plaisir: escoutez le.[8] Item par celuy mesme filz en sainct Jehan, vj: Scrutinez les escriptures.[9] Et à l'exemple des prophetes, des apostres, des disciples, des martyrs et enfans de Dieu, tant Hebrieux que Grecz et Latins. Mesme le faict de l'eunuque de la royne de Candace nous y admonneste, lequel ja soit qu'il fut barbare et payen, detenu d'infinies occupations et de toutes pars environné de negoces et affaires forains, aussi non entendant sa lecture, toutesfois il lisoit la saincte escripture assis en son chariot, comme il appert aux Actes, viij. chapitre. Que s'il a esté si diligent de lire par les chemins, que pense tu qu'il feit en sa maison; s'il n'entendoit pas encore la leçon de Esaye, que pense tu qu'il feit aprés qu'il l'entendit? Dieu donc, ayant pitié de luy, envoya Philippe, qui luy exposa le prophete et annoncea Jesus Christ; mais Philippe ne luy assiste point au cueur, ains l'esperit qui avoit amené Philippe.[10]

Oultre plus l'utilité qui provient de la leçon de la parolle de Dieu nous incite et provoque à voluntiers la lire, ouyr et mediter. Car ceste parolle nous est une lumiere pour nous illuminer en ceste tenebreuse Egypte, tesmoing David, pseulme cxviij, disant: Ta parolle est une lampe à mes piedz.[11] Celuy qui suyt ceste lumiere ne peult jamais errer; tel pourroit suyvir la lumiere du soleil qui se perdroit es grouffres des profondes mers, mais qui va aprés la parolle de Dieu, ou qu'il soit, quoy qu'il pense, quoy qu'il face, nullement ne peust faillir. Car rien n'est bon fors ce qui nous est commandé par la parolle de Dieu, ne rien n'est mauvais fors ce qui nous est defendu par icelle. Item c'est une fontaine qui sourd du ciel, comme dit l'Ecclesiasticque j: La fontaine de sapience est la parolle de Dieu, qui est es haultz lieux, et l'entree d'icelle sont les commandementz eternelz.[12] De l'eaue de ceste fontaine debvons nous arrouser noz entendementz, affin qu'ilz fructifient tant pour nous que pour nostre prochain. Et comme l'eaue est commune à tous, aussi est ceste doctrine; nul n'en est rejetté, soit homme ou femme, posé qu'il y vienne avec ung cueur droict. Venez donc (dit Esaye, lv.) aux caves vous tous qui avez soif, etc.[13] Davantage la parolle de Dieu est ung glaive pour nous deffendre contre noz ennemys visibles et invisibles. Prenez (dit l'apostre aux Ephe. vj) le heaulme de salut et le glaive d'esperit, qui est la parolle de Dieu,[14] en laquelle nous avons doctrine pour resister fermes en foy contre toutes tentations. Ces armures ne sont point charnelles, mais puissantes à Dieu pour destruire les munitions et les conseilz et toute haultesse soy elevant contre la science de Dieu, et captivant tout entendement pour obeyr à Christ. Parquoy Sainct Paul commande à Tite, j, qu'il elise les sciences des escriptures, en acquerant la fidele parolle qui est selon la doctrine, affin qu'il soit puissant de exhorter en saine doctrine et de convaincre les contredisans.[15] C'est aussi le pain dont est parlé au Deut. viij.[16] Et en sainct Matth. iiij: L'homme ne vit point seulement de pain, mais de toute parolle qui procede de la bouche de Dieu.[17] Ce pain est la viande qui resjouyt l'homme comme dit Hieremie, xv: Tes parolles ont esté trouvees et les ay mangé et ta parolle m'a esté faicte en joye et en liesse de mon cueur.[18] Les sainctz apostres Matthieu, Marc, Luc, Jehan, Paul, Pierre, Jacques et Jude ont recueilly ce pain et nous l'on administré et donné en ce nouveau testament, qui n'est point science humaine, ja soit qu'ilz eussent estez hommes, mais c'est la pure et vraye parolle de Dieu, doctrine celeste, divine et tres veritable. Car comme est dit, ij. Pierre j: Prophetie n'a point esté baillee en aucun temps par la volunté humaine, mais les sainctz hommes de Dieu, inspirez du S. esperit, l'ont ditté.[19]

Je te prie donc, lecteur chrestien, d'y estudier, d'y croire, de l'acomplir par bonnes œuvres, et de l'anoncer à toute creature, affin que le Seigneur Dieu soit honnoré, servi, et crainct de tous et par tout. Or à ce que tu puisse mieulx prouffiter en ceste saincte parolle de Dieu, je t'ay cy mis une table[20] moult utile pour trouver certains lieux et notables, contenuz en ce nouveau testament; tu la prendras donc en gré, donnant honneur, gloire et louange à ung seul Dieu de tout.

1. See ep. 148.
2. 2 Tim. 3:14–17.
3. 1 Tim. 6:3–5.
4. Iac. 3:15–17.
5. Exod. 8:5–7.
6. 2 Tim. 2:23–25.
7. Num. 9:15–23.
8. Matth. 17:5.
9. Ioan. 7:52.
10. Act. 8:26–40; Is. 53:7–8.
11. Ps. 118:105.
12. Eccli. 1:5.
13. Is. 55:1.
14. Eph. 6:17.
15. Tit. 1:9.
16. Deut. 8:3.
17. Matth. 4:4.
18. Ier. 15:16.
19. 2 Petr. 1:21.
20. "Table des plus communs passages de l'escripture saincte" (sig. AA, ij, r–AA, iiij, v).

152

[Robert Estienne?] to the reader   Before April 6, 1534.

La Saincte Bible en Francoys, translate selon la pure et entiere traduction de Sainct Hierome, derechief conferee et entierement reuisitee selon les plus anciens et plus correctz exemplaires. Du sus vng chascun Chapitre est mis brief argument, Antwerp, Martin de Keyser, 6 April 1534, sig. a, v, v–a, vi, r;

CCCXXXIV (1541), sig. a, v, v–a, vi, r. The epistle will also be found in CCCXXXV.

The epistle prefaces the second folio edition of L.'s French translation of the Bible. The first paragraph reproduces the first paragraph of the preface to the edition of 1530 (ep. 147); the rest is a free translation of Robert Estienne's preface to his Latin Bible of 1532 (ep. 150). The composite preface is characteristic of the 1534 Bible as a whole, for it too combines the first edition of L.'s French Bible with the second edition of Estienne's Latin one. For example, the summary of the Christian faith in the 1534 Bible ("Icy est brievement comprins tout ce que les livres de la saincte Bible enseignent a tous Chrestiens") is a slightly expanded translation of that in the Bible of 1532 ("Haec docent sacra Bibliorum scripta"). The table of contents of 1534 combines the remainder of L.'s 1530 *Prologue* with material drawn from Estienne's 1532 table of contents and from the texts he had assembled on the verso of the title page under the heading *Ad sacrarum literarum studium exhortatio ex sacris literis.* The index and the dictionary of scriptural names in the French Bible of 1534 reproduce in abbreviated translation the Latin ones Estienne prepared for his first edition of 1528 and retained in the edition of 1532 (see ep. 143, notes 11 and 12). Finally, the text itself and its accompanying apparatus of critical notes prove a thorough revision of the Bible of 1530 on the basis of Estienne's Bible of 1532. So great is the dependence that A. Laune, a close student of L.'s Old Testament text, could say flatly that "Lefèvre . . . retraduisait en français la Bible de Robert Estienne. De là l'origine des variantes constatées dans la traduction française de 1534" ("Des Secours dont Lefèvre d'Etaples s'est servi pour sa traduction de l'Ancien Testament," *BSHPF.* L [1901], 598).

The fact that two thirds of the preface to the 1534 Bible is an adaptation of Estienne's 1532 preface seriously undermines the assumption that L. wrote it or that he was responsible for editorial work on the 1534 edition. None of his authentic prefaces have the hybrid character of this one. After 1531, moreover, L. was in retirement in Nérac. It is not impossible that he prepared the second edition of his Bible so far from Antwerp, but it is most unlikely.

The identity of the author of the 1534 edition and of its preface remains uncertain. He was perhaps the publisher Martin de Keyser, who knew and admired Estienne's Latin Bible (he was to reprint it in Antwerp early in 1535), or a scholar in his employ. Possibly he was Robert Estienne himself.

Estienne and L. were in close touch during the 1520s. They collaborated on the inexpensive pocket edition of the Latin Bible which Simon de Colines began publishing in 1522–1523 (Renouard, *Colines,* 32–34). The critical and editorial procedures that Robert used in his first two folio Bibles are those L. had used in his Latin edition of the Psalms in 1524 and explained in his prefatory epistle (see ep. 140). In a letter to Farel in 1524 L. called Robert "most Christian in spirit" (Herminjard, I, 227). The possibility that the aged L., on retiring to Nérac, left the revision of his French translation of the Bible entirely in Robert's hands, though far from certain, is plausible. The fact that part of L.'s 1530 *Prologue* reappears in the preface of the Bible of 1534 looks in this context like the legitimate tribute of the young scholar to his master.

Cf. Paul Quiévreux, *La Traduction du Nouveau Testament de Lefèvre d'Etaples* (Le Cateau, 1894); N. Weiss, "Les premières professions de foi des Protestants français, 1532–1547," *BSHPF.* XLIII (1894), 57–79, 449–469; Laune, *passim*; Jacques Pannier, "De la Préréforme à la Réforme. A propos des deux dernières publications de Lefèvre d'Etaples (1534)," *Revue d'Histoire et de Philosophie religieuses*, XV (1935), 530–5467; and Lucien Febvre, "Dolet propagateur de l'Evangile," *BHR.* VI (1945), 115–116.

Prologue. Aux Lecteurs.

Paul, vaisseau d'election, en plusieurs passages, principalement en la seconde epistre à Timothee, loue magnifiquement les escriptures divines de ce quelles ont pour leur autheur Dieu, qui est toute puyssance, toute sapience et toute bonté, de ce aussy que sus toutes choses humaines elles sont convenables et utiles pour acquerir eternelle felicité, d'autant qu'elles deboutent et confondent toutes erreurs et rendent leurs vrays auditeurs parfaictz, instruictz et appareillez à toute bonne œuvre. Icelles donc sont d'autant plus excellentes et veritables, plus convenables et decentes de soy y exerciter en les lisant que toutes autres escriptures composees de tout humain entendement, d'autant (dis je) que Dieu est plus puyssant que les homes, et que le Filz de Dieu est plus sage que les filz des homes, et que l'esperit de Dieu est meilleur que l'esperit de l'home ou que la pure verité excede mensonge. Que sy en aucuns passages d'icelles sont trouvees quelques difficultez (comme aussy tesmoigne sainct Pierre des epistres sainct Paul), mesmes aucunes auctoritez, lesquelles de prime face semblent contraires, ce non obstant ne fault point que l'home incontinent se attedie en les lisant ou qu'il ymagine de soy mesme quelque glose ou exposition mal venant au propos de l'escripture (combien aussy que ce luy semble estre bien dict), mais fault que les passages obscurs soient clarifiez par autres concordans et plus evidentz. Et à ce faire, ou pour avoir grand commencement de l'intelligence des escriptures, est fort utile de premierement considerer la proprieté de parler d'icelles, selon que une chascune langue a sa propre maniere de parler. Secondement, fault necessairement regarder les parolles precedentes bien conferees à celles qui suyvent, en diligemment scrutinant de qui ou à qui elles parlent, en quel temps, et pour quelle cause, tellement que sçavoir les circonstances des escriptures n'est point petite introduction en icelles. Finablement, d'ung cueur fidele et craintif en icelles et par icelles cercher et demander, non point la gloire des homes, ne curiosité de science, mais la gloire de Dieu, avec l'edification et utilité de son prochain.

Mais affin que aucuns lecteurs n'estiment non avoir autre chose en icelle seconde impression que en la premiere, nous voulons en brief monstrer par quelle maniere et diligence cest œuvre est parfaicte. Premier avons derechief conferé ceste commune et usitee translation avec les anciens et plus correctz exemplaires par tel labeur que maintenant n'estimons aucune chose d'importance estre delaissee, et avons achevé ce que des le commencement de la premiere impression avions desyr de faire. En laquelle non obstant avons tousjours rendu paine de laisser nostre translation entiere (consideré l'usance d'icelle) sans y dimineur ny adjouster aucune chose, en laissant pareillement les mesmes manieres de parlers, dont plusieurs dependent du stil et forme de la langue Hebraique, que nous eussions peu rediger et interpreter selon la maniere de dire Gallicane ou Françoyse. Mais en ce lieu avons notez les plus principaulx passages et lesdictes manieres de parlers (que nous appellons Tropus ou parolle figurative) avec les diverses acceptions de plusieurs motz, lesquelz sont redigez en la marge du livre, signez en ladicte marge et dedens le texte par petit nombre de Ciffre adressant l'ung à l'autre, desquelz aussy en avons icy fait Registre ou table pour les plus facillement trouver. Pour ce aussy que en conferant icelle commune translation avec la langue Hebraique, Grecque et Chaldaique, ont esté trouvez plusieurs passages assez obscurs et comme differens l'ung de l'autre; à ceste cause avons mis les mesmes passages en ladicte marge, les signant dedens le texte d'une petite croix ╋ au commencement, et en la fin dudict passage d'une demie croix ╼ quant y a plusieurs motz, les radressant en marge par la mesme croix ╋ comme cy aprés pourrez veoir par les signes que avons mis, donnant à entendre les choses notees par tout le livre.

Par 1, 2, 3, 4, 5, 6, 7, 8, 9 ou 10 sont signez les manieres de parlers, ou les motz qui sont prins figurativement, et aussy ceulx qui sont à plusieurs incongneus quant à leurs significations.

Par la petite * dedens et dehors sont renvoyez les mesmes parlers aux lieux où ilz sont declairez.

Par la ┿ et ┥ sont signez les passages differentz à la translation Hebraique ou ceulx qui sont plus obscurs en la nostre commune que en l'Hebrieu quant pour l'ancien Testament, mais quant au nouveau monstre la difference principalement du Grec et de la commune translation.

Par telz signes [   ] sont enclos en l'ancien Testament les passages qui ne sont point trouvez en l'Hebrieu ny es anciens et plus correctz exemplaires, et au nouveau Testament ceulx qui ne sont point au Grec.

Par ce nombre 70 est signifiee la translation des septante interpreteurs; et par ceste sillabe, Chal., la translation Chaldaique.

Par la plus grosse * sont signees les concordances qui sont en marge correspondantes sans quelque estoille en ladicte marge, lesquelles toutes sont singulierement revisitees selon leurs passages, chapitres et lettres, pourtant que par avant les avons trouvees fort mal accordees, avec ce plusieurs autres y sont davantage adjoustees.

Par la ☞ avons signé les commencemens des Epistres et Evangiles chantees en l'eglise tout au long de l'annee, tant en l'ancien comme au nouveau Testament, desquelles la fin est monstree par tel signe ¶.

Oultre plus aux concordances et autre part trouverez aucunesfois ce signe s, lequel signifie autant comme sy on disoit, cy dessus au mesme livre et au Chapitre qui est noté après lédict signe. Pareillement trouverez ī qui signifie, cy aprés au mesme livre et au Chapitre aprés noté.

Parquoy, fideles Lecteurs, recevez de la bonne part ce que nostre labeur vous a voulu fidelement communiquer, desyrant principalement subvenir à ceulx qui encore sont rudes et non assez exercitez en la saincte escripture, et esperant non donner empeschement aux bien instruictz, mesme de leur estre occasion de plus proffondement scrutiner les parolles et faictz merveilleux du Seigneur, auquel Seigneur soit tout honneur, gloire, et action de graces. Amen.

Bibliography[1]

ARISTOTELIS PHILOSOPHIAE NATURALIS PARAPHRASES

I. [*Totius Aristotelis philosophiae naturalis paraphrases*], Paris, Johann Higman, 1492. 4°. [Paris, Mazarine. *GW*. 9638; Klebs 591.1; Goff F-12.]

II. *In hoc opere continentur totius phylosophie naturalis paraphrases: hoc ordine digeste. Octo physicorum Aristotelis: paraphrasis. Quatuor de celo et mundo completorum: paraphrasis. Duorum de Generatione et Corruptione paraphrasis. Quattuor Meteororum complectorum: paraphrasis. Trium de Anima completorum: paraphrasis. Libri de Sensu et Sensibili: paraphrasis. Libri de Somno et Vigilia: paraphrasis. Libri de Longitudine et Breuitate vite: paraphrasis. Dialogi insuper ad Physicorum: tum facilium tum difficilium intelligentiam introductorij: duo. Introductio Metaphysica. Dialogi quattuor, ad Metaphysicorum intelligentiam introductorii*, Paris, Henri Estienne, 2 December 1504. 8°. [Edinburgh, National Library. Harvard. Oxford, Pembroke. Paris, Arsenal, BN. Vienna. Panzer, VII, p. 510, no. 83; Renouard, *Estienne*, 2, where it is incorrectly dated 11 Dec.; Walter, no. 651.]

III. Paris, Henri Estienne, 31 January 1512/1513. 4°. [Cambridge. Freiburg-im-Breisgau. Uppsala. Vienna.]

IIIa. Paris, Simon de Colines, 5 January 1521/1522. 8°. [Oxford. Cf. Renouard, *Colines*, 15.]

IV. *In Hoc Opere Continentvr Totivs Philosophiae Natvralis Paraphrases A Francisco Vatablo Recognitae*, Paris, Simon de Colines, September 1528. 8°. [Escorial. Oxford, Pembroke. Renouard, *Colines*, 109–110.]

V. *Totivs Philosophiae Natvralis Paraphrases hoc sunt in opere contentae, quas Franciscus Vatablus non mediocri diligentia recognouit*, Lyons, Benoît Bonyn for Jacopo Giunta, 22 April 1536. 8°. [Paris, BN. Vienna. Panzer, VII, p. 366, no. 794; Baudrier, VI, 171.]

VI. *Naturalis Totius Philosophiae Paraphrases ad postremum autoris manum Franciscus Vatablus recognouit*, Lyons, Denis de Harsy for the heirs of Simon Vincent, 1538. 8°. [Paris, BSHPF., Mazarine. Rome, Vaticana.]

1. An asterisk before a title means that I have not seen personally a copy of that edition. The locations explicitly mentioned are not meant to be exhaustive, but are either the copies I have seen and used myself or copies not listed in the cited literature. References to Oxford mean the Bodleian, to Cambridge the Cambridge University Library. College libraries are noted as Oxford, Pembroke or Cambridge, Trinity.

BIBLIOGRAPHY

ARISTOTELIS PHILOSOPHIAE NATURALIS PARAPHRASES
CUM IUDOCI CLICHTOVEI COMMENTARIO

VII. *In Hoc Opere continentur totius philosophiae naturalis Paraphrases: adiecto ad litteram familiari commentario* [*Iudoci Clichtovei*] *declarate, et hoc ordine digeste*, Paris, Wolfgang Hopyl, 25 March 1501/1502. fol. [Harvard. Paris, BN. Sélestat. Panzer, VII, p. 500, no. 5; *B. Belg.* L 562.]

VIII. *In hoc opere continentur totius Philosophie naturalis Paraphrases: adiectis ad litteram scholijs declarate, et hoc ordine digeste*, Paris, Henri Estienne, 22 October 1510. fol. [Freiburg-im-Breisgau. Lisbon. London, BM. Oxford. Prague, Clementinum. Rome, Angelica. University of Pennsylvania. Panzer, VII, p 547, no. 400; Renouard, *Estienne*, 7; *B. Belg.* L 563.]

IX. Paris, Simon de Colines, 18 September 1521. fol. [Cambridge, Trinity Hall. Edinburgh, University. Lisbon. Oxford. Paris, BN. Philadelphia, College of Physicians. *B. Belg.* L 564; Renouard, *Colines*, 14.]

X. *Paris, Pierre Vidoue for François Regnault and a bookseller in Caen, 12 April 1525. fol. [Rome, Angelica. Seville, Colombina. *B. Belg.* L 565; Delisle, *Caen*, p. 209, no. 236.]

XI. *In Hoc Opere Continentvr Totivs Philosophiae naturalis paraphrases, a Francisco Vatablo, insigni philosopho, ac linguae hebraicae apud Parisios professore regio, recognitae, adiectis ad literam scholijs declaratae, & hoc ordine digestae*, Paris, Simon de Colines, February 1531/1532. fol. [Edinburgh, University. Oxford. Paris, BN. *B. Belg.* L 566; Renouard, *Colines*, 172–173.]

XII. Paris, Pierre Vidoue for Jean Petit, 1533. fol. [Chicago, Newberry. Paris, Arsenal. *B. Belg.* L 567.]

XIII. Paris, Pierre Vidoue for Jean Petit, 1539. fol. [Escorial. New York, Academy of Medicine. Paris, BN.]

XIV. *In Hoc Opere Continentvr totius Philosophiae naturalis Paraphrases: adiecto ad literam familiari commentario, declaratae & hoc ordine digestae*, Alcalá de Henares, Ioannes Brocarius, July 1540. fol. [Escorial. Cf. J. C. Garcia López, *Ensayo de una tipografía complutense* (Madrid, 1889), no. 174; P. Benigno Fernández, *Impresos de Alcalá en la Biblioteca del Escorial* (Madrid, 1913), no. 54; *B. Belg.* L 606.]

XV. *Totivs Natvralis Philosophiae Aristotelis Paraphrases Per Iacobvm Fabrvm Stapvlensem, recognitae iam, & ab infinitis, quibus scatebant mendis, repurgatae: & scholijs doctissimi uiri Iudoci Clichtouei illustratae: & hoc digestae ordine*, Freiburg-im-Breisgau, Ioannes Faber Emmeus Iuliacensis, 1540. fol. [Chicago, Newberry. Freiburg-im-Breisgau. Sélestat. Strasbourg. University of Pennsylvania. Yale. *B. Belg.* L 568.]

INTRODUCTIO IN ARISTOTELIS OCTO LIBROS PHYSICORUM

XVI. *Jacobi Scapulensis* [sic] *introductiones in libros phisicorum et de anima aristotelis cum Jodoci neoportuensis annotationibus declarantibus candide dicta singula obscuriora ipsius introductionis*, Cracow, Johann Haller, 24 December 1510. 4°. Contains only the *Introductio in physicam* with Clichtove's commentary. [Oxford. Uppsala. Panzer, VI, p. 452, no. 36; B. *Belg.* L 586; Estreicher, XVI, 150–151.]

XVII. *Jntroductio in Physicam paraphrasim: adiectis annotationibus explanata. A Iacobo Stapulensi edita*, Strasbourg, Rheinhold Beck, 1514. 4°. [Bethesda, Maryland, National Library of Medicine. Chicago, Newberry. London, BM. Munich. Seville, Colombina. B. *Belg.* L 587; Schmidt, IV, p. 21, no. 17; Ritter, II (2), p. 550, no. 832.]

XVIII. *Vtilissima Jacobi Fabri Stapulensis Jntroductio in Aristotelis Octo physicos libros artifitiose elaborata. Adiuncte sunt Iudoci Clithtouei* [sic] *Scholia et explanatiunculae, quibus non solum promptior eius ad litteram sententia redditur, sed etiam questiunculae pro rei materia occurrentes ad unguem dissoluuntur*, Cracow, Hieronymus Vietor, 1518. 4°. [Göttingen. B. *Belg.* L 588; Wierzbowski, II, p. 32, no. 954; Estreicher, XVI, 149.]

XIX. *Cracow, Johann Haller, 1519. 4°. [Estreicher, XVI, 150.]

XX. *Cracow, Johann Haller, 1522. 4°. [B. *Belg.* L 589; Wierzbowski, II, p. 40, no. 994; Estreicher, XVI, 150.]

INTRODUCTIO IN LIBROS DE ANIMA ARISTOTELIS

XXI. *Breuis introductio in libros de anima secundum Iacobum Fabrum*, in Symphorien Champier, *Janua logice et physice*, Lyons, Guillaume Balsarin, 5 October 1498, sig. A, vi, v–A, vii, v. [Paris, BN. *GW.* 6553.]

XXII. *Libri de anima Aristotelis philosophorum peripatetice familie principis et auctoris: nedum pertractatus: capita: et capitum sectiones siue partes, studiose distincti: verumetiam per commenta textus, in margine numerorum figuris signata (que prisca est et apud eruditos magis probata, in Aristotele partitio) divisi: accurata preterea castigatione reuisi. Prenotata denique est in libri fronte Utilissima Jacobi Fabri Stapulensis, in libros de anima introductio: sumatim scientiam de anima complectens*, Leipzig, Wolfgang Stoeckel, [after 1500], sig. aA, i, v–aA, ii, v. fol. [Munich. DK. 6.6162.]

XXIII. *Vtilissima introductio Jacobi Stapulensis Jn libros de Anima Aristotelis, adiectis que eam declarant breuiusculis Judoci Neoportuensis annotationibus*, Leipzig, Jakob Thanner, 30 March 1506. 4°. [Uppsala. B. *Belg.* L 582.]

XXIV. Cracow, Johann Haller, 1510. 4°. [B. *Belg.* L 583; Estreicher, XVI, 150.]

XXV. *Cracow, Johann Haller, 1516. 4°. [Estreicher, XVI, 150.]

XXVI. *Cracow, Johann Haller, 1517. 4°. [Estreicher, XVI, 150.]

XXVII. *Vtilissima Jntroductio Jacobi Stapulensis. Jn libros de anima Aristotelis: adiectis: que eam declarant: breuiusculis Judoci Clichtouei Neoportuensis scholijs. Addite sunt preterea duae figurae, quae colorum et saporum mutuam habentes respondentiam, dispositiones. ac animalium quorundam diuisionem indicant*, Cracow, Hieronymus Vietor, 1518. 4°. [B. *Belg.* L 584; Wierzbowski, II, p. 32, no. 953; Estreicher, XVI, 150.]

BIBLIOGRAPHY

XXVIII. Cracow, Johann Haller, 1522. 4°. [Paris, BN. *B. Belg.* L 585; Wierzbowski, II, p. 40, no. 993; Estreicher, XVI, 150.]

XXIX. *Aristotelis De Anima Libri Tres. Vna cvm Iacobi Fabri Stapvlensis in eosdem introductione: Et Themistij commentatiuncula,* Basel, Thomas Platter, March 1538. 8°. [Cambridge. London, BM. Oxford. Paris, BN., Mazarine. Prague, Strahov. Vienna. Yale.]

DIALOGI PHYSICALIUM INTRODUCTORII

XXX. *Dialogus Jacobi Fabri Stapulensis in Phisicam introductionem,* Cracow, Johann Haller, 1510. 4°. Contains L.'s two Dialogues on Aristotle's *Physics* without Clichtove's commentary. [Uppsala. Estreicher, XVI, p. 149.]

XXXI. **Vtilissima Jacobi Fabri Stapulensis Introductio in Aristotelis octo physicos libros artificiose elaborata. Adiuncte sunt Iudoci Clichtouei Scholia et explanatiunculae, quibus non solum promptior eius ad litteram sententia redditur, sed etiam questiunculae pro rei materia occurrentes ad unguem dissoluuntur,* Cracow, Johann Haller, 1510. 4°. Contains L.'s first Dialogue on Aristotle's *Physics* with Clichtove's commentary. [Wierzbowski, II, pp. 14–15, no. 863; Estreicher, XVI, p. 149.]

XXXII. *Introductiones in physicam et in libros de anima Jacobi Stapulensis,* Strasbourg, Johannes Knoblouch, 12 December 1516. 4°. Contains the Dialogues on the *Physics* and the Introduction to the *De anima* without Clichtove's commentary. [Freiburg-im-Breisgau.]

XXXIII. *Dialogi difficilium physicalium introductorii note,* Strasbourg, Johann Knoblouch, 9 February 1517. 8°. Contains L.'s second Dialogue on the *Physics* with Clichtove's commentary. [Freiburg-im-Breisgau. Munich. Seville, Colombina. Vienna. *B. Belg.* L 592.]

XXXIV. **Dialogus Jacobi Fabri Stapulensis in Phisicam introductionem,* Cracow, per Florianum, 1522. 4°. [Estreicher, XVI, p. 149.]

QUATTUOR DE CAELO PARAPHRASIS

XXXV. *Liber De Celo Aristotelis stagirite cum Paraphrasi Jacobi Fabri, Et questionibus lucidissimis Petri a Spinosa, artium magistri, in Philosophia Naturalis Petri a Spinosa artium magistri: opus inquam tripartitum...,* Salamanca, Rodericus de Castañeda, September 1535. fol. Contains L.'s paraphrases of the *De Caelo, De generatione, Meteora,* and *De anima.* [Oxford.]

METEOROLOGIAE ARISTOTELIS PARAPHRASIS

XXXVI. *Meteorologia Aristotelis. Eleganti Iacobi Fabri Stapulensis Paraphrasi explanata. Commentarioque Ioannis Coclaei Norici declarata ad foelices in philosophiae studiis successus Calcographiae iamprimum demandata,* Nuremberg, Friedrich Peypuss, 11 November 1512. 4°. [Columbia, Harvard. Oxford,

538

Pembroke. Prague, Clementinum. University of Pennsylvania. Yale. Panzer, VII, p. 452, no. 88.]

XXXVII. *Meteorologia Aristotelis. Eleganti Jacobi Fabri Stapulensis Paraphrasi extricata: De impressionibus aeris. et mirabilibus nature operibus. igne: aethere: in aquis atque terra contingentibus. et nostris in climatibus quotidie apparentibus*, Leipzig, Valentinus Schumann, 1516. fol. [Uppsala. Panzer, VII, p. 452, no. 88.]

IN ARISTOTELIS METAPHYSICA INTRODUCTIO

XXXVIII. *Introductio in metaphysicorum libros Aristotelis*, Paris, [Johann Higman], 16 February 1493/1494. 4°. [Paris, BN. *GW*. 9639; Klebs 592.1; Goff F-14.]

XXXVIIIa. *In Hoc Opvscvlo continentur Introductio Iacobi Fabri stapulensis in sex primos libros Metaphysices Aristotelis. Dialogi quatuor eiusdem ad Metaphysicorum intelligentiam introductorij*, Paris, in clauso Brunello, sub insigni Geminarum Cypparum [Prigent Calvarin], 1532. 4°. [Yale.]

XXXVIIIb. *Paris, Gabriel Buonius, 1563. 4°. [Cambridge, St. John's.]

HERMETICA CUM FABRI COMMENTARIO

XXXIX. *Mercurii Trismegisti Liber de Potestate et Sapientia Dei: Per Marsilium Ficinum traductus: ad Cosmum Medicem*, Paris, Johann Higman for Wolfgang Hopyl, 31 July 1494. 4°. [London, BM. Paris, BN. Hain 8462; Klebs 510.6; Goff H-82.]

XL. *Contenta In Hoc Volvmine. Pimander. Mercurij Trismegisti Liber de de* [sic] *sapientia et potestate dei. Asclepius. Eiusdem Mercurij liber de voluntate diuina. Item Crater Hermetis A Lazarelo Septempedano*, Paris, Henri Estienne, 1 April 1505. 4°. [London, BM. New York, Academy of Medicine. Oxford. Paris, BN. Sélestat. Panzer, VII, p. 515, no. 129; Renouard, *Estienne*, 3.]

XLI. No place of publication, no publisher, [after 1 April 1505]. 4°. [London, BM. Paris, BSHPF. Hain 8455; Goff H-83.]

XLII. Paris, Simon de Colines, 4 May 1522. 4°. [Chicago, Newberry. Paris, BN. Renouard, *Colines*, 40. For the remaining sixteenth-century editions of L.'s commentary on the *Pimander* and *Asclepius* see K. H. Dannenfeldt, "Hermetica Philosophica," in *Catalogus Translationum*, ed. P. O. Kristeller, I, 147–148.]

IN ARISTOTELIS ETHICA NICOMACHEA INTRODUCTIO

XLIII. *Hec Ars Moralis cum singulos tum ciuitatem que ex singulis colligitur ad beatam vitam instruit, sequenda fugiendaque monstrat, virtus enim sequenda, vicium autem fugiendum, et Aristotelis philosophi moralia illustria claraque reddit* . . . , Paris, [Antoine Caillaut], 13 June 1494. 4°. [London, BM. *GW*. 9640; Goff F-13.]

XLIV. Paris, Guy Marchant for Denis Roce, 19 February 1499/1500. 4°. [London, BM. *GW*. 9641; Goff F-13a.]

XLV. *Compendiaria in Aristotelis ethicen introductio rei litterarie studiosis apprime vtilis,* Vienna, [Johann Winterburg], 1501. 4°. [London, BM. Paris, BN. Vienna. Panzer, IX, p. 1, no. 1.]

XLVI. *Ars moralis philosophie. In hoc opusculo continetur epitome moralis philosophie in ethicen Aristotelis introductoria,* [Deventer, Jakob von Breda, after 7 May 1502.] 4°. [London, BM. *GW*. 9642; Nijhoff-Kronenberg, no. 3012.]

XLVII. *Artificiosa Jacobi Fabri Stapulensis introductio per modum epitomatis in decem libros ethicorum Aristotelis,* Leipzig, Wolfgang Stoeckel, 1511. fol. [Oxford, Pembroke. Prague, Strahov. Panzer, VII, p. 172, no. 343.]

XLVIII. *Compendium philosophie Moralis ex Aristotelis Peripateticorum Principis Ethicorum atque Politicorum libris: per Jacobum Fabrum Stapulensem et breuiter et (vt illi moris est) eleganter contractum,* Vienna, Hieronymus Vietor and Joannes Singrenius for Leonhard and Lukas Alantsee, 1 December 1513. 4°. [Munich. Vienna. Panzer, IX, p. 19, no. 100.]

XLIX. *Iacobi Fabri Stapulensis Introductio in Ethicen Aristotelis,* Paris, [Henri Estienne] in alma Parisiorum achademia, 1519. 8°. [Cambridge.]

L. Paris, [Simon de Colines], 1527. 8°. [Paris, BN. Renouard, *Colines,* 97.]

LI. Paris, Prigent Calvarin, 1536. 8°. [Paris, BN.]

LII. Paris, [Simon de Colines], 1538. 8°. [Paris, BN.]

LIII. Paris, [Simon de Colines], 1543. 8°. [Edinburgh, National Library. Paris, BN.]

LIV. Louvain, Bartholomeus Gravius, 1549. 8°. [Oxford. Title page reads 1548; colophon 1549.]

LV. *Introdvctio Iacobi Fabri Stapulensis in ethicen Aristotelis, Ad Germanum Ganay. Dialogus Leonardi Aretini de moribus, ad Galeotum,* Paris, Thomas Richard, 1560. 4°. [Paris, BN.]

IN ARISTOTELIS ETHICA NICOMACHEA INTRODUCTIO
CUM CLICHTOVEI COMMENTARIO

LVI. *Artificialis introductio per modum Epitomatis in decem libros Ethicorum Aristotelis adiectis elucidata [Iudoci Clichtovei] commentariis,* Paris, Wolfgang Hopyl and Henri Estienne, 7 May 1502. fol. [Cambridge. Edinburgh, National Library. London, BM. Paris, Ste. Geneviève. Sélestat. Renouard, *Estienne,* 1; *B. Belg.* L 569.]

LVII. Venice, Iacobus Pentius, 14 October 1506. 4°. [Oxford, Bodleian and Pembroke. *B. Belg.* L 571.]

LVIII. *Artificialis introductio . . . adiectis elucidata commentarijs, qui post primam editionem nonnullis additis: accessionem crementumque hac in secunda recognitione ceperunt*, Paris, Henri Estienne, 23 February 1506/1507. fol. [Freiburg-im-Breisgau. Harvard. Oxford. Prague, Clementinum and Strahov. Princeton. Sélestat. University of Pennsylvania. Panzer, VII, p. 520, no. 173; Renouard, *Estienne*, 4; B. Belg. L 570.]

LIX. *Artificialis Introdvctio Iacobi Fabri Stapulensis: In Decem Ethicorum Libros Aristotelis: Adiuncto Familiari Commentario Ivdoci Clichtovei Declarata. Leonardi Aretini Dialogvs De Moribus.... Iacobi Fabri Stapulensis Introdvctio In Politicam. Xenophontis Dialogvs De Economia*, Strasbourg, Johannes Grüninger, March 1511. 4°. [Harvard. Prague, Clementinum and Strahov. University of Pennsylvania. *B. Belg.* L 572; Schmidt, I, no. 120; Ritter, II (2), p. 449, no. 831.]

LX. *Artificialis introductio per modum Epitomatis in decem libros Ethicorum Aristotelis*, Paris, Henri Estienne, 5 May 1512. fol. [Cambridge. Edinburgh, University. Oxford, Pembroke. Paris, Mazarine, Ste. Geneviève. Panzer, VII, p. 564, no. 552; Renouard, *Estienne*, 11; B. Belg. L 573.]

LXI. Paris, Ponset le Preux, 26 May 1514. fol. [Oxford. Rome, Vaticana. Washington, D.C., Catholic University. B. Belg. L 574.]

LXII. *Artificialis introductio... adiectis elucidata commentariis, qui post primam aeditionem nonnullis additis: accessionem crementumque hac in tertia recognitione ceperunt*, Paris, Henri Estienne, 10 February 1517/1518. fol. [Edinburgh, University. Oxford. Paris, BN., Université. Renouard, *Estienne*, 19; B. Belg. L 575.]

LXIII. *Moralis Iacobi Fabri Stapvlensis In Ethicen introductio, Ivdoci Clichtovei Neoportuensis familiari commentario elucidata*, Paris, Simon de Colines, August 1528. fol. [Oxford. Paris, Mazarine, Université. Rome, Vaticana. Renouard, *Colines*, 115–116.]

LXIV. Paris, Simon de Colines, January 1532/1533. fol. [Paris, BN. Renouard, *Colines*, 189.]

LXV. Paris, Simon de Colines, May 1537. fol. [Hartford, Conn., Hartford Seminary Foundation, Case Memorial Library. Harvard. Princeton. *B. Belg.* L 576; Renouard, *Colines*, 274.]

LXVI. Paris, Jean Petit, 1538. 8°. [Paris, Mazarine.]

LXVII. Freiburg-im-Breisgau, Ioannes Faber Emmeus Iuliacensis, January 1542. 8°. [Paris, BSHPF., Mazarine. Prague, Clementinum. *B. Belg.* L 577.]

LXVIII. Rennes, Marie Robin widow of Jacques Berthelot, 1542. 8°. [Paris, BN. Delisle, *Caen*, p. 210, no. 263 bis.]

LXVIIIa. *Lyons, Thibaud Payen, 1543. 8°. [Baudrier, IV, 229.]

LXIX. Paris, Simon de Colines, September 1545. fol. [Escorial. London, BM. Oxford, Pembroke. Paris, Mazarine. Renouard, *Colines*, 406.]

LXX. *Paris, Thomas Richard, 1559. [Clerval, p. xvj.]

BIBLIOGRAPHY

TEXTUS DE SPHERA IOANNIS DE SACROBOSCO
IACOBI FABRI STAPULENSIS COMMENTARIO ELUCIDATUS

LXXI. *Textus de Sphera Johannis de Sacrobosco Cum Additione (quantum necessarium est) adiecta: Nouo commentario nuper edito Ad vtilitatem studentium Philosophice Parisiensis Academie: illustratus,* Paris, [Johann Higman for] Wolfgang Hopyl, 12 February 1494/1495. fol. [Harvard. Huntington. New York, NYPL. Paris, BN. Hain-Copinger 14119; Klebs 874.18; Goff J-414.]

LXXII. *Sphera Mundi cum tribus Commentis nuper editis, videlicet Cicchi Esculani, Francisci Capuani de Manfredonia, Jacobi Fabri Stapulensis. Theoricae novae planetarum Georgii Purbachii et in eas Francisci Capuani de Manfredonia expositio,* Venice, Simone Bevilaqua, 23 October 1499. fol. [Boston Public Library. Cambridge, Trinity. Chicago, Newberry. Edinburgh, National Library. New York, NYPL. Oxford. Paris, BN. Rome, Vaticana. University of Illinois. Hain 14125; Klebs 874.26; Polain 2306; Riccardi, *Biblioteca mathematica italiana,* I (1), 238–239.]

LXXIII. *Textus de Sphera Johannis de Sacrobosco … Cum Compositione Anuli Astronomici Boni Latensis et Geometria Euclidis Megarensis,* Paris, Wolfgang Hopyl, 1 September 1500. fol. [Columbia. Huntington. New York, NYPL. Paris, BN. Sélestat. Polain 2307; *IGI.* 3780; Hain 14121; Klebs 874.29; Goff J-423.]

LXXIIIa. *Paris, Wolfgang Hopyl and Henri Estienne, 1503. fol. [Renouard, *Colines,* 435.]

LXXIV. Paris, Henri Estienne, 10 November 1507. fol. [Chicago, Newberry. Columbia. Edinburgh, National Library, University. London, BM. New York, NYPL. Paris, Université. Rome, Vaticana. Panzer, VII, p. 525, no. 212; Renouard, *Estienne,* 5.]

LXXV. *Nota eorum quae in hoc libro continentur. Oratio de laudibus astrologiae habita a Bartholomaeo Vespucio florentino in almo Patauii Gymnasio anno: M. d. vj. Textvs Sphaerae Ioannis De Sacro Bvsto … Iacobi fabri stapulensis Commentarii in eandem sphaeram …,* Venice, Giovanni and Bernardino Rosso of Vercelli for [Luc' Antonio] Giunta, 6 May 1508. fol. [Cambridge. Cornell. New York, NYPL. Oxford. Paris, Mazarine. Prague, Clementinum. Rome, Vaticana. Vienna. Panzer, XI, p. 518, no. 454; Riccardi, I (2), 444–446; Camerini, I (2), p. 539, no. 1.]

LXXVI. *Textus de Sphera,* Paris, Henri Estienne, 10 November 1511. fol. [Brown. Columbia. New York, NYPL. Vienna. Panzer, VII, p. 556, no. 473; Renouard, *Estienne,* 10.]

LXXVII. Paris, Henri Estienne, 10 May 1516. fol. [Harvard. New York, NYPL. Oxford. Paris, Université. Panzer, VIII, p. 32, no. 874; Renouard, *Estienne,* 19; Mortimer, II, no. 474.]

LXXVIII. *Sphera cum commentis … Jacobi Fabri Stapulensis …,* Venice, heirs of Bominus Octavianus Scotus, 19 January 1518. fol. [New York, NYPL. Paris,

BIBLIOGRAPHY

Université. Rome, Vaticana. Panzer, VIII, p. 451, no. 944; Riccardi, I (2), 447–449.]

LXXIX. *Sphera mundi nouiter recognita*, Venice, Luc' Antonio Giunta, 30 June 1518. fol. [New York, NYPL. Oxford. Paris, BN., Université. Vienna. Panzer, VIII, p. 451, no. 944; Riccardi, I (2) 447–450; Camerini, I (1), no. 210.]

LXXX. *Textus de Sphera*, Paris, Simon de Colines, 26 April 1521. fol. [Edinburgh, University. Paris, BN. Renouard, *Colines*, 22–24.]

LXXXI. Paris, Simon de Colines, 21 August 1527. fol. [Paris, BN. Renouard, *Colines*, 100.]

LXXXII. *Sphaerae Tractatvs. Ioannis De Sacro Bvsto Anglici Viri Clariss. Gerardi Cremonensis Theoricae Planetarum Veteres* ... *Iacobi fabri stapulensis paraphrases* & *annotationes* ..., Venice, Luc' Antonio Giunta, January–March 1531/1532. fol. [Oxford. Rome, Vaticana. Panzer, VIII, p. 521, no. 1581; Riccardi, I (2), 450–452; Camerini, I (1), no. 348.]

LXXXIII. *Textus de Sphera*, Paris, Simon de Colines, 4 February 1531/1532. fol. [Harvard. New York, NYPL. Renouard, *Colines*, 184; Mortimer, II, no. 475.]

LXXXIV. Paris, Simon de Colines, 7 November 1534. fol. [New York, NYPL. Renouard, *Colines*, 236.]

LXXXV. Paris, Simon de Colines, 13 March 1538. fol. [Oxford. Renouard, *Colines*, 295.]

OPUSCULA MATHEMATICA

LXXXVI. *In hoc opere contenta. Arithmetica decem libris demonstrata. Musica libris demonstrata quattuor. Epitome in libros arithmeticos diui Seuerini Boetij. Rithmimachie ludus qui et pugna numerorum appellatur*, Paris, Johann Higman and Wolfgang Hopyl, 22 July 1496. fol. [Columbia. Harvard. New York, Morgan, NYPL. Oxford. Paris, BN. Sélestat. University of Illinois. Hain 9436; Proctor 8137; Polain 2323; *IGI*. 3781; Goff J-472; Klebs 563.1.]

LXXXVII. Paris, Henri Estienne, 7 September 1514. fol. [Columbia. Harvard. New York, NYPL. Oxford. Princeton, Institute for Advanced Study and University. Vienna. Panzer, VIII, p. 15, no. 725; Renouard, *Estienne*, 16; Smith, *Rara Arithmetica*, 65.]

LXXXVIII. *In hoc libro contenta. Epitome compendiosaque introductio in libros Arithmeticos diui Seuerini Boetij: adiecto familiari commentario [Iudoci Clichtovei] dilucidata. [Iudoci Clichtovei] Praxis numerandi certis quibusdam regulis constricta. [Caroli Bovilli] Introductio in Geometriam breuiusculis annotationibus explanata: sex libris distincta.... [Bovilli] Liber de quadratura circuli. [Bovilli] Liber de cubicatione sphere. [Bovilli] Perspectiua introductio. Insuper Astronomicon*, Paris, Wolfang Hopyl and Henri Estienne, 27 June 1503. fol. [Columbia. Edinburgh, National Library. Harvard. Oxford. Paris, BN., Mazarine. Prague, Clementinum. Sélestat. Yale. Renouard, *Estienne*, 1; Panzer, VII, p. 505, no. 44; *B. Belg*. L 578; Smith, *Rara Arithmetica*, 29–30, 80–81.]

LXXXIX. *Introductio Jacobi fabri Stapulensis in Arithmecam* [sic] *Diui Seuerini Boetij pariter et Jordani. Ars supputandi tam per calculos quam per notas arithmeticas suis quidem regulis eleganter expressa Judoci Clichtouei Neoportuensis. Questio haud indigna de numerorum et per digitos et per articulos finita progressione ex Aurelio Augustino. Epitome rerum geometricarum ex Geometrico introductorio Caroli Bouilli. De quadratura Circuli Demonstratio ex Campano*, [Deventer, R. Pafraet, after 30 May 1507.] 4°. Edited by Ioannes Caesarius. [Cambridge. Columbia. Freiburg-im-Breisgau. London, BM. Rome, Vaticana. Vienna. *B. Belg.* L 579; Smith, *Rara Arithmetica*, 81.]

XC. *Cologne, 30 May 1513. 4°. [Panzer, VI, p. 373, no. 235.]

XCI. *Margarita Philosophica, Rationalis, Moralis philosophiae principia, duodecim libris dialogice complectens, olim ab ipso autore recognita: nuper autem ab Orontio Fineo Delphinate castigata et aucta, una cum appendicibus itidem emendatis, & quam plurimis additionibus & figuris, ab eodem insignitis. Quorum omnium copiosus index, uersa continetur pagella*, Basel, Henricus Petrus for Conrad Resch, 1535. 4° [Edited by Oronce Finé, who added no. LXXXIX in its entirety as an appendix to book IV. Columbia. London, BM. New York, NYPL. Panzer, VI, p. 308, no. 1033; Joseph Sabin, *A Dictionary of Books Relating to America from Its Discovery to the Present Time*, XVI, ed. W. Eames (New York, 1886), 514–515; Smith, *Rara Arithmetica*, 84.]

XCII. *Margarita Philosophica, hoc est, Habituum, seu disciplinarum omnium quotquot Philosophiae syncerioris ambitu continentur kuklopaedeia, nunc vero innumeris in locis restituta ... ab Orontio Finaeo locupleta ...*, Basel, Henricus Petrus, 1583. 4°. [London, BM. New York, NYPL. Sabin, p. 515.]

XCIII. *Margarita Filosofica del R.P.F. Gregorio Reisch ... Accresciuta di molte belle dottrine da Orontio Fineo Matematico Regio. Di novo tradotta in italiano da Gio. Paolo Gallucci ...*, Venice, Barezzo Barezzi e Compagni, 1599. 4°. [Riccardi, I (1), 571.]

XCIV. Venice, Iacomo Antonio Somascho, 1599. 4°. [Cornell. London, BM. New York, NYPL. Sabin, p. 515.]

XCV. Venice, Iacomo Antonio Somascho, 1600. 4°. [New York, NYPL. Riccardi, I (1), 572.]

XCVI. *In hoc libro contenta. Epitome compendiosaque introductio in libros Arithmeticos diui Seuerini Boetij: adiecto familiari commentario dilucidata ...*, Paris, Henri Estienne, 15 March 1510/1511. fol. [Boston, Public Library. Cambridge, Trinity. Columbia. Edinburgh, University. Harvard. New York, NYPL. Oxford. Paris, BN. Yale. Although the title page reproduces that of no. LXXXVIII above, the volume contains only the first two items. Panzer, p. 547, no. 402; *B. Belg.* L 580; Renouard, *Estienne*, 8; Smith, *Rara Arithmetica*, 80.]

XCVII. *In Hoc Libro Contenta. Epitome, Compendiosaqve Introdvctio In Libros Arithmeticos diui Seuerini Boetij: adiecto familiari commentario dilucidata. Praxis numerandi, certis quibusdam regulis constricta. Editio secvnda,*

Paris, Simon de Colines, 12 June 1522. fol. [Columbia. Oxford. Paris, Arsenal, BN. *B. Belg.* L 581; Renouard, *Colines*, 38–39.]

IN ARITHMETICA BOETII EPITOME

XCVIIa. **In Hoc Libro continentur Epitome compendiosaque introductio in libros Arithmeticos diui Severini Boetii*, Paris, Wolfgang Hopyl, 1 September 1500. fol. [Henri Stein, *L'Atelier typographique de Wolfgang Hopyl à Paris*, Ghent, 1891, p. 18, no. 10. Probably a confusion with no. LXXIII.]

XCVIIb. *Arithmetica Specvlativa Boetij per Iacobum Fabrum Stapulensem in compendium redacta. Arithmetica Practica Christierni Morssiani in quinque partes digesta...*, Basel, Henricus Petrus, August 1533. 8°. [Cambridge, Trinity.]

XCVIII. Basel, Henricus Petrus, March 1536. 8°. [Columbia. Freiburg-im-Breisgau. Munich. Paris, Mazarine. Prague, Clementinum. Vienna. Panzer, VI, p. 314, no. 1078.]

XCIX. *Epitome I. Fab. Stapulensis In Arithmeticam D. S. Boetii, vna cvm I. Clichtovei De praxi numerorum compendio*, Paris, Prigent Calvarin, 1541. 4°. [Paris, Mazarine.]

C. *Arithmetica Specvlativa Boetii, per Iacobvm Fabrvm Stapvlensem in compendium redacta*, Paris, Martinus Iuvenis, 1549. 8°. [Paris, BN.]

CI. Paris, Martinus Iuvenis, 1553. 8°. [Paris, BN.]

CII. *Iacobi Fabri Stapulensis in Arithmetica Boethi epitome, una cum difficiliorum locorum explicationibus & figuris (quibus antea carebat) nunc per Ioannem Scheubelium adornatis et adiectis. Accessit Christerni Morsiani Arithmetica practica...*, Basel, Henricus Petrus, August 1553. 8°. [Cambridge, Trinity. Copenhagen. Freiburg-im-Breisgau. Harvard. Munich. Uppsala.]

MUSICA LIBRIS QUATTUOR DEMONSTRATA

CIII. *Musica libris quattuor demonstrata*, in *Cursus quattuor mathematicarum artium liberalium quas recollegit atque correxit magister Petrus Ciruelus Darocensis theologus simul & philosophus*, [Alcalá, Guillem de Brocar], 1516. fol. [London, BM. Oxford. Fernández, *Impresos de Alcalá en la Biblioteca del Escorial*, no. 7.]

CIV. [Alcalá, Miguel de Eguía], 1528. fol. [London, BM. Fernández, nos. 25 and 31. Colophon reads 1528; title page 1526.]

CV. *Iacobi Fabri Musica libris quatuor demonstrata*, Paris, Guillaume Cavellat, 1551. 8°. [Boston, Public Library. Cambridge. Chicago, Newberry. Cornell. Edinburgh, National Library, University. Munich. Oxford. Paris, BN. Prague, Clementinum. Rome, Vaticana. Vienna.]

CVI. Paris, Guillaume Cavellat, 1552. 8°. [Cambridge. Paris, BN. Yale.]

ASTRONOMICON

CVII. *Theoricarum nouarum Textus Georgii Purbachij cum vtili ac preclaris-sima expositione Domini Francisci Capuani de Manfredonia. Item in easdem Reuerendi patris fratris Syluestri de Prierio perfamiliaris commentatio. Insuper Jacobi Fabri Stapulensis astronomicum,* Paris, Michel Lesclencher for Jean Petit and Regnault Chaudière, 19 January 1515/1516. fol. [Edinburgh, University. Freiburg-im-Breisgau. Harvard. London, BM. Paris, Mazarine. Prague, Strahov. Rome, Angelica, Vaticana. Vienna. Panzer, VIII, p. 23, no. 796; Mortimer, II, no. 432.]

CVIII. *Opus nouum astronomicum Jacobi Fabri Stapulensis cum lucidissima explanatione Christiani Sculpini Gangeltensis bonarum artium magistri & as-tronomiam in alma vniuersitate Coloniensi ad studiosorum omnium vtilitatem profitentis,* Cologne, in domo Quentel, 1516. 4°. [London, BM. New York, NYPL. Vienna.]

CIX. *In Hoc Libro Continentur. Introductorium astronomicum, theorias copo-rum* [sic] *coelestium duobus libris complectens: adiecto* [*Iudoci Clichtovei*] *commentario declaratum,* Paris, Henri Estienne, 9 December 1517. fol. [Cambridge, Emmanuel. Columbia. Edinburgh, University. Freiburg-im-Breisgau. Harvard. Lisbon. London, BM. Munich. Oxford. Paris, BN. Prague, Clementinum. Rome, Angelica. Vienna. Panzer, VIII, p. 40, no. 945; Renouard, *Estienne,* 20.]

RITHMIMACHIAE LUDUS

CX. *Nobilissimvs et antiqvissimus ludus Pythagoreus* (*qui Rythmomachia no-minatur*) *in vtilitatem & relaxationem studiosorum comparatus ad veram & facilem proprietatem & rationem numerorum assequendam, nunc tandem per Claudium Buxerium Delphinatem illustratus,* Paris, Guillaume Cavellat, 1556. 8°. [Paris, BN. L.'s *Rithmimachia,* ff. 49v–52r. Smith, *Rara Arithmetica,* p. 63 mentions an edition at Erfurt, 1577, 4°.]

INTRODUCTIONES LOGICALES

CXI. *In hoc opusculo he continentur introductiones. In suppositiones. In pre-dicabilia. In diuisiones. In predicamenta. In librum de enunciatione. In primum priorum. In secundum priorum. In libros posteriorum. In locos dialecticos. In fallacias. In obligationes. In insolubilia,* [Paris, Guy Marchant], 24 October 1496. 4°. [Chicago, Newberry. *GW.* 9643; Goff F-15.]

CXII. Paris, Guy Marchant, 12 October 1497. 4°. [University of Illinois. University of Pennsylvania. Goff F-16.]

CXIII. [Lyons, Guillaume Balsarin, c. 1498.] 4° [Freiburg-im-Breisgau. *GW.* 9644; *IGI.* 3782; Goff F-17.]

CXIV. Freiburg-im-Breisgau, [Friedrich Riederer], 12 January 1500. 4°. [*GW.* 9645; Polain 1459; *B. Belg.* L 561.]

CXV. *In hoc opusculo he continentur introductiones. In suppositiones...*, Paris, Johann Higman and Wolfgang Hopyl, 27 April 1500. 4°. [Paris, BN., BSHPF. *GW*. 9646; *IGI*. 3783; *B. Belg.* L 560.]

CXVI. **In hoc opusculo continentur introductiones. [Iudoci Clichtovei] In terminos. In artium diuisionem. [Iacobi Fabri Stapulensis] In suppositiones...*, Paris, Henri Estienne, 5 January 1505/1506. 4°. [*B. Belg.* C 375.]

CXVII. Paris, Henri Estienne, 15 January 1505/1506. 4°. [Paris, BN. Sélestat. *B. Belg.* C 376.]

CXVIII. Paris, Henri Estienne, 10 July 1513. 4°. [Freiburg-im-Breisgau. Renouard, *Estienne*, 15; B. Belg. C 377.]

CXIX. Strasbourg, Johann Knoblouch, 21 November 1516. 8°. [Freiburg-im-Breisgau. Munich. *B. Belg.* C 378; Ritter, IV, p. 120, no. 1400.]

CXX. Paris, Henri Estienne, 30 April 1517. 4°. [Paris, BN. Seville, Colombina. *B. Belg.* C 379.]

CXXI. **Rouen, Pierre Olivier for Pierre Regnault in Caen and François Regnault in Paris, 1518. 8°. [Panzer, VIII, p. 285, no. 20; Delisle, *Caen*, I, no.

CXXII. Paris, Henri Estienne, 24 July 1520. 4°. [London, BM. Panzer, VIII, p. 63, no. 1170; Renouard, *Estienne*, 22.]

CXXIII. Paris, Simon de Colines, 31 October 1526. 8°. [Paris, BN. Yale. *B. Belg.* C 380; Renouard, *Colines*, 81.]

CXXIV. **Paris, (without name of publisher), 1528. 8°. [*B. Belg.* C 381.]

CXXV. Paris, Simon de Colines, 30 September 1530. 8°. [*B. Belg.* C 382; Renouard, *Colines*, 151–152.]

CXXVI. Paris, Simon de Colines, 31 January 1533/1534. 8°. [Paris, Ste. Geneviève. *B. Belg.* C 383; Renouard, *Colines*, 209.]

CXXVII. Paris, Michel Vascosan for Pierre Gaudoul, 1534. 8°. [Vienna. *B. Belg.* C 384.]

CXXVIII. Paris, Simon de Colines, 4 October 1535. 8°. [London, BM. *B. Belg.* C 385; Renouard, *Colines*, 244–245.]

CXXIX. Lyons, heirs of Simon Vincent, 1535. 8°. [*B. Belg.* C 386.]

CXXX. Paris, Prigent Calvarin, 1536. 8°. [*B. Belg.* C 387.]

CXXXI. Paris, Jean Petit, 1537. 8°. [*B. Belg.* C 388.]

CXXXII. Lyons, heirs of Simon Vincent, 1538. 8°. [Paris, Mazarine.]

CXXXIII. Lyons, Denis de Harsy for the heirs of Simon Vincent, 1540. 8°. [Munich. Vienna. *B. Belg.* C 389.]

CXXXIV. Lyons, Jacopo Giunta, 1545. 8°. [Cambridge. Paris, BSHPF. Baudrier, VI, 212.]

CXXXV. Paris, Thomas Anguelart for Ponset le Preux, s.a. 4°. [Paris, Mazarine. *B. Belg.* C 390.]

CXXXVI. **s'Hertogenbosch, fratres S. Gregorii, s.a. 4°. [Nijhoff-Kronenberg, no. 3014.]

ARS SUPPOSITIONUM CUM CAROLI BOVILLI
ADNOTATIONIBUS

CXXXVII. *Ars suppositionum Jacobi fabri stapulensis adiectis passim Caroli bouilli viromandui annotationibus*, Paris, Félix Baligault for Jean Petit, 27 June 1500. 4°. [Paris, BN. *GW*. 9647.]

DECEM LIBRORUM ETHICORUM AD NICOMACHUM
ARISTOTELIS TRES CONVERSIONES CUM FABRI COMMENTARIO

CXXXVIII. *Decem librorum Moralium Aristotelis, tres conuersiones: Prima Argyropili Byzantij, secunda Leonardi Aretini, tertia vero Antiqua per Capita et numeros conciliate: communi, familiarique commentario ad Argyropilum adiecto*, Paris, Johann Higman and Wolfgang Hopyl, 12 April 1497. fol. [Chicago, Newberry. Harvard. New York, Morgan. Prague, Strahov. University of Pennsylvania. *GW*. 2359; *IGI*. 824; *DK*. 6.6572; Goff A-991.]

CXXXIX. *Decem librorum Moralium Aristotelis, Tres conuersiones ... Ex secunda recognitione*, Paris, Henri Estienne, 5 August 1505. fol. [Edinburgh, National Library. Oxford, Pembroke. Prague, Clementinum, Strahov. Princeton. Sélestat. Renouard, *Estienne*, 3; *DK*. 6.6578; Legrand, III, p. 154, no. 129.]

CXL. Paris, Henri Estienne, 10 December 1510. fol. [Cambridge. Edinburgh, University. Freiburg-im-Breisgau. London, BM. Paris, Ste. Geneviève. *DK*. 6.6581; Panzer, VII, p. 547, no. 401; Renouard, *Estienne*, 7; Legrand, III, p. 172, no. 147.]

CXLI. Paris, Henri Estienne, 10 April 1516. fol. [Cambridge. Chicago, Newberry. Columbia. Freiburg-im-Breisgau. Oxford. Paris, Mazarine, Université. *DK*. 6.6585; Panzer, VIII, p. 32, no. 873; Renouard, *Estienne*, 18; Legrand, III, p. 213, no. 178.]

CXLII. Paris, Simon de Colines, 3 July 1528. fol. [Edinburgh, University. Harvard. Paris, Université. Rome, Vaticana. *DK*. 6.6589; Legrand, III, p. 320, no. 295; Renouard, *Colines*, 77–78, 93–94.]

CXLIII. Paris, Simon de Colines, 1 October 1535. fol. [Paris, BSHPF. *DK*. 6.6592; Renouard, *Colines*, 239–240.]

CXLIV. Freiburg-im-Breisgau, Ioannes Faber Emmeus Iuliacensis, 1541. fol. [Freiburg-im-Breisgau. *DK*. 6.6597.]

CXLV. Paris, Simon de Colines, 1 November 1542. fol. [Chicago, Newberry. Oxford, Pembroke. Paris, Mazarine. University of Illinois. University of Pennsylvania. *DK*. 6.6602; Renouard, *Colines*, 352–353.]

IN ARISTOTELIS LIBROS ETHICORUM AD
NICOMACHUM COMMENTARIUS

CXLVI. *Liber ethicorum Aristotelis Johanne Argyropilo Byzantio traductore, adiecto familiari Jacobi Fabri stapulensis commentario*, Paris, Jean Granjon, 1504. 4°. [Cambridge. Freiburg-im-Breisgau. Oxford, Pembroke. *DK*. 6.6577; Panzer, VII, p. 510, no. 90; Legrand, III, p. 150, no. 123.]

BIBLIOGRAPHY

CXLVII. *Decem Libri Ethicorvm Aristotelis ad Nicomachum ex traductione loannis Argyropili Bizantij: communi familiarique Iacobi Fabri Stapulensis commentario elucidati, et singulorum capitum argumentis prenotati,* Paris, Henri Estienne, 31 October 1514. 8°. [Chicago, Newberry. Oxford, Pembroke. Vienna. Yale. *DK.* 6.6584; Renouard, *Estienne,* 15; Panzer, VIII, p. 15, no. 726; Legrand, III, p. 192, no. 164.]

CXLVIII. *Decem libri Ethicorum Aristotelis ad Nicomachum . . . Adiectus Leonardi Aretini de moribus Dialogus ad Galeotum, Dialogo paruorum moralium Aristotelis ad Eudemium fere respondens,* Paris, Simon de Colines, 8 April 1522. 8°. [Cambridge. Paris, BSHPF. Renouard, *Colines,* 29; Legrand, III, p. 275, no. 244.]

CXLIX. Paris, Simon de Colines, 1530. 8°. [Paris, BN. Renouard, *Colines,* 148.]

CL. *Ethicorum Aristotelis Philosophi Clarissimi libri decem ad Nicomachum, ex traductione diligentissimi ac eruditissimi viri Argyropili Byzantij: familiarique necnon admodum copioso Iacobi Fabri Stapulensis Commentario elucidati . . . ,* Lyons, Benoît Bonyn for Jacopo Giunta, 1535. 8°. [Freiburg-im-Breisgau. Munich. Oxford. Paris, BN., Mazarine. Rome, Vaticana. University of Pennsylvania. Legrand, III, p. 358, no. 346.]

CLI. *Ethicorvm Aristotelis ad Nicomachum libri decem, Argyropilo Bizantio interprete. Iacobi Fabri Stapulensis Annotationibus . . . ,* Lyons, Melchior and Gaspar Trechsel for the heirs of Simon Vincent, 1535. 8°. [Paris, BSHPF., Mazarine. *DK.* 6.6591; Legrand, III, p. 359, no. 347.]

CLII. *Decem libri Ethicorvm Aristotelis ad Nicomachum . . . communi familiarique Iacobi Fabri Stapulensis commentario elucidati . . . ,* Paris, Jacques Kerver, 1539. 8°. [Vienna. *DK.* 6.6594.]

CLIII. *Ethicorvm Aristotelis ad Nicomachum Libri Decem Ioanne Argyropilo Byzantio interprete,* Lyons, Sulpice Sabon for Antoine Vincent, 1543. 8°. [Munich. *DK.* 6.6603.]

ARISTOTELIS MAGNA MORALIA

CLIV. *In Hoc Libro Contenta. Opvs Magnorum Moralium Aristotelis, duos libros complectens: Girardo Ruffo Vaccariensi interprete. Eidem noue traductioni e graeco in latinum, adiectus ad literam commentarius: cum annotationibus obscuros locos explanantibus. Altera eiusdem operis magnorum moralium interpretatio, per Georgium Vallam Placentinum iampridem elaborata:* & [*Iacobi Fabri Stapulensis*] *breuiusculis annotationibus explicata,* Paris, Simon de Colines, 20 September 1522. [Cambridge. Edinburgh, University. Oxford, Bodleian, Pembroke. Paris, BSHPF. *DK.* 6.6479; Renouard, *Colines,* 30–31.]

S. DIONYSII AREOPAGITAE OPERA OMNIA CUM
IACOBI FABRI SCHOLIIS

CLV. *Theologia viuificans. Cibus solidus. Dionysii Celestis hierarchia. Eccle-*

siastica hierarchia. Diuina nomina. Mystica theologia. Undecim epistole. Ignatii Undecim epistole. Polycarpi Epistola vna, Paris, Johann Higman and Wolfgang Hopyl, 6 February 1498/1499. fol. [Columbia. *GW.* 8409; Goff D-240; *Dionysiaca*, p. xxiii, no. 6.]

CLVI. Strasbourg, [Georg Husner], 28 April 1502. fol. [Lisbon. Paris, BN. *Dionysiaca*, p. xxiii, no. 9.]

CLVII. Venice, Giovanni da Cerreto called Tacuino, 21 November 1502. fol. [Boston, Public Library. Harvard. Yale. Panzer, VIII, p. 353, no. 117; *Dionysiaca*, p. xxiv, no. 11.]

CLVIII. *Opera Dionysii Veteris et nove translationis, etiam novissime ipsius Marsilii ficini cum commentarijs Hugonis, Alberti, Thome, Ambrosii oratoris, Linconiensis, et Vercellensis*, Strasbourg, [Georg Husner], 25 January 1503, Part II. fol. [Cambridge. Harvard. London, BM. Paris, BN. Ritter, II (1), p. 435, no. 655; *Dionysiaca*, p. xxiv, no. 12.]

CLIX. *Theologia viuificans. Cibus solidus ... Haec secundaria est et castigatissima ex officina aemissio*, Paris, Henri Estienne, 14 April 1515. fol. [Cambridge. Columbia. London, BM. Oxford. Paris, Mazarine. Rome, Angelica, Vaticana. Panzer, VIII, p. 24, no. 801; Renouard, *Estienne*, 16; *B. Belg.* D 192; *Dionysiaca*, p. xxv, no. 19.]

CLX. *D. Dionysii Carthvsiani Ervditissima simvl et vtilissima svper omnes S. Dionysii Areopagitae libros commentaria ... Praeter haec adest his quadruplex operum sanctissimi martyris e graeco in latinum translatio ... Tertia, Ambrosii abbatis Camaldulensis ...*, Cologne, Peter Quentel, 1536. fol. [London, BM. New York, Union Theological Seminary. Oxford. Panzer, VI, p. 434, no. 801; *Dionysiaca*, p. xxviii, no. 30.]

CLXI. *D. Dionysii Areopagitae Martyris Athenarvm Antistitis, Galliarvm Apostoli, Sacriqve Doctoris. De coelesti Hierarchia ...*, Alcalá, Ioannes Brocarius, 14 March 1541. 8°. [London, BM. Fernández, *Impresos de Alcalá en la Biblioteca del Escorial*, no. 57; *Dionysiaca*, p. xxx, no. 36.]

CLXII. *Paris, 1542. (Clerval, p. xxij; Massaut, I, 40.)

CLXIII. *S. Dionysii Areopagitae Martyris Inclyti, Athenarvm Episcopi, et Galliarvm Apostoli Opera*, Venice, ad signum Spei, 1546. 8°. [Paris, BN. *Dionysiaca*, p. xxxii, no. 44.]

CLXIV. *S. Dionysii Areopagitae Martyris Inclyti, Athenarum Episcopi Et Galliarum Apostoli Opera. Translatio noua Ambrosij Florentini philosophi, rhetoris & theologi luculentissimi, Abbatisque generalis ordinis camaldulensis*, Paris, Annetus Briere for Ponset le Preux, 1555. 8°. [Freiburg-im-Breisgau. Harvard. *Dionysiaca*, p. xxxiii, no. 52.]

CLXV. *S. Dionysii Areopagitae Martyris, Episcopi Athenien. et Gallorvm Apostoli, Opera (quae quidem extant) omnia, Quintuplici translatione versa, et Commentarijs D. Dionysii A Rikel Carthvsiani*, Cologne, heirs of Johann Quentel, 30 December 1555–January 1556. fol. [Cambridge. London, BM. New York, Union Theological Seminary. Paris, BN. *Dionysiaca*, p. xxiv, no. 53.]

BIBLIOGRAPHY

CLXVI. *D. Dionysii Areopagitae. Coelestis Hierarchia . . . Cum Scolijs Iacobi Fabri Stapulensis. Theologia uiuificans. Cibus solidus*, Venice, ad signum Spei, 1556. 8°. [Paris, BN. Rome, Vaticana. *Dionysiaca*, p. xxxiv, no. 55.]

CLXVII. *Dionysiaca. Recueil donnant l'ensemble des traductions latines des ouvrages attribués au Denys de l'Aréopage*, 2 vols. (Bruges, 1937–1950).

IGNATII ET POLYCARPI EPISTOLAE

CLXVIII. *Epistole Sanctissimorum sequenti Codice contentae. Diui Patris Antonii magni Epistolae. VII. Cum explanationibus domini Symphoriani Champerii Appositis. Antoniorum Catalogus. Diui Ignatii Antiocheni episcopi Epistolae. XV. Diuae Virginis Mariae ad Ignatium Epistola. I. Diui Polycarpi ad Philippenses Epistola. I. Diui Dionysii ad Polycarpum Epistola. I. Eiusdem ad diuum Ioannem euangelistam Epistola. I. Abagari regis Edessenorum ad Christum Epistola. I. Iesu Christi domini nostri ad Abagarum Epistola. I.*, Paris, Badius Ascensius, 12 March 1516. 4°. [Paris, BN. Allut, p. 179; Renouard, *Badius*, II, 273.]

CLXIX. *Gloriosi Christi Martyris Ignatii Antiocheni antistitis, Epistolae Undecim. Item una beati Polycarpi martyris epistola, cum argumento Iacobi Fabri Stapulensis in easdem*, Basel, Adam Petri, August 1520. 4°. [Cambridge. Harvard. London, BM. Oxford. Paris, BN., Mazarine. Rome, Angelica. Panzer, VI, p. 221, no. 352.]

CLXX. Strasbourg, Johann Knoblouch, 1527. 8°. [Cambridge. Harvard. Panzer, VI, p. 112, no. 754; Schmidt, VII, nos. 318 and 319; Ritter, II (2), p. 834, no. 1242.]

CLXXI. *Deventer, Alb. Pafraet, 1529. 8°. [Nijhoff-Kronenberg, no. 1159.]

CLXXII. Venice, Stephanus Sabiensis, March 1537. 16°. [Yale.]

CLXXIII. *Epistolae D. Ignatii, Polycarpi, Martialis, Dionysii, Antonii Magni, uetustissimorum scriptorum, qui aut Apostolis, aut Apostolorum Discipulis usi sunt doctoribus, quae praeterquam quod natiuum illum Scripturae spiritum referunt, suppullulantis quoque eo tempore Ecclesiae faciem, atque res gestas mira breuitate continent*, Antwerp, Joannes Grapheus for Joannes Steels, 1540. 8°. [Paris, BN. Nijhoff-Kronenberg, no. 1160.]

CLXXIV. Venice, ad signum Spei, 1546. 8°. [Cambridge. Paris, BN.]

RAYMUNDI LULII OPERA QUAEDAM

CLXXV. *Hic continentur libri Remundi pij eremite. Primo. Liber de laudibus beatissime virginis marie: qui et ars intentionum Apellari potest. Secundo. Libellus de natali pueri paruuli. Tertio. Clericus Remundi. Quarto. Phantasticus Remundi*, Paris, Guy Marchant for himself and Jean Petit, 6 April 1499. fol. [Barcelona. Harvard. Paris, BN. Copinger-Reichling 3686; Polain 3310; Rogent-Duràn, pp. 20–22, no. 24; Goff L 390.]

CLXXVI. Paris, Guy Marchant for Jean Petit, 10 April 1499. fol. [Chicago,

BIBLIOGRAPHY

Newberry. New York, NYPL. Paris, BN. Hain-Copinger 10327*; Polain 3310A; Rogent-Duràn, pp. 22–23, no. 25; Goff L-391.]

CLXXVII. *Artificivm Sive Ars Brevis D. Raymvndi Lvlii Ad Absolvendam Omnium Artium Encyclopediam*, Barcelona, Claudius Bornat, 1565. 8°. [Rogent-Duràn, p. 89, no. 102.]

ARISTOTELIS LIBRI LOGICORUM

CLXXVIII. *Libri Logicorvm Ad archetypos recogniti, cum nouis ad litteram commentarijs...*, Paris, Wolfgang Hopyl and Henri Estienne, 17 October 1503. fol. [Oxford. Paris, BN., BSHPF. DK. 6.6925. Panzer, VII, p. 505, no. 45; Renouard, *Estienne*, 2.]

CLXXIX. *Libri Logicorum In Officina Henrici S. Secvnda Recognitione*, Paris, Henri Estienne, 4 April 1510/1511. fol. [Oxford. Paris, BN. University of Pennsylvania. DK. 6.6926. Panzer, VII, p. 547, no. 397; Renouard, *Estienne*, 7.]

CLXXX. *Logica Aristotelis Ex Tertia Recognitione*, Paris, Henri Estienne and Simon de Colines, 7 March 1520/1521. fol. [Harvard. Lisbon. Oxford. Princeton. Rome, Vaticana. Renouard, *Colines*, 1–2; Mortimer, I, no. 40.]

CLXXXI. *Iacobi Fabri Stapvlensis Peripateticae disciplinae indagatoris solertissimi, in libros logices, Paraphrasis. Libri Logicorvm ad archetypos recogniti, cum nouis ad literam commentarijs...*, Paris, Pierre Vidoue for François Regnault, 10 May 1525. fol. [Freiburg-im-Breisgau. Rome, Vaticana.]

CLXXXII. Paris, Pierre Vidoue, 1531. fol. [Oxford. DK. 6.6928.]

CLXXXIII. Paris, Simon de Colines, August 1531. fol. [University of Pennsylvania. Renouard, *Colines*, 171–172.]

CLXXXIV. *Paris, Jean Petit, 1536. fol. [DK. 6.6929.]

CLXXXV. Paris, Simon de Colines, October 1537. fol. [Paris, BN. Yale. Renouard, *Colines*, 273–274.]

CLXXXVI. Paris, Simon de Colines, August 1543. fol. [Oxford. Paris, Arsenal. Renouard, *Colines*, 368–369.]

CLXXXVII. *Textus veteris artis, scilicet Isagogarum Porphirij predicamentorum Aristotelis simul cum duobus libris perihermenias eiusdem emendate impressum ad exemplar Jacobi Stapulensis rite capitulis distinctum*, Cracow, Johann Haller, 28 January 1510. 4°. [Wierzbowski, I, p. 5, no. 14; Estreicher, XVI, 151.]

CLXXXVIII. *Cracow, Johann Haller, 20 May 1516. 4°. [Wierzbowski, I, p. 9, no. 36; Estreicher, p. 151.]

CLXXXIX. *Cracow, Hieronymus Vietor for Marcus Scharffenberg, 1522. 4°. [Wierzbowski, III, p. 26, no. 2101; Estreicher XVI, 151. Cf. Wierzbowski, I, p. 13, no. 58.]

CXC. *Priorum analeticorum Aristotelis philosophorum principis libri duo castigate. Jmpressi secundum exemplar Jacobi Stapulensis*, Cracow, Johann Haller, 18 April 1510. 4°. [Wierzbowski, II, p. 14, no. 860.]

CXCI. *Cracow, Johann Haller, 1518. 4°. [Wierzbowski, II, p. 29, no. 936. DK. 6.6116.]

CXCII. *Dominici Bonfilii ... commentaria in quatuor volumina topicorum Aristotelis cum novo textu Ia. Fabri*, Bologna, 1531. fol. [Paris, Mazarine.]

PALLADII HISTORIA LAUSIACA

CXCIII. *Pro Piorvm Recreatione: Et In Hoc Opere Contenta. Epistola ante indicem. Index contentorum. Ad lectores. Paradysus Heraclidis. Epistola Clementis. Recognitiones Petri apostoli. Complementum epistole Clementis. Epistola Anacleti*, Paris, Guy Marchant for Jean Petit, 13 July 1504. fol. [Paris, BN., Mazarine. Rome, Angelica, Vaticana. Sélestat. Panzer, VII, p. 510, no. 85; Walter, no. 1486.]

ONOSANDRI DE OPTIMO IMPERATORE OPUSCULUM

CXCIV. *Onosandri viri Clarissimi ad Q. Verannium de optimo imperatore eiusque officio Opusculum plane diuinum*, Paris, Badius Ascensius, 23 December 1504. 8°. [Cambridge. London, BM. Oxford. Renouard, *Badius*, III, 94; Legrand, III, p. 151, no. 125.]

RAYMUNDI LULII PRIMUM VOLUMEN CONTEMPLATIONUM

CXCV. *Contenta. Primum volumen Contemplationum Remundi duos libros continens. Libellus Blaquerne de amico et amato*, Paris, Guy Marchant for Jean Petit, 10 December 1505. fol. [Cambridge. Chicago, Newberry. London, BM. New York, NYPL. Oxford. Paris, BN. Panzer, VII, p. 514, no. 121; Rogent-Duràn, pp. 32–33, no. 35.]

ARISTOTELIS POLITICA ET OECONOMICA
ET IACOBI FABRI STAPULENSIS HECATONOMIA

CXCVI. *Contenta. Politicorum libri Octo. Commentarij. Economicorum Duo. Commentarij. Hecatonomiarum Septem. Economiarum publ. Vnus. Explanationis Leonardi in oeconomica Duo*, Paris, Henri Estienne, 5 August 1506. fol. [Edinburgh, National Library. London, BM. Oxford. Paris, Arsenal, BN., Mazarine. Prague, Clementinum, Strahov. Princeton. Sélestat. DK. 6.7126; Panzer, VII, p. 520, no. 174; Renouard, *Estienne*, 4; Walter, no. 669.]

CXCVII. *Contenta... Hec secvndaria est et castigatissima ex officina emissio ...*, Paris, Henri Estienne, 31 March 1511/1512. fol. [The title page is dated 5 April. Cambridge. Columbia. Harvard. Uppsala. DK. 6.7127; Panzer, VII, p. 555, no. 470; Renouard, *Estienne*, 9–10.]

CXCVIII. [Paris], Ponset le Preux, 1515. fol. [University of Pennsylvania. DK. 6.7128.]

CXCIX. [Paris], François Regnault, 1515. fol. [Chicago, Newberry. Yale. DK. 6.7129.]

BIBLIOGRAPHY

CC. [Paris, Jean Petit, 1515.] fol. [New York, NYPL. Oxford.]

CCI. Paris, Simon de Colines, 30 April 1526. fol. [Edinburgh, National Library. Freiburg-im-Breisgau. Oxford. Paris, BSHPF., Mazarine, Université. *DK.* 6.7132. Renouard, *Colines,* 76–77.]

CCII. Paris, Simon de Colines, 1543. fol. [Paris, BN. University of Pennsylvania. *DK.* 6.7135. Renouard, *Colines,* 367–368.]

CCIII. Paris, Ponset le Preux, s.a. fol. [Paris, Ste. Geneviève.]

ARISTOTELIS POLITICORUM LIBRI OCTO

CCIV. *Contenta. Politicorum Aristotelis libri Octo. Economicorum eiusdem Duo. Hec Aristotelis opera vllis absque commentariis emissa sunt, quibus in fronte familiaris: in Politica introductio, una cum binis vno ad singulorum capitum contenta, eorum autem que in margine annotata sunt reliquo, paratis indicibus adiecta est,* Paris, Henri Estienne, 3 March 1515/1516. 8°. [Vienna. *DK.* 6.7130; Panzer, VIII, p. 25, no. 804; Renouard, *Estienne,* 17.]

CCV. **Aristotelis Politicorum libri octo, latine, interprete Leonardo, ex emendatione Jacobi Fabri cum comment. ac annotationibus variorum,* Paris, Henri Estienne, 1517. fol. [Panzer, VIII, p. 40, no. 949; Renouard, *Estienne,* 19.]

CCVI. *Politica aristotelis stagiritae Leonardo Aretino interprete. Ex recognitione ad Typum Iacobi fabri Stapulensis Con. Adiectaque est tabula alphabetica...,* Paris, Denis Roce, s.a. 8°. [Paris, BN., Mazarine.]

IOANNIS DAMASCENI DE ORTHODOXA FIDE IACOBO FABRO STAPULENSI INTERPRETE

CCVII. *Contenta. Theologia Damasceni. I. De ineffabili diuinitate. II. De creaturarum genesi, ordine Moseos. III. De iis que ab incarnatione vsque ad resurrectionem. IIII. De iis que post resurrectionem vsque ad vniuersalem Resvrrectionem,* Paris, Henri Estienne, 15 April 1507. 4°. [Cambridge. Columbia. Paris, BN. Sélestat. Yale. Panzer, VII, p. 525, no. 210; Renouard, *Estienne,* 4; Walter, no. 1604.]

CCVIII. *In Hoc Opere Contenta. Theologia Damasceni, quatuor libris explicata: et adiecto ad litteram [Iodoci Clichtovei Neoportuensis] commentario elucidata,* Paris, Henri Estienne, 5 February 1512/1513. fol. [Harvard. London, BM. Paris, BN. Sélestat. Panzer, VII, p. 564, no. 549; Renouard, *Estienne,* 11; *B. Belg.* J 45; Mortimer, II, no. 329.]

CCIX. *Sancti Joannis Damasceni nusquam formis pressa doctiore ore quam Minerue composita opera vulgo,* Venice, Lazarus de Soardis, 22 January 1514. 4°. [London, BM.]

CCX. *In Hoc Opere Contenta. Theologia Damasceni... commentario elucidata,* Paris, Henri Estienne, 12 January 1519/1520. fol. [Paris, BN. Panzer, VIII, p. 54, no. 1084; Renouard, *Estienne,* 21; *B. Belg.* J 46.]

CCXa. *Ioan. Damasceni Viri Svo Tempore In Divinis Primatvm Tenentis, om-*

nia quae hactenus & *a nobis* & *ab aliis haberi potuerunt opera, ad uetustiora Graecorum exemplaria collata atque emendata. Sunt avtem haec. De orthodoxa fide, Iacobo Fabro Stapulense interpete, Lib. IIII*..., Basel, Henricus Petrus, March 1535. fol. [Oxford.]

CCXI. *Ioan. Damasceni opera*... *Iam iterum, Graecorum exemplarium collatione, castigata. Sunt Avtem Haec. De orthodoxa fide, Iacobo Fabro Stapulense interprete, Lib. IIII*..., Basel, Henricus Petrus, March 1539. fol. [Edinburgh, University. London, BM. Paris, BN. University of Illinois. Legrand, III, p. 376, no. 377.]

CCXII. *Beati Ioannis Damasceni Orthodoxae Fidei Accvrata Explicatio*... *Iacobo Fabro Stapulensi interprete*, Basel, Henricus Petrus, 1548. fol. [Edinburgh, National Library, University. Paris, BN. Rome, Vaticana. *B. Belg.* J 47. L.'s translation of the *De orthodoxa fide* will be found in several later editions of the works of John of Damascus: Basel, 1559 and 1575 (London, BM.) and Paris, 1577 and 1603.]

IN POLITICA ARISTOTELIS INTRODUCTIO

CCXIII. *[Iacobi Fabri Stapulensis in Politica Aristotelis introductio]*, Paris, Henri Estienne, 28 September 1508. fol. [Cambridge, St. Catharine's. Oxford. Paris, BN., Mazarine. Prague, Strahov. Princeton. Panzer, VII, p. 532, no. 275; Renouard, *Estienne*, 5; Walter, no. 666.]

CCXIV. Paris, Henri Estienne, 4 September 1512. fol. [Columbia. London, BM. University of Pennsylvania. Vienna. Panzer, VII, p. 565, no. 554; Renouard, *Estienne*, 11.]

IN POLITICA ARISTOTELIS INTRODUCTIO
IUDOCI CLICHTOVEI COMMENTARIO ELUCIDATA

CCXV. *In Hoc opere contenta. In politica Aristotelis introductio: adiecto [Iudoci Clichtovei] commentario declarata. Oeconomicon Xenophontis: a Raphaele Volaterano traductum*, Paris, Henri Estienne, 22 November 1516. fol. [Harvard. Oxford. University of Pennsylvania. Panzer, VIII, p. 33, no. 876; Renouard, *Estienne*, 18; *B. Belg.* L 590.]

CCXVI. Paris, Simon de Colines, 1 July 1535. fol. [Escorial. Rome, Vaticana. Vienna. *B. Belg.* L 591; Renouard, *Colines*, 240.]

GEORGII TRAPEZONTII DIALECTICA

CCXVII. *Contenta. Georgii Trapezontij dialectica hec continens. De Enunciatione. De quinque vocibus: id est predicabilibus. De Predicamentis. De Syllogismo categorico id est predicatiuo. De Syllogismo hypotetico ac conditionali. De Enthymemate: id est Syllogismo imperfecto. De Diffinitione ac diuisione. De Thesi: ne quid aut dicendo aut scribendo Absurdum, pugnansue dicatur. Et Hec Omnia vtiliter, eleganterque* & *modo quidem perbreui ac introduc-*

torio, Paris, Henri Estienne, 20 November 1508. 8°. [Sélestat. Walter, no. 1387.]

CCXVIII. Strasbourg. Matthias Schürer, 8 July 1509. 4°. [Freiburg-im-Breisgau. London, BM. Munich. Vienna. Schmidt, VIII, no. 19; Legrand, III, p. 170, no. 44; Ritter, IV, p. 209, no. 1874.]

CCXIX. Strasbourg, Matthias Schürer, December 1513. 4°. [London, BM. Schmidt, VIII, no. 115; Legrand, III, pp. 190–191, no. 162; Ritter, II (2), p. 676, no. 996.]

CCXX. Strasbourg, Matthias Schürer, June 1516. 4°. [Munich. Panzer, VI, p. 81, no. 451; Schmidt, VIII, no. 189.]

CCXXI. Strasbourg, Matthias Schürer, December 1519. 4°. [Uppsala. Schmidt, VIII, no. 252; Ritter, II (2), p. 677, no. 997.]

CCXXII. Paris, Simon de Colines, 3 February 1532/1533. 8°. [Amiens. Renouard, *Colines*, 200; Legrand, III, p. 340, no. 324.]

CCXXIII. Paris, Simon de Colines, 10 July 1534. 8°. [Paris, BN. Renouard, *Colines*, 237; Legrand, III, p. 355, no. 314.]

CCXXIV. Paris, Simon de Colines, 3 February 1536/1537. 8°. [Paris, Arsenal. Renouard, *Colines*, 270–271; Legrand, III, pp. 364–365, no. 356.]

CCXXIVa. Paris, Christian Wechel, 1538. 8°. [Mainz, Stadtbibliothek. Cf. Risse, *Bibliographia Logica*, I, 31.]

CCXXV. Paris, Simon de Colines, 15 October 1539. 8°. [Edinburgh, University. Paris, BN. Yale. Renouard, *Colines*, 319; Legrand, III, p. 380, no. 383.]

CCXXVa. Lyons, Thibaud Payen, 1541. 8°. [Paris, BN.]

CCXXVI. Lyons, Thibaud Payen, 1543. 8°. [Paris, Mazarine.]

CCXXVII. Paris, Simon de Colines, 22 April 1544. 8°. [Paris, Arsenal. Renouard, *Colines*, 400; Legrand, III, pp. 421–422, no. 446.]

CCXXVIII. Lyons, Thibaud Payen, 1547. 8°. [Paris, Mazarine. Legrand, III, p. 442, no. 480.]

CCXXVIIIa. Lyons, Thibaud Payen, 1560. 8°. [Rome, Vaticana.]

QUINCUPLEX PSALTERIUM

CCXXIX. *Qvincvplex Psalterium. Gallicum. Romanum. Hebraicum. Vetus. Conciliatum*, Paris, Henri Estienne, 31 July 1509. fol. [Cambridge. Edinburgh, University. Harvard. London, BM. Munich. New York, NYPL. Oxford. Paris, Arsenal, BN., Mazarine. Rome, Angelica. Sélestat. University of Pennsylvania. Panzer, VII, p. 538, no. 331, Renouard, *Estienne*, 5; Walter, no. 2101.]

CCXXX. Paris, Henri Estienne, 13 June 1513. fol. [Cambridge. Columbia. Chicago, Newberry. Harvard. London, BM. Munich. New York, Union Theological Seminary. Oxford. Paris, BSHPF. Princeton Theological Seminary. Yale. Panzer, VIII, p. 6, no. 650; Renouard, *Estienne*, 13-14; Darlow and Moule, no. 6095; Mortimer, I, no. 62.]

CCXXXI. Rouen, Pierre Olivier for Michel Angier, bookseller in Caen, 15 May 1515. fol. [Cambridge. New York, Union Theological Seminary. Paris, BN., Ste. Geneviève. Delisle, *Caen*, no. 336, pp. 310–311.]

BIBLIOGRAPHY

SEPTEM PSALMI PENITENTIALES CUM IACOBI
FABRI ARGUMENTIS

CCXXXII. *Septem psalmi penitentiales cum argumentis et titulis ex Iacobi Fabri Stapulensis editione diligenter appositis*, Deventer, Jakob von Breda, 1513. 4°. [Nijhoff-Kronenberg, no. 920.]

CCXXXIIa. *Deventer, Alb. Pafraet, December 1514. 4°. [Nijhoff-Kronenberg, no. 3015.]

CCXXXIIb. [Cologne], Peter Quentel, 1519. 4°. [London, BM.]

RICOLDI CONFUTATIO ALCORANI

CCXXXIII. *Contenta. Ricoldi ordinis praedicatorum contra sectam Mahumeticam, non indignus scitu libellus. Cuiusdam [Georgii de Hungaria] diu captiui Turcorum prouinciae septemcastrensis, de vita & moribus eorundem alius non minus necessarius libellus*, Paris, Henri Estienne, 28 November 1509. 4°. [Cambridge. Paris, BN., BSHPF. Sélestat. Panzer, VII, p. 539, no. 333; Renouard, *Estienne*, 6; Legrand, III, p. 170a, no. 144a; Walter, no. 2157.]

CCXXXIV. *Contenta. Ricoldi... libellus... Adiunctus est insuper libellus [Victoris de Carben] de vita & moribus Iudaeorum*, Paris, Henri Estienne, 16 April 1511. 4°. [Cambridge. Chicago, Newberry. Harvard. London, BM. New York, NYPL. Oxford. Paris, BN., Mazarine. Panzer, VII, p. 555, no. 471; Renouard, *Estienne*, 9; Legrand, III, pp. 176–177, no. 150.]

HEGESIPPI DE BELLO JUDAICO

CCXXXV. *Aegesippi Historiographi Fidelissimi Ac Disertissimi Et Inter Christianos Antiqvissimi Historia De Bello Ivdaico. Sceptri Svblatione. Ivdaeorvm Dispersione. Et Hierosolimitano Excidio. A Divo Ambrosio Mediolanen. Antistite E Graeca Latina Facta Cvm Eivsdem Anacephaleosi Et Tabellis Congrventiarvm Cvm Iosephi Libris Etiam De Gestis Machabeorvm*, Paris, Badius Ascensius, 5 June 1510. fol. [Cambridge. Columbia. Harvard. London, BM. Sélestat. Yale. Panzer, VII, p. 544, no. 283; Renouard, *Badius*, II, 486.]

CCXXXVI. Paris, Badius Ascensius, 30 December 1511–1 January 1512. fol. [Cornell. London, BM. Oxford. Panzer, VII, p. 551, no. 439; Renouard, *Badius*, II, 488.]

CCXXXVII. Paris, Badius Ascensius, 13 November 1524. fol. [Harvard. Oxford. Paris, BN. Renouard, *Badius*, II, 488.]

RICARDI DE TRINITATE

CCXXXVIII. *Egregii Patris Et Clari theologi Ricardi quondam deuoti coenobitae sancti victoris iuxta muros parisienses de superdiuina Trinitate theologicum opus Hexade librorum distinctum Et Capitvm XV Decadibvs. Adivnctvs*

BIBLIOGRAPHY

Est Commentarivs artificio Analytico: metaphisicam et humani sensus trans-cendentem apicem, sed rationali modo complectens intelligentiam, quod opus ad dei trini honorem & piarum mentium exercitationem Foeliciter Prodeat In Lvcem, Paris, Henri Estienne, 19 July 1510. 4°. [Cambridge. Paris, BN.. BSHPF. Sélestat. Panzer, VII, p. 547, no. 399; Renouard, *Estienne*, 7; Walter, no. 2155.]

BERNONIS DE OFFICIO MISSAE

CCXXXIX. *Bernonis Abbatis Libellvs. de officio Missae quem edidit Rhomae*, Paris, Henri Estienne, 23 November 1510. 4°. [Cambridge. Harvard. London, BM. Munich. Paris, Arsenal. Panzer, VII, p. 549, no. 422; Renouard, *Estienne*, 7; Mortimer, I, no. 52.]

CCXL. Strasbourg, Matthias Schürer, 1511. 4°. [Cambridge. London, BM. Munich. Oxford. Sélestat. Strasbourg. Uppsala. Panzer, VI, p. 54, no. 238; Schmidt, VIII, no. 62; Walter, no. 762; Ritter, II (1), p. 111, no. 189.]

CCXLI. Strasbourg, Matthias Schürer, September 1514. 4°. [Sélestat. Schmidt, VIII, no. 141; Ritter, IV, p. 47, no. 990.]

CCXLII. Paris, Henri Estienne, 2 December 1518. 4°. [Paris, BN. Panzer, VIII, p. 48, no. 1020; Renouard, *Estienne*, 20.]

LEONIS PAPAE EPISTOLAE

CCXLIII. *Leonis Pape: hoc est pontificis maximi et sanctissimi Epistolae catho-licae et sanctae eruditionis plenissimae*, Paris, Badius Ascensius for himself and Jean Petit, 1 April 1511. 4°. [Edinburgh, National Library. London, BM. Paris, BN. Renouard, *Badius*, III, 7.]

IOANNIS RUSBERI DE ORNATU SPIRITUALIUM NUPTIARUM

CCXLIV. *Deuoti et venerabilis patris Ioannis Rusberi presbyteri, canonici ob-seruantiae beati Augustini, de ornatu spiritualium nuptiarum libri tres*, Paris, Henri Estienne, 3 August 1512. 4°. [Cambridge. Harvard. London, BM. Oxford. Paris, BN. Panzer, VII, p. 566, no. 562; Renouard *Estienne*, 11.]

EPISTOLAE PAULI

CCXLV. *Contenta. Epistola ad Rhomanos. Epistola prima ad Corinthios... Epistola ad Hebraeos. Ad has 14: adiecta intelligentia ex Graeco. Epistola ad Laodicenses. Epistolae ad Senecam sex. Commentariorum libri quatuordecim. Linus de passione Petri & Pauli*, Paris, Henri Estienne, 15 December 1512. fol. [Cambridge, Trinity. Harvard. London, BM. Munich. Oxford. Paris, BN., BSHPF., Mazarine. Rome, Vaticana. Sélestat. Yale. Panzer, VII, p. 565, no. 557; Renouard, *Estienne*, 10; Mortimer, I, no. 61.]

CCXLVI. *Contenta. Epistola ad Rhomanos... In hac secunda emissione obiter relegendo commentarios: castigata sunt nonnulla: aut quia depravata, aut quia minus placebant, subtracta etiam nonnulla aut immutata, sed haec pauca, et insuper ubi visum est oportunum adiecta nonnulla. Quae et universa quae emittimus, ut omnibus prodesse ita et ab omnibus grate beneuoleque suscipi pro lectorum animi candore, optamus,* Paris, Henri Estienne, 1515. fol. [Cambridge. Harvard. Munich. New York, Union Theological Seminary. Paris, BN., Mazarine, Ste. Geneviève. Princeton Theological Seminary. Rome, Angelica. Sélestat. Panzer, VIII, p. 24, no. 800; Renouard, *Estienne,* 16.]

CCXLVII. *Hoc opere contenta. Omnes epistolae beatissimi Pauli apostoli: quibus ille gentium doctor sapienter instituit . . . Adiuncta est etiam clarior intelligentia: e graeco per doctissimum Philosophum et Theologum magistrum Jacobum fabrum Stapulensem traducta,* Cologne, Martinus Werdensis, 5 June 1515. 4°. [Oxford. Reprints L.'s text of the Pauline Epistles from the first Paris edition of 1512.]

CCXLVIII. *Epistole diui Pauli apostoli: cum commentariis preclarissimi viri Jacobi fabri stapulensis,* Paris, François Regnault and Jean de la Porte, 1517. fol. [Edinburgh, University. London, BM. Munich. Paris, BN., BSHPF. Panzer, VIII, p. 41, no. 960.]

CCXLIX. Paris, François Regnault, 1531. fol. [Paris, BN.]

CCL. Paris, Jean Petit, 1531. fol. [Oxford. Seville, Colombina.]

CCLI. *Iacobi Fabri Stapvlensis in omneis D. Pauli epistolas commentariorum libri XIIII. quibus prima statim fronte, una cum eiusdem Fabri intelligentia ex Graeco, omnium epistolarum vulgata ecclesiae premittitur editio, columnellis ex latere sese pulchre contuentibus. In quibus omnibus ex ueteri Graecorum more ea conspiratio est, ut singuli libri singulis epistolis, caput capiti, numero numerus per omnia correspondeant. Suntque omnia cum in numeris, tum in allegationibus Graecis, multo quam fuerant prius emaculatiora,* Cologne, Eucharius Cervicornus, 1531. 8°. [Copenhagen. Munich. Oxford. Paris, Arsenal. Rome, Vaticana. Panzer, VI, p. 415, no. 612.]

CCLII. [Cologne, Eucharius Cervicornus, s.a.] 8°. [Vienna.]

CCLIIa. *Epistolae Diui Pauli Apostoli cum triplici editione ad ueritatem graecam,* Venice, Giovanni Antonio Garupha for himself and the brothers Sabio, January 1533. 8°. [Duke University. Contains the Greek text and three Latin versions, one of which is that of Lefèvre.]

OPUSCULA MYSTICA

CCLIII. *Liber trium virorum et trium spiritualium virginum. Hermae Liber vnus. Vguetini Liber vnus. F. Roberti Libri duo. Hildegardis Scivias Libri tres. Elizabeth virginis Libri sex. Mechtildis virgi. Libri quinque,* Paris, Henri Estienne for himself and Jean de Brie, 30 May 1513. fol. [Cambridge. Edinburgh, University. London, BM. Munich. Oxford. Paris, BN. Sélestat. University of Illinois. Vienna. Panzer, VIII, p. 6, no. 649; Renouard, *Estienne,* 14.]

BIBLIOGRAPHY

CCLIV. *Haec Accvrata Recognitio Trivm Volvminvm, Opervm Clariss. P. Nicolai Cvsae Card.*, Paris, Badius Ascensius, 1514. 3 vols. fol. [The second volume is dated 23 Aug. 1514. Cambridge. Cornell. Munich. New York, Union Theological Seminary (vol. II). Rome, Vaticana. Sélestat. Renouard, *Badius*, II, 356–357. Photographic reprint, Frankfurt-am-Main, Minerva G.m.b.H., 1962.]

ARISTOTELIS METAPHYSICA

CCLV. *Contenta. Continetvr Hic Aristotelis Castigatissime recognitum opus metaphysicum a Clarissimo principe Bessarione Cardinale Niceno latinitate foeliciter donatum, xiiij libris distinctum: cum adiecto in xij primos libros Argyropili Byzantij interpretamento, rarum proculdubio et hactenus desideratum opus. Deus optimus qui sub nomine ipsius entis in hoc opere celebratur: hoc ipsum faciat ad sui & laudem & cognitionem omnibus studijs proficuum. Theophrasti metaphysicorum liber I. Item Metaphysica introductio: quatuor dialogorum libris elucidata*, Paris, Henri Estienne, 20 October 1515. fol. [Bethesda, Maryland, National Library of Medicine. Edinburgh, University. Harvard. London, BM. New York, Union Theological Seminary. Paris, Arsenal, BN. University of Pennsylvania. Panzer, VIII, p. 24, no. 803; Renouard, *Estienne*, 17; Legrand, III, p. 206, no. 170; Mortimer, I, no. 39.]

RAYMUNDI LULII PROVERBIA

CCLVI. *Prouerbia Raemundi. Philosophia amoris eiusdem*, Paris, Badius Ascensius, 13 December 1516. 4°. [New York, Hispanic Society of America. Oxford. Paris, BN. Rome, Vaticana. Renouard, *Badius*, III, 48; Rogent-Duràn, p. 59, no. 62.]

EUCLIDIS GEOMETRICORUM ELEMENTORUM LIBRI XV

CCLVII. *Contenta. Evclidis Megarensis Geometricorum elementorum libri XV. Campani Galli transalpini in eosdem commentariorum libri XV. Theonis Alexandrini Bartholomaeo Zamberto Veneto interprete, in tredecim priores, commentariorum libri XIII. Hypsiclis Alexandrini in duos posteriores, eodem Bartholomaeo Zamberto Veneto interprete, commentariorum libri. II*, Paris, Henri Estienne, [1516/1517]. fol. [Columbia. Edinburgh, National Library. London, BM. Oxford. Panzer, VIII, p. 33, no. 875; Renouard, *Estienne*, 18; Thomas-Stanford, p. 23, no. 6. L.'s preface is dated 7 Jan. 1516/1517.]

BIBLIOGRAPHY

OPUSCULA DE MARIA MAGDALENA

CCLVIII. *De Maria Magdalena, & triduo Christi disceptatio, ad Clarissimum virum D. Franciscum Molineum, Christianissimi Francorum Regis Francisci Primi Magistrum*, Paris, Henri Estienne, 1517/[1518]. 4°. [Cambridge. Harvard. London, BM. Paris, BN. Yale. Renouard, *Estienne*, 19; *B. Belg.* L 594. Although the book is dated 1517, this should be understood as before Easter 1518, new style.]

CCLIX. *De Maria Magdalena, Tridvo Christi, Et ex tribus vna Maria disceptatio: ad Clarissimum virum D. Franciscum Molinum, Christianissimi Francorum Regis Francisci Primi Magistrum. Secvnda Emissio*, Paris, Henri Estienne, [before 22 July,] 1518. 4°. [Cambridge. Harvard. London, BM. Paris, BN. Rome, Angelica, Vaticana. Renouard, *Estienne*, 20; *B. Belg.* L 596.]

CCLX. *Iacobi Fabri Stapvlensis, De Maria Magdalena, & Triduo Christi, Disceptatio, Concionatoribus verbi Diuini adprime vtilis*, Hagenau, Thomas Anshelmus Badensis, December 1518. 4°. [Freiburg-im-Breisgau. London, BM. Rome, Angelica. *B. Belg.* L 595; Ritter, II (2), p. 550, no. 833.]

CCLXI. *De Maria Magdalena, Tridvo Christi, Et vna ex tribus Maria, disceptatio: ad Clarissimum virum D. Franciscum Molinum, Christianissimi Francorum Regis Francisci Primi Magistrum. Tertia Emissio*, Paris, Henri Estienne, 1519. 4°. [Cambridge, Trinity. Chicago, Newberry. London, BM. Rome, Vaticana. Renouard, *Estienne*, 21; *B. Belg.* L 597.]

CCLXII *De Tribvs Et Vnica Magdalena Disceptatio secunda: ad Reuerendum in Christo Patrem D. Dionysivm Briconnetum Episcopum Maclouiensem apud Leonem X. Pontificem Max. Christianissimi Francorum Regis Francisci I oratorem*, Paris, Henri Estienne, 1519. 4°. [Cambridge. Chicago, Newberry. Copenhagen. Harvard. London, BM. Paris, BN. Rome, Vaticana. Renouard, *Estienne*, 21; *B. Belg.* L 598.]

ARISTOTELIS NATURALIS PHILOSOPHIAE
LIBRI DUODETRIGINTA

CCLXIII. *Ex Physiologia Aristotelis, Libri Dvodetriginta. 1. De auscultatione naturali octo. 2. De coelo quatuor. 5. De anima tres, Ioanne Argyropylo interprete. 3. De generatione & corruptione duo. 4. Meteorologicorum quatuor. 6. De sensu & sensili vnus. 7. De memoria & reminiscentia vnus. 8. De somno & vigilia vnus. 9. De insomnijs vnus. 10. De diuinatione in somno vnus. 11. De longitudine & breuitate uitae vnus. 12. De iuuentute & senectute & vita & morte & respiratione vnus, Francisco Vatablo interprete. Quibus omnibus, antiqua tralatio tricenos libros continens, ad Graecum per eundem Vatablum recognita: columnatim respondet*, Paris, Henri Estienne, August 1518. fol. [Edinburgh, University. Harvard. Paris, BN. University of Pennsylvania. *DK.* 6.6023; Panzer, VIII, p. 48, no. 1022; Renouard, *Estienne*, 20; Legrand, III, p. 237, no. 202.]

BIBLIOGRAPHY

CONTEMPLATIONES IDIOTAE

CCLXIV. *Contemplationes Idiotae. De amore divino. De Virgine Maria. De vera patientia. De continuo conflictu carnis et animae. De innocentia perdita. De morte*, Paris, Henri Estienne, August 1519. 4°. [Chicago, Newberry. Edinburgh, University. London, BM. Paris, BN., Mazarine. University of Pennsylvania. Panzer, VIII, p. 55, no. 1091; Renouard, *Estienne*, 22.]

CCLXV. Paris, Simon de Colines, 1530. 16°. [Paris, Arsenal. Renouard, *Colines*, 161.]

CCLXVI. Paris, Simon de Colines, 1535. 16°. [Harvard. Paris, BSHPF. Renouard, *Colines*, 253.]

CCLXVII. Antwerp, Joannes Grapheus for Joannes Steels, 1535. 16° [London, BM. Nijhoff-Kronenberg, no. 1228.]

CCLXVIII. Antwerp, Joannes Grapheus for Joannes Steels, 1536. 16°. [Oxford. Nijhoff-Kronenberg, no. 3270.]

CCLXIX. Paris, Jean Bignon for Pierre Regnault, 25 April 1538. 16°. [Paris, BN., BSHPF.]

CCLXIXa. Paris, Olivier Mallard for Galliot Du Pré and Jean de Roigny, 1538. 16°. [Edinburgh, National Library.]

CCLXX. *Antwerp, Joannes Grapheus for Joannes Steels, 1539. 16°. [Nijhoff-Kronenberg, no. 1229.]

CCLXXI. *Lyons, Thibaud Payen, 1542. 16°. [Baudrier, IV, 226.]

CCLXXII. Lyons, Thibaud Payen, 1545. 16°. [Paris, BN.]

CCLXXIII. *Lyons, Thibaud Payen, 1546. 16°. [Baudrier, IV, 234.]

CCLXXIIIa. Antwerp, Joannes Steels, 1546. 16°. [Cambridge.]

CCLXXIV. *Lyons, Thibaud Payen, 1547. 16°. [Baudrier, IV, 237. The colophon reads M.D. XLVI, the title page 1547.]

AGONES MARTYRUM

CCLXXV. *Agones Martyrum Mensis Ianvarii, Libro Primo Contenti*, [Paris, Henri Estienne, 1519.] fol. [Escorial. Ghent. Paris, BN., BSHPF., Ste. Geneviève. Renouard, *Estienne*, 23.]

COMMENTARII INITIATORII IN QUATTUOR EVANGELIA

CCLXXVI. *Commentarii Initiatorii in Qvatvor Evangelia. In euangelium secundum Matthaeum. In euangelium secundum Marcum. In euangelium secundum Lucam. In euangelium secundum Ioannem*, Meaux, Simon de Colines, June 1522. fol. [Chicago, Newberry. Rome, Vaticana. Renouard, *Colines*, 36–38; A. Endres, "Les débuts de l'Imprimerie à Meaux," *Positions luthériennes*, XII (1964), 95–104.]

CCLXXVII. *Commentarii Initiatorii ... Iacobo Fabro Stapvlensi Avthore*, Basel, Andreas Cratander, March 1523. fol. [Cambridge. Harvard. Munich. Paris,

BSHPF. Princeton Theological Seminary. University of Michigan. University of Pennsylvania. Vassar College. Panzer, VI, p. 239, no. 497.]

CCLXXVIII. *Commentarii Initiatorii ... Denuo recogniti, adiecto indice. Iacobo Fabro Stapvlensi avthore*, [Basel, Andreas Cratander], 1526. fol. [Cambridge. Copenhagen. Munich. Rome, Angelica. Seville, Colombina.]

CCLXXIX. Cologne, [Eucharius Cervicornus for] Gottfried Hittorp, [c. 1531]. 4°. [Columbia. Cornell. Munich. Paris, BSHPF. Cf. J. J. Merlo, *Anton Woensam von Worms, Maler und Xylograph zu Köln* (Leipzig, 1864), p. 81, no. 421.]

CCLXXX. Cologne, Peter Quentel, February 1541. fol. [Escorial. Munich. Oxford. Princeton Theological Seminary. Rome, Vaticana. Merlo, *op. cit.*, p. 77, no. 413 and p. 82, no. 440.]

CCLXXXa. *Uber die wortt Christi, Mat. xvj. Ir Kindt urtailen die gstalt des himels, aber die zeichen der zeyt mügt jr nit erkennen. Ain erklerung Jacobi Fabri Scapulen.* [sic] *darinnen anngezeigt und probiert wirt, das der recht Mesias Kommen sey, aber die Iuden haben in nit wellen erkennen. In lar MDXXIII*, [Augsburg], 1523. 4°. [London, BM. Oxford. Paris, BN.]

LE NOUVEAU TESTAMENT: LES QUATRE EVANGILES

CCLXXXI. *Les choses contenues en ce present liure. Vne epistre exhortatoire. La S. Euangile selon S. Matthieu. La S. Euangile selon S. Marc. La S. Euangile selon S. Luc. La S. Euangile selon S. Jehan. Aucunes annotations*, Paris, Simon de Colines, 8 June 1523. 8°. [London, BM. Oxford. Paris, Arsenal, BN. Renouard, *Colines*, 51–52; Van Eys, II, no. 3; Darlow and Moule, no. 3705.]

CCLXXXII. Paris, Simon de Colines, 7 April 1524. 8°. [Harvard. New York, NYPL. Paris, Mazarine. Renouard, *Colines*, 65–66; Van Eys, II, no. 4.]

CCLXXXIII. Paris, [Antoine Couteau for] Simon de Colines, 12 October 1524. 8°. [There exist two versions of this edition: (a) the Biblical quotations on the title page are in French; the name of Simon de Colines appears on the title page; L.'s preface has been suppressed (London, BM. Renouard, *Colines*, 66–68; Van Eys, II, no. 5); (b) the Biblical quotations are in Latin; the publisher's name does not appear; L.'s preface is retained and mentioned on the title page (Paris, BSHPF. Renouard, *Colines*, 68; Van Eys, II, no. 6; cf. Clutton, p. 128, no. 34.)]

CCLXXXIV. Antwerp, Willem Vorsterman, 22 November 1524. 8°. [New York, NYPL. Paris, BSHPF. Van Eys, II, no. 7; Darlow and Moule, no. 3706; Nijhoff-Kronenberg, no. 2503.]

CCLXXXV. Paris, Simon Dubois, 14 October 1525. 8°. [Geneva, BPU. Rome, Angelica. Versailles. Van Eys, II, no. 8; Clutton, p. 126, no. 1.]

CCLXXXVI. Basel, [Thomas Wolf for] Johann Schabler, 1525. 8°. [Cambridge. London, BM. New York, NYPL. Paris, BN. Van Eys, II, no. 9; Baudrier, X, 454–455; Darlow and Moule, no. 3707.]

CCLXXXVII. [Alençon, Simon Dubois], November 1529. 8°. [New York,

NYPL. Paris, BSHPF. Van Eys, II, no. 15; O. Douen, "L'Imprimeur Simon Dubois et le réformateur Pierre Caroli, 1529–1534. Un Nouveau Testament de Lefèvre ignoré," *BSHPF*. XLV (1896), 200–212; Clutton, p. 128, no. 31.]

LE NOUVEAU TESTAMENT: LES EPISTRES, LES ACTES ET L'APOCALYPSE

CCLXXXVIII. *Le contenu en ceste seconde partie du nouueau testament. Vne epistre exhortatoire. Les epistres S. Pol. xiiii. Les epistres Catholiques. vii. Les actes des apostres. i. Lapocalypse S. Jehan. i.*, Paris, Simon de Colines, 6 November 1523. 8°. [New York, NYPL. Oxford. Paris, Mazarine. Renouard, *Colines*, 52; Van Eys, II, no. 3; Darlow and Moule, no. 3705.]

CCLXXXIX. Antwerp, Willem Vorsterman, 4 January 1525. 8°. [New York, NYPL. Paris, BSHPF. Van Eys, II, no. 7; Nijhoff-Kronenberg, no. 2503.]

CCXC. Paris, Simon de Colines, 10 January 1524/1525. 8°. [Paris, BN., BSHPF. Van Eys, II, no. 4; Renouard, *Colines*, 66.]

CCXCI. Paris, [Antoine Couteau for] Simon de Colines, 1524/1525. 8°. [Paris, BSHPF. Van Eys, II, nos. 5 and 6; Renouard, *Colines*, 66–68..]

CCXCII. Paris, Simon Dubois, 19 October 1525. 8°. [Geneva, BPU. Rome, Angelica. Versailles. Van Eys, II, no. 8; Clutton, p. 126, no. 1.]

CCXCIII. Basel, [Thomas Wolf for Johann Schabler], 1525. 8°. [Cambridge. London, BM. Paris, BN. New York, NYPL. Van Eys, II, no. 9; Baudrier, X, 454–455; Darlow and Moule, no. 3707.]

CCXCIV. [Alençon, Simon Dubois], November 1529. 8°. [New York, NYPL. Paris, BSHPF. Panzer, IX, 149, no. 424; Van Eys, II, no. 15. Douen, in *BSHPF*. XLV (1896), 200–212; Clutton, p. 128, no. 31.]

LE NOUVEAU TESTAMENT

CCXCV. *Le nouueau Testament contenant les quattre Euangelistes...*, Antwerp, Willem Vorsterman, 18 January 1529. 8°. [London, BM. Paris, BSHPF. Van Eys, II, no. 16; Nijhoff-Kronenberg, no. 2505. There exists a variant of this edition. Antwerp, Willem Vorsterman for Martin de Keyser, 1529 (Van Eys, II, no. 14; Nijhoff-Kronenberg, no. 2506).]

CCXCVI. *La premiere partie du nouueau testament: contenant ce qui sensuyt. La S. euangile selon S. Matthieu. La S. euangile selon S. Marc. La S. euangile selon S. Luc. La S. euangile selon S. Jehan. Les actes des apostres.* [Part II] *La seconde partie du nouueau testament: contenant ce qui sensuyt. Les epistres sainct Pol. xiiii. Les epistres catholiques. vii. Lapocalypse sainct Jehan.*, [Lyons, Claude Nourry and Pierre de Vingle, after August 1529]. 12°. [London, BM. Paris, BSHPF. Van Eys, II, nos. 12 and 13; E. Droz, "Pierre de Vingle, l'imprimeur de Farel," *Aspects de la propagande religieuse, Travaux d'Hum. et Ren.*, XXVIII (Geneva, 1957), 44–46.]

CCXCVII. [Lyons, Pierre de Vingle, c. 1530.] 12°. [Munich. Oxford. Paris,

BN., BSHPF. Van Eys, II, no. 11; Droz, *op. cit.*, 47–48].

CCXCVIII. *Le nouueau Testament, auquel est demonstre Jesu Christ sauueur du monde estre venu*, Antwerp, Martin de Keyser, 1 July 1531. 8°. [Harvard. London, BM. Paris, BN., BSHPF., Mazarine. Van Eys, II, no. 18; Nijhoff-Kronenberg, no. 2507.]

CCXCIX. *Le nouueau testament contenant ce qui est declare la page subsequente. Imprime a Turin pour francoys Cauillon demourant a Nice sur la riuiere de Gennes*, [Lyons, Pierre de Vingle, before autumn 1532]. 16°. [Nice, Bibl. mun. Van Eys, II, no. 10; Baudrier, III, 88; Droz, *op. cit.*, 50–55.]

CCC. *Antwerp, Martin de Keyser, 10 April 1532. 8°. [Van Eys, II, no. 19; Nijhoff-Kronenberg, no. 418.]

CCCI. Antwerp, Joannes Grapheus, 1532. 16°. [London, BM. Munich. Paris, BSHPF. Van Eys, II, no. 20; Nijhoff-Kronenberg, no. 2508.]

CCCII. Neuchâtel, Pierre de Vingle, 27 March 1534. fol. [New York, NYPL. Van Eys, II, no. 21.]

CCCIII. Antwerp, Martin de Keyser, 25 July 1535. 8°. [London, BM. Paris, BSHPF. Van Eys, II, no. 22; Nijhoff-Kronenberg, no. 2509.]

CCCIV. Antwerp, Joannes Steels, 1538. 16°. [Paris, BSHPF. Van Eys, II, no. 26; Nijhoff-Kronenberg, no. 2510.]

CCCV. *Antwerp, widow of Martin de Keyser, 1538. 8°. [London, BM. Van Eys, II, no. 25; Nijhoff-Kronenberg, no. 421.]

CCCVI. Antwerp, Jean de Liesvelt, 13 November 1539. 16°. [Cambridge. Van Eys, II, no. 30; Darlow and Moule, no. 3712; Nijhoff-Kronenberg, no. 2511.]

CCCVII. Lyons, Nicholas Petit, 1540. 12°. [Paris, BSHPF. Van Eys, II, no. 32.]

CCCVIII. Lyons, Thibaud Payen, 1542. 16°. [Baudrier, IV, 227; Van Eys, II, no. 35.]

CCCIX. Lyons, Thibaud Payen, 1544. 16°. [Paris, BSHPF. Baudrier, IV, 232.]

CCCX. Antwerp, Jacques de Liesvelt, 1544. 16°. (Paris, BN. Van Eys, II, no. 42; Darlow and Moule, no. 3715.]

CCCXI. Antwerp, Matthieu Crom, 1548. 16°. [London, BM. Paris, BSHPF. Van Eys, II, no. 49.]

LE PSAULTIER DE DAVID

CCCXII. *Les choses contenues en ce present liure. Vne epistre comment on doibt prier Dieu. Le psaultier de Dauid. Pour trouuer les sept pseaulmes accoustumez, qui a deuotion de les dire. Argument brief sur chascun pseaulme pour Chrestiennement prier et entendre aucunement ce que on prie*, Paris, Simon de Colines, 16 February 1523/1524. 8°. [Paris, BSHPF., Ste. Geneviève. Renouard, *Colines*, 53.]

CCCXIII. *Les choses... Vne exhortation en la fin*, Antwerp, Martin de Keyser, 20 June 1525. 8°. [Ghent. Nijhoff-Kronenberg, no. 416.]

CCCXIV. Paris, Simon de Colines, 17 February 1525/1526. 8°. [Paris, Arsenal, BSHPF. Renouard, *Colines*, 74–75.]

CCCXV. *Le Liure des Psalmes*, [Alençon, Simon Dubois, 1531 or 1532]. 8°. [London, BM. Paris, BSHPF. (the only copy now known containing the "Prefation" [ep. 149]), Mazarine. Douen, "Un Psautier protestant inconnu (1532)," *BSHPF*. (1893), 98–104; Clutton, p. 128, no. 28.]

PSALTERIUM DAVID

CCCXVI. *Psalterivm David, Argvmentis fronti cuiuslibet psalmi adiectis, Hebraica* & *Chaldaica multis in locis tralatione illustratum*, Paris, Simon de Colines, 1524. 16°. [Cambridge, Trinity. Ghent. Hartford, Conn., Hartford Seminary Foundation, Case Memorial Library. Paris, Arsenal, BSHPF. Renouard, *Colines*, 60.]

EPISTRES ET EVANGILES
POUR LES CINQUANTE ET DEUX SEPMAINES DE L'AN

CCCXVII. *Les choses contenues en ce present liure. Epistres et Euangiles pour les cinquante et deux sepmaines de lan: commenceans au premier dimenche de Laduent. Pour la natiuite de nostre seigneur. Deux festes apres icelle. Pour la circoncision. Pour lepiphanie. Pour la purification. Deux festes apres pasques. Lascension. Deux festes apres Pentecoste. Chascun son lieu, selon son ordre. Apres chascune epistre et euangile briefue exhortation selon lintelligence dicelle*, [Paris, Simon Dubois, c. 1525]. 8°. [London, BM. This edition has been reproduced in facsimile with useful introduction, bibliographical note, and appendices by M. A. Screech, *Travaux d'Humanisme et Renaissance*, LXIII (Geneva, 1964). Cf. Screech, p. 24, no. 2 and Clutton, p. 128, no. 32.]

CCCXVIII. [Alençon, Simon Dubois, c. 1530–1534.] 8°. [Geneva, *BPU*. London, BM. Paris, BSHPF. Clutton, p. 128, no. 33; Screech, pp. 24–25, no. 3.]

CCCXIX. *Epistres et evangiles des cinquante et deux dimenches de lan avecques briefves et tres utiles expositions dycelles, necessaires et consolables pour tous fideles chrestiens. Nouvellement reveues et augmentees par gens doctes en la saincte escripture*, [Neuchâtel (?), Pierre de Vingle, c. 1534 (?)]. 16°. [Geneva, BPU. Paris, BSHPF. Screech, p. 25, no. 4.]

CCCXX. Lyons, Estienne Dolet, [before 3 May], 1542. 16°. [University of Manchester. Screech, pp. 25–26, no. 5.]

COMMENTARII IN EPISTOLAS CATHOLICAS

CCCXXI. *Iacobi Fabri Stapvlensis, Theologi Celeberrimi, Commentarii in Epistolas Catholicas, Iacobi I. Petri II. Ioannis III. Iudae I. Nunc primum ab autore emissi* & *aediti*, Basel, Andreas Cratander and Johannes Behelius, July 1527. fol. [The title page reads August 1527. Cambridge. Harvard. Munich. Paris, BN., Mazarine. Prague, Clementinum. Rome, Angelica.]

CCCXXII. Antwerp, Johannes Crinitus for Johannes Gymnicus, 1540. 8°. [Oxford. Paris, Arsenal, BN., BSHPF., Mazarine. Vienna. Yale. Nijhoff-Kronenberg, no. 919.]

L'ANCIEN TESTAMENT

CCCXXIII. *Le premier volume de lanchien testament: contenant les chincq liures de Moyse: ascauoir: Genese: Exode: Leuiticque: les Numbres: et Deuteronomme translatez en francois, selon la pure et entiere translation de sainct Hierome. Ausquelz sont contenus les merueilles de dieu: auec la loy, les iugemens, les sacrifices, et cerimonies commandeez de la bouce de dieu: et aussy les promesses de Christ faictes aux prophetes*, Antwerp, Martin de Keyser, 30 April 1528. 8°. [London, BM. Paris, BSHPF. Princeton Theological Seminary. Van Eys, I, no. 25; Nijhoff-Kronenberg, no. 2504.]

CCCXXIV. *Le second volume de lancien Testament contenant pour sa premiere partie le Liure de Iosue, le Liure des Iuges, et le Liure de Ruth ... contenant pour sa seconde partie les qvattre liures des Roix, les deux liures de Paralipomenon, et les quattre liures de Esdras: translatez en Francoys selon la pure et entiere traduction de sainct Hierome ...*, Antwerp, Martin de Keyser, 1 July 1532. 8°. [Princeton Theological Seminary. Van Eys, I, no. 25; Nijhoff-Kronenberg, no. 2504.]

CCCXXV. **Le troizieme volume de lancien testament contenant le liure de Tobie, de Iudith, de Hester, de Iob: et les trois liures de Salomon, a scauoir les Paraboles, Ecclesiaste, et les Cantiques des cantiques: auec le liure de Sapience et Lecclesiastique et pareillement les deux liures de Machabees ...*, Antwerp, Martin de Keyser, 12 August 1530. 8°. [Van Eys, I, no. 25; Nijhoff-Kronenberg, no. 2504.]

CCCXXVI. *Le dernier volume de lanchien testament contenant les prophetes: ascauoir, Esaias: Ieremias: Hezechiel: Daniel: Oseas: Ioel: Amos: Abdias: Ionas: Micheas, Naum: Habacuc: Sophonias: Aggeus: Zacharias: et Malachias ...*, Antwerp, Martin de Keyser, 19 September 1528. 8°. [Oxford. Van Eys, I, no. 25; Nijhoff-Kronenberg, no. 2504.]

LIBER PSALMORUM CUM TENORIBUS

CCCXXVII. *Liber Psalmorvm cvm tenoribvs ad rectè proferêndum aptîssimis*, Paris, Simon de Colines, 1528. 8°. [London, BM. Paris, BSHPF. Cf. Renouard, *Colines*, 424.]

CCCXXVIII. Lyons, Matthieu Bonhomme, 1545. 8°. [Baudrier, X, 213.]

GRAMMATOGRAPHIA

CCCXXIX. *Grammatographia Ad Prompte Citoqve Discendam Grammaticen, tabulas tum generales, tum speciales continens*, Paris, Simon de Colines, October 1529. 4°. [Paris, BN., BSHPF. Renouard, *Colines*, 135–136, 424, 472–473.]

CCCXXX. Paris, Simon de Colines, June 1533. 4°. [Edinburgh, University. Paris, BN. Renouard, *Colines*, 210.]

VOCABULAIRE DU PSAUTIER

CCCXXXI. *Vocabvlarivm Psaltĕrij pro ingĕnue îndolis adolescênte D. Angolis-mênsi, et sorôre eius D. Magdalêna modestissima adolescêntula, liberis rêgijs, ac dênique pro cunctis rûdibus, primum in grămmaticis initiândis*, Paris, Simon Simon de Colines, 1529. 8°. [Paris, Ste. Geneviève. Renouard, *Colines*, 146.]

LA SAINCTE BIBLE

CCCXXXII. *La Saincte Bible en Francoys, translatee selon la pure et entiere traduction de sainct Hierome* ... *Cum Gratia et Priuilegio Imperiali*, Antwerp, Martin de Keyser, 10 December 1530. fol. [New York, NYPL., Union Theological Seminary. Oxford. Paris, BN., BSHPF. Van Eys, I, no. 29; Darlow and Moule, no. 3708; Nijhoff-Kronenberg, no. 417.]

CCCXXXIII. Antwerp, Martin de Keyser, 6 April 1534. fol. [London, BM. New York, NYPL. Oxford. Paris, BN., BSHPF. Yale. Van Eys, I, no. 33; Darlow and Moule, no. 3709; Nijhoff-Kronenberg, no. 419.]

CCCXXXIV. Antwerp, Antoine des Gois for Antoine de la Haye, 12 January 1541. fol. [London, BM. Oxford. Paris, BSHPF. Yale. Van Eys, I, no. 43.]

CCCXXXV. Antwerp, Jean Loe, 1548. fol. [Cambridge. Van Eys, I, no. 60.]

CCCXXXVI. *La Saincte Bible Nouuellement translatée de Latin en Francois, selon l'edition Latin, dernierement imprimée à Louuain: reueuë, corrigée, & approuuée par gens sçauants, à ce deputez*, Louvain, Bartholomy de Grave, September 1550. fol. [London, BM. Van Eys, I, no. 62; Darlow and Moule, no. 3717. Version of Lefèvre d'Etaples revised by the doctors of Louvain. No fewer than 200 editions of this revision are known.]

Index of Persons and Things

123, 261

Ludovico il Moro, duke of Milan, 208

Luke (evangelist), 67, 165, 401, 402, 404, 454, 456, 458, 461, 473, 479, 492, 510, 516

Lull, Ramon, 75, 76, 140, 144, 145, 374, 375, 376, 377; *Blaquerna de amico et amato*, 140, 142; *Declaratio Raymundi*, 77; *Liber clericoum*, 75, 76; *Liber contemplationis in Deum*, 140, 142, 144, 185, 288, 414; *Liber de laudibus beatissimae virginis Mariae*, 75; *Liber de natali pueri Jesu*, 75, 76; *Philosophia amoris*, 373; *Proverbia*, 373

Luther, Martin, 207, 343, 422, 502, 503, 517

Luxembourg, Philippe de (cardinal), 209

Lycaon Samius, 30

Lycurgus, 152, 478

Lyra, Nicolas of, 198, 484, 496, 498; *Postillae*, 494

Lysis, 42

Macarius, 122

Macedonians, 184, 334

Machiavelli, Niccolò, 338

Macrobius, 260, 267; *Sat.*, 326

Madeleine de France, 499, 501

Madrid (treaty of), 471

Maecenas, 20, 291, 292, 407

Maffei, Raffaello, of Volterra (Volaterranus), 186, 187, 244, 366, 420; *De magistratibus et sacerdotiis Romanorum commentarii*, 57

Maillé, Françoise de, 305

Mainz (University of), 318

Major, John, 307, 376

Malermi Bible, 285

Manetti, Giannozzo, 44, 48, 49, 445

Manfred, king of Sicily, 48

Manilius, 112

Manuel, king of Portugal, 206

Marcellus, Marcus, of Syracuse, 93, 156, 334

Mare, Guillaume de la, 85, 287; *Epistolae*, 86; *Sylvae*, 85, 86

Margareta, 309

Marguerite d'Angoulême, duchess of Alençon, queen of Navarre, 133, 246, 247, 411, 413, 467, 503, 512, 517

Maria Peccatrix, 401, 404, 405

Mark (saint), 201, 454, 473, 479, 492

Marliani, Giovanni, 227

Marmoutier (abbey of), 303

Marre, Jean de la, 386, 388, 400

Mars, 341, 354

Marsyas, 30

Martha, 401, 402, 404, 405

Martial, *Epigr.*, 16

Martin of Tours (saint), 291, 292, 294, 304

Matin V (pope), 44, 377

Martinus, Raymundus, 477

Mary (sister of Martha), 401, 402, 404, 405

Mary (Virgin), 66, 74, 228, 315, 342, 384, 399, 410, 411, 412

Mary of Cassobola, 74

Mary Magdalen, 399, 400, 401, 402, 403, 404, 405

Mary Tudor, queen of France, 471

Matt, Wolfgang von, 3, 137, 185, 186, 309, 315, 327, 414

Matthew (saint), 195, 240, 454, 455, 473, 479, 488, 489, 497, 505, 508

Mauléon, Jean de, 430, 431

Maxiane, Renaud, 353, 354

Maximilian I (emperor), 169, 261, 263

Maximus the Confessor, 61, 65, 67, 69, 353

Mayeuc, Yves de, 238

Mechthild of Hackeborn, 308, 309, 310, 314, 315, 320

Index of Place Names

Index of Libraries and Printers

Index of Latin Words

141, 142, 143, 149, 151, 162, 170, 178, 180, 183, 187, 194, 196, 218, 229, 239, 247, 248, 249, 259, 263, 271, 277, 281, 282, 286, 293, 296, 297, 309, 312, 317, 339, 351, 359, 374, 390, 392, 412, 415, 423, 428, 431, 435, 438, 439, 440, 476, 480; mens divina, 152

mensor, 93

mensura, 92, 93

mercatoria, 111

meritus, 344, 439, 480

Messia, 194, 195, 220, 475

metaphysica, 5, 8, 12, 13, 14, 21, 355, 356

metaphysicus, 7, 127, 356, 371

meteorologia, 261

methodus, 40

miles, 72, 184

minus, 32

minimum, 84

minister, 359, 481

ministerium, 235, 360

miraculum, 240, 294, 304

miseratio, 341, 476

misericordia, 404, 473

missa, 235, 360, 361, 363

mobilis, 356

moderator, 355

modestia, 87, 105, 341, 344, 346, 446

modulatio, 18, 30, 31

modus, 5, 8

monachalis, 292

monachus, 122, 256, 316, 320

monasterium, 292

monumentum, 303, 332, 352, 364, 419

moralis, 42, 138, 160

mores, 31, 42, 43, 47, 86, 101, 105, 111, 121, 158, 159, 161, 162, 164, 181, 206, 242, 244, 250, 259, 263, 269, 272, 280, 306, 325, 328, 337, 355, 367, 389, 422, 423, 424, 425, 443, 444, 445, 449; mores antiqui, 238; mores boni, 105

mors, 65, 81, 82, 96, 128, 304, 344, 434

mortalis, 23, 62, 113, 116, 134, 150, 167, 177, 217, 222, 276, 309, 341, 380, 422, 488

mortalitas, 213

mortuus, 188, 193, 240, 260, 306

motio, 113, 225

motor, 127

motus, 7, 8, 61, 91, 113, 127, 129, 231, 269, 296, 392, 429

movens primus, 7

mulier, 500

multa, 13, 429

multiformis, 95

multiloquentia, 335

multiloquium, 346

multitudo, 14, 92, 323, 435, 437

mundanus, 345

mundus, 5, 14, 21, 95, 98, 113, 141, 170, 206, 229, 231, 239, 256, 264, 276, 281, 297, 375, 411, 412

munus, 5, 260, 362, 364, 380, 428, 439, 448, 449, 476

musica, 13, 18, 19, 30, 31, 34, 37, 92, 96, 108, 156, 371, 372, 373; musica intelligentia, 372; musica practica, 370, 372; musica speculativa, 370, 372; musica theorica, 370

musicus, 13, 30, 31, 32, 237, 292, 370, 372, 387; musicus practicus, 372; musicus theoricus, 372

mutatio, 13, 429

mysterium, 18, 21, 63, 171, 181, 183, 209, 234, 235, 239, 281, 335, 337, 339, 341, 345, 350, 351, 352, 354, 361, 389, 390, 424, 431, 440, 473

mysticus, 337, 390, 424, 429

narratio, 389, 422, 423; narratio historica, 422, 424, 425

natio, 262, 323, 373, 408, 435

natura, 4, 5, 7, 12, 14, 27, 46, 52, 60, 73, 84, 86, 92, 95, 113, 114, 127, 129, 134, 151, 162, 180, 187, 217, 218, 231, 250, 259, 265, 269, 271, 277,

Index of Scriptural Quotations